L'intera opera di Eduardo De Filippo è pubblicata da Einaudi.

Eduardo De Filippo
Cantata dei giorni dispari

Volume primo

A cura di Anna Barsotti

Einaudi

Copyright 1951 e © 1956, 1958, 1971 e 1995 Giulio Einaudi editore s. p. a., Torino

Prima edizione «Supercoralli» 1951

ISBN 978-88-06-17353-1

INTRODUZIONE

Il romanzo teatrale eduardiano.

Ci sono due modi di accostarsi al teatro di Eduardo: lo si può leggere come un romanzo teatrale, lo si può rileggere come uno fra gli esempi piú complessi di drammaturgia consuntiva novecentesca. Se infatti le commedie di Eduardo sembrano testi preventivi, di fatto (come vedremo) rappresentano la verifica, la messa in discussione e l'accrescimento della sua «memoria di attore»[1], e di attore-capocomico, precedentemente accumulata.

Egli ha comunque scritto e rappresentato le sue commedie una dopo l'altra, come se si trattasse dei capitoli di un romanzo: nel quale l'artista trinitario (attore-autore e regista) si riserva una parte importante (si proietti o meno nel personaggio protagonista). Queste commedie spesso si assomigliano ma non appaiono mai gratuite o ripetitive: si è contenti di ritrovare nell'ultima elementi che comparivano nelle precedenti, ed anche elementi nuovi che ci rivelano a che punto il *pensiero del teatro* del loro autore sia giunto su determinati problemi della vita. Problemi che fanno capo sempre – per Eduardo – al «conflitto fra individuo e società»:

> tutto ha inizio, sempre, da uno stimolo emotivo: reazione a un'ingiustizia, sdegno per l'ipocrisia mia e altrui, solidarietà e simpatia umana per una persona o un gruppo di persone, ribellione contro leggi superate e anacronistiche [...], sgomento di fronte a fatti che, come le guerre, sconvolgono la vita dei popoli[2].

D'altra parte il suo romanzo viaggia sul filo di un'*ambiguità* eminentemente *teatrale*: è un'opera con tanti cassetti segreti, piena

---

[1] Siro Ferrone, *Scrivere per la compagnia*, in aa.vv., *Scrivere il teatro*, a cura di Franca Angelini, Bulzoni, Roma 1990, p. 65. Ma per le due definizioni di drammaturgia «preventiva» e «consuntiva» si rimanda a quanto lo stesso Ferrone ha avuto occasione di precisare in aa.vv., *Non cala il sipario. Lo stato del teatro*, a cura di Jader Jacobelli, Laterza, Roma-Bari 1992, pp. 97-102.

[2] Eduardo De Filippo, *Nota* introduttiva a *I capolavori di Eduardo*, Einaudi, Torino 1973, p. VII. Eduardo riprende in questa nota il discorso, *Il teatro e il mio lavoro*, tenuto all'Accademia dei Lincei in occasione del premio «Antonio Feltrinelli» per il teatro conferitogli nel 1972.

di doppi fondi, trucchi e sorprese: facilissima da capire anche per
un fanciullo, ma difficile da intendere in profondità, perché della
realtà cui rimanda per metafore (personaggi e oggetti dotati di
un'estrema varietà di sensi e di suggestioni) esprime anche tensioni
negate, bisogni nascosti, paure inconsapevoli. Del *teatro del mondo*
il suo romanzo intreccia molteplici aspetti: il piano della storia, che
si radica nel retroterra e nel retrotempo mediterraneo-regiona-
listico, senza mai cessare di rapportarsi all'intero paese e all'oggi;
il piano del reale, puntigliosamente documentato, ma anche quello
del fantastico, nell'oscillazione continua fra la rappresentazione
dell'*individuo isolato* in un mondo che non lo capisce e la resa dei
suoi tentativi di costruire un rapporto di comunicazione con gli *altri*. Altri come personaggi, altri come spettatori: perché in quella
folla di personaggi-uomo, buffoneschi e melodrammatici, lieti e mi-
nacciosi, là in un angolino della foto di gruppo... ci siamo anche noi!

Nel romanzo teatrale eduardiano lo spettatore è previsto («perché non solo quando recito, ma già quando scrivo il pubblico io lo
prevedo»[1]) e agisce, modernamente, quale concorrente del personaggio: concorrente ma interlocutore indispensabile. Unendo il
particolare all'universale, restringendo la proporzione ma innal-
zando il significato della Storia, nelle sue storie di conflitti interio-
ri e interpersonali (che girano attorno al contrasto fra l'individuo
disarmato e la forza del potere) l'autore ha abbassato l'altezza del
mondo in modo che tutti possiamo toccarlo. Ciò non significa che
la morale del suo romanzo teatrale sia consolatoria[2]; è anzi una
«morale storica», se il senso della storia è (come afferma Villari)
nella «problematicità del reale». La sua morale è «nella superiore
consapevolezza della difficoltà e problematicità del vivere e dell'a-
gire»[3], perciò Eduardo l'affida alle forme di un teatro il cui «difficile e problematico» impegno civile non sia neppure mostrato. In
tal senso va inteso il suo paragone con Fo: «Io non ho mai avuto il
coraggio di togliermi completamente la maschera, Dario Fo invece

[1] Ivi, p. IX.
[2] Nel suo discorso improvvisato per il funerale del «maestro» (dichiara di
dover molto sia a lui che a Pirandello), Dario Fo osservava che l'arte di Eduardo è stata interpretata spesso in modo sbagliato da critici e intellettuali: «ne
hanno sottolineato gli aspetti di rassegnazione e di rinuncia, ma nella sua drammaturgia, nel suo modo di usare l'arma dell'ironia come strumento di denuncia
dell'ingiustizia, non c'erano né rassegnazione né rinuncia» (cfr. *Testimonianze*,
in appendice al catalogo della mostra *Eduardo De Filippo. Vita e opere, 1900-
1984*, Mondadori, Milano 1986, p. 189).
[3] Lucio Villari, *Eduardo: il senso e la malinconia della storia*, in «Nuovi Argomenti», n. 15, luglio-settembre 1985, p. 4.

è un Pulcinella che si è tolto la maschera»[1]; e anche il suo aforisma: «Scrivere una commedia impegnata è facile; il difficile è impegnare il pubblico ad ascoltarla»[2].

Eduardo credeva nel valore di scambio fra *teatro* e *vita sociale*. Si era posto l'obiettivo di percorrere quella «sottile e difficile linea di confine tra l'invenzione poetica, la fantasia e la vita», che nel teatro è il limite del *come se*[3], immaginando che questo limite potesse essere attraversato nei due sensi e che la dura realtà potesse essere regolata dall'«orologio della fantasia». «Nu relogio cumpiacente» ma che batte con il ritmo giusto, al contrario: «fa tà-tí, tà-tí, nun fa tí-tà...»[4]. Diceva: «Teatro significa vivere sul serio quello che gli altri, nella vita, recitano male»[5]. Naturalmente dalla parte dell'uomo che nonostante tutto crede o spera nell'armonia delle forze della ragione (qui è la chiave antifrastica della sua famigerata misantropia), ci ha dato *antieroi* che caparbiamente restano fedeli a se stessi (Sik-Sik, l'artefice magico, Luca Cupiello) o maturano soprattutto quando nel cielo rombano i motori del Male (Gennaro Jovine). Il protagonista eduardiano è un eroe del nostro tempo, non tragico, bastonato[6], ma che raramente si arrende, e impara: o, se non impara lui, imparano gli altri...

Da qui anche la coerenza della scelta comica di Eduardo, con tutte le sue sfumature di intelligente amarezza: l'umorismo è per

[1] Da un'intervista a Gigi Dall'Aglio (che ha lavorato con Eduardo a una nuova versione del *Figlio di Pulcinella* per la Compagnia del Collettivo) raccolta da Stefano De Matteis il 15 marzo 1987, cit. in Stefano De Matteis, *Identità dell'attore napoletano*, in «Teatro e Storia», v, n. 1, aprile 1990, p. 104 n.

[2] Eduardo De Filippo, in *Eduardo, polemiche, pensieri, pagine inedite*, a cura di Isabella Quarantotti De Filippo, Bompiani, Milano 1985, p. 164.

[3] La legge del «come se», già trasferita da Lotman dal mondo del gioco infantile a quello del teatro (cfr. Jurij M. Lotman, *Semiotica della scena*, trad.it. in «Strumenti critici», n. 44, febbraio 1981), è assunta come regola specifica del gioco teatrale da Siro Ferrone, in *Attori mercanti corsari. La Commedia dell'Arte in Europa tra Cinque e Seicento*, Einaudi, Torino 1993. Si rinvia comunque, per l'identificazione del fenomeno nel teatro di Eduardo, al nostro libro *Eduardo drammaturgo (fra mondo del teatro e teatro del mondo)*, Bulzoni, Roma 1988, pp. 237-57.

[4] Eduardo De Filippo, *Fantasia* (1956), in *Le poesie di Eduardo*, Einaudi, Torino 1975, p. 73.

[5] Eduardo De Filippo, cit. da Lucio Villari, *Eduardo: il senso e la malinconia della storia* cit., p. 4.

[6] Per l'individuazione del personaggio dell'«eroe non tragico» nel teatro, cfr. Walter Benjamin, *L'opera d'arte nell'epoca della sua riproducibilità tecnica*, trad. it. Einaudi, Torino 1966, pp. 129-30.

lui «la parte amara della risata», nasce «dalla delusione dell'uomo
che per natura è ottimista»[1]; perciò egli mette in scena le *tragedie*
che si consumano nella quotidianità di uomini normali, provocate
dall'incomprensione, dalle frustrazioni, dalla volontà di illudersi,
ma che non giungono mai (o quasi mai) a uccidere lo spirito della
commedia, perché tendono a risolversi nella consapevolezza. Al
fondo delle sue storie di vita c'è la convinzione, che lo sorregge anche nei momenti piú difficili, che il contributo del teatro alla presa
di coscienza è tanto piú efficace quanto piú il pubblico ride, di quel
riso che passa per il cervello. Il «riso» diventa per lui una specie di
grimaldello per penetrare nel linguaggio degli altri, spettatori compresi, e instaurare con essi (come diceva Sciascia) «una conversazione di vita»[2]. Alla base di questa comicità c'è naturalmente il
distacco investigativo su personaggi e ambienti:

> Occhi e orecchie mie sono stati asserviti da sempre – e non esage-
> ro – a uno spirito di osservazione instancabile, ossessivo, che
> mi ha tenuto e mi tiene inchiodato al mio prossimo e che mi
> porta a lasciarmi affascinare dal modo d'essere e di esprimersi
> dell'umanità[3].

Il distacco è servito all'autore per registrare e graduare il valore
delle parole e delle azioni umane, ma «bisogna vedere l'applicazione di quella battuta o di quella frase – presa ad esempio su un tram
– nel contesto dove la vuoi applicare: può diventare realistica, comica, tragica [...] il teatro è sintesi»[4]. Quindi l'alone comico o d'i-
ronia grottesca in cui mostra parole e azioni (anche l'attore, per
ferite di occhiate e di gesti) diventa strumento della sua superiore
malizia nel porgere quella materia talvolta spinosa con una specie
di arguto *understatement*; per far sí che il pubblico al quale tali materiali colpevolizzanti vengono offerti, tranquillizzato, li accolga
e ci ragioni. «Io non credo nel tagliare le teste ma nel cercare di
farle pensare»[5]: diceva; ma in quest'altro suo aforisma sornione:

---

[1] Eduardo De Filippo, cit. da Giovanni Sarno, *Intervista con Eduardo De
Filippo*, in «Roma», 31 marzo 1940.
[2] Leonardo Sciascia, *Ricordo di Eduardo*, in «L'Espresso», 11 novembre
1985, p. 22.
[3] Eduardo De Filippo, *Nota* introduttiva a *I capolavori di Eduardo* cit.,
p. VII.
[4] Eduardo De Filippo, *Lezioni di teatro*, a cura di Paola Quarenghi, prefazione di Ferruccio Marotti, Einaudi, Torino 1986, pp. 35-37.
[5] Eduardo De Filippo, in *Eduardo, polemiche, pensieri, pagine inedite* cit.,
p. 176.

«quando il pubblico ride troppo a teatro, non pensa mai di aver riso di se stesso, e forse perciò dà del buffone all'attore che è riuscito a farlo ridere troppo»[1].

«Cosí le onde si agitano incessantemente alla superficie del mare, mentre negli strati inferiori v'è pace profonda. [...] Talvolta il flutto fuggente abbandona un poco di spuma sulla rena della spiaggia. Il fanciullo che gioca poco lontano corre per raccoglierla nel pugno, ma un attimo dopo si meraviglia di non avere che qualche goccia d'acqua nel cavo della mano, di un'acqua piú salata e piú amara di quella dell'onda che l'ha gettata sulla rena. Il riso nasce come questa spuma [...]: è anch'esso una spuma a base di sale; e come la spuma scintilla»[2]. Per Eduardo, lo spettatore capace di crescere, di passare dalla risata alla meraviglia alla riflessione[3], «trova talvolta una gran dose di amarezza in cosí esigua sostanza»[4].

Perciò egli ha esaltato con la sorpresa delle parole e dei gesti, piú ancora che delle situazioni, un modo di rappresentare tradizionale (ma nel senso che vedremo), attento a immortalare la sospensione comica e anche drammatica del particolare senza mai dimenticare il contesto generale. La sua cultura d'attore, e d'attore nato e cresciuto in un ambiente di forte resistenza della tradizione scenica, l'ha guidato nella creazione di una drammaturgia che a partire dal linguaggio (l'«eresia dialettale») stabilisce rapporti controllati fra le storie da raccontare e quelle da mostrare al pubblico: bloccando la naturalità di comportamenti esibiti, frazionando i meccanismi abituali del discorso, e aprendo vuoti, pause, silenzi attivi attraverso cui evocare profondità poetiche.

D'altra parte il suo modo di narrare storie ha molto dell'*atto del ricordare*, e non solo là dove il mondo come rappresentazione sconfina nel sogno ad occhi aperti: storie di gente che ha vissuto, amato, sofferto, riso, deriso ed è stata derisa; ha provato gli inverni della guerra e le primavere della pace, trovato sia negli uni che nelle altre «giorni pari» e «giorni dispari». Perché la gente eduardiana, che ha guardato il mondo nel disorientamento di sempre piú

---

[1] Ivi, p. 148.

[2] Henri Bergson, *Il riso. Saggio sul significato del comico*, trad. it. Laterza, Roma-Bari 1983, pp. 127-28.

[3] Cosí Eduardo quasi alla fine del suo percorso di artista: «Il pubblico è cresciuto, ha preso coscienza. Il mio è finito col diventare un discorso profetico: nelle commedie ho trattato una verità che è diventata verosimile» (in «Il Giornale d'Italia», 19 maggio 1981).

[4] Ancora Bergson, *Il riso. Saggio sul significato del comico* cit., p. 128.

perfezionate scoperte (la Radio, la Televisione, l'Atomica, lo Sputnik ... il registratore!), si sforza di non perdere di vista un suo punto di riferimento essenziale, una famiglia, una Città...

Proprio la sua attenzione alla gente, e al «personaggio in piú», il pubblico, ha sottratto l'autore a ogni tentazione di drammaturgia soggettiva: la sua *arte della commedia* si fonda sia su un lavoro di scavo interiore che su un lavoro d'astrazione e di generalizzazione. Sik-Sik, Luca Cupiello, Gennaro Jovine, Pasquale Lojacono saranno anche autoimmagini, ma nel senso delle diverse personalità che egli avrebbe potuto assumere (se il nostro carattere è davvero una scelta che continuamente si rinnova); la sua ambivalenza di *poeta comico* e *tragico* implica l'orchestrazione di molte voci e di molti strumenti («Non ci dobbiamo occupare di noi stessi: non è un'autoconfessione, la commedia»[1]). Si hanno, come si dice in fisica, i suoni armonici del suono fondamentale; ma, proprio perché Eduardo è un moderno (pur nell'esercizio di un'arte antica), il suono fondamentale produce anche risposte disarmoniche, e il coinvolgimento del pubblico, che entra a far parte del concerto, può anche creare musica dodecafonica.

Cosí Eduardo, nato esattamente all'inizio del secolo, con il suo romanzo teatrale diventa testimone di situazioni artistiche disposte come alla ricerca della molteplicità del reale e al tempo stesso di una bruciante e bianca fissione di sogni. E' difficile immaginare un'opera piú completa, piú ricca e piú sensibile della sua, per chi vorrà in futuro osservare il nostro Novecento: le commedie infatti, nelle varie forme drammaturgiche e sceniche connesse alla maturazione dell'uomo e dell'artista, costituiscono un repertorio, ovvero «la memoria tematica di un teatro che scandaglia la particolarità del suo pubblico»; visto a distanza, esso rivela qualcosa di simile a «una psiche riflessa della mentalità sociale»[2]. Questo repertorio non solo registra puntualmente ma sembra presentire gli umori diffusi nella società italiana per un arco storico assai ampio, affrontando (al di là dell'originaria e pregnante questione meridionale) molti problemi che si sono via via imposti all'attenzione di tutti: dagli anni Venti all'apogeo del fascismo, alla seconda guerra mondiale e al secondo dopoguerra, alla restaurazione moderata e all'espansione della società industriale, con le sue successive crisi. E anziché mettere la parola fine, costituire il *punto d'arrivo*, l'opera

---

[1] Eduardo De Filippo, *Lezioni di teatro* cit., p. 35.
[2] Claudio Meldolesi, *La microsocietà degli attori. Una storia di tre secoli*, in «Inchiesta», XIV, n.63-64, gennaio-giugno 1984, p. 109.

eduardiana potrebbe rappresentare il *punto di partenza* per comprendere l'ieri, l'oggi e il domani: appunto perché lascia che la memoria personale e collettiva riaffiori, con i suoi complessi di colpa che non vengono rimossi, portando allo scoperto le motivazioni e le conseguenze dei fatti accaduti.

«Non so quando le mie commedie moriranno e non mi interessa», diceva Eduardo, e su questo punto mentiva, ma diceva la verità affermando subito dopo: «l'importante è che siano nate vive»[1]; perché «il teatro muore quando si limita a raccontare fatti accaduti; solo le conseguenze dei fatti accaduti possono raccontare un teatro vivo»[2]. Solo in tali conseguenze è per lui il nocciolo di quella «verità» teatrabile «che abbia dentro pure qualcosa di profetico» (come ribadisce Campese, il suo capocomico *alter ego* in *L'arte della commedia*). Eduardo attribuisce al «vero teatro» anche una dimensione di futuro: quella capacità di filtrare e persino anticipare la memoria collettiva, che dev'essere qualcosa che continua, attraverso il dialogo «vivo» con il pubblico. Almeno con il pubblico: se non si riesce, dati i rapporti difficili fra gli uomini, a far parlare fra loro i personaggi-uomo o «prototipo dell'uomo».

Il teatro nasce dal teatro.

Ma la memoria di Eduardo è anzitutto una *memoria scenica*: l'albero della vita e dello spettacolo affonda le radici in un terreno misto di reale e di fantastico, con le sue ramificazioni intrecciate e non distinte. «Puoi far teatro se tu sei teatro, | perché il teatro nasce dal teatro | e quando è puro non consente giochi: | l'albero è uno e i frutti sono pochi»[3]. In questi versi è il senso di un rapporto privilegiato, che diventa via via esclusivo sul piano biografico-artistico: guardare e vivere la vita *sub specie theatri*. Una prospettiva che incomincia per lui, figlio d'arte, fin da quando gioca a nascondino coi fratelli nel dietroscena o fra le quinte, nelle «stanze del teatro», e il gioco è già mestiere:

Avevo sei, sette anni, e passavo giornate e serate a teatro. [...] Una commedia, o dalle quinte, o da un angolo di platea, o con la testa infilata tra le sbarre della ringhiera del loggione, o da un palco, me

[1] Eduardo De Filippo, in *Eduardo, polemiche, pensieri, pagine inedite* cit., p. 142.
[2] Ivi, p. 151.
[3] Ivi, p. 146.

la vedevo chissà quante volte. Ricordo con chiarezza che perfino gli attori che piú ammiravo e che piú mi entusiasmavano, come mio padre Eduardo Scarpetta o il Pantalena, o la splendida Magnetti, suscitavano in me pensieri critici: «Quando farò l'attore, io non parlerò cosí in fretta», pensavo. Oppure: «Qui si dovrebbe abbassare la voce. Prima di quello strillo ci farei una pausa lunga almeno tre fiati», e restavo là inchiodato ad ascoltare, dimenticando ogni altra cosa[1].

La lente della fantasia comica gli permetterà di guardare anche alle scene del mondo, avendo l'orecchio ai ritmi della società e della storia; perché lo «spazio del teatro» è il campo d'azione quotidiano e famigliare, in cui si mescolano le questioni economiche connesse alla recitazione e le preoccupazioni per la salute e gli affetti. È il luogo e l'ambiente in cui nascono amori e s'accendono odi, si stringono alleanze e si consumano tradimenti; e dove il momento pre-espressivo è vissuto dall'attore, entrato a far parte di quella famiglia e microsocietà teatrale, come occasione su cui sviluppare azioni concrete che poi saranno guardate dal pubblico. Di qui l'apparente paradosso eduardiano: «La mia vera casa è il palcoscenico, là so esattamente come muovermi, cosa fare: nella vita sono uno sfollato»[2]. Anche quando la vista naturale gli viene meno, dietro agli «occhiali neri» il mondo della scena rimane a fuoco: il «terzo occhio» del teatrante, quello di Otto Marvuglia in *La grande magia* come quello di Campese in *L'arte della commedia*, gli consentirà fino alla fine di percorrere con sicurezza le tavole del palcoscenico[3].

Proprio la sua esistenza di artista di teatro, un po' nomade e un po' Don Chisciotte anche quando gli arride la fortuna, ha consentito al grande «giuocoliero» di cogliere e proiettare su un palcoscenico «sempe apierto» i mobili ed eterni fenomeni della vita. Una straordinaria percezione del vivere la sua, ma che ha bisogno del referente scenico (dell'attore e della compagnia) per manifestarsi in

[1] Eduardo De Filippo, Conferenza inaugurale dello Studio Internazionale dello Spettacolo, Montalcino 1983; un estratto è pubblicato in *Eduardo, polemiche, pensieri, pagine inedite* cit., p. 108.

[2] Ivi, p. 148.

[3] Anche Eduardo avrebbe potuto dire come il suo Campese in *L'arte della commedia*: «quando cammino per le strade e mi capita di battere due o tre volte il piede in terra [...], mi sorprende sempre il fatto che quei colpi [...] non producano lo stesso rumore di quando batto il piede sul palcoscenico; se tocco con la mano il muro di un palazzo [...] lo faccio sempre [...] con la sensazione di avvertire sotto le dita la superficie della carta e della tela dipinta» (atto I).

strutture artistiche. Da un punto di vista cosí straniato i principi che informano la sua visione della vita nel teatro diventano quelli che dovrebbero regolare la vita fuori del teatro. La chiarezza indispensabile perché una commedia (o un dramma) comunichi col pubblico è anche il mezzo per rifondare la normalità dei rapporti interumani. La necessità che un personaggio (sia pure il protagonista) non soverchi gli altri, o una compagnia teatrale proceda di concerto, si trasforma nell'esigenza di solidarietà famigliare e sociale. Questo rapporto di mutuo scambio, di continuo spostamento della propria vita sull'altro e viceversa, mentre esalta certi valori (provocazione, dialogo, solidarietà) ne fa emergere i contrari (soliloquio, antagonismo, indifferenza). L'opera di Eduardo appare al fondo il consuntivo di una vita progressivamente spostata: *come se* nella messa in scena del mondo egli avesse liberato, ambiguamente, la propria patologia di uomo di teatro.

Perciò il suo *teatro è vita* non in senso mimetico o naturalistico, e neppure soltanto metaforico, ma in quel senso speciale, comune ai grandi uomini di teatro completi (come Shakespeare, come Molière...) che attraverso il teatro hanno vissuto. Fra gioia e gelo, lanterna magica ma impegno a tutti i costi, la scena ha consentito al poliedrico artefice, attore-autore-regista in senso antico e moderno, di sacrificare una vita e di trarne la massima soddisfazione, facendola passare «in un attimo». Sala d'aspetto d'un dentista, la terra, in cui si attende di tirarsi «questo dente definitivo»: ci sono quelli che aspettano soltanto, quelli che si distraggono per non pensare, e quelli che hanno il dono di distrarre e di far pensare: «il dono che abbiamo avuto [...] E poi se ne vanno all'altro mondo e ti saluto! E viene la nuova generazione: il punto di arrivo, il punto di partenza...»[1].

In questo gioco di staffette artistiche (che riprende anch'esso un rituale scenico)[2], assumono senso dinamico i rapporti di Eduardo con i suoi padri-maestri, naturali o adottivi: Eduardo Scarpetta, che lo introduce nell'arte del teatro di tradizione napoletana, e Luigi Pirandello, che gli apre la via del teatro colto novecentesco. S'illumina delle luci della ribalta anche il suo «difficile» rapporto con Peppino, consumato a teatro e per il teatro, fino alla scena di

---

[1] Eduardo De Filippo, *Lezioni di teatro* cit., p. 133.
[2] L'antico rito del passaggio della mezza maschera nera di Pulcinella l'aveva compiuto Salvatore Petito con suo figlio Antonio, e lo ripeterà, la sera dell'inaugurazione del Teatro San Ferdinando (21 gennaio 1954), un attore di tradizione, Salvatore De Muto, con Eduardo.

collisione durante le prove[1]. Dramma dell'incomprensione, impostato come fra padre e figlio: da una parte il «gelo» del fratello maggiore (quel gelo che Eduardo si riconosce)[2], dall'altra l'esuberanza del minore, «di carattere allegro, ansioso di vivere fino in fondo la sua stagione di gloria»[3].

La lacerazione fra «I De Filippo», magnifica famiglia, perfetta compagnia, non si risarcirà che *in extremis*: forse perché, dei due fratelli, il piú vecchio non volle rinunciare al ruolo di padre e il piú giovane volle ribellarsi a quello di figlio... Ma anche perché in quella famiglia-compagnia (come nelle antiche dei comici dell'Arte) «per un attore che si solleva al rango di capocomico, molti altri sacrificano il loro libero arbitrio»[4]. Peppino era il solista della comicità buffonesca e in quanto tale si sentiva sacrificato dal progetto d'«armonia collettiva» del fratello maggiore; per poter navigare liberamente, ovvero esibire senza costrizioni le sue doti di attore, evade dal sistema della compagnia. E' un tradimento secondo Eduardo, capocomico *in pectore*[5], che concepisce militarmente quel sistema; ma l'insubordinazione e poi la fuga di Peppino portano alla definizione di un fenomeno che si stava producendo di fatto: l'elevazione del fratello maggiore al rango di capocomico, la trasformazione della «Compagnia Umoristica I De Filippo» nel «Teatro di Eduardo».

[1] In una mattina del novembre 1944, durante le prove al Diana di Napoli, davanti agli attori della compagnia che in quella stagione comprendeva Dolores Palumbo, Giuseppe Rotondo, Giovanni Amato, Rosina e Gennaro Pisano, Pietro Carloni (Titina era a casa ammalata), scoppia la lite che segnerà la fine del «Teatro Umoristico I De Filippo».

[2] Anche nei confronti del figlio Luca: «[...] fare teatro significa sacrificare una vita. [...] Luca è venuto dalla gavetta, sotto il gelo delle mie abitudini teatrali: quando sono in palcoscenico a provare, quando ero sul palcoscenico a recitare... È stata tutta una vita di sacrifici. E di gelo: cosí si fa teatro» (Eduardo De Filippo alla Festa del Teatro di Taormina-Arte, 17 settembre 1984; in *Eduardo, polemiche, pensieri, pagine inedite* cit., p.30).

[3] Isabella Quarantotti De Filippo, *Eduardo e Peppino*, in *Eduardo, polemiche, pensieri, pagine inedite* cit., p. 30.

[4] Siro Ferrone, *Attori mercanti corsari. La Commedia dell'Arte in Europa tra Cinque e Seicento* cit., p. 176.

[5] Nel giugno del 1942 i due fratelli De Filippo avevano stipulato un nuovo contratto triennale (Titina partecipò sempre alla ditta come scritturata), che riservava a Peppino la direzione amministrativa e a Eduardo quella tecnico-artistica: quest'ultimo aveva insindacabile potestà sulla scelta del repertorio, l'ingaggio degli attori, la scelta delle piazze e dei teatri nelle singole città e tutte le altre mansioni del capocomico. Cfr. Isabella Quarantotti De Filippo, in *Eduardo, polemiche, pensieri, pagine inedite* cit.; e quindi Maurizio Giammusso, *Vita di Eduardo*, Mondadori, Milano 1993, p.165.

Le coincidenze d'una poetica e d'un vissuto globali si svelano dunque, nelle varie tappe del percorso artistico eduardiano, segnate dalla tensione a quel dialogo fra *tradizione* e *innovazione* che impedisce al teatro di balbettare soltanto oppure di morire. Ad ogni livello i rapporti appaiono difficili e conflittuali, concretizzandosi nel dramma del passaggio vecchi-giovani, ma devono essere dinamici per entrare nel circuito vitale e proiettarsi nel futuro. Perciò per capire il teatro di Eduardo, oltre ogni convenzione cristallizzata di «eduardismo»[1], bisogna partire dal suo punto di vista sulla tradizione. «La tradizione» è per lui «la vita che continua», solo se saputa intendere e usare «mette le ali»[2]; non ha una forma definitiva e unica, al contrario, quando acquista una forma diventa ripetizione, immobilità... morte.

Con un altro dei suoi paradossali aforismi egli arriverà alla fine a capovolgere la consueta prospettiva esistenziale: «il punto di arrivo dell'uomo è [...] la sua nascita, mentre il punto di partenza è la morte che, oltre a rappresentare la sua partenza dal mondo, va a costituire un punto di partenza per i giovani»[3]. La morte fisica lo incuriosisce, lo sgomenta, ma non gli fa paura; la vera morte sarebbe per lui la fine del nesso fra le generazioni e del passaggio di eredità da un membro all'altro (anche perché, come dice Adorno, «quando ogni tradizione è spenta, la marcia verso la disumanità è avviata»[4]). I giovani, «figli d'arte» compresi, hanno il diritto di «dare un calcio» all'esperienza dei «padri», ma solo dopo aver appreso quell'esperienza e averla usata come «trampolino di lancio», senza pretendere di «partire da zero»; d'altra parte i vecchi non devono ancorarsi e ancorarli al passato, se vogliono conseguire quell'«immortalità» laica che è la speranza di sopravvivere oltre la fine del loro «ciclo», una «immortalità umana, quindi limitata, ma all'uomo è stato concesso il dono di sognare, che non è piccola cosa»[5].

---

[1] Claudio Meldolesi, *Gesti parole e cose dialettali. Su Eduardo Cecchi e il teatro della differenza*, in «Quaderni di Teatro», VIII, n. 31, 1986.

[2] Eduardo De Filippo, Conferenza inaugurale dello Studio Internazionale dello Spettacolo, Montalcino 1983; in *Eduardo, polemiche, pensieri, pagine inedite* cit., p. 182.

[3] Eduardo De Filippo, cit. da Carlo Donat Cattin, *Eduardo: «Invecchiate con me»* (anticipazione dell'intervista Tv, «Primo piano», 19 ottobre 1984), in «Corriere della Sera», 13 ottobre 1984.

[4] Theodor W. Adorno, *Über Tradition*, in *Inselalmanch auf das Jahr 1966*; trad. it. in *Parva aesthetica. Saggi 1958-1967*, Feltrinelli, Milano 1979, p. 27.

[5] Eduardo De Filippo, Conferenza inaugurale dello Studio Internazionale

Nella visione eduardiana dell'universo, come movimento di perenne trasformazione in cui «cicli, sempre uguali e sempre diversi, si susseguono, accogliendoci tutti nella loro inarrestabile evoluzione», anche la tradizione diventa una maniera per creare un linguaggio che dev'essere reinventato dai suoi stessi soggetti, se non vuole esaurirsi in modelli ripetitivi (anche il suo nell'eduardismo).

D'altronde il suo partire da strutture di vita, per parlare del teatro o per le sue creazioni sceniche, deriva dal modo stesso con cui Eduardo rivive il teatro di tradizione. Egli incomincia a fare teatro in un'epoca di trapasso tra la fase del «grande attore» e dei suoi diretti eredi e quella del teatro «funzionale» (secondo le scansioni cicliche formulate da Meldolesi)[1], ma in un luogo speciale che non dimentica mai del tutto la propria dimensione di spettacolo. «Napule è nu paese curioso: | è un teatro antico, sempre apierto. | Ce nasce gente ca, senza cuncierto, | scenne p' 'e strate e sape recità»[2]: è una Città in cui si produce un comportamento sociale che è attorico al punto da passare per talento naturale degli individui e della collettività. E in cui l'attore vero e proprio rafforza la nativa disponibilità alla rappresentazione con le regole non scritte della microsocietà del teatro: costruite sulle prove, sulla quantità disordinata dei repertori, sull'apprendimento di azioni, gesti, suoni, trucchi... Di quel *mondo del teatro* Eduardo conserva una memoria viva, che interferisce, in zone di con-fluenza e anche di con-fusione, nella sua proposta drammaturgica del *teatro del mondo*.

Eduardo non dimentica che il teatro si avvale di mezzi materiali per esprimersi, che la tradizione è un capitale (come la «cassetta dei trucchi» di Campese); una valigia d'esperienze che serve a partire appunto, ma per raggiungere la libertà, l'autonomia. Anche lui, alla prima svolta del suo viaggio comico, l'epoca di formazione della «Compagnia Umoristica I De Filippo», ha sentito il bisogno di dare un calcio agli abiti paterni per cucirsi abiti nuovi: «Non è stato facile rifarsi da capo. Io mi sono dovuto spogliare da cima a fondo»[3]. In questa come in altre dichiarazioni degli anni Trenta,

dello Spettacolo, Montalcino 1983; in *Eduardo, polemiche, pensieri, pagine inedite* cit., p. 182.

[1] Claudio Meldolesi, *Fondamenti del teatro italiano. La generazione dei registi*, Sansoni, Firenze 1984, pp. 12-13.

[2] Eduardo De Filippo, *Baccalà* (1949), in *Le poesie di Eduardo* cit., p. 191.

[3] «Quando un attore ha recitato per anni e anni in un genere, mettendosi addosso tutti i lenocinii, tutte le maniere di una recitazione artificiosa e [...] preveduta, combinata, architettata, se vuole veramente ritrovare se stesso sotto i vestiti degli altri, senza offesa per la decenza, sapite che ha da fà? S'ha da

in cui egli sembra riecheggiare la filosofia pirandelliana dell'«abito» (ma sostanziandola da attore con «la carne viva del personaggio»), dimostra di attraversare quella fase di orgogliosa irriconoscenza in cui «da giovani ci sentiamo la forza di sollevare il mondo e farlo girare a modo nostro»[1]. Ma piú tardi, quando la sua originalità di attore-autore-regista risulterà indiscussa, egli stesso vorrà testimoniare che solo dopo aver maturato l'esperienza della tradizione (cui appartiene) ha potuto reinventarla.

Qui il senso della sua riedificazione del Teatro San Ferdinando (che avrebbe dovuto far rinascere il repertorio dell'Ottocento comico napoletano, oltre a lanciare opere di giovani autori); per la cui inaugurazione, nel gennaio del 1954, Eduardo indossa la casacca del Pulcinella filosofo e commentatore-in-scena di *Palummella zompa e vola* di Antonio Petito. Di qui anche la sua fondazione, nel 1956, della «Scarpettiana», compagnia che avrebbe contribuito alla formazione o al rilancio di un bel gruppo di attori di tradizione (come Beniamino Maggio, fratello di Dante, Rosalia, e di quella stessa Pupella che a quarant'anni, dopo una vita su palcoscenici minori, incomincerà da allora la sua vera carriera). Verrà poi, di conseguenza, la sua ricapitolazione scenica e editoriale del teatro di quel padre naturale e d'arte, Eduardo Scarpetta[2], che non era «un padre severo o un padre cattivo», ma «un grande attore»[3].

È un riconoscimento e insieme un'esaltazione delle proprie radici. Infatti *entrare nell'arte*, come figlio o adepto, significa per l'attore di tradizione (specialmente napoletano) introdursi in un mondo nel quale codici o abilità fondamentali si apprendono sempre e comunque attraverso il *gergo* e la *gavetta*[4]. Dopo aver assaporato

mettere nudo come Dio l'ha fatto. E cosí noi abbiamo fatto: io, sorema e frateme [...]. Nudi, nudi, tutti e tre. E cosí ricominciare a rivestirsi, a poco a poco, coi panni nostri, ma non panni belli e fatti, buoni per tutti i casi e per tutti gli usi, ma abiti [...] tagliati sulla carne viva del personaggio, messi insieme [...] a seconda della nostra diversa sensibilità. [...] Dopo anni e anni in cui abbiamo dovuto essere com'erano gli altri, ora grazie a Dio, si respira. Mo' simme nuie!» (Eduardo De Filippo, cit. da Lucio D'Ambra, *Tre umoristi del teatro: I De Filippo*, in «Il Dramma», n.175, 1° dicembre 1933).

[1] Eduardo De Filippo, Conferenza inaugurale dello Studio Internazionale dello Spettacolo, Montalcino 1983 cit.

[2] *Eduardo De Filippo presenta quattro commedie di Eduardo e Vincenzo Scarpetta*, Einaudi, Torino 1974. Ma Eduardo si era ricollegato all'opera del padre rappresentando nel 1953, al Teatro Mediterraneo di Napoli, *Miseria e nobiltà*.

[3] Eduardo De Filippo, cit. da Luigi Compagnone, *Caro Eduardo hai 80 anni*, in «Oggi», 21 maggio 1980.

[4] «Qui c'è dentro il gergo teatrale. Tu non hai a che fare con un accademico, hai a che fare con una "bestia di teatro". Lo sai che significa "bestia di tea-

nell'infanzia i giochi di palcoscenico, Eduardo scappa dal collegio in cui l'aveva messo quello strano borghese «settecentesco», che era appunto il capocomico Scarpetta[1]; e si fa le ossa appena quattordicenne nei piccoli teatri periferici dove si imbatte per la prima volta nei «fracchettini» di Totò. «Mi pagava la sarta, una volta alla settimana. Per quei quattro soldi dovevo recitare, fare rumori fuori scena, pulire le scarpe e occuparmi dell'attrezzeria»[2]. Ma anche suo padre, che non era figlio d'arte ed era stato spinto sul palcoscenico dalla necessità, aveva firmato a quindici anni (nel 1868) un contratto per il San Carlino che lo obbligava «in qualità di generico di seconda fila» a ballare, a tingersi il volto, «essere sospeso in aria, se qualche produzione il richiedesse», e pure «a cantare nei cori, e a solo, nei *vaudevilles*»[3]; avrebbe perciò considerato l'insegnamento della musica come un investimento per i ragazzi De Filippo: alla peggio avrebbero potuto guadagnarsi da vivere suonando nei *café-chantant!*[4].

Lo stesso Raffaele Viviani, figlio di un povero impresario teatrale, avrebbe esordito nel 1893 arrangiato nell'abito di un Pupo, in sostituzione di un tenore e comico ammalato, nei numeri che completavano lo spettacolo marionettistico al Teatrino della Porta di San Gennaro[5]. Aveva quattro anni e mezzo: quasi come Eduardo quella sera del 1904 in cui debutta al Valle, in costume da cine-

---

tro"? [...] Se non lo apprendi non lo capisci [...] Sennò devi andare dove si fa accademia, non dove si fa teatro. Questo è il punto» (Eduardo De Filippo, *Lezioni di teatro* cit., pp. 152-56). Ricordiamo ancora a proposito dell'apprendistato del figlio: «Luca è venuto dalla gavetta, sotto il gelo delle mie abitudini teatrali [...]» (*Eduardo, polemiche, pensieri, pagine inedite* cit., p. 30).

[1] Eduardo Scarpetta possedeva una cultura teatrale soprattutto legata alla «tradizione borghese del teatro napoletano, cioè alla tradizione che si era [...] andata formando fra Settecento e Ottocento» (Vanda Monaco, *Introduzione* a Eduardo Scarpetta, *Miseria e Nobiltà» e altre commedie*, a cura della stessa, Guida, Napoli 1980, p. 20); già Vittorio Viviani ne ha sottolineato il settecentismo di «riformatore» e «personaggio», in *Storia del teatro napoletano*, Guida, Napoli 1969, p. 676.

[2] Eduardo De Filippo, in *Eduardo, polemiche, pensieri, pagine inedite* cit., p. 152.

[3] Eduardo Scarpetta, *Cinquant'anni di palcoscenico, memorie*, introduzione di Renato Carpentieri, prefazione di Benedetto Croce, Savelli, Milano 1982 (ristampa anastatica della prima edizione, Gennarelli, Napoli 1922), pp. 91-92.

[4] Titina dalle dieci a mezzogiorno faceva esercizi di pianoforte, Eduardo aveva la musica nel sangue ma non amava le lezioni. Cfr. Maurizio Giammusso, *Vita di Eduardo* cit., p. 26.

[5] Raffele Viviani, *Dalla vita alle scene*, Cappelli, Bologna 1928; poi Guida, Napoli 1977.

sino, nella parodia scarpettiana dell'operetta *La Geisha*. Le luci della ribalta, quelle «piccole stelle luminose» che s'accendono mentre «il buio della sala [...] spalanca il suo baratro infinito»[1], stimolano il suo primo applauso d'attore, contagiando il pubblico. «Sembra impossibile che io ricordi una cosa tanto lontana, è vero?», chiederà piú di settant'anni dopo a una platea di gente non di teatro[2]; per la gente di teatro quella domanda sarebbe stata inutile, perché la memoria della vita di palcoscenico è un dato genetico nella microsocietà degli attori.

L'attore che scrive.

Attraverso questa memoria scenica (nei luoghi come Napoli dove la tradizione resiste) si riconosce il percorso comune di attori-autori anche distanti fra loro, come appunto Scarpetta, Viviani, Eduardo e prima di tutti il mitico Petito. Attori-autori com'erano stati i piú illustri comici dell'Arte: capocomici, organizzatori di compagnie, condotti da necessità pratiche oltre che da aspirazioni di distinzione a fabbricare i loro testi o scenari. Separati da generazioni, da soggettive biografie d'artista o da differenti contesti culturali e politici, questi attori che scrivono si ricollegano l'uno all'altro sul filo di una tradizione in cui neppure le distinzioni fra teatro di prosa e teatro per musica appaiono nette[3]. Appartiene infatti alla tradizione dello spettacolo napoletano anche la *memoria di un repertorio* che dalla nascita del professionismo teatrale discende, per successive trasformazioni, nei prodotti sette-ottocenteschi, musicali e non; cui si aggiungono, nell'epoca otto-novecentesca, i rapporti col teatro dei pupi e delle macchiette, col varietà ed il *café-chantant*, prefigurati dalla «maschera-senza-maschera» scarpettia-

---

[1] Citiamo dalla lunga didascalia iniziale, una specie di confessione d'attore, presente nel testo di *Sik-Sik, l'artefice magico* pubblicato nella prima edizione einaudiana della *Cantata dei giorni pari*, del 1959; nell'edizione del 1971 (riveduta dall'autore) della stessa *Cantata*, tale confessione scompare dal testo della commedia, ma viene ristampata nel programma di sala della sua rappresentazione nel 1980.

[2] «Eppure non solo io la ricordo, ma quella emozione, quell'eccitamento, quella paura mista a gioia esultante, io le provo ancora oggi, identiche, [...] quando entro in scena» (Eduardo De Filippo, discorso tenuto in occasione della consegna della laurea *honoris causa*, Roma 1980, Archivio De Filippo; cit. da Maurizio Giammusso, *Vita di Eduardo* cit., p. 8).

[3] Si rimanda in proposito al nostro saggio, *Scarpetta in Viviani: la tradizione nel moderno*, in «Il castello di Elsinore», v, n. 15, 1992.

na (don Felice Sciosciammocca) ed esaltati dai «personaggi-numero» di Viviani (prima e dopo che egli approdasse al cosiddetto «teatro di prosa»)[1]. .

Anche Eduardo, di una dozzina di anni piú giovane di Viviani, nel periodo del suo apprendistato (a Napoli come a Roma) era passato dal varietà alla rivista, dopo che il governo aveva fatto chiudere i *variétés* perché offrivano uno spettacolo «poco edificante» ai reduci del fronte; e avrebbe celebrato nella rivista *Pulcinella principe in sogno...*, con *Sik-Sik, l'artefice magico*, il prototipo dei suoi antieroi di palcoscenico, attraverso una felice coincidenza di funzione immediata e originaria dello spettacolo e ambiente di avanspettacolo simulato dal testo. In questi generi o sottogeneri del teatro, la tradizione continuava ad opporsi negli anni Venti-Trenta, sul piano basso della fatica teatrale oltre che su quello alto delle figure d'eccezione (Viviani, Petrolini, Totò...), alla condizione media del recitare all'italiana: a quello stereotipo dell'«attore di voce» che aggiornava un compromesso, stretto in tempi lontani, fra «la lingua media scritta e le convenzioni sceniche borghesi»[2]. Ma per Eduardo come per Viviani la tradizione dialettale partenopea avrebbe funzionato davvero come un trampolino di lancio: anche per soluzioni drammaturgiche piú complesse, dalla macchietta o lo *sketch* all'atto unico fino all'opera in due o tre atti; non sono attori in cerca di identità, ma attori già virtualmente autori, con un repertorio collaudato nel baule dei trucchi e delle scene, che nel solco d'una comicità venata di malinconia e di tragedia, di razionalità e di assurdo, scaveranno viadotti capaci di portare a un pubblico nazionale e universale.

Nel transito fra le due guerre e il secondo dopoguerra, sul crinale storico che distingue la produzione di Viviani da quella di Eduardo[3], essi innoveranno la tradizione in modi diversi: il luogo

---

[1] Le figurine-uomo del primo Viviani, dal 1917 al 1919, talvolta preesistenti ai testi e (anche le femminili) interpretate dall'attore-autore, appaiono di per sé rifinite e complete, nell'abbigliamento e nel carattere scenico, portatrici di un nucleo comico oppure drammatico, spesso grottesco, che si sviluppa nel corso dell'opera; «personaggi-numero» appunto, tolti dalla realtà ma che la simbolizzano anziché riprodurla. Cfr. Anna Barsotti, *Da «'O vico» a «'O buvero 'e Sant'Antonio»: la memoria scenica del primo Viviani*, in «Ariel», III, n. 3, settembre-dicembre 1988.

[2] Claudio Meldolesi, *Gesti parole e cose dialettali. Su Eduardo Cecchi e il teatro della differenza* cit., p. 132.

[3] La carriera di drammaturgo di Raffaele Viviani si racchiude paradossalmente entro i termini della censura, concentrandosi fra il 1917 e il 1928, fra la campagna di governo per far chiudere i varietà e la direttiva del ministero della

scenico si sposta dalla strada alla casa, via via che sottoproletari e artigiani, bottegai e signori scaduti appaiono sempre piú corrosi dal tarlo delle aspirazioni borghesi. Eppure i personaggi viviane-schi come quelli eduardiani sono attratti dal miraggio della trasfor-mazione improvvisa (per virtú di Santi o del Lotto) d'uno *status* comunque precario, che aguzza l'ingegno istrionico anche dei dementi. Scemulillo di *Fatto di cronaca* è parente povero di Michele, il pazzo di *Ditegli sempre di sí*; lo Scugnizzo di *Via Partenope* rappresenta l'infanzia di *De Pretore Vincenzo*; il Magnetizzatore girovago e la sua donna che fa la Sonnambula in *Piazza Ferrovia* prefigurano Sik-Sik e la sua partner d'arte e di miseria, Concetta. Ciò avviene perché nella memoria teatrale di Viviani come in quella di Eduardo la sceneggiata si incontra con l'avanspettacolo, il varietà con la farsa petitiana e scarpettiana, anche quando, prima l'uno e poi l'altro, diventano drammaturghi; e attraverso i loro personaggi lo squilibrio sociale di Napoli si traduce nelle contraddizioni dell'uomo d'ogni tempo.

D'altra parte, in quanto figlio d'arte, Eduardo poteva attingere direttamente alla magia comica dei grandi attori-autori napoletani dell'Ottocento: Scarpetta appunto e il suo diverso maestro Petito. Entrambi capocomici, avevano abitudini patriarcali nell'ordinamento interno della loro compagnia; ma se Petito riuniva gli attori sul palcoscenico prima delle prove, per recitare le orazioni in coro, e per contratto li obbligava a «recitare, cantare, suonare, sfondare e cambiar sesso»[1], Scarpetta avrebbe interpretato la crisi della «maschera» in senso naturalistico (basta coi «giochi di prestigio se si vuol essere uomini e non pupattoli»!) riformando il trucco e la recitazione. Avrebbe cercato di imborghesire il teatro di tradizione popolare-dialettale nei soggetti, nei personaggi, nella lingua, anche nella scelta del destinatario, il pubblico. Perciò trasforma il figurino «scemolillo» e «aggraziatello» ereditato da Petito (don Felice Sciosciammocca era stato il suo primo ruolo d'attore) in un

---

Cultura Popolare di non occuparsi di teatro vernacolo (per cui i teatri chiusero le porte ai suoi drammi). Anche successivamente, però, l'attore continuò a recitare, fin verso il 1943-44. Cfr. Guido Davico Bonino, *Introduzione* a Raffaele Viviani, *Teatro*, a cura dello stesso, Antonia Lezza e Pasquale Scialò, 5 voll., Guida, Napoli 1987-91.

[1] «L'attore all'occorrenza doveva entrare in scena aprendosi un passaggio che non fosse né la porta né la finestra, ma sfondare una parete; il cambiar sesso non si riferiva solamente al vestirsi da donna, ma indossare le spoglie di qualche animale e imitarne la voce e gli atteggiamenti» (A. Vitti, *Storie e storielle del teatro di prosa*, Vecchi, Milano 1926, p. 45).

personaggio-contenitore che varierà da opera ad opera, ma il cui modello creaturale sarà sostanzialmente lo stesso: il piccolo-borghese guardato sí dal basso, ma con un'ottica grottesca disumanizzante, un «tenore caricaturato» alla cui creazione concorrono, naturalmente, le particolarità dell'attore.

Scarpetta era famoso «per le sue straordinarie doti mimiche, per quel suo rapido sollevare e abbassare il sopracciglio destro», un tic che Eduardo erediterà riorganizzandolo in un contesto espressivo diverso; ma si imponeva soprattutto «per quella voce "di petto" che era inconfondibile, specie se rapportata al "cantare" dei suoi comici. Era un modo come dissacrare la caricatura del dettato "serio" con un senso del verisimile ancora, in sostanza, piú buffonesco»[1]. Il suo Sciosciammocca assumeva cosí la maschera (senza la maschera) di quel ceto appena appena elevatosi, che della sua incerta promozione sociale portava addosso, negli abiti acchittati e striminziti, i segni vistosi e ridicoli. E proprio questo imborghesimento del personaggio centrale – dal Pulcinella petitiano al don Felice scarpettiano – segnala non solo una svolta storica del paese, ma anche un mutamento di obiettivi spettacolari del teatro napoletano nel secondo Ottocento.

«Petito è un'ipotesi ancora preunitaria [...] quella cioè del contadino inurbato con una subalternità sostanziale rispetto ai modelli alti»; ma la maschera di Pulcinella era anche «un elemento di affermazione della diversità e della necessità che la diversità sopravviva [...], e Pulcinella in Petito ha sempre questo orgoglio della diversità»[2]. A tale Pulcinella, eroe della differenza, sembrano paradossalmente piú vicini i tipi vivianeschi o certi antieroi eduardiani che i personaggi scarpettiani: piccoli-borghesi appunto, in cui il *rovello dell'apparenza* non è inferiore all'*assillo della fame*. Forse perciò qualche critico distingue un primo periodo fra Ottocento e Novecento, in cui si avrebbe «una sorta di inversione della tradizione – come quella operata da Scarpetta e da altri attori della sua generazione – e poi una sorta di rinascita» nel nuovo secolo «dovuta alla reinvenzione che ne fanno gli attori "indipendenti" e "inventori" come [...] Viviani e poi Eduardo»[3].

Ma se Scarpetta, come uomo di teatro del suo tempo, aveva ricercato la propria distinzione in una «riforma» del repertorio na-

[1] Vittorio Viviani, *Storia del teatro napoletano* cit., p. 668.
[2] Franca Angelini, *Il teatro della nuova Italia dalle origini al 1880*, in aa.vv., *Teatro dell'Italia Unita*, Il Saggiatore, Milano 1980, pp. 146-47.
[3] Stefano De Matteis, *Identità dell'attore napoletano* cit., p. 94.

poletano che ponesse i suoi prodotti dialettali sullo stesso piano dei
migliori prodotti in lingua, e in una identità artistica di traduttore-
autore di *pochades* e *vaudevilles*, a ben guardare la tradizione lo tra-
scinò altrove (almeno rispetto ai propositi riassunti nelle sue *Memorie*). Anche se la sua ambizione era umanizzare la maschera nel
senso della psicologia borghese, e ristrutturare il copione farsesco
operandovi una rimozione degli elementi fantastici verso la «naturalezza» e la «verosimiglianza» della «commedia brillante», come
capocomico utilizzò specialmente attori della scuola del suo maestro tradito[1]. Lui stesso, nel togliere la maschera al suo don Felice,
non realizzò un personaggio a tutto tondo: spinse piuttosto il figurino nella direzione del varietà[2], con una stilizzazione musicale,
canzonettistica, piú raffinata rispetto al ruolo petitiano, eppure ancor piú lontana da ogni ipotesi naturalistica.

Quindi Eduardo ha potuto allenarsi anche alla scuola del padre,
se nel teatro napoletano di tradizione il lavoro dell'attore-autore
sul personaggio è anche «allenamento alla distanza». Attraverso
una commedia come *Miseria e nobiltà*, la catena della grande famiglia-compagnia teatrale Scarpetta-De Filippo sembra allungarsi
(con le sue maglie irregolari, con i suoi nodi insoluti) dalla fine del
secolo scorso alla fine dell'attuale[3]. E qui l'incastro di intrighi ga-
lanti in un quadro di miseria quotidiana e pittoresca consente a un
don Felice impoverito e ai suoi affamati compari, mascherati da
nobili signori, di attraversare un ambiente piú alto senza farsene
assorbire. Perciò quando Eduardo figlio sostituisce gli emarginati
istrionici con attori veri e propri in *Uomo e galantuomo* (una delle

---

[1] Ricordiamo anche che furono attori della «Fenice», quindi comici-
cantanti, a formare il nucleo della prima compagnia di Scarpetta, ritornato al
San Carlino nel 1880.

[2] Pensiamo a *Lu curaggio de nu pompiere napulitano* del 1877 (poi reinter-
pretato da Eduardo); c'è ancora la coppia don Felice-Pulcinella, e «qui si vede
da dove viene la coppia comica del Varietà, del cretino e del forbito, perbene,
elegante» (Franca Angelini, *Epica popolare*, in *Teatro e spettacolo nel primo Novecento*, Laterza, Roma-Bari 1988, p. 92).

[3] Eduardo Scarpetta aveva scritto per il figlio Vincenzo (primo capocomico di Eduardo) la parte di Peppeniello in *Miseria e nobiltà*; poi l'avrebbe interpretata Titina, Eduardo la recitò nel marzo del 1911 al Mercadante di Napoli,
a Peppino toccò qualche anno piú tardi; quasi mezzo secolo dopo serví a far debuttare anche Luca De Filippo. Una catena famigliare e scenica sembra passare
attraverso quella parte di fanciullo, figlio di papà povero, che fugge da casa per
guadagnarsi il pane da servitorello, ed è disposto a scambiare padre e madre
pur di mangiare: «Vuie abbasta che me facite magna' io ve chiammo pure
mamma» (Eduardo Scarpetta, *Miseria e nobiltà*, in «*Miseria e nobiltà*» e altre
commedie cit., atto II, p. 251).

sue prime commedie scritta per la compagnia del fratellastro Vincenzo) fa emergere ciò che era implicito nella «finzione reale» di Eduardo padre: la maschera denuncia il suo vero ruolo, di attore-artista che quando interpreta il popolo, come quando interpreta la nobiltà, ne prende al tempo stesso le distanze.

«L'attore deve misurarsi, controllarsi, costringersi ininterrottamente. Mai commuoversi o immedesimarsi... se il personaggio gli è estraneo, meglio ancora», perché «le vere lacrime, negli occhi di un attore che stia interpretando una scena drammatica, disincantano il pubblico dalla finzione scenica: non è la propria commozione che un attore deve trasmettere al pubblico»[1]. Anche perciò possiamo parlare di comicità tragica o fantastica per il teatro di Eduardo: le tragedie dei suoi personaggi-uomo non si esauriscono mai nel «pianto» (che libera in maniera intimistica e irrazionale, coinvolgendo lo spettatore solo sul piano emotivo), ma si manifestano negli intervalli del «riso» (un riso che cattura l'attenzione e stimola la riflessione). Grazie alla singolare interpretazione che Eduardo (attore che scrive)[2] dà dei suoi personaggi, si realizza quella corrente alternata fra *distacco* e *partecipazione* (dell'attore-autore con il personaggio ma anche con il pubblico) che si riverbera sul rapporto stesso del pubblico con il personaggio, consentendo allo spettatore di *ridere* di quel personaggio e al tempo stesso *partecipare al suo dramma*.

Nella prospettiva di una tradizione che, reinventata modernamente, può anche portare a una speciale «epicità», si chiarisce non solo la questione del malinteso naturalismo della recitazione di Eduardo, ma anche l'origine dei suoi straordinari «primi piani» e della sua capacità di «parlare senza parole». È vero che la sua recitazione comunica un'impressione complessiva di naturalezza, ma si tratta di una naturalezza costruita («la recitazione naturale è la cosa piú difficile e costruita che ci sia»[3]), alla base della quale c'è una dialettica costante e mirata fra il *volto* e la *maschera*. Senza ricorrere alla deformazione mimica, che avrebbe portato al prevalere della maschera, Eduardo alternava piuttosto a frequenti e continui mutamenti d'espressione (quelli che nell'insieme danno l'impres-

---

[1] Eduardo De Filippo, in *Eduardo, polemiche, pensieri, pagine inedite* cit., pp. 30 e 152.
[2] La definizione risale a Giovanni Macchia, che nel suo libro *Gli anni dell'attesa* (Adelphi, Milano 1987) ricorda ironicamente l'osservazione di un suo «austero collega» («Abbiamo dato il Premio Feltrinelli a un guitto») al conferimento del premio a Eduardo De Filippo.
[3] Eduardo De Filippo, *Lezioni di teatro* cit., p. 148.

sione di una recitazione naturale) alcuni, rari, gesti «discreti»[1], di cui allungava la durata. Su una sostanziale *mobilità del viso* innestava alcuni *momenti di fissità*, nei quali soltanto si coglieva la maschera. Una volta concentrata (attraverso la fissità) l'attenzione del pubblico, che era cosí indotto «a usare il primo piano verso il solo volto»[2], l'attore ricominciava a muoverlo (con apparente naturalezza); ma ormai il gioco di prestigio era fatto e il pubblico continuava a guardare lui, il suo viso, anche quando la sua recitazione senza parole rasentava l'ineffabile.

«Bestia di teatro» addestrata sulle tavole di palcoscenico, Eduardo sa che sul palcoscenico sono personaggi, e non uomini veri, a comunicare col pubblico, ma che il fascino del teatro è in questa *ambiguità*: l'attore è come se fosse un'altra persona, è un personaggio ma potrebbe essere un individuo reale, di cui lo spettatore all'inizio diffida perché lo sente altro da sé. Quindi elabora la sua strategia del contatto e della distanza, per arrivare attraverso il testo-spettacolo a una specie di *confidenza sinistra* con il pubblico: «Tendi sempre una mano al pubblico, vedrai che lui te la stringerà nella sua destra. Non tendergli anche l'altra mano perché te la rifiuterà senz'altro, sdegnosamente. Ma tu aspetta e vedrai che sarà lui a tenderti la seconda, desideroso di farsela stringere, ed allora sarai tu a rifiutargliela, facendogli però intendere che una sera o l'altra gliela tenderai affettuosamente»[3]. In questa strategia si combinano insieme l'arte della recitazione e l'arte della commedia di Eduardo: perché le «parole» create dall'«autore» per il personaggio devono essere ricreate dall'«attore», che è «il vero confessore spirituale del personaggio» avendo a disposizione, oltre alla voce, «gesti, sguardi, movimenti». «Pur essendo autore, o forse proprio perché lo sono, – ripeteva spesso, – so che una vera intimità può esistere solo tra personaggio e attore»[4].

[1] Riguardo alle definizioni del codice gestuale nel teatro, si veda Molinari, in Cesare Molinari e Valeria Ottolenghi, *Leggere il teatro*, Vallecchi, Firenze 1985.

[2] Dario Fo, *Manuale minimo dell'attore*, Einaudi, Torino 1987, p. 64.

[3] Eduardo De Filippo, in *Eduardo, polemiche, pensieri, pagine inedite* cit., p. 148. Cosí conclude: «Insomma, se ti rifiuti, ti seguirà per sempre, se ti rifiuta lui, sei fottuto» (*ibid.*).

[4] Ivi, p. 170.

Storia di una drammaturgia consuntiva.

Come autore, Eduardo ha raccolto in vita le sue commedie (almeno quelle che ha ritenuto di pubblicare) in due Cantate: la *Cantata dei giorni pari* e la *Cantata dei giorni dispari*. La prima comprende diciassette commedie, scritte tra il 1920 e il 1942 (da *Farmacia di turno* a *Io, l'erede*); la seconda, suddivisa in tre volumi, conta ventidue commedie, scritte tra il 1945 e il 1973 (da *Napoli milionaria!* a *Gli esami non finiscono mai*). Ciò avviene nell'ultima edizione Einaudi (identica a quella del 1979 «riveduta» dall'autore), che riproponiamo.

Eppure nella storia di queste edizioni, storia complessa perché legata allo svolgimento della produzione di un uomo di spettacolo, gli avvenimenti rappresentati dalla pubblicazione delle diverse commedie non solo non si succedono in modo lineare ma testimoniano di ripensamenti o revisioni: attraverso testi che appaiono variati in alcune tappe cruciali del percorso[1]. Proprio perché la storia degli spettacoli si intreccia alla storia della composizione dei testi (e a quella delle loro diverse composizioni), l'itinerario delle edizioni assume un particolare significato e il *corpus* finale reca le tracce di metamorfosi, riscritture, spostamenti, inversioni, aggiunte o espunzioni, che lo rendono *vivo*.

Nel merito delle varie tappe e del loro significato entreremo a parte; ci preme qui sottolineare il senso profondo e complessivo del fenomeno. Sappiamo che Eduardo non pubblicava mai una sua

[1] Per la *Cantata dei giorni pari* le tappe piú importanti risultano, a partire dalla prima edizione del 1959, quella dell'edizione 1962, dell'edizione 1971 (riveduta dall'autore), e dell'edizione 1979 (anch'essa riveduta). Il percorso editoriale della *Cantata dei giorni dispari* appare ancora piú complesso per l'accrescersi, via via nel tempo, del *corpus* teatrale eduardiano: se il primo volume esce nel 1951 e il secondo nel 1958 (avanti cioè la prima pubblicazione della *Cantata dei giorni pari*), la prima edizione dei tre volumi è del 1966. La crescita implica naturalmente lo spostamento automatico di alcuni testi da un volume in quello precedente, ma comprende pure alcuni spostamenti d'autore; e dal punto di vista delle revisioni dei testi anche questo percorso conta delle tappe importanti: le edizioni del 1971 e del 1979 per tutti e tre i volumi. Per un discorso piú sistematico su questo problema rimandiamo alla *Nota sulle «Cantate» di Eduardo. Edizioni e varianti*, posta in appendice al nostro volume *Eduardo drammaturgo* cit., pp. 509-10; ma anche alla *Nota su edizioni e varianti della «Cantata dei giorni dispari» di Eduardo De Filippo* compresa nel presente volume. Segnaleremo comunque, nei cappelli introduttivi ai singoli testi delle commedie, le varianti testuali che abbiamo individuato confrontando le varie edizioni delle Cantate einaudiane.

commedia prima di averla messa in scena, perché il copione scritto prima (o nel corso) delle prove e poi il testo-spettacolo costruito insieme alla compagnia non equivalgono per lui alla «commedia letteraria», fissata una volta per tutte *ne varietur*. La parola «fine» tracciata sull'ultimo foglio del «copione» non concludeva mai la storia del suo lavoro teatrale: «poi ha inizio la storia del nostro lavoro, quello che facciamo insieme noi attori e voi pubblico»[1]. Solo la concreta esperienza dello spettacolo può superare (almeno in parte) la distanza fra spettatori e attori e trasformare la diffidenza iniziale dei primi in una nuova consuetudine, in quella «conversazione di vita» che accomuna la scena e l'udienza. L'*attore* e il *pubblico*, i due poli differenti e contigui che attraverso lo spettacolo entrano in relazione, aggiungono altre storie alla *fabula* scritta per il teatro: perciò per Eduardo l'esistenza d'una commedia incominciava ancor prima dell'alzarsi del sipario-cornice, durante le prove, e seguitava anche dopo: «non mi portate il copione definitivo, – raccomandava ai suoi allievi di drammaturgia, – perché nemmeno quando va in prova una commedia il copione è definitivo: nemmeno quando va in scena!»[2].

Ce lo conferma una testimonianza di Peppino sul metodo di lavoro della famiglia-compagnia «I De Filippo», che indirettamente illumina quello del fratello maggiore:

> pur quando [una commedia nuova] era stata scritta, il lavoro non si poteva considerare terminato. V'erano le modifiche che nascevano alla *prova* dei fatti. [...] Infine, neanche alla rappresentazione quel testo restava quello dell'ultima *prova*; alla luce della ribalta, durante la recita, alla *prova* della magica atmosfera che proveniva dal calore del pubblico, qualche battuta e perfino qualche scena intera poteva denunciare la necessità di dover essere rimaneggiata [oppure] da una semplice battuta detta fuori testo, se ne poteva trarre un appropriato leit-motiv di sicuro successo[3].

Vi ricorre la parola «prova»: si profila cosí una sorta di *drammaturgia della prova* che appare basata sul gioco dell'attore, ma che la centralità dell'attore non riesce a spiegare del tutto. Pensiamo alla battuta di Nennillo in *Natale in casa Cupiello* – «nun me piace 'o presebbio» – venuta «a soggetto» a Peppino durante una delle

---

[1] Eduardo De Filippo, *Nota* introduttiva a *I capolavori di Eduardo* cit., p. IX.
[2] Eduardo De Filippo, *Lezioni di teatro* cit., p. 60.
[3] Peppino De Filippo, *Una famiglia difficile*, Marotta, Napoli 1977, p. 265. Il corsivo è nostro.

repliche della commedia (allora in un atto) al cinema-teatro Kursaal di Napoli, nel 1931 [1]. Quella battuta (secondo il fratello minore) «divenne poi lo slogan fortunato della commedia e, addirittura, mio fratello in seguito ne trasse la conclusione [...] che oggi il testo presenta» [2]. Dunque Eduardo riutilizza l'improvvisazione attorica di Peppino come modulo compositivo, sviluppando il punto d'appoggio recitativo per costruire una simmetrica e significativa architettura dell'opera.

Ma procediamo a ritroso nel tempo, e consideriamo i titoli stessi delle commedie. Eduardo si era riunito (per la prima volta) a Titina e Peppino nella Compagnia di Riviste Molinari del Teatro Nuovo, per debuttare nel giugno del 1930 con *Pulcinella principe in sogno...* «Fu quello, in verità, – scrive ancora Peppino, – l'inizio della vera fortuna per noi De Filippo. [...] Del successo enorme che ottenne quello spettacolo, la parte del leone spettò al Sik-Sik di Eduardo» [3]. Non solo *Sik-Sik, l'artefice magico* nasce come *sketch* all'interno della rivista, mentre già si stava provando (quasi un miracolo di San Gennaro! [4]), ma il nome del protagonista nasce da un'osservazione dello stesso Peppino che guarda il fratello maggiore mentre recita: «Eduà, non lo vedi come sei sicco sicco? Pari la statua della fame!» Un esempio di come l'autore riuscisse a *sdoppiare* il suo *punto di vista*: si situa dalla parte dello spettatore (riutilizzando lo sguardo di Peppino) e dalla parte dell'attore (che recita); e ci dice, fin dal titolo dell'opera, come gli attori ricevono gli sguardi di coloro che li scrutano sulla scena («l'artefice magico» è una citazione ironica da d'Annunzio, che così aveva chiamato il grande illusionista Gabrieli). «Chi si diverte a fare teatro, – affer-

---

[1] Si rinvia in proposito alla *Cronologia della vita e del teatro* di Eduardo, presente in questo volume.

[2] Peppino De Filippo, *Una famiglia difficile* cit., p. 266.

[3] Ivi, pp. 238-39.

[4] Magliulo racconta che Eduardo, incaricato di scrivere il secondo tempo dello spettacolo con lo pseudonimo di Tricot (l'altro autore, Kokasse, era Mario Mangini, il marito di Maria Scarpetta), non partecipava alle prime prove; passavano i giorni e non dava segni di vita. Aulicino, l'impresario, e il suo «secondo» Vincenzo Scala decisero di raccomandarsi a San Gennaro, accendendogli un cero da cinque soldi: quarantotto ore dopo Eduardo apparve sventolando quattro o cinque fogli di carta da imballaggio (forse quella del cartoccio di pane, formaggio e pere, su cui era nato in un vagone di terza classe *Sik-Sik*, secondo l'autore), come appunto un illusionista che estrae un coniglio dal cilindro. Cfr. Gennaro Magliulo, *Eduardo*, Cappelli, Bologna 1959, p. 24; e Eduardo De Filippo, cit. da Vittorio Buttafava, *Pensa per un anno una commedia e la scrive in una settimana*, in «Oggi», 5 gennaio 1956.

mava Eduardo, – diventa spettatore di se stesso»[1]; ma il suo punto di vista di drammaturgo apre un varco intermedio fra le due prospettive, di *chi fa teatro* e di *chi lo osserva*.

Solo uscendo dai confini di una lettura letteraria della sua drammaturgia possiamo dunque intenderne la portata. È necessario cogliere l'originalità dell'artefice magico nella sua triadica complessità di attore, scrittore e regista di compagnia. «Cerco di far sí, – spiega Eduardo, – che le mie tre attività teatrali si aiutino a vicenda, senza prevalere l'una sull'altra e allora autore, attore e regista collaborano strettamente, animati dalla medesima volontà di dare allo spettacolo il meglio di se stessi»[2]. Ma in questo gioco delle parti anche gli altri attori svolgono un ruolo importante al suo fianco: «m'interessa piú l'attore creativo che quello obbediente; quest'ultimo non impara, aspetta ordini; è un impiegato, non un collaboratore»[3]. Perciò il regista (che è in lui) può apparire una presenza piú discreta e piú sottile di quanto non ci abbia abituato il teatro del Novecento: il «regista» (per lui) ha il compito di «armonizzare [...] l'insieme», organizzando il gioco di squadra e creando il «ritmo» dello «spettacolo»[4]. Infatti «il vero pubblico vuole applaudire alla fine di una rappresentazione quando, staccatosi dalla finzione scenica, s'accorge con quanta umiltà e bravura abbiano lavorato assieme autore, attori e regista»[5].

La trinità artistica di Eduardo ha agevolato forse una piú diretta comunicazione fra lui e la «compagnia», come fra l'«insieme» e il pubblico (anche il «pubblico» deve essere creativo, indicando «con le sue reazioni» all'attore e all'autore «la vera natura teatrale del personaggio»); ma ha favorito soprattutto una continua «conversazione» fra testo drammaturgico ed evento spettacolare. Solo nella prospettiva della *fisicità* che sostanzia i suoi *testi* teatrali si può comprendere il significato novecentesco della sua esperienza di uomo di teatro completo. Quei testi (variati in seguito alle rappresentazioni, come dimostrano le diverse edizioni delle Cantate),

---

[1] Eduardo De Filippo, in *Eduardo, polemiche, pensieri, pagine inedite* cit., p. 159.

[2] Eduardo De Filippo, *Nota* introduttiva a *I capolavori di Eduardo* cit., p. IX.

[3] Eduardo De Filippo, in *Eduardo, polemiche, pensieri, pagine inedite* cit., p. 170.

[4] *Ibidem*. Eduardo diceva anche: «A costo di sembrare un reazionario, confesso che preferisco un teatro dominato dal grande attore a quello dominato dal grande regista. Se non altro costa meno» (Ivi, p. 164).

[5] Ivi, p. 151.

pur non essendo piú gli scenari parziali e provvisori dello spettacolo popolare-dialettale, non sono neanche gli scritti elaborati preventivamente, senza tener conto dell'ambiente in cui sono realizzati. Un *ambiente* appunto costituito non solo dalla scena o dall'edificio teatrale (studio Tv compreso), ma anche dal complesso di attori che dà corpo e voce allo spettacolo e dal rapporto stesso di interazione dello spettacolo col pubblico.

Infatti nel teatro di Eduardo è fondamentale la creazione di uno *spazio di relazione*, basato sulla bipolarità attori-spettatori; proprio perché la «diversità» che forma la magia del teatro ha bisogno di uno «spazio che esibisca la sua normalità non rispetto all'idea di teatro ma rispetto al sociale quotidiano»[1]. Cosí la diversità del teatro finisce per configurarsi in una «utopia sociale» che restituisca al nostro teatro novecentesco «valore» e «funzione» anche in rapporto ai teatri del passato. Lo «spazio del teatro» (secondo Cruciani) deve avere proporzioni e memoria per essere «vivo», ma anche per tornare ad essere «lo spazio a parte in cui si esaltano quei valori di interrelazione faticosamente e drammaticamente riconquistati alla negazione quotidiana»[2]. E appunto partendo da una tradizione di spettacolo napoletano che affonda le sue radici nel «teatro dei professionisti», dei comici dell'Arte, Eduardo ha perseguito una rifondazione del teatro per cui l'individuazione dello *spazio dell'attore* in rapporto con quello del *personaggio* e con quello del *pubblico* porta all'inclusione dello spettatore stesso (il «personaggio in piú») nello spazio globale dell'opera scenica.

> Cosa aspetto in questo mio studio [...]: il segnale che dia il «chi di scena», il fatidico «primo... secondo», che manda su il sipario e scopre per il pubblico la realtà costruita, e per l'attore la finzione reale. [...] Con la mia immaginazione cerco di mettere uno spettatore in ogni piccolo angolo della mia camera [...] E se scrivessi? Con il continuo stridio della penna, riuscirò [...] a rivedere i mille volti?[3].

---

[1] Citiamo dal bel libro di Fabrizio Cruciani, *Lo spazio del teatro*, Laterza, Roma-Bari 1992. Lo «spazio delle rappresentazioni» ha per Cruciani una storia non omogenea a quella del cosiddetto «teatro all'italiana», si definisce anzi «per differenziazione», ed è gestito prevalentemente dal «teatro dei professionisti» (come per esempio il teatro elisabettiano, il teatro spagnolo del Siglo de Oro, il teatro dei nostri comici dell'Arte).

[2] Ivi, p.179.

[3] Eduardo De Filippo, *Primo... secondo (Aspetto il segnale)*, in «Il Dramma», n.240, 1936; ora in *Eduardo, polemiche, pensieri, pagine inedite* cit., p. 121.

Con questo passo egli ci inizia e ci fa assistere alla drammaturgica seduta spiritica che ha favorito l'incontro – nel suo laboratorio teatrale – fra *oralità* e *scrittura*, fra una cultura che predilige la mimica e il gesto, i valori fonici e sonori della parola, e un'altra che, della parola, privilegia il significato e anche l'aspetto letterario. Se la civiltà teatrale del nostro secolo ha riscoperto sintomatici incroci fra le due culture, a maggior ragione li ha riscoperti il teatro di Eduardo. Il suo rapporto naturale e ambivalente fra tradizione e innovazione lo ha reso capace di evocare mediante un processo fisico – nella funzione di un personaggio invisibile o come elemento di una originale scenografia – lo spettatore. Troveremo il palcoscenico prolungato e inclinato verso la platea, che attraverso un balcone obliquo rispecchia la presenza del Professor Santanna in *Questi fantasmi!*, o assisteremo alla trasformazione del pubblico in mare in *La grande magia*. Ma nella previsione eduardiana di uno spettacolo si può riconoscere l'invenzione di uno spazio anche attraverso il movimento degli attori-personaggi: un movimento in cui gesto e voce o mancanza della voce sono le punte estreme di un conflitto, che gesto, voce o afasia svelano.

Quindi la scena di Eduardo è capace di movimentare il palcoscenico (dato) perforandolo o ritagliandovi piccoli spazi: la *cameretta* ricavata col *tramezzo* in cui Gennaro Jovine si guadagna un *angolo* dello *stanzone lercio e affumicato* di *Napoli milionaria!*; il *mezzanino* costruito *alla buona* e difeso da una *tenda*, dall'alto del quale lo Zi' Nicola di *Le voci di dentro* spara i suoi colpi di fuochista fantasioso e i suoi materialissimi sputi; il *balcone* dove, *beato, consuma all'aperto il suo pasto* il vecchio Antonio Piscopo di *Sabato, domenica e lunedí*. Questi rifugi dell'antieroe eduardiano corrispondono alla psicologia individuale e artistica del loro creatore, se egli si farà costruire sul set televisivo delle sue commedie una singolare cabina di regia: «il suo sgabuzzino, messo su di fortuna con una catinella da cui pende un velluto di scena, un tramezzo, due sedie e un monitor Barco»[1]. Ma quegli spazi ristretti esistono soprattutto in quanto vi agiscono grandi personaggi: in modo che la recitazione, piú che messinscena in sé, sia sviluppo di forti energie da offrire al pensiero («In teatro la parola, l'incanto, l'inventiva contano infinitamente piú di una messa in scena grandiosa, perfetta»[2]).

Ciò è possibile appunto perché Eduardo non è soltanto un au-

[1] Gerardo Guerrieri, *Pagine di teatro*, in «Teatro e Storia», V, n. 1, aprile 1990.
[2] Eduardo De Filippo, in *Eduardo, polemiche, pensieri, pagine inedite* cit., p. 164.

tore che scrive a partire dalla scena, ma anche un capocomico che
scrive a partire dalla compagnia. Sia nel «Teatro Umoristico I De
Filippo» che nel «Teatro di Eduardo» (con e senza Titina) egli lavora su se stesso, su e con gli altri attori di cui conosce i ruoli e le
possibilità espressive[1]. Scrive perfino per farsi perdonare da un attore una parte modesta nella commedia precedente: per sua sorella
Titina scriverà *Filumena Marturano*, dopo averla sacrificata in *Questi fantasmi!* nella parte della moglie abbandonata (che ha una sola
scena) perché era troppo anziana per fare la moglie infedele del
protagonista e inadatta alla follia comica della sorella del portiere,
disegnata sulle qualità di Tina Pica.

Egli scrive per dei corpi precisi: anche se poi questi corpi cambiano, la costruzione scritta conserva le tracce della persona del-
l'attore, di un modo di parlare suo proprio (la conquista della parola può essere anche una conquista del corpo). Pensiamo appunto alla Filumena cucita addosso a Titina, anche per la particolare qua-
lificazione del suo linguaggio verbale. È l'unica donna protagonista
del teatro di Eduardo[2]; perciò la forza del personaggio sta nella
sua mescolanza di caratteristiche maschili e femminili generalmen-
te separate nel teatro dell'autore: la caparbietà e l'accortezza, l'*o-
stinazione* contro tutto e contro tutti, nel perseguire la propria visione del mondo, e il *senso della realtà*, che non le manca mai. Ciò
è significato proprio dal linguaggio: nei potenti *monologhi* che segnano atto per atto lo svolgimento dell'opera, scandito dalle successive trasformazioni del *leit-motiv* della protagonista («'E figlie
so' ffiglie!») Monologhi al femminile: nel senso che non comunicano attraverso la disquisizione e il cavillo, le armi d' «'o munno ca
se defende c' 'a carta e c' 'a penna», ma con la suggestione e la forza delle immagini. Lingua e personaggio diventano tutt'uno: non
solo perché Filumena è «analfabeta» e parla «napoletano», ma anche perché attraverso la sua voce, la «voce» di Titina che Eduardo
aveva «nell'orecchio»[3], il dialetto acquista il senso e la potenza di
una *lingua contro*, della *lingua vera*.

[1] Per dirla con Isabella Quarantotti De Filippo, Eduardo «amministrava
la scrittura come un padre di una famiglia numerosa amministra il suo patrimonio: quest'anno il maggiore ha bisogno di un paio di scarpe? L'anno prossimo
si penserà al cappotto della più piccola» (testimonianza resa a Maurizio Giammusso, in *Vita di Eduardo* cit., p. 186).

[2] «Scrissi *Filumena* per mia sorella Titina. Ella era un po' avvilita […], il
vero successo alla ribalta, diceva, è sempre riservato all'uomo, al primo attore»
(Eduardo De Filippo, cit. da Sergio Lori, *Intervista con il grande autore-attore
napoletano*, in «Roma», 7 maggio 1969).

[3] Durante le prove che seguono il debutto insoddisfacente di *Filumena*

Eduardo scrive anche sotto la spinta delle rappresentazioni da fare, del ciclo di recite da concludere, di un contratto da rispettare; è addirittura capace di scrivere una commedia nuova per sopperire alla mancanza di un attore. *Le voci di dentro* gli venne da qualche ripostiglio della memoria praticamente in tempo di prova («Appena finita una scena [...] nel giro di due ore le pagine erano al Teatro Nuovo, dove si provava senza neppure una lettura preliminare [...] e, naturalmente, senza il personaggio principale che ero io, costretto al tavolino per quella massacrante maratona»[1]) per essere rappresentata al posto di *La grande magia*, che non poteva piú andare in scena senza Titina (colta da malore). Anche queste competenze gli derivano dal lontano apprendistato comico, oltre che dalla continua pratica del palcoscenico; un apprendistato che, anche nel campo della scrittura, implica l'appropriazione di un patrimonio di parti attoriche e di testi, resi anonimi dall'uso collettivo come nella tradizione orale, e di cui il genio individuale che li reinventa diviene il modello originale.

Io ho scritto per necessità, per pratica del palcoscenico, perché mi hanno fatto copiare continuamente copioni, mi hanno messo a scrivere, e quindi mi sono impadronito della tecnica. Ho fatto scuola ricopiando commedie, portando a termine commedie brutte, commedie buone, o commedie false, che non corrispondevano alle mie idee. Quindi sugli errori degli altri mi sono curato io[2]:

dirà il maestro ai suoi allievi di drammaturgia; rievocando addirittura un tirocinio di tipo alfieriano cui lo avrebbe obbligato il padre Scarpetta: «legato ad una sedia due ore al giorno. "Oggi copia Bracco" diceva "domani Viviani". E io stavo lí con i calli alle mani, le dita tutte macchiate d'inchiostro»[3].

Marturano al Politeama di Napoli (il 7 novembre 1946) e precedono il debutto trionfale della commedia all'Eliseo di Roma (l'8 gennaio del 1947), Eduardo avrebbe detto a Titina: «Se ho scritto questa commedia è perché mi fidavo di te, perché avevo la tua voce nell'orecchio [...]: fa' come credi, ti lascio libera, recita pure come ti pare!» (cfr. Augusto Carloni, *Titina De Filippo*, Rusconi, Milano 1984, p. 130).

[1] Eduardo De Filippo, cit. da Renzo Nissim, *Eduardo: come ho scritto una commedia in una settimana*, in «Il Tempo», 13 luglio 1983.

[2] Eduardo De Filippo, *Lezioni di teatro* cit., p. 135.

[3] Eduardo De Filippo, cit. da Fiorenza Di Franco, *Eduardo da scugnizzo a senatore*, Laterza, Bari 1983, p. 7. Anche se sulla completa veridicità dell'aneddoto permangono dubbi (a causa della citazione di Viviani) possiamo trovarvi un riscontro, fattuale e collettivo, legato al vissuto dell'attore; si veda in proposito Claudio Meldolesi, *L'attore, le sue fonti e i suoi orizzonti*, in «Teatro e

Tale pratica (che ancora appartiene all'epoca e all'ambiente in cui Eduardo nasce) implica anche la riscrittura di un testo rimaneggiando l'idea iniziale[1]: per sopprimere un personaggio se manca l'attore, per marcare o alleggerire una caratterizzazione se l'attore cambia, per trasformare una fine d'atto se si decide di ricomporre la drammaturgia in base alle esigenze della compagnia, alle occasioni dello spettacolo, alle variazioni del pubblico. L'uso tradizionale delle riduzioni o degli ampliamenti incide indubbiamente sulla biografia a tappe di *Natale in casa Cupiello*. L'opera nasce nel 1931 come atto unico (il secondo attuale) per il debutto dei De Filippo nell'avanspettacolo; cresce per l'aggiunta del primo atto intorno al '32-33 (quando la Compagnia Umoristica è passata al Sannazzaro), e si sviluppa forse del tutto nel '43 con la stesura definitiva del terzo atto o epilogo.

Ma questa biografia testuale, di per sé problematica quanto alle date[2], diventa tanto piú intrigante se assumiamo il punto di vista delle edizioni e delle loro varianti. La prima edizione della commedia, nella *Cantata dei giorni dispari* del 1959, presenta una versione diversa da quella che appare nella *Cantata* del 1979, riveduta dall'autore. La prima, piú sintetica e caratterizzata da una piú marcata dialettalità nel linguaggio, fu ricostruita a memoria da Eduardo e Titina (che avevano perso il copione originario) nell'urgenza della pubblicazione della *Cantata*[3]; la seconda, che amplia battute e didascalie, aggiungendo episodi sul versante comico e su quello drammatico, è stata riscritta per intero dal solo Eduardo e può apparire quindi piú letteraria. Eppure è lecito supporre che abbia influito su questa ricomposizione della sua scrittura la messinscena

Storia», IV, n. 2, ottobre 1989. Comunque, nel discorso cit. per il conferimento della laurea *honoris causa* dell'Università di Roma, Eduardo conferma: «Ricordo che mio padre, Eduardo Scarpetta, mi regalò una scrivania per invogliarmi a copiare i testi teatrali, a dieci pagine al giorno. Cosí fu che copiando commedie, farse e tragedie, a poco a poco, copia oggi copia domani, finii per capire il taglio di una scena, il ritmo dei dialoghi, la durata giusta per un atto unico, per due, per tre atti» (18 novembre 1980).

[1] Nella composizione bisogna procedere dall'«idea» alla scrittura del «soggetto», alla «scaletta» (lo «sceneggio») e «solo dopo dialogare»; il dialogo è «la fase definitiva della commedia» (Eduardo De Filippo, *Lezioni di teatro* cit., p. 30).

[2] Per la questione della cronologia del *Natale* si rimanda alla *Nota storico-critica* che precede il testo (ma si veda già il nostro libro *Eduardo drammaturgo* cit., pp. 119-20).

[3] Cosí ci ha raccontato Isabella Quarantotti De Filippo nel corso di una conversazione a Roma nel 1987.

televisiva del 1977, con le esigenze di italianizzazione linguistica indotte dal mezzo[1]; anche se, già alla sua ripresa teatrale del 1976, Tian osservava: «forse perché l'abbiamo rivista in una edizione nella quale Eduardo mostra di aver sublimato nello stesso tempo interpretazione e regia, ci sembra che questa commedia non sia piú necessariamente legata alla sua condizione di "napoletana"»[2].

Perciò i testi eduardiani, se dal punto di vista dello scrittore «per» il teatro[3] sono preventivi («un'idea [...] valida, con il tempo matura, migliora e allora la commedia si sviluppa come testo e anche come teatro, come spettacolo completo, messo in scena e recitato nei minimi particolari»), dal punto di vista delle loro stesse edizioni appaiono consuntivi e possono interessare anche «il lettore» (quando «l'autore ha saputo esprimersi»)[4]. Nell'atto della scrittura l'attore-autore-regista ha cercato di predisporre l'incontro fra testo e rappresentazione, ma poi con un atto drammaturgico globale ha ricondensato sulla pagina l'impasto fra i molteplici codici del teatro. In questo senso la sua è una *scrittura scenica*: getta un ponte mobile fra i diversi linguaggi, come fra lingua e dialetto, e non abbandona mai gli apporti dell'oralità, anzi li significa meglio e li valorizza. Intreccia l'aspetto verbale dell'opera, le battute dei personaggi, dietro ai quali si intravvedono i corpi degli attori (comici popolari e attrici di valore come Titina, Tina Pica, Pupella

---

[1] Di *Natale in casa Cupiello* si hanno due edizioni Tv per la regia di Eduardo: la prima trasmessa il 15 gennaio 1962 (Raiuno); la seconda, alla quale facciamo riferimento, trasmessa per la prima volta il 25 dicembre 1977 (Raiuno).

[2] Renzo Tian, *Natale in casa Cupiello*, in «Il Messaggero», Roma, 7 maggio 1976.

[3] Eduardo appartiene indubbiamente alla categoria di autori drammatici individuata da Livio: quelli che nell'atto di stendere le loro opere tengono conto del «linguaggio della scena del loro tempo» e, pur volendolo cambiare o rendere piú funzionale alla loro poetica dello spettacolo, «questo linguaggio inscri[vono] all'interno del [loro] testo» (Gigi Livio, *La scrittura drammatica. Teoria e pratica esegetica*, Mursia, Milano 1992, p. 9).

[4] Eduardo De Filippo, *Nota* introduttiva a *I capolavori di Eduardo* cit., p. IX. Il lettore non è certamente il destinatario del testo drammaturgico (com'è invece del testo letterario puro); il testo drammaturgico non è destinato che alla lettura di chi lo metterà in scena (attori e regista). Tuttavia, con l'invenzione della stampa, il copione diventa anche libro, e quindi nell'età moderna le battute e soprattutto le didascalie possono guidare o sollecitare anche la messinscena fantastica del lettore. Eduardo ne è consapevole; non a caso, quando tolse dal cartellone (per una vicenda piú di «autocensura» che di censura vera e propria) *L'arte della commedia*, la pubblicò subito dopo, con una avvertenza in cui delegava al «lettore» (in attesa di poterlo fare con lo «spettatore») il compito di giudicare l'opera. Cfr. Anna Barsotti, *Eduardo drammaturgo* cit., p. 469.

Maggio, Regina Bianchi)[1], con le indicazioni perentorie delle didascalie, che si precisano o si ampliano progressivamente. Specialmente le didascalie, attraverso le quali il creatore dell'opera parla
in prima persona[2], non si rivolgono soltanto come istruzioni per
l'uso agli interpreti e ai registi del futuro, nel tentativo di ridurre
al minimo l'ineluttabile tradimento della messa in scena, ma recano appunto le tracce di ambienti e movimenti, espressioni e am-
miccamenti, gesti, suoni, alterazioni o vuoti della voce, che hanno
formato nel tempo la mobile realtà delle messinscene di Eduardo.

Anche per ciò la sua drammaturgia è quanto di piú vicino si
possa immaginare a una *drammaturgia della prova*. Non pensiamo
soltanto all'emblematica scena delle prove nel primo atto di *Uomo
e galantuomo*, che si arricchisce della lezione sull'arte del suggeri-
tore nell'edizione '79 della *Cantata dei giorni pari*[3]; la prova assume, come abbiamo visto, anche un valore compositivo: «Il terzo
atto di *Napoli milionaria!* l'ho scritto tre volte e la terza è stata dopo che era già andata in scena»[4]. C'è in Eduardo la volontà di fare teatro in senso completo, ma la prima e le repliche di una sua
commedia *non finiscono mai* lo spettacolo. C'è il testo, che però è
quasi inesauribile perché richiede continui ritorni; c'è il metodo di
lavoro, la cui regola richiede tuttavia di andare oltre le sue stesse
regole[5]; c'è la scena, ma è come se fosse un altro luogo, con piccoli
spazi ricavati al suo interno che movimentano e trasformano quello dei grandi palcoscenici all'italiana; c'è il tempo, ma un tempo
fittizio, creato e accettato come fosse un altro tempo, un tempo ci-
clico, fatto di momenti che funzionano come altalene fra passato e
futuro. È un tempo di raccolta dei momenti attorici, delle parti

---

[1] «Se il prossimo libro su Eduardo, – scrive Meldolesi, – non si dimenti-
cherà le sue "spalle", si riuscirà certamente a capire qualcosa di piú sul conto
del maestro» (Claudio Meldolesi; *Gesti parole e cose dialettali* cit., p. 141).

[2] Si veda in proposito Anne Ubersfeld, *Lire le théâtre*, Edition Sociales,
Paris 1977; poi *Theatrikón. Leggere il teatro*, trad. it. Edizioni Universitarie La
Goliardica, Roma 1984.

[3] Quindi dopo la messinscena Tv della commedia da parte di Eduardo (26
dicembre 1975, Raidue), che rappresenta l'episodio per esteso, e dopo altre
messinscene in teatro, dal momento che una nota all'edizione '71 della stessa
Cantata (dove le varianti sono minime rispetto alla prima del '59) avverte che
esiste del testo «una versione piú completa, con brani a soggetto riportati per
intero, pubblicata nel 1966, nella "Collezione di teatro" Einaudi, diretta da
Paolo Grassi e Gerardo Guerrieri».

[4] Eduardo De Filippo, *Lezioni di teatro* cit., p. 30.

[5] Per Eduardo si può apprendere una «tecnica» ovvero «la parte artigia-
nale del lavoro di un commediografo», ma «il teatro non ha una tecnica rigida,
non l'ha mai avuta» (ivi, p. 55).

come «concentrati di storie» incarnate dagli attori: a partire dal corpo stesso di Eduardo, e da quelli di Peppino e Titina... che gli resteranno nella memoria scenica anche quando scompariranno dalla compagnia.

Quindi il romanzo teatrale eduardiano, il *corpus* delle Cantate, è un'opera compiuta-incompiuta, la cui lettura si compie nell'incompiutezza, sempre in sospeso, sempre da ricominciare, perché trova i suoi oggetti continuamente rilanciati in una vertiginosa rotazione. La drammaturgia parallela che Eduardo ha dato alle stampe va intesa in termini diversi dalla letteratura drammatica preventiva: è appunto una *testualità consuntiva* che sintetizza l'esperienza teatrale in un quadro ricco di tracce scenotecniche, le quali possono collaborare all'*immaginazione materiale* dei suoi spettacoli. Attore per destino e drammaturgo e regista per conseguenza, oltre che per vocazione, Eduardo traspone la compiutezza-incompiutezza del suo triplice ruolo nel suo modello teatrale: nella cornice del suo romanzo scenico i testi-rappresentazione si collocano come realtà del teatro che trascorre, trascorso ma anche da ricominciare ogni volta da capo.

Anche l'«architettura» delle sue commedie è tale da simulare, con un «gioco simbolico», ciò che non è organizzato, la «vita che continua». Il suo obiettivo era creare una struttura che fosse recepita come mancanza di struttura; ma proprio per provocare nel pubblico (interlocutore e antagonista) l'impressione di naturalezza, sui piani della lingua parlata e del gesto o delle sorprese nell'intreccio, bisognava che la sua drammaturgia fosse notevolmente complessa e comprendesse la contemporanea possibilità di molti «punti di vista». Raccomanderà ai suoi allievi: «dobbiamo generalizzare l'idea [...], perché possa arrivare poi al pubblico. [...] La prima cosa è il distacco da quello che uno deve scrivere»[1]; ancora il distacco, nell'«arte della commedia» come nell'«arte della recitazione». Ecco perché le sue sono opere infinitamente ripensabili, ma grazie a un movimento che le trascende: si sviluppano come testo e come spettacolo, eppure sono predisposte a sempre nuove conversazioni, con altro pubblico, con altri interpreti, traducibili sulle scene del mondo e trasmissibili nel tempo grande...

Pensiamo appunto a una «commedia storica» come *Napoli milionaria!*, il cui debutto nel 1945 fa da spartiacque al romanzo teatrale eduardiano. «Ha da passa' 'a nuttata». E *dicendo questa ultima battuta* il protagonista *riprende posto accanto al tavolo come in*

---

[1] Eduardo De Filippo, *Lezioni di teatro* cit., pp. 35-37.

attesa, ma fiducioso (did., atto III): proprio in quella battuta, sospesa sulla fine dell'opera, vibra l'eco della speranza in una palingene-
si morale, non solo storica e sociale, che animava il nostro risveglio
dagli anni bui del fascismo e della guerra. Attesa, *allora* fiduciosa,
del superamento d'ogni «nuttata». Eppure la stessa battuta divenuta proverbiale, ma già interpretata *non* fiduciosamente da
Eduardo-attore nella sua messinscena televisiva del 1962[1], viene
espunta dall'autore stesso nel libretto del melodramma spoletiano
del 1977[2]; per poi svuotarsi di senso storico nell'edizione teatrale
della commedia da parte di Peppino Patroni Griffi nel 1993. Qui
il *pater familias* Gennaro Jovine, impersonato da Carlo Giuffrè, appare chiuso in un suo accigliato tormento, straniato non solo a causa della guerra e di una diversa tempra morale, mentre al suo fianco ingigantisce il personaggio della moglie antagonista, Amalia, incarnata da Isa Danieli, «scatenata e introversa nella sua frenesia
quasi animale di sopravvivere a tutti i costi e alle migliori condizioni possibili»[3]. D'altra parte sulla storia del testo e delle sue messinscene non agisce soltanto il *sentimento del tempo* dell'attore-
autore-regista o dei suoi successivi interpreti nei confronti della
mentalità del pubblico; funziona anche l'*ambiguità strutturale* del
teatro eduardiano, che nei *finali* specialmente consente di capovol-

----

[1] Facciamo riferimento alla messinscena Tv, registrata in studio per la regia di Eduardo e trasmessa la prima volta il 22 gennaio 1962 (Raiuno). Nell'ultimo atto, prevale nell'interpretazione eduardiana del protagonista il *codice del
silenzio*: scompare la *maschera*, quella addetta (nella mimica dell'attore) all'effetto del distacco comico, e resta il *volto*; un volto umano ma non cordiale, non
più complice, né particolarmente mobile, tranne lo sguardo, attento, vigile, cir-
cospetto. E il volto dell'attore quando è serio è cattivo, con sfumature verso l'i-
ronia e il sarcasmo; Eduardo recita quasi sempre dando le spalle ai suoi interlocutori scenici, a fronte dello spettatore. Un atteggiamento, un volto, uno
sguardo che sostanzialmente non mutano neppure quando l'attore pronuncia
l'ultima battuta (appunto non *fiducioso* come nella didascalia).

[2] Nel libretto per l'opera *Napoli milionaria!* di Nino Rota (rappresentata il
22 giugno 1977, in occasione della XX edizione del Festival dei Due Mondi di
Spoleto) Eduardo tolse appunto la battuta finale, per significare che ancora,
nel '77, «'a nuttata» non era passata. Cfr. E. Mo, *Eduardo cambia il finale del
testo: «Napoli milionaria» diventa disperata*, in «Corriere della Sera», 19 giugno
1977.

[3] Franco Quadri, *Il tormento di Giuffrè. La nuttata di Eduardo secondo Patroni Griffi*, in «la Repubblica», 20 maggio 1993. Ricordiamo comunque il
commento di un recensore anonimo al debutto romano della commedia, al Salone Margherita, il 31 marzo 1945, a proposito dell'interpretazione che Titina
dava di Amalia: «Titina ha creato una figura indimenticabile di "nuova ricca"»
(in «Il Messaggero», 1° aprile 1945).

gere la visione del mondo espressa da un'opera, magari sottraendo al testo scritto una battuta o una didascalia (come Eduardo stesso faceva nelle sue varie interpretazioni e regie).

Napoli milionaria! è comunque un «testo di frontiera». Con la sua prima rappresentazione al San Carlo di Napoli cala il sipario sulla *Cantata dei giorni pari* per riaprirsi sulla *Cantata dei giorni dispari*: subito dopo che dalla rottura della «Compagnia Umoristica I De Filippo», provocata dalla traumatica fuga di Peppino, era nato «Il Teatro di Eduardo» (con Titina De Filippo). Il clima delle Cantate muta sotto l'infuriare della «bufera» bellica, di quella «guerra mondiale, spietata, bestiale, inutile» che impedisce al Cantastorie teatrale di ricorrere soltanto alla fantasia comica per illustrare le avventure e le disavventure della sua città: una città trasformata in palcoscenico della distruzione materiale e della dissoluzione morale del paese[1]. Ma alla *disparità* della nuova *Cantata* concorre anche l'emancipazione di Eduardo dalle esigenze plurali e paritarie di una compagnia come «I De Filippo», che lo vincolava alla vocazione da mamo *sui generis* di Peppino e alle sue aspirazioni di riformatore all'interno della «commedia napoletana».

A partire da questi eventi storici e teatrali, il conflitto tra individuo e società si manifesta nella drammaturgia di Eduardo come opposizione fra un *personaggio-protagonista*, legato a valori ai quali non sa o non vuole rinunciare, e il *coro-antagonista* dei famigliari, dei vicini, degli amici, che quei valori o ignora o rifiuta. L'Immaginario dell'autore è sostanzialmente polemico, incentrato sul tropo dell'antitesi, ma recupera e rilancia in forme novecentesche il principio della conflittualità come presupposto del genere teatrale. Perciò la stessa opposizione diventa, con sempre maggiore consapevolezza nella *Cantata dei giorni dispari*, crisi del dialogo, divaricazione fra il *codice privato* del Protagonista e il *linguaggio comune* di quell'Antagonista collettivo che arriverà a capovolgere talvolta, dolorosamente, il mito eduardiano della solidarietà e della comunicazione fra gli uomini.

Ma anche da questo punto di vista il singolare della nuova formula («Il Teatro di Eduardo») può alludere al nuovo percorso della compagnia capitanata dal solo Eduardo. Egli non è piú un attore

---

[1] In questo senso va intesa l'allocuzione di Eduardo al pubblico della rappresentazione romana, il 31 marzo 1945; egli non avrebbe piú fatto, semplicemente, del «teatro da ridere [...] ogni anno di guerra ha contato come un secolo della nostra vita di prima» (Eduardo De Filippo, cit. da Mario B. Mignone, *Il teatro di Eduardo. Critica sociale*, Trevi, Roma 1974, p. 11).

fra gli attori, un attore che recita la parte del protagonista: è Eduardo e contemporaneamente il protagonista. Di qui il rapporto di identificazione-distanziazione con il personaggio che crea e interpreta, allontanandolo da sé per poterlo «ogni volta» ricreare e reinterpretare «da capo»; non da solo, naturalmente, ma insieme e in rapporto agli altri attori-personaggi della sua compagnia.

Eduardo ricompone, a partire dalla conquista indiscussa del ruolo di *metteur en scène*, la totalità dell'autore-interprete-regista: si scrive da sé i suoi testi e diventa il *padrone della scena*[1]. Quei testi parleranno di lui, dei suoi ricordi e delle sue premonizioni, delle sue illusioni e delle sue disillusioni, dei suoi rapporti con gli altri che finiranno per coincidere (almeno in parte) con la storia di un'epoca e di una società; ma in quanto testi per il teatro alluderanno anche ai difficili rapporti nella vita di compagnia, dove gli attori possono contrapporsi l'un l'altro, ciascuno nel proprio linguaggio, però si trovano talvolta solidali, come l'antagonista-coro che interpretano, nella ribellione al capocomico-demiurgo che persegue il proprio sogno di «armonia collettiva». La scrittura scenica eduardiana rivela questa schizofrenia, io-mondo, che rispecchia un'opposizione rituale anche nel mondo del teatro; perciò «Il Teatro di Eduardo» significherà anche *teatro del protagonista*, il cui linguaggio si differenzia sempre (come vedremo) da quello degli altri attori-personaggi, nella *parola* come nel suo doppio agito, il *silenzio*.

Percorsi del romanzo.

Il romanzo teatrale eduardiano si suddivide dunque in due tempi principali: prima e dopo la *guerra*, prima e dopo la *trasformazione della compagnia* per cui l'autore scrive. Ma per la quantità e complessità degli episodi che lo compongono possiamo distinguervi alcuni filoni, storicamente e tematicamente riconoscibili, che ne chiariscono anche il percorso drammaturgico. Il tempo anteguerra (1920-42) inizia con le commedie piú legate alla tradizione dialettale dello spettacolo napoletano, da *Farmacia di turno* del '20 a *Quinto piano, ti saluto!* del '34; ma il farsesco della *lengua napolitana* (che offre piú facili occasioni al comico delle parole) si stempera già nell'ironia un po' malinconica, un po' acre che colpisce il con-

---

[1] Si veda, a proposito dei discussi rapporti fra testo e rappresentazione, il libro di Roberto Alonge, *Dal testo alla scena*, Tirrenia Stampatori, Torino 1984.

sunto *travet* di *Filosoficamente* (1928) o il mediocre possidente provinciale di *Chi è cchiú felice 'e me!* (1929). Infatti il primo tempo, la *Cantata dei giorni pari*, comprende anche le commedie cosiddette borghesi: cui non è certo estraneo l'incontro dei De Filippo con Pirandello (al Teatro Sannazzaro nel 1933), ma che rispondono anche all'esigenza personale di Eduardo di uscire dal circuito e dalla diffusione regionali per risalire (come gli raccomandava Bontempelli) «le vie d'Italia».

Fra il '35 e il '36 l'attore che scrive per la Compagnia Umoristica decide di arricchire il suo «capitale» con *Il berretto a sonagli*, combinandolo con la propria accumulazione di mestiere: il Ciampa eduardiano è memorabile, ossessivo e stralunato. Ma incomincia in questo periodo anche un altro apprendistato: la collaborazione fra Pirandello e Eduardo (dove il «vecchio» maestro rappresenta il «nuovo» teatro italiano) per fare una commedia di una delle piú secche novelle del primo, *L'abito nuovo*, aiuterà il giovane allievo nella ricerca di una personale identità di artista. Da colui che gli appare un «super-autore»[1] Eduardo impara a strutturare i suoi testi in tre atti, restando tuttavia fedele al suo originale processo creativo: alla drammaturgia delle attrazioni (i tre atti recitabili anche in modo indipendente) e al rapporto di intimità-estraneità dell'attore-autore con il personaggio. Rapporto che si sbilancia in senso critico proprio nei confronti della ricca borghesia napoletana, divenuta in questi anni materia del suo teatro: *Uno coi capelli bianchi* (1935) maschera una cattiveria inaudita per Eduardo; ma anche il suo atteggiamento verso gli ipocriti benefattori di *Io, l'erede* (1942) è privo di ogni residua complicità. Sono commedie giocate sull'*età* e sull'*eredità*, su *abiti vecchi* che è difficile gettare e su *abiti nuovi* che bisognerebbe inventare, dove la lingua italiana s'accampa come colore di fondo e significativamente come codice della falsificazione, mentre gli accenti dialettali ne rilevano i toni emotivi.

In queste prime tappe del percorso teatrale eduardiano può apparire istintivo o non ancora pienamente consapevole l'incontro fra i due strati culturali dell'*oralità* e della *scrittura*; ma appunto perciò il drammaturgo mostra di evadere, in alcune prove davvero felici, sia dagli schematismi della farsa che dalle tecniche convenzionali del dramma borghese. Si profila già il *leit-motiv* della *comu-*

---

[1] Cfr. Claudio Meldolesi, *La trinità di Eduardo: scrittura d'attore, mondo dialettale e teatro nazionale*, in *Fra Totò e Gadda. Sei invenzioni sprecate del teatro italiano*, Bulzoni, Roma 1987.

nicazione difficile. In *Ditegli sempre di sí*, commedia in due atti
scritta nel '27 per la compagnia del fratellastro Vincenzo (anche se
poi variata nella rappresentazione dei De Filippo), il motivo si ag-
gancia al problema concreto della pazzia, attraverso la fissazione
verbale del protagonista («C'è la parola adatta, perché non la possiamo usare?»); ma la contaminazione fra tradizione sancarliniana,
Scarpetta padre e teatro pirandelliano (o grottesco) trasforma il *re-
frain* comico-maniacale del pazzo in una specie di formula magica,
capace di smontare i giochetti di vanità, di ipocrisia e di egoismo,
che si celano dietro il parlar figurato dei cosiddetti normali[1]. Nel-
l'atto unico del '29, *Sik-Sik, l'artefice magico*, la crisi del dialogo si
innesta piú intimamente nel campo dell'*illusion comique*, regional-
mente incarnata, tuttavia, nel vissuto d'un artista da strapazzo.

Pazzi, fanciulli che non crescono mai o visionari, non sono che
varianti – nell'antropologia drammatica eduardiana – del primo
termine del conflitto fra individuo e società. A questa genía di spo-
stati appartiene naturalmente l'*attore*, uno che prova sulla propria
pelle il *dramma del passaggio* dalla vita alla scena e viceversa. Specialmente l'attore di infima categoria: il *tipo tradizionale dell'artista
guitto, povero, tormentato e... filosofo*, come ci viene incontro in
Sik-Sik, mascherato nei panni approssimativi del mestiere. Attraverso la patetica e ridicola *performance* di questo piccolo mago d'a-
vanspettacolo, che caparbiamente, contro le banali ma per lui tra-
giche difficoltà, vuole illudersi d'essere grande, l'attore-autore ci
offre una versione originale di teatro-nel-teatro (con *piccola marcia
d'occasione* che scandisce i due tempi dell'azione e mutamenti di
scena a vista). Il gioco fra lingua e dialetto, in bocca all'illusionista-
illuso, si traduce nelle forme storpiate d'un italiano pretenzioso ma
bastardo, che avvia alla sperimentazione espressionistica del linguaggio scenico. Infatti questo sognatore e costruttore di sogni (come poi l'infantile caparbio Luca Cupiello) trasforma la propria arte
in ragione di vita; risucchiato dai suoi giochi magici, si ostina a
proiettare la propria personalità in un immaginario linguaggio ele-
vato, di cui non avverte le grottesche contaminazioni. Il suo è dunque un *linguaggio privato*: quando si rivolge al *rispettabile pubblico*,
il pubblico non viene nemmeno rappresentato, gli rispondono soltanto, ma *come non dovrebbero*, le due "spalle" rivali Rafele e Nicola. L'allocuzione al pubblico diventa un lungo monologo che iso-

---

[1] Cfr. Guido Davico Bonino, *Ditegli sempre di sí*, in «La Stampa», 11 febbraio 1982.

la il protagonista, mentre invano, ma eroicamente, cerca di salvare con la manomissione verbale dei fatti la propria illusione.

Con l'ultima ripresa di questo *personaggio*, l'*autore* concluderà il suo percorso di *attore* (il 15 ottobre 1980 al Quirino di Roma). È significativo che nel testo (non particolarmente variato) le didascalie superino le approssimazioni del canovaccio e gli stessi limiti naturalistici, mostrandoci il carattere del protagonista secondo il punto di vista dell'autore. O meglio l'autore-attore, nei confronti del suo personaggio-attore, riesce a mettersi da una parte e dall'altra del *come se*: dalla parte dell'attore come personaggio, generatore di miti, e dalla parte dell'attore come persona, in carne ossa e anima. Non è un caso che Eduardo scelga come immagini dell'attore, quindi anche autoimmagini, i piú miseri viaggiatori della scena, il cui «terzo occhio» cade senza soluzione di continuità sui maledetti problemi del mestiere, sugli impacci sentimentali e famigliari, come sulle favole rappresentative. Prima ancora di Sik-Sik, diviso fra le preoccupazioni per la «spalla» mancante e poi malamente sostituita, la moglie incinta e la dignità del suo spettacolo, incontriamo Gennaro De Sia, l'affannato capocomico di *Uomo e galantuomo* (1922), combattuto fra le prove della commedia da rappresentare e gli incidenti di un mestiere che si prolunga come vita. Poi verranno Otto Marvuglia, che combina anche nel nome «grande magia» e piccoli giochi di prestigio, e Oreste Campese, capocomico girovago in cerca di dignità per l'«arte della commedia». Attori da secoli addestrati al trasformismo: capaci di portare nell'*abito* materiale e metaforico del mestiere i segni della diversità della *societas comicorum* rispetto a tutta la società civile.

D'altra parte anche *L'abito nuovo* (1936) allude a una maschera: però questa maschera ricco-borghese, ma disonorata, l'onesto Crispucci di Eduardo non la sopporterà. Nella rielaborazione dello «scenario» suggeritogli da Pirandello, il giovane attore-autore dimostra la propria capacità di autonomia; forse perciò il maestro gli aveva proposto di scrivere insieme i dialoghi: «il personaggio centrale parlerà con le sue parole, e allora sarà piú vivo piú reale!»[1]. Proprio dall'innesto di «puro sangue partenopeo» nella «tragedia sicula» di Pirandello[2] emergono i tratti originali di Eduardo, e non solo per la diversa connotazione del protagonista. Nel passag-

---

[1] Eduardo De Filippo, *Il giuoco delle parti*, in aa.vv., *Eduardo De Filippo e il Teatro San Ferdinando*, Edizioni Teatro San Ferdinando, Napoli 1954.
[2] Alberto Savinio, *L'abito nuovo*, in «Omnibus», 26 giugno 1937; ora in *Palchetti romani*, Adelphi, Milano 1982, pp. 73-75.

gio *dalla pagina alla scena* l'introversione del *travet* della novella si rovescia nel suo contrario: il Crispucci della commedia sfoga sempre le proprie passioni e frustrazioni con rabbia, e si ribella clamorosamente alla parte di «erede cornuto» impostagli dall'ipocrisia del mondo o dal buon senso comune. Ma colpisce soprattutto il *diverso finale*: alla battuta amaramente sardonica, eppure rassegnata, del Crispucci narrato («Wagon Restaurant!») subentra quella fragorosamente letale del suo Sosia scenico («'A morte d' 'o curnuto»). In quel finale da grottesca tragedia, Savinio coglieva il «gioco» eduardiano del «grande attore»: condotto per tre atti attraverso uno scambio di «dramma interno» e di «dramma esterno», ma che in quel «tac» orrendo, nello stacco fra vita e morte, toccava il suo «punto supremo»[1]. D'altra parte Eduardo compie anche un'operazione registica moderna: dimostra che dare espressione a ciò che nel racconto appartiene al campo dell'inespresso non significa soltanto teatralizzare, ma reinterpretare e persino rovesciare il senso ultimo di un testo. Il corpo carnevalesco e la bizzarra *clownerie* verbale dell'ultimo Crispucci («Redite...! Forte, forte! Accussí!») preludono al suo impietrimento, preparando alla folgorazione di una morte fisica, ma non morale, che colpisce chi a quell'*abito nuovo-maschera vecchia* si ribella fino in fondo.

Alla fine, il laboratorio eduardiano anteguerra non mostra soltanto un'alternanza sperimentale fra tradizione e innovazione, ma anche potenzialità di incontro e di mutuo scambio. Per Eduardo la tradizione contiene elementi innovativi[2], mentre per Peppino gli stessi elementi servono a perfezionare un'arte che non vuole superare i suoi limiti: «Stimavo e veneravo Pirandello; però ritenevo sbagliato sacrificare il nostro repertorio. Mio fratello invece la pensava diversamente»[3]. Suo fratello pensava che tutto potesse coesistere: «Pirandello, la creatività attorica e la tradizione dialettale napoletana»[4]. Perciò nella stessa *Cantata* in cui la parabola sarcastica di *Io, l'erede* chiude l'illusione dei *giorni pari* si incontra una fiaba napoletana a lieto fine, *Non ti pago* del 1940.

In *Io, l'erede* il motivo dell'estraneo, sopraggiunto a levar la maschera all'ipocrisia borghese, assume cadenze pirandelliane soprattutto nei monologhi sofistici dell'enigmatico *deus ex machina*, che

[1] *Ibidem*.
[2] Cfr. Franca Angelini, *Eduardo negli anni Trenta: abiti vecchi e nuovi*, in «Ariel», III, n. 3, settembre-dicembre 1988; poi in *Serafino e la tigre*, Marsilio, Venezia 1990, pp. 233-48.
[3] Peppino De Filippo, in «Gente», 15 gennaio 1978.
[4] Claudio Meldolesi, in *La trinità di Eduardo* cit., p. 70.

dissolve anziché risolvere. Anche in *Non ti pago* è questione di eredità: ma i giochi fra sogno e realtà, spirito e materia, si organizzano intorno a un motivo-chiave della cultura e della teatralità di Napoli, il *delirio da gioco del lotto*. Questo tipico commercio dei sogni partenopeo domina l'esistenza di tutti i personaggi della commedia, che comprende sia i vivi che i morti. È anche un racconto di fantasmi che aggiorna l'antico motivo della «successione». Dietro l'ostinazione del protagonista a non cedere la figlia (e il biglietto vincente) al giovane troppo fortunato che aspira «con le nozze» a succedergli, traspare l'arcaica «paura del genero»: la resistenza di questo «re», padrone del «banco lotto» per diritto ereditario, a trasmettere il potere allo sposo della figlia, un «estraneo»[1]. Ma la pazzia di don Ferdinando, che vorrebbe portare in tribunale l'anima del padre morto, non è che un granello di quella generale d'un ambiente che sostiene il diritto legale del Bertolini (l'intruso) a incassare il premio del biglietto (e del sogno) conteso. Alla fine il vecchio re resterà in vita e in carica, restaurando il suo potere patriarcale, anche se dovrà condividere col genero (acconsentendo alle nozze e donando come dote alla figlia i milioni della vincita...) il proprio regno. C'è sempre nei vecchi eduardiani, anche nei piú simpatici, una certa protervia come gelosa difesa dei privilegi acquisiti con l'età e l'esperienza: e la messa in scena d'autore continuerà a premere sul tasto dell'«ambiguità» o della «incolpevole cattiveria» del protagonista[2]. Ma anche in questa *commedia* di costume, sulla cui *tragicità* di fondo Eduardo seguita a insistere, il sorriso e il riso non investono tanto la visione del mondo popolare-arcaica dei suoi napoletani veraci (di quelli che non parlano italiano, ancora lingua della falsificazione). Il comico è provocato piuttosto dall'idea «paradossale» di un contenzioso spiritico-giuridico sulla proprietà dei sogni!

[1] Cfr. Vladimir Ja. Propp, *Edipo alla luce del folclore*, trad. it. Einaudi, Torino 1975. Nella commedia di Eduardo la ripresa di questo motivo archetipico non è certo cosciente; si tratta di quegli «elementi vivi» che nelle tradizioni di un popolo passano e si trasformano di tempo in tempo, da un genere all'altro. (Cfr. Michail Bachtin, *Risposta a una domanda della redazione di «Novyj Mir»*, trad. it. in «Il Ponte», nn. 11-12, 1979).

[2] Per una ripresa della commedia, Prosperi scrive: «Eduardo ha interpretato Ferdinando Quagliuolo con una ambiguità prodigiosa, mai lasciando scoprire il limite [...] tra follia e simulazione, esibizionismo e delirio» (Giorgio Prosperi, *Non ti pago*, in «Il Tempo», 5 dicembre 1962); mentre Tian osserva che Eduardo «ha fatto ritrovare al personaggio [...] tutta la sua amara e incolpevole cattiveria, tutta la sua raziocinante assurdità» (Renzo Tian, *Non ti pago*, in «Il Messaggero», 5 dicembre 1962).

D'altra parte nell'itinerario del nostro artista «in cerca», che aspira a «un teatro senza confini», *Natale in casa Cupiello* rappresenta il testo-ponte verso la sua drammaturgia piú impegnata o matura. Come si è accennato, motivi legati al difficile equilibrio fra i due De Filippo, nella vita e sulla scena, e motivi interni allo sviluppo della poetica del fratello maggiore confluiscono nella lunga elaborazione dell'opera; la cui singolare biografia trova significativi riscontri nel suo sistema compositivo. Il secondo atto (il primo che Eduardo scrive per il debutto dei De Filippo al Kursaal) presenta fattori di maggiore dinamismo melodrammatico e farsesco. La scena della sfida fra il marito e l'amante di Ninuccia deve molto alle tradizionali «sceneggiate». Ma gli aspetti piú platealmente regionalistici dell'atto, anche sul versante comico (pensiamo alla lettera natalizia di Peppino-Nennillo), vengono riassorbiti e resi diversamente funzionali dal complesso movimento d'insieme. Nella prospettiva dell'organismo drammaturgico completo, l'atto secondo diventa l'episodio-cardine fra il prologo e l'epilogo della tragicommedia di un «antieroe», Luca Cupiello, votato fino alla morte alla costruzione del suo «presepio» materiale e simbolico, rituale ma anche famigliare e sociale.

L'architettura stessa dell'opera predispone la centralità di un *personaggio* che riemergerà con forza dagli episodi della *Cantata* successiva: in varie metamorfosi sceniche ma sempre in un rapporto di *ambigua intimità* con il suo *attautore*. È come la reincarnazione di una maschera umana – anche se Eduardo finirà per avere due buchi al posto delle guance – che soffre in modi progressivamente piú coscienti uno stesso *dramma della solitudine*. Proprio la sua mania per il presepio distrae ed esclude Luca Cupiello dal mondo circostante, trasformando anche il suo linguaggio in un «parlare speciale»; a partire da quello scambio di battute fra padre e figlio («Te piace 'o presebbio, è ove'» – «Non mi piace») che supera via via il farsesco «diavolo a molla» fra caratteri ostinati, per esprimere una divaricazione di codici fondata su opposte gerarchie di valori. È importante come l'attore che interpreta Nennillo pronunci, alla fine, il sospirato «sí» alla provocazione *in extremis* del padre; ma comunque appaia quel consenso – convinto o soltanto pietoso – Lucariello potrà sempre, come tutti i grandi visionari, *disperdere lo sguardo lontano [...] per inseguire una visione incantevole: un Presepe grande come il mondo...* (did., atto III). Il *Natale* è anche una commedia sulla *memoria* e sulla possibilità di trasmettere sentimenti e cultura da una generazione all'altra.

Un senso mitologico d'autore, quello dell'artefice trinitario, resta profondamente inscritto nel testo, anche se nei *finali doppi* è predisposta la traducibilità futura delle Cantate. Ripensiamo al finale di *Napoli milionaria!*: al di là dell'interpretazione o rimozione di quella battuta che chiude la sua favola storica e metaforica, il protagonista continua a rappresentare nel romanzo teatrale eduardiano l'uomo nuovo, l'«altro uomo» rinato dall'esperienza inziatica d'un «viaggio» attraverso l'«inferno» d'un paese distrutto e martoriato. Dopo l'evasione dal mondo da parte di un Luca-Don Chisciotte, il «finto morto» Gennaro Jovine prenderà coscienza: e solo dopo la sua presa di coscienza, negli ultimi due atti della commedia, l'«io epico»[1] parlerà con le sue parole, cercando di realizzare quella conversazione di vita col pubblico che diventa l'obiettivo del «Teatro di Eduardo». *Napoli milionaria!* trasforma il diritto della *memoria* in dovere della comunicazione e in viatico di conoscenza: nella *consapevolezza* che il terreno di coltura per gli errori futuri sarà nella mancante o irrisoria volontà di ricerca sul passato e sul perché della barbarie moderna («'A guerra non è fernuta... E non è fernuto niente!»)

È un discorso utopistico con l'Uomo e sull'Uomo quello che Eduardo intende fare, staccandosi dalla compagnia dei De Filippo per elevarsi a *drammaturgo civile* del nostro dopoguerra, con le delusioni inevitabilmente connesse a questo termine. Anche perciò (secondo un tipico paradosso artistico) la sua *maschera umana* diventa interprete e mediatrice di una condizione che supera i confini geografici, sociali e culturali da cui è originata. Pur possedendo connotazioni individuali e radici storiche che saranno di volta in volta aggiornate, rappresenta un intero modo di rapportarsi all'esistenza, mentre la focalizzazione multipla degli altri (personaggi o spettatori) assicura alla materia scenica un'impostazione dialettica. D'altra parte sappiamo che Eduardo attribuisce un «senso di futuro» al «compito dello scrittore»[2]: interpretare gli umori, i sentimenti del pubblico, significa anche presentirli. Perciò attraverso il «ciclo» delle commedie scritte fra il 1945 e il 1948 si può rivivere il trapasso dall'illusione d'un cambiamento radicale della società (*Napoli milionaria!*) alla delusione già presentita nel '46 (*Questi fantasmi!*), fino alla disillusione in atto del '48 (*Le voci di dentro*).

[1] Assumiamo il termine da Peter Szondi, *Teoria del dramma moderno (1880-1950)*, trad. it. Einaudi, Torino 1962.
[2] Eduardo De Filippo, in «Il Giornale d'Italia», 19 maggio 1981.

Se *Napoli milionaria!*, dramma d'una famiglia napoletana sconvolta, ancor piú che dai mali della guerra, dal tentativo spregiudicato di esorcizzarli coi profitti del mercato nero, poteva ancora
esprimere un sentimento ottimistico della volontà, lo *spostato* e *tormentato* protagonista di *Questi fantasmi!*, Pasquale Lojacono, con la
sua ambigua schermaglia con spettri partenopei ma universalmente
inquietanti, si fa portavoce d'una rifluente situazione di incertezza
e di confusione morale. La distanza cronologica fra le due opere è
minima, tuttavia la seconda commedia eduardiana del dopoguerra,
introducendo il *fantastico* nel *quotidiano*, prefigura la crisi di quel-
l'ottimismo che apparirà a tutti evidente solo qualche anno dopo.

D'altra parte i *Fantasmi* di Eduardo non preannunciano soltanto una problematica storico-sociale; l'ambientazione quasi surreale, nel barocco palazzo infestato da spiriti antichi e moderni, traduce anche in spazio e in clima scenico il presentimento d'una ri-
caduta nel passato. L'architettura scenografica del *grande camerone
d'ingresso* è progettata, dalla lunga didascalia iniziale, in funzione
d'un gioco di specchi fra proscenio, scena e retroscena, capace di
abbindolare anche il pubblico: *Per la vicenda che mi accingo a narrare, la disposizione scenica d'obbligo è la seguente: Ai due lati del
boccascena, tra il proscenio e l'inizio delle due pareti, formando l'angolo per la prospettiva del pubblico, fanno corpo a sé due balconi che,
s'immagina, fanno parte dell'intera distesa del piano [...]* (did., atto I).

Qui il teatro-nel-teatro dell'autore sfrutta a pieno, con naturale
umoristica armonia, tutti i suoi trucchi, in uno scambio calcolato
di ruoli fra il protagonista, l'attore-regista e lo spettatore. Quest'ultimo è anche rappresentato: nel Professor Santanna, il «dirimpettaio» con il quale Pasquale Lojacono parla dal «balcone»; si
tratta di un personaggio invisibile (anche se occhiuto e petulante),
ma trasparente, un'*anima utile* (anche se) *non compare mai*. Eppure
quando irromperanno nel camerone d'ingresso i presunti fantasmi,
in una esorcizzazione parodica ma affettuosa dei *Sei personaggi* pi-
randelliani, il protagonista stesso si trasformerà in pubblico, seguendo la scena *come uno spettatore che ha pagato il biglietto* (did.,
atto III) dall'esterno del balcone. Proprio attraverso i due *balconi
obliqui*, sospesi fra la finzione della scena e la realtà della sala, lo
«spazio del teatro» eduardiano si apre a nuove significazioni, ma-
nifestando la tensione del creatore di spettacoli (stavolta anche
scenografo) a rompere le quattro pareti del palcoscenico in interno,
come per ricercare, in tempi difficili, un diverso dialogo col pubblico. Infatti la solitudine di Pasquale Lojacono troverà espressione e

sfogo nel simulato dialogo-monologo essenziale con l'unico personaggio che lo ascolterà fino in fondo, lo spettatore.

Ma, come un antico poeta della *res publica*, Eduardo credeva
possibile un dialogo diretto non solo con il pubblico, anche con gli
uomini del potere. «Da *Napoli milionaria!* fino alle *Voci di dentro*
c'è un linguaggio preciso», avrebbe detto nel '56 a Pandolfi. Quasi
contemporaneamente a *Questi fantasmi!* scrive *Filumena Marturano*: quella Medea-madre napoletana, che rovescia l'esito del Mito
e genera il riscatto della persona umana, avrebbe dovuto parlare ai
«governanti»; però «le cose rimasero stazionarie e allora ho scritto
Le voci di dentro, dove il personaggio non parla piú perché è inutile
parlare quando nessuno ascolta»[1]. Il poeta comico e drammatico
prova dispetto o amara disillusione quando le sue «parole» non ricevono risposta. Non a caso lo sviluppo di molte sue commedie ha
un andamento in tre tempi, ma solo i primi due (quello dell'illusione o dell'ideale e quello della delusione) si ripetono puntualmente,
mentre il terzo può dare adito a soluzioni diverse. Restano quasi in
tutte la *provocazione* e il *diniego*, ma l'esito di un possibile o impossibile dialogo svaria a seconda del tempo interno dell'autore e del
tempo esterno della società e della sua storia...

Ecco perché, dopo la soluzione ancora realistica e positiva di *Filumena Marturano*, il pendolo eduardiano sembra spostarsi decisamente verso il polo del fantastico[2]. In *La grande magia* come in *Le
voci di dentro* (del 1948) il problema piú assillante di questo periodo di crisi o di disillusione storica è proprio quello della *comunicazione difficile*. In entrambe le commedie l'intesa fra i personaggi
sembra impossibile, pur ricorrendo nella prima alla mediazione di
un mago (Otto Marvuglia) e nella seconda alla provocazione di un
testimone visionario (Alberto Saporito). Ma grazie al nuovo linguaggio scenico il rapporto di provocazione-comunicazione con lo
spettatore è garantito: sia nel dibattito fra illusione e realtà della
Grande magia che in quello fra sogno e realtà delle *Voci di dentro*.
Anche il teatro eduardiano ha avvertito il bisogno di passare dal
mondo visibile e fisicamente udibile a quello interiore, e vi ha trovato quei «corpuscoli psichici» (di cui parla Debenedetti) prodotti
dall'implosione novecentesca del «personaggio uomo»; ma li ha di-

---

[1] Eduardo De Filippo (1956), cit. da Vito Pandolfi, *Intervista a quattr'occhi con Eduardo De Filippo*, in *Teatro italiano contemporaneo, 1945-59*,
Schwarz, Milano 1959, pp.199-200.

[2] Assumiamo il termine prevalentemente nell'accezione di Tzvetan Todorov, *La letteratura fantastica*, trad.it. Garzanti, Milano 1977.

sposti ancora a prestarsi come personaggi fatti a immagine e somiglianza dell'uomo e a comunicare i loro segreti al «personaggio in piú». Cosí è riuscito a salvare il *suo* protagonista-uomo, quell'*alter ego* che ci viene incontro in diversi esemplari, capace di mediare e magari di «rendere piú praticabile la vita» con il suo motto araldico: *si tratta di te!*[1]. Nella seconda commedia specialmente, Eduardo ricorre al congegno post-pirandelliano del «teatro inchiesta» per condurre il suo testimone d'accusa alla scoperta d'una verità profonda, l'assassinio della «parola» fondata sulla «stima reciproca», senza arrivare tuttavia alla necessità dell'Assurdo. Perciò l'ambiguità *fantastica* si rivela alla fine una grande trovata scenica, per avvertire il pubblico del pericolo di mostri (anche dentro di noi), che non investono la sfera astratta dell'esistenza, ma quella del nostro *vissuto*.

Tuttavia se il «discorso profetico» – alla fine del secondo ciclo del dopoguerra – è angoscioso, non è rassegnato: la delusione non frena Eduardo, lo stimola anzi a ricercare altri punti di contatto con la realtà. Siamo alla terza fase del suo itinerario drammaturgico e della sua attività di uomo di teatro: scandita storicamente dal passaggio attraverso il boom economico, l'egemonia culturale americana, la contestazione e il crollo dei pregiudizi ma anche degli antichi valori famigliari e sociali. I due filoni che si alternano e si avvicendano in questa fase sono riconducibili alla trasformazione traumatica della famiglia (da *Mia famiglia* del 1954 a *Sabato, domenica e lunedí* del 1959) e alla necessità, anche se problematica, di un impegno civile (da *De Pretore Vincenzo* del 1957 a *Il sindaco del Rione Sanità* del 1960). Opera riassuntiva di entrambi i filoni avrebbe dovuto essere l'ultima, *Gli esami non finiscono mai* del 1973.

Si sviluppa con particolare evidenza, nei *drammi famigliari* di questi anni, la centralità di quel personaggio ambiguamente proiettivo, che affermatosi con Luca Cupiello, l'*inetto* a vivere, ha assunto le sembianze di Gennaro Jovine, colui che *agisce* maturato dall'esperienza, e di Pasquale Lojacono, il *disilluso* che si rifugia di nuovo nella visione, non d'un mistico presepe ma d'una provvidenziale e napoletana fortuna. Perché la famiglia rappresenta sempre, per Eduardo, il microteatro della società italiana e addirittura del mondo, secondo una prospettiva che ha origine nella sua particolare «napoletanità»: non come «cosa immobile» ma come «lin-

---

[1] Cfr. in proposito Giacomo Debenedetti, *Commemorazione provvisoria del personaggio uomo*, in *Personaggi e destino*, Il Saggiatore, Milano 1977.

guaggio che si evolve a seconda dei periodi storici [...] a Napoli sono passati in tanti e per capirci ci si intendeva a gesti. Poi si inventavano le parole. E cosí è stato nel teatro»[1]. Il coro famigliare eduardiano (polifonico, con qualche a solo prepotente, con qualche voce stonata) è espressione di questa napoletanità e al tempo stesso richiama il vissuto d'una compagnia di teatro. Non a caso Raffaele, il Pulcinella-*travet* di *Sabato, domenica e lunedí*, dirà a proposito della sua famiglia allargata: «Già, qua come stiamo combinati potremmo formare la piú grande compagnia di prosa napoletana. La signora Elena prima attrice. Zia Memè, mia sorella, caratterista comica. Donna Rosa, madre nobile. Giulianella l'ingenua. Don Federico: attor giovane. (*Mostrando Virginia*) La servetta, eccola qua. Mio fratello generico primario e parti sostenute. Attilio, mio nipote, il mamo» (atto II).

La prospettiva è sempre quella teatrale: basterebbe a confermarlo il luogo scenico privilegiato dagli interni domestici eduardiani. Interni per modo di dire: ché la *camera da pranzo a tutti gli usi*, tagliata e aperta dal *telaio a vetri che dà fuori al terrazzo* o *sul vico* diventa una specie di *vademecum* reale-esemplare, concreto-metaforico, della qualità napoletana della vita, anche attraverso la messa in scena dei diversi ceti sociali. Dall'*enorme stanzone lercio e affumicato* ma *con telaio a vetri che dà sul vicolo* nel basso di *Napoli milionaria!* alla *stanza di passaggio che divide tutti gli ambienti* dell'appartamento altoborghese di *Mia famiglia*, si tratta sempre di uno spazio aperto e di transizione, eppure crocicchio di problemi comuni, in cui i famigliari, ma anche i vicini e gli amici si incontrano, si intrattengono e si scontrano. La *privacy* è estranea al famigliarismo eduardiano: il suo mondo umano è in continuo e vicendevole fermento, e non si chiude mai fra le quattro pareti dell'intimità domestica; perciò con-vivere in questa famiglia-compagnia può esasperare oltre che limitare i desideri dei singoli, può portare alla caccia di angoli riposti in cui isolarsi, per nascondere agli altri i propri sentimenti, le proprie illusioni e disillusioni.

È certo l'osservazione della reale vita napoletana a suggerire al drammaturgo-scenografo il particolare taglio spaziale, la sua propria geometria dei luoghi. Ma questa topologia e il movimento scenico che ne consegue entrano nel gioco della sua rappresentazione del teatro del mondo. Se la strada è il luogo deputato di Viviani, il

---

[1] Eduardo De Filippo, cit. da Massimo Nava, *Eduardo e la Napoli dei «giorni dispari»*, in «Corriere della Sera», 17 gennaio 1983.

punto di vista di Eduardo si muove piuttosto dall'interno all'esterno, ma anche viceversa. Tutti i personaggi di una Città eterogenea,
e perciò emblematica, finiscono per affollare il luogo deputato del
famigliarismo eduardiano, che può essere assimilato a un grande
palcoscenico concentrico, dove tramezzi o tende, come quinte di
teatro, separano solo provvisoriamente i piccoli spazi individuali.
Anche perché la Napoli eduardiana è una città-alveare: non è mai
o quasi mai quella delle ville arroccate e isolate dai giardini, ma comunque la si spacchi, in verticale – i piani alti, i quinti piani della
piccola e media borghesia – o in orizzontale – i bassi dei ceti piú
emarginati –, è quella sempre attraversata da odori, profumi o
puzze interfamigliari, fiori caffè ragú fritture o mondezze, e colle-
gata dal perenne chiamarsi, parlarsi, urlarsi, dimenarsi da una
apertura all'altra, sia porta o finestra o terrazza.

Pensiamo alla tazzina «'e cafè» che viaggia di mano in mano ai
coristi circostanti il letto del moribondo, nell'ultimo atto di *Natale
in casa Cupiello*: è certo una variante comica alla fondamentale tragicità dell'epilogo, ma è contemporaneamente un richiamo attivo
e concreto ad una consuetudine di rapporti sociali, di buon vicinato, per cui anche un evento triste o luttuoso diventa occasione di
incontro e di partecipazione. Le pareti del privato domestico si
aprono a spazialità collettivizzanti: perciò il marito di una vicina
può comunicare con lei attraverso il portiere, chiamandolo «da sopra la finestra d' 'a cucina». Anche *'O vascio 'e donn'Amalia Jovine*, in *Napoli milionaria!*, riunisce una moltitudine varia di personaggi, tranvieri e tassisti disoccupati, operai del gas e loschi figuri,
signore scadute e tipi d'impiegato, per il rito mattutino del caffè
(stavolta pagato a caro prezzo!) Questo spaccato naturalistico, sin-
tomatico d'un continuo «traffico» di frequentazioni interfamigliari, perfora o rende trasparente di per sé, attraverso la dinamica delle entrate e delle uscite, la scatola del palcoscenico. Finché un altro
spaccato napoletano, l'antico palazzo di *Questi fantasmi!* con i suoi
tetti e terrazzi che diventano altrettante vie di comunicazione fra
il dentro e il fuori, non complicherà di illusività e di allusività il
gioco delle apparizioni e delle sparizioni, trasformando la scena
nella sala degli specchi d'un Luna-park spiritato. Là il rito della
preparazione del caffè, celebrato dal solo protagonista fuori dal
balcone, servirà a giocare una partita truccata con lo spettatore
rappresentato e con il pubblico reale.

Quindi i segni dell'apparenza soggettiva, gli *abiti*, diventano
nella Napoli di Eduardo tutti i panni o gli stracci del mondo: come
mobili sipari coprono, balcone dopo balcone o da una finestra al-

l'altra, le facciate delle case, attraverso fili che uniscono anche visivamente la vita di dentro con quella di fuori, dell'uno con quella degli altri. Quei fili già intrecciano le diverse esistenze individuali e famigliari sulla piccola ribalta-sfogo di *Gennareniello* (1932), la cui apertura scenica, con *le donne che stendono il bucato* sulla *terrazza comune* (did.), riprende quella stessa di *Uomo e galantuomo*, la prima commedia meta-teatrale dell'autore. Cosí quel «reggipetto» teso ad asciugare dalla bella dattilografa chiacchierata dal vicinato provocherà la vena poetica dell'attempato protagonista (pensionato e inventore incompreso) ma anche la gelosia della moglie; e si trasforma nell'oggetto-*climax* che sconvolge la mediocre, apparente tranquillità d'una famiglia-prototipo eduardiana[1]. Questa famiglia apparirà anche in seguito attraversata, aggredita, ma insieme integrata e vivificata, dal moto perpetuo di piú personaggi che non possono dirsi estranei, perché incarnano l'onnipresente coro del teatro di Eduardo. Il preteso interno si configura come soglia di continuo valicata o profanata: non meraviglia che alla fine si traduca nella metaforica *strada dove ci si incontra per caso* (did.) di *Gli esami non finiscono mai*.

Dato questo rapporto costante fra il *dentro* e il *fuori*, il fenomeno della *trasformazione famigliare* appare in un primo momento a Eduardo, in *Mia famiglia* del '54, come sintomo di una malattia sociale che investe l'individuo e la collettività. Cosí almeno sembra a uno dei suoi protagonisti piú ambigui: un padre che rifiuta con l'indifferenza e il mutismo il linguaggio falsamente ribellistico dei figli; ai quali vorrebbe proporre valori diversi da quelli banali e spettacolari del benessere contemporaneo, ma è incapace di esprimerli in parole che ne rinnovino il senso. Alberto Stigliano ammetterà alla fine la sua parte di colpa, ma saranno ancora i giovani, nel «dramma» che apre la seconda *Cantata dei giorni dispari*, a cercare nei vecchi quell'appoggio morale senza il quale si sentono soli e sbandati.

D'altra parte la prospettiva investe un cambiamento della società che per essere accettato o almeno discusso richiede la comunicazione: perciò anche la problematica dei due testi centrali del famigliarismo eduardiano riguarda la crisi del dialogo. Nella fami-

---

[1] Difatti la composizione famigliare elaborata fra la prima redazione del *Natale* (l'atto unico) e *Gennareniello* si ritrova poi, con alcune varianti significative, nel successivo teatro di Eduardo: padre-madre-figlio-sorella/fratello del padre; cui si aggiunge il personaggio della figlia (che nel *Natale* ha la stessa funzione squilibrante, *ex lege*, della giovane vicina di Gennareniello).

glia patologica o in trasformazione il *silenzio* può generare ansia, fare paura e radicalizzare l'incomprensione; ma le *parole* stesse possono provocare pudori, rancori e antagonismi, come in *Sabato, domenica e lunedí* del '59. Perciò in questa «commedia», che mette significativamente in scena una grande «famiglia da teatro comico napoletano», la figlia piú giovane aiuterà i genitori a sciogliere con la sincerità del linguaggio il loro nodo di incomprensione reciproca. Alla fine del romanzo famigliare dal Cinquanta al Sessanta, la metamorfosi dei rapporti generazionali può divenire motore di crescita per tutti.

Ma proprio perché il famigliarismo eduardiano è una spia per l'osservazione e l'approfondimento d'una situazione drammatica esistenziale, oltre che domestica e sociale, le sue problematiche intonate alla crisi del dialogo investono anche le opere in cui vibra, in questo decennio, la *corda civile*. In *De Pretore Vincenzo* ('57) il motivo della *paternità ignota* trasforma un caso da manuale di sociologia in un dramma *fantastico-sociale*: un trovatello divenuto ladro tenta di arrangiarsi anche coi santi, figurandosi un aldilà-aldiqua umanizzato ma giusto. Tuttavia, sognando se stesso come l'eroe di una fiaba napoletana a lieto fine, egli diventa il martire visionario di una leggenda terrena: la fiaba si svolge soltanto *dentro di lui*, mentre i suoi antagonisti sono sempre in agguato nel *mondo esterno*. La struttura del testo (che è stato molto variato) conferma l'ambivalenza di piani: l'azione non procede per atti ma si suddivide in due «parti» e si sviluppa «epicamente» in «quadri», con mutamenti di scena a vista, giochi di luci, commenti musicali, per cui l'opposizione tra realtà e sogno procede armoniosamente fra tradizione napoletana in versi e brechtismo.

Invece per il *realismo sociale* del *Sindaco del Rione Sanità* ('60) ritornano i tre atti: si avvia l'azione *in medias res* e si fa procedere secondo una linea ascendente fino al punto culminante, che è ancora la morte del protagonista. Infatti anche nel sistema semantico di questo dramma si oppongono *giustizia privata-giustizia pubblica*, ovvero, secondo la visione del mondo di Antonio Barracano, *giustizia privata saggiamente amministrata-ingiustizia pubblica*. Il padre-padrino conduce il suo gioco fino all'estremo: fino a mascherare il proprio ferimento mortale con la morte naturale, per evitare la «catena» di vendette che si sarebbe allungata fra la famiglia e la gente sua e quelle dell'omicida. Ma il medico dal nome emblematico, Della Ragione, complice per una vita di questo sindaco *honoris causa*, rifiuterà di firmare il certificato di morte come voleva lui («collasso cardiaco»). Decide, costi quello che costi, di testimoniare la verità: «Scannatemi, uccidetemi, ma avrò la gioia di scriverci sotto: in fede» (atto III). Si afferma cosí «alla fine» del testo, in posizione cioè fortemente «mitologizzante»[1], un sistema semantico nuovo: che nega la legittimità di ogni giustizia individuale fondata sulla connivenza e sul silenzio. Ma trattandosi d'un testo teatrale e artistico (dove Eduardo scrive per sé, al solito, la parte del protagonista[2]) i due sistemi formano un'unica architettura, a reggere la quale collaborano scambievolmente, elasticamente. Proprio perché il disegno di Antonio Barracano – la sua «vita intera» spesa «per limitare la catena dei reati e dei delitti» nel sogno di «un mondo meno rotondo ma un poco piú quadrato» – conserva nell'insieme dell'opera attrattiva e grandezza, la sua negazione finale risulta significativa e poetica.

Di qui anche lo spessore polisemico dell'*ambiguità* eduardiana, come impossibilità di schematizzare in termini manichei i contrasti drammatici; si può sempre trovare una chiave diversa o piú penetrante per interpretare i lavori del drammaturgo, al di là dei generi e delle forme in cui sono stati rubricati: dalla «farsa napoletana» alla «commedia dialettale» al «dramma borghese» dell'anteguerra, dal «neorealismo» e «surrealismo» del dopoguerra fino al «teatro epico» degli anni Settanta... *Gli esami non finiscono mai*. Eppure proprio nella sua ultima opera l'ambiguità, che dal gioco delle parti fra attore-autore e regista passa a connotare il testo, pare sbilanciarsi dalla parte della tesi del protagonista. Qui la *Weltanshauung* sembra in sintonia con quel «mondo di vecchi» che è «la metafora allibita, in chiave drammatica ma preferibilmente grottesca, del teatro di questi ultimi anni»[3]. Nel silenzio solipsistico, che alla fine di questi «esami» annuncia la morte del protagonista, ci pare di

---

[1] Assumiamo il termine da Jurij M. Lotman, *La struttura del testo poetico*, trad. it. Mursia, Milano 1976. Secondo il semiologo russo ogni testo artistico presenta un aspetto «fabulistico» («rappresenta qualche episodio della realtà») e, contemporaneamente, un aspetto «mitologico» («simula un intero universo»); soprattutto la «fine» di un'opera assume una funzione «mitologizzante»: «una buona o una cattiva fine [...] testimonia non solo della conclusione di questo o quell'intreccio, ma anche della costruzione del mondo nel suo insieme» (pp. 260-61).

[2] «Posso dire quale è stato il mio ruolo preferito: Antonio Barracano nel *Sindaco del Rione Sanità*, a mio parere una delle parti piú difficili ma piú interessanti che un attore possa desiderare» (Eduardo De Filippo, in *Eduardo, polemiche, pensieri, pagine inedite* cit., p. 170).

[3] Renzo De Monticelli, *Il monologo silenzioso di Eduardo*, in «Corriere della Sera», 1° marzo 1974.

riconoscere la riduzione dell'*antilinguaggio* al suo *grado zero* che accomuna i grandi vecchi di Beckett e certe coppie senili di Ionesco, che hanno come unico interlocutore un coro di sedie. Nella pantomima sarcastica di Guglielmo Speranza, «personaggio prototipo dell'uomo» dal cognome antifrastico, l'interlocutore diventa il nastro del registratore, che soverchia le voci del presente con la ripetizione delle *voci del passato*.

Ma questo non poteva essere il testamento di Eduardo, come uomo e come uomo di teatro: anche *Gli esami non finiscono mai* riesce a comunicare quel senso di indignazione che ha salvato altri suoi drammi da ipotesi di disperazione o, peggio, di rassegnazione. I lampi di nera comicità che illuminano in modo sinistro le reazioni incongrue del contesto (scenario di parenti terribili e di perfidie sociali) fanno scattare sí la risata, ma continuano a provocare nello spettatore un complice senso di colpa. Anche perché neppure stavolta il *silenzio* dell'attore-personaggio (sempre presente nel testo con le sue prepotenti didascalie gestuali e mimiche) rinuncia ad essere tecnica e viatico di spettacolo; egli continua a tendere attraverso la ribalta «una mano» al pubblico (nascondendo l'«altra» dietro la schiena). Ce lo conferma l'azione conclusiva del protagonista, il quale ricomincia a muoversi proprio durante il suo funerale, rovesciando la funzione dell'*abito* che gli altri hanno imposto al suo *corpo*. Proprio perché abbigliato come un figurino del varietà, esce alla fine dai panni del disilluso borghese, per reinterpretare ironicamente davanti al suo pubblico vero la parte del finto morto. Può anche smascherare con lo *sguardo* quel capolavoro di ipocrisia che è l'elogio funebre del suo Sosia persecutorio, Furio La Spina; e *si diverte, si sente al centro di un gioco talmente infantile da farglielo ritenere uno dei doni piú assurdi e affascinanti che la fantasia bizzarra dell'umanità abbia concesso all'uomo* (did., atto III).

La fantasia magica e bizzarra della creazione scenica consente all'artista di prefigurarsi un aldilà da cui continuare a prendersi gioco della vita e persino della morte. E ancora una volta la prospettiva teatrale risulta profetica. Pensiamo ai funerali di Eduardo, con l'improvvisa interruzione della diretta Tv al momento del commiato: quando uno dei ragazzi del carcere di Napoli avrebbe dovuto salutare «l'unico senatore della Repubblica che si fosse occupato di loro», poi Marotti dell'Ateneo di Roma avrebbe parlato ancora, infine Dario Fo in rappresentanza dei «teatranti». Invece no: era «la vendetta dei politici che si erano visti esclusi dal rito» (dice Fo), ma anche di quel «sistema teatrale» che «amava e ama riempirsi la bocca e gonfiare le gote»[1], contro cui Eduardo ha ingaggiato una lotta da cui è uscito almeno in parte vincitore. Da capo di compagnia non s'è mai voluto trasformare in capofila d'un teatro ufficiale, continuando fino alla fine la sua politica di teatro famigliare, anche grazie alla sua memoria e al suo «parlar furbesco» di comico. Perciò su quel funerale sembra aleggiare la risata di Eduardo: «Era proprio il finale che lui voleva. Non c'era dubbio, se l'era inventato personalmente, se l'era sceneggiato e allestito col permesso del Padreterno, il padreterno dei teatranti»[2].

La comunicazione difficile.

Con Eduardo De Filippo siamo alla personificazione di una diversa dimensione del teatro: non piú soltanto teatro di situazione e di parola, ma una drammaturgia che nasce dalle tavole del palcoscenico, dalla rifondazione dei tre ruoli divisi per l'avvento dell'«industria teatrale». Non è autore la cui maturazione avviene esclusivamente sulla base di una crescita intellettuale e culturale dello scrittore, anche se gli aspetti semantici e strutturali del suo teatro segnano, con successive trasformazioni, il suo inserimento nel percorso della civiltà teatrale del Novecento.

Nel suo teatro interagiscono reciprocamente i piani dello spettacolo popolare-dialettale (al di là delle sue labili collocazioni di classe) e del teatro colto novecentesco (dal mito nazionale Pirandello in poi ed oltre...) La cultura europea viene man mano a suffragare l'originaria matrice partenopea e farsesca, ma da questa è vivificata e resa piú concreta: la napoletanità eduardiana, che progressivamente si attenua nei suoi referenti naturalistici, diventa

---

[1] A proposito dell'eredità eduardiana, Taviani individua, oltre ai filoni drammaturgici e spettacolari piú direttamente connessi all'ambito propriamente napoletano, il cerchio piú ampio di un teatro che non s'adegua ai progetti dell'organizzazione culturale, che vive di un giro commerciale virtualmente indipendente, che, benché sia teatro, fatto dunque per il successo, e benché sia «vivo», dedito dunque ai compromessi, alla fine però «non si mischia». Eduardo, Dario Fo, anche Carmelo Bene, si riconoscono in visioni personali del teatro testardamente perseguite: anche nella pratica, «questi solitari straleghi del teatro sapevano trovarsi simili» (Ferdinando Taviani, *Eduardo e dopo*, in *Dossier: Eduardo De Filippo e la sua eredità*, in «lettera dall'Italia», v, n. 19, luglio-settembre 1990, p. 23).

[2] Dario Fo, in *Testimonianze*, appendice al catalogo della mostra *Eduardo De Filippo. Vita e opere, 1900-1984* cit., p. 189.

occasione e linguaggio per affrontare problemi universali. Certo pirandellismo iniziale viene via via esorcizzato culturalmente e moralmente: la dialettica pirandelliana scopre gli anelli che non tengono nella catena sociale ed esistenziale, quella eduardiana riconduce il fenomeno a concreto movimento storico (e smaltisce il pirandellismo). Se Pirandello, nel denunciare la frattura tra finzione e realtà, tende a porre l'accento sul primo termine, Eduardo conclude all'opposto che la finzione è sí presente nella vita, ma come ostacolo che bisogna comunque tentare di superare. Il sentimento di delusione – che deriva e traspare dalla sua fondamentale fiducia nell'uomo – esprime il rifiuto non dell'esistenza della realtà, ma della sua negatività. Nel suo teatro non ci sono «maschere nude», perché nella disgregazione epocale cerca di salvare il «volto» del personaggio-persona; non c'è neppure ratificazione ironica del «male di vivere», ma una comicità che esprime anche sdegno, rabbia, amarezza, e quindi il desiderio di ripristinare quel rapporto autentico fra uomo e natura o fra uomo e civiltà che il disordine della Storia ha ottenebrato.

Perciò il romanzo teatrale di Eduardo va controcorrente: il suo protagonista intraprende un periglioso e inattuale viaggio attraverso la Storia, quando essa ha perduto ogni privilegio di consequenzialità (o almeno cosí pare). Il protagonista eduardiano è uno spostato ma anche uno «scampato», che da «ectoplasma» aspira a ritornare «uomo». Il viatico che gli occorre, in questo viaggio verso un nuovo umanesimo, è appunto la «parola adatta», la «parola colorata» che possa riattivare quel dialogo entrato in crisi nella cosiddetta realtà, come nel suo doppio, il teatro.

Il filo rosso che lega le diverse prove della sua drammaturgia è quello stesso che attraversa, con il *leit-motiv* della *comunicazione difficile*, la drammaturgia europea del nostro secolo, da Pirandello a Ionesco a Beckett. Ma le tecniche della comunicazione scenica non riguardano soltanto le forme verbali, comprendono anche le strutture dei codici mimico-gestuale, prossemico, spaziale-scenografico. E anche questa prospettiva rivela nel teatro di Eduardo quella «trinità eretica» individuata da Meldolesi: «scrittura d'attore, mondo dialettale e teatro in lingua».

La parola eduardiana è una *parola agita*, temporalizzata e spazializzata, eppure predisposta a conversazioni sceniche senza confini, perché nella sua parabola eccentrica rispetto al cosmo delle avanguardie il drammaturgo ha affrontato la crisi del dialogo sfruttando il suo «capitale» di soluzioni per rendere teatrabile quella stessa crisi. La sua è quasi sempre una *drammaturgia della comuni-*

cazione, sia pure di una comunicazione difficile, ma in cui *dire* è *fare*. Nelle commedie di Eduardo le parole hanno ancora un senso, possono essere usate come armi di offesa e di difesa, anche e soprattutto quando vengono a mancare: ancora grazie alla matrice partenopea dell'attore-che-scrive, al suo bagaglio di abitudini generative, e a quel repertorio che contamina livelli e generi di spettacolo come in un *teatro della memoria*[1].

A quali espedienti ricorre Eduardo per rendere spettacolare la crisi del dialogo? Il suo protagonista incomincia con l'inventarsi un *linguaggio privato* (pensiamo a Sik-Sik, l'artefice magico); un *antilinguaggio* che si condensa in formule ripetute caparbiamente, con effetti comici dirompenti, finché il suo messaggio non venga ricevuto da chi ascolta. Però questa *terapia della parola*, intesa ad infrangere la barriera della solitudine propria e dell'incredulità altrui, è impraticabile per il pazzo protagonista di *Ditegli sempre di sí* («C'è la parola adatta, perché non la dobbiamo usare?»); ottiene un successo ambiguo alla fine del *Natale* di Luca Cupiello («Te piace 'o presebbio?»); sembra funzionare grazie al *leit-motiv* di Gennaro Jovine («'A guerra non è fernuta... E non è fernuto niente!», ma solo nella *Napoli milionaria!* del '45. Tuttavia, anche quando il discorso del protagonista non viene inteso dagli altri personaggi, il personaggio in piú, il pubblico, lo comprende. Gli arriva il senso del lucido delirio del matto Michele, e anche quello dell'incubo rivelatore di Alberto Saporito, delle sue «voci di dentro» che denunciano, in toni grottescamente inferici, il novecentesco «tradimento delle parole»[2].

Proprio la tendenza al *monologo* dei protagonisti eduardiani apre canali essenziali di comunicazione con il pubblico. Ma il passo dal monologo al *mutismo* è breve, ed evidenzia il rifiuto di quei rapporti interumani che, nel dialogo convenzionale, sono divenuti finzione. Perciò la difficoltà a parlare insieme risalta di piú nelle commedie che testimoniano o prefigurano cambiamenti della società, in fasi critiche della sua storia e del suo sviluppo: *Questi fan-*

---

[1] In questo stesso bagaglio hanno continuato a pescare gli esponenti della nuova drammaturgia napoletana, Manlio Santanelli, Annibale Ruccello, Enzo Moscato, ed altri; magari passando attraverso Beckett e Pinter (Santanelli) o Genet (Moscato) e stravolgendone artificialmente il senso originario. «Cosí come la linea scarpettiana ha potuto ricollegarsi, tramite Eduardo, a una linea pirandelliana, [...] oggi, i drammi dei nuovi drammaturghi napoletani [...], passando attraverso Pinter o Genet, Beckett o Artaud, possono ricollegarsi a Eduardo e Viviani» (Ferdinando Taviani, *Eduardo e dopo* cit., p. 24).

[2] A cui accennerà Annibale Ruccello, in un'intervista pubblicata postuma, in «Sipario», n. 466, 1987, pp. 70-74.

tasmi! (' 46), *Le voci di dentro* (' 48), *Mia famiglia* (' 54). Le trovate del teatro di Eduardo per drammatizzare la crisi del dialogo passano dunque dal *dialogo-monologo* di Pasquale Lojacono con un fantasma-uomo al *linguaggio alternativo*, pirotecnico, dello «sparavierze» Zi' Nicola, e arrivano al *silenzio* drastico, ma ancora *strumentale*, di Alberto Stigliano. Se il conformismo è un'arma del potere in grado di condizionare, con le sue «parole grigio scuro», qualunque creatività e spontaneità dell'individuo, l'espediente tecnico della *sfasatura dei linguaggi* deve per forza sconfinare nella soluzione del *silenzio*.

Ma il silenzio eduardiano non è né crepuscolare né intimista, neppure cechoviano, nella sua *pregnanza attorica* appare concretamente prodotto dalla rinuncia ai compromessi ipocriti della parola parlata. «Il culmine del Gran Grottesco, – scrive Ripellino per lo spettacolo di *Gli esami non finiscono mai* del marzo 1974, – è nel finale, quando Guglielmo, in nero smoking dai risvolti di raso, i capelli gommati e i pomelli vermigli, con un mazzetto di fiori ravvolto nell'argento delle Pompe Funebri, rivive le proprie esequie, ridendo del sempre presente compare [Furio La Spina] che, in alto cilindro e col viso piú bianco del cenere, pronunzia un mellifluo necrologio»[1]. È uno di quei casi in cui drammaturgicamente *dire* ma anche *non dire* è *fare*, in cui il *silenzio agito* dall'attore rappresenta una risposta del personaggio alla persecuzione, anche verbale, degli altri.

Lingue e linguaggio.

D'altra parte se il teatro di Eduardo è un teatro che comunica, anche quando manifesta la difficoltà a comunicare, il suo stesso codice verbale merita attenzione. La sua *lingua interna* nasce da una complessa polifonia fra *lingua* e *dialetto*; conta ciò che esprime ma anche come lo esprime. Tanto piú che neppure l'uso del napoletano è vera scelta all'inizio, per l'autore, ma continuità con la famiglia d'arte in cui cresce anzitutto come attore.

Perciò in quella prima tappa del suo itinerario drammaturgico, che corrisponde alle commedie scritte fra il 1920 e il 1934, i testi appaiono complessivamente denotati da un uso ancora naturalistico e parzialmente farsesco del dialetto: stretto in bocca ai personaggi bassi, italianizzato nell'espressione dei ceti piú elevati (anche

---

[1] Angelo Maria Ripellino, *Cancan prima del lutto*, in *Siate buffi. Cronache di teatro, circo e altre arti* («*L'Espresso*» *1969-77*), Bulzoni, Roma 1989, p. 279.

se il «bilinguismo», l'alternanza di «toscano» e «dialetto» in uno stesso testo teatrale, faceva parte della tradizione, a partire dalla «commedia meditata» di Francesco Cerlone)[1].

Comunque già all'inizio del suo percorso scenico il linguaggio usato dall'attore-autore rivela una tensione sperimentatrice. Eduardo ritaglia dal «dialetto regolamentato» appreso dal padre i pezzi comici di una lingua sforzata e velleitaria, «quello strano miscuglio di dialetto e di italiano» che rifletteva nelle commedie di Scarpetta la cultura deformata dei ceti medi della sua città; ma in bocca al protagonista di Sik-Sik, l'artefice magico, quella lingua vera si trasforma (come abbiamo visto) nel codice privato e un po' barocco di un illusionista-illuso, assumendo valore espressionistico.

Una seconda tappa si può d'altra parte individuare fra il 1935 e il 1942, in rapporto ai cosiddetti drammi borghesi di Eduardo (Uno coi capelli bianchi; Io, l'erede; L'abito nuovo). Anche l'esercizio di traduzione e reinterpretazione delle opere pirandelliane (Liolà e Il berretto a sonagli) contribuisce a sganciare il giovane attore che scrive dalla pratica naturalistica del dialetto, portandolo alla elaborazione di un linguaggio diverso da quello usato in precedenza. Affrontando l'italiano parlato da ceti napoletani piú alti, egli sperimenta soluzioni di contaminazione o di contrasto, con intenti di parodia sociale. Per quanto il «teatro da ridere» dei De Filippo mostri in superficie le solite trovate esilaranti, a tali «allegrie» (osserva Savinio) «i commendatori e le loro signore venuti a farsi quattro risate, ridono sí, ma con la bocca storta»[2]. Gli unici personaggi con cui Eduardo intrattiene, in questi anni, il consueto rapporto di ambigua proiezione sono il povero-cristo di L'abito nuovo e il contro-eroe sognatore di Non ti pago: quei protagonisti in cui l'emotività o la voce del cuore si traduce a sprazzi nello sfogo dialettale. Infatti mentre sottopone a prove un nuovo uso scenico della lingua italiana, egli non abbandona gli esperimenti sul dialetto (in Non ti pago, ma anche nel «parto trigemino» di Natale in casa Cupiello). Lavorando su entrambi i fronti, Eduardo va sondando le possibilità di una rigenerazione dialettale del teatro nazionale, e prepara il terreno alla sua invenzione post-bellica.

La terza tappa del suo viaggio artistico abbraccia infatti un periodo considerevolmente piú lungo (rispetto alle prime due); coincide con gli anni del «Teatro di Eduardo», dal 1945 al 1973, ed è

---

[1] Vittorio Viviani, in Storia del teatro napoletano cit.
[2] Alberto Savinio, Teatro da ridere, in «Omnibus», 19 ottobre 1938; ora in Palchetti romani cit., pp. 334-37.

la fase in cui si osservano i risultati piú originali della sua lingua-in-scena. Nelle sue commedie scritte appunto dal dopoguerra in poi, il linguaggio di volta in volta creato dipende dalla caratterizzazione dei personaggi e dei loro reciproci rapporti nelle interazioni del testo-spettacolo. Una *corrente alternata lingua-dialetto* contraddistingue la *Cantata dei giorni dispari*, con ogni possibile interferenza fra i due registri, impiegati sempre con una flessibilità che risponde a particolari esigenze espressive. Ma come dice Meldolesi «l'originalità dialettale di Eduardo risiede in un'energia polemica» che percorre tutti i piani del suo teatro, e che sprigiona dalla «fonte attorica»[1]. Si è visto come Eduardo, prima di essere un autore dialettale, sia un attore della «verità esclusa», che esibisce il trapasso dal non rappresentabile (il conflitto drammatico messo in crisi proprio dalla crisi del dialogo) al rappresentabile (la spettacolarizzazione di questa crisi), giocando sugli ambigui rapporti fra lingua e dialetto.

Colpisce infatti la napoletanità rinnovata del linguaggio in *Napoli milionaria!* Qui il drammaturgo torna sostanzialmente al dialetto: è un dialetto, però, piú legato alla manifestazione dei sentimenti o alla funzione del «parlato recitato» che alla rappresentazione naturalistica di un ceto sociale. È anche un caso di iperdialettismo, se eccezionalmente invade l'attacco della didascalia iniziale (*'O vascio 'e donn'Amalia Jovine*) come per una intrusione epica dell'attore nella narrazione scenica. Il linguaggio del teatro di Eduardo non è piú un codice ereditario o fotografico, ma assume un rilievo espressivo interno; perciò nella stessa commedia la *parola italiana* focalizza i momenti in cui il discorso del protagonista diventa *mitologizzante*: come l'improvvisato comizio di Gennaro Jovine sul «popolo», i «prufessori» e i «governanti», che non viene marcatamente inteso dal pubblico in scena, dai famigliari e dai frequentatori del basso. Laddove invece prevale, in *Filumena Marturano* ma soprattutto in seguito, il colore della lingua nazionale (sempre impastato di dialettalità nella sintassi, nelle troncature tipiche dei nomi e dei vocativi), la *lengua napoletana* rappresenta la macchia emotiva o esprime lo sforzo compiuto dalla *verità* per emergere dal contesto: come anche nella denuncia gridata dal protagonista visionario di *Le voci di dentro*.

Insomma, il linguaggio scenico delle Cantate diventa per via sempre meno mimetico e piú allusivo: un «codice espressivisti-

---

[1] Claudio Meldolesi, *Gesti parole e cose dialettali* cit., p. 40.

co»[1] cui concorrono naturalmente la mimica e la gestualità dell'attore, e anche certi tipici sdoppiamenti dello spazio (in *Questi fantasmi!* come poi in *La grande magia*) del drammaturgo-scenografo. Se Eduardo è stato «l'attore italiano piú intransigente verso l'antilingua recitativa, con quel suo teatro di identità delle cose, in cui tutto sembra a posto, ma in cui nel profondo ogni elemento contraddice la sua immagine»[2], parte di questo fenomeno resta profondamente inscritta nei testi della sua drammaturgia consuntiva.

Comunque l'eresia verbale che fa del suo teatro (a detta di Garboli e Pasolini) l'opposto del «teatro italiano» consiste proprio nell'aver attivato «la vitalità dialettale in promiscuità con il teatro in lingua, sovvertendo le distinzioni regolamentari»[3]. Non si è trattato (come hanno scritto altri) di un graduale distacco dal dialetto napoletano in direzione di una lingua nazionale di area campana, in corrispondenza delle mutate esigenze drammaturgiche dell'autore e anche del «maturarsi della situazione linguistica del dopoguerra, orientata all'affermarsi sempre piú esteso dell'italiano sia come lingua pubblica che come lingua colloquiale»[4]. Si è trattato anzi di un uso sempre piú espressionistico del bilinguismo da parte di un uomo di teatro completo, per il quale dimenticare la lingua napoletana avrebbe significato dimenticare la propria identità, e che d'altra parte sentiva come impensabile un ritorno puro e semplice ad essa, in una società caratterizzata dal tramonto dei dialetti e dal proliferare dei linguaggi settoriali.

Da questo rapido sondaggio del suo percorso teatrale[5] emergono infatti alcune caratteristiche linguistiche ricorrenti e interattive: momenti dialettali puri; momenti di lingua mescidata al vernacolo; momenti in cui l'italiano è invece riprodotto come lingua degli incolti (che hanno appunto la pretesa di parlare italiano); momenti in cui il dialetto costituisce una specie di ritmo interno del parlato scenico, che non si esaurisce nell'uso di elementi vernacoli sparsi ma si trasfigura nella struttura del periodo, il quale risulta

---

[1] Gianfranco Contini, in una relazione al convegno *Lingua e dialetto nel teatro italiano oggi* (Biennale-Teatro di Venezia, 4-7 ottobre 1979) ha ricordato fra i protagonisti del «canone espressivistico» della nostra lingua recente i «mimi piú valorosi, da Eduardo al Totò meno consunto»; cit. da Claudio Meldolesi, *Gesti parole e cose dialettali* cit., p. 132.
[2] Ivi, p. 141.
[3] Claudio Meldolesi, *La trinità di Eduardo* cit., pp. 70-73.
[4] Stefania Stefanelli, *La nuova drammaturgia a Napoli*, in «Ariel», n. 3, 1988, p. 124.
[5] Per un discorso specifico sul linguaggio delle commedie eduardiane, rimandiamo al nostro libro *Introduzione a Eduardo*, Laterza, Roma-Bari 1992.

d'altra parte costruito con elementi lessicali appartenenti alla lingua italiana; momenti infine di lingua italiana.

Sono i dati di uno sperimentalismo linguistico polifonico, una specie di *teatro-nel-teatro* fra *dialetto* e *italiano* che implica anche germi di antichi linguaggi rimessi in circolo nelle forme attuali della lingua, e sedimenti emotivi di una parola che viene assunta, in quella sua crisi che giunge all'afasia, anche nell'originaria oralità. E dal confronto fra le diverse versioni delle commedie emergono pure la complessità e la difficoltà a fare della filologia su testi di teatro: come quelli almeno di un autore-attore-regista il cui linguaggio verbale appare sempre sedimentato dall'esperienza dello spettacolo.

ANNA BARSOTTI

Nota del curatore.

Nell'edizione tascabile dei volumi della *Cantata dei giorni pari* e della *Cantata dei giorni dispari* di Eduardo De Filippo abbiamo ritenuto opportuno attenerci all'ultima edizione Einaudi delle rispettive Cantate, identica per entrambe a quella del 1979, «riveduta» dall'autore. La pubblicazione parte dai volumi della *Cantata dei giorni dispari* anche per rispettare l'ordine voluto da Eduardo, che incomiciò appunto a pubblicare i testi delle sue commedie dal primo volume di questa *Cantata*, edito da Einaudi nel 1951, prima di iniziare nel 1959 l'edizione della *Cantata dei giorni pari*.

Cantata dei giorni dispari

Volume primo

Napoli milionaria!

(1945)

«C'era il fronte fermo verso Firenze. C'era la fame, e tanta gente disperata...»: Eduardo non può né vuole esorcizzare oltre i mali endemici e contemporanei della sua città con un riso puramente liberatorio. Da uomo di spettacolo, intende comunicare il senso della tragedia sopravvenuta a macerare il ventre di Napoli: «Quasi tutti i teatri erano requisiti. [...] Ottenni il "San Carlo" per una sera» – racconterà a Biagi – per mettere in scena appunto *Napoli milionaria!* («La Stampa», 5 aprile 1959).

Eppure questa «commedia nuova», che contamina la struttura del melodramma con impennate da opera buffa, avrà successo sia nell'immediato che nel «tempo grande»; perché non offre soltanto una testimonianza relativa al tempo e al luogo del suo debutto scenico, ma diventa anche una *metafora del mondo* trasformato, da tutte le guerre, in *terra di disvalori*. Non solo, come ogni artista, Eduardo ha già visto la storia nella cronaca, ma ha anche pre-visto l'eterna difficoltà dell'uomo a salvare, in tempi di sovversione e di confusione, i valori non sommersi dal male.

La stessa tensione alla ricerca, d'una colpa e d'una responsabilità capaci di incidere sulla «memoria» collettiva, si manifesta nel panorama della nostra drammaturgia di guerra e dell'immediato dopoguerra, ma nelle opere di Ugo Betti e di Stefano Landi, di Valentino Bompiani e di Silvio Giovaninetti, di Carlo Terron e di Diego Fabbri, si confronta sempre con l'eredità pirandelliana. Invece *Napoli milionaria!* non porta sulla scena un caso-limite, ma l'avventura normale di una famiglia napoletana, investita da una «bufera» che la costringe ad una metamorfosi traumatica e appunto perciò rivelatrice. Passando dalla fame alla speculazione sulla fame (la «borsa nera» con cui si arrangia Amalia Jovine), dalla paura dei bombardamenti alla speranza nella «liberazione», questa famiglia sconta una euforia fittizia (la Napoli milionaria del secondo atto) con l'inevitabile, amaro risveglio (la perdizione dei figli maggiori e la morte annunciata della figlia più piccola). Ma nel finale aperto e sospeso sul futuro («... ha da passà 'a nuttata») si manifesta la feconda ambiguità del teatro di Eduardo, perché con esso la commedia esce da Napoli per rappresentare l'intero paese, e il mondo...

Consideriamo subito la «napoletanità» rinnovata del linguaggio: un dialetto piú legato alla manifestazione dei sentimenti o alla funzione espressiva che alla resa naturalistica di un determinato ceto sociale. Ma anche la didascalia iniziale della commedia (*'O vascio 'e donn'Amalia Jovine*) è in dialetto: un caso anomalo nello stesso teatro eduardiano, che risponde a una precisa esigenza informativa dell'autore-attore-regista. Infatti l'attribuzione del *vascio* a *donn'Amalia Jovine* non rispecchia soltanto una consuetudine popolare, ma allude alla situazione specifica della famiglia in scena. Gennaro Jovine, capo-di-casa solo per l'anagrafe, non appartiene di fatto all'ambiente che lo circonda, perché neppure la sua casa gli appartiene. Ciò è confermato dall'ampia didascalia (in lingua) che prefigura appunto l'ambiente: *Enorme «stanzone» lercio e affumicato. In fondo ampio vano arcuato, con telaio a vetri* [...], *che dà sul vicolo* (did., I, p. 17). Emerge, naturalmente, il versante sociale di tale costruzione scenica: nel *disagio* e nella *difficoltà* di movimenti cui sono sottoposti gli abitanti del basso, e nell'interferenza della vita di ognuno con quella di tutti, che non ammette *privacy* (*dal vano di fondo si scorgono i due battenti laterali dei bassi dirimpetto*). Ma vi assume un rilievo speciale la *minuscola e ridicola camera da letto* ricavata provvisoriamente col tramezzo, rifugio del *pater familias* fuori parte. Da dietro quel sipario, egli parla all'inizio senza farsi vedere (né dagli spettatori né dagli altri personaggi-attori), come un Pupo o un grillo parlante collodiano, straniato anche dall'intermittenza di voce fuori campo (e senza corpo). Oggetti e suoni in quest'opera manifestano un rilievo attorico che supera il dettaglio naturalistico, svelando un'implicita rete di rapporti con le conquiste sceniche del moderno teatro novecentesco.

Anche le didascalie che presentano i due principali antagonisti dell'opera non si limitano a darne i connotati psicofisici, come se il drammaturgo si riservasse con esse un suo «cantuccio» registico. Gennaro, *sui cinquant'anni, magro, patito*, appare in disarmo anche per l'«abito» con cui entra in scena; ma ha *il volto chiaro dell'uomo profondamente onesto, che* [...] *molto ha imparato dai disagi e dalle «malepatenze»*. Sua moglie Amalia è invece *sui trentotto anni, ancora piacente. Il suo modo di parlare, il suo tono e i suoi gesti dànno subito l'impressione di* [...] *chi è abituato al comando* (did., I, p. 21). L'antitesi è quindi fra opposte visioni del mondo: da una parte quella del protagonista, ma dall'altra non solo quella di Amalia, anche del resto della famiglia, dei vicini del basso, dei frequentatori del «vico». Infatti nello spazio unico ma permeabile dello *stanzone lercio e affumicato* si riunisce una umanità composita, eppure socialmente complementare nella sua emarginazione; gente che con la tessera «nun po' campa'» e allora si arrangia con la borsa nera o peggio. Il rito (di contrabbando) del «caffè» mattutino attira anche personaggi di diversa estrazione (Peppenella, *signora scaduta*, Riccardo, *tipo d'impiegato*), che si prestano allo strozzinaggio della padrona del basso per procurarsi «zucchero», «ciucculata», «pastina bianca» (I, p. 33).

Nel basso di donn'Amalia Jovine come su un palco concentrico (il palcoscenico del San Carlo, ridotto a metà e stretto in proporzione la sera della prima, favoriva la concentrazione e l'acustica) si incontra «quella Napoli nella quale popolo e piccola borghesia, l'uno per un verso, l'altra per un altro, ma con l'unico scopo di voler sopravvivere, sapevano di poter andare a braccetto lungo le strade del loro destino... tra un temporale e... una giornata di sole» (Peppino De Filippo, *Una famiglia difficile* cit., pp. 225-26). Ma ora c'è la bufera! La visione del mondo di tutti quanti sembra fatta di aggressività oppure di sotterfugi, di ricatti meschini, di una quotidianità che rifiuta la riflessione e il suo linguaggio. Perciò l'unico a parlare davvero è Gennaro: nel suo improvvisato comizio alla napoletana, che rappresenta il numero verbale dell'attore e l'unico momento di sosta del primo atto.

In questo «monologo» autoriflessivo e compiaciuto, l'oratore da sé si fa le domande e da sé si risponde: mentre si rade *davanti a un piccolo specchio appeso al muro del tramezzo* (did., I, p. 24). È un pezzo serio-comico, per il gusto sentenzioso di chi sempre piú si appassiona al ruolo protagonistico (finalmente interpretato) e agli argomenti sviscerati (la mancanza dei generi alimentari, il calmiere, i professori governanti e il popolo, la guerra). Ma è anche un discorso speciale: in parte svolto in lingua, come si conviene a un «trattato»; e come se l'attore-autore, affrontando temi di interesse generale, volesse eliminare le difficoltà di comprensione che il dialetto avrebbe potuto creare ad un pubblico non partenopeo. Si tratta comunque di un *antilinguaggio* rispetto alla comprensione del suo pubblico in scena: com'è rilevato dai commenti scherzosi degli altri personaggi, dai loro inviti a concludere in fretta, dalla confessione finale di Peppe 'o Cricco: «Don Genna', io nun aggio capito niente...»

Relegato in un piccolo spazio di fortuna, Gennaro non riesce ad opporsi ai giochi di contrabbando organizzati dalla moglie, a cui finisce per fare da «spalla». Ma *a suo modo*, perché, se gli impediscono di parlare, non gli resta che interpretare il ruolo del «finto morto». Cosí nella scena finale del primo atto, con l'immobilità e il mutismo sotto l'infuriare dei bombardamenti, egli riuscirà a vincere la gara psicologica col brigadiere Ciappa. È il numero fisiomimico dell'attore-protagonista, potenziato da una sapiente regia dell'insieme corale: al preannunciato arrivo della polizia, il basso si trasforma rapidamente in camera ardente, secondo un «copione» collaudato che prevede una «crisi di cordoglio» interfamigliare. Nel grande letto-bara il «cadavere» di Gennaro è attorniato dai finti-dolenti e condolenti, perfino da due «monache» ('O pittore e 'O Miezo Prèvete) le cui orazioni, però, vanno sempre piú assomigliando a «delle bestemmie». Eppure qui la finzione e la mascherata collettive non rappresentano tanto un omaggio alla «napoletanità» come arte d'arrangiarsi, quanto piuttosto alla solidarietà popolare nei confronti dello sfortunato di turno.

È una scena di teatro-nel-teatro: nella prima parte il brigadiere Ciappa è lo spettatore estraneo, ma nella seconda (mentre dal cielo cadono le bombe) egli diventa attore insieme a Gennaro (che continua a recitare senza muoversi e senza parlare). Scena-modello per il suo equilibrio fra spunti farseschi e situazione drammatica: anche nello strumentale svuotamento parodico, istrionismo e confidenza partenopea coi morti concorrono a quel ripristino dell'uomo intero che Eduardo persegue nella direzione opposta a quella pirandelliana. La sua fiducia nel teatro come testimone del realismo esemplare della finzione traspare fra i *sibili ad intermittenza* della sirena d'avvertimento e l'*unico suono prolungato della sirena per il* «*cessato allarme*», quando si fa un *silenzio terrificante* (did., I, pp. 44-46) intorno al finto morto e al suo custode legale. Si ha allora una comicità gravata da toni cupi e giocata sia sulla *finzione della tragedia* che sull'incombere della *tragedia reale*, dove trova spazio un comportamento da «eroe non tragico» novecentesco eppure tipicamente napoletano. La puntigliosa fedeltà del protagonista al suo ruolo dipende anche da una ineluttabile rassegnazione; ma evitando ogni retorica del quotidiano, esaltando anzi il linguaggio mordente del comico, l'autore-attore ci restituisce i momenti *eroici* degli uomini *normali*.

L'avvenimento «rivoluzionario» dell'opera si svolge tuttavia nell'intervallo fra il primo e il secondo atto. Quando si riapre il sipario, *lo sbarco alleato è avvenuto* (did., II, p. 47), ma è scomparso il protagonista. Gennaro Jovine (a differenza di Luca Cupiello) ha superato il «limite» che separa il suo microcosmo dal «mondo grande». Catapultato fuori dal «vico» e dal «vascio», dalla Napoli avvezza a destreggiarsi fra rischi e miseria anche in tempo di guerra, ha attraversato l'Italia sconvolta dai bombardamenti e dall'andirivieni degli eserciti stranieri. Perciò ritorna come in incognito: il suo costume arlecchinesco, a pezzi «internazionali», prefigura il sentimento di comprensione per tutte le vittime della guerra che egli, «uomo nuovo», cercherà di comunicare caparbiamente. Appare in scena come un essere lunare, col suo involto di stracci e la *scatola di latta di forma cilindrica, arrangiata con un filo di ferro alla sommità, che gli serve come scodella per il pranzo*; non riconosce neppure sua moglie: «Perdonate, signora...» (*Ed esce*) (II, p. 66).

Infatti la Napoli milionaria del secondo atto, rappresentata dalla «sciccheria» fastosa della *casa* (non piú *'o vascio*) di *donn'Amalia Jovine*, è piú falsa di quella che nel primo recitava «pe' magnà». Travestiti da condolenti, i personaggi del «vico» erano veri; vestiti d'un abito nuovo vistoso e volgare, sono finti. E soprattutto la famiglia Jovine recita la commedia piú incosciente e pericolosa: Amalia, resa ancora piú avida e «dura di cuore» dalla repentina fortuna, sta per perdere ogni ritegno morale; Maria Rosaria è incinta di un soldato americano; Amedeo ha messo in pratica la filosofia della madre («Arruobbe tu? Arrobbo pur'io! Si salvi chi può!») L'unico ostacolo a quel sistema egoistico e spregiudicato era stato Gennaro, e l'unica vera trasformazione è la sua: nella coscienza del reduce che «'a guerra nun è fernuta».

Di qui la febbre del suo racconto orale, pur senza coloriture eroiche, sempre dal punto di vista basso: quelle «mele» perdute sotto le bombe ancora crucciano il narratore! Ma il colpo ricevuto in testa gli ha fatto perdere il senso dei confini spaziali e temporali; ha vissuto fra deportazioni, campi di concentramento, fughe disperate, «paise distrutte, criature sperze, fucilazione», lampi d'ingegno per sopravvivere ed atti di profonda solidarietà umana (come con quel «povero cristiano [che] era ebbreo»). Sequenze dialogiche interne, pause e riflessioni divaganti, scene e controscene conferiscono al suo discorso il calore spontaneo dell'eloquio napoletano e la funzione d'un teatro-nel-teatro verbale e gestuale. Ma anche se appare marcatamente drammatizzato, per comunicare direttamente col pubblico, è ancora una volta un «monologo», che isolerà alla fine il testimone dai suoi interlocutori scenici.

Sfumate infatti la commozione e la curiosità per il «redivivo», parenti e vicini tenderanno a sottrarsi all'incombere dei suoi *flashes-back*: il costante rifluire del discorso di Gennaro sul *leit-motiv* «'A guerra nun è fernuta... E nun è fernuto niente!», ripetutamente (e comicamente) troncato dalle proteste insofferenti degli altri, fa emergere di nuovo la divaricazione fra mondi diversi. Da una parte un'epidermica ansia di godimenti e l'assoluta incapacità di guardare oltre gli effimeri «giorni pari» («Nuie ce vulimme godé nu poco 'e pace... Oramai è fernuto»); dall'altra l'individuo isolato, ancora zittito ma paradossalmente l'unico a possedere (ora che è «turnato 'e n'ata manera [...] ommo overamente») la capacità di interiorizzare la tragedia mondiale. Perciò, anche nel secondo atto, la dislocazione e il movimento dei personaggi trasformano lo spazio scenico in spazio etico. Quando ogni sforzo di testimonianza gli pare inutile, il protagonista *si alza deciso*, e abbandona la farsa del pranzo pantagruelico in onore di Settebellizze (il socio amoroso della moglie) per rifugiarsi fuori-scena, al capezzale della figlioletta che «tene 'a freva forte». Eppure il drammaturgo lascia una «maglia rotta» nella catena dell'ottusità altrui: Maria Rosaria, col *suo mutismo*, ha fatto da riscontro mimico ai vani tentativi di parlare del padre; e quando lui *fa per andare, s'alza* [...] *decisa*: «Vengo cu' te, papà...» *Gennaro la prende per mano e si avvia* (II, p. 80). La confidenza che si risveglia fra padre e figlia chiude l'atto, ma apre il dramma all'esito finale...

Il terzo atto parte infatti da una *situazione-limite*, che dovrebbe precedere la catastrofe, ma che porta invece (almeno nel testo) alla segnalazione di una via di salvezza: una segnalazione avvertita, circospetta, che rifiuta l'illusione gratuita come la sterile disperazione. Perciò un nuovo *leit-motiv* («Mo avimm' aspettà [...] S'ha da aspettà. [...] Deve passare la nottata») (atto III) sostituisce ma integra quello precedente del protagonista («'A guerra nun è fernuta») (atto II). Gennaro Jovine è *eroe non tragico* ma *io che pensa*, e approda all'osservazione critica della realtà nella speranza di trasformare il destino. Egli tenta ancora di rompere la barriera della propria solitudine con le parole («Aggia parlà? Me vuó séntere proprio 'e parlà? E io parlo»), per poter arrivare a una spiegazione conclusiva con la moglie, ormai *vinta, affranta, piangente, come risvegliata da un sogno di incubo* (did., III, p. 96). Nel suo ultimo sfogo ragionato, incorniciato dai gesti allusivi di chiudere *il telaio a vetri* e di riaprirlo *per rinnovare l'aria*, Gennaro non la inchioda agli errori commessi: tuttavia, dopo la comprensione, occorre il cambiamento. E il discorso stavolta non isola il protagonista, ma lo apre all'intesa con gli altri.

In tutta l'opera hanno rilievo i rapporti fra monologo e dialogo, fra parola e gesto. Anche le pantomime, il «parlare senza parole» dell'attore-protagonista, cambiano di segno nel corso della commedia: la complicità del finto morto del primo atto si trasforma, nel terzo, nella silenziosa presenza di uno spettatore che sottintende il regista. *Gennaro lentamente raggiunge il fondo e volge le spalle* [...], *come per sottrarsi alla scena* (did., III, p. 93) in cui proprio l'«impiegato», ricattato e spogliato da Amalia, porta inaspettatamente, ma ostentatamente, la «medicina» per la bimba ammalata: per far capire alla madre «che, ad un certo punto, se non ci stendiamo una mano l'uno con l'altro...» (III, p. 93).

Attraverso questi eventi privati, l'autore-attore-regista voleva rappresentare una situazione pubblica sia napoletana che storica e nazionale, come risulta anche dalla riflessione del suo protagonista: «Ama', nun saccio pecché, ma chella criatura ca sta llà dinto me fa penzà 'o paese nuosto. [...] (*Ora il suo pensiero corre verso la piccola inferma*) E se ognuno putesse guardà 'a dint' 'a chella porta... ogneduno se passaria 'a mano p' 'a cuscienza...» (III, pp. 95-96). Ma i rimandi avvengono senza forzature simboliche o didattiche: l'episodio esemplare genera spontaneamente il suo referente sociale, tramite il dialogo e, quando questo non è sufficiente, la comunicazione delle pause e dei gesti. Si traduce nel linguaggio scenico del poliedrico artefice il procedimento dell'induzione dal *particolare* all'*universale*, nel modo apparentemente piú semplice ma praticamente piú complesso, la *finzione della realtà*.

L'idea di *Napoli milionaria!* Eduardo l'aveva rimuginata a lungo, da quando i De Filippo erano ritornati nella città natale, nell'agosto del 1944, dopo una lontanza di tre anni. Ma racconta a Lori di aver scritto la commedia all'inizio del '45 (dopo la rottura con Peppino) «tutta d'un fiato, come un lungo articolo di giornale sulla guerra e sulle sue deleterie conseguenze» («Roma», 7 maggio 1969). La prima lettura del copione per la nuova compagnia – che comprendeva Pietro Carloni, Dolores Palumbo, Tina Pica, Vittoria e Clara Crispo, Ester Carloni, Giuseppe Rotondo, Clara Luciani – avvenne in casa di Titina; con quel copione e con quegli attori nasceva «Il Teatro di Eduardo con Titina De Filippo» (cfr. Maurizio Giammusso, *Vita di Eduardo* cit., pp. 176-77).

La prima rappresentazione di *Napoli milionaria!* è del 25 marzo 1945 al Teatro San Carlo di Napoli, per la regia di Eduardo De Filippo, con Eduardo e Titina (rispettivamente nelle parti di Gennaro e di Amalia), Pietro Carloni, Dolores Palumbo, Tina Pica, Vittoria Crispo, Clara Crispo, Ester Carloni, Giuseppe Rotondo, Clara Luciani e altri. Enorme il successo: «Arrivai al terzo atto con sgomento. Recitavo e sentivo attorno a me un silenzio assoluto,

terribile. Quando dissi la battuta finale [...], e scese il pesante ve-
lario, ci fu silenzio ancora per otto o dieci secondi, poi scoppiò un
applauso furioso, e anche un pianto irrefrenabile. [...] Tutti pian-
gevano e anch'io piangevo, e piangeva Raffaele Viviani che era
corso ad abbracciarmi. Io avevo detto il dolore di tutti» (Eduardo
cit. da Enzo Biagi, *La dinastia dei fratelli De Filippo*, «La Stampa»,
5 aprile 1959). Poi la compagnia si trasferisce a Roma, dove rappresenta la commedia al Salone Margherita dal 31 marzo fino al 16
maggio del 1945; prima di Natale passa all'Eliseo. Da allora lo
spettacolo sarà replicato dal «Teatro di Eduardo» per cinque stagioni consecutive (1945-50).

Nel 1950 *Napoli milionaria!* diventa film per la regia e con l'in-
terpretazione dello stesso autore (nella parte di Gennaro), accanto
a Leda Gloria (che sostituisce Titina nella parte di Amalia) e Delia
Scala (nella parte di Maria Rosaria); vi partecipano anche Carlo
Ninchi, Dante Maggio, Laura Gore; per Totò gli sceneggiatori
(Piero Tellini, Arduino Majuri e lo stesso Eduardo) sdoppiano la
parte del protagonista, riservandogli la scena del «finto morto».
La musica è di Nino Rota e la fotografia di Aldo Tonti.

È nota la sua messinscena Tv: registrata da studio, e trasmessa
la prima volta il 22 gennaio 1962 (Raiuno). La regia è di Eduardo;
regista collaboratore Stefano De Stefani; scene di Emilio Voglino;
luci di Alberto Caracciolo; collaboratore alla sceneggiatura Aldo
Nicolaj. La compagnia «Il Teatro di Eduardo» comprende: Elena
Tilena (Maria Rosaria); Carlo Lima (Amedeo); Eduardo (Gennaro
Jovine); Regina Bianchi (Amalia); Evole Gargano (Donna Peppenella); Nina De Padova (Adelaide Schiano); Antonio Allocca (Federico); Antonio Casagrande (Settebellizze); Ettore Carloni (Peppe 'o Cricco); Lello Grotta (Riccardo Spasiano); Pietro Carloni (Il
brigadiere Ciappa); Angela Pagano (Assunta); Maria Hilde Renzi
(Teresa); Marina Modigliano (Margherita); Enzo Petito (Il dottore); Filippo De Pasquale (Pascalino 'o pittore); Ugo D'Alessio ('O
Miezo Prèvete).

Nello stesso anno Eduardo porta la commedia in *tournée* nel-
l'Europa dell'Est; e la riprende nel 1971-72 in Italia e in Inghilterra. Nel 1977 Nino Rota ne trae un'opera lirica (libretto e regia di
Eduardo), che va in scena il 21 giugno al XX Festival dei Due
Mondi di Spoleto.

All'estero *Napoli milionaria!* è stata messa in scena da altri interpreti in molti paesi, dalla Romania (1950) al Giappone (1978).
Si pensò anche ad una sua rappresentazione a Broadway, nell'ottobre del 1947, per la regia di Elia Kazan. Eduardo stesso avrebbe

dovuto recarsi a New York per un ciclo di recite in italiano, prima del debutto dell'edizione americana, ma il progetto non andò in porto.

Sulla struttura portante di questa commedia Leo De Berardinis ha costruito la sua riscrittura scenica del teatro di Eduardo, in uno spettacolo intitolato appunto *Ha da passà 'a nuttata*, che ha debuttato il 1° luglio 1989, al Festival dei Due Mondi di Spoleto, al Teatro Caio Melisso.

La piú recente messinscena italiana di *Napoli milionaria!* è quella di Giuseppe Patroni Griffi, che ha debuttato il 18 maggio 1993 al Teatro Nazionale di Roma. Le scene e i costumi sono di Aldo Terlizzi; gli interpreti: Carlo Giuffrè (Gennaro Jovine); Isa Danieli (Amalia); Gaia Zuccarino (Maria Rosaria); Pasquale Esposito (Amedeo); Piero Pepe (Settebellizze); Enzo Perna (Peppe 'o Cricco); Francesco Biscione (Riccardo Spasiano); Claudio Veneziano (Federico); Diego Longobardi (Pascalino 'o pittore); Mario Porfitto ('O Miezo Prèvete); Franco Acampora (Il brigadiere Ciappa); Antonella Morea (Adelaide Schiano); Teresa Del Vecchio (Assunta); Mimma Lovoi (Donna Peppenella); Anna Esposito (Teresa); Barbara Pietruccetti (Margherita); Aldo De Martino (Il dottore).

Il testo di *Napoli milionaria!* viene pubblicato la prima volta nel 1946, come appendice del quotidiano napoletano «La voce», a cura di Mario Alicata e Paolo Ricci. Quattro anni dopo è la prima commedia di Eduardo ad uscire in volume da Einaudi su suggerimento di Carlo Muscetta. Compare nella prima edizione Einaudi del primo volume della *Cantata dei giorni dispari*, nel 1951; il testo conserva la sua collocazione all'inizio del volume e non subisce varianti nelle successive ristampe o edizioni rivedute della *Cantata*. Esce in *I capolavori di Eduardo* fin dalla loro prima edizione Einaudi del 1973.

Personaggi

Gennaro Jovine, tranviere disoccupato
Amalia, sua moglie
Maria Rosaria } loro figli
Amedeo
Errico «Settebellizze» } tassisti disoccupati
Peppe «'o Cricco»
Riccardo Spasiano, ragioniere
Federico, operaio del Gas, compagno di Amedeo
Pascalino «'o pittore»
«'O Miezo Prèvete», uomo di fatica
Il brigadiere Ciappa
Adelaide Schiano, vicina di Amalia
Assunta, sua nipote
Donna Peppenella, «cliente» di Amalia
Teresa } amiche di Maria Rosaria
Margherita
Il dottore

L'azione ha luogo a Napoli. Il primo atto si svolge durante il secondo anno di guerra; i successivi dopo lo sbarco degli Alleati.

'O vascio 'e donn'Amalia Jovine.
Enorme «stanzone» lercio e affumicato. In fondo ampio vano
arcuato, con telaio a vetri e battenti di legno, che dà sul vicolo.
Porta in prima quinta a sinistra. In prima a destra altra porta
in legno grezzo, dipinta ad olio, color verde mortella, da mano
inesperta: «'a porta d' 'a vinella». In fondo a destra un tramezzo costruito con materiali di fortuna che, guadagnando l'angolo, forma una specie di cameretta rettangolare angusta: nell'interno di essa vi sarà, oltre a uno strapuntino per una sola persona, tutto quanto serve al conforto di una minuscola e ridicola
camera da letto. L'arredamento d'obbligo sarà costituito da un
letto matrimoniale di ottone tubolare ormai ossidato e opaco
che si troverà a sinistra dello spettatore, un comò, una «cifoniera» con sopra santi e campane di vetro, un tavolo grezzo e
sedie di paglia. Gli altri mobili li sceglierà il regista, ispirandosi al brutto Ottocento e curerà di disporli in modo da addossar-
li quasi l'uno all'altro, cercando di far sentire il disagio e la
difficoltà di «traffico» cui è sottoposta la famiglia, talvolta nu-
merosissima, costretta a vivere in simili ambienti. Sul tavolo si
troveranno diverse tazzine da caffè, di forma e colori differenti
e una «tiana» di rame piena d'acqua. Dal vano di fondo si
scorgerà il vicolo, nelle prime ore del mattino, e i due battenti
laterali dei bassi dirimpetto. Al centro di essi, un altarino in
marmo eretto alla Madonna del Carmine dai fedeli abitanti del
vicolo. Sulla mensola sottostante una piccola lampada votiva
ad olio, sospesa.
Siamo alla fine del secondo anno di guerra (1942). In piedi,
accanto al tavolo centrale, Maria Rosaria, nei poverissimi panni di figlia del popolo, lava le tazze sporche e le risciacqua nella
«tiana», disponendole, in ordine, sul tavolo. Dal vicolo, molto
in lontananza, si ode il vocio confuso di persone che litigano. A
poco a poco il litigio diventa sempre più distinto e violento,

fino a che se ne distinguono le voci e le parole piú accese.
Qualche volta predomina la voce di Amalia Jovine. Maria Rosaria continua indifferente il suo daffare: indifferente al punto
da apparire completamente estranea a quanto avviene. Dalla
prima a sinistra Amedeo; si è svegliato da poco. Stiracchiando
le membra ancora intorpidite e sbadigliando si dirige lentamente, quasi con indolenza, verso il fondo. È un giovane sui venticinque anni, di colorito olivastro, simpatico, svelto, furbo, ma
debole di costituzione. Indossa una maglietta di lana scadente
color ruggine, rattoppata e bucherellata. Nella mano destra reca un asciugamano che è quasi uno straccio. Si rivolge alla
sorella.

AMEDEO   Se pò avé nu poco 'e cafè?
MARIA ROSARIA   Ancora s'ha da fa'.
AMEDEO   Ha da passà?
MARIA ROSARIA (*Col tono di chi dica: «Devi aspettare»*)   Ha da
vòllere 'a posa.
AMEDEO (*scoraggiato*)   Eh! E che ne parlammo a ffa'! Ma è mai
possibile ca uno, 'a matina, s'ha da scetà comme a n'animale?
(*Maria Rosaria non gli risponde*). Mammà addó sta?
MARIA ROSARIA   Sta fore.
AMEDEO   E papà?
MARIA ROSARIA   Nun s'è scetato ancora.

Dalla cameretta di fortuna, creata dal tramezzo, si ode insieme
ad uno strano suono umano che sembra un grugnito, la voce
fioca, impastata di sonno di Gennaro.

GENNARO   Me so' scetato, me so' scetato... Sto scetato d' 'e ccin-
che! M'ha scetato màmmeta! Già, quanno maie, dint' a sta
casa, s'è pututo durmí nu poco supierchio... (*Internamente,
nel vicolo, la lite si fa piú violenta; la voce di Amalia sovrasta*).
...Siéntela, sie'... Ih che sceruppo!
AMEDEO (*a Maria Rosaria*)   Ma... e mammà?
MARIA ROSARIA   Sta parlanno cu' donna Vicenza.
GENNARO (*sempre dalla cameretta*)   Sta parlanno? S' 'a sta man-
gianno!
AMEDEO   Ma sempe p' 'o fatto d' 'a semmana passata?
MARIA ROSARIA (*alludendo a donna Vicenza*)   Chella è na faccia
verde, fàveza e mpechèra... Quanno veneva dint' 'o vascio nuo-
sto, mammà lle deva 'a tazza 'e cafè, 'e vvesticciolle vecchie pe'

chella scignetella d' 'a figlia, l'uovo frisco... Già, chella
mammà addó vede e addó ceca... Se mparaie a chillo ca ce
porta 'o ccafè a nuie, e ss' 'o ffacette purtà pur'essa... Mo, nun
solo s'è miso a vvénnere 'o ccafè dint' 'o vascio suio, ca sta poco
luntano d' 'o nuosto, ma quanto o' ffa pavà a ddoie e cinquanta... Meza lira 'e meno.

GENNARO (*c. s.*)   Il Gran Caffè d'Italia ha fatto concorrenza al
Gambrinús.

MARIA ROSARIA (*non badandogli*)   E po' va dicenno a tuttu quante ca dint' 'o ccafè ca facimmo nuie, ce sta 'o ssurrogato!

GENNARO (*c. s.*)   Aspe'... No: «ca facimmo nuie»... Ca facite
vuie... Ca fa màmmeta... Pecché io nun 'o ffacciarria... Stu fatto ca he 'a campà 'e pàlpite: 'e gguardie, 'o brigadiere, 'e fasciste...

MARIA ROSARIA   Già, ccà si fosse pe' vuie avéssemo voglia 'e ce
murí 'e famma!

GENNARO   Avésseme voglia 'e campà onestamente, he 'a dicere...

MARIA ROSARIA   Ma pecché, è cosa disonesta a vvénnere 'o ccafè?

AMEDEO   Si nun 'o ffacimmo nuie, ce stanno n'ati cciento perzune ca 'o ffanno... Vicenza nun s'è mmisa a vvénnere 'o ccafè
pur'essa?

GENNARO   'A settimana passata, ncopp' 'o Conte 'e Mola, nu signore se menaie d' 'o quarto piano abbascio...

AMEDEO   E che ce trase chesto?

GENNARO   Pecché nun te mine abbascio pure tu?

AMEDEO   Papà, vuie cierti ccose nun 'e capite... Site 'e n'ata
època. (*Maria Rosaria fa un cenno al fratello come per dire:
«Non dargli importanza». Allude al padre*). Eppure dice buono!

GENNARO   Dice buono, è ove'? Sòreta t'ha fatto segno: «Nun 'o
da' retta...» Perché io sono scocciante, nun capisco niente... Poveri a voi... Che generazione sbagliata... (*Piccola pausa*). Io po',
voglio sapé na cosa 'a te... Il caffè che voi vendete tre lire 'a
tazza, 'o contrabbandiere ca 'o vvenne a vvuie addó 'o ppiglia?
Non lo sottrae alle cliniche, agli ospedali, alle infermerie militari?...

AMEDEO   Papà, stàteve zitto... Vuie íreve stunato, ma mo ve site fernuto 'e rimbambí... Qua' cliniche e spitale militare? Ccà
'a rrobba va a ferní dint' 'e ccase 'e ll'Autorità! Aiere, cinche
chile 'e cafè a sittanta lire 'o chilo chi 'e ppurtaie? Nun 'e
ppurtaie nu capomanipolo fascista? E mammà nun s' 'e vulette
piglià pe' paura ca se trattava 'e n'agente provocatore? Vuie ve
ne venite: «Si sottrae»... Si uno vedesse che la classe dirigente

filasse deritta, allora sarebbe l'uomo il piú malamente se vi parlasse come vi sto parlando io... Ma quanno tu vide ca chille che avessere 'a da' 'o buono esempio songo na mappata 'e mariuole... allora uno dice: «Vuó sapé 'a verità... Tu magne buono e te ngrasse e io me moro 'e famma? Arruobbe tu? Arrobbo pur'io! Si salvi chi può!»

GENNARO   No, fino a che ce stongo io dint' 'a casa, tu nun arruobbe!

AMEDEO   Vengo per dire... (*Durante questa scena la lite nel vicolo è scemata, quasi finita*). Mo me piglio 'o ccafè mio. (*Da un tiretto della «cifoniera» prende una scodella grande ricoperta da un piatto fondo rovesciato, un cucchiaio e un pezzo di pane raffermo. Maria Rosaria lo guarda quasi sospettosa. Amedeo se ne accorge, le risponde brusco*) Che bbuó? Songo 'e maccarune mieie d'aiere.

MARIA ROSARIA   Chi te sta dicenno niente!

AMEDEO (*si è avvicinato al tavolo centrale, siede, disponendosi a mangiare; ma, scoperchiata la scodella, la trova vuota*)   E 'e maccarune mieie addó stanno?

MARIA ROSARIA   E io che ne saccio?

AMEDEO (*fuori di sé*)   Io aieressera nun m' 'e mangiaie apposta pe' m' 'e mangià stammatina... (*Sospettoso, guardando la cameretta di Gennaro*) Chi s' 'ha mangiate? Papà, v' 'avísseve mangiate vuie?

GENNARO   E non erano 'e mieie?

AMEDEO (*esasperato*)   Io 'aggio ditto ca me n'aggi' 'a ji' 'a dinto a sta casa! E sí... Chillo 'o pranzo è troppo 'e cunsistenza! (*Verso Gennaro*) Ma vuie 'e vuoste, nun v' 'e mangiàsteve aieressera?

GENNARO (*col tono di chi è convinto di aver ragione*)   Oh! Tu che vuó?! Io non mi ricordo. 'E mieie... 'e tuoie... Si salvi chi può!

AMEDEO   Ma io nun me faccio capace... Vuie magnate 'e notte? Ve susíte apposta?

GENNARO (*spazientito*)   Oini', tu quanto si' scucciante! Tu quant'anne vuó campà?! Me soso apposta! He 'a vedé cu' che piacere me so' susuto, stanotte... L'allarme nun l'he sentuto? Doie ore e mmeza 'e ricovero. So' turnato 'a casa con un freddo addosso... Non potevo dormire, pe' via di un poco di languidezza di stomaco... Me so' ricurdato ca ce stéveno duie maccarune rimaste: putevo sapé 'e chi erano? Chille erano tale e quale 'e mieie!

AMEDEO   Erano tale e quale? Io mo aggia ji' a ffaticà, ce vaco diuno? (*Al colmo della rabbia*) 'O mmagnà mio nun 'o vvoglio essere tuccato, mannaggia 'a Marina! (*Batte un pugno sul tavolo*) Mo vedimmo chi è! Io 'a rrobba 'e ll'ate nun 'a tocco. Mo, quant'è certo Dio, scasso tutte cose!

GENNARO (*alza la tenda della sua cameretta e compare in maniche di camicia, col pantalone sommariamente abbottonato e le bretelle penzoloni. È un uomo sui cinquant'anni, magro, patito: il volto chiaro dell'uomo profondamente onesto, che però molto ha imparato dai disagi e dalle «malepatenze»*) Guè, tu 'a vuó ferní? Che scasse? Io overamente nun me ricordo! Tu staie facenno chistu ballo in maschera!

AMEDEO   E ffaccio 'o ballo in maschera... Io resto diuno!

GENNARO   Chille erano tantille 'e maccarune... (*Fa il gesto per indicare il poco cibo*).

AMEDEO   Era nu piatto tanto! (*Fa il gesto irritato, come per indicarlo colmo. Gennaro, nel contempo, prende dal tavolo il pezzo di pane e comincia a spezzarne un pezzetto. Amedeo glielo toglie di mano con mala grazia*) Chesto è 'o ppane mio!

GENNARO (*disarmato di fronte alla violenza del figlio*)   E pigliatillo. Che bell'amore di figlio!

AMEDEO   Pecché, vuie v'avite mangiato 'e maccarune mieie per amore di padre? Chello 'o ppane è poco! (*Mostrando il pezzo di pane a un Tizio inesistente*) Tenite mente ccà... Mo statte fino a miezuiorno cu' stu ppoco 'e pane... (*Col tono di prendere una decisione da lungo tempo meditata*) No, ma io me ne vaco, me ne vaco, 'a dint' a sta casa... (*Avviandosi verso la prima porta a sinistra*) E ca tu t'annascunne 'a rrobba... (*Esce*).

GENNARO (*un po' mortificato*)   Chillo 'ave ragione... Ma io overamente nun me ricordo... (*Rientra nella sua stanzetta*).

AMALIA (*dall'interno, parlando a qualcuno*)   Ma scusate, donna Peppene', nun ce l'avarísseve ditto?

PEPPENELLA (*anch'essa dall'interno*)   Avite fatto proprio buono!

Maria Rosaria esce per la prima porta a destra. Frattanto entra dal fondo Amaliá, seguita da Peppenella. Amalia è una donna sui trentotto anni, ancora piacente. Il suo modo di parlare, il suo tono e i suoi gesti dànno subito l'impressione di un carattere deciso, di chi è abituato al comando. Il suo abbigliamento è costituito dal necessario indispensabile. Qualche punta di vanità si nota solamente nelle calze che sono di pura seta. Ha degli occhi irrequieti: tutto vedono e osservano. Riesce sempre a formarsi una coscienza delle proprie azioni, anche quando non sono del tutto rette. Avida negli affari, dura di cuore; talvolta maschera il suo risentimento per una qualche contrarietà con parole melate, lasciando però indovinare il suo pensiero dall'ironia dello sguardo. È accaldata e furibonda.

AMALIA   Chella steva sempe menata dint' 'o vascio mio... N'ha avuto rrobba 'a me! (*Con accentuato sarcasmo, rievocando passate cortesie*) ... L'uovo frisco... 'o pezzullo 'e bullito... 'o piattiello 'e maccarune... Dio 'o ssape chello che costa nu poco 'e schifezza 'e magnà, salvanno 'a grazia 'e Dio, quanno 'o ttruove... (*Irritata, rievocando con rimorso la sua passata dabbenaggine*) Nu metro e mmiezo 'e lana pesante p' 'a figlia... (*Parlando a Maria Rosaria, verso destra*) Vòlle sta posa o no?

MARIA ROSARIA (*dall'interno*)   Mo è scappata a vòllere!

AMALIA   E viénete a piglià 'o ccafè... (*A Peppenella, con tono deciso per togliersela dai piedi*) 'Onna Peppene', aggiate pacienza, mo iatevenne!

PEPPENELLA (*signora scaduta, umile, dimessa, con un sorriso di compiacenza rassegnata*)   Fate i fatti vostri. (*Non si muove*).

AMALIA (*solleva il materasso del letto matrimoniale e prende un pacco legato con lo spago; lo porge a Peppenella*)   Chisto è 'o miezu chilo 'e farina che me cercàsteve aiere... M'avite 'a da' quaranta lire.

PEPPENELLA (*sbarrando gli occhi*)   A ottanta lire 'o chilo?... È aumentato n'ati dieci lire?

AMALIA   Vuie si 'o vvulite v' 'o ppigliate, o si no, statevi bene... Quanno vene 'a perzona... ce 'o ddongo n'ata vota... Io per farvi un piacere, certamente, me metto pure a rischio 'e passà nu guaio... Non ci *guadambio* neanche niente perché non sono affari che m'interessano...

GENNARO (*sporgendo la testa dall'alto del tramezzo della sua cameretta*)   Io vularria sapé tu pecché t'he 'a mettere mmiez' a cierti mbruoglie... 'A farina si 'a vonno s' 'a trovano lloro... (*A Peppenella*) Non ve la sapete trovare?

PEPPENELLA (*abbozzando e masticando amaro*)   E che vi posso rispondere? «Noi» non la troviamo.

GENNARO   E la venite a cercare qua? Avete saputo che ci abbiamo il mulino? Avisseve liggiuto ncopp' 'a porta: «Pantanella»? (*Alla moglie*) E nun 'o vvuó capí! Non ci *guadambi* neanche niente, perché io non permetto questo commercio in casa mia...

PEPPENELLA   E quella, vostra moglie, ci ha il cuore buono... Sentette ca me serviva un poco di farina e me l'ha procurata... (*Cava da una sdrucita borsetta del denaro e, dandolo ad Amalia, la fissa come volendola fulminare*) E queste sono le quaranta lire.

Gennaro rientra.

AMALIA (*accetta lo sguardo fissando a sua volta, duramente, Peppenella*)   E grazie tante.
PEPPENELLA (*richiudendo la borsetta, dice quasi incidentalmente*)   Se vi càpitano due fagioli...
AMALIA (*pronta e cattiva*)   Niente, donna Peppenella mia! (*Piú rabbonita per improvviso senso politico*) 'A stessa perzona d' 'a farina me prumettette nu pare 'e chile 'e fagioli pe' nuie e nun me l'ha purtate... Si è pporta...
PEPPENELLA (*rassegnata*)   Mi tenete presente.
AMALIA   Ma si vèneno... vèneno certamente cu' ll'aumento!
PEPPENELLA (*con ineluttabilità*)   E io m' 'e ppiglio cu' ll'aumento! (*Con intenzione, sempre fissando l'interlocutrice*) Buona giornata!
AMALIA (*indispettita, come per ritorsione sottintesa, rimboccandosi la manica del braccio destro*)   E pure a vvuie!
PEPPENELLA (*si avvia verso il fondo, per uscire: verso la cameretta di don Gennaro*)   Stateve buono, 'on Gennari'.
GENNARO (*dall'interno della sua cameretta, secco*)   Non ci venite piú!
PEPPENELLA (*uscendo, mormora masticando amaro*)   Va bene, avete ragione voi...
MARIA ROSARIA (*entrando, si ferma sul limitare dell'uscio*)   'O ccafè...
AMALIA (*solleva il materasso, prende un pacchetto di caffè già macinato e lo porge alla figlia*)   Teccatéllo. (*Maria Rosaria fa per uscire; la madre la richiama*) Vien' 'a ccà, tu n'ata... (*Maria Rosaria si avvicina: Amalia la rimprovera aspramente*) 'A sera t'he 'a ritirà ampressa! (*Nel dire ciò fulmineamente le dà un manrovescio piantandola poi in asso e dandosi da fare attorno in faccende*).
MARIA ROSARIA (*la mano sulla guancia, poco sorpresa dell'accaduto per nulla insolito, risponde con tono deciso e indispettito*)   Io iette cu' ddoie cumpagne meie a vedé 'o cinematografo 'a «Sala Roma».

AMALIA (*col tono di chi non ammette replica, ma senza drammatiz-*
zare) E nun ce aviv' 'a ji'. (*Quasi parlando a se stessa*) Cu' 'o
scuramento che ce sta, te retire all'una e nu quarto... Dint' 'o
vico che díceno? Aieressera nun facèttemo ll'opera pecché era
tarde... Ma cammina deritto si no te manno 'o campusanto! Va
ffa' 'o ccafè, ca si no accumenciano a vení 'e cliente...

Maria Rosaria tace, un po' mortificata, ma con lieve disappunto, esce.

GENNARO (*compare, sempre con le vesti in disordine, la camicia*
fuori dei pantaloni. Mentre segue la scena incomincia a insapo-
narsi il viso per radersi davanti a un piccolo specchio appeso al
muro del tramezzo) Sono ragazze! Bisogna avere gli occhi
aperti e sorvegliare la gioventú!
AMALIA (*non gli risponde, prende una quantità di fagioli che si*
troveranno in un sacchetto sotto il letto e li mette in un colapa-
sta che si troverà in un canto, senza che Gennaro se ne accorga.
Parlando versò la «vinella») Appena he luvato 'o ccafè, miette a ffa' sti fagiole... (*Va alla porta della «vinella» e porge il*
colapasta a Maria Rosaria, che lo prende ed esce).
GENNARO Ma allora 'e fagiole ce stanno? (*Amalia non gli rispon-*
de). Non c'è risposta!
ADELAIDE (*dall'interno del vicolo, parlando a distanza*) Assu', appiccia doie lignezzolle: mettimmo a ffa' nu poco 'e brodo finto.... (*Entra dal fondo. È una donna del popolo, furba, un po'*
ciarliera, di mezza età. Porta una borsa da spesa sdrucita con
qualche pacco di viveri e fasci di verdura) Donn'Ama', io aggio
accumpagnata a Rituccia 'a scola e p' 'a strata ll'aggio accattata
pure 'a bella cosa, pecché nun ha fatto capricce... Ma quanto è
bella chella figlia vosta! E che giudizio ca tene! (*Amedeo dal-*
la sinistra, in tuta da operaio del gas, si dirige verso il comò;
prende una spazzola e comincia a spazzolare il berretto che ha
portato con sé. Ascolta le ultime parole di Adelaide e se ne
compiace per la piccola di cui si parla: la sorellina. Adelaide
continuando) Pare na vicchiarella! Ma quant'anne tene?
AMEDEO (*interviene*) Cinch'anne!
ADELAIDE (*tenera*) Santa e vecchia! E come parla bene! Che bella pronunzia! Io, po', p' 'a scanaglià, l'aggio addimannato: «A
chi vuó bene, tu?» «A mammà», rispunneva essa.
GENNARO E quella è una adorazione che ci ha per la madre.

ADELAIDE   «E papà ched'è?» «È fesso!» Ma con una pronunzia
chiara chiara... La *esse* la tiene proprio bella...

E seguita a parlottare con Amalia, mentre Gennaro, punto dal-
l'apprezzamento di Adelaide, guarda la donna con occhio torvo, nonché la moglie e il figlio che sembrano compiaciuti.

GENNARO (*dopo una pausa, pigro e sfiduciato del valore che potranno avere le sue parole, dice in tono lento*)   Non è che io prendo cappello per l'apprezzamento della bambina. Chella tene cinch'anne... Figuratevi se mi può fare impressione il giudizio di
un *mininfanzio*. (*Con tono risentito, rivolto ad Amedeo, come
per accusarlo*) Ma nun c' 'e mparate cierti maleparole.
AMEDEO   E che c' 'e mparammo nuie? Chella 'e ssente mmiez'
'o vico!
GENNARO (*perdendo la calma*)   Proprio tu! Parli sboccato in casa,
'a bambina sente e ripete!
AMEDEO   Io? Ma vuie fússeve scemo?
GENNARO   Va bene, come volete *voi*...
AMEDEO   Proprio come dico io!
GENNARO   Io con *voi* non voglio parlare...
AMEDEO   E pecché me parlate?
GENNARO (*ammettendo la sua mancanza*)   E ce càpito sempe!!
ADELAIDE (*conciliante*)   Don Genna', voi non vi dovete impres-
sionare... Quella è bocca d'angelo... (*Allude alla bambina*).
GENNARO   Ma dice parole 'e diàvule!
ADELAIDE   Na nzíria... Come si avesse pigliata na nzíria... E fin'
a sotto 'o purtone d' 'a scola ha fatto comme na canzone, cu' 'o
pizzo d' 'a vesticciolla mmano... (*Imitando il gesto e la voce
infantile della bambina, quasi cantilenando*) «Papà è fesso! Papà è fesso!»
GENNARO (*indispettito*)   Chesto però nun 'o ssente p' 'o vico...
chesto 'o dice 'a mamma... (*Amalia fa una alzata di spalle, per
indicare la sua noncuranza all'insinuazione del marito*) Ma papà nun è fesso! È un poco stonato... Pecché siccome ha fatto
l'altra guerra, quanno turnaie 'a capa nun l'aiutava cchiú...
Aggi' 'a fa' na cosa e m' 'a scordo, ne penzo n'ata e doppo
cinche minute nun m' 'a ricordo cchiú... Trovo 'e maccarune di
Amedeo, me credo ca songo d' 'e mieie e m' 'e mmagno...
AMEDEO (*con lo stesso tono ironico*)   E Amedeo resta diuno!

Entra Federico dal fondo. È un operaio del gas, amico di Amedeo. Porta sotto il braccio il pacchetto con la colazione.

FEDERICO   Amede' ce ne iammo?

AMEDEO   Aspe' quanno me piglio nu surzo 'e cafè.

FEDERICO   Io già m' 'aggio pigliato. (*Con intenzione guardando
Amalia*) Addu Vicenza... Donn'Ama', se piglia meza lira 'e meno...

AMALIA (*punta, ma con freddezza*)   E vuie pigliatavello addu Vicenza.

FEDERICO   Ma 'o ccafè vuosto è n'ata cosa; ce l'aggio ditto pure
a essa. (*Notando freddezza intorno, si rivolge a don Gennaro,
per attaccar discorso*) Don Genna', ve state facenn' 'a barba?

GENNARO   No. (*Freddo*) Me sto taglianno 'e calle! Ma nun 'o vvide ca me sto facenno 'a barba? C'è bisogno 'e domandà? Domande inutili. Conservàteve 'o fiato e parlate quando siete interrogati!

FEDERICO   E va bene, ho sbagliato. (*Scherzoso, alludendo alla
situazione bellica*) Don Genna', che dicite? 'A mettimmo a posto, sta situazione?

GENNARO   Tu vuoi scherzare. E io ti dico ca s'io fosse ministro...
di... non so quale ramo, perché nun saccio 'a qua' Ministero
dipende, aggiustasse súbeto súbeto 'a situazione...

FEDERICO (*divertito e dandogli corda*)   Ma, secondo voi, pecché manca 'a rrobba?

GENNARO   'A rrobba nun manca. Ce sta tutte cose. Farina, olio,
burro, formaggio, vestite, scarpe... (*Sentenzia*) È sempe 'a stessa musica!

FEDERICO   Come s'intende?

GENNARO (*sempre insaponandosi il viso*)   Tu sei troppo giovane
e non te lo puoi ricordare... È tale e quale come nell'altra guerra, che non si trovava niente, i prezzi aumentavano, 'a rrobba
spariva... Secondo te perché si fanno le guerre?

FEDERICO   Pecché?

GENNARO   Pe' fa' sparí 'a rrobba! (*I presenti ridono approvando.
Gennaro arresta la sua insaponatura e comincia a provar gusto
a quanto va dicendo*) E il calmiere? Quello mo sembra una
cosa semplice? E io vi dico che il calmiere è stato e sarà sempre
la rovina dell'umanità. Calmiere... Pare bella pure 'a parola: calmiere. Tu dici: questa è una cosa che ti vuole calmare... Tu
qua' calmare? Quella è l'origine di tutti i mali. Pecché, quanno
tu, governo, miette 'o calmiere, implicitamente alimenti l'astu-

zia del grossista e del dettagliante... Succede 'o gioco 'e prestigio... (*accompagna quest'ultima frase con un gesto come a voler dire: il furto*) e il povero consumatore tiene tre vie d'uscita: o se more 'e famma, o va 'a lemmòsena, o va ngalera...
(*Mormorio di consensi*). Il mio progetto, il mio disegno di legge, se ci avessi voce in capitolo...

Dal fondo sono entrati Errico Settebellizze e Peppe 'o Cricco.
Sono due autisti a spasso per il divieto di circolazione. Tutti e
due dimessi nel vestire. Errico Settebellizze fa onore al suo nomignolo: è bello. Bello, inteso nel senso popolare napoletano:
sui trentacinque anni, bruno, capelli ondulati, occhi acuti e
pronti, nerboruto e ben piantato. Volentieri sorride e con bona-
rietà, ma sempre con una cert'aria da protettore; un simpatico
furfante, «'o guappo giovane». Peppe 'o Cricco è un po' piú
volgare e meno furbo dell'altro, ma è piú forte: il suo ampio
torace, il suo collo taurino e la sua specialità di sollevare le
automobili con un colpo di spalla, per asportare i pneumatici,
gli hanno fruttato il nome che porta. Ha sempre le braccia penzoloni, gesticola raramente, quasi con fatica. Lo si direbbe sempre in ascolto ed in meditazione. Cammina lentamente, e lentamente parla.

ERRICO   Salute! (*I presenti fanno eco al saluto*). Don Genna',
fateci sentire questo disegno di legge!
GENNARO (*secco*)   Vuie ve site venuto a piglià 'o ccafè? Pigliata-
vello e ghiatevenne.
PEPPE   Ma pecché nun putimmo sèntere?
AMALIA (*impaziente, verso la «vinella»*)   He fatto cu' stu ccafè?
MARIA ROSARIA (*dall'interno*)   Duie minute.
ERRICO (*a Gennaro*)   Dunque?
GENNARO   E dunque... Il mio disegno di legge... (*Vuole riepiloga-
re*) Si parlava della mancanza dei generi... Io sostenevo che la
robba c'è, ma che è il calmiere che la fa squagliare... Vedete...
Il calmiere è una cosa complessa... Non basta una spiegazione
fatta cosí semplicemente, per fare due chiacchiere a prima
matina... No! Ci vorrebbero mesi e mesi, anni ed anni per svi-
scerare questa maledetta parola... la qualità e l'applicazione...
E forse non basterebbe tutta la carta del mondo e tutto l'inchiostro dell'universo, se poi un uomo volesse scrivere il risultato
del trattato...
ERRICO (*convinto*)   Ma na cosa svelta nun se pò fa'?

GENNARO   Un momento. Sto parlando.

PEPPE   Don Genna', io nun tengo pacienza. E quann' 'a gente parla assaie, nun ve pigliate collera, me scoccio e me ne vaco.

GENNARO   E si te ne vuó ji', vatténne!

ERRICO (*a Peppe 'o Cricco*)   'Assànce sèntere. Don Genna', continuate.

GENNARO   Ci vorrebbero, come vi dicevo, anni e anni. Ma io per non farvi perdere tempo e per non scocciare a Peppe 'o Cricco, pur non essendo uomo di lettere e senza ca m'intendo di politica, cercherò di spiegarvi quello che i guai e 'a cattiveria degli uomini hanno spiegato a me, durante la mia tribolata vita di cittadino onesto e soldato della guerra passata, che ha servito la patria con fedeltà ed onore! Tengo 'o cungedo... (*Vorrebbe andare a prenderlo per mostrarlo; ma gli altri lo fermano con un gesto come per dire: «P'ammore 'a Madonna», «Ve credimmo», «Chi lo mette in dubbio!»*) Dunque... Il calmiere... Il calmiere, secondo me, è stato creato ad uso e consumo di certe tale e quale persone... che sol perché sanno tènere 'a penna mmano fanno 'e prufessure, sempe a vantaggio loro e a danno nostro. Danno morale e materiale; quello morale prima e quello materiale dopo... E me spiego. Il calmiere significa praticamente: «siccome tu nun saie campà, lèvate 'a miezo ca te mpar' io comme se campa!» Ma nun è ca nuie, cioè 'o popolo nun sape campà... È il loro interesse di dire che il popolo è indolente, è analfabeta, non è maturo... E tanto fanno e tanto diceno, ca se pigliano 'e rrétene mmano e addeventano 'e padrunc. In questo caso 'e prufessure songo 'e fasciste... (*S'interrompe, come improvvisamente pavido; ai presenti*) Guagliu', date n'uocchio fore, ca ccà, si me sentono, me facite passà nu guaio...

ERRICO   Don Genna', parlate. Chille, a chest'ora, 'e prufessure stanno durmenno...

GENNARO   Ce stanno 'e *bidelle*!

FEDERICO (*va in fondo, come in perlustrazione, dà un'occhiata fuori nel vicolo, poi torna e con un gesto di rassicurazione a Gennaro*)   Parlate, parlate... Nun ce sta nisciuno...

PEPPE (*nervosamente*)   Ma vuie vedite 'a Madonna addó simme arrivate... Ccà overo nun se pò campà cchiú!

GENNARO   Dunque... Siamo rimasti al fatto d' 'e rrétene mmano e che addeventano lloro 'e padrune... E a poco 'a vota, sempe facenno vedé ca 'o ffanno pe' bene tuio, primma cu' 'o manifesto, po' cu' 'o discorso, 'a minaccia, 'o decreto, 'o provvedimento, 'o fucile... t'arredúceno nu popolo... 'O vi', comme avimmo

fatto nuie... (*allude alle precauzioni prese per poter parlare,
qualche istante prima*) ca ce mettimmo paura pure 'e parlà!

I presenti approvano.

ADELAIDE Vocca cusuta, ncoppa e sotto, p' 'ammore 'e Dio!

GENNARO ...Popolo e prufessure se mettono allora a dispietto.
'E prufessure pigliano pruvvedimente pe' cunto lloro e 'o popolo piglia pruvvedimente pe' cunto suio. E a poco a poco tu hai
l'impressione ca niente t'appartiene, ca 'e strate, 'e palazze, 'e
ccase, 'e ciardine, nun è robba toia... ma ca è tutta proprietà
'e sti prufessure; ca lloro se ne ponno serví comme vonno, e tu
non si' padrone manco 'e tuccà na preta. Po', in queste condizioni, se fa 'a guerra. «Chi ha voluto 'a guerra?» «Il popolo»,
diceno 'e prufessure. «Ma chi l'ha dichiarata?» «'E prufessure», dice 'o popolo. Si 'a guerra se perde l'ha perduta 'o popolo; e si se vence, l'hanno vinciuta 'e prufessure. Voi mo dite:
ma che c'entra questo discorso con quello che stavamo dicendo? E c'entra. Perché il calmiere è una delle forme di avvilimento che tiene il popolo in soggezione e in istato di inferiorità. Il
mio disegno di legge sarebbe quello di dare ad ognuno una piccola responsabilità che, messe insieme, diventerebbero una responsabilità sola, in modo che sarebbero divisi in parti uguali, onori e dolori, vantaggi e svantaggi, morte e vita. Senza dire: io sono maturo e tu no!

I presenti hanno ascoltato con attenzione e sembrano convinti.
Soltanto...

PEPPE (*confessa, candidamente*) Don Genna', io nun aggio capito niente...

GENNARO E si tu avisse capito, nun ce truvarríemo accussí
nguaiate.

AMALIA (*che durante la scena non ha dato soverchio peso alle
parole del marito, occupandosi invece di cose ovvie, interviene
ora per consigliare a Gennaro di mutare argomento*) Fatte 'a
barba e ferníscete 'e vèstere!

Gennaro ripiglia a insaponarsi il viso.

PEPPE Don Genna', e per la circolazione delle macchine, data la
mancanza d' 'a benzina, avite pensato niente?

GENNARO (*scherzoso*)   Un altro disegno di legge. Ogni automobile nove autisti: uno al volante e otto allo spinterògeno.

I presenti ridono.
Dal fondo entra Riccardo. Tipo d'impiegato, benestante, mode-
sto e dignitoso. Veste di scuro e porta gli occhiali a stringinaso.
Ha un giornale fra le mani, che leggicchia.

RICCARDO   Buongiorno a tutti! (*Si ferma al limitare dell'uscio*).

Gli altri rispondono al saluto rispettosamente.

AMALIA   Buongiorno signuri'. 'O ccafè sta a mumento. V' 'o ppigliate frisco.
RICCARDO   Sí, grazie... Stanotte non ho chiuso occhio. E tengo
nu bellu dulore 'e capa... Quella mia moglie quanno sente 'a
serena diventa uno straccio. Dopo un'ora e mezza di ricovero
siamo tornati a casa, cu' tre chiuove 'e Dio appriesso e... che
vuó durmí? Ha seguitato a tremmà comm' a na foglia.
PEPPE   Ma stanotte 'e bombe ll'hanno menate...
RICCARDO (*indicando il giornale*)   Sí... Hanno colpito due palazzi al Parco Margherita e certi fabbricati a Capodimonte...
PEPPE   ... vicino 'o deposito d' 'e tramme!
ERRICO   Gué, ma chiste (*allude ai bombardieri*) accumménciano
a fa' overo!

Maria Rosaria dalla destra, con una enorme macchina da caffè,
tipo napoletano. Soddisfazione generale.

AMALIA (*ad Amedeo*)   Nzerra 'o vascio e miéttete fore!

Amedeo ubbidisce. Amalia serve il caffè a tutti. Ciascuno, dopo averlo sorbito, paga l'importo.

ERRICO (*schioccando la lingua*)   Complimente, 'onn'Ama', stammatina è adderitto!
GENNARO (*che, frattanto radendosi, s'era messo a parlare con Federico, come concludendo un discorso*)   Bravo! Questo potrebbe essere un altro disegno di legge.
PEPPE   Io stanotte me so' muorto d' 'a paura!
ADELAIDE   Io pe' me, quanno sento 'a serena, qualunque cosa sto

facenno, lasso, me piglio a chisto... (*tira fuori dal corpetto un rosario*) e me ne vaco dint' 'o ricovero.

GENNARO   A me mi viene un freddo addosso ed un movimento nella pancia che basti díreve, devo scappare subito al gabinetto... Confesso la mia vigliaccheria... quanno sento 'a serena, aggia scappà.

PEPPE (*a Riccardo*)   Signuri', ma vuie che dicite? Quanno fernesce sta guerra?

RICCARDO   Eh, chi lo può dire...

PEPPE   Ma mo dice ca 'e bumbardamente 'e ffanno cchiú forte, ca ce distruggeno 'e città... Che dicite, signuri', ce distruggeno a nnuie?

ERRICO   'E ffanno 'e bumbardamente cchiú forte?

FEDERICO   Ce distruggeno?

ADELAIDE   Dice ca méneno 'o vveleno...

GENNARO (*s'è finito di radere; si asciuga il viso con un asciugamano; chiede anche lui quasi all'unisono con gli altri*)   Ce distruggeno?

PEPPE   Ma questa è proprio una guerra fuori natura. Ma che ce tràseno 'e ffamiglie, che ce tràseno 'e ccase.

RICCARDO (*mostrando un altro punto del giornale*)   E adesso chiameranno altre classi!

ADELAIDE   Oh mamma d' 'a Líbera!

AMALIA   Signuri', che dicite? 'E chiammano 'e rifurmate? Stongo tanto npensiero pe' fígliemo Amedeo. Che dicite?

RICCARDO   E... chi lo può dire?!

GENNARO (*fissandolo torvo, quasi con disprezzo*)   Signuri', ma vuie nun sapite niente? Liggite 'e giurnale... Uno pure vorrebbe un'assicurazione, un conforto...

RICCARDO (*commiserandolo, con un senso quasi di tenerezza*)   Allora io pe' ve fa' piacere avarria dicere ca bumbardamente non ne vèneno cchiú, ca classe nun ne chiammano, ca ll'automobile 'e mettono mmiezo n'ata vota... Io che ne saccio?

GENNARO   Va bene... Ma voi state vestito scuro...

RICCARDO (*con subitanea irritazione*)   E che ce azzecca? Chille ca stanno vestute scure sanno 'a guerra quanno fernesce e si bombardano o no?

GENNARO (*improvvisamente rispettoso, per riparare*)   No... Ma vuie avit' a che fare con gente superiore a noi... sopra l'ufficio...

RICCARDO (*con tono perentorio, come per mascherare un suo timore*)   Io non parlo con nessuno. Non so niente.

PEPPE (*ad Errico*)   Va buo'... iammuncenne... Chillo, 'o signuri-

no nun parla... Va' trova pe' chi ce ha pigliato... (*A Riccardo*) E
fate bene. Di questi tempi è meglio tenere la bocca chiusa.
ADELAIDE   Proprio accussí. Che ce ne mporta a nnuie. Che n'a-
vimm' 'a fa'.
PEPPE   Buona giornata. (*A Federico*) Tu te ne viene, Federi'?
FEDERICO   Sto venenno. (*Ad Amedeo*) Vienetenne, Amede'.
AMEDEO (*che sarà rientrato poco prima*)   Quanno me piglio stu
surzillo 'e cafè... (*Sorbisce in fretta; poi agli altri*) Stàtevi bene.

E parlottando con Federico e Peppe 'o Cricco esce per il fondo. Errico s'intrattiene fuori nel vicolo, e si mette a fumare,
sbirciando qua e là come chi è pavido di brutte sorprese...

ADELAIDE (*congedandosi*)   Ce vedimmo cchiú tarde, 'onna Ama'.
Io vaco a scetà a chella pultruncina... (*Allude alla nipotina*).
GENNARO (*rientrando nella sua stanzetta a Riccardo*)   Voi con
noi potete parlare. Siamo gente sicura. La pensiamo come voi.
(*Scompare*).
RICCARDO (*sottovoce, con circospezione*)   Donn'Ama', il burro lo
avete avuto?
AMALIA   Avit' 'a vení cchiú tarde. Ce sta na perzona ca me l'ha
prummiso. Ma sapite comm'è... Chille 'o ttrovano a vénnere
cchiú caro e nun se fanno vedé cchiú. Si m' 'o pporta è rrobba
vosta. Vuie sapite ca nuie nun l'ausammo. Primma pecché nun
ce piace e po'... costa accussí caro... E chi 'o pputtarría accattà...
RICCARDO (*amaro*)   Già, perché voi non ci guadagnate niente sul
burro.
AMALIA (*offesa, sostenendo il giuoco*)   Signuri'... Si dicite accussí
vo' di' ca nun me ne ncarico cchiú... Io me ne sono occupata
nzino adesso, perché saccio ca tenite 'e ccriature. Ma senza nessun interesse da parte mia, si no chella Madonna... (*In questo
momento appare Gennaro, già in ordine, con panciotto e cravatta; si avvicina ad un punto della scena per prendere la giacca
che sarà appoggiata sulla spalliera di una sedia. Amalia che aveva alzato il braccio destro per giurare verso l'immagine della
Madonna del vicolo, dopo un attimo di esitazione, come per
cercare l'oggetto da offrire in olocausto, nel vedere il marito,
subitamente esclama*) nun m'avess' 'a fa' vedé cchiú a marítemo! (*Gennaro si ferma interdetto e per un buon tratto rimane
come impietrito nel gesto in cui si trovava; poi, «con una santa
pazienza» e mormorando qualche cosa d'incomprensibile, che,*

certamente, sarà un «magliecare» contro l'incauto giuramento della moglie, prende la giacca e rientra nella sua cameretta. Amalia ha preso, frattanto, dei pacchi dal materasso. Li porge a Riccardo) Questo è *il* zucchero che mi cercàsteve. E chesta è 'a ciucculata. *(Mostrando un terzo pacco)* Chistu pacco ccà, poi, è 'a pastina bianca... Tutto viene... *(Finge di fare un conto e di non raccapezzarsi fra ipotetiche cifre; poi)* Aspettate, aggia tènere 'a carta ca m'ha purtata 'a perzona, la quale mo ve ne pe' se piglià pure 'e solde... *(Rovista un attimo fra le cianfrusaglie che sono sul comò, prende un pezzo di carta spiegazzata; finge di leggere)* Due chili di zucchero... Un chilo di polvere di *cacavo*... Dieci pacchetti di pastina bianca. Po' ce sta 'a rimanenza d' 'a settimana passata... *(Quasi con reticenza)* Sono giusto... tremila e cinquecento lire!

RICCARDO *(nell'udire la cifra, impallidisce: ha un attimo di esitazione; si riprende e con tono di suadente dolcezza)* Vedete, donn'Ama'... *(Accenna ad un mezzo sorriso bonario per mascherare dignitosamente la sua indigenza)* In questo momento non ho disponibilità. È stata mia moglie indisposta... e so io quello che mi è costata... Con tre bambini. *(Annuvolandosi)* 'A fine 'o mese faccio i capelli bianchi... Lo stipendio è quello che è... Qualche economia che avevamo, col costo della vita se n'è andata in fumo... e capirete...

AMALIA *(riprendendo i pacchi dalle mani di Riccardo, con molta naturalezza)* Ma comme... vuie tenite 'a proprietà?

RICCARDO Ci ho la casetta dove abito, che comprai a rate, in tanti anni di lavoro e di stenti; e due appartamentini a Magnocavallo *(ironico)*: tengo 'a proprietà! E sapete pe' quanto 'e ttengo affittate? Uno duecento e l'altro trecento lire al mese. Me l'aggia vénnere? E con quale coraggio tolgo quel poco ai miei figli? *(Si passa una mano sulla fronte come disponendosi a un immane sacrificio, cava di tasca un minuscolo pacchetto fatto di carta velina, legato con un nastrino; amorevolmente lo apre e ne mostra il contenuto ad Amalia)* Ho portato questo orecchino di mia moglie... Me lo hanno apprezzato cinquemila lire...

AMALIA *(mettendo a sesto i capelli, per ostentare indifferenza)* Tutt' 'e dduie?

RICCARDO *(preoccupato)* No. Uno solo. L'altro ce l'ho pegnorato. *(Abbassa lo sguardo vergognoso)*.

AMALIA E... lassatemmíllo... Io ce 'o faccio vedé a sta perzona. Pò essere ca se cuntenta...

RICCARDO   Devo pagare tremila cinquecento... Resterebbero millecinquecento lire... Me le conservate voi...

AMALIA   Si restano, v' 'e ccunservo... (*E preso l'involtino di Riccardo, lo serba in seno*).

RICCARDO   E mi volete dare la roba?

AMALIA   (*strisciante e consegnandogli i pacchetti*)   Comme no...
E vuie site 'o patrone... Anzi, dimane aggi' 'a avé cierta carne
'e vitello... Ve n'astipo nu bello chilo...

RICCARDO   A domani, allora... (*Ripone i pacchetti in una borsa
di pelle che avrà con sé, mascherando il tutto con il giornale*).

AMALIA   Ove fresche ve ne servono?

RICCARDO   Se ci sono... Sapete, per i bambini...

AMALIA   Dimane v' 'e ffaccio truvà...

RICCARDO   Grazie e buongiorno (*Esce per il fondo*).

GENNARO (*compare dalla sua cameretta, completamente vestito,
prende il cappello che si troverà attaccato ad un chiodo infisso
nel muro e spolverandolo con il fazzoletto, si astrae dietro un
suo pensiero. Siede, quindi, a destra della scena*)   Ho capito
una cosa, Ama'... Questa vita di pericoli che noi facciamo, sempre con la preoccupazione di essere arrestati, pecché tu è inutile ca me cunte storie, ccà nun è sulamente 'o fatto d' 'a tazzulella 'e cafè... Io veco troppo muvimento d' 'a matina 'a sera...
Burro, riso, pasta bianca, fagiole... Ama'...

AMALIA (*pronta per tagliar corto*)   T'aggio ditto tanta vote ca
nun è rrobba mia... M' 'o ppòrtano ccà e io faccio un piacere a
quacche canuscente...

GENNARO   Accussí, per gli occhi celesti color del mare?...

AMALIA (*gridando*)   Io non abbusco niente!

GENNARO (*con lo stesso tono, rifacendola*)   E allora nuie comme
campammo? Famme capí stu miraculo comme succede. Magnammo cu' 'a tessera? Ma a chi 'o vvuó fa' credere? È in mala
fede chi crede na cosa 'e chesta... Magnammo cu' 'a tessera... E
nun sarríemo già cadaveri scheletriti colore avorio cinese? Io
nun abbusco cchiú niente, pecché a ppoco 'a vota levano tutt'
'e tramme 'a miezo... 'O «tre» abulito, 'o «cinche» abulito...
'o «sídice» abulito... (*Allude ai numeri delle vetture tranvia-
rie*) Licenziamenti, aspettative... Stiamo piú della metà dei tranvieri a spasso...

AMALIA (*ponendogli il problema perché lo risolva lui*)   E allora
che s'ha da fa'?

GENNARO   E si nun me faie parlà. Stevo dicenno che avevo capito
na cosa... E mo nun me ricordo. (*Resta come assorto; poi d'im-

provviso) Ah sí... 'A tessera... Dunque... Se con la tessera nun se pò campà... (*Perde di nuovo il filo del suo pensiero; se ne adonta; mormora*) Sango d' 'a Marina, io avevo capito... Avevo capito proprio come si deve fare per vivere dignitosamente, senza ricorrere a questo guaio della borsa nera... (*Trova il concetto*) Ah! Se colla tessera nun se pò campà, allora si deve ricorrere alla borsa nera... Si deve vivere col pericolo che ti arrestano, che vai carcerato... (*Non sa piú dove parare con le sue argomentazioni; cedendo ad una ineluttabilità, dichiara con un tono umano, comprensivo*) Ama', stàmmece attiente... (*Si alza e fa per andare*).

AMALIA   E che faie, te ne vaie?

GENNARO   Faccio doie chiacchiere for' 'o vico... Piglio nu poco d'aria... Stanotte, doie ore 'e ricovero, tengo l'umidità dint' a ll'ossa... Se mi volete, mi chiamate...

ERRICO (*che ha seguito la scena, ferma Gennaro sotto la porta di fondo*)   No, pecché io ll'ata notte purtaie duie quintale 'e cafè...

GENNARO (*spaventato*)   Duie quintale?

ERRICO (*dando un'occhiata fuori del vicolo*)   Già... E donn'Amalia m'ha fatto 'o piacere 'e... (*Come dire, col gesto: lo ha nascosto*).

GENNARO (*con rimprovero*)   Don Erri' ma mo pazziamo a fa' male, mo. Vuie me facite ji' ngalera... Quanno è all'ultimo d' 'e cunte, 'o responsabile songh'io... Voi siete solo ed è tutt'altra cosa. Ci dobbiamo aiutare di questi momenti, aiutiamoci pure... E vuie ogne cosa purtate ccà... E na vota, e ddoie... Don Erri', io ho paura... Chiste pazzéanno cu' 'o cunfino, cu' 'a galera... Per dare un esempio, chiste nun guardano nfaccia a nisciuno... (*Allude ai governanti. Tace. Si passa una mano sulla fronte e, scrutando l'ambiente, dice ad Amalia*) Addó ll'he miso?

AMALIA (*con semplicità*)   Sott' 'o lietto. 'O sicondo matarazzo è tutto cafè.

GENNARO (*si avvicina al letto, palpeggia il materasso in questione; esclama*)   Sia fatta 'a vuluntà d' 'a Madonna! Sotto ce sta 'o riesto... Pasta bianca... Olio... Formaggio... (*D'improvviso, come ricordando, ad Errico*) Don Erri', quelle pezze di formaggio che avete portato... se le potete smaltire... Perché la notte non si respira.

ERRICO   Don Genna', nu poco 'e pacienza. Io cu' sta partita 'e furmaggio aggio passato nu guaio...

GENNARO (*deciso*)   Pure si ce avit' 'a perdere quacche cosa... Ma se ne guadagna salute... Sapete, mo 'a sera fa nu poco 'e frischetto e quanno se nzerra 'o vascio non si resiste... Io vi giuro ca 'e vvote, 'e notte, quanno sento l'allarme, dico: meno male, la liberazione!

ERRICO   Vi ripeto: un poco di pazienza.

GENNARO (*tornando al discorso di prima e mostrando di nuovo il letto*) Zucchero, farina... Nzogna... (*Grattandosi la nuca preoccupato*) Abbiamo fatto il centro dell'ammasso... (*E si avvia di nuovo verso il fondo*).

ERRICO (*insistendo*)   Pirciò ca vuie nun v'avarrissev' alluntanà... Pecché, caso mai... (*Fa un gesto come dire: «si ricorre ai ripari», battendo piano le due palme*).

GENNARO   Mi metto alla presenza di Dio e facimmo 'o piezzo 'e lavoro... Don Erri', ma vi ripeto: levàteme sta rrobba 'a dint'a casa... (*Alla moglie*) Io stongo 'o puntone... Si sentite 'a serena, l'allarme... nun pensate a me... Ognuno per sé, Dio per tutti... (*Voltando le spalle per uscire*) ca si no succede ca pe' ce ji' truvanno, passammo nu diciassette... (*Esce*).

AMALIA (*ad Errico*)   E quanto v'aggia da' 'e parte mia?

ERRICO (*dando una toccatina alla cravatta, galante*)   Non vi preoccupate.

AMALIA (*sbirciandolo*)   E che d'è? M' 'o rrialate? (*Allude alla merce*).

ERRICO   Non sono regali che vi posso fare perché non mi trovo in queste condizioni... Io ve desse 'a vita mia... Ma solde 'a mano a vvuie nun ne voglio. Quando l'avrete piazzata, si toglie la spesa iniziale, e l'utile è rrobba vosta.

AMALIA (*lusingata piú per il tono insinuante, che per la promessa del guadagno*)   Che c'entra? Sempe a vvuie spetta la mmità... (*Prende il pacchetto col brillante e lo mostra all'uomo*) Guardate stu ricchino.

ERRICO (*mette a luce la gioia per osservarla da intenditore*)   Non c'è male.

AMALIA   Quanto può valere?

ERRICO   Fatemi vedere l'altro.

AMALIA   No... E quello l'altro sta pegnorato...

ERRICO   Si dovrebbe spegnorare per vedere se le pietre sono uguali. 'A polizza nun m' 'a putite da'?

AMALIA   Eh... no... Aspettate, ogge che d'è?

ERRICO   Lunedí.

AMALIA (*sicura del fatto suo*)   Giovedí v' 'a dongo.

ERRICO   Ecco. L'oggetto si spegnora e si può stabilire il valore...
(*Riconsegna la gioia ad Amalia*).

AMALIA   Ma quatto cinchemila lire ce vale?

ERRICO   State al coperto. (*Alludendo al caffè*) L'avite miso dint' 'o
matarazzo 'e sotto?

AMALIA (*avvicinandosi al letto e sollevando un lembo della coperta*)   Ccà, 'o vvedite? Nun ce pare proprio niente... Aggio fatta
na fatica... Chist'angolo ccà... (*lo mostra*) l'aggio chiuso cu doie
ciappette automatiche, in modo che al momento, a sicondo ca
me serve, ne piglio nu chilo, duie chile... Se mette 'a mano...
(*Errico intanto si è avvicinato alle spalle della donna e ha cercato di raggiungere con la sua, la mano di lei. La stringe. Amalia,
turbata, si difende, ma senza ribellarsi*) ...e po' se leva. (*Delica-
tamente si libera dalla stretta, rimettendo a posto come un oggetto, la mano di Errico*).

ERRICO (*risoluto*)   E po' se mette n'ata vota! (*Abbraccia la donna
e cerca di baciarla*).

AMALIA (*divincolandosi, ma sempre con una certa adesione e comprensiva soprattutto dello stato di eccitazione dell'uomo*)   Embè, don Erri'... E ghiammo... E quanno maie avite fatto chesto...

ERRICO (*come tornando alla realtà, ma senza liberare la donna*)   Donn'Ama', perdunàteme... Nun ve lasso, si vuie nun me
perdunate...

AMALIA (*giustificandolo*)   E che c'entra... A chiunque pò capitare un momento di *fosforescenza*...

ERRICO   Grazie donn'Ama', grazie... (*Le bacia ripetutamente tut-
t'e due le mani*).

Maria Rosaria, dalla destra, entra e osserva, puntando le braccia sui fianchi, come in atteggiamento di sfida. Errico scorge la
ragazza, abbandona di scatto le mani di Amalia e assume un
atteggiamento di voluta indifferenza. Amalia, notando il mutamento subitaneo di Errico, istintivamente si volge verso la «vinella» e scorge la ragazza. Ha un moto di disappunto; poi si
controlla, si rimette in ordine i capelli e affronta la figlia.

AMALIA   Tu che vuó?

MARIA ROSARIA (*fredda ed ironica*)   Aggia mettere na capa d'a-
glio dint' 'e fasule.

AMALIA   E nun ce 'a sai mettere?

MARIA ROSARIA   Nun ce sta.

AMALIA   E fattélla da' 'a donna Giuvannina.

MARIA ROSARIA (*si avvia lentamente per il fondo. Arrivata sulla*

soglia del «basso» si ferma e con aria ricattatrice)   Io stasera
vaco 'o cinematografo. (*Esce*).

AMALIA (*a Errico rimproverandolo*)   'O vvedite? Chella mo chi
sa 'a guagliona che s'è creduto...

AMEDEO (*dall'interno con voce eccitata*)   Ma io 'a scasso 'a faccia!

ADELAIDE (*anch'essa dall'interno, come per calmare il giovane*)   E va buono, meh, è cosa 'e niente...

AMEDEO (*entra agitatissimo, seguito da Adelaide che si ferma sotto la porta di fondo*)   E po' ve faccio avvedé...

AMALIA   Ch'è stato? Tu che faie, ccà, a chest'ora?

AMEDEO   'O nepote 'e Pallucella... Chillo ca se ne fuiette cu' 'a
figlia 'e don Egidio 'o scarparo... Simme amice... M'è venuto a
dicere ca n'ora fa s'è ghiuto a piglià na tazza 'e cafè dint' 'o
vascio 'e donna Vicenza... Doppo nu poco ch'è fernuto 'appicce-
co cu' vvuie... Ce steva pure donn'Adelaide... (*Alla donna*) Donna Adela', cuntate...

ADELAIDE (*avanzando verso Amalia, con l'aria ipocrita di chi vuol
mitigare*)   Donna Vicenza diceva... (*Si piazza al centro della
scena, imitando gesto e voce di colei per meglio descriverne la
chiassata*) «Ma che d'è? Che s'ha pigliata 'a privativa? Sulamente essa ha da vvénnere 'o ccafè? Chella piezza 'e chesta... Chella
piezza 'e chella... Ma si 'o ccafè nun 'o ffaccio cchiú io, nun ce
'o ffaccio fa' cchiú manco a essa... 'E ccunuscenze ca ten'essa 'e
ttengo pur'io... E s'ha da perdere 'o nomme 'e Vicenza Capece
si pe' tutt'ogge nun le cumbino 'o servizio!» S' 'a miso 'o scialle, ha chiuso 'o vascio e se n'è ghiuta.

AMEDEO   Chella certamente è ghiuta a purtà 'a palomma ncopp'
add' 'o brigadiere d' 'a Squadra Mobile.

AMALIA (*con apparente calma*)   E va buono, tu mo te faie vení
na cosa... Quanno vene 'a Squadra, ccà ce trova...

AMEDEO   'O ssaccio... Ma io v'avev' 'avvertí?

AMALIA   Chesto he fatto buono. Da' na voce a pàteto. Sta 'o
puntone 'o vico. Quanno serve se ne va!

AMEDEO (*corre in fondo e chiama a distesa nel vicolo*)   Papà!
(*Lo scorge; accompagna la parola col gesto*) Venite! (*Ad Amalia*) Còra 'e Sòrice sta vicino 'o vascio 'e donna Fortunata...
Quanno s'appiccia 'a pippa è segno ca 'a Squadra sta dint' 'o
vico...

AMALIA   Tu nun te mòvere 'a ccà!

MARIA ROSARIA (*dal fondo*)   Na capa d'aglio, doie lire... (*La mostra*).

AMALIA   Guè, a te, sciuògliete 'e capille e miéttete 'a sculletella nera... (*E lei stessa apre il tiretto d'un mobile, prende uno scialletto nero e se lo mette sulle spalle*).

MARIA ROSARIA   Ma quanno, mo?

AMALIA (*sgarbata*)   E quanno, dimane? Fa chello che t'aggio ditto!

MARIA ROSARIA (*prende una sciarpetta nera, che si troverà in un punto della scena e si avvia verso destra*)   Quann'è 'o mumento me chiammate. (*Esce*).

AMEDEO   Io sto fore... (*Indica il vicolo*) Si s'appiccia 'a pippa (*allude a Còra 'e Sòrice*) v' 'o ddico... (*Si pone in vedetta, fuori*).

GENNARO (*entrando dal fondo, ignaro*)   Ch'è stato, neh?

AMALIA (*grave e con un tono che non ammette repliche*)   Apprìpàrete!

GENNARO (*sgomento e conscio della drammatica situazione*)   Neh? Ih che piacere! (*Ad Errico*) 'On Erri', io v' 'avevo ditto... Ngalera iammo a ferní tuttu quante! (*Entra in fretta nella sua «cameretta»*).

AMALIA (*agitatissima, ad Amedeo*)   Chiamma pure a Pascalino 'o pittore e 'O Miezo Prèvete.

AMEDEO   L'aggio iute a chiammà prima 'e vení ccà. Mo vèneno.

ERRICO (*padrone dei suoi nervi e del modo di come dovrà comportarsi in simili frangenti, ad Amalia*)   Donn'Ama', non v'agitate... (*Eroico*) Io non me ne vado. La vostra sorte è pure la mia. Io me metto ccà (*indica un punto della scena*) e faccio 'o parente!

AMEDEO (*scorgendo il segnale convenuto dice con tono definitivo*)   Còra 'e Sòrice s'ha appicciata 'a pippa!

GENNARO (*apparendo in cima al suo sgabuzzino*)   S'ha appicciat' 'a pippa?

AMEDEO (*alludendo a donna Vicenza*)   Chella piezza 'e carogna ha mantenuto 'a parola! (*Guarda ancora fuori un po' rinfrancato*) Menu male! Sta venenno pure Pascalino 'o pittore cu' 'O Miezo Prèvete!

A questo punto tutti si danno da fare in grande agitazione, per preparare l'ambiente a qualcosa di eccezionale.

AMALIA (*furibonda, verso la «vinella»*)   Mari', lassa 'e fasule e ghietta 'o vveleno ccà! (*Maria Rosaria entra e si dà da fare anch'essa per la scena*). Gennari', fa' ampressa!

GENNARO (*dall'interno della sua cameretta, come chi per la fretta non riesca a compiere una determinata azione*) E... e... mo... Ccà facimmo Fregoli! Chiammate a Pascalino 'o pittore!

AMEDEO   Sta venenno! Ce sta pure 'O Miezo Prèvete!

Infatti entrano dal fondo. Sono due loschi personaggi. Senza parlare prendono posto al lato sinistro del letto, di fronte al pubblico. Prima di sedere legano sui fianchi due grandi grembiuli neri coprendosi la testa con dei paramenti monacali, che avevano portati con loro, ravvolti in fretta. Amalia, nel frattempo, aiutata da Maria Rosaria, Amedeo, Adelaide ed Errico, dispone intorno al letto quattro candelabri con ceri accesi.

AMALIA (*incitando ancora il marito a sbrigarsi*) Gennari', te spicce?

ADELAIDE   Don Genna', facite ampressa!

GENNARO (*compare lentamente. Indossa una lunga camicia bianca da notte. Un grosso fazzoletto bianco, a «scolla», piegato diverse volte trasversalmente gli parte di sotto il mento e finisce a doppio nodo al centro della testa. Egli va infilandosi un paio di guanti di filo bianco, mentre muove verso il letto*) Ma vedite che s'ha da fa' pe' magnà. (*Ad Amalia e un po' a tutti i presenti, che col gesto gli fanno premura, con tono esasperato*) 'A capa tosta, tenite... 'a capa tosta!

ADELAIDE   Don Genna', è mumento chisto?

AMALIA   Iett' 'o vveleno a te mettere dint' 'o lietto!

GENNARO   'A faccia accussí... (*la indica gonfia per gli schiaffi*) te facesse! (*È giunto accanto al letto e con atteggiamento rassegnato attende l'ultimo tocco che renderà infallibile la finzione. Infatti Amalia lo raggiunge e con un piumino impregnato di cipria rende cadaverico il volto del marito. Poi lo aiuta a mettersi a letto, mentre Maria Rosaria prende dei fiori, che si troveranno davanti ad un santo sulla «cifoniera» e li getta sulla coperta addosso al corpo del padre. Ognuno prende ordinatamente posto, come se fosse già concertato, formando il piú desolato e tragico quadro. Amedeo chiude i battenti di legno e il telaio a vetri della porta di fondo, con una mano si scompiglia i capelli e si getta in posa drammatica ai piedi del letto. Maria Rosaria prende posto in ginocchio accanto alla madre, a sinistra, in primo piano, addossata alla quinta. Adelaide, invece, è a destra nella stessa posizione. Stringe fra le mani un rosario. Errico, scamiciatosi e tratto di tasca un fazzoletto, siede in fondo a*

destra, accanto alla porta d'ingresso. Gennaro, seduto in mez-
zo al letto, in attesa, ammicca ai presenti. Lunga pausa. Poi
Gennaro, preoccupato) Ma è sicuro?

AMEDEO Comme, no? *(Pausa).*

GENNARO Mo vide che avimmo fatto tutta sta funzione e nun
vene nisciuno!

AMEDEO *(escludendo l'ipotesi)* Chillo... s'ha appicciata 'a pippa!

GENNARO *(ammettendo una probabile svista di Còra 'e Sòrice, di*
cui altre volte, evidentemente, è rimasto vittima) Io, 'a settimana passata, stette n'ora e mmeza dint' 'o lietto...

Tutti fanno un gesto come dire: «Embè, che ce vulite fa'».
Altra pausa.

ADELAIDE *(iniziando un discorso, visto che l'attesa si prolunga)*
Aggio ditto accussí, donn'Ama'...

D'improvviso si ode battere ripetutamente allo stipite esterno
della porta di fondo. Tutti si emozionano.

AMEDEO *(con un soffio di voce)* 'E vvi' lloco!

GENNARO *(al colmo dello spavento, ad Amalia)* Questa è stata
una spia ferma!

AMALIA Còccate!

Gennaro si stende sotto le coltri, assumendo l'aspetto di un
vero cadavere. Adelaide comincia a recitare le sue preghiere,
con gli occhi rivolti al cielo. Pascalino 'o pittore e 'O Miezo
Prèvete mormorano parole sconnesse che vogliono sembrare
orazioni funebri. Gli altri piangono sommessamente. I colpi
all'esterno si ripetono piú insistenti. Errico apre l'uscio e appare il brigadiere Ciappa seguito da due guardie in borghese.

CIAPPA *(come parlando ad altri agenti fuori del basso)* Vuie
aspettate lloco ffore. *(È un uomo sui cinquant'anni, capelli briz-*
zolati, andamento rude e sguardo acuto. Conosce il fatto suo. La
pratica e l'aver conosciuto durante la sua carriera uomini e co-
se gli hanno temprato l'animo. Egli sa benissimo che, special-
mente a Napoli, in certi determinati casi bisogna chiudere un
occhio. Entra, osserva la scena e senza cavarsi il cappello, dice
quasi fra sé con un mezzo risolino) E che d'è, neh? *(Si dà una*
lisciatina ai baffi e, guardando intorno, ironicamente) E cchesta

è epidemia! N'ati tre muorte 'e ttruvàiemo aiere ncoppa Mater-
dei... Duie 'e ttruvàiemo a Furcella... E mo stanno a Poggioreale tutt' e ccinche... (*Parlando un poco a tutti, come per decider-
li ad abbandonare la finzione*) Ma no Poggioreale campusanto... Poggioreale carcere. (*Assumendo il suo tono professionale*) Iammo belle, guagliu', io nun voglio fa' male a nisciuno...
(*battendo forte la mano sul tavolo*) ma sangue di Giuda non
voglio essere fatto fesso. (*Poi al «morto»*) Guè, a te, sorgi
Lazzaro, si no te metto 'e mmanette!

AMALIA (*disfatta*)   Brigadie', p' 'ammore 'a Madonna... Chillo marítemo è muorto stanotte a 'e ddoie e trentacinche...

CIAPPA   Nun te scurdà 'e cinche minute!

AMEDEO (*piangendo all'unisono con la sorella*)   Papà mio! Papà
mio!

Le due «monache» ora mormorano preghiere che sembrano delle bestemmie.

ADELAIDE (*recitando le sue orazioni*)
       Diasillo, diasillo...
       Signore, pigliatillo...

Ciappa la sbircia.

ERRICO (*ad un'occhiata del brigadiere si alza e mostrando il letto
come per impietosire Ciappa*)   Nu piezzo d'ommo 'e chella manera...

CIAPPA (*tentennando il capo*)   Nu piezzo d'ommo, eh? (*Scattando*) Ma insomma nun 'a vulimmo ferní cu' sti messe in iscena?
(*Nauseato*) Ma che serietà 'e paese è chesta? Ma che ve credite
ca scennimmo d' 'a muntagna?

ADELAIDE (*insistente, come sopra*)
       Diasillo, diasillo...
       Signore, pigliatillo...

CIAPPA (*deciso*)   Aggio capito, va'! Ccà sta 'o muorto e 'o schiattamuorto 'o facc'i'! Mo te faccio sòsere io 'a copp' 'o lietto! (*E
muove risoluto verso Gennaro*).

AMALIA (*lo ferma con un gesto disperato*)   No, brigadie'! (*Gli
si aggrappa alle ginocchia, sciolta in lacrime. A questo punto
l'attrice dovrà raggiungere l'attimo piú straziante e drammatico, senza nessuna venatura di caricatura, un po' per la perfezione della finzione che raggiunge sempre il nostro popolo, e un*

po' pure perché il pericolo è grosso) Nun 'e ffacite sti suspiette! Marítemo è muorto overamente! Nuie nun simme gente 'e chesto! Chi v'ha nfurmato sarrà quaccheduno che ce vo' male! (*Si alza e, padrona della scena, gestisce largamente mostrando a Ciappa il quadro disperato*) Nun 'o vedite 'o strazio 'e sta famiglia? Nun ve fanno pena chilli duie guagliune ch'hanno perzo 'o pato? (*Con veemente disprezzo*) E si nun ve fanno pena, si nun sentite pietà pe' sta disgrazia che ha cugliuta 'a casa mia, accustàteve, sinceràteve, tuccàtelo 'o muorto, si tenite 'o curaggio! (*Il suo tono ha quasi un'aria di sfida*) Cummettítelo stu sacrilegio, si nun ve mettite appaura d' 'a scummunica! (*Ora spinge quasi decisamente verso il letto il brigadiere, soprattutto perché s'accorge che Ciappa, un po' impressionato, esita a camminare*) Venite... Cammenate...

CIAPPA (*impressionato sia dal tono drammatico della scena che dalla perfetta rigidità di Gennaro*)   Ch'aggi' 'a cammenà? Si chillo è muorto overamente, chi 'o tocca? Io nun 'o cunosco!

MARIA ROSARIA (*piangendo*)   È muorto, brigadie'... È muorto, papà...

ADELAIDE (*visto che Ciappa quasi disarma, insiste, petulante*)
Diasillo, diasillo...
Signore, pigliatillo...

Ciappa la sbircia di nuovo, quindi guarda Errico che si alza come prima, mostrando il «morto».

ERRICO   Nu piezzo d'ommo 'e chella manera...

CIAPPA   Ma sango d' 'a Marina chiste hann' 'a fa' sceme 'a gente! (*Non si rassegna all'idea di poter essere giuocato e pensa di sfidare i presenti, seguendo il loro stesso gioco*) Embè, vuie dicite ca è muorto, e io ce credo. E ce credo tanto, ca m'è venuto 'o gulío 'e ve da' nu poco 'e cunforto. M'assetto, ve faccio cumpagnia e tanno me ne vaco quanno se n'è ghiuto 'o muorto! (*Con dispetto prende una sedia e siede al centro della scena, accanto al tavolo*).

ADELAIDE (*con malcelato sguardo d'odio verso Ciappa e con dispetto*)
Diasillo, diasillo...
Signore, pigliatillo...
(*Le due «monache» accentuano le loro preghiere blasfeme, in modo piú che percepibile. La finzione degli altri continua non alterata, solamente con in piú qualche fuggevole scambio*

d'intesa tra l'uno e l'altro. Lo sgomento reale è però palese. Si ode solamente la lenta cantilena di Adelaide).

    Cavaliere della Croce,
    ascoltate la sua voce...
    Per i vostri gran tormenti
    ascoltate i suoi lamenti...
    per la tua somma potenza
    dacci un segno di clemenza...
    dacci un segno di clemenza...

(Nel proferire l'ultimo versetto accentua un'intenzione realistica applicata alla situazione).

Si ode in lontananza, cupo e sinistro, il sibilo della sirena d'allarme, seguito immediatamente dal classico tramestio e vocio del vicolo. Tutti si guardano costernati, interrogandosi. Ognuno aspetta dall'altro la soluzione sul da fare. Le «monache» «pregano». Dall'interno il mormorio cresce. Si odono voci distinte. Le parole saranno press'a poco queste: «Nannine', porta 'e ccriature!» «E non spingete». «Calma, calma...» «'O fiasco cu' ll'acqua!» «Presto». «Aprite la porta del ricovero!» «Ma stu capo palazzo che fa?» «Che ha da fa'? Sto qua!» «Signo', 'o cane appresso nun v'avit' 'a purtà, quanta vote v' 'aggia dicere». Intanto il numero regolamentare dei sibili ad intermittenza della sirena si è completato. Segue il silenzio terrificante dell'attesa.

AMALIA (*accomodante*) Brigadie', nuie vicino tenimmo nu buono ricovero... Nun facimmo mo ca, pe' puntiglio...
CIAPPA (*accendendo una sigaretta, con freddezza*) Si ve mettite appaura ve ne putite ji'! È peccato a lassà 'o muorto sulo. 'O muorto 'o survegl'io! (*E fuma beatamente*).

Le due «monache» si alzano preoccupate e imitando voci femminili si congedano.

'O MIEZO PRÈVETE Noi andiamo!
PASCALINO Andiamo, andiamo!

E fuggono per il fondo, senza preoccuparsi che dalla parte posteriore lasciano vedere i pantaloni rattoppati.

CIAPPA (*al quale non è sfuggito quel particolare, sempre seguendo il suo gioco, con ironia*) E chesto pure m'avev' 'a mparà: 'e mmonache cu' 'e cazune! (*Si odono i primi colpi della «contraerea». Ciappa verso Gennaro*) Muorto, muo', siente a me: súsete e ghiammuncénne 'o ricovero tuttu quante!

PRIMA GUARDIA (*invaso dal panico*) Brigadie' nun dammo audienza.

CIAPPA (*cocciuto*) Si te miette appaura, vatténne!

Ogni tanto in lontananza si ode il tonfo sordo delle prime bombe che cadono sulla città. Amalia, in preda al terrore, si addossa al muro di sinistra, stringendo a sé i figli, come per proteggerli. Errico e Adelaide cercano scampo addossandosi ad altre pareti.

PRIMA GUARDIA (*a un tonfo piú forte*) Brigadie'... (*Deciso*) Io me ne vaco! (*E fugge, seguito dalla seconda guardia*).

CIAPPA (*mentre i tonfi si susseguono cupi, sinistri e ormai piú vicini – con apparente calma, sempre parlando a Gennaro*) Chesta bomba ha da essere cchiú vicina... Se sentono pure gli apparecchi... Cheste so' mitragliatrice... (*Un tonfo piú prossimo e violento*). Ah! Ah! E si cade na bomba ccà ncoppa stammo frische. Cheste nun so' ccase, so' sfugliatelle! (*Il bombardamento diviene violentissimo. Le esplosioni si susseguono a ritmo accelerato e qualcuna di esse fa tremare i battenti della porta del basso. Il brigadiere rimane fermo e impassibile, sempre osservando Gennaro. Il «morto» difatti è piú impassibile e fermo di lui. Poi la contraerea diminuisce d'intensità. I tonfi si fanno piú radi e lontani. Infine, silenzio. Ciappa, rinfrancato dall'ormai scampato pericolo, a Gennaro*) Sicché tu si' muorto overamente: e comme muorto 'e bombe nun te fanno impressione... (*Gennaro non batte ciglio*). Si' nu muorto capetuosto! (*Ora Ciappa si è alzato dalla sua sedia, si è avvicinato alla spalliera del letto e parla al «morto» direttamente, appoggiandosi come su un davanzale*) Súsete! Siente a me, súsete ca è meglio pe' te! (*Per un attimo perde la calma e scuote la spalliera con tutte e due le mani*) He capito: súsete?! (*Gennaro è insensibile: piú «morto» che mai. Ciappa fa un giro intorno al letto e col bastone solleva un lembo della coperta scoprendo al di sotto ogni ben di Dio: le piú svariate e introvabili derrate alimentari*) Vedite ccà: vedite quantu bene 'e Dio! (*Dopo una pausa si udrà internamente un unico suono prolungato della sirena per il «cessato allarme». Nel vicolo ricomincia il tramestio e il frastuono di voci confuse:* «È fernuto!» «Addó sta Nanninella?» «Luvateve 'a miezo, chesta che schifezza?» «Gennari'!» «'E chi è sta scarpetella?» «L'incendio sta llà bascio!» «È caduto nu palazzo 'o vico appriesso!» «'E pumpiere!» *Si ode la sirena dell'automezzo dei vigili del fuoco. Ciappa ormai guarda Gennaro con ammirazione)* Bravo! Overamente bravo! Tu nun si' muorto, 'o ssaccio. Ne so' sicuro. Sott' 'o lietto tiene 'o contrabbando. Ma nun t'arresto. È sacrilegio a tuccà nu muorto, ma è cchiú sacrilegio a mettere 'e mmane ncuollo a uno vivo comme a te. Nun t'arresto! *(Pausa)*. Ma damme 'a suddisfazione 'e te mòvere. Nun faccio manco 'a perquisizione... *(Gennaro evidentemente non presta fede a queste profferte lusinghiere. Ciappa insiste)* Si te muove, nun t'arresto... Parola d'onore! *(Per Gennaro la parola d'onore basterebbe, ma la promessa che egli attende è ben altra. Infatti Ciappa la intuisce, non esita a formularla. Serio e con tono definitivo)* E nun faccio manco 'a perquisizione! Parola d'onore!

GENNARO *(pur cedendo, mette Ciappa sull'avviso dell'amor proprio ove mai «la parola d'onore» non venga mantenuta. Parla)*   E allora si m'arrestate site na carogna!

CIAPPA *(soddisfatto di avere capito il gioco fin dall'inizio e di non essersi sbagliato, mantiene la sua parola)* 'A parola è una: nun t'arresto. Ma ricòrdate ca io nun so' fesso!

GENNARO *(mettendosi a sedere sul letto, con un gesto di soddisfazione)*   E io nemmeno, brigadie'!

CIAPPA *(con un gesto largo, spagnolescamente generoso)*   Signori, a tutti. *(Si avvia per il fondo)*.

I PRESENTI *(tralasciano repentinamente la finzione, per ossequiare con gran rispetto il generoso brigadiere, perché «non è fesso» e per il quale sentono di mostrare sinceramente la loro ammirazione)*   Buona giornata!

AMALIA   A servirvi brigadie'... Na tazzulella 'e cafè?

CIAPPA   No, grazie, m' 'aggio pigliato.

Gennaro, disceso dal letto, si è frattanto unito al coro degli ossequi per accompagnare il brigadiere fuori, nel vicolo.

Lo sbarco alleato è avvenuto. La casa di donn'Amalia Jovine
ha un volto di lindura e di «siccheria» fastosa. Le pareti sono
color ciclamino, il soffitto color «bianco ricotta» decorato in
oro e stucchi. In fondo, a destra, la «cameretta» di don Gennaro non esiste piú. Quella parete, invece, fino a una certa altezza
e per la lunghezza di circa un metro e mezzo è tutta rivestita di
mattonelle bianche maiolicate che fanno da pannello a una mensola di marmo infissa nel muro. Su questa mensola troneggia
una enorme e lucente macchina da caffè; l'arredamento dell'ambiente è fiammante, lustro, in stile Novecento. Sul letto matrimoniale, una lussuosa coperta di seta gialla. Davanti alla immagine della Madonna del Carmine, nel vicolo, i fiori sono essicca-
ti, le candele spente; si noteranno però nuove decorazioni al-
l'icona ed anche cinque globi di vetro con lampadine elettriche.
Amalia è anch'essa un'altra donna: tutta in ghingheri, tutta preziosa, con un'aria fors'anche piú giovanile. Si vedrà all'alzarsi
della tela davanti ad uno specchio, mentre si dà una toccatina di
assetto alla pettinatura. Indossa un abito di purissima seta e
calze e scarpe intonate, cosí per modo di dire, all'abbigliamento. È imbrillantata e porta un paio di orecchini lunghi, penduli.
Dal vicolo si udranno voci confuse di venditori ambulanti che
ricordano i tempi della vecchia Napoli borbonica. Dall'andirivieni continuo di costoro, fuori del basso, si avrà la sensazione
che *c'è la libertà* e i generi alimentari si smerciano in abbondanza. Le voci interne dei venditori suonano cosí: «Che belli pullaste!» «Puparuole, mulignane», «Chi fuma? Chi fuma?» «'O
viecchio cu' 'a barba!» «Vullente 'e panzarotte», «So' d' 'a
Villa 'alice fresche!» «Tengo 'e pietrine p'accendisigare».
Amalia prende dalla toletta una grossa bottiglia di acqua di
Colonia e se ne serve per profumarsi le mani e il collo. Poi
versa un po' del liquido nel cavo della mano sinistra e lo cospar-
ge intorno, sui mobili e sul pavimento.

Entra dal fondo Assunta. È la nipote di donn'Adelaide Schiano: abita con la zia in un basso prossimo a quello di Amalia.
Veste di nero: anche gli orecchini saranno neri. È un lutto da
donnetta del popolo. Ragazza sui ventiquattro anni, sincera,
aperta, un po' svagata. Infatti, lo vedremo in seguito, parla
senza badare a quello che dice. Racconta tutto di sé e dei fatti
altrui, a chicchessia. Naturalmente questa sua ingenuità genera
spesso imbrogli, dissidi e gaffes. Per cavarsela, allora, con un
sorrisetto che è causa di una conseguente risata isterica, irrefrenabile, conclude l'interrotto discorso dicendo: «Già... ah,
sí...». Nel vedere Amalia, ferma la sua corsa iniziale e mostra
alla donna un cartoccio per metà aperto.

ASSUNTA   Donn'Ama', guardate che bellu chilo 'e carne. Chesto
'o ffacimmo a brodo, domani.
AMALIA (*indifferente*)   Overo è bello!
ASSUNTA (*strisciante, servizievole*)   'O vulísseve vuie? Io ne va-
co a piglià n'atu chilo per nuie. A cinquecento lire.
AMALIA   Nooo... E nnuie stasera tenimmo tàvula.
ASSUNTA (*consapevole*)   Comme... Settebellizze ci ha invitate pu-
re a me e 'a zia... E nnuie perciò domani facimmo brodo.
AMALIA (*spaccona*)   Sí, ha fatto diversi inviti...
ASSUNTA   Rituccia comme sta?
AMALIA   'E chesto me ne dispiace: ca tengo a Rituccia poco
bene.
ASSUNTA   'A zia sta dinto?
AMALIA   L'aggio cercato 'o piacere 'e ce sta' nu poco vicino. Chel-
la, quando ce sta donn'Adelaide, se sta cuieta.
ASSUNTA   'E ssape piglià 'e ccriature... Io vaco a posare questa
carne... Permettete... (*Esce per il fondo*).

Entra dal fondo Teresa seguita da Margherita. Sono due ragazze del popolo: truccatissime e vistosamente acconciate a colori
sgargianti. Le scarpe ortopediche sono troppo alte e le gonne
troppo corte.

TERESA   Buongiorno, donn'Ama'.
AMALIA   Buongiorno.
MARGHERITA   Maria Rosaria è pronta?
AMALIA   L'aggio vista ca se steva vestenno. Ma addó iate a che-
st'ora?
TERESA   Ci andiamo a fare una passeggiata.

AMALIA   Stateve attiente, cu' sti passeggiate, piccere'... Io ce l'aggio ditto tanta vote pure a ffigliema... Per esempio: stu sergente inglese ca tene appriesso, chi è? pecché nun se fa cunoscere? pecché nun se presenta addu me?

TERESA (*per dissipare qualunque dubbio*)   Noo... Donn'Ama'... Chillo è tanto nu buono giovane... È timido... Nun sape parlà tanto buono l'italiano e se mette scuorno 'e vení addu vuie.

MARGHERITA (*comprensiva*)   Chillo è surdato, e certamente ha da fa' pure 'o duvere suio... Mo sta caccianno 'e ccarte pecché cu' 'e llegge lloro, ci vuole il permesso proprio dell'America in persona. Ha ditto ca appena è tutto pronto, si presenta da voi per chiedere la mano proprio di Maria Rosaria.

TERESA   'O fatto d' 'e passeggiate, po', come dicite vuie ca avite ditto: «stateve attiente», non c'è proprio pericolo. Pecché loro nun stanno attaccate a tanta pregiudizie, nun capísceno 'o mmale. Camminano abbracciate con le ragazze, ma accussí, cumme a cumpagne, cumme a camerate. Nun è ca ce mettono 'a malizia.

AMALIA   Già... ma però sono camerati sulo cu' 'e rragazze. Cu' ll'uommene se fanno 'e fatte lloro. Allora vo' di' ca ce 'a mettono 'a malizia.

TERESA   È un'altra *mendalità*: sono piú sciolti, piú abbonati... Chella, 'a figlia vosta, ha avuto na furtuna. S' 'a sposa e s' 'a porta in America. Chillo, *Gion*, faceva ammore primma cu' me. Po' cunuscette a Maria Rosaria, e dicette ca lle piaceva cchiú assaie. Pecché accussí è bello, sinceramente. M' 'o ddicette nfaccia: «*Tua frenda piú nais!*» Io rispunnette: «*Okei!*» 'A sera purtaie n'atu *frend* suo ca súbbeto s'annammuraie 'e me e a me me piaceva piú di lui e ce mettèttemo d'accordo. Io poi lle dicette: «Ci ho na *frenda* mia, che sarebbe Margherita (*la indica*), non ci hai un *frendo* tuo?» Isso 'o purtaie e accussí avimmo fatto tre *freind* e tre *freende*.

MARGHERITA (*scontenta*)   Sí, ma 'o *frend* mio nun me piace: è curto.

AMALIA   E che fa? Dincello chiaro chiaro: «Senti, tu a me non mi *nais*, portami un altro che mi *nais* piú di te». (*Maria Rosaria entra da sinistra in un variopinto abito estivo, con sandali capresi, e senza cappello*). A che ora tuorne?

MARIA ROSARIA (*emancipata*)   Nun 'o ssaccio. Quanno me so' spicciata, torno.

AMALIA   Sòreta sta poco bona. (*Esce a sinistra*).

TERESA (*a Maria Rosaria*)   Vulimmo ji'?

MARIA ROSARIA   Ma che ce vengo a fa'? È na settimana ca vaco
'appuntamento e nun se fa vedé!

TERESA   E pò essere ca ogge vene.

MARIA ROSARIA   Nun me mporta, Teresi', te giuro ca nun me
mporta. 'A colpa è stata 'a mia e me l'aggia chiàgnere io sola.
Ma io 'o vulesse vedé pe' lle dicere: «Invece 'e me mannà a
cuntà tanta buscíe, pecché nun m' 'a dice tu, personalmente, 'a
verità?»

TERESA   Ma, aieressera, 'o nnammurato mio dicette ca ogge l'a-
varria purtato.

MARIA ROSARIA   È partuto, siente a me, chillo è partuto. E ogge
o dimane partarranno pure 'e nnammurate vuoste.

TERESA   E si pàrteno, salute a nuie.

MARIA ROSARIA (*guardandola lungamente negli occhi, per richia-
marla alla dura realtà*)   Salute a nuie?

TERESA (*ricordando che, ormai, il suo stato è simile a quello di
Maria Rosaria, come smarrita*)   Già...

Un attimo di silenzio comprensivo fra le due ragazze.

MARGHERITA (*petulante*)   A me nun me piace 'o mio: è curto.

TERESA (*spazientita*)   Oi neh tu nun capisce maie niente! (*A Maria Rosaria*) Ccà ce stanno chisti guaie, e chella pensa 'o curto,
'o luongo...

Le tre ragazze si avviano per il fondo.

AMALIA (*entrando, seguita da Adelaide, dice alle ragazze*)   Turna-
te ampressa...

LE RAGAZZE   Va bene. (*Escono parlottando per il vicolo*).

ADELAIDE (*alludendo a Rituccia*)   S'è addurmuta. Me pare ca 'a
freva è scesa pure.

AMALIA   'E ccriature accussí cresceno.

ADELAIDE   Si ve serve quacch'ata cosa, nun facite complimenti.

AMALIA   M'avíssev' 'a fà 'o piacere 'e còsere stu bottone vicino
a sta cammisa d'Amedeo... (*Mostra un bottone, preso da una
scatola sul tavolo ed una camicia*) Ce sta ll'ago e 'o ccuttone
ncopp' 'a culunnetta.

ADELAIDE   Mo ve servo subito subito... (*E si accinge alla piccola
operazione, sedendo al tavolo*).

'O MIEZO PREVETE (*entra dal fondo, introducendo il vinaio che *porta un barile sulle spalle*) Iammo bello, Gariba'. (*Ha tra le mani un tubo di caucciú per il travasamento. Già pratico esce per la porta di destra*) Donn'Ama', 'o signurino 'e Settebellizze ha ditto: «Dincello a donn'Amalia ca chesto (*allude al vino*) è Gragnano vecchio».

AMALIA (*parlando al vinaio verso destra*)   'E fiasche so' tutte sciacquate.

'O MIEZO PREVETE (*slegando e disfacendo un involto di tela di sacco che aveva portato con sé*)   Cheste so' sei palate 'e pane bianco... Farina alleata... ma fatte all'uso nuosto cu' 'o furno a fascina... Matalena a Frattamaggiore... (*Dispone i pezzi di pane sulla mensola*) Cheste po' so' 'e ssigarette ca ve manna Teresina a Furcella... (*Mostra un pacco di diverse «stecche» di sigarette americane*) E chisto è nu biglietto (*cava dalla tasca un foglietto di quaderno spiegazzato*) che ve manna essa a vuie. (*Glielo porge, quindi va a mettere il pacco di sigarette in un cassetto del comò*).

AMALIA (*con il biglietto fra le mani, rigirandolo varie volte, mostra chiaramente di non saper leggere. Attribuisce la impossibilità di decifrare lo scritto alla poca luce*)   Io nun ce veco buono... Donn'Adela', vedite che dice...

ADELAIDE (*prende il biglietto dalle mani di Amalia*)   Dateme ccà. (*E si dispone a leggere, ma neanche essa ci riesce*).

'O MIEZO PRÈVETE   Donn'Ama', 'o figlio vuosto ha pigliato duie crapette pe' stasera ca putessero ji' nnanze 'o rre... Ma, intendiamoci, 'o rre 'e na vota. Ll'aggio purtate 'o furno e stasera, verso 'e sette e mmezza, m' 'e vvaco a piglià e 'e porto ccà nzieme 'a parmigiana e 'o ruoto 'e puparuole.

AMALIA (*accortasi che Adelaide non è ancora riuscita a leggere*)   Donn'Adela', si nun sapite leggere, nun perdimmo tiempo.

ADELAIDE   No, sapite che d'è? Ca io cu' chist'uocchio ccà (*mostra quello destro*) non ci sfessecheio tanto bene. 'O biglietto è scritto pure cu' 'o làppeso.

'O MIEZO PRÈVETE   Io vaco a da' na mano 'o cacciavino. (*Esce per la porta di destra*).

ADELAIDE (*finalmente decifra lo scritto e lentamente, scandendo parola per parola, legge*)   «Cara donn'Amalia, tècchevi...» (*Si ferma dubbiosa, poi ripiglia*) Ah... tècchevi comme si dicesse: Tenite... (*Riprende a leggere*) «... tècchevi il pacco di sigarette che ha portato il sergente *ingrese*. Ma però il sergente *ingrese* ha voluto un aumento di dieci lire a pacchetto. Io ho detto: "Ma come, voi siete *ingrese*..." E lui ha risposto come se avesse voluto dire: "*Sarraggio ingrese* comme vuoi tu, ma se ti conviene a questo prezzo bene, se no vado da un altro rivenditore italiano"».

AMALIA   S'hanno mparato 'a canzone.

ADELAIDE (*leggendo ancora*)   «Nun me le dovevo pigliare? Cusí come mi regolo io, regolatevi pure voi, per non andarci a quel servizio l'una con l'altra. La popolazione deve stare tre giorni senza fumare. Giovedí a Dio piacente usciamo tutte insieme con il prezzo aumentato a cento sessanta lire. Tanti saluti. E tenetemi informata del prezzo delle coperte e dei maglioni di lana, che, mo che viene il freddo, i prezzi sàglieno. La conserva di pomodoro è pure consigliabile per quest'inverno». (*Riconsegna il biglietto ad Amalia*).

AMALIA   Io m''aggio fatta, 'a cunserva. (*Prende il pane e lo ripone in un cassetto del comò*).

ASSUNTA (*entra dal fondo*)   'A zi', se volete andare dentro. 'E ppatàne 'aggio passate pe' setaccio. Mo v' 'o vvedite vuie...

ADELAIDE (*alzandosi*)   'A cammisa 'a metto ncopp' a sta seggia, donn'Ama'. Permettete. Si me vulite, me chiammate.

AMALIA   Si se sceta Rituccia.

ASSUNTA   E ce stongo io. Vuie jate dinto, io mi *stono* un poco qua.

ADELAIDE   Permettete, donn'Ama'. (*Ripone gli oggetti da cucire e la camicia ed esce per il fondo*).

ASSUNTA   Donn'Ama', io vi volevo domandare una cosa... (*Annusando nell'aria*) Ah! Che bell'odore di profumo delicato. 'O tenite vuie ncuollo? (*Si avvicina alla toletta*) Quanto mi piace la cura del personale! (*Prende la bottiglia d'acqua di colonia e la guarda come rapita*) È cchesta, è ove'? Anche la bottiglia è di forma sensazionale! V' 'a purtata Settebellizze, eh?

AMALIA (*un po' rannuvolata, quasi offesa*)   E pe' qua' ragione m' 'aveva purtà Settebellizze? Me la sono comprata da per me.

ASSUNTA   Noo... mi credevo... Dato ca tuttu quante, dint' 'o vicolo, diceno... ca vuie... Insomma ca Settebellizze... (*S'avvede di aver parlato troppo ed accenna il sorrisetto*) Già... Ah, sí...

AMALIA   Ma che diceno? (*Uscendo fuori dei gangheri*) Che hanno 'a dicere sti quatto...

ASSUNTA (*interrompendola, allarmata*)   Niente, nun ve pigliate collera. Io parlo cosí... (*Come ricordandosi un avvertimento*) Chella, 'a zia, m' 'o ddice sempe ca io mi debbo imparare a *stàremi* zitta con la lingua. Ma non lo faccio per male. Sono stupida... (*E qui comincia a ridere del suo riso isterico, che non le permette nemmeno di proseguire la frase*) 'E vvote rido io sola... (*Ride convulsamente fino alle lacrime*).

AMALIA   Ma pecché ride?

ASSUNTA   No, nun parlate ca facite peggio... (*Non riesce a frenarsi. Poi, d'un tratto, come irata contro se stessa*) Giesú, ma che m'ha pigliato?

AMALIA (*urtata*)   Oi neh, tu 'e vvote tuocche 'e nierve cu' sta resata...

ASSUNTA (*ridendo meno*)   E che ce vulite fa'? È una debolezza! Facitela sfugà nu poco... (*Si ripiglia*) Ecco, mi è passata. Vi volevo domandare... Io cu' a zia nun ce pozzo parlà pecché chella è cchiú scema 'e me... Ma voi ammece siete una donna che smerzate il mondo dentro fuori...

AMALIA (*infastidita*)   Va' dicenno, Assu'...

ASSUNTA   Ecco... Io volevo sapere se sono zitella.

AMALIA   E io saccio 'e fatte tuoie?

ASSUNTA   Io mi sono sposata con Ernesto Santafede il ventiquattro marzo 1941, pe' procura, dato che trovasi tuttora militare a servire la patria in Africa Settentrionale. (*Ammirando il vestito di Amalia*) Quant'è bella sta veste ca v'avite misa oggi. È nova?

AMALIA (*con voluta indifferenza*)   M' 'a purtaie 'a sarta l'altro giorno.

ASSUNTA (*ripigliando il discorso troncato*)   Partette pe' surdate ca facèvam' 'ammore e da nnammurate ce vedettemo l'ultima volta, ma, come marito e moglie, è stata una iettatura, non abbiamo potuto consumare... (*cerca il modo di esprimersi*) comme se dice? chella cosa llà... (*E accompagna la frase con un gesto battendo le palme in fretta*) Venette pure in licenza per quindici giorni. Io appriparaie 'o vascio... 'A zia s'accunciaie 'a cammarella ncopp' 'o mezzanino per lasciarci soli, ca dovevamo tubare... Ma chille, 'e bumbardamente, pareva ca 'o ffacevano apposta... Io m'appriparavo tantu bella... Cunzumaie na buttigliella 'addore... (*Imita il suono della sirena d'allarme*) Peee... e fuiévamo... 'E quinnice iuorne 'e licenza c' 'e passaieme dint' 'o ricovero... Se ne partette... E l'avete visto piú voi? Adesso siccome un messaggio che avèttemo, ca nun 'o sentèttemo manco nuie, ma 'o sentette un *cainato* di una cumpagna mia ca se truvava a Roma e ce 'o mmannaie a dicere per una vecchia che si doveva recare in Calabria e ca era di passaggio per Napoli...

AMALIA   Eh! (*Come dire: «che storia lunga!»*)

ASSUNTA   Embè e che vulite fa'?!... Dice ca era prigiuniero... Nu
cumpagno suio ca è turnato me dicette ca era muorto. Chi dice
ca l'ha visto vivo... Io dico: fra tutte queste voci, sono io sempre zitella?

AMALIA   E comme no? Si' zitella, pecché, come fosse, nun te si'
aunita cu' maríteto. È questione ca si nun haie na nutizia sicura, si' sempre maritata.

ASSUNTA (*un po' preoccupata*)   Ecco, quell'è...

AMALIA   Nun te puo' mmaretà n'ata vota...

ASSUNTA (*scartando l'ipotesi*)   Chi?? E chi ce penza? Primma 'e
tutto io rispetto la probabile buonanima... (*Mostra un berlocco portaritratto di metallo nero che ha al collo*) 'O vedite? Sta
sempe ccà. Me mettette pure 'o llutto. E m' 'o llevaie quanno
me dicettero ca era prigiuniero. Po' m' 'o mmettette n'ata vota... (*Divertita al suo stesso caso*) Giesú, stu llutto m' 'o llevo
e m' 'o mmetto. Cos' 'e pazze... Sperammo ca m' 'o levo e nun
m' 'o metto cchiú... (*Maliziosa*) Ca non conoscerò mai il mondo? (*Sprezzante*) Salute alla fibbia, disse don Fabio.

ERRICO (*entra dal fondo. Indossa un vistosissimo abito grigio
chiaro. Porta scarpe gialle. Cravatta a colori vivaci. Fiore all'occhiello. Cappello di finissima qualità. Tutto l'insieme lascia indovinare a prima vista il suo totale cambiamento di classe. Egli
ormai è molte volte milionario. Lo si nota anche dal suo incedere lento, sicuro e dal grosso brillante che ostenta al medio della
mano sinistra con vanitosa disinvoltura. Ormai Settebellizze fa
colpo sulle donne del quartiere: egli lo sa bene e se ne compiace*)   Eccomi qua. (*Scorge Assunta, e rimane contrariato*) Don-
n'Amalia, servitore vostro.

AMALIA (*ammirata se lo mangia con gli occhi*)   Tanti auguri e
buona salute.

ERRICO   Grazie. Sono trentasei. Ci cominciamo ad invecchiare.

ASSUNTA   Trentase' anne. State nel piú meglio...

AMALIA (*con leggero rimprovero ad Errico*)   Vi aspettavo piú presto, veramente.

ERRICO   Sarebbe stato mio dovere venirvi ad ossequiare un poco
prima per ringraziarvi del magnifico mazzo di rose che mi avete fatto pervenire a casa stamattina e per chiedervi ancora scusa del fastidio che vi prendete stasera, festeggiando in casa vostra la mia *natività*.

AMALIA   Che c'entra... Voi siete solo e qua vi *trovarrete* come
nella vostra stessa, *mmèresema* famiglia.

ERRICO   E grazie ancora. (*Galante*) Però voi non dovete alzare neanche una sedia da qua llà. Io e Amedeo abbiamo provveduto a tutto. (*Siede a destra accanto al tavolo*) Dunque vi dicevo... Sarei venuto prima ma ho avuto un poco da fare. Aggi' avut' 'a fa' partí due camion per la Calabria e si nun staie presente durante 'o carico 'a rrobba sparisce... L'aggio cunsignate, m'hanno dat' 'o scecche e me ne so' ghiuto. Po' aggio perza na meza iurnata tra l'A.C.C. 'a B.V.B., 'a sega sega Mastu Ci'... 'o sango 'e chi ll'è bivo... E chi Madonna 'e capisce... Ccà p'avé nu permesso ce vo' 'a mano 'e Dio... Po' so' ghiuto na mez'ora abbascio 'a Réfice... e a questo proposito v'aggi' 'a parlà... Me so' ghiuto a vèstere ca parevo nu scarricante d' 'o puorto... ed eccomi qua... Amedeo è venuto?

AMALIA   No. E chille pur'isso è asciuto 'e notte.

ERRICO   Oi neh, ma, tu 'a casa toia nun haie che fa'?

Assunta, apostrofata, non sa cosa rispondere.

AMALIA   No, sta ccà, pecché caso mai Rituccia se sceta...

ERRICO   Comme sta 'a piccerella?

ASSUNTA (*premurosa*)   Sta meglio. Pirciò sto ccà. Si no, che d'è? nun 'o ssaccio ca quanno ce state vuie me ne debbo andare io... dato che... (*Fermandosi di colpo ed accennando il suo sorrisetto*) Già... Ah, sí... (*È presa di nuovo dal suo convulso d'ilarità*).

AMALIA   Mo accummience n'ata vota?

ASSUNTA (*sempre ridendo*)   E che ce vulite fa'? Quella è una debolezza! (*Il suo riso diventa irrefrenabile*) Ma quanto so' scema... 'E vvote rido cosí, senza ragione... Va trova 'a gente che se crede... Permettete... (*Esce dal fondo*).

ERRICO   Ma pecché fa 'a nzípeta, chella?

'O MIEZO PRÈVETE (*seguito dal vinaio che porta sulla spalla il barile vuoto*)   Il vino è tutto infiascato.

ERRICO (*porgendogli un biglietto da cento*)   Dalle ciento lire... (*Indica il vinaio*).

'O MIEZO PRÈVETE (*prende il biglietto di banca e lo consegna al vinaio*)   Ringrazia 'o signurino. (*Il vinaio ringrazia con un gesto*). Chill' è muto. (*Il vinaio esce per il fondo*). Avite bisogno 'e niente?

ERRICO   Statte fore 'o vico. Si te voglio, te chiammo.

'O MIEZO PRÈVETE   'E cumanne... (*Esce per il fondo*).

ERRICO (*ad Amalia*)   Dunque...

PEPPE (*entra dal fondo, parlando a Federico che lo segue*)   Nun putimmo fa' niente, Federi'...

FEDERICO   Siente a me, mo te firmo 'o scecco e t' 'o dongo.

ERRICO (*contrariato*)   E che te cride ca se pò dicere na parola
dint' a stu vascio?

PEPPE (*a Federico*)   Tu è inutile ca firme... Pecché hann' 'a essere duiecientosissantamila lire.

FEDERICO (*disponendosi a firmare un assegno*)   Iammo, mo 'a
putisse ferní... (*Ad Amalia*) Donn'Ama' doie tazze 'e cafè... Salute, Settebelli'.

Amalia prepara i due caffè e li serve.

PEPPE   Pigliàmmoce 'o ccafè. Offro io. Ma p' 'o fatto d' 'e solde
nun putimmo fa' carte.

FEDERICO   Chelle so' cinche gomme 'e «1100».

PEPPE   So' nnove, ca nun hanno fatto nisciuno peccato. Ce sta
ancora 'a carta d' 'a fabbrica e 'o ttalco vicino. Ccà ce sta Settebellizze ca se ne intende.

FEDERICO   Ma pecché, con tutto il rispetto a Settebellizze, io
non me ne intendo?

PEPPE   Allora aviss' 'a piglià duicientosissantamila lire, cu' nu
vaso ncoppa e me l'avissa da'. (*Alludendo ai pneumatici in questione*) Chelle 'a quatt'ati iuorne p' 'e piglià ce vonno trecento-
mila lire.

FEDERICO   Ma io ll'aggi' a' vénnere... Aggi' 'a abbuscà na cusarella pur'io?

PEPPE   E vuó abbuscà cientocinquantamila lire? Del resto io
sto in società cu' Amedeo... Parla cu' isso... Si te vo' fa' sparagnà
quacche cosa...

Sorbiscono il caffè.

ERRICO   Vedite 'e ve mettere d'accordo.

PEPPE (*a Settebellizze*)   L'Aprilia comm'è ghiuta?

ERRICO   L'aggio pruvata. 'A tengo dint' 'o garage. Là, si 'e vuó
settecientomila lire, bbene, si no ccà sta 'a chiave... (*Trae dal
taschino del panciotto una chiavetta per la messa in moto della
macchina*) e va t' 'a píglia.

PEPPE   Ma io tante ve cercaie: settecientomila lire.

ERRICO (*ricordando*)   Ah... Embè, io nun me ricurdavo cchiú...
Del resto chella, 'a machina, ce vale... (*Prende dalla tasca del
pantalone una manata di assegni bancari e ne sceglie due fra*

questi) Te', chiste so' duie vaglia: uno 'e cincuciento e n'ato 'e duiciento... (*Glieli porge*).

PEPPE (*riscuotendo il danaro*)   Oh! Benedetta 'a mano 'e Dio! Quanto è bello quann'uno capisce... (*A Federico*) Tu staie facenno tant'ammuina... Pe' cumbinà n'affare cu' te ce vo' na sezione 'accusa.

FEDERICO (*messo sul punto*)   Oi ni', tu 'o ssai ca nun ce tengo? Teccatelle 'e dduiecientosissantamila lire... (*Con una stilografica firma un assegno da un libretto bancario e, staccatolo, lo consegna a Peppe*) Mo ce vulesse don Gennaro per un disegno di legge.

AMEDEO (*entra dal fondo. Anch'egli in ghingheri; vestito d'una eleganza piuttosto fine*)   Signori, buongiorno. (*Si dirige difilato al comò, rovistando fra gli oggetti che vi son sopra. Ha rintracciato una cosa che gli sta a cuore*) 'O vi' ccanno 'o vi'... Me pensavo ca nun 'o truvave cchiú... (*Mostra un pacchetto fatto di carta di giornale*).

RICCARDO (*entra dal fondo. Macilento, pallido, trasandato nel vestire, quasi sottomesso*)   Buongiorno.

Tutti gli rispondono appena.

AMALIA (*ha un senso di fastidio, quasi di sopportazione*)   Buongiorno, signuri'. (*Scambia un'occhiata con Settebellizze*) Vulite quacche cosa? (*Riccardo esita, guardando i presenti; fa capire ad Amalia che vorrebbe rimaner solo con lei*). Embè, si aspettate nu mumento...

RICCARDO (*deciso*)   Sí, aspetto. (*E si mette da parte, in fondo, a destra*).

PEPPE (*traendo in disparte Amedeo*)   Amede' stasera ce putimmo vedé?

AMEDEO   E stasera tenimmo 'a tavula. Tu viene?

PEPPE   E comme no? Io so' stato invitato.

AMEDEO   E allora parlammo ccà.

PEPPE (*cauto*)   E ccà nun putimmo parlà! (*Dà un'occhiata intorno, furtiva*) Se tratta 'e na machina cu' cinche gomme nòve... Dimane a ssera avimm' 'a fa' o piezzo 'e lavoro...

AMEDEO (*tagliando corto*)   Va buo', mo parlammo fore...

PEPPE (*ad Amalia*)   Donn'Ama', pigliàteve 'e sorde d' 'o ccafè... (*Dà del denaro alla donna, che lo intasca*).

FEDERICO   Donn'Ama', sigarette ce ne stanno?

AMALIA (*pronta*)   Niente. Nun me n'hanno purtate.

PEPPE (*ironico*)   E va be', abbiamo capito. Stammatina so' sparite 'e ssigarette.

FEDERICO   Decreto catenaccio.

PEPPE   Federi', tu te ne viene?

FEDERICO   Sto venenno. (*Saluta*) Signori a tutti! Amede', tu te
rieste?

ERRICO   Sí. Amedeo resta ccà. Amede', t'aggi' 'a parlà!

PEPPE   Allora a stasera, per il pranzo. Iammuncenne. (*E parlottando con Federico esce per il fondo*).

AMALIA (*a Riccardo*)   Dunque, che v'aggi' 'a serví, signuri'?

RICCARDO (*timido*)   Per quell'impegno che facemmo...

AMEDEO (*ad Errico*)   Io stongo 'o puntone 'o vico. Quanno me
vulite me chiammate. (*Fa per andare, poi si ferma e come ricordando*) 'O pacchetto... Mo m' 'o scurdavo n'ata vota... So' trecientomila lire... (*S'accorge di aver parlato troppo in presenza
di Riccardo*).

AMALIA (*cercando di riparare, scherzosamente rimproverando il
figlio*)   Isso teneva trecientomila lire. Chillo pazzéa.

AMEDEO (*confuso, piú verso Riccardo*)   So' 'e n'amico mio ca
s' 'ha da vení a piglià... Basta, i' sto fore... (*prende il pacchetto
che aveva appoggiato sul tavolo ed esce*).

AMALIA (*a Riccardo*)   Dunque?

RICCARDO (*modesto, disponendosi ad esporre un suo drammatico
caso, senza però alcun senso di ostilità verso i suoi interlocutori, quasi come se il torto fosse dalla parte sua*)   Non che sia un
mio diritto, per l'amor di Dio... Ma volevo parlare un poco alla
vostra coscienza... (*Amalia lentamente siede accanto al tavolo
al lato sinistro, voltando le spalle a Riccardo, come svagata.
Errico, che precedentemente si era seduto al lato opposto del
tavolo, assume lo stesso atteggiamento, fumando beatamente*).
La prima volta che mi trovavo a corto di soldi, voi proponeste
di disfarmi di uno dei due *quartini* di mia proprietà, dicendo
che avevate la persona che comprava. Io, con l'acqua alla gola,
cedetti. Questo poi avvenne una seconda volta, quando perdetti addirittura il posto di ragioniere nella società per la manutenzione degli ascensori e mi disfeci pure del secondo. Ho saputo
poi che tutti e due i *quartini* li avete comprati voi... Vi faccio i
miei auguri e ve li possiate godere per cento anni. Ora, voi mi
anticipaste quarantamila lire sulla casa che abito con i miei figli
e mi faceste firmare una carta dal notaio, dove c'è il diritto di
riscatto da parte mia mediante la restituzione della somma nei
sei mesi dalla firma. (*Pausa. Il gelo che producono le parole di*

Riccardo lo intimidisce sempre piú. Ma si fa animo e riprende)
L'impegno è scaduto da venti giorni, d'accordo... Ma voi mi
mandate l'ingiunzione del vostro avvocato: «o paghi un fitto
di quattromila lire al mese o vattene!» (*L'ingiustizia è talmente palese che dà foga al suo discorso*) A parte il fatto che io non
ho dove andare... e d'altra parte non posso pagare quattromila
lire al mese... voi avete il coraggio di pigliarvi quella proprietà
per quarantamila lire?

ERRICO (*senza spostarsi dalla sua posizione*)   Ma... non sono quarantamila lire... L'impegno dice che se voi non pagate le quarantamila lire nei sei mesi, la signora Amalia è tenuta a versarvi
altre cinquantamila lire per diventare proprietaria del vostro
appartamento. E l'avvocato perciò vi ha fatto l'ingiunzione...
Perché voi non volete accettare le cinquantamila lire... Pigliate-
velle e truvàteve n'ata casa...

RICCARDO   Me trovo n'ata casa?! Con mia moglie, con tre creature, me trovo n'ata casa?

ERRICO (*infastidito*)   Allora, scusate, che volete fare? Chesto no
chello no...

RICCARDO   Vedete, io ho qui diecimilasettecento lire... (*Prende
il danaro da un portafoglio e lo mostra*) Ho venduto due giac-
che e un pantalone di inverno... Roba che non valeva nemmeno... Ma sapete coi prezzi di oggi... Io vorrei offrire alla signora questa somma a scomputo delle quarantamila lire che le devo. Siccome la società mi deve liquidare quasi ottantamila lire... Si tratta di giorni.

AMALIA (*non intende aggiustare la cosa*)   Ma scusate... Questo
lo dovevate fare nei sei mesi dell'impegno...

RICCARDO (*sincero*)   Non ho potuto. Credete a me, non ho potuto. E poi speravo che vi foste immedesimata della posizione...
(*Implorando*) Fatemi questa grazia... (*I due non rispondono.
Riccardo ha un attimo di smarrimento; quasi parlando a se
stesso*) Si cambia casa, è una parola... Una volta era facile... Si
cambiava casa con facilità... Perché anche se si andava ad abitar-
ne una piú brutta, piú meschina, uno ce ieva cu' piacere... Perché in fondo la vera casa era un poco tutta la città... (*Come
ricordando un'epoca felice*) La sera si usciva... S'incontrava gente calma, tranquilla... Si scambiavano sorrisi... saluti... C'era
quella sensazione di protezione scambievole. Certe volte uno
pure se si voleva divagare un poco, senza spendere soldi, usciva per vedere come erano aggiustate le vetrine... Senza invidia... Senza rancore... Uno vedeva un oggetto... Diceva: quan-

to è bello! E faceva tutto il possibile per conservare i soldi e
poterlo acquistare, nei limiti delle proprie possibilità... Cambio
casa... Oggi che solamente in casa propria uno si sente un poco
protetto... Oggi che non appena metti il piede fuori di casa tua,
ti sembra di trovarti in una terra straniera...

ERRICO (*un po' scosso*)   Del resto, non è cosa mia... Se donn'Amalia vuole...

RICCARDO (*rincuorato, cerca di cogliere l'attimo favorevole*)   Don-
n'Ama', queste sono diecimilasettecento lire. Fatelo per quelle
creature mie che, vi giuro (*amaro*) se sapeste quanto mi costa il
dovervelo dire... oggi non mangeranno.

Errico guarda Amalia, che a sua volta lo fissa, incerta e meravi-
gliata, perché in fondo scorge nello sguardo dell'uomo una certa debolezza.

AMALIA   Ma scusate... Ma cheste so' belli chiacchiere... (*Ad Errico che insiste nel guardarla per farla rabbonire, con tono che
non ammette replica*) Oi ni', 'assance fa'. (*Si alza, accesa*) Ma
vuie 'e solde v' 'e ssapisteve piglià... Mo mi venite a dire, ca 'e
duie quartine vuoste m' 'accattaie io... E nun ve l'aggio pavate?
(*Riccardo cerca di calmarla, temendo la chiassata*) Ma pecché,
quanno dint' 'a casa mia simme state diune, simme venute addu vuie? (*Convinta e vendicativa*) 'E figlie mieie nun hanno
sufferto 'a famma? Nuie, quanno vuie teniveve 'o posto e 'a
sera ve faciveve 'e passeggiate a perdere tiempo nnanze 'e vetrine, mangiàvemo scorze 'e pesielle vullute cu' nu pizzeco 'e sale,
doie pummarole e senza grasso... (*Perde il controllo. Va sempre piú gridando*) Mo me dispiace! Ma io chesto me trovo:
'e duie quartine vuoste e 'a casa addó state vuie... Pigliateve 'e
cinquantamila lire 'a mano 'e l'avvocato. E si vulite rummané
dint' 'a casa, che v'arricorda quanno vuie mangiaveve e nuie
stévemo diune, pagate 'o mensile. E si no ve ne iate ca ce facite piacere. Mo lassàtece, ca avimmo che fa'... (*Mettendo Riccardo alla porta*) Sfullammo! Sfullammo! Iate, ragiunie', ca 'o ghi'
è sempe buono.

RICCARDO (*annichilito, ma senza perdere il controllo, quasi cortese*)   Va bene, non vi adirate! Me ne vado... Cercherò di trovare... Lasceremo la casa... Io andrò domattina dall'avvocato e
saneremo la questione... (*Stordito dai troppi pensieri che si affollano alla sua mente e dalla scenata si avvia per il fondo, mormorando parole incomprensibili. Sul limitare della porta del basso*

fa per uscire per la destra, ma s'avvede di aver sbagliato e dopo un istante di smarrimento, si riprende ed esce per la sinistra).

AMALIA (*soddisfatta*) Ah! Mo credo ca l'ha capito na vota e pe' sempe! (*A Settebellizze, ripigliando il discorso interrotto*) Dunque... Site iute abbascio 'a Réfice?

ERRICO (*annuendo*) Aggiu fatto nu cambio cu' chelli ddoie prete ca accattaie se' mise fa... Ce aggio dato quattucientomila lire 'e refosa e m'aggio pigliato chesti ddoie ccà... (*Mostra i due brillanti ravvolti in pacchetti di carta velina*) Cheste mo vanno iusto tre milioni e miezo.

AMALIA (*osservando, rapita*) So' belle!

ERRICO Senza difette e di colore bianchissimo...

Amalia dà una occhiata fuori del basso, guardinga, solleva una mattonella dalla parte sinistra del letto e prende un sacchetto di tela contenente valori.

AMALIA Sto sempe cu' na preoccupazione... (*Apre il sacchetto, vi introduce i due brillanti che Errico ha portati e lo ripone curando di assestare la mattonella in modo che aderisca perfettamente al piano del pavimento. Dà un'altra occhiata fuori, poi, rinfrancata*) Dunque, queste due pietre sono le mie...

ERRICO (*che frattanto s'è alzato dal suo posto, fermandosi sulla soglia del basso, osservando distrattamente il movimento del vicolo*) La ripartizione è già fatta. (*Muove verso Amalia, fermandosi al centro scena; amaro*) Giacché voi trovate tanta difficoltà a unire il mio al vostro...

AMALIA (*disponendosi a formulare un serio discorso, da tempo maturato*) Sentite, Settebelli'... Voi sapete se io vi stimo e se ci ho o non ci ho una simpatia per voi... Anzi sento un trasporto cosí reciproco che alle volte mi sento a voi vicino che mi guardate con gli occhi talmente assanguati, ca me pigliasse a schiaffi io stessa, talmente ca desiderasse che la fantasia fosse lealdà... (*Errico abbassa gli occhi triste. Amalia incalza*) La società che ci abbiamo... io accattanno e vennenno e vuie cu' 'e camionne... ci ha fatto *guadambiare* bene... e ringraziammo Dio... (*Conseguenziale*) Perché dobbiamo commettere il malamente? Io tengo na figlia grossa... E Gennarino?

ERRICO (*scettico*) Ma don Gennaro, oramaie, è piú 'e n'anno ca nun avite avute nutizie... Adesso non per fare l'uccello di cattivo augurio, ma ve pare ca si era vivo, nun truvava nu mezzo qualunque pe' ve fa' sapé addó steva? Cu' tanta bumbardamente

ca ce so' state, iate truvanno 'o capo d' 'a matassa? S' 'o purtavano 'e tedesche... E che s' 'o purtavano a fa'? Se purtavano mpic-
cie appriesso? P' 'e strade se sparava... o na bomba o na palla
pe' scagno... Pe' me, dico ca don Gennaro è muorto!

AMALIA (*nel frattempo ha preso una lettera dal tiretto del comò,
ed ora la mostra a Settebellizze con intenzione*) Chesta, 'a vedite? è indirizzata a Gennarino... È arrivata tre giorni fa... Io
l'aggio aperta p'avé quacche nutizia... È de nu tale ca tutto stu
tiempo è stato nzieme cu' isso... 'O manna a salutà e le dà nutizie soie... Ncopp' 'o mbullo nun se capisce 'a do' vene... Certamente Gennarino avette 'a da' l'indirizzo 'e Napule a stu tale...
Addó vaco? A chi addimanno? Vivo, è vivo! Pe' nun fa' sapé
niente, 'o segno ca nun ha pututo... Ma vedite che, da un giorno
all'altro, 'o tengo nnanze a ll'uocchie, Gennarino sta ccà.

ERRICO (*messo di fronte all'evidenza, trova modo di insinua-
re*)   Certo ca pe' vuie sarrà nu piacere.

AMALIA (*combattuta*)   Nu piacere e nu dispiacere. Pecché, certamente, vuie 'o ssapite... accumencia a dimannà... «Ma che d'è
stu cummercio? – Chesto se pò fa'... chello no...» Insomma, mi
attacca le braccia ca nun pòzzo cchiú manovrare liberamente...

ERRICO (*avvicinandosi sempre piú a lei e fissandola, quasi con
aria di rimprovero*)   Già...

AMALIA (*volutamente sfugge*)   «'O pericolo... Stàmmice attiente...»

ERRICO   E... non per altra ragione?

AMALIA   Per... tutte queste ragioni.

ERRICO (*indispettito, come richiamando la donna a qualche promessa tutt'altro che evasiva*)   E pe' me, no? È ove'? Pe' me,
no!

AMALIA (*non avendo piú la forza di fingere, per la prima volta,
guarda l'uomo fisso negli occhi e, stringendogli le braccia lentamente e sensualmente gli mormora*)   E pure pe' te!

Errico ghermisce la donna e con atteggiamento cosciente da
maschio avvicina lentamente la sua bocca a quella di lei, bacian-
dola a lungo. Immediatamente dal fondo entra 'O Miezo Prèvete frugando nelle tasche del panciotto e muovendo verso la
«vinella». Scorge la scena, ne rimane interdetto, poi torna sui
suoi passi, fermandosi sotto la porta e voltando le spalle ai due
amanti.

UN SIGNORE (*entra, ordinando*) Un caffè!

'O MIEZO PREVÈTE (*sgarbato lo ferma, lo fa girare su se stesso e dice, spingendolo*) Sospesa la vendita! Iate 'o vascio 'o puntone. Iate, Iate!

Il signore, mormorando qualche cosa, scompare. I due, disorientati alla voce di 'O Miezo Prèvete, si staccano e si allontanano l'una dall'altro. Amalia esce dalla prima porta a sinistra.

ERRICO (*contrariato e aggressivo*) Tu che vuó?

'O MIEZO PRÈVETE (*ancora rovistando nelle tasche del panciotto, come a riprova di quello che dice*) Aggio lassato 'e fiammifere for' 'a vinella.

ERRICO (*sgarbato*) E va' t' 'e piglia!

'O MIEZO PRÈVETE (*con un sorriso, per rabbonirlo*) Va buo'... Che m' 'e piglio a fa'? (*Visto che non riesce a calmare l'espressione truce di Errico, risolve*) Mbè... Mo m' 'e vaco a piglià... (*Esce per la prima porta a destra, guardando di sottecchi Errico*).

AMEDEO (*entra dal fondo, ad Errico*) Dunque, vuie dicite ca m'avit' 'a parlà?

ERRICO (*deciso*) Guaglio', io so' nato mmiez' 'a via e cunosco 'a vita meglio 'e te...

AMEDEO (*disorientato*) E che significa stu discorso?

ERRICO Significa ca a nu certo punto he 'a nzerrà 'o libro e he 'a sta' sentí a chi vede e sente... e capisce... Tu staie piglianno na brutta strada...

AMEDEO Ma qua' strada?

ERRICO Tu l'amicizia 'e Peppe 'o Cricco l'he 'a lassà! Tu sei troppo giovane e puo' cummettere quacche leggerezza ca te pò custà 'a libertà. Sai pecché 'o chiammano Peppe 'o Cricco?

AMEDEO (*fingendo di non sapere*) Pecché?

ERRICO (*ironico*) Nun 'o ssaie, è ove'? Pecché quanno ha puntata na machina, 'a notte runzéa e quanno 'ave 'o pede a l'èvera se mette sotto 'a balestra e l'aíza cu' na spalla... (*Accusando con un tono che non ammette repliche*) E tu sfile 'a rota 'a sotto!

AMEDEO (*negando decisamente*) Io?

ERRICO Manco he capito? E mo me spiego meglio. (*Ad Amalia che, in quel momento è entrata dalla prima a sinistra*) Nuie facimmo quatte passe. (*Prende Amedeo per un braccio e lo trascina quasi fuori dal basso*).

AMEDEO (*cercando di giustificarsi*)   Don Erri', chisto è nu sbaglio!

ERRICO   Cammina...

Escono. Quasi contemporaneamente dal fondo, lato sinistro,
appare Maria Rosaria. Senza parlare muove verso destra. Lascia sul tavolo la borsetta, dà un'occhiata a sua madre, piega le
braccia e rimane ferma con una espressione di dispetto, in un
silenzio provocatore. Dalla prima a destra 'O Miezo Prèvete
entra ed esce per il fondo.

AMALIA (*ha osservato attentamente l'atteggiamento della figlia.
Istintivamente comprende che qualche cosa d'insolito è avvenuto e la interroga con ironia*)   Guè... Si' turnata ampressa? Che
t'ha ditto 'o sposo?

MARIA ROSARIA (*sempre piú sprezzante*)   'O sposo è partuto e
nun torna cchiú.

AMALIA (*quasi divertita*)   Ah? E a te che te mporta? Te ne truove a n'ato.

MARIA ROSARIA (*fredda*)   Trovo a chi me pare e piace, avite capito? M' 'o vveco io. Vuie ntricàteve d' 'e fatte vuoste!

AMALIA (*scherzosa*)   Uh! Pover'ànema 'e Dio! Ce avive miso proprio 'o pensiero... 'O viaggio! L'America... Chella po' l'America veneva iusto 'a parta toia...

MARIA ROSARIA   'A parta mia è venuta pe' disgrazia... E io nun
ce avevo miso sulo 'o pensiero... Ma 'o core, ce avevo miso... E
vuie putíteve tené nu poco cchiú ll'uocchie apierte ncuollo a
me! E mo è inutile ca alluccate, pecché non c'è cchiú rimedio...

AMALIA (*sbalordita e incredula*)   Nun c'è cchiú rimedio? Parla,
ch'he fatto?

MARIA ROSARIA (*con veemenza, non sembrandole vero di poter
rinfacciare a sua madre la colpa commessa*)   L'avivev' 'a vedé
primma! E quann'io 'a sera ascevo cu' 'e cumpagne meie, invece
'e ve fa' piacere, accussí putíveve fa' 'o còmmedo vuosto, v'avivev' 'a sta' attenta... Invece 'e penzà agli affari, a 'e denare...
penzàveve a me!

AMALIA (*non riesce ancora ad avere il controllo di se stessa, e
con tono quasi di discolpa*)   E tu puo' dicere ca nun aggio
penzato a te? Io me so' fatt' accidere p' 'e figlie, p' 'a casa...

MARIA ROSARIA (*ironica*)   Vuie? Ma pecché, teníveve 'o tiempo
'e penzà a me? E a Settebellizze chi ce penzava? Io?

AMALIA (*riesce a stento a frenare il suo furore*)   Uh, guardate?...

E io mo t' 'o spiego n'ata vota... Settebellizze e io teniamo una società di accattare e vénnere... E so' affare ca nun te riguarda-no! (*D'improvviso diventando aggressiva*) E me l'aggi' 'a vedé io, he capito? Ma tu, parla... Fatte ascí 'o spíreto. (*Va in fondo e chiude i battenti della porta*) Quanno... Addó?

MARIA ROSARIA (*trattando la madre da pari a pari e guardandola negli occhi le grida*) Ccà... 'O facevo trasí ccà... Quanno vuie, 'a sera, ve íveve a fa' 'e passiate e 'e cenette cu' Settebellizze...

AMALIA (*sbarrando gli occhi*) Ccà? Dint' 'a casa mia? Schifosa! E nun te miette scuorno e' m' 'o ddicere nfaccia? E parle 'e me? Tu nun si' degna manco 'e m'annummenà! Ma io te scarpé-so sott' 'e piede mieie... Te faccio addeventà na pizza...

MARIA ROSARIA (*non disarma*) E chiammate pure a Settebelliz-ze... Dicitincelle ca me venesse a vàttere pur'isso... Tanto, vuie chistu deritto ce l'avite già dato...

AMALIA (*controlla a stento il tono della sua voce perché il fatto non dilaghi nel vicolo*) Malafemmena! Si' na malafemmena!

MARIA ROSARIA (*puntando l'indice verso la madre*) Chello ca si-te vuie...

AMALIA (*fuori di sé*) T'accido, he capito?

E muove decisa verso Maria Rosaria, la quale, vistasi a mal partito, esce correndo inseguita dalla madre. All'interno la lite diviene furibonda. S'intuisce che Maria Rosaria cerca di evita-re quanto piú può le percosse. Frattanto nel vicolo si avverte un movimento insolito: si ode un mormorio di voci. Qualche cosa di eccezionale deve essere avvenuto. Si distinguono delle voci: «Gnorsí, è isso!», «Salute...», «Finalmente!», «Don Genna', faciteve salutà», «Ccà sta don Gennaro». Finalmente un coro di voci si leva per tutto l'abitato come per una festa. Una voce isolata prende il sopravvento: «Don Genna', ccà tut-te quante ce credévamo ch'íreve muorto!» Finalmente si ode la voce di Gennaro, emozionata.

GENNARO (*voce interna*) E invece sono vivo e sono tornato.

E mentre continua il coro dei saluti, di ben trovato, entra dal fondo Adelaide con l'aria di chi abbia qualcosa d'insospettato e di molto importante da comunicare. Non vedendo alcuno in scena, chiama.

ADELAIDE   Donn'Ama', donn'Ama'!

AMALIA (*un po' richiamata dal vocio del vicolo, un po' impressionata dal tono di voce di Adelaide, entra dalla «vinella» e chiede curiosa*)   Ch'è stato?

ADELAIDE   'O marito vuosto!

GENNARO (*entra dal fondo salutando con un gesto largo un po'
verso sinistra, un po' in alto sui balconi*)   Grazie! Grazie a
tuttu quante. Po' ve conto... Po' ve conto... (*Veste miseramente
con indumenti di fortuna. Il berretto è italiano, il pantalone è
americano, la giacca è di quelle a vento dei soldati tedeschi ed
è mimetizzata. Il tutto è unto e lacero. Egli appare molto dimagrito dal primo atto. Il suo aspetto stanco è vivificato soltanto
dalla gioia che ha negli occhi di rivedere finalmente la sua famiglia, e la sua casa. Porta con sé un involto di stracci, messo a
tracolla come un piccolo zaino e una scatola di latta di forma
cilindrica, arrangiata con un filo di ferro alla sommità, che gli
serve come scodella per il pranzo. Nel varcare la porta dà un
fugace sguardo intorno e ha un senso di sorpresa. La sua meraviglia poi giunge al colmo nel vedere la moglie in quell'abbigliamento così lussuoso. Quasi non la riconosce e, convinto d'essersi sbagliato di porta, fa un gesto di scusa alla donna, dicendo
rispettosamente*)   Perdonate, signora... (*Ed esce*).

ADELAIDE (*raggiunge Gennaro e lo invita a tornare sui suoi passi*)   È ccà, don Genna'... Trasíte... Chesta è 'a casa vosta... 'A
mugliera vosta, 'a vedite?

Gennaro riappare incerto, quasi non osando rientrare. Guarda
ancora intorno intontito alla vista del nuovo volto della sua
casa, poi i suoi occhi si concentrano su Amalia ed esprimono
un che di ammirazione e di paura. Amalia è rimasta come impietrita: non osa parlare. Ha osservato lo stato miserevole del
marito, ne ha subito intuito le sofferenze. Ora con un filo di
voce riesce a dire soltanto:

AMALIA   Gennari'... (*Questo nome è proferito con un tono di
voce in cui s'avverte come un'esclamazione, una meraviglia, un
invito, un riconoscimento umano e anche solidale*).

GENNARO (*quasi timido, come per scusarsi verso la moglie di non
averla riconosciuta subito*)   Ama'... Scusa, ma... (*Avanza di
qualche passo verso la donna; il suo volto si contrae in una
espressione di dolore. Vorrebbe parlare, piangere, dare in isma-
nie gioiose, ma riesce appena a formulare un nome*) Ama'...

(*Marito e moglie si abbracciano e si stringono teneramente. Amalia istintivamente piange. Gennaro con voce di commozione*) Nu sèculo, Ama'... (*Amalia piagnucola; egli si asciuga una lagrima*). Nu sèculo... (*Scoppia in pianto*).

Pausa. La prima a riprendersi è Amalia.

AMALIA (*cercando di rincuorare il marito*)   E va buono, assèttate, ripòsate, còntame... Addó si' stato?

GENNARO (*come rivivendo per un attimo la sua orrenda odissea*)   Accussí, Ama'... T' 'o cconto, accussí? Nun abbastano ll'anne sane pe' te cuntà tutto chello che aggio visto, tutto chello ch'aggio passato. 'E mmuntagne 'e carte ce vularríeno pe' puté scrivere tutt' 'a storia 'e chisti tridece, quattuordice mise ca simmo state luntane... Sta ccà, 'o vvi', Ama'... (*mostra gli occhi*) dint' 'a ll'uocchie... ncapo... Ma nun saccio 'a ddó aggi' 'a accumincià... (*Sorridendo bonario*) Mo pare ca m'aggio scurdato tutte cosa... 'A casa mia... Tu... 'O vico... 'Amice... (*Si passa una mano sulla fronte*) Chianu, chianu... (*Con tono improvvisamente deciso ed appassionato*) Parlammo 'e vuie, d' 'a casa... Amedeo... Rituccia... Maria...

AMALIA   Rituccia sta poco bona.

GENNARO (*preoccupato*)   E che ttene?

AMALIA (*superficiale*)   Niente... Nu poco 'e frevicciolla... Robba 'e criature...

GENNARO (*tenero*)   Figlia mia... (*Ad Amalia*) Sta dinto? (*Ad un cenno di Amalia, esce per la prima a sinistra*).

ADELAIDE (*che fino a quel momento non ha staccato gli occhi da Gennaro*)   Povero 'on Gennaro... Comme s'è sciupato... Dio! Dio! Io ve lasso, 'onn'Ama'... Ce vedimmo cchiú tarde... (*Avvicinandosi per il fondo, parla direttamente alla Madonna del vicolo*) Ah, Madonna! Miéttece 'a mano toia!

AMALIA (*parlando verso la prima a destra*)   Guè, a te... Iesce ccà ffore... È turnato pàteto!

MARIA ROSARIA (*entra asciugandosi gli occhi e ravviandosi i capelli smarrita*)   È turnato papà...

AMALIA (*sprezzante*)   Nun te fa vedé accussí cumbinata... E nun dicere niente... Ca si no a chillu pover'ommo lle vene na cosa...

AMEDEO (*correndo entra dal fondo e chiede ansioso*)   Neh, dice ca è turnato papà...

GENNARO (*contemporaneamente riesce di spalle, parlando verso l'interno della camera di sinistra*)   Ama', tene 'a freva forte...

E nun me piace comme respira... (*Ora rigirandosi per volgersi ad Amalia vede Amedeo e gli si ferma la parola in gola*).

AMEDEO Papà!

Si abbracciano.

GENNARO Amede'... (*Sempre stringendo a sé il figlio*) È nu miraculo!

AMEDEO E bravo papà...

GENNARO (*scorge Maria rincantucciata in un angolo, come impaurita; per un attimo attende che la figlia gli venga incontro; finalmente le dice con tono sorpreso, in cui c'è un piccolo rilievo*) Mari', ccà sta papà... (*Maria Rosaria non resiste: corre incontro al padre e lo abbraccia. Ora Gennaro stretto tra i due figli è al colmo della gioia. L'emozione gli dà un piccolo senso di confusa euforia*) Si sapísseve... Si sapísseve... Po' ve conto... (*Si toglie il berretto, si libera dell'involto e muove verso la sua cameretta del primo atto per riporre il tutto. Non trovandola rimane come smarrito. Ha un piccolo moto di disappunto. Poi ad Amalia*) E 'a càmmera mia?

AMALIA (*come per denunciare uno sconcio, ma con tono di considerazione per il marito*) A càmmera, Genna'...

GENNARO (*alludendo un po' a tutte le trasformazioni avvenute in casa sua*) Avite levata 'a miezo pure chella?

AMALIA (*come per giustificare l'iniziativa*) Tu nun ce stive...

GENNARO Certo, io non c'ero... (*Ma involontariamente fissa l'angolo dov'egli dormiva e che è trasformato. Convinto*) Me dispiace nu poco... (*Pausa lunga. Osserva ogni cosa, i mobili, gli oggetti con spirito analitico, dando ogni tanto ad Amalia un'occhiata di soddisfazione*) Certo... cosí è piú bello.

AMEDEO Ma... tu addó si' stato, papà?

GENNARO (*sincero*) Nun 'o ssaccio. Io si ve voglio dicere addó so' stato, effettivamente nun 'o ssaccio di'... Assettàteve... (*Appoggia il berretto, l'involto e la scatola di latta su una sedia in fondo e siede fra i due figli con Amalia di fronte a lui*) Dunque... che v'aggi' 'a di'? Quando venne l'ordine di evacuazione pe' via d' 'a fascia custiera 'e treciento metre... In un'ora e mezza: «sgombrate!» (*Verso Amalia*) Te ricuorde? 'A gente cu' 'e mappate, 'e valigge...

AMALIA (*rivivendo la scena*) Comme...

GENNARO Io me truvavo 'a parte 'o Reclusorio... Turnavo 'a Frattamaggiore addó era iuto a piglià dieci chile 'e mele e quattro

chile 'e pane... Quattuordici chilometri cu' quattordice chile
ncopp' 'e spalle... Nun te dico 'a fatica... (*Come per concludere*) Basta! Pe' miezo 'a via se spargette 'a voce ca ci doveva
essere il bombardamento dal mare... «Fuíte! 'O ricovero».
«Bumbardano 'a mare!» «So' 'e ccurazzate americane!» «Iatevenne 'o ricovero». Io pensavo a te, pensavo 'e figlie... Comme
ce ievo 'o ricovero? (*Come sfida ad eventi imponderabili*) Bom-
bardate 'a do' vulite vuie... 'A mare, 'a cielo, 'a terra, 'a sotto
terra... Io arrivo 'a casa! E me menaie... sempe ch' 'e quattuordice chile ncopp' 'e spalle... E chi 'e llassava... P' 'a strada se
sparava 'a tutte parte... Ma ch'era l'inferno? 'A ncopp' 'e cca-
sè... 'a dint' 'e puteche... 'a sotto 'e fugnature... Gente ca fuie-
va... 'E mmitragliatrice... 'E tedesche... 'E muorte nterra...
Mmiezo a chillo fuie fuie... avette na vuttata... e cadette io, 'o
pane e 'e mele! Sbattete cu' 'a capa nterra, m'arapette tutto
chesto... (*Mostra la base del cranio*) Me ricordo sulo chesta
mano chiena 'e sango... (*Mostra la mano sinistra, come se fosse
ancora bagnata*) Sentenno sempe sparà, perdette 'e senze...
(*Considerando la gravità del danno*) Chi sa chelli mmele chi
s' 'e mangiaie... (*Pausa*). Quanno po' accuminciaie a capí, diciamo, che mi tornava il sentimento, me sentevo astrignuto, affuca-
to, e sentevo voce 'e gente ca alluccava... Io me vulevo mòvere,
ma nun putevo... 'E ggamme capivo ch' 'e ttenevo... ma nun
m' 'e ssentevo... (*Come formulando una delle mille ipotesi che
gli vennero in mente in quel momento*) Forse stongo sott' 'e
mmacerie 'e nu ricovero, cu' ata gente ncuollo... (*La nuova sensazione annulla la precedente*) Nu rummore 'e treno ca s'avvicinava... 'O sentevo 'a luntano... E po' cchiú forte... E stu ricovero curreva, curreva... Io allora nzerraie ll'uocchie pe' sèntere
meglio... Dico: «Ma allora è treno?» Io sentevo 'o rummore
d' 'e 'rrote... Era treno! Nu poco 'e luce ca traseva e asceva...
Pe' quantu tiempo? E chi 'o ssape... Po' nu silenzio... E a poco a
poco me sentevo sempe cchiú libero... Sempe cchiú spazio ca
me putevo mòvere... Sempe cchiú luce... Sempe cchiú aria ca putevo respirà... Gente ca se muveva... Ca scenneva 'a dint' 'o
treno. E appriesso a loro scennette pur'io... Addó stevo? A quale paese? E chi 'o ssape! Me mmedecàieno 'a ferita dint' a na
nfermaria da campo e, doppo nu paro 'e iuorne, nu sergente
tedesco vulette sapé 'a me io che mestiere sapevo fare... Io, cu'
na paura ncuorpo, penzaie subito, dicette: «Ccà mo si dico ca
faccio 'o tranviere, chisto dice... (*Cercando di rifare il piglio
del sergente di cui parla*) "Qua tranvi non ce ne sono... Voi

siete inutile...” (*Fa il gesto di sparare col mitra imbracciato*)
Paraparapà... E ti saluto...»

AMEDEO (*alludendo al sistema sbrigativo dei nazisti*) E chille
levano súbbeto ’a frasca ’a miezo!

GENNARO ... Me quadraie nu poco e dicette: «Faccio il manova-
le... Alzo le pietre...» (*Grave, come per far comprendere ai
familiari a quali snervanti e dure fatiche fu sottoposto*) E n’aggio aizàte prete, Ama’... Senza magnà, senza vévere, sotto ’e
bumbardamente... L’avett’ ’a riuscí simpatico pecché veneva a
parlà sempe cu’ me... Io nun ’o capevo e dicevo sempe ca sí... E
accussí se ne passaieno tre mise... Po’ me ne scappaie nzieme a
ciert’ati napulitane... Ce cumbinaime... S’avutaie uno, dicette:
«P’ammore ’a Madonna, chille ce sparano». «E ce sparano, –
dicette io. – Meglio la morte!» Nun era vita Ama’... E accussí,
’e notte, paise pe’ paise... (*Arresta il suo discorso, poi come parlando a se stesso, rievoca, gli occhi fissi nel vuoto*) O ncopp’ a na
carretta... O ncopp’ a nu staffone ’e treno... O a ppede... Aggio
cammenato cchiú io... Che sacrileggio, Ama’... Paise distrutte,
creature sperze, fucilazione... E quanta muorte... ’E lloro e ’e
nuoste... E quante n’aggio viste... (*Atterrito dalla visione che
gli ritorna alla memoria piú viva con tutti i suoi particolari*) ’E
muorte so’ tutte eguale... (*Pausa. Con tono sempre piú commosso, come per rivelare la sua nuova natura*) Ama’... E io so’ turnato ’e n’ata manera, ’o ssa’? Tu te ricuorde quann’io turnaie ’a
ll’ata guerra, ca ghievo truvanno chi m’accedeva? Nevrastenico, m’appiccecavo cu’ tuttu quante... (*Ad un gesto affermativo
di Amalia, incalza*) Ma sta vota, no! Chesta, Ama’, nun è guerra, è n’ata cosa... È na cosa ca nun putimmo capí nuie... Io
tengo cinquantaduie anne, ma sulamente mo me sent’ommo
overamente. (*Ad Amedeo, battendogli una mano sulla gamba,
come per metterlo sull’avviso*) ’A sta guerra ccà se torna buone... Ca nun se vo’ fa’ male a nisciuno... (*Poi ad Amalia come
obbedendo ad una fatalità imponderabile con tono di ammoni-
mento*) Nun facimmo male, Ama’... Nun facimmo male... (*La
somma di tutte le emozioni provate, quelle del ritorno, delle
sue stesse parole rievocatrici, del trovarsi fra i suoi cari e piú
perché si sente meschino in tanta tragedia scontata, gli provoca
una crisi fisica: scoppia in pianto*).

AMALIA (*turbata, suo malgrado commossa*) E va buono, Gennari’...

AMEDEO (*confortando Gennaro*) Papà...

GENNARO (*quasi mortificato per la sua debolezza, si rianima, accen-

nando un mezzo sorriso) E che vvulite fa'... (*Come per ripiglia-*
re il racconto) Po'... (*Le vicende sono tante ch'egli non sa né*
riassumere, né analizzarne le sensazioni salienti) Mo... (*Come*
indeciso) 'a capa m'avota... M' 'a sento dint' a nu pallone...
N'ata vota paise paise... (*Afferrando a volo il filo d'un ricordo*)
Cunuscette a uno... Sentite... E nzieme cu' chisto durmévemo
dint' a na stalla abbandunata... Io 'a matina ievo a faticà come
potevo e dove potevo e 'a sera me ritiravo int' a sta stalla... Io
vedevo ca chisto nun asceva maie... Se facette na tana mmiez' a
ciertu lignammo viecchio... 'A notte parlava int' 'o suonno...
(*Imitando la voce roca e terrorizzata del compagno*) «Eccoli!
aiuto! lasciatemi!» Me faceva fa' cierti zumpe... Ama', chill'era
ebbreo...

AMALIA (*con partecipazione*) Uh, pover'ommo!

GENNARO 'O povero cristiano era ebbreo... M' 'o cunfessaie doppo duie mise ca stevemo nzieme... 'A sera io me ritiravo...
Purtavo o pane e furmaggio, o pane e frutta, o frutta sulamen-
té... E mangiàvemo nzieme... C'eramo affratellate... (*Sorride,*
rievocando un particolare di quella strana vita) 'O bbello fuie
quanno chillo se fissaie ca io l'avarria denunziato... (*Ritornan-*
do serio) Quello era arridotto accussí (*cioè smunto*), pallido,
cu' ll'uocchie 'a fore: ciert'uocchie arrussute... Me pareva nu
pazzo... Na matina m'afferraie pe' pietto... (*Fa il gesto con la*
sinistra di violenza e con la destra minaccia un immaginario
interlocutore) «Tu mi denunzi!» (*Sincero*) «Io non ti denun-
zio». (*Ripigliando il tono dell'ebreo, accompagnandolo con lo*
stesso gesto di prima) «Tu vai a vendere la mia pelle...» (*Piú*
sincero e un po' spazientito) «A me nun me passa manco p' 'a
capa... Io voglio turnà 'a casa mia...» (*Ora l'intonazione dell'e-*
breo è implorante) «Non mi denunziare... Non mi denunziare...» E chiagneva. (*Serio*) Ama', si ll'avisse visto 'e chiagnere...
Nu piezzo d'ommo cu' 'e capille grige... cu' 'e figlie giovanotti...
me facette vedé 'e ffotografie... Questa che barbarie... Dove
siamo arrivati... Sono cose che si pagano, Ama'... 'O tengo nnanze all'uocchie... Cu' 'e mmane mie mmano... m' 'e vvasava: ...
(*Ancora rifacendo il tono dell'ebreo, come rievocando a se stes-*
so) «Non mi denunziare...» (*Come rispondendo al compagno*)
«Ma tu t'he 'a fa' capace...» (*Ad Amalia*) Io 'o vulevo cunvince-
re: ... (*Sempre parlando all'ebreo*) «Primma 'e tutto io sono un
galantuomo, e si 'a Madonna ce fà 'a grazia ca ce scanza e ricapi-
terai a Napoli, ti puoi informare». Ma niente... Chillo penzava
sempre 'a stessa cosa... Po' n'ata vota paise paise... Passàiemo

pure 'e llinee senza vulerlo... Ce ne addunàiemo sultanto quanno vedèttemo surdate vestute 'e n'ata manera... Nun te dico 'o piacere... Ce abbracciàiemo, ce vasàiemo... C'eravamo affratellate... Io le dette pure l'indirizzo mio, dicette: «Qualunque cosa...» (*Come dire: «disponi»*).

AMALIA (*ricollegando il personaggio dell'ebreo alla lettera diretta a Gennaro di cui ella ha parlato nella scena con Errico, al marito*) E forse sta lettera ch'è arrivata è 'a soia... (*La prende dal tavolo, dove l'aveva precedentemente lasciata e la porge a Gennaro*).

GENNARO (*osserva la lettera, ne scorge in calce la firma e, soddisfatto e sorpreso, esclama*) Sissignore... È isso... (*Con senso di umana solidarietà*) Menu male! È arrivato nsalvamiento pur'isso... (*Legge*) «Gentile signor Gennaro. Penso che finalmente è tornato fra i suoi e voglio farle giungere un mio saluto di grande compiacimento». (*Alla moglie*) Ha tenuto 'o pensiero... (*Continua a leggere*) «Sua moglie ed i suoi figli, qualunque sia stata la loro sorte, sono convinto che si saranno resi degni di lei e delle sue sofferenze...» (*Amalia accentua il suo turbamento, che riesce a stento a mascherare, dandosi una toccatina alla capigliatura*). «La gioia di averli ritrovati, come le auguro, la compenserà di tutte le sue ansie. Io, bene in salute...»

AMEDEO (*comprendendo che la lettera volge al suo termine, taglia corto, leggermente infastidito*) Insomma, papà, te l'he passata brutta...

GENNARO Nun ne parlammo... Nun ne parlammo... Nun v'aggio cuntato niente... Chesto è niente...

AMEDEO Ma mo staie ccà cu' nuie... Nun ce penzà cchiú...

GENNARO Nun ce penso cchiú? È na parola. E chi se pò scurdà...

AMEDEO (*superficiale*) Va buo', papà... Ccà è fernuto tutte cosa...

GENNARO (*convinto*) No. Ti sbagli. Tu nun he visto chello c'aggio visto io p' 'e paise... 'A guerra nun è fernuta...

AMEDEO Papà, ccà oramai stammo cuiete.

GENNARO (*compiaciuto*) 'O vveco, 'o vveco... Quanta vote aggio scanzato 'a morte! Ama', proprio a pelo a pelo... Io aggi' 'a ji' a Pumpei... (*Si alza, guardando intorno, soddisfatto*) E si murevo, io nun avarria visto stu bellu vascio rinnovato, sti mobile nuove, Maria Rosaria vestuta elegante... Pure Amedeo... Tu cu' sta bella veste comme a na gran signora... (*Scorgendo gli orecchini, gli ori e le mani inanellate di Amalia, rimane per un attimo perplesso. Amalia istintivamente cerca di nascondere, come può, tanta ricchezza*). Ma, famme vedé, Ama'... (*Incredulo*) Ma chiste so' brillante?

AMALIA (*come a sminuire l'importanza delle sue gioie*) Sí... So' brillante, so' brillante...

GENNARO (*si rannuvola, formula mille ipotesi nel suo cervello e si sforza a scartarne proprio quelle che con piú insistenza prendono evidenza di certezza. La pausa deve essere lunga. Istintivamente guarda Maria Rosaria con diffidenza. La ragazza abbassa lievemente lo sguardo. Ora è con tono serio e indagatore che interroga la moglie*) E... Famme sapé quacche cosa, Ama'...

AMALIA (*simulando con un sorrisetto*) E che t'aggi' 'a fa' sapé, Gennari'? Ce simmo mise nu poco a posto... Amedeo fatica e guadagna buono... Io faccio 'o ppoco 'e cummercio...

GENNARO (*allarmato*) Avess' 'a fa' o muorto n'ata vota?

AMALIA (*coglie l'attimo spiritoso per poter deviare il corso della discussione, trovando quindi opportuno di ridere alla battuta del marito piú di quanto dovrebbe*) No... Che vaie dicenno, Gennari'.

GENNARO (*mettendo le mani avanti*) Nun me facite fa' 'o muorto, ca 'o ttengo pe' malaurio... (*Rievocando*) Nei momenti piú di pericolo, me vedevo sempe cu' chelli quatto cannele nnanze... Dicevo: «Questa è stata la mia iettatura...»

AMALIA (*tranquillizzandolo*) Che c'entra? Adesso è un'altra cosa... Cu' ll'inglese, cu' ll'americane...

GENNARO (*improvvisamente intenerito che le promesse formulate dagli Alleati durante la guerra si siano concretate in tangibili realtà*) Aggio capito... Ce aiutano... Chille 'o ddicevano ca ce avarrieno aiutate. E hanno mantenuta 'a parola... (*Con altro tono*) E stu commercio tuio in che consiste?

AMEDEO Sta in società cu' Settebellizze.

AMALIA (*contrariata, come colta in fallo*) Sí... facettemo società... Isso va e vene cu' 'o camionne. Fa trasporte...

GENNARO (*comprensivo*) Trasporti... Società di trasporti... Oh, e naturalmente, 'e camionne v' 'e ddànno gli americani...

AMALIA (*amara*) Già... (*Con lieve ironia*) Se va llà e se dice: «Io vorrei uno o due camionni», e t' 'e ddànno...

GENNARO (*ribadendo la sua convinzione*) Hanno mantenuto 'a parola. Già... Comme se dice... L'ommo cu' 'a parola e 'o voio cu' 'e ccorne... (*Ad Amedeo, per informarsi sulla sua attività*) Amede' e tu?

AMEDEO (*un po' interdetto*) Io... m'arrangio cu' ll'automobile... (*Rinfrancato dall'interesse del padre alle sue parole*) Quanno

veco na macchina in buone condizioni... 'a tratto... Compraven-
dita (*Gennaro non sembra molto soddisfatto da queste spiegazioni. Amedeo volge il discorso sulla sorella. Sorridendo*) Maria Rosaria v'ha fatto 'a surpresa... Se ne va in America. Se
sposa a nu surdato americano.

Maria Rosaria rimane nel suo atteggiamento di dispettoso mutismo, non osando guardare il padre. Amalia «vulesse murí».

GENNARO (*sorpreso, ammirato, addolorato*)   Tu?... E me lasse a
me? Va llà, vatte'... Cu' n'uocchio mancante, ma cu' papà... (*Abbraccia teneramente la figlia, che scoppia a piangere, coprendosi il volto con le mani. Gennaro attribuisce la crisi al fatto che
Maria Rosaria sia costretta, sposando, a lasciare la famiglia*) E
nun chiagnere, bell' 'e papà. Io nun te faccio partí... Papà te fa
spusà a nu napulitano... A uno d' 'o paese tuio...
ERRICO (*dal fondo con passo svelto*)   Ama'... (*Scorge Gennaro, si
riprende, cerca di darsi un tono*) Ah... Ma... ma ce sta pure don
Gennaro? (*Guarda l'uomo, non crede ai suoi occhi*).
GENNARO (*felice di rivedere il vecchio amico*)   Salute, Settebelli'... (*Si abbracciano*). So' arrivato na mezz'oretta fa... Po' ve
conto... Po' ve conto...
ERRICO   E addó site stato?
GENNARO   E che vulite sapé. Nu romanzo... Ho saputo che avete
fatto società di trasporti con mia moglie... che gli affari vanno
bene e mi voglio congratulare con voi...
ERRICO (*un po' perplesso, guardando Amalia*)   Che c'entra? E
donn'Amalia questo mi diceva poco fa... Ca ve teneva nnanze a
ll'uocchie a nu mumento a n'ato... E siete capitato bene... Pecché dato che stasera capita 'a nascita mia, donn'Amalia, sapendo che sono solo, mi ha fatto l'onore di invitarmi qua... E noi
facciamo una cosetta fra di noi...
GENNARO (*approvando*)   E ha fatto buono... Che c'entra? Voi siete solo... In questi momenti tristi è meglio unirsi per stare insieme e scambiare una chiacchiera fra di noi... (*Alludendo alla situazione presente*) 'O mumento è triste... P' 'e paise addó so'
stato io se sente ancora 'o cannone 'a vicino... 'E bumbardamente tuorne tuorne continuamente... ca io vi giuro sono rimasto
ca si sento sbattere na porta, mi si gela 'o sango dint' 'e vvene.
E mi sono trovato...
ERRICO (*troncandogli la parola*)   Va buo', don Genna', nun ce

penzate cchiú... (*Alludendo alla cena imminente*) Vengono pu-
re diversi amici e ce spassammo nu poco...
GENNARO   Ce spassammo? Vuie pazziate? (*Come per richiamare
alla realtà un po' tutti i presenti*) 'A guerra non è fernuta...
ERRICO   Avite visto 'o vascio rinnovato?
GENNARO (*senza convinzione*)   Bello, bello...

Maria Rosaria pianta tutti in asso ed esce per la prima a sinistra.

'O MIEZO PRÈVETE (*entrando dal fondo con un grande «ruoto»
ricoperto da un panno bianco e dandosi un gran da fare*)   Ccà
sta 'o crapetto! (*Vede Gennaro: trasecola*) Don Gennaro... Vuie
comme state?
GENNARO (*con slancio di grande affettuosa gioia*)   'O Miezo Prèvete! L'he scanzata pure tu! E io penzavo sempe: «Va trova 'O
Miezo Prèvete che se n'è fatto».
'O MIEZO PRÈVETE   Ce 'avimmo scanzato, 'o vvedite? Miracolosamente...
ERRICO (*mostrandogli il «ruoto»*)   Don Genna', questo è il capretto al forno, con le patate, per il pranzetto che vi ho detto...
GENNARO (*annusando la grossa cibaria*)   Caspita! Capretto al forno con patate... (*Rievocando*) Eh... So' venute cierte mumente
'a parte 'e coppa ca si avessemo visto nu ruoto 'e chisto ce
sarríemo scannate l'uno cu' ll'ato pe ce 'o sceppà 'a mano... (*E
cerca di far cadere il discorso sopra l'argomento che tanto gli sta
a cuore*) Che momenti... Che momenti... Figuratevi ca mmiez'a
na campagna, annascunnute dint'a nu fuosso, pecché attuorno cadevano granate e cannunate... l'inferno apierto, 'on Erri'...
stetteme tre ghiuorne senza mangià e senza vévere, sette persone con due cadaveri sfracellati dalle schegge... (*Infervorandosi*) A nu certo punto...
'O MIEZO PRÈVETE (*che era rimasto in fondo a guardare nel vicolo, annunziando*)   Ccà sta pure 'o ruoto 'e puparuole e 'a parmigiana 'e mulignane! (*Entra un uomo che reca altri due «ruo-
ti». A lui*) Viene appriesso a me! (*Escono per la prima a destra*).
GENNARO   Caspita! Pranzo completo! (*Ripigliando il discorso*)
Dunque vi dicevo... Annascunnuto dint'a nu fuosso, pecché
attuorno chiuvevano granate e cannunate... (*Amalia è sulle spine, Amedeo ogni tanto guarda l'orologio. Solo Errico finge attenzione, ma evidentemente pensa ad altro*) A nu certo punto...

AMALIA (*con dolcezza convenzionale*)   Aggie pacienza, Gennari'... Po' ce 'o ccunte cchiú tarde... Mo s'ha da mettere 'a tavula...

GENNARO   Ma è una cosa breve...

AMALIA   Dopo mangiato... Mo vèneno gente...

ERRICO   Arrivano gli amici...

GENNARO (*risolvendo*)   E allora me vaco a lavà nu poco 'e mmane e me vaco a menà nu poco d'acqua nfaccia ca stongo chino
'e pòvere...

ERRICO   Bravo!

GENNARO (*avviandosi per la prima a sinistra*)   E po' ve conto...
Don Erri'... una cosa da rabbrividire chello che hanno visto gli
occhi miei... L'altra guerra era uno scherzo... (*Ed esce*).

Amalia non osa guardare Errico, che va a sedere ingrugnito
fuori del basso.

ASSUNTA (*dal fondo ad Amalia, volenterosa*)   Donn'Ama' io aggio penzato ca siccomme si sta facendo ora, so' venuta a darve
na mano...

AMALIA (*approvando*)   Sí... he fatto buono... Pecché mo si sapisse 'a capa addó sta... S'ha da mettere 'a tavula...

ASSUNTA (*servizievole*)   E dicite a me... (*Amalia prende una tovaglia dal tiretto di un mobile e la porge ad Assunta, la quale si
dispone ad apparecchiare la tavola, aiutata da Amedeo. Infatti
per ingrandire la mensa, i due aggiungono al tavolo centrale un
piccolo tavolo di dimensioni ridotte, che mal si accompagna
all'altro*). 'A zia se sta priparanno... S'ha miso nu bellu vestito
nuovo... Chella, che ve credite? sta guadambiando nu sacco 'e
denare pur'essa... S'industria... Io non mi *scambio*... *stono* in
lutto... Resto accussí... (*Amedeo esce per la prima a destra per
andare a prendere qualche cosa. Assunta, con tono precauziona-
le*) Donn'Ama', dice ca è turnato don Gennaro, è ove'? A me
m' 'ha ditto 'a zia... Dice che si è molto sciupato. E chesto dicevamo cu' 'a zia... Mo sa' comme sta donn'Amalia... E quann' 'appu-
ra Settebellizze... (*Fa un gesto come dire: «sentirai!»*) Pecché
mo certamente ha fernuto 'e...

ERRICO (*interrompendola con durezza*)   'E che?

ASSUNTA (*come colta in fallo*)   'E niente...

ERRICO (*masticando amaro*)   E tu tòzzete sempe cu' mmico!

ASSUNTA (*rimproverando se stessa*)   Embè, che ce vulite fa'...

Entra Amedeo con l'occorrente per preparare la tavola e si
dispone con Assunta ad apparecchiare. Amalia, un po' infastidita per la gaffe di Assunta, esce per la prima a sinistra. Entrano
dal fondo Peppe 'o Cricco e Federico, seguiti da altri tipi di
uomini e di donne invitati alla cena. I nuovi venuti si fermano
presso Errico e calorosamente gli dànno gli auguri con frasi a
piacere. Gli uomini sono vestiti di scuro, le donne hanno lussuo-
se mantelle di pelliccia, magari sopra gli sciamannati abiti d'o-
gni giorno. Tutti ostentano la piú pacchiana chincaglieria di
gioielli. Dopo un po' entra Adelaide, anch'essa vestita a festa
Qualcuno ha recato fasci di fiori, qualche altro cestini ed altri
doni. 'O Miezo Prèvete, sopraggiunto, provvede a disporre i
regali in giro per adornarne l'ambiente. Si crea un'atmosfera di
festa e di euforica «squarcioneria» intorno al «divo» Settebellizze, che ricambia a ciascuno sorrisi e ringraziamenti con la
sua aria di superiorità e di protezione.

PEPPE   Eccoci qua per festeggiarvi come è dovere...
ERRICO   Grazie. Ma la festa non si fa piú per me. Abbiamo dovu-
to modificare l'indirizzo. Si fa per don Gennaro che è tornato.
FEDERICO   Sí, ll'aggio saputo.
PEPPE (vedendo Gennaro che entra dalla prima a sinistra)   'O
vedite llà... (E muove per andargli incontro con le braccia aper-
te) Don Genna', salute...
GENNARO   Salute a voi, Pe'...

Muove verso il gruppo degli invitati che lo accolgono con grande calore. Strette di mano, qualche abbraccio.

PEPPE   Che ve ne site fatto tutto stu tiempo?
GENNARO   Nun ne parlammo... Sto ccà. Me pare nu miraculo, ma
sto ccà... (Osserva il lusso che ricopre gli invitati e istintivamente tocca la sua giacca che gli sembra piú lacera in contrasto con
tanta sciccheria. Il contrasto lo rende mortificato, impacciato,
timido. Quasi a volersi giustificare) Caspita... Che lusso! Mi
dispiace solamente che io non sono presentabile e degno di
voi... Chisto 'o vedite (mostra il suo abbigliamento) è come se
fosse una gloriosa bandiera di reggimento... E si putesse parlà... (Si dispone a raccontare) Figurateve ca mmiez' a na campagna, annascunnuto dint' a nu fuosso perché attuorno chiuvéva-
no granate e cannunate... (S'interrompe come per cercare un
interesse alle sue parole, ma intorno non riesce a trovarlo: i

suoi ascoltatori già appaiono distratti, tranne qualcuno che, muovendo il capo in senso affermativo, finge di interessarsi) ...stètteme tre giorni senza mangiare e senza bévere nu surzo d'acqua, sette persone con due cadaveri sfracellati dalle schegge... A nu certo punto...

FEDERICO (*sorvolando*) Va buo', don Genna', nun penzate a malincunie... Mo state mmiez' a nuie ca ve facimmo scurdà tutte cosa...

ADELAIDE   Avit' 'a mangià, avit' 'a bévere e v'avit' 'a ngrassà nu poco, pecché ve site sciupato abbastantamente...

FEDERICO (*approvando*) Brava! Proprio accussí... (*Scherzoso*) Don Genna', questo è il disegno di legge...

Tutti ridono. 'O Miezo Prèvete esce.

PEPPE (*si stacca dal gruppo che continua a festeggiare don Gennaro e preso per un braccio Amedeo che ha terminato di apparecchiare, lo conduce in disparte, verso sinistra, quasi al proscenio, dicendogli con circospezione*) Dunque?...

AMEDEO   E... dunque, niente!

PEPPE (*contrariato e sorpreso*) Comme?...

AMEDEO   Pe', io nun voglio ji' ngalera. Settebellizze m'ha fatto nu discorso... Mo è turnato pure papà...

PEPPE (*insinuante*) Ma comme... Maie comme a mo è una operazione senza pericolo. L'ingegnere, 'a sera, lassa 'a machina dint' 'o vico 'a Neve, ncopp' 'a scesa... Chillo ca sta 'e guardia è d'accordo cu' me: se fa truvà attaccato e cu' 'o fazzuletto vicino 'a vocca...

Continuano a discutere sottovoce.

GENNARO (*invitando tutti a prendere posto, con cordialità*) Entrate... Entrate... Ve state lloco ffore. 'O vascio è rroba vosta!

Tutti avanzano ringraziando, mentre dalla prima a sinistra compare Amalia seguita da Maria Rosaria. Amalia sfoggia anch'essa una ricchissima mantella di volpi argentate. Maria Rosaria si apparta.

AMALIA   Buona sera!

TUTTI (*ammirati*) Buonasera, donn'Ama'...

PEPPE (*alludendo al tolettone*)   Sta bene!
ADELAIDE   Quant'è bella 'a cumannante.

Gli altri si esprimono euforicamente con frasi a piacere.

AMALIA (*un po' per la sua natura, un po' montata dalla festa che le hanno fatto tutti, con aria spaccona e gesto largo*)   Assu', dincello a 'O Miezo Prèvete ca cuminciasse a purtà... (*Assunta di sotto alla porta di destra fa un gesto significativo. Amalia agli altri*) Assettàteve!

I presenti circondano la mensa allegramente e si seggono intorno. Gennaro sbalordito da quella scena, guarda sempre piú intimidito la toletta della moglie.

ADELAIDE   Don Genna', assettàteve!
GENNARO   Ma la vita è veramente un cinematografo! Io me veco mmiez' a vuie e nun 'o ccredo... (*Siede*).
ERRICO   E che ce vulite fa'...
GENNARO   E che abbiamo sofferto... 'A famma sarria stata niente... 'A sete sarria stata niente... Ma llà erano proprio le sofferenze morali... E po', il pericolo della morte... (*Disponendosi a raccontare di nuovo con pazienza*) Figuràteve ca mmiez' a na campagna, annascunnuto dint' a nu fuosso, pecché attuorno cadevano granate e cannunate... a nu certo punto nu camionne...
ERRICO (*come ricordando una cosa importante*)   A proposito... Scusate, don Genna', si no me scordo... (*A Federico*) Federi', ce sta nu camionne ca se venne... L'aggia ji' a vedé dimane... Tene pure 'o permesso e circolazione... Se t'interessa...
FEDERICO   E comme non m'interessa? Mo pigliammo appuntamento pe' ji' dimane... Vene pure Peppe 'o Cricco...
ERRICO (*come per dire: «L'affare non è importante»*)   Llà ce sta 'o diece pe' ciento...
PEPPE   Ce facimmo na scampagnata...
GENNARO (*è stato ad ascoltare i tre sempre con l'idea di riprendere il discorso non appena possibile. Ora ripiglia*)   Dunque... Annascunnuto dint' a nu fuosso, pecché attuorno cadevano granate e...
PEPPE (*rifacendo il tono di Gennaro*)   ... e cannunate...
TUTTI (*infastiditi e richiamando don Gennaro, bonariamente*)   Don Genna'...

'O MIEZO PRÈVETE (*entra recando il ruoto, trionfalmente*)   Ccà
sta 'o crapetto! (*Lo porta in tavola, accanto ad Amalia*).

PEPPE   Mo ce 'o ntussecate stu ppoco 'e crapetto!

ASSUNTA   Nuie ce vulimme gudé nu poco 'e pace... Penzate 'a
salute... Oramai è fernuto.

GENNARO   Ma vuie che state dicenno? Ch'è fernuto?

ERRICO   E va bene, comme vulite vuie... Ma mo mangiammo,
nun penzammo a guaie.

Amalia, rimboccatesi le maniche della pelliccia, comincia a fare
le porzioni. 'O Miezo Prèvete esce per la prima a destra. Tutti
cominciano a mangiare, parlottando e ridendo fra loro.

GENNARO (*osserva, medita. Lo assale un senso di malinconia che
non può nascondere. Si alza deciso*)   Ama', io stongo nu poco
dint' addu Rituccia... (*E si avvia verso la prima a sinistra*).

ERRICO (*meravigliato*)   Don Genna', che ffacite? Ve ne iate?

TUTTI (*delusi*)   Don Genna'...

GENNARO   Stongo nu poco dint' add' 'a piccerella. Tene 'a freva
forte.

AMALIA (*poco convinta*)   E ce vaco io...

GENNARO   Gnernò, statte lloco... Io nun tengo manco appetito...
È cchiú 'a stanchezza... Statte tu a tavola... (*Con un po' d'intenzione*) È meglio... (*E fa per andare*).

MARIA ROSARIA (*s'alza e raggiungendo il padre, decisa*)   Vengo
cu' te, papà... (*Gennaro la prende per mano e si avvia*).

ADELAIDE (*levandosi e avvicinandosi anch'essa a Gennaro*)   Don
Genna', pare brutto... Io 'o ccapisco, vuie state ancora nu poco
impressionato... Come fosse spaventato... Ma v'avit' 'a calmà...
Oramai ccà stammo cuiete... È fernuto tutto cosa...

GENNARO (*convinto*)   No! Vuie ve sbagliate... 'A guerra nun è
fernuta... E nun è fernuto niente!

Muove ancora di qualche passo, mentre Adelaide, un po' mortificata, ritorna a sedere. Vorrebbe, Gennaro, continuare il suo
discorso alla figlia, ma si accorge che questa abbassa lo sguardo. Ha un attimo di esitazione, di incertezza, ma nessun sospetto. Soltanto è preso da una istintiva comprensione che lo rattri-
sta. Trae a sé in un tenero abbraccio la fanciulla, come per
stabilire piú intima la loro confidenza, le chiede con un gesto:
«Cos'hai?» Maria Rosaria risponde: «Nulla». Escono.

'O MIEZO PRÈVETE (*trionfalmente portando due fiaschi di vino da destra*)   Ccà sta 'o vino!

Un «oh!» di soddisfazione generale. Poi festosamente ripigliano tutti a mangiare, un po' parlando di Gennaro che ha lasciato la tavola, un po' d'affari e un po' della bontà del cibo.

Il giorno dopo. La stessa scena del secondo atto. È sera inoltrata. I lumi davanti alla Madonna del vicolo sono accesi. Il brigadiere Ciappa è seduto accanto al tavolo centrale. Gennaro passeggia lentamente in fondo e di tanto in tanto si sofferma a guardare fuori del vicolo.

CIAPPA (*dopo una pausa*) Io da quando feci la sorpresa in casa vostra, mi sono sempre ricordato di voi con una certa simpatia. Diverse volte sono passato pure da qua, durante il tempo che siete stato assente, e ho domandato sempre notizie vostre. Ecco perché sono venuto... E mi dispiace... Io pure tengo 'e figlie: tre chiuove 'e Dio! Songo n'ommo 'e munno, insomma; m'immedesimo in certe situazioni, capisco quanno ce sta 'a mala fede e quanno invece uno comme a vuie...

GENNARO (*lo interrompe, convinto e grato*) Capisco, brigadie', capisco tutto e vi ringrazio. Quello che mi avete detto nei riguardi di mio figlio Amedeo, in un altro momento m'avarria fatto ascí pazzo e chi sa comme me sarria regolato. Ma mo che faccio? N' 'o caccio d' 'a casa? E mia figlia? E mia moglie? Mia moglie ca nun ha saputo fa' 'a mamma...

CIAPPA Ma io nei riguardi di vostro figlio non vi ho detto tutto... (*Con improvvisa gravità*) Stasera l'aggi' 'a arrestà...

GENNARO (*rassegnato*) Si s' 'o mmèreta...

CIAPPA Eh, sí! È diverso tempo che 'a squadra mia tene d'uocchio a isso e a Peppe 'o Cricco. Don Genna', cose di Santo Uffizio! Ccà 'a gente è priva 'e lassà na machina... Na vutata d'uocchie, nun 'a trova cchiú... Questo Peppe 'o Cricco, po', tene n'abilità speciale: se mette sott' 'e machine e ll'aize cu' na spalla. Comme fa, io nun capisco... Svitano primma e' bullone, e cu' 'o sistema d' 'a spalla, sfilano e ggomme 'a sotto. Stasera devono fare un lavoretto di questo genere. Sapete, quacche cosa l'appurammo pure nuie... Hanno preparato nu mpuosto pe'

na machina dint' 'o vico 'a Neva 'a Turretta... Si 'e ncoccio
ncopp' 'o fatto aggi' 'a mettere 'e mmanette a Peppe 'o Cricco
e a vostro figlio...

GENNARO (*freddo, quasi implacabile*) E vuie mettitece 'e mmanette...

CIAPPA (*sorpreso dal tono di don Gennaro*) L'arresto?

GENNARO (*conseguenziale*) Si 'o ncucciate ncopp' 'o fatto, arresta-
telo.

ASSUNTA (*dalla prima a sinistra, chiede ansiosa*) È turnata don-
n'Amalia?

GENNARO No.

ASSUNTA (*scoraggiata*) Neppure Amedeo?

GENNARO No.

ASSUNTA E quanno vèneno? Chillo 'o dottore sta aspettanno.

IL DOTTORE (*dalla prima a sinistra, seguito da Adelaide, entra il
dottore. È giovane, all'inizio della carriera, ma pronto e intelligente. Ha l'abito modesto, un po' liso, ma distinto*) Si è visto
nessuno?

GENNARO Nisciuno ancora, dotto'.

IL DOTTORE (*spazientito*) Santo Dio, io v' 'aggio ditto... Guardate che lo stato della bambina è grave veramente...

ADELAIDE (*invocando l'aiuto celeste*) Sant'Anna!

ASSUNTA (*che le si è avvicinata, inizia l'*Ave Maria *all'unisono
con sua zia, col tono classico usato dalle beghine*) Ave Maria,
gratia plena, Dominus tecum, benedicta tu in mulieribus... (*Il
resto viene biascicato*).

IL DOTTORE (*dando un'occhiata alle due donne*) È veramente
grave! Soprattutto pecché ve site ricurdate all'ultimo momento 'e chiammà 'o dottore.

ADELAIDE Vergine Immacolata!

Assunta ripiglia come prima l'*Ave Maria*.

IL DOTTORE (*commiserando le due donne*) Già, queste sono le
maledette abitudini di voialtre, che nun saccio comme campate...

ASSUNTA (*candida*) No, sapite che d'è? Ca nuie 'e miedice 'e
ttenimmo pe' malaurio.

IL DOTTORE (*impermalito*) E allora murite. Ma nun ce mettite
mmiez' 'o mbruoglio all'ultimo mumento. Malaurio! Me piace
ca m' 'o ddice nfaccia! Intanto mo stu malaurio sa che te dice?

Ca, 'a nu mumento all'ato, chella povera criatura se ne va all'a-
tu munno!

ADELAIDE Sant'Arcangelo Gabriele! (*Assunta prega. Adelaide,
troncando la preghiera e con un tono piú che confidenziale*)
Santa Rita, santa Rita, chella porta 'o nomme tuio. (*Ripiglia
l'*Ave Maria *con Assunta*).

IL DOTTORE Ma voi è inutile che convocate il paradiso sano sano. Questi sono sentimenti che vi onorano. La fede è una gran
bella cosa. Ma, ccà, si nun portano 'a mmedicina ch'aggio ditto
io, 'a piccerella se ne muore.

ADELAIDE (*risentita*) Dotto', e ce 'o state chiammanno ncuollo,
a chell'anema 'e Dio!

ASSUNTA 'O vvedite ca avimmo ragione nuie?

IL DOTTORE (*completando la frase*) Ca simmo malaurie?

ADELAIDE (*rassicurandolo*) No... Ma che saccio, uno pure dice:
«Speriamo. Non è detta l'ultima parola...»

IL DOTTORE No. L'ultima parola è detta. E l'ho detta io, se non
vi dispiace. Speriamo, se capisce... L'ultima a perdersi è la speranza. Se si trova la medicina, con novantanove probabilità su
cento la bambina si salva.

ADELAIDE Sant'Antonio 'e Pusílleco!

Assunta prega. Poi le due donne escono per la prima a sinistra.

IL DOTTORE (*dando un'occhiata all'orologio*) Guarda ccà, s'è fatto pure tarde...

CIAPPA Ma è difficile a truvà sta medicina?

IL DOTTORE Difficile?... Oggi tutto si trova difficilmente... A
quest'ora... E pure si fosse 'e iuorno... Qualunque medicina
costa un occhio. E se si trova, si trova al mercato nero. Basta,
io aspetto un altro poco.

GENNARO Scusate, dotto'.

IL DOTTORE Niente. Permettete. (*Esce per la prima a sinistra*).

GENNARO (*amaro*) Se si trova, si trova al mercato nero. Quanno
'o duttore ha ditto: «Se non si trova, la bambina muore»,
avísseve visto 'a mamma... È curruta comme se truvava p' 'a
casa. E mo starrà sbattenno per tutta Napule. 'A trova? E chi
'o ssape! 'O duttore ha ditto: «Solo a borsa nera la potete
trovare». Muglièrema ha fatto 'a faccia bianca.

AMEDEO (*entra dal fondo di corsa, affannando. La presenza di
Ciappa lo impressiona un po'; ma si riprende. Rivolto a Gennaro*) Niente. Chelli ddoie o tre farmacie aperte nun 'o ttèneno.

So' stato a Furcella, 'o Pallunetto, dint' 'o Cavone. Aggio domandato vascio pe' vascio, niente! Dice: «Dimane... Si càpi-
ta...»

'O MIEZO PRÈVETE (*dal fondo, trafelato*)   Faciteme assettà. Tengo 'e piede ca m'abbruciano. (*E siede sulla prima sedia che gli
capita*).

IL DOTTORE (*dalla prima a sinistra, interrogando i nuovi arrivati*)
Mbè?

'O MIEZO PRÈVETE (*gli si avvicina mostrandogli le medicine che
ha con sé*)   Dotto', queste ho trovato; si putite arrangià...

IL DOTTORE   Arrangio? Se è roba indicata... (*Osservando la merce*) Chesta serve p' 'a rogna...

'O MIEZO PRÈVETE (*volenteroso*)   E nun è bona?

IL DOTTORE (*sconfortato*)   Sentite: ma io di fronte alla fessaggi-
ne, mi tocco i nervi!

'O MIEZO PRÈVETE (*porgendogli un altro flaconcino*)   E vvedite
chest'ata?

IL DOTTORE (*dando una rapida occhiata al prodotto*)   Questo serve per mandare indietro il latte alle partorienti.

'O MIEZO PRÈVETE (*sbalordito*)   Overo? (*Porgendogli una scatola*) E chesta?

IL DOTTORE (*respinge il tutto*)   E chesta rrobba ccà nun è indicata. (*Montando sulle furie*) He purtata tutta robba inutile! Santo Dio, te l'aggio scritto ncopp' a nu piezzo 'e carta. Quanno
nun era chello ch'aggio scritto io, nun 'o ppurtave...

'O MIEZO PRÈVETE (*cercando di rabbonirlo*)   Dotto' non vi arrabbiate. Ccà nun è ca si può avere tutto comm' a primma d' 'a
guerra. Nu poco 'e buona volontà anche da parte dei dottori...
(*Testardo*) Vedite si putite arrangià cu' chesto...

IL DOTTORE   Oi ni', mo te ne caccio 'a via 'e fore, e bonanotte!
N'ata vota: «Arrangio...» Ma che te cride ca sto cusenno na
mpigna o na meza sola? (*Prende dalla tasca una stilografica e
scrive qualche cosa sul blocco del suo ricettario*) Fa' nu tentativo... (*Stacca il foglietto*) Va' addu stu cullega mio. Si 'o ttene.
L'indirizzo te l'aggio scritto ccà ncoppa.

'O MIEZO PRÈVETE (*prendendo il foglio*)   È luntano?

IL DOTTORE   In dieci minuti puoi andare e venire. Nun purtà
rrobba inutile ca t' 'o cchiavo nfaccia.

'O MIEZO PRÈVETE   Va bene. (*E di corsa esce per il fondo*).

IL DOTTORE   Permesso. (*Esce per la prima a sinistra*).

AMEDEO (*durante il dialogo, Amedeo ha girato per la camera
preoccupato guardando un po' Ciappa, un po' il padre, un po'*

l'orologio, un po' fuori del vicolo. È agitato, combattuto. Non osa allontanarsi di casa, eppure qualche cosa di interessante lo richiama altrove. Finalmente si decide e con un mezzo sorrisetto affronta la sua situazione di congedo) È capace ca mammà l'ha truvato... *(Allude al medicinale)* 'O pport'essa... Nu poco 'e pacienza... Papà tu staie lloco? Io arrivo fino 'a Turretta.

Ciappa dà una lievissima occhiata a Gennaro.

GENNARO *(impassibile)* Se ne puoi fare a meno...

AMEDEO *(non ha indovinato lo stato d'animo del padre; anzi quella impassibilità lo incoraggia)* È na cosa 'e premura. Ma io torno ampressa.

GENNARO *(non raccoglie, evade)* Eppure sapite che sto pensando, brigadie'? Ca vuie 'e chisti mumente, avit' 'a sta' sempre in movimento e in continuo esercizio delle vostre funzioni. *(Ad Amedeo)* Vaie 'e pressa?

AMEDEO *(esitante)* No.

GENNARO *(a Ciappa)* E già. *(Al figlio)* Asséttate. *(Amedeo, un po' colpito, quasi macchinalmente siede)*. Pecché mmiez' 'o mbruoglio 'e na guerra, 'a delinquenza vene a galla. Cuntrabbandiere, accaparratori, truffatori... Circulazione con permessi irregolari, documenti falsi... Mariuole d'automobile... *(Amedeo trasale)*. E io me ricordo sempre chello ca vuie me diciste-ve chillu iuorno ca io facevo 'o muorto: «È sacrilegio a tuccà nu muorto, ma è cchiú sacrilegio a mettere 'e mmane ncuollo a nu vivo comme a te». Cierti cose se compatisceno... E vuie perciò nun me mettisteve 'e mmanette. Se capisce... Sta gente è viva, stu popolo è vivo, s'ha da difendere 'e na manera? 'O truffatore si t' 'a sape fa', tu dice: «Va bene, m'ha fatto scemo, ma insomma ha truvato nu sistema». E magari uno dice: «È simpatico». L'astuzia e 'o curaggio 'e circulà cu' nu camionne cu' 'e documenti falsi... E pure se pò dicere: «È n'ommo sceta-to, tene fegato, ha creato nu muvimento...» Quanta gente ha mangiato pe' via 'e sti camionne ca vanno e vèneno... E po' ha miso pure a rischio 'a pelle, pecché ncopp' a na strada provincia-le se pò abbuscà pure na palla 'e muschetto... 'A prostituzio-ne? Embè, brigadie'... E 'a guerra nun porta 'a miseria? E 'a miseria nun porta 'a famma? E 'a famma che porta? E 'o vvedi-te? Chi pe' miseria, chi pe' famma, chi per ignoranza, chi pec-ché ce aveva creduto overamente... Ma po' passa, se scorda, fernesce... 'E gguerre so' state sempe accussí... Avimme pava-

to... 'A guerra se pava cu' tutto... Ma 'o mariuolo, no! È ove',
brigadie'? (*Ciappa fa un cenno come per dire: «Son d'accordo»*). Nun s'addeventa mariuolo pe' via d' 'a guerra. Mo qualunque cosa damme colpa 'a guerra. Mariuolo se nasce. E nun se
pò dicere ca 'o mariuolo è napulitano. O pure romano. Milane-
se. Inglese. Francese. Tedesco. Americano... 'O mariuolo è mariuolo sulamente. Nun tene mamma, nun tene pato, nun tene
famiglia. Nun tene nazionalità. E nun trova posto dint' 'o paese nuosto. Tant'è vero ca primma d' 'a guerra, 'e mariuole pe'
fa' fortuna attraversavano 'o mare...

AMEDEO (*non insospettito, ma perplesso*)   E pecché me dice chesto, papà?

GENNARO (*non volendo compromettere in alcun modo il piano legale di Ciappa, ma cercando, nel contempo, di ricondurre il figlio
sulla via onesta*)   No. Pecché... Siccome 'o paese nuosto nun
porta na bon' annummenata... Che vuó fa'? È na disgrazia...
Appena sentono: «napoletano», già se mettono in guardia. Pecché è stato sempe accussí. Quanno succede nu furto di abilità,
di astuzia dint' a n'atu paese d' 'o munno, pure si è ammenta-
to pe' fa' ridere, se dà pe' certo, e se dice ca s'è fatto a Napule.
(*Come una voce che corre*) «Nun sapite niente? A Napule è
sparito nu piroscafo cu' tutto 'o carico». E nun è overo, brigadie'. Nun pò essere overo. Chi ce crede è in malafede. Ma scusate, come sparisce nu piroscafo? Ch'è fatto nu portamonete? E
po' pure si è overo, allora io po' dico nata cosa... Logicamente,
si 'o fatto è overo, vuol dire ca stu mariuolo napulitano s'ha
avuto pe' forza mettere d'accordo cu' n'atu mariuolo, ca nun
è napulitano... Si no comme spariva stu piroscafo? 'E camionne, sí. Ma si è nu camionne, se dice ca ne so' sparite ciento...
Perciò... (*al figlio*) tu ca si' giovane, avariss' 'a da' 'o buono esempio... Accussí quanno te truove e siente ca parlano male d' 'o
paese tuio, tu, cu' tutt' 'a cuscienza, puo' dicere: «Va bene,
ma ce stanno 'e mariuole e 'a gente onesta, comme a dint' a
tutt' 'e paise d' 'o munno».

CIAPPA   Proprio cosí.

AMEDEO (*ammette le teorie del padre*)   Certo... Basta, papà, io
vaco...

GENNARO (*come per dire: «Te lo meriti», ma con strazio contenuto, mentre Ciappa vorrebbe intervenire, ma si domina*)   Va'!
(*Amedeo s'avvia*). 'O fazzuletto 'o tiene?

AMEDEO (*rovistandosi in tasca, lo trova*)   Sí, papà.

GENNARO   E... pòrtate 'o cappotto.

AMEDEO (*sempre piú sorpreso*)   Ma pecché, papà?

GENNARO   Pecché 'a sera accumencia a fa' friddo. Po' essere ca faie tarde.

AMEDEO   Io nun faccio tarde. Si te fa piacere... (*Prende il cappotto che si troverà su di una sedia accanto al comò, se lo pone sul braccio*) Io vengo ampressa, papà. (*Ed esce per il fondo a destra*).

GENNARO (*dopo lunga pausa, grave e avvilito*)   Stateve buono, brigadie'. E grazie...

CIAPPA (*alzandosi*)   Buonasera, don Genna'. E auguri per la bambina. (*E lentamente esce per il fondo, come per voler seguire Amedeo*).

Altra pausa, durante la quale Gennaro è rimasto assorto in cupi pensieri e tristi presagi. Dalla prima a sinistra entra Maria Rosaria. Ella è completamente diversa: veste sobriamente e ha assunto una strana aria dimessa che manifesta sul suo volto serio. Va al comò, prende una tazzina con una bevanda, e silenziosamente esce. Gennaro la osserva con dolore misto a tenerezza. Intanto dal fondo entra lentamente, come guardingo, Peppe 'o Cricco, fumando beatamente una mezza sigaretta. Guarda un po' intorno, cerca qualcuno, scorge Gennaro.

PEPPE   Buonasera, 'on Gennaro! (*Gennaro non gli risponde*). Ce sta Amedeo?

GENNARO (*glaciale*)   È uscito in questo momento.

PEPPE   E chillo tene 'appuntamento cu' me! (*Dà un'occhiata all'orologio a braccio: poi tra sé*) S'è avviato nu poco primma. (*Con altro tono*) 'A piccerella comme sta?

GENNARO   Comme vo' Dio!

PEPPE   Io nemmeno mi sento tanto bene... Don Gennaro mio, tengo nu dolore int' a sta spalla ca nun 'a pozzo mòvere... (*E a stento muove l'omero destro*).

GENNARO (*fingendo interessamento*)   'A spalla destra?

PEPPE   Già.

GENNARO (*pronto*)   È l'automobile.

PEPPE (*trasale, non crede di aver capito bene*)   Come?

GENNARO   Ve fa male 'a spalla?

PEPPE   Eh!

GENNARO   'A spalla destra?

PEPPE   Gnorsí.

GENNARO (*ribatte*)   È l'automobile.

PEPPE (*preoccupatissimo*)   Ma allora avevo capito bene! E scusate che c'entra l'automobile?

GENNARO (*lancia uno sguardo significativo, mascherato di voluta ambiguità e che fa stare sempre piú in apprensione Peppe. Dura un attimo il giuoco*)   Voi forse guidate l'automobile cu' 'a spalla vicino 'o finestrino aperto.

PEPPE (*rinfrancato*)   Ah! No, no. Nun è chesto. È questione che... Don Genna' 'e denare s'abbuscano, ma 'a fatica è troppa. Io sto in società con vostro figlio, ma stasera ce 'o ddico ca ce avimm' arrepusà nu poco.

GENNARO   Eh, sí! 'O riposo ce vo'... (*Con intenzione*) Nu pare d'anne.

PEPPE   Eh! Nu pare d'anne?! Io dico ca sí. Na cosa regolare. Vedete 'on Genna', (*romantico*) io me ne voglio ji' a nu posto isolato... (*Gennaro fa un gesto di approvazione*). Addó nun se vede e nun se sente... Comme v'aggia spiegà? Na cosa francescana...

GENNARO   Ecco... Na specie 'e munastero.

PEPPE   Bravo! Senza lusso, modesto: pure na cammera, nu pertuso...

GENNARO (*completando*)   ... na cella!

PEPPE   Proprio: una cella. (*Pregustando già la gioia della solitudine*) Cu' na perzona fore ca te sta attiento, ca te porta 'o mmangià...

GENNARO   ... sempre all'istessa ora. Senza la preoccupazione di pensare: «Dimane che aggi' 'a mangià». Ce sta chi ce pensa. Se trova na persona fidata.

PEPPE   Magari uno lo paga...

GENNARO   Non c'è bisogno. La cosa è bella quanno è disinteressata... Na bella fenesta cu' na cancellata...

PEPPE (*interdetto*)   No. 'A cancellata nun me piace.

GENNARO   Ma ce vo'!

PEPPE   E pecché ce vo'?

GENNARO   Scusate, voi avete detto che ve ne andate in un posto isolato... (*Al cenno di assentimento di Peppe*) E di questi tempi, con la delinquenza che ci sta, voi sapete chi vi vuole bene e chi vi vuole male? Vuie avit' 'a sta' bene assicurato 'a dinto... E poi queste cose francescane... so' proprio belle cu' 'e cancelle, se ho capito bene dove volete andare voi...

PEPPE   Avete capito bene.

GENNARO   E allora ce vo'.

PEPPE   Eh... forse pure 'a cancellata.

GENNARO   Certamente.

PEPPE (*alzandosi, per andar via e toccandosi con la sinistra la spalla destra*)   Giesú ma io overamente nun 'a pozzo mòvere sta spalla. (*Seriamente deciso*) Ma stasera ce 'o ddico a Amedeo.

GENNARO   Fate quest'ultimo sforzo e da stanotte comincia il riposo.

PEPPE   Proprio cosí. Stateve buono, 'on Genna'. (*E muove verso il fondo*).

GENNARO   Io po' ve vengo a truvà quanno state dint' 'a cella.

PEPPE (*accettando lo spirito che gli è sembrato bonario*)   Io 'a dint' 'a cancellata e vvuie 'a fore...

GENNARO   E ve porto 'e purtualle e 'e ssigarrette.

PEPPE   E io vi aspetto.

GENNARO   Tanto devo venire per mio figlio, vengo pure per voi.

Peppe 'O Cricco esce. Segue una breve pausa dopo la quale, dal lato opposto del vicolo da dove è uscito Peppe 'o Cricco, entra Errico.

ERRICO (*un po' stanco ed agitato, scorge Gennaro e con sincero interesse*)   Buonasera. Comme sta Rituccia? (*Gennaro non gli risponde*). Aggio ncuntrato 'O Miezo Prèvete. M'ha ditto ca steva lo stesso: sempe cu' 'a freva forte... (*Gennaro rimane impassibile*). Ho domandato per quella medicina. (*Mostra una carta*) 'A tengo signata ccà, ma non mi è stato possibile trovarla. Forse domani... (*L'atteggiamento di Gennaro lo smonta. Non sa che dire, ma si domina. Lentamente siede al lato opposto del tavolo, di fronte all'altro che non lo degna neanche di uno sguardo. Pausa*). È stato veramente un dispiacere per tutti quanti... Specialmente pensando che voi... siete tornato. E donn'Amalia non è che ha trascurato... Ma sapite comm'è? Se dice: «Chelle so' cose 'e criature...» Comme pure vi dico che non c'è da preoccuparsi soverchiamente. Appunto perché è criatura, si può avere la sorpresa che, da un momento all'altro, tutto si risolve in bene. (*Piomba di nuovo il silenzio*). Donn'Amalia po' nun s' 'o mmèreta. È na femmena ca se faciarria accidere p' 'a famiglia. (*Pausa*). Durante tutto questo tempo ca vuie nun ce site stato, avimmo visto tuttu quante comme 'a penza. E si ce sta quaccheduno ca vo' parlà sparo sul conto di donna Amalia, è una carogna. E vuie nun l'avit' 'a sta' a ssèntere. Io ve songo amico e v' 'o pozzo dicere. (*Gennaro guarda in alto co-*

me per dominarsi). Anzi qualche volta mi sono permesso pure di fare qualche paternale a vostro figlio. E l'ho fatto con il cuore. Non c'eravate voi. (*Il silenzio di Gennaro ormai lo esaspera. Il tono della voce di Errico diviene concitato. Ormai non parla piú col suo interlocutore; quasi a se stesso rivolge le sue parole, come una confessione, un esame di coscienza).* Na femmena sola... Senza n'ommo dint' 'a casa. Certamente sapete com'è... M'hanno visto 'e vení spisso e va tròva che hanno pututo penzà. (*Sincero e dignitoso*) Ma io vi do la mia parola d'onore che donn'Amalia vi ha rispettato e vi rispetta. (*Pausa*). Voi anche stamattina mi avete trattato freddamente. Me ne sono accorto. Ed io sono tornato apposta per vedervi e per parlarvi. Simmo uommene o simmo criature? Don Genna', ccà si ce sta uno che v'ha da cercà scusa, questo sono io. Ma nei riguardi di donn'Amalia dovete essere piú che convinto, piú che sicuro. (*Questo voleva dire Errico Settebellizze. Ormai si sente piú tranquillo. Pausa*). Siccomme stanotte parto p' 'a Calabria... e quanno se parte 'e notte nun se sape maie si s'arriva vivo... ecco perché ho voluto... Dato il vostro atteggiamento di stamattina... (*Visto che Gennaro non ha nessuna intenzione di conciliarsi con lui, si alza, disponendosi ad andar via*) Se vi posso essere utile in qualche cosa... (*Si avvia*) Vi faccio tanti auguri per la bambina, e... buonanotte... (*Muove qualche altro passo e, senza voltarsi, quasi commosso*) Di nuovo, 'on Genna'... (*Esce per il fondo, a sinistra*).

'O MIEZO PRÈVETE (*dopo una pausa entra dal fondo; si dirige verso la prima a sinistra*)   Don Genna', niente! Aggio truvato stu scatolo 'e pínnole. (*Lo mostra. Alludendo al medico*) Mo ce 'o faccio vedé. (*Esce*).

AMALIA (*dal fondo, Amalia, disfatta, affranta, completamente cambiata dai primi due atti. Per la prima volta mostra il suo vero volto: quello della madre. È quasi invecchiata. Non vuole né può fingere. Non vuole né ha piú nulla da nascondere. Sconfortata, siede accanto al tavolo centrale*)   Niente! Niente! Niente! Aggio addimannato a tuttu quante! Tutta Napule! Nun se trova. Chi 'o ttene, 'o ttene zuffunnato e nun 'o ccaccia. (*Disperata*) Ma che cuscienza è cchesta? Fanno 'a speculazione cu' 'a mmedicina. 'A mmedicina ca pò salvà nu crestiano! (*Con un grido di dolore*) Insomma, figliema ha dda murí? (*Disgustata*) 'O ffanno sparí pe' fa' aumentà 'e prezze. E nun è nfamità chesta? (*Senza attendere risposta, si alza ed esce per la prima a sinistra*).

Gennaro la segue con lo sguardo.

RICCARDO (*entra dal fondo con un impermeabile scuro che ricopre un pigiama da letto. Premuroso*) Permesso? Buonasera. (*A Gennaro*) Mi hanno detto che avete bisogno di una medicina per la vostra bambina. Io credo di averla. (*Mostra una piccola scatola*) È questa?

GENNARO (*emozionato*) Accomodatevi. (*Si alza e parlando verso la prima a sinistra*) Dotto', venite nu mumento.

IL DOTTORE (*dall'interno*) Eccomi. (*Entrando*) Che c'è?

GENNARO Questo signore abita proprio qua appresso a noi. Dice che forse tiene la medicina che avete chiesto voi. Vedite si è essa.

IL DOTTORE (*a Riccardo*) Fatemi vedere. (*Osservando la scatola*) Sicuro. È proprio questa.

RICCARDO Io me la trovo per combinazione. Sei mesi fa ebbi la seconda bambina a letto, appunto con questo male.

IL DOTTORE È stata veramente una fortuna. Date a me.

RICCARDO (*rifiutandosi di consegnare la scatola*) No. Io la vorrei consegnare alla signora Amalia.

GENNARO (*scambiando una occhiata d'incertezza con il dottore, chiama verso la prima a sinistra*) Ama'! Viene nu mumento ccà ffore. Vide 'o ragiuniere che vo'.

Amalia entra seguita da 'O Miezo Prèvete e si ferma a guardare il gruppo con atteggiamento interrogativo. Pausa.

RICCARDO (*ad Amalia con tono di fatalità, senza ombra di vendetta nella voce, né di ritorsione*) Donn'Ama', la medicina che ha prescritto il dottore per vostra figlia, ce l'ho io. (*La mostra*) Eccola qua.

AMALIA (*colpita, non disarma*) Quanto vulite?

RICCARDO (*commiserandola, ma senza cattiveria, quasi comprensivo*) Che mi volete restituire? (*Amalia lo scruta*). Tutto quello che avevo è nelle vostre mani. Mi avete spogliato... Quel poco di proprietà, oggetti di mia moglie, biancheria... ricordi di famiglia... (*Amalia abbassa un po' lo sguardo*). Con biglietti da mille alla mano ho dovuto chiedervi l'elemosina per avere un po' di riso per i miei figli... Adesso pure di vostra figlia si tratta...

AMALIA (*come per richiamarlo all'umanità, quasi con tono di rimprovero*) Ma chesta è mmedicina...

Gennaro lentamente raggiunge il fondo e volge le spalle ai due, come per sottrarsi alla scena. Il dottore segue il dialogo, dando un'occhiata ora ad Amalia, ora a Riccardo. 'O Miezo Prèvete non s'impegna; ha sempre qualche cosa da cercare o nel panciotto o nella tasca dei pantaloni, perché lo si possa ritenere assente.

RICCARDO   D'accordo. E giustamente voi dite, senza medicina indicata, se more. Ma pecché, secondo voi, donn'Ama', senza mangià se campa? (*Amalia rimane inchiodata, non sa cosa rispondere. Riccardo ribatte*) Se non mi fossi tolto la camicia, 'e figlie mieie nun sarríeno muorte 'e famma? Come vedete, chi prima e chi dopo deve, ad un certo punto, bussare alla porta dell'altro. Sí, lo so, voi in questo momento mi dareste tutto quello che voglio... Donn'Ama', ma se io per esempio me vulesse levà 'o sfizio 'e ve vedé 'e correre pe' tutta Napule comme currevo io, pe' truvà nu poco 'e semolino, quanno tenevo 'o cchiú piccerillo malato... (*Amalia all'idea trasale*). Se io ve dicesse: «Girate donn'Ama', divertiteve purtone per purtone, casa per casa...» Ma io chesto nun 'o ffaccio! Ho voluto solamente farvi capire che, ad un certo punto, se non ci stendiamo una mano l'uno con l'altro... (*Porgendo la scatola al dottore*) A voi, dottò. E speriamo che donn'Amalia abbia capito. Auguri per la bambina. Buonanotte. (*Ed esce per il fondo*).

Immediatamente Amalia con un gesto deciso costringe il dottore a precederla nella camera da letto, dov'è la sua piccola inferma.

'O MIEZO PRÈVETE (*con una lieve grattatina alla nuca*)   Mannaggia bu ba!
GENNARO (*è visibilmente commosso, sí da non potersi quasi reprimere. Vuol parlare d'altro*)   E tu? Affare nun n'he fatte, tu? Quanta meliune tiene?
'O MIEZO PRÈVETE   Eh... tenevo 'e meliune. (*Riferendosi all'insegnamento della scena precedente, come per dimostrare a se stesso la sua rettitudine*) Io quanno m'aggio magnato na pummarola mmiez' 'o ppane me sento nu rre! Sí, ho tentato qualche cosa, qualche affare pur'io, ma ce aggia avut' 'a rinunzià... (*Con un senso di sfiducia in se stesso e nella sua fortuna*) Na vota, io e Pascalino 'o pittore, accattàieme cinquanta chile 'e ficusecche. Dicete: «Facimmo passà nu poco 'e tiempo: quan-

no aumentano 'e prezzo c' 'e vvennimmo». Don Gennaro mio,
'e ttruvaieme chiene 'e vierme: abbremmecute. 'E sciacquàieme
tuttu quante, 'e mmettettemo 'asciuttà: na mmità, s' 'e mma-
gnaieno e súrice e 'o riesto ietteno 'a perimma. Certo ci sarebbe
da fare... Ma chi m' 'o ffa fa'. Specialmente mo. Muglierema
murette sott' a nu bumbardamento... Don Genna', una cosa
mondiale... (*Ricostruendo la scena apocalittica del sinistro*) Stevemo sott' 'o ricovero, comme stammo io e vuie, 'o vvedite?
Fore cadevano 'e bombe e nuie ce stévamo appiccecanno. «E
statte zitta, – dicevo io, – 'a gente sente!» E chella... (*Per
indicare la loquacità irrefrenabile della moglie*) E teretú... teretú. A nu cierto punto cadette proprio 'o lato addó steva essa...
Un attimo, don Genna'. E 'a miez' 'e pprete avette sulo 'o tiempo 'e dicere: «Quann'esco 'a ccà sotto, parlammo!» Ma fortunatamente murette subito, senza suffrí manco nu poco. Na bella morte, don Genna'. Pirciò ve dico: sto ssulo, me metto a ffà
'o cummercio?

GENNARO (*che fino a quel momento è rimasto assente al racconto
d' 'O Miezo Prèvete e di tanto in tanto ha guardato l'angolo
dov'era la sua cameretta di fortuna*) Dimane m'he 'a fa' nu piacere. Te ne viene nu poco cchiú ampressa. Avimm' 'a mettere
a pposto 'a cammarella mia. Chellu lignammo ca ce steva che
n'avite fatto? Ll'avite iettato? Ll'avite abbruciato?

'O MIEZO PRÈVETE   Gnernò: ce sta. Quanno se facette 'a rinnu-
vazione 'o llevaie propri' io e 'o mmettette dint' 'a putéca 'e don
Pascale. E llà sta.

GENNARO   E dimane 'o mmettimmo n'ata vota. (*E rimane a parlottare con 'O Miezo Prèvete, sottovoce, impartendogli le necessarie istruzioni*).

IL DOTTORE (*dalla sinistra, seguito da Amalia, Assunta e Adelaide*)   Io me ne vado. Statevi di buon animo. Mo ha da passà 'a
nuttata. Deve superare la crisi. Io torno presto domani mattina e sono certo che mi darete una buona notizia. Buonanotte.

ADELAIDE   Buonanotte.

ASSUNTA   Buonanotte.

Il dottore esce per il fondo, salutato con il gesto da Gennaro e
da 'O Miezo Prèvete. Amalia, assorta nel suo dolore, lentamente siede accanto al tavolo, con le braccia conserte, quasi stringendo intorno alle spalle lo scialle che indossa. Ha freddo. Sente profondamente nel suo cuore tutta la responsabilità del momento, tutta la sua colpa.

ADELAIDE (*scorge lo stato d'animo di Amalia e amorevolmente le si avvicina*) E va buono, mo. Stàteve 'e buonumore. Chillo 'o duttore steva preoccupato primma pecché nun se truvava 'a mmedicina, ma mo, avite visto comme se n'è ghiuto cuntento? (*Amalia la guarda con riconoscenza. Quelle parole le fanno bene*). Nuie ce ne iammo. Qualunque cosa, chiammàtece.

ASSUNTA Buonanotte.

E zia e nipote escono per il fondo, in silenzio. 'O Miezo Prèvete si è seduto fuori del basso. Gennaro è rimasto fermo, in piedi, fissando il suo sguardo da giudice su sua moglie. Amalia lo avverte e ne riceve quasi un senso di fastidio. Infine, esasperata, è proprio lei che rompe il silenzio con una reazione quasi aggressiva.

AMALIA E pecché me guarde? Aggio fatto chello che hanno fatto ll'ate. Me so' difesa, me so' aiutata... E tu pecché me guarde e nun parle? 'A stammatina tu me guarde e nun parle. Che colpa me pó da'? Che t'hanno ditto?

GENNARO (*che a qualunque costo avrebbe voluto evitare la spiegazione*) Aggia parlà? Me vuó séntere proprio 'e parlà? E io parlo. (*A 'O Miezo Prèvete*) Miezo Pre', aggie pacienza, vatténne, ce vedimmo dimane mmatina.

'O MIEZO PRÈVETE (*alzandosi e mettendo a posto la sedia*) Buona nottata. (*Esce*).

GENNARO Ricòrdate 'a mmasciata.

'O MIEZO PRÈVETE (*dall'interno*) Va bene.

GENNARO (*chiude il telaio a vetri e lentamente si avvicina alla donna. Non sa di dove cominciare; guarda la camera della bimba ammalata e si decide*) Ama', nun saccio pecché, ma chella criatura ca sta llà dinto me fa penzà 'o paese nuosto. Io so' turnato e me credevo 'e truvà 'a famiglia mia o distrutta o a posto, onestamente. Ma pecché?... Pecché io turnavo d' 'a guerra... Invece, ccà nisciuno ne vo' sentere parlà. Quann'io turnaie 'a ll'ata guerra, chi me chiammava 'a ccà, chi me chiammava 'a llà. Pe' sapé, pe' sentere 'e fattarielle, gli atti eroici... Tant'è vero ca, quann'io nun tenevo cchiú che dícere, me ricordo ca, pe m' 'e llevà 'a tuorno, dicevo buscíe, cuntavo pure cose ca nun erano succiese, o ca erano succiese all'ati surdate... Pecché era troppa 'a folla, 'a gente ca vuleva sèntere... 'e guagliune... (*Rivivendo le scene di entusiasmo di allora*) 'O surdato! 'Assance séntere, conta! Fatelo bere! Il soldato italiano!

Ma mo pecché nun ne vonno sèntere parlà? Primma 'e tutto pecché nun è colpa toia, 'a guerra nun l'he voluta tu, e po' pecché 'e ccarte 'e mille lire fanno perdere 'a capa... (*Comprensivo*) Tu ll'he accumenciate a vedé a poco 'a vota, po' cchiù assaie, po' cientomila, po' nu milione... E nun he capito niente cchiú... (*Apre un tiretto del comò e prende due, tre pacchi di biglietti da mille di occupazione. Li mostra ad Amalia*) Guarda ccà. A te t'hanno fatto impressione pecché ll'he viste a ppoco 'a vota e nun he avuto 'o tiempo 'e capí chello ca capisco io ca so' turnato e ll'aggio viste tutte nzieme... A me, vedenno tutta sta quantità 'e carte 'e mille lire me pare nu scherzo, me pare na pazzia... (*Ora alla rinfusa fa scivolare i biglietti di banca sul tavolo sotto gli occhi della moglie*) Tiene mente, Ama': io 'e ttocco e nun me sbatto 'o core... E 'o core ha da sbattere quanno se toccano 'e ccarte 'e mille lire... (*Pausa*). Che t'aggia di'? Si stevo ccà, forse perdevo 'a capa pur'io... A mia figlia, ca aieressera, vicino 'o lietto d' 'a sora, me cunfessaie tutte cose, che aggi' 'a fa? 'A piglio pe' nu vraccio, 'a metto mmiez' 'a strada e le dico: «Va' fa' 'a prostituta»? E quanta pate n'avesser' 'a cacciá 'e ffiglie? E no sulo a Napule, ma dint' a tutte 'e paise d' 'o munno. A te ca nun he saputo fa' 'a mamma, che faccio, Ama', t'accido? Faccio 'a tragedia? (*Sempre piú commosso, saggio*) E nun abbasta 'a tragedia ca sta scialanno pe' tutt' 'o munno, nun abbasta 'o llutto ca purtammo nfaccia tutte quante... E Amedeo? Amedeo che va facenno 'o mariuolo? (*Amalia trasale, fissa gli occhi nel vuoto. Le parole di Gennaro si trasformano in immagini che si sovrappongono una dopo l'altra sul volto di lei. Gennaro insiste*) Amedeo fa 'o mariuolo. Figlieto arrobba. E... forse sulo a isso nun ce aggia penzà, pecché ce sta chi ce penza... (*Il crollo totale di Amalia non gli sfugge, ne ha pietà*) Tu mo he capito. E io aggio capito che aggi' 'a stà ccà. Cchiú 'a famiglia se sta perdenno e cchiú 'o pate 'e famiglia ha da pigliá 'a responsabilità. (*Ora il suo pensiero corre verso la piccola inferma*) E se ognuno putesse guardà 'a dint' 'a chella porta... (*mostra la prima a sinistra*) ogneduno se passaria 'a mano p' 'a cuscienza... Mo avimm'aspettà, Ama'... S'ha da aspettà. Comme ha ditto 'o dottore? Deve passare la nottata. (*E lentamente si avvia verso il fondo per riaprire il telaio a vetri come per rinnovare l'aria*).

AMALIA (*vinta, affranta, piangente, come risvegliata da un sogno di incubo*)   Ch'è ssuccieso... ch'è ssuccieso...

GENNARO (*facendo risuonare la voce anche nel vicolo*)   'A guerra, Ama'!

AMALIA (*smarrita*)   E che nne saccio? Che è ssuccieso!

Maria Rosaria, dalla prima a sinistra, recando una ciotolina con un cucchiaio, si avvia verso la «vinella».

GENNARO   Mari', scàrfeme nu poco 'e cafè...

Maria Rosaria senza rispondere si avvicina al piccolo tavolo nell'angolo a destra, accende una macchinetta a spirito e dispone una piccola cúccuma.

AMALIA (*rievocando a se stessa un passato felice di vita semplice*)   'A matina ascevo a ffa' 'o ppoco 'e spesa... Amedeo accumpagnava a Rituccia 'a scòla e ghieva a faticà... Io turnavo 'a casa e cucenavo... Ch'è ssuccieso... 'A sera ce assettàvamo tuttu quante attuorno 'a tavula e primma 'e mangià ce facevamo 'a croce... Ch'è ssuccieso... (*E piange in silenzio*).

AMEDEO (*entra lentamente dal fondo. Guarda un po' tutti e chiede ansioso*)   Comme sta Rituccia?

GENNARO (*che si era seduto accanto al tavolo, alla voce di Amedeo trasale. Il suo volto s'illumina. Vorrebbe piangere, ma si domina*)   S'è truvata 'a mmedicina. (*Si alza e dandosi un contegno, prosegue*) 'O duttore ha fatto chello ch' avev' 'a fa'. Mo ha da passà 'a nuttata. (*Poi chiede con ostentata indifferenza*) E tu? nun si' ghiuto 'appuntamento?

AMEDEO (*timido*)   No. Aggio pensato ca Rituccia steva accussí e me ne so' turnato. Pareva brutto.

GENNARO (*con lieve accento di rimprovero*)   Era brutto. Damme nu bacio. (*Amedeo bacia Gennaro, con effusione*). Va' te miette nu poco vicino 'o lietto d' 'a piccerella ca tene 'a freva forte.

AMEDEO   Sí, papà. (*Si avvia*).

GENNARO (*fermandolo*)   E si Rituccia dimane sta meglio, t'accumpagno io stesso 'a Cumpagnia d' 'o Gas, e tuorne a piglià servizio.

AMEDEO (*convinto*)   Sí, papà. (*Ed esce per la prima a sinistra*).

Maria Rosaria ha riscaldato il caffè e ora porge la tazzina al padre. Gennaro la guarda teneramente. Avverte negli occhi della fanciulla il desiderio d'un bacio di perdono, cosí come per Amedeo. Non esita. L'avvince a sé e le sfiora la fronte. Maria

Rosaria si sente come liberata e, commossa, esce per la prima a
sinistra. Gennaro fa l'atto di bere il suo caffè, ma l'atteggiamento di Amalia, stanco e avvilito, gli ferma il gesto a metà. Si
avvicina alla donna e, con trasporto di solidarietà, affettuoso,
sincero le dice:

GENNARO   Teh... Pígliate nu surzo 'e cafè... (*Le offre la tazzina.
Amalia accetta volentieri e guarda il marito con occhi interroga-
tivi nei quali si legge una domanda angosciosa: «Come ci risa-
neremo? Come potremo ritornare quelli di una volta? Quando?» Gennaro intuisce e risponde con il suo tono di pronta
saggezza*) S'ha da aspettà, Ama'. Ha da passà 'a nuttata. (*E dicendo questa ultima battuta, riprende posto accanto al tavolo
come in attesa, ma fiducioso*).

Occhiali neri
(1945)

Gli occhiali e lo specchio sono i mezzi quasi magici, nella letteratura fantastica, attraverso i quali passano i temi dello «sguardo» o i cosiddetti (da Todorov) «temi dell'io». Attraverso le lenti *transpare* la realtà, ovvero si smaterializza e si sdoppia; vedere mediante una lente o uno specchio (pensiamo ad Alice di Carrol) vuol dire, almeno nella creazione artistica, tra-vedere, guardare con meraviglia al di là...

Davanti ad un piccolo specchio attaccato alla fragile parete del tramezzo, Gennaro Jovine traccia il suo «disegno di legge»; e fin dal *Natale in casa Cupiello* (nella messiscena televisiva del 1977) Eduardo si mette, per fare il suo Luca sognatore e visionario, un paio di leggerissimi occhiali, che nel terzo atto, quando il protagonista è infermo e farfugliante, non avrà piú ma fingerà di avere, aggiustandoseli con l'indice e il pollice per focalizzare gli altri personaggi-attori nella scena fantastica del suo *presepe grande come il mondo*...

Dietro «'e llente nere» che mascherano la sua ormai permanente cecità, Mario, il protagonista dell'atto unico del 1945 (che Eduardo non ha mai rappresentato), si nasconderà per sempre, oltre la fine del suo dramma di reduce. Gli occhiali neri, che avrebbero dovuto proteggere dalla luce troppo forte del sole la sua vista riacquistata (dopo l'esperimento del medico), si sono via via trasformati da oggetto scaramantico (che la sorella Maria si scorda o rifiuta di acquistare prima dell'esito dell'esperimento) in oggetto magico che serve alla «prova della verità». La fidanzata di Mario, infatti, s'è ricordata di portarli, perché per lei (il protagonista lo capisce) «cu' l'uocchie o senza l'uocchie» Mario non è la stessa persona. Perciò il reduce d'una guerra dopo la quale «'e cecate» non si chiamano piú (come dopo la prima) «mutilati», ma soltanto «cecate», anziché ricevere «beneficenza» la fa: libera con una finzione la fidanzata dall'impegno.

Nel finale a sorpresa di questo atto unico, che come altri eduardiani non è un dramma di proporzioni ridotte, ma un dramma colto e risolto subito prima che precipiti in catastrofe, gli occhiali neri diventano un doppio della visione del mondo che il protagonista s'è costruito in due anni di «buio»:

> MARIO [...] Doppo duie anne, me so' abituato. 'A vita mia me l'aggio accunciata comme me piace a me. 'A notte ce veco... quanno dormo. Dint' 'o suonno veco 'o munno comme vogl'io, 'a gente comme piace a me. [...] E allora [...] siccomme 'e notte ce veco, 'e iuorno me pare comme si l'ate fòsseno tutte cecate. E vulesse na cosa sola... Ca vedesseno 'e iuorno tale a quale comme io veco 'e notte. (p. 117).

La problematica d'una guerra che ha tutti «sconvolti» si sposta dal basso di *Napoli milionaria!* nella villa a Torre del Greco dove i fratelli Spelta (Mario-Maria, speculari anche nel nome) hanno trascorso «l'infanzia felice», e finiranno la loro esistenza in comune in una atmosfera di quieto, anche se amaramente rassegnato, isolamento. Luogo deputato, comunque, la solita *sala d'ingresso e di soggiorno*, con *un grande vano, in fondo a sinistra*, [che] *lascia vedere l'ampio terrazzo con pergolato folto di pampini e viticci* (did., p. 107). Dal terrazzo giungeranno le presenze o le voci di fuori: le beghe del fattore col garzone, le chiacchiere pietose e timorose della signora Covelli, le osservazioni impertinenti ma sagge di Rafele, il vecchio uomo di fatica che nel suo dialetto (un dialetto però che anche l'agiato padrone recupera alla fine) esprime fra il serio e il comico il punto di vista del drammaturgo:

> RAFELE (*non tralascia il tono scherzoso*) Ecco. Questa è la carognàggine che si è formata nella mente umana: la paura. Voi, allora, vi mettete paura dei fascisti, vi mettete paura dei comunisti, vi mettete paura dei liberali, vi mettete paura dei democristiani... E vuie campate 'e pàlpite. Avit' 'a cammenà cu' 'e quattro sceruppe appriesso. (p. 110).

Occhiali neri fa cosí da tramite fra la prima (*Napoli milionaria!*) e la seconda (*Questi fantasmi!*) grande commedia eduardiana del dopoguerra. Quella «paura» della vita che Gennaro Jovine cercava di superare senza finzioni liberatorie, semplicemente guardando e parlando con chiarezza, e che Pasquale Lojacono tornerà ad esorcizzare con l'ambiguità dello sguardo e delle parole, per Mario già si trasforma in motivo di evasione dal mondo; ma dopo aver conosciuto la verità. Mario Spelta (lo stesso cognome, senza il «Di» davanti, del futuro protagonista di *La grande magia*) è un piccolo Enrico IV, con o senza gli occhiali, ma soprattutto senza la «benda nera» della «speranza»:

MARIO [...] Che d' è?
MARIA (*con il pianto in gola*) Lana per un golf.
MARIO Che colore?
MARIA (*non osa pronunciare la parola «nero» e afferma*) Celeste. (p. 117).

Occhiali neri è stato scritto da Eduardo nel 1945, dopo *Napoli milionaria!*, ma non ha mai ricevuto la verifica del palcoscenico, né da parte del suo autore né da parte di altri.

Il testo compare per la prima volta nella prima edizione Einaudi del secondo volume della *Cantata dei giorni dispari*, nel 1958; viene espunto da questo volume nell'edizione (riveduta) del 1971 e inserito, sempre nella stessa edizione, nel primo volume della *Cantata*.

Personaggi

Mario Spelta, cieco di guerra benestante
Maria, sua sorella
Assunta, fidanzata di Mario
Il dottore
L'assistente
La signora Covelli, amica degli Spelta
Rafele, uomo di fatica degli Spelta
Salvatore } voci interne
Ragazzo

ATTO UNICO

La sala d'ingresso e di soggiorno di una villa a Torre del Greco. Una di quelle antiche case agiate dell'ottocento. La famiglia Spelta, da piú di mezzo secolo, religiosamente, vi ha trascorso i quattro mesi estivi. Infatti, Mario e Maria, fratello e sorella, hanno una spiccata tenerezza per queste mura che videro la loro infanzia felice. Porte laterali. Un grande vano, in fondo a sinistra, lascia vedere l'ampio terrazzo con pergolato folto di pampini e viticci. Tutto intorno al terrazzo un parapetto di tufo con sopra vasi di fiori di ogni genere. Oltre, campagna e mare. Tanta luce e tanto sole. Siamo alla fine di agosto. All'alzarsi del sipario, seduta a destra, accanto ad un tavolo, vi sarà la signora Covelli, sui cinquant'anni, amica di casa dei signori Spelta, nativa di Torre del Greco. Dopo una piccola pausa si udrà una voce interna.

SALVATORE (*voce interna*) E nun fa' 'o ssòleto tuio... Nun te ji' fermanno e nun perdere tiempo.
RAGAZZO (*altra voce interna*) Pecché, quacche vvota vaco perdenno tiempo?
SALVATORE (*c. s.*) Nun t'avess' 'a cunoscere.
RAFELE (*dalla sinistra. È un robusto contadino sui sessant'anni. Uomo di fatica. Il suo sguardo è sempre sereno. Parla lentamente, ma con tono sicuro. La lieve intonazione ironica che accompagna sempre le sue parole, è frutto di una esperienza amara fatta di anni vissuti intensamente dall'altra guerra a questa. Rivolgendosi alla signora Covelli*) 'A signora mo vene.
COVELLI Grazie.

Rafele lentamente si avvia verso il terrazzo.

SALVATORE (*c. s.*) He 'a ji' addu don Bastiano. L' he 'a dicere proprio accussí: don Salvatore sta aspettanno. Aiere fuie dum-

meneca, e va bene... ma ogge manco ce site iuto? Ha dda chiammà a n'ato? 'E giuvane hanno fernuto 'e mettere 'e reggiole. Si
nun venite vuie nun sanno c'hann' 'a fa'. E fatte dicere 'e mattunelle a quanto m' 'e mette 'o centenaro. Va', io aspetto. (*Piccola pausa. Come per parlare al ragazzo che si è già allontanato*)
Ricòrdate... 'o prezzo d' 'e mattunelle... a quanto 'o centenaro...

RAGAZZO (*da lontano*) Va bene.

RAFELE (*parlando dal terrazzo e rivolgendosi a Salvatore*) 'A vedimmo n'ata vota all'erta sta casa?

SALVATORE (*sempre internamente*) Me pare 'a fràveca 'e San
Pietro. 'E fravecature so' addeventate signure... 'appaltatore,
nun ne parlammo... Vonno magnà troppe vocche. Ciento cliente e vonno serví a tutt' e ciento 'o stesso mumento.

RAFELE La sete del *guadambio*. E dint' 'a stalla? Ce 'a facite fa'
'a schianata 'e cemento?

SALVATORE (*c. s.*) E pe' forza... Stongo ienno a' lemmòsena. Che
ce vuó fa'? 'A guerra! 'E ciucce s'appíccecano... e 'e case se
scasseno. E i' m' 'a faccio n'ata vota.

RAFELE E facite bbuono... Si no quanno s'appíccecano 'e ciuc-
cie, n'ata vota, che scasseno?

MARIA (*dalla sinistra. È una donna sui quarant'anni. Simpatica,
modesta. Veste con signorilità*) Signora Covelli, buongiorno.

COVELLI (*alzandosi*) Donna Maria bella bella... come state?

MARIA Bene grazie. Guardate se vi piace questa lana. (*Mostra
una matassa di lana di colore nero*).

COVELLI (*osservandola da intenditrice*) Bella, bella veramente.
E che bella qualità.

MARIA Sentite come è morbida.

COVELLI (*tastandola*) Magnifica... E come è calda... Me pare 'o
micione mio.

MARIA A novecento lire l'oncia. È un poco cara, ma io ho perduto un golf che era la passione mia e me lo voglio rifare.

Intanto seggono.

COVELLI Che mi dite, donna Mari'... Io non ho perduto una
giacca di lana ritorta che me l'ero fatta io stessa?... Già, quella
me l'hanno rubata. Io tengo una ragazza che mi fa i servizi...
sapete due piatti... un poco 'e polvere... 'a mappina: io faccio
lavare in terra ogni giorno. 'A sera n' 'a manno... capirete,

tengo mio nipote con me... è giovanotto... Nessuno me lo leva
dalla testa che a uocchio a uocchio, o con un fagottino o sotto
la gonna, s'ha fumata 'a giacca mia. E pure io me la voglio
rifare. Ho visto certa lana viola... ma non è proprio viola... va
nel San Giacchino... Appena avrò un poco di disponibilità...

MARIA   Rafe'.

RAFELE (*avvicinandosi*)   Comandi.

MARIA   'O signurino addó sta?

RAFELE   È asciuto cu' 'a signurina Assunta comm' 'o ssòleto. So'
asciute quase n'ora fa. S'hanno fatta 'a passiatella vicino 'o mare, mo si 'e vulite truvà, stanno dint' 'a massaría sott' a l'albero
'ammènnola. 'E vvaco a chiammà?

MARIA   No, lascia sta'.

COVELLI   Come sta don Mario?

MARIA   Bene. Certo, comme pò sta' isso. Per fortuna che avevamo questa casa della buon'anima di papà... lui qua si sente
felice... Ci siamo cresciuti in questa villa. Papà ogni anno ci
portava a villeggiare qua. E che vi posso dire, Mario non se ne
vuole staccare... Oramai è un anno e mezzo. Dopo cinque, sei
mesi che tornò dall'Africa Settentrionale, cominciò a dire che a
Napoli si sentiva solo, triste... Infatti, qua, per lui, è un grande
conforto. Conosce ogni angolo della casa, ogni camera ha un
ricordo di infanzia... tanto è vero che cammina tranquillo, pure
da solo... per il giardino, per la massería.

COVELLI   Sicché, a Napoli non avete intenzione di tornare.

MARIA   Per ora no. E vi dico la verità, me fa piacere pure a me.
Siamo io e mio fratello solamente... So' vedova... A chi aggi' 'a
da' conto... In fondo Mario una cosa la dice... Qua ritroviamo
un poco di quello che è stata la nostra vita passata. Signo',
questa guerra ci ha sconvolti. Io nun me fido cchiú 'e vedé 'a
gente. Dovunque vi voltate trovate guai. Certe volte mi vergogno di raccontare i miei perché mi sembrano sempre inferiori a
quelli degli altri.

COVELLI   E non è finita, signora mia... Io sono pessimista, tanto
è vero che mio nipote dice che io so' malaugurio. Tutti questi
moti politici... i comunisti... A me quelli mi fanno paura.

RAFELE (*interviene pronto*)   Perché, sentiamo... Che vi hanno
fatto i comunisti?

COVELLI (*preoccupata dal tono minaccioso di Rafele*)   Perché,
tu sei comunista?

RAFELE (*divertito guarda la signora Covelli con occhio torvo per
prenderla in giro*)   Voi non ve ne incaricate... Esprimete la

vostra idea, il vostro giudizio. Se io sono o non sono comunista
ve lo dico dopo.

COVELLI   E già, tu poi ti credi che io sono tanto stupida da
parlare.

RAFELE (*non tralascia il tono scherzoso*)   Ecco. Questa è la caro-
gnàggine che si è formata nella mente umana: la paura. Voi,
allora, vi mettete paura dei fascisti, vi mettete paura dei comunisti, vi mettete paura dei liberali, vi mettete paura dei democri-
stiani... E vuie campate 'e pàlpite. Avit' 'a cammenà cu' 'e quatto sceruppe appriesso.

COVELLI (*un po' alterata, non accettando lo scherzo*)   Io mi faccio i fatti miei, non mi voglio interessare di queste cose, la
politica non mi riguarda.

RAFELE   Allora non vi dovete lamentare dei venti anni di fascismo.

COVELLI   Io non mi sono mai lamentata.

RAFELE   Brava. Allora sei fascista... Molto bene. (*Marcato*) Se-
gneremo... Terremo presente.

COVELLI (*non contenendosi piú, grida con il sangue agli occhi*)   Io
non sono niente, hai capito? (*Con voce di pianto*) Sono una povera donna e non voglio essere mischiata in queste faccende.
E finiscila! Mari', se non la finisce, io, qua non ci vengo piú.

MARIA   Rafe', statte 'o posto tuo.

RAFELE   Io ho scherzato, non vi preoccupate.

COVELLI   E io non voglio scherzare. Preparami i frutti ca m' 'e
piglio e me ne vaco. Cos' 'e pazze!

RAFELE (*avviandosi, ripigliando il tono di prima*)   Sei fascista o
comunista?

COVELLI   E tu che sei, fammi sentire?

RAFELE (*ride bonario*)   Io so' viecchio... (*Ripiglia il tono minaccioso*) Ma si fosse giovane, con l'esperienza che tengo, me facesse prèvete. Accussí vuie ve venisseve a cunfessà addu me... e io
appurasse con certezza se sei fascista o comunista. (*Esce*).

COVELLI   Eeeh!... Spiritoso. Voi direte bene donna Mari', ma io
con tutto che sono del paese, l'inverno qua non lo passerei.

MARIA   Ma non è detto che ci dobbiamo rimanere. Oggi vene 'o
duttore, si avimmo 'a grazia che Mario sta bbuono, so' sicura
ca isso stesso troverà piú giusto di tornarcene a Napoli.

COVELLI   Ma il dottore vi ha dato buone speranze?

MARIA   Dice che è sicuro. Dopo due anni di cure, non vi dico
quello che ci è costato... dice che con novantanove probabilità
su cento, Mario riacquisterà la vista.

COVELLI   Lasciate fa' 'a Madonna, donna Mari'.

RAFELE (*dal fondo*)   Signo', è venuto 'o duttore e l'assistente.

MARIA   Falle trasí. 'A Madonna me l'avess' 'a fa' sta grazia.

COVELLI   Allora io vi lascio e me ne vado.

RAFELE   'O panaro 'e frutta sta fore. Ogne percuoco 'e chesta posta.

COVELLI   Poi facciamo il conto. (*A Maria*) E tanti auguri. Voi sapete se sono sinceri... 'O saccio piccerillo.

MARIA   Grazie e bona giornata.

RAFELE (*facendo strada alla signora Covelli*)   Prego, signora fascista...

COVELLI (*arrabbiatissima*)   Si nun 'a fernisce te dò nu schiaffone e bonanotte 'e sunature. Non sono fascista!

RAFELE   E nun faciveve 'a fiduciaria ncopp' 'o gruppo?

COVELLI   Ero in buona fede, adesso non lo sono piú.

RAFELE   Allora siete comunista?

COVELLI   Sono vecchia. E si fosse giovane me facesse monaca accussí putesse sapé tu, prèvete, comm' 'a pienze. (*Esce per la comune*).

MARIA   Ma nun 'a vuó ferní... Lascia sta'. Fa trasí o duttore.

RAFELE (*esce poi torna introducendo il dottore seguíto dall'assistente*)   Entrate.

DOTTORE   Donna Maria buongiorno.

ASSISTENTE   Signora.

MARIA   Buongiorno. Dotto', allora vogliamo vedere oggi se l'esperimento è riuscito?

DOTTORE   Io credo che non sia il caso di rimandare. Ce levammo 'o penziero.

MARIA   Già, ma... se... capite...

DOTTORE   Donna Mari'; guardate... questo è un passo che lo dobbiamo fare. Io, appunto questo dicevo al mio assistente, sono ottimista. L'ho curato come se fosse stato un mio fratello. E lui, devo dire la verità, è stato paziente e non ha trascurato niente. Ha osservato scrupolosamente il tenore di vita che gli ho imposto, tutte le mie prescrizioni... Una volontà di guarire veramente commovente. Non vorrei sbagliarmi, ma io sono convinto che vostro fratello riacquisterà la vista.

ASSISTENTE   Sí, signora, non c'è dubbio sull'esito.

MARIA   E allora... che v'aggi' 'a dícere... 'o faccio vení ccà?

DOTTORE   Sí, chiamatelo. Gli occhiali neri, li avete comprati?

MARIA   Dotto', veramente... non li ho voluti comprare per buon augurio. Vuie me dicisteve che se Mario, dopo l'esperimento, avrebbe riacquistata la vista, per un anno o due avrebbe dovuto portare gli occhiali neri... Si sérveno... sperammo 'a Madonna! ... allora l'accatto.

DOTTORE   Ho capito. 'O ppoco 'e scaramanzia.

MARIA   Sapete com'è... dotto'... (*Via per il terrazzo*).

ASSISTENTE (*mentre apre una cassetta di medicazione e dispone bottigline di medicinali sul tavolo*)   Professo', ve vulevo cercà nu piacere.

DOTTORE   Di che si tratta?

ASSISTENTE   Stasera sono di guardia.

DOTTORE   Beh?

ASSISTENTE   E sono di guardia sempre io?

DOTTORE   Pecché sempe tu? Nun facite 'o turno?

ASSISTENTE   Dotto', nuie simmo tre assistenti. Di Salvo sta sempre malato e viato chi assiste a isso... è na settimana ca nun se fa vedé... Chiariello aiere ssera me cercaie 'o piacere d' 'o rimpiazzà e io facette 'o turno suio... Stasera sarebbe il turno mio ma non sarebbe piú giusto ca ce mettisteve a Chiariello? Siccome ho conosciuto una ragazza...

DOTTORE   N'ata ragazza? Guaglio', tu t'he 'a decidere: o faie 'o miedeco, o 'o conquistatore.

ASSISTENTE   Giusto. Ma io, vedete... dico che è meglio fare l'uno e l'altro. Non è detto che uno pecché fa 'o miedeco ha da fa' vuto 'e castità. E poi, io lo farei pure... ma professore mio, cheste guaglione 'e mo, so' una cchiú bbona 'e n'ata... Mo tengo na nepote, una nipote di secondo grado... Io nun 'a sapevo manco... m'è arrivata 'a Roma...

DOTTORE   Ma ch' è na ricotta?

ASSISTENTE   Ato che ricotta, professo'... Chella è burro 'e Surriento. V' 'a vularría fa' vedé... Ma quant'anema d' 'a mamma è bbona... Nun pó sta cuieto. Tu nun iesce? E chelle t'arriveno dint' 'a casa. Tanto è vero ca io mo me ne iesco e me retiro 'a notte... pecché quanno 'a veco... che v'aggi' 'a dicere, 'a múmmera se ne va.

DOTTORE   Me l'he 'a fa' cunoscere.

ASSISTENTE   Chella è piccerella... E io perciò esco... si no già me sarría rebbazzato dint' 'a casa. Si chiama Giuseppina. (*Eccitatissimo*) Uuuh!... Io, cu' chella chiuso 'a dinto, me fidasse 'e fa' 'a fine d'Aida e Radames.

MARIA (*dal terrazzo*)   Dotto', Mario.

MARIO (*dal terrazzo sotto braccio di Assunta. Una benda nera gli copre gli occhi*)   Buongiorno dotto'.

DOTTORE   Caro Mario. (*Ad Assunta*) Buongiorno signorina.

ASSUNTA   Buongiorno. Dotto' ho portato gli occhiali neri. (*Li prende da una borsetta e li mostra*) Me ne sono ricordata io.

DOTTORE (*prendendo gli occhiali e scambiando uno sguardo con Maria*)   Molto bene.

MARIO   Sicché vogliamo vedere se questo esperimento è riuscito?

DOTTORE   Se sei disposto.

MARIO   Comme no. Anzi, vi volevo pregare di fare presto accussí ce levammo 'o penziero.

MARIA   C'ha fatto sta guerra...

DOTTORE   Squilibrio da per tutto, signora mia. E per mettere le cose a posto ce ne vorrà.

ASSISTENTE   Se gli Alleati ci dànno una mano...

MARIA   Certamente, dotto'. È pure interesse lloro.

DOTTORE   Proprio cosí...

ASSISTENTE   La situazione è pittata.

DOTTORE   Dunque. Siedi qua. (*Lo accompagna al centro della scena e lo fa sedere accanto al tavolo*) Oh, guardate che bisogna chiudere tutte le porte, e specialmente quella del terrazzo, bisogna creare una penombra.

Maria fa per eseguire. Rafele entra dal fondo e l'aiuta.

MARIO   Aspettate, dotto'. Questo momento, voi lo capite, per me è troppo importante. Con tutto che col mio carattere sono riuscito ad aggiustare la mia vita pure da cieco... sono ventinove mesi oramai... e poi, pure si nun tenevo stu carattere che tengo... piglia l'uocchie e falle abballà. Non vi nascondo, però, che una certa emozione... voi capite che questa benda nera è una speranza, ma quanno nun ce starrà cchiú nemmeno 'a benda nera... Ad ogni modo, con un poco di buona volontà, se pò fa' ammeno pur' 'e ll'uocchie. Ora, non si tratta piú di pigliare dei provvedimenti, caso mai nun ce avess' 'a vedé cchiú... il problema è un altro: si ce veco. Questo problema riguarda me e Assunta. Perciò, vi volevo pregare, se mi lasciate solo con lei cinque minuti prima... mi fate molto piacere.

DOTTORE   Benissimo. Donna Mari', lasciamoli soli.

Maria, il dottore, l'assistente e Rafele escono dalla scena.

MARIO (*dopo pausa*) Assu', siediti di fronte a me e guardami. (*Assunta esegue*). Tu che speranza tiene?

ASSUNTA (*piena di entusiasmo*) Buona, magnifica. Sono sicura che ci vedrai un'altra volta, tale e quale come quando partisti per la guerra.

MARIO Perciò hai portato le lenti nere... pecché sei sicura ch' 'a vista torna.

ASSUNTA Certo. 'O duttore m' 'o ddicette: «State tranquilla, la vista ritornerà».

MARIO State tranquilla... (*Piccola pausa*). T' 'o ddicette isso, o ce 'o addimannaste tu?

ASSUNTA Ce lo domandai io. Capirai, è una cosa che mi sta molto a cuore.

MARIO Già. (*Altra pausa*). E l'idea, per esempio, che saccio... che io avess' 'a rimané cecato?

ASSUNTA Ma nun 'o dícere manco pe' pazzía. Perché vuoi fare questo cattivo augurio?

MARIO Cattivo augurio? E ch'è stata na malattia... n'infortunio? Io, l'uocchie l'aggio perze nguerra.

ASSUNTA Ma non capisco... o 'a guerra, o n'ata cosa... non è lo stesso?

MARIO No, nun è 'o stesso. 'E cecate 'e l'ata guerra si chiammavano mutilati...

ASSUNTA E pure mo.

MARIO No. Mo no. Mo so' cecate. Stamme a sentí, Assu': nuie facevamo ammore quanno io partette p' 'a guerra. Tu mi hai aspettato. Quanno io turnaie... accussí... la stessa promessa, che ci eravamo scambiata, hai cercato, con tutte le tue forze, di mantenerla. Me si' stata vicino, m' he fatto cumpagnia, nun saccio quanta libbre m'he letto... e io ti ringrazio, te ne sarò riconoscente... ma dint' 'o core tuio ce sta na speranza: ca io ce veco n'ata vota.

ASSUNTA Ma è naturale.

MARIO E nun ce avess' 'a sta'. Guarda, pe' te avess' 'a essere 'o stesso: cu' l'uocchie o senza l'uocchie. Che dice?

ASSUNTA Chello ca dice tu.

MARIO Se l'esperimento nun riesce? Si resto cecato?

ASSUNTA (*escludendo assolutamente la ipotesi*) Ma no... io so' sicura che andrà tutto bene.

MARIO (*un po' alterato*) Ma pecché nun rispunne? (*Pausa. Ripiglia il tono calmo*) Se io resto cieco, tu me spuse cu' 'o stesso piacere? (*Pausa*). Rispunne ampresso Assu'... Io nun ce veco, nun pozzo vedé l'espressione d' 'a faccia tua. Me spuse cu' 'o stesso piacere?

ASSUNTA (*con falso entusiasmo*) Sí.

MARIO (*a cui non è sfuggita l'incertezza di Assunta*) Chiamma 'o duttore.

ASSUNTA Dotto' venite.

Entrano il dottore, l'assistente e Maria.

DOTTORE Siamo pronti? Beh, chiudiamo le porte. (*Maria esegue. La scena rimane in penombra. Maria accende le candele davanti l'immagine della Madonna. Il dottore scioglie le bende e scopre gli occhi di Mario. Tutti intorno sono perplessi*). Non aprire gli occhi subito. (*Tolta la benda gli avrà messo le mani davanti agli occhi e le allontana lentamente*) Piano piano.

MARIO Sí. (*Apre gli occhi, poi lentamente li richiude. Pausa. Li riapre e guarda intorno*) Grazie, dotto'. Ce veco. (*Soddisfazione di tutti. Mario si alza*) Ma sapite comme veco? Comme si venesse d' 'a luce, da 'o sole forte... 'A casa mia... (*Lentamente gira per la scena*) 'E mòbbile... 'o ritratto 'e mammà... (*Si avvicina al terrazzo*) 'A loggia... (*Torna al suo posto e siede*) Grazie dotto'.

MARIA (*piangendo di gioia*) Fratu mio!

ASSUNTA (*anch'essa piange*) Mario!

DOTTORE Ora non devi commettere imprudenze... gli occhiali neri dove sono?

ASSUNTA (*premurosa*) Qua dotto'. (*Glieli porge*).

DOTTORE Questi non li devi lasciare mai. (*Glieli inforca*).

MARIO Grazie.

DOTTORE Che vi dicevo? Sono veramente contento.

ASSUNTA Dotto', si può aprire?

DOTTORE No, questa è la raccomandazione. Per un mese, un mese e mezzo, la luce forte non la deve vedere. Deve vivere in penombra. Donna Mari', che dite?

MARIA Dotto'... grazie!

DOTTORE Io me ne vado. Domani ci vediamo ancora. Statte bbuono Mario e te puo' appènnere pe' vuto.

MARIO Proprio cosí.

MARIA Di nuovo dotto'.

DOTTORE Non mi trattengo perché ho altre visite importanti da fare e poi è piú giusto che vi lasciamo soli, adesso. (*All'assisten-te*) Andiamo.

ASSISTENTE   Vengo. Buongiorno a tutti e complimenti.

Accompagnati da Maria escono.

ASSUNTA   He visto, che te dicevo io? Ma io m' 'o sentevo. Mo t'he 'a sta' tranquillo, comm' ha detto 'o duttore e po' accummenciammo 'ascí n'ata vota comm' a primma.

MARIO   Già. Comm' a primma.

MARIA (*tornando*)   Pure tu, Assu', ti sei sacrificata tanto. Ma mo è finita. Adesso non rimane che fissare la data per il matrimonio. Ve spusate e state in grazia di Dio.

MARIO (*freddo*)   Eh no... Me dispiace, ma io ti devo confessare la mia vera intenzione. Chiamatela vigliacchería, comme vulite vuie... Assu', io nun te pozzo spusà.

MARIA   Mario!

MARIO (*alterandosi, sicuro*)   Mari', io ce veco. E tu non sai che significa passare dalla oscurità alla luce. È 'a vita! E nun 'a voglio perdere. Voglio campà. Dopo guai, guerre, pensieri... preoccupazione... ti dico francamente che non mi sento di affrontare il matrimonio. Sí, lo so, sono un egoista. Si fosse rimasto cecato, allora...

ASSUNTA   Ti potevi servire dell'accompagnatrice.

MARIO   Proprio cosí. Invece...

MARIA (*mortificata*)   Assu'...

ASSUNTA   Niente di male... Sono contenta dell'esito... Mari', statte bbona. Auguri... (*Quasi piangendo esce*).

MARIA (*richiamandola*)   Assunta, vieni qua... (*Assunta fila dritta*). Mario, ma ch'è succieso? Perché hai fatto questo?

MARIO   Perché non volevo elemosina da nessuno. Mari', io ce aggio parlato prima. Ho capito che se rimanevo cieco mi avrebbe sposato per beneficenza, non per orgoglio. 'A beneficenza 'a facesse a n'ato. Mari', fino all'ultimo momento ha sperato ca me turnasse 'a vista. E si nun me fosse turnata, forse, chello ch'aggio ditto io a essa, m' 'o diceva essa a me. Siente a me, dopo il matrimonio chissà quante volte mi avrebbe rinfacciato che avevo perduto gli occhi inutilmente, che chi me l'aveva fatto fa', che potevo benissimo imboscarmi. Non avrebbe avuto per me quella fierezza, quell'orgoglio che ha la potenza di sostenere la rinunzia. A tavola, quanno ce sarríamo assettate pe' mangià mi avrebbe dato l'impressione di sentirmi seduto alla tavola dei poveri. Meglio accussí. Nun he visto con quanto entusiasmo ha portato 'e llente nere? Tu no, tu nun 'e ghiste 'accattà, pecché me si' sora. Pecché pe' te cu' l'uocchie o senza l'uocchie, io te so' frate.

MARIA   Va bene, ma questo se l'esperimento non fosse riuscito.

MARIO   Mari', io nun ce veco.

MARIA   No!?

MARIO   Nun ce veco, Mari'. (*Pausa*). E me fa piacere, perché la beneficenza l'ho fatta io.

MARIA   Mario tu che dici?

MARIO   Nun te piglià collera. Doppo duie anne, me so' abituato. 'A vita mia me l' 'aggio accunciata comme me piace a me. 'A notte ce veco... quanno dormo. Dint' 'o suonno veco 'o munno comme vogl'io, 'a gente comme piace a me. E me fa pena 'a gente ca ce vede pecché 'a notte se cocca stanca e nun se pò sunnà niente. E allora, vamm' 'o lieve 'a capa... siccome 'e notte ce veco, 'e iuorno me pare comme si l'ate fòsseno tutte cecate. E vulesse na cosa sola... Ca vedesseno 'e iuorno tale a quale comme io veco 'e notte. (*Mario apre la terrazza. Si alza e si avvicina a Maria. Nel cercare di abbracciarla per rabbonirla tocca la lana che Maria ha nelle mani e che distrattamente avrà preso pochi momenti prima*). Che d' è?

MARIA   (*con il pianto in gola*)   Lana per un golf.

MARIO   Che colore?

MARIA   (*non osa pronunciare la parola «nero» e afferma*)   Celeste.

MARIO   Comm' 'o cielo nuosto?

MARIA   No, 'o cielo nuosto è un poco cchiú chiaro.

MARIO   È na matassa?

MARIA   Sí.

MARIO   T' 'a tengo io. (*Siede di fronte a Maria disponendosi ad infilare le due mani nella matassa*).

Maria lo aiuta e meccanicamente comincia a dipanarla.

RAGAZZO   (*voce interna*)   Don Salvato'...

SALVATORE   (*di dentro*)   Si' gghiuto?

RAGAZZO   (*c. s.*)   Ha ditto ca n'ata mez'ora ven'isso ccà.

SALVATORE   (*c. s.*)   E 'o prezzo d' 'e mattunelle?

RAGAZZO   (*c. s.*)   Nun m' 'ha vuluto dicere. V' 'o dice isso mo ca vene...

Lentamente scende il sipario.

Questi fantasmi!

(1946)

Pasquale Lojacono, il protagonista di *Questi fantasmi!*, è un piccolo borghese, ma non un «borghese piccolo piccolo», di quelli che sono antipatici all'autore. Entra in scena con l'aspetto fra spaesato e clownesco che contraddistingue gli *alter ego* eduardiani; ed è altrettanto testardo: dopo aver tentato tutto il possibile nella *continua ricerca* [...] *d'una soluzione che gli permetta di vivere un po' di vita tranquilla e di offrire a sua moglie qualche agio* (did., I, p. 139) è disposto a credere nell'impossibile, a sperare che la ruota della Fortuna (come quella del Lotto) incominci a girare nel verso giusto.

«Eroe bastonato ma non domato», accetterà una nuova specie di Patto col Diavolo: una tregua armata con i propri fantasmi della passione e della miseria, oltre che con la propria partenopea paura dei morti. Trasloca dunque in un palazzo seicentesco, infestato dalle ombre d'uno splendido e cruento passato ma occupato «al primo piano» anche da «una bella famiglia di soldati americani», e baratta le sue disperate speranze con la propria anima. Il trasloco comprenderà infatti, chiuso in un armadio e travestito da fantasma principale, anche l'amante della moglie!

> *È il tramonto ormai. Dal balcone di sinistra la luce esterna invade tutta la stanza di un nutrito riverbero rossastro, mentre un ultimo freddo raggio di sole indora l'armadio nel bel centro di esso.* [...] *come per incanto, i due battenti* [...] *si aprono* [...]. *Illuminata dal sole appare la figura di un giovane sui trentasei anni. Cautamente* [...] *si orienta* [...] *e dispone* [...] *un gran fascio di fiori* [...] *in un vaso* [...] *al centro del tavolo.* (did., I, p. 149).

L'apparizione *a scena vuota* – quasi alla fine del primo atto – si avvale della scrittura propriamente scenica di Eduardo; la sua drammaturgia della luce e del colore, del ritmo e dei gesti, potrebbe far credere nella surrealtà dell'evento. È invece l'episodio che prelude alla rivelazione. Uscito Pasquale – che alla comparsa dei «fiori» rimane sospeso ma sembra arrendersi, finalmente, al soprannaturale: «Vuol dire che mi hanno preso in simpatia... Mi ac-

colgono con i fiori» – *l'armadio si riapre, questa volta senza esitazio-*
ne [il ritmo si accelera]. *Il giovane di prima, disinvolto, prende posto*
a destra del tavolo [...]. *È Alfredo Marigliano...* (did., I, pp. 149-50).
La comicità fantastica di *Questi fantasmi!* nasce dunque dall'ambiguità della *situazione* e del *protagonista*: «La forza della commedia sta in questa ambiguità», dirà Eduardo a Luigi Compagnone
(«Paese Sera», 6 gennaio 1977). La specifica ambiguità di Pasquale Lojacono si innesta sull'ambiguità generale dei protagonisti
eduardiani: si tratta sempre, anche, di personaggi, e in quanto tali
devono assoggettarsi alla «prova della verità»; i loro discorsi non
possono coincidere mai, assolutamente, con quello del loro creatore. Ma nel caso di Pasquale Lojacono il gioco è accresciuto dalla situazione paradossale in cui il protagonista è collocato, dal suo rapporto con i fantasmi: fede o mistificazione?

Prima che il *fantasma* sveli la sua natura umana e banale, il
testo-spettacolo non consente di decidere se presenze sovrannatu-
rali si aggirino nell'antico appartamento oppure si tratti di alluci-
nazioni collettive e individuali; anche se non mancano indizi a favore della seconda ipotesi. Come nelle due scene pantomimiche
del primo atto: una imperniata sull'accelerazione-deformazione dei
gesti dell'attore protagonista (spaventato *comincia a correre per la*
stanza scacciando dal suo vestito [...] *qualche cosa di invisibile che egli*
crede lo trattenga nella corsa, did., I, p. 146); l'altra giocata sull'esilarante *performance* di Carmela (la sorella «folle» del portinaio).
Entrambe le scene sono sottoposte a distanziazione comica e indu-
cono il pubblico a dubitare delle «visioni».

Chiarito però il mistero del fantasma, diventa fulcro semantico
dell'opera il nostro rapporto di fiducia o sfiducia con il protagonista: è un ingenuo oppure un profittatore?

Neppure il cruciale dialogo fra Pasquale e sua moglie, nel secondo atto, ci consentirà di decidere se egli *creda* o *finga di credere* ai
fantasmi. Da un lato sembra confermare i nostri sospetti (Maria:
«Ma, allora, tu mangi e zitto?...»; Pasquale: «E che so' scemo?...
Se capisce ca me stongo zitto»); dall'altro l'autore-attore, mettendo in bocca al suo personaggio la provocazione al dialogo, ci fa pro-
pendere verso la buona fede («Parla, Mari', parla... Aiutami con
un tuo sguardo, non dico sempre... ma una volta ogni tanto», II, p.
159). Questo dialogo che cerca il dialogo esprime l'incomprensione
reciproca, fa la parodia del vero dialogo e finisce per imprigionare
sempre di piú il protagonista nel suo statuto di ambiguità.

Dal rapporto stesso dell'*autore* con il suo *personaggio* potrebbe
derivare anche una terza ipotesi, tra le due estreme della credulità

e della mistificazione: Pasquale sa e proprio perciò, fingendo di chiudere gli occhi, vuole provocare la moglie a parlare. Comunque l'opera vive delle sue contraddittorie segnalazioni, ed è stata progettata proprio in funzione di esse. Infatti la corrente alternata di *distacco* e di *simpatia* che caratterizza il rapporto dell'autore-attore con il protagonista consente allo spettatore di *ridere* di Pasquale e al tempo stesso *compatirlo*, partecipando ai suoi «guai» materiali e morali. Anche la recitazione di Eduardo (nella messinscena televisiva del 1962) gioca su due registri fondamentali, il serio e il comico, la cui intersezione provoca l'ambiguità. Di fronte ai presunti fantasmi (dopo lo smarrimento iniziale) l'attore gioca la carta della paura o quella della finta indifferenza: nel primo caso il *volto* si fa *maschera* (gli occhi ruotano verso l'alto, la bocca si piega in un sorrisetto tirato oppure si apre a U), mentre il corpo danza al rallentatore, disarticolandosi come fosse di gomma; nel secondo caso gli occhi si fanno seri, mentre le mani si baloccano distrattamente con gli oggetti (il cappello, il giornale, il fazzoletto).

D'altra parte anche l'*ambientazione* di questa commedia, nel *grande camerone d'ingresso che disimpegna tutte le camere dell'antico appartamento* (did., I, p. 135), si presta ai giochi di prestigio organizzati dall'attore-autore-regista e scenografo per tenere in sospeso l'animo degli spettatori. Nel primo atto è lo scenario del disordine e del trasferimento, ma anche della paura, dell'attesa e della meraviglia; nel terzo atto la *stessa scena* – che nel secondo s'era per magia riempita e organizzata nella «Pensione Lojacono» – si svuota e, come all'inizio, è *illuminata a lume di candela* (did., III, p. 174). Siamo di nuovo al buio: ma nel buio del disincanto e della desolazione. All'origine della finzione scenica di *Questi fantasmi!* c'è un autentico spaccato napoletano, come in *Napoli milionaria!* Non c'è *privacy* famigliare neppure in questa stanza, e neanche *privacy* adulterina. Solo che il gioco delle *entrate* e delle *uscite* diventa ambiguo per il gigantesco *qui pro quo* fra uomini e spiriti: quando il rapporto di comunicazione fra i suoi personaggi diventa particolarmente difficile, l'Immaginario di Eduardo incrementa le segnalazioni spaziali-scenografiche, per mantenere «viva» la conversazione col pubblico.

L'appartamento toccato a Pasquale è labirintico come un mondo: sessantotto balconi, scalette che vanno in terrazza, finestrini «ad occhio» e passaggi insospettati; metafora forse di Napoli forse dell'Italia intera, andrebbe liberato da ombre piú concrete e attuali di quelle leggendarie dell'Antico Cavaliere e della sua Bella Damigella. Invece il trucco inventato dal Padrone del Palazzo – ospitare *gratis* uno *spostato* che s'affacci ai balconi e canti e rida! – si fonda sempre e solo sull'apparenza della «tranquillità». Perciò, al nostro napoletano Faust di un dramma umoresco non resta – per vincere la sfida con l'atavico Destino – che esorcizzare il Male credendolo Bene, al punto che la paura si trasformi in fiducia, il fantasma di un'*anima dannata* in quello di un'*anima buona*. «I fantasmi non esistono, – grida dal balcone, – li abbiamo creati noi, siamo noi i fantasmi...» (II, p. 173). Sono l'incubo della miseria e il ricatto quotidiano dell'indigenza che fanno diventare «carogne»; la diffidenza e l'incomprensione fra marito e moglie, quando hanno «perza 'a chiave» della comunicazione (III, p. 178), per quei «sentimenti che ci condannano a non aprire i nostri cuori l'uno con l'altro: orgoglio, invidia, superiorità, finzione, egoismo, doppiezza» (III, p. 181). Ma sono anche i fantasmi di quella speranza cieca nella *fortuna con l'effe maiuscola*, che può sembrare paradossale e invece è sintomo della «napoletanità» piú disperata.

Su due nuclei tematici è fondata dunque la commedia: la comunicazione difficile fra gli uomini, come difetto di solidarietà fra i *vivi*, e l'«eterna fralezza dell'uomo proteso a credere [...] vero ciò che desidera» (D'Amico), magari affidandosi alla comprensione dei *morti*. Ma i due nuclei interagiscono a vicenda: l'incomunicabilità non nasce tanto da una pirandelliana crisi di identità, quanto da una piú sociale mancanza di abbandono reciproco, quasi da un peccato originale di «superbia». Perciò il linguaggio di *Questi fantasmi!* è speciale, a partire dall'architettura scenografica: *Per la vicenda che mi accingo a narrare, la disposizione scenica d'obbligo è la seguente: ai due lati del boccascena, tra il proscenio e l'inizio delle due pareti, formando l'angolo per la prospettiva del pubblico, fanno corpo a sé due balconi che, s'immagina, fanno parte dell'intera distesa del piano* (did., I, p. 135).

Il drammaturgo vuole aprire le quattro pareti della scena in interno, prolungando la *distesa del piano* mediante i due *balconi* obliqui, al di là dei quali staranno gli spettatori. Anche perché «nella parte» dell'invisibile Professor Santanna, con il quale il protagonista borghese e il suo contrastante doppio popolare (il portiere Raffaele) parlano dai balconi, «sono appunto gli spettatori, ossia l'occhio del mondo delegato a un dirimpettaio» (come ha confermato Eduardo a Montalcino, nel 1983). L'allocuzione al pubblico dell'attore-personaggio, passata dalla Commedia dell'Arte nella tradizione dello spettacolo dialettale napoletano (e non solo napoletano), diventa una nuova formula di teatro-nel-teatro, che risucchia lo spettatore fra i personaggi.

Ogni qual volta il protagonista finge o crede di assistere a fenomeni soprannaturali scappa fuori dalla scatola del palcoscenico: finché, nella penultima scena del terzo atto, il riflettore epico eduardiano, dissimulato dal *raggio della luna*, non focalizza l'azione proprio su quei due balconi inclinati, sospesi tra la finzione della commedia e la realtà della vita. Il proscenio è da sempre il luogo deputato della diretta comunicazione col pubblico: sul *confine spaziale* fra scena e sala si svolge – da un balcone all'altro – l'incontro cruciale tra Pasquale e il fantasma. Il puerile abbandono del protagonista riesce a vincere, per un attimo, quel destino novecentesco che ostacola la comunicazione fra i «pochi viventi»; ma «si ripiomba poi nell'unico tempo...» (Montale). Pasquale Lojacono ottiene forse, con l'ultimo sussidio, la definitiva scomparsa di Alfredo come amante della moglie; eppure la sua risoluzione è affidata a un'*attesa* e ad una *speranza* ancor meno fondate di quelle di Gennaro Jovine in *Napoli milionaria!*

Il protagonista eduardiano del '46 *si confessa* non ad un altro uomo ma al suo fantasma, e il suo aiutante-antagonista *comicia a parlare come a se stesso* (did., III, p. 181). Per manifestare impulsi di solidarietà o esprimere le proprie debolezze, i *vivi* sono costretti a travestirsi da *fantasmi* o a confidare ai fantasmi la miseria quotidiana dell'esistenza. Lo schermo che permane fra i due uomini non consente allo spettatore di sciogliere fino in fondo i propri dubbi, confermati anzi dal *razzo finale* che l'autore-attore-personaggio non manca di rilanciare:

PASQUALE ([...] *esce fuori al balcone di sinistra*) Professo', professo', avevate ragione voi... I fantasmi esistono [...] Ci ho parlato... Mi ha lasciato una somma di danaro... (*Mostra i biglietti*) Guardate... Però dice che ha sciolto la sua condanna, che non comparirà mai piú... (*Ascolta*) Come?... Sotto altre sembianze? È probabile... E speriamo... (III, p. 182).

È il monologo-dialogo piú inquietante: la sua interpretazione può determinare il senso dell'opera. Eduardo attore per ristabilire la situazione di ambiguità della commedia non usava il codice fonico ma quello gestuale. Ovvero pronunciava la battuta «E speriamo...» con innocenza, ma contemporaneamente esibiva e contava freneticamente il pacco di bigliettoni!

Prevale dunque, in *Questi fantasmi!*, il rapporto del protagonista con il trasparente Professor Santanna, l'unico personaggio che lo ascolterà fino in fondo. Il drammaturgo ricorre alla tecnica del finto dialogo in modo che lo *spettatore rappresentato* diventi ponte con lo *spettatore reale*. D'altra parte il rapporto eduardiano con il pubblico è sempre meta-teatrale: lo spettatore è insieme confidente e antagonista. Anche quell'armonioso dialogo che l'autore inventa per il suo protagonista – nel monologo d'apertura del secondo atto – è una partita truccata. Pasquale cerca di imbrogliare il suo dirimpettaio: «in questa casa, posso garantirvi che regna la vera tranquillità [...] fantasmi, come fantasmi, è proprio il caso di dire: neanche l'ombra!» (II, pp. 154-55). Invece qualche «ombra» continua ad offuscare il suo ottimistico orizzonte: sebbene lui canti coscienziosamente ogni sera «E lucean le stelle», alla Pensione Lojacono non s'è ancora presentato «nu cane»! Eppure lo ritroviamo *beatamente seduto fuori al balcone* mentre attende al suo cerimoniale mattutino del «caffè»; cosí rilassato da non adombrarsi dei doppi sensi giocati dall'altro sul tema scottante delle «corna»: «Sul becco... lo vedete il becco? (*Prende la macchinetta in mano e indica il becco della caffettiera*) Qua, professore, dove guardate? [...] Vi piace sempre di scherzare...» (II, pp. 153-54).

Ma nel mondo reale non c'è posto per il meraviglioso, come quella giacca da casa attaccata all'appendiabiti, dalla cui tasca vengono fuori i biglietti da mille! Perciò alla fine dello stesso atto – dopo che lo *spettacolo fantastico* dei sei fantasmi purgatoriali lo avrà *sconvolto* al punto da cercare scampo *fuori da uno dei balconi* – Pasquale insisterà a nascondere la propria agitazione di fronte al Professore, denunciando tuttavia l'unica «verità» possibile: «Non è vero niente, professo' [...]! I fantasmi non esistono, li abbiamo creati noi, siamo noi i fantasmi... Ah... ah... ah... (*E mentre il temporale continua e quelli che litigano, nell'interno della camera, sempre gridando giungono sul limitare dell'uscio [...], per mostrarsi sempre piú disinvolto canta*) Ah... l'ammore che fa fa'...» (II, p. 173).

Il confronto con la problematica pirandelliana *finzione-realtà* è apparso per quest'opera obbligato; eppure il modo stesso in cui Eduardo gioca la carta del pirandellismo è sintomo di rivisitazione trasgressiva. La conduzione dell'intera vicenda sul registro comico svela un ribaltamento di prospettiva. Per Pirandello l'«umorismo», come *sentimento del contrario*, è superiore al «comico», istintivo *avvertimento del contrario*; per Eduardo «l'umorismo è la parte amara della risata [...] esso è determinato dalla delusione dell'uomo che per natura è ottimista» («Roma», 31 marzo 1940). La concezione pirandelliana degrada il «riso» a impulso biologico; per Eduardo invece istinti-passioni-volontà-pensieri non sono scorporabili nell'uomo intero, che è il suo soggetto fondamentale. Alla base della drammaturgia pirandelliana c'è forse l'aspirazione, frustrata dalla Storia, a fare la tragedia (di qui l'«umorismo tragico»); alla base del teatro eduardiano c'è piuttosto la volontà di rappresentare la «commedia umana».

Perciò anche il dramma umano di Pasquale Lojacono può essere orchestrato a suon di risate. La morale della favola è nella «tristezza» d'aver «perza 'a chiave» della comunicazione, in «quanto è triste, per un uomo, nascondere la propria umiliazione con una risata, una barzelletta», in quel «lavoro onesto» che «è doloroso e misero... e non sempre si trova» (III, p. 181). Eppure la risata scatta, non solo il sorriso; soprattutto nelle scene in cui il protagonista instaura un rapporto di *coppia comica* col portiere Raffaele, un Pulcinella avvezzo a trattare i fantasmi propri e altrui (del passato come del presente) con tale impertinenza da poterli sfruttare a suo vantaggio. Appare subito chiaro che l'*anima nera* del servo mariuolo potrà giocare con facilità l'*anima in pena* del suo padrone: ma in un interscambio di ruoli che sostanzia la «grande magia» della vita umana con i piú usuali «giochi di prestigio». Come nella scena farsesca del secondo atto in cui l'*ingenuo*, che nel primo si era fatto gabbare dal falso aiutante, impara il trucco e fa sparire le «duemila lire» che gli deve (Pasquale: «Scherzi di fantasmi!»; Raffaele: «Significa proprio ca uno è nu fantàseme disonesto: 'a schifezza d' 'e fantàseme...», II, pp. 158-59).

Proprio i giochi piccoli scandiscono il ritmo dei grandi: dalle prime sparizioni simulate dal «guardiaporta» inferico alle corrispondenti apparizioni operate dall'«inferico cavaliere», fino allo spassoso ma cruciale svolío delle «carte da mille» su quel «tavolo» truccato al centro della stanza. Anche gli oggetti magici appartengono alla dimensione comune della quotidianità: dalla «gallina» che si trasforma in «pollo arrosto» a quella «giacca da casa» che è «una miniera... Quello che ci vuoi trovare ci trovi» (II, p. 156). Gli illusionisti-illusi del teatro eduardiano partono sempre da quel Sik-Sik, artefice magico, che cercava di trasformare in realtà le proprie ambizioni: Pasquale ha fatto pure l'impresario teatrale!

Di qui anche il consueto *mixage* di stili: dopo che l'eclisse del fantasma ha provocato la scomparsa del magico benessere del protagonista, la commedia si sottrae al rischio del patetico. Il *falso aiutante* rivela la sua natura maliziosa e popolarmente feroce attraverso le reazioni del suo *scalognato padrone*. Nell'atteggiamento del portiere di quell'inferno che s'era trasformato, agli occhi del visionario, nel miraggio del paradiso terrestre, per poi rivelarsi alla fine il solito purgatorio di conti da pagare e di citazioni, l'iperbolica analisi del padrone indovina l'invidia del servo che gode delle di-

sgrazie altrui: «Tu faresti furti ncopp' 'e Preture pe' dda' citazioni
a me» (III, p. 177). Allo stesso modo, la finta partenza del protagonista (per fare la posta al fantasma) non rappresenta soltanto
l'occasione per un suo commiato agrodolce dalla moglie («Che tristezza [...] Avimmo perza 'a chiave, Mari'!»), ma si presta anche al
controcanto marcatamente dialettale di Raffaele: «Signo', io ho
capito. [...] Lui ha fatto, comme fosse, un corrispettivo di *assistenza
sociale* fra la chiave vera e la chiave che non è vera, che sarebbe poi
quella vera. Succede a nu cierto punto, che fra marito e moglie nasce quella *scocciantaria* [...] voi le parlate e quella non vi risponde,
che è la peggio cosa. 'A bbon'anema di mia moglie pure [...]. Ma io
'a facevo parlà, pecché 'a vulevo bene [...]. Certe volte 'a struppiavo 'e mazzate, ma parlava...» (III, pp. 178-79).

Così la risata inventata da Eduardo per comunicare una triste
realtà non ne rimuove l'asprezza, anzi la rileva: strumento di provocazione cosciente da parte di chi non si rassegna al negativo, alle
finzioni, alle miserie morali e materiali della «vita degli uomini».
Allora, nell'Italia del '46, e nella Napoli come mondo del caos e
dell'ignoranza; ma nella sua conferenza-spettacolo del 10 luglio
1983 a Montalcino, reinterpretando la scena del balcone di *Questi
fantasmi!*, l'attore osserva che il «disamore di oggi» troverebbe un
bersaglio in piú: «questi partiti politici lontani dalla nostra vita,
fantasmi anche loro, o chissà che non siano riusciti a convertire
tutti noi in fantasmi...»

Con questo aneddoto Eduardo riferisce a Nava come gli venne
l'idea della commedia: «C'era un vecchio con la barba che veniva
a casa quando ci trovavamo tra amici perché raccontava di essere
uno specialista di sedute spiritiche. Per convincermi, mi diceva che
spesso, tornando a casa sua, trovava un tipo che usciva e lo saluta-
va. Diceva di essere un fantasma. Io gli chiesi: "Lei è sposato? E
sua moglie non dice nulla?" "Non se ne accorge" – mi rispose –
"non lo vede". Cosí nacquero *Questi fantasmi!*» («Corriere della
Sera», 17 gennaio 1983). Ma c'è anche un episodio dell'autobio-
grafia di suo padre che potrebbe aver sedimentato nella memoria
dell'autore: Eduardo Scarpetta, da bambino, aveva abitato in un
«palazzo grande come una caserma», dato in affitto a poco ai genitori perché si diceva infestato da un «municello»; ma la madre
(Emilia Rendina) si suggestionò al punto di avvertire ogni giorno
misteriose presenze e costrinse dopo qualche mese il marito (Domenico Scarpetta) a traslocare (cfr. M. Giammusso, *Vita di Eduardo* cit., p.183).

Questi fantasmi! debutta tronfalmente il 7 gennaio 1946, al Teatro Eliseo di Roma, con la compagnia «Il Teatro di Eduardo con Titina De Filippo», per la regia di Eduardo. Ne sono interpreti: Eduardo (Pasquale Lojacono) e Titina De Filippo (Armida), Tina Pica (Carmela), Giovanni Amato (Raffaele), Pietro Carloni (Alfredo Marigliano), ed altri come Clara Crispo, Piero Ragucci, Vittoria Crispo, Peppino De Martino, Rosita Pisano, Elena Altieri, Ester Carloni, Clara Luciani. Il successo si ripete a maggio a Milano, e due mesi dopo al Politeama di Napoli: «Dagli archi dei palchetti e dal parapetto del loggione gli spettatori sgorgavano fuori, come la spuma della birra dalle labbra del "Mass". Se dicessi che ho sentito "integralmente" la commedia mentirei, tanti erano i boati di risa e di battimani, che ogni poco spandevano sulle battute degli attori lunghe nubi di opacità» (A. Savinio, *Hanno votato per loro i santi*, «Corriere della Sera», 4 luglio 1946).

Dal 1946 al 1951, la commedia viene ridata dalla compagnia quasi ogni anno in tutta Italia. Ricordiamo la ripresa del 24 marzo 1951 al Teatro Eliseo di Roma, sempre per la regia di Eduardo. Gli interpreti di questa edizione erano: Aldo Giuffrè (Raffaele), Enzo Donzelli (Primo facchino), Antonio La Raina (Secondo facchino), Pietro Ragucci (Gastone Califano), Eduardo (Pasquale Lojacono), Vittoria Crispo (Carmela), Vera Carmi (Maria), Pietro Carloni (Alfredo Marigliano), Titina De Filippo (Armida), Rosita Pisano (Silvia), Mario Cirelli (Saverio Califano), Clara Luciani (Maddalena), Carlo Pennetti (Un cuoco), Clara Crispo (Una lavandaia), Olimpia Febbraio (Una cameriera), Carlo Giuffrè (Un cameriere).

Nel 1954 Eduardo dirige il film omonimo (tratto dalla commedia), di cui sono sceneggiatori egli stesso, Mario Soldati, Giuseppe Marotta; protagonista è Renato Rascel, altri interpreti Maria Frau, Erno Crisa, Ugo D'Alessio, Franca Valeri. Il 30 aprile riprende *Questi fantasmi!* al Teatro San Ferdinando inaugurato in quella stagione. Il 7 giugno del 1955 lo spettacolo debutta a Parigi, al Teatro Sarah Bernhardt in occasione del Festival Internazionale d'Arte Drammatica. Nel 1956, ancora a Parigi, al Vieux Colombier, va in scena *Sacrès Fantômes*, per la regia di Eduardo, con Henry Guisol e Rosy Varte. È comunque la prima commedia eduardiana messa in scena all'estero, da altri interpreti: Buenos Aires, Teatro El Nacional, 1947.

Se ne fanno due messinscene televisive. La prima risale al 3 febbraio 1956, per la regia di Eduardo, Vieri Bigazzi e Alberto Gagliardelli. Registrata in esterni, comprende fra gli interpreti:

Eduardo, Dolores Palumbo, Elisa Valentino, Isa Danieli, Ugo D'Alessio, Lello Grotta, Maria Vinci, Pietro Carloni, e il piccolo Luca De Filippo. La seconda messinscena Tv viene trasmessa per la prima volta il 29 gennaio 1962 (Raidue). Collaboratore alla sceneggiatura è Aldo Nicolaj; regista Eduardo; collaboratore alla regia Stefano De Stefani; scene di Tommaso Passalacqua; luci di Alberto Caracciolo. Interpreti: Eduardo (Pasquale Lojacono), Elena Tilena (Maria), Pietro Carloni (Alfredo Marigliano), Regina Bianchi (Armida), Daniela Callisto (Silvia), Mauro Calgoni (Arturo), Ugo D'Alessio (Raffaele), Nina De Padova (Carmela), Antonio Casagrande (Gastone Califano), Enzo Petito (Saverio Califano), Maria Hilde Renzi (Maddalena), Gennaro Palumbo (Primo facchino), Bruno Sorrentino (Secondo facchino), Angela Pagano (Una lavandaia), Filippo De Pasquale (Un muratore), Ettore Carloni (Un cameriere).

Nel 1962 Eduardo porta in *tournée*, in Polonia, Ungheria, Austria, Urss, *Questi fantasmi!* (insieme a *Filumena Marturano, Il sindaco del Rione Sanità, Il berretto a sonagli*). Il 20 ottobre 1970, al Teatro San Ferdinando di Napoli, va in scena una nuova edizione eduardiana della commedia, con Angelica Ippolito, Nino Formicola, Giuseppe Anatrelli, Nunzia Fumo, Linda Moretti.

Del 1981 è la messinscena da parte della compagnia di Enrico Maria Salerno; fra gli interpreti: Salerno, Veronica Lario, Linda Moretti. Nella stagione teatrale 1991-92 anche la compagnia di Luca De Filippo ha rappresentato (in prima nazionale al Teatro Morlacchi di Perugia, il 23 febbraio 1992) *Questi fantasmi!*, per la regia di Armando Pugliese, con scene e costumi di Enrico Job. Interpreti: Luca De Filippo (Pasquale Lojacono); Tosca d'Aquino (Maria); Gigi Savoia (Alfredo Marigliano); Isa Danieli (Armida); Anna Pia De Luca (Silvia); Gino De Luca (Arturo); Gigi De Luca (Raffaele); Antonella Cìòli-Gea Martire (Carmela); Umberto Bellissimo (Gastone Califano); Franco Folli (Saverio Califano); Angela Capurro (Maddalena); Ivan De Paola, Franco Folli (Due facchini).

Il testo di *Questi fantasmi!* esce nella prima edizione Einaudi del primo volume della *Cantata dei giorni dispari*, nel 1951; rimane sostanzialmente invariato nelle successive ristampe o edizioni rivedute della stessa *Cantata*. D'altra parte, per la ripresa al Teatro Eliseo nel 1971, Tian scrive che su «una commedia [...] come questa [...] il tempo agisce come un aggiustamento di luci. [...] Rileggendo il testo [...], abbiamo scoperto tutta la carica di invenzione e di improvvisazione che Eduardo e i suoi attori hanno riversato nello spettacolo. Molte cose, molte battute sono cambiate: o meglio rivissute e trasformate. Perché il teatro di Eduardo è concepito, nasce e vive in funzione delle infinite vite a cui la scena lo destina. E di un Eduardo come quello che appare al balcone della casa stregata, circonfuso di luce verde e soffocato dal rantolo di terrore che miracolosamente si trasforma nel grido di allegria destinato al dirimpettaio, non avevamo visto l'eguale» («Il Messaggero», 22 gennaio 1971).

Il testo esce anche in *I capolavori di Eduardo* fin dalla loro prima edizione Einaudi del 1973.

Le anime

Pasquale Lojacono (anima in pena)
Maria, sua moglie (anima perduta)
Alfredo Marigliano (anima irrequieta)
Armida, sua moglie (anima triste)
Silvia, 14 anni ⎱ loro figli (anime innocenti)
Arturo, 12 anni ⎰
Raffaele, portiere (anima nera)
Carmela, sua sorella (anima dannata)
Gastone Califano (anima libera)
Saverio Califano, maestro di musica ⎱ (anime inutili)
Maddalena, sua moglie ⎰
Due facchini (anime condannate)
Il Professor Santanna (anima utile, ma non compare mai)

Un grande camerone d'ingresso che disimpegna tutte le camere dell'antico appartamento. Per la vicenda che mi accingo a narrare, la disposizione scenica d'obbligo è la seguente:
Ai due lati del boccascena, tra il proscenio e l'inizio delle due pareti, formando l'angolo per la prospettiva del pubblico, fanno corpo a sé due balconi che, s'immagina, fanno parte dell'intera distesa del piano. Lo stile di essi è decisamente «Seicento». Tanto alla parete di sinistra quanto a quella di destra, due porte che dànno accesso nelle altre camere.
L'ingresso comune è in fondo a destra.
Dalla parete di sinistra, a circa un metro dalla porta, in linea orizzontale, parte un'altra parete che, quasi al centro del palcoscenico, forma l'angolo e va a chiudersi diagonalmente, con la parete di fondo, accanto alla porta d'ingresso. Su quest'ultima parete, un altro vano con porte di legno grezzo lascia vedere i primi due gradini di una scalinata che si perde in quinta e che porta sul terrazzo. Infatti, da un finestrino «ad occhio» che si troverà sulla parete di fondo a sinistra, quella che parte in linea orizzontale da sinistra a destra, è possibile vedere e controllare chi sale e chi scende dalla terrazza.
Sparsi per la scena, vi saranno alla rinfusa ogni sorta di masserizie: cesti di stoviglie, utensili da cucina, candelieri, involti grandi e piccoli e qualche mobile. Insomma, dal disordine e dalla varietà degli oggetti s'indovina che un nuovo inquilino sta effettuando la presa di possesso dell'appartamento stesso.
All'alzarsi del sipario, la camera è completamente buia. Dopo poco, si ode dall'interno rumore di passi e s'intravede una tenue luce di candela.

RAFFAELE (*di dentro*)   E cammina avanti... Bravo, accussí: tu cammini avanti, e io ti faccio luce di dietro. Aiere accussí facèttemo, quanno purtàsteve ll'ata rrobba. Io aggio 'a sta' sempe arèto, è meglio ca t' 'o mmiette ncapo! (*Entra un facchino re-cando due sedie, una valigia e molti cappelli da uomo, infilati l'uno nell'altro, che a stento riesce a reggerli in equilibrio sulla testa. Raffaele, che lo segue a breve distanza, gli grida*) Aspet-ta, férmate. 'A currente nun l'hanno attaccata ancora, 'a rrob-ba sta pe' mmiez' 'a cammera: va a fernì ca ce rumpimmo 'o musso. Mo arapo 'o balcone... (*Avanza incerto e preoccupato verso uno dei due balconi. Dopo pochi passi si ferma e si volta repentinamente al facchino*) Tu però non t'he 'a movere. (*Il tono della sua voce è anormale*) Te ne stive ienno... Ma ched'è, te miette paura? Entra piú dentro... (*Il facchino avanza di qual-che passo*). Bravo. E nun te mòvere... (*Finalmente si è avvicina-to al balcone di destra e lo apre: la scena si illumina a giorno*) Oh! viva Dio, 'a luce! (*Apre l'altro balcone*) Mo sí. (*Il facchi-no ha poggiato tutto in un angolo della scena e fa per andare. Quasi irritato investendolo*). Afforza te ne vuó ji'...

PRIMO FACCHINO   Vaco a piglià ll'ata rrobba!

RAFFAELE   E io resto sulo... comme te pare? Vaie 'e pressa? Mo saglie 'o cullega tuio: isso resta ccà e tu scinne.

PRIMO FACCHINO   E ll'armadio? Lo posso mai portare io solo l'armadio? Quello pesa due quintali.

RAFFAELE   E aspettammo 'a signora. Quanno vene, ce ne scen-diamo. E sola ce resta essa, ccà. (*Dall'ingresso entra l'altro fac-chino recando altre valigie, una scopa, uno spolverino e qualco-sa d'altro*). Miette ccà, posa ccà nterra. (*Il secondo facchino esegue*). Abbasso che altro c'è?

PRIMO FACCHINO   Ve l'ho detto, l'armadio. (*Al secondo facchi-no*) Iammo bello, Totò. Facciamoci quest'ultimo viaggio... (*Fa per andare*).

RAFFAELE   Ma sei cocciuto, sa'... Tieni il *cuoccio*! Se voi ve ne scendete, me ne scendo io pure! 'A casa aperta non la posso lasciare perché sono responsabile.

PRIMO FACCHINO   Allora perdimmo tiempo?

RAFFAELE   Pecché, tu si guadagne tiempo, che magne, tiempo? E si 'o pierde, 'o tiempo, che vaie 'a lemmòsena? Nun è meglio ca 'o pierde, 'o tiempo tujo? Aspettiamo che viene *quaccheru-no*: io resto cu' *quaccheruno*, e vuie iate a piglià l'armadio.

PRIMO FACCHINO (*al secondo facchino*)   E aspettammo. (*I due facchini seggono*). Ma vuie, po', pecché nun vulite rummané sulo?

RAFFAELE   So' affari ca nun te riguardano. Soffro... la *solidarie-tà*!

GASTONE (*sui trentaquattro anni. Simpatico, gioviale, ma di catti-*
vo umore. Arrogante. Entra dal fondo e si rivolge a Raffaele)
Scusate, ci sono altri piani, sopra?

RAFFAELE   Nossignore: sopra c'è il terrazzo.

GASTONE   Ma guardaporte nun ce ne stanno dint'a stu palazzo?
Ho domandato informazioni a una donna che stava sul portone, ma non mi ha saputo spiegare niente.

RAFFAELE   Una donna con tutti i capelli bianchi?

GASTONE   Già.

RAFFAELE   E quella è mia sorella: è scema.

GASTONE   È scema e la mettete sotto il palazzo?

RAFFAELE   Ma io scendo subito. Mi sono allontanato un momento. Il guardaporta sono io, che desiderate?

PRIMO FACCHINO   Allora, nuie iammo a piglià l'armadio.

I due fanno per andare.

GASTONE   Io me ne vado subito.

RAFFAELE (*gridando ai facchini*)   Aspettate! 'O ssentite ca se ne
va subito?

I due seggono di nuovo.

GASTONE   Questo è il nuovo appartamento che ha preso in fitto
Pasquale Lojacono?

RAFFAELE   Precisamente.

GASTONE   E lui non c'è?

RAFFAELE   Nossignore. L'appartamento se l'ha affittato da quasi due mesi, i mobili che ha mandato stanno tutti a posto: 'a
cammera da letto, 'a stanza da pranzo, 'o salotto; ma non si
decide mai di venirci a dormire. Oggi ha mandato quest'altra
robba e m'ha fatto sapè ca stasera, finalmente, piglia possesso
della casa, lui e la moglie.

GASTONE (*seguendo un suo pensiero*)   La moglie... già. E ha mandato molti mobili? Roba di valore?

RAFFAELE   Robba di valore non mi pare. Ma i mobili so' poche... Ve l'ho detto: ha miso a posto na cammera 'e lietto, na
stanza da pranzo, nu salotto, 'a cucina, st'ingresso... Ma è arrivato... Questo è un appartamento di diciotto camere, tutte grandi...

GASTONE (*preoccupato, come se gli riguardasse direttamente*)   Diciotto camere?

RAFFAELE   L'appartamento gira torno torno tutt' 'o palazzo. 'E vvedite sti duie balcune? Comme a cchiste, ce ne stanno sessantotto.

GASTONE   E questo è Palazzo Reale!

RAFFAELE   Eh! e che ve site muzzecato 'a lengua? Questo è un palazzo del Seicento... e quello che lo fece fabbricare, a quell'epoca, era piú di un re. Teneva 'e suldate suoie. ... Quanno lle veneva ncapo faceva 'a guerra a uno ca l'era antipatico... Avete visto il grande cortile? «Rodriguez Los De Rios»... Lo fece costruire per una damigella che era la sua amante... E quant'era bella, signo'... E siccome il suo desiderio era di possederla per tutto l'anno, ogni giorno in una camera differente, il palazzo conta precisamente trecentosessantasei camere.

GASTONE   E l'anno è di trecentosessantacinque!

RAFFAELE   Per via del bisestile! Durante poi la dominazione francese, addeventaie Corte 'e Francia. Turchi, Svizzeri... Questo palazzo ne ha visto di tutti i colori. E non è finita: ci sono sempre altre richieste... tant'è vero che noi ci siamo abituati. Al primo piano, per esempio, è venuta ad abitare una bella famiglia di soldati americani.

GASTONE   Palazzo storico.

RAFFAELE   Altro che storico!

GASTONE   E adesso, quest'appartamento qua, l'ha preso in fitto Pasquale Lojacono... E quanto paga al mese?

RAFFAELE   Questo non ve lo so dire.

GASTONE   Già, quanto paga paga, che conta? (*Riferendosi a un tizio e a un caso che evidentemente gli sta a cuore*) E una volta ce l'ho detto, a quella stupida! «Lo perdi! Lo perdi!»... Fa buono... se spassa... (*A Raffaele come un avvertimento*) 'O marito nun se scoccia! Dice, ma 'e figlie? E che ffiglie! I figli devono andare per la loro strada. Pensasse a essa! 'O vi'? Diciotto camere... 'o palazzo antico... Basta, tu comme te chiamme?

RAFFAELE   Rafèle, a servirvi.

GASTONE   Rafe', queste sono cinquecento lire: io aggi' 'a parlà con la moglie di questo Lojacono, quann'isso nun ce sta. Mo me ne vado. Ripasserò oggi, domani, dopodomani... Tu mi dici: 'a signora sta sopra, e io salgo.

RAFFAELE   (*intascando il denaro*)   Va bene.

GASTONE   Statte buono. (*Parlando tra sé e avviandosi*) Diciotto camere... palazzo antico... e io 'o ddicevo: «Lo perdi! Lo perdi!» (*Esce per la comune*).

PRIMO FACCHINO (*come per dire: «sbrighiamoci»*) Don Rafe'!...

RAFFAELE 'O ssaccio... nu poco 'e pacienzia... (*Gira un po' per la scena, si sofferma a rovistare in un cesto, ne tira fuori dei fazzoletti colorati e delle cravatte. Osservando il tutto*) Chesta è rrobba bbona... (*Curando di non farsi scorgere dai facchini, intasca qualche cravatta e dei fazzoletti. Poi disinvolto*) Vedimmo si vene qualcheduno! (*Si affaccia al balcone a sinistra*) Aspettammo. (*Scorge e saluta rispettosamente, verso il pubblico, il professor Santanna, che abita un appartamento del palazzo di fronte*) I miei rispetti, professore. (*Rimane in ascolto di quello che gli sta dicendo il professore*) Come no, oggi prende possesso dell'appartamento. E, secondo me, domani se ne va. Non ci potrà resistere. (*Rimane in ascolto*) Stanotte? (*C. s.*) Una luce? Dove, fuori a questo balcone qua? (*C. s.*) Quell'altro? (*Indica quello di destra*) E pure sul terrazzo? Quando lo dite voi, chi lo può mettere in dubbio. E la testa di elefante, da quanto tempo non la vedete? (*C. s.*) Da venti giorni? E il fumo? Ieri sera? Con le scintille? E il guerriero, non si è fatto piú vedere, il guerriero? (*Ascolta per concludere*) Io per me gli faccio la consegna dell'appartamento, gli faccio tutte le raccomandazioni che mi ha detto di fargli il padrone di casa, e me ne scendo.

PRIMO FACCHINO (*vedendo arrivare Pasquale*) 'O signore! (*Al secondo facchino*) Guè, súsete!

L'altro facchino si alza.

PASQUALE (*entra dall'ingresso. È un uomo sui quarantacinque anni. Ha un viso tormentato, forse per la continua ricerca di una svolta, d'una soluzione che gli permetta di vivere un po' di vita tranquilla e di offrire a sua moglie qualche agio. Ha lo sguardo irrequieto dell'uomo scontento, ma che non si è dato per vinto. Insomma, i guai non lo sorprendono mai. È sempre pronto al «punto e a capo». I foltissimi capelli sfioccano nei punti piú incredibili del suo cranio. Di colorito pallidissimo. Veste senza ricercatezza ma lindo. Porta con sé, e la stringe fra l'avambraccio destro e il petto, una gallina. Da un dito della stessa mano, mediante un giunco, pende un melone imprigionato nel giunco stesso, che forma anello alla sua sommità. Sotto l'altro braccio, un fascio di diversi bastoni e due ombrelli. Agganciata al mignolo della mano sinistra ciondola una gabbietta con dentro un canarino verdone. Il suo passo è incerto, cauto, guardingo, co-*

me quello di Raffaele il portiere all'inizio dell'atto. Rivolgen-
dosi ai facchini) Voi vi state qua? Avete lasciato l'armadio
sul portone, il carretto solo... Aspettavo che scendevate... avevo
voglia d'aspettà.

PRIMO FACCHINO   Don Rafèle nun ce ha vuluto fa scennere. Dice
ca nun vuleva rummané sulo.

PASQUALE   Che esagerazione! Addó sta Rafèle?

PRIMO FACCHINO   For' 'o balcone. (*Lo indica*).

PASQUALE (*chiamando*)   Rafe'.

RAFFAELE   Comandi. (*Poi al professore*) Permesso. (*Rientra*)
Benvenuto, signo'. (*Alludendo agli oggetti portati da Pasquale*)
Date a me.

PASQUALE (*poggiando la gabbietta sul tavolo e porgendo il melone a Raffaele*)   Pígliate stu mellone.

Raffaele esegue.

RAFFAELE   Vi siete deciso, finalmente.

PASQUALE   Sta gallina mo addó 'a metto? Ce 'o dicette a mia
moglie: «Accedímmola, ce 'a mangiammo!...» «Nonsignore,
mi sono affezionata!...» Comme si fosse nu cane...

RAFFAELE   'A mettimmo ncopp' 'a loggia, date a me.

PASQUALE   Sí, ma s'hann' 'a taglià 'e scelle, si no se ne scappa.
Chesta tene 'o diavulo ncuorpo.

RAFFAELE (*prende la gallina dalle mani di Pasquale*)   Viene ccà,
tete'. Faie nu poco 'e villeggiatura... (*Ma si accorge che «tetella» ha cessato di vivere*) 'On Pasqua', chesta è morta...

PASQUALE   È morta? Famme vedé. (*Osserva la gallina*).

RAFFAELE   È calda, 'a sentite? Chesta è morta nu paro 'e minute
fa.

PASQUALE   Appena sono entrato in questa casa. Brutto segno!

RAFFAELE   Mo nun v'impressionate. Vuie 'a purtàveve stretta,
cu' 'a capa sott' 'o vraccio: l'avite affugata vuie.

PASQUALE   È probabile. Ma chella alluccava, me faceva mbruglià a cammenà. Teneva na voce che pareva Tamagno.

RAFFAELE   Allora m' 'a scengo, signo'?

PASQUALE   T' 'a scinne? E pecché?

RAFFAELE (*con un senso di schifo*)   E vuie ve mangiate na gallina morta?...

PASQUALE   Ma pecché, tu t' 'e magne vive?

RAFFAELE   No, ma vuie site nu signore... E io saccio ca 'e signore, si nun 'e vvédeno accidere 'e pulle, nun s' 'e mangiano.

PASQUALE   Quando non si conosce il motivo del decesso...

RAFFAELE   E già... quando non si conosce questa cosa qua...

PASQUALE   Ma quando si sa come è morto! Il volatile è deceduto per asfissia indipendente dalla sua volontà.

RAFFAELE   Già.

PASQUALE   È stato un infortunio. Dimane m' 'a faccio a brodo.

RAFFAELE   Bona salute.

PASQUALE   Mo l'appengo for' 'o balcone.

RAFFAELE   E ce ha da sta' pur' 'o chiuovo.

PASQUALE   (*esce fuori al balcone di destra e cerca il chiodo*)   Sí, ce sta. (*Vi attacca la gallina*) Statte ccà, stanotte, domani sarai piú tenera. (*Copre con un panno*).

RAFFAELE   E 'a signora quanno vene?

PASQUALE   Fra poco. Stava mettendo a posto le ultime cose, e si stava contrastando con la padrona della casa che abbiamo lasciata. Che ssaccio, dice che ll'avimmo appilato 'a funtana... na sfuggita 'e gas... Chella, tre camere e cucina, senza bagno, vuote, ricavate dall'appartamento suo, per conseguenza l'avevamo sempre alle costole, teneva 'o curaggio 'e se piglià cinchemila lire 'o mese, 'a fore 'o guardaporte.

RAFFAELE   A proposito, signuri'... noi poi ci mettiamo d'accordo per il mensile mio.

PASQUALE   Ne parleremo.

RAFFAELE   E mo ce truvammo, pecché nun ne parlammo mo? Io non ci tengo, ma 'e solde 'e vvoglio.

PASQUALE   Non ci tieni, ma 'e solde 'e vvuó!

RAFFAELE   Mannaggia 'a capa d' 'o ciuccio... Signo'... io veramente non ci tengo, perché non ci tengo; ma se poi proprio non ci tengo, 'a fine 'o mese che tengo?

PASQUALE   E pure hai ragione, ti sei spiegato benissimo. Ma statte senza pensiero che ne parleremo.

RAFFAELE   Oh, a proposito 'e ne parleremo, signo', io v'aggi' 'a parlà 'a parte d' 'o padrone 'e casa diverse imbasciate e raccomandazioni.

PASQUALE   E io pure t'aggi' 'a parlà.

RAFFAELE   (*rivolto ai facchini*)   Guagliu', embé, mo ve site azzeccate nterra? Nun 'o iate a piglià ll'armadio?

FACCHINO   Pronto! Anzi, signo', siccomme se so' ffatte 'e ccinche e mmeza, e stiamo digiune 'a stammatina... ce vevimmo nu bicchiere 'e vino 'e rimpetto e po' purtammo ll'armadio.

PASQUALE   Abbasta ca facite ampressa.

FACCHINO   Non dubitate. (*Esce dall'ingresso col compagno*).

PASQUALE Dunque, Rafe', io ti devo parlare seriamente.

RAFFAELE Dite.

PASQUALE Siedi. (*E siede a sua volta*).

RAFFAELE Grazie 'o scellenza, signo'. (*Gli siede di fronte*).

PASQUALE (*dopo una piccola pausa, durante la quale ha fissato negli occhi Raffaele*) Rafe', io non sono un pazzo!

RAFFAELE Signo', e chi ha detto questo?

PASQUALE Lasciami parlare. Se sono venuto ad abitare qua, ho le mie ragioni. E si invece 'e diciotto cammere, fossero state trentasei, settantadue, ci venivo lo stesso.

RAFFAELE E vuie site 'o padrone.

PASQUALE Rafe', io conosco il mistero di questa casa, o meglio la leggenda che da secoli ha creato la fantasia popolare... «...'E fantasme... 'e spírete... 'e lluce... 'e rummore 'e catene...»

RAFFAELE (*seriamente, convinto, non nasconde la gravità del caso*) ... 'o fummo... 'o guerriero... 'a capa d'elefante...

PASQUALE Sí, insomma, tutt' 'e fessarie che diceno 'a ggente. Tu sei un uomo, e si ce mettimmo d'accordo, per l'avvenire te faccio guadagnà belli sorde. Nella vita ho tentato tutto, i mestieri piú umili: aggio fatto pure l'impresario teatrale... Tutto: non mi è riuscito niente. Sono ammogliato e aggi' 'a da' a mangià a muglièrema e pure a me. 'A vita è tosta e nisciuno ti aiuta, o meglio ce sta chi t'aiuta ma una vota sola, pe' puté di': «t'aggio aiutato»... Poi te saluta e nun se ne parla piú. Perciò è meglio contare sulle proprie forze. Il proprietario, questa casa me l'ha ceduta gratis per accreditarla. Me l'ha ceduta per cinque anni. Evidentemente avrà fatto le capriole per affittarla ma non ci è riuscito.

RAFFAELE L'ha rinnovata, ce ha spiso nu sacco 'e denare. Chesta scurreva 'a tutte parte, è àsteco e cielo... Niente, signo', niente: nun l'ha vuluta nisciuno.

PASQUALE Io ho fatto i miei calcoli. Se ci posso rimanere, come ne sono sicuro, perché assolutamente non credo a quello che si dice, metto i mobili in tutte le diciotto camere e le fitto, facendo pensione. Tu capisci che con quello che si guadagna oggi, con questo genere di lavoro, faccio 'a vita d' 'o signore... A mia moglie non ho detto niente, altrimenti non ci sarebbe venuta ad abitare. Certamente, il proprietario mi ha messo delle condizioni che io osserverò scrupolosamente...

RAFFAELE No, e pe' forza, signo'. Perché io sono stato incaricato dal proprietario in persona di farle rispettare. E questo vi volevo dire, di non mettervi in difetto, si no io perdo 'o posto.

(*Come un avvertimento che non ammette accomodamenti*)
Un'ora la mattina e un'ora la sera vi dovete affacciare a tutti
i balconi dell'appartamento per far vedere alla gente che abita
di fronte che la casa è abitata. I balconi sono sessantotto.

PASQUALE   E io me ne vaco a cuccà muorto, 'a notte.

RAFFAELE   Embè, questo è. (*Ripigliando il tono di prima*) La
mattina, per lo meno da due o tre balconi di ognuno dei quattro lati del palazzo, dovete battere quattro o cinque tappeti. 'A
ggente sente 'o rummore, vi vede, e si mette l'animo in pace.

PASQUALE   Sí, questo me lo disse il proprietario... Ma 'o fatto è
ca io tappeti nun ne tengo.

RAFFAELE   V' 'o procurate, v' 'o facite prestà. Cu' nu tappeto,
ve facite dúdice balcune.

PASQUALE   Non è necessario che sia proprio un tappeto, pò essere pure nu paletò.

RAFFAELE   Ma naturale. Quando state affacciato, o dovete fi-
schiare o dovete cantare: avit' 'a sta allegro, insomma. 'A ggente v'ha da vedé ridere for' 'o balcone.

PASQUALE   Me faccio piglià pe' scemo! Cantare forse sí... uno
che sta sereno di spirito probabilmente canticchia fuori al balcone, senza dare nell'occhio. (*Accennando il ritornello della prima canzone che gli viene in mente*) Ah, l'ammore che fa fa'...!
Un poco da questa parte, un poco da quell'altra mi faccio i
quattro lati del palazzo...

RAFFAELE   La cosa piú importante, poi, è questa: caso mai siete
costretto a scappare per la paura, non dovete mai dire a nessuno quello che avete visto e sentito in questa casa.

PASQUALE   Sí, ma nun te preoccupà, ca nun scappo.

RAFFAELE   Nun 'o ddicite, signo'. Qua nun ce ha pututo resistere nisciuno. Chiunque ha vuluto fa' 'o curaggiuso, doppo quattro, cinque giorni se n'ha dovuto scappà comm' 'a llepre...

PASQUALE   Addirittura? Sentite, ma l'ingenuità della gente, certe volte, è veramente commovente. Ma perché, famme sentí: ti
risulta qualche cosa? Quali sono le manifestazioni? Io non ci
credo, ma sai... Non ti nascondo che un poco preoccupato sono...

RAFFAELE   Signo', vuie quanno site trasuto, tanto d' 'a paura,
avite affugata 'a gallina!

PASQUALE   Che c'entra, non ci ho badato. Dunque, tu puoi dire
di avere visto qualche cosa?

RAFFAELE   (*accenna di sí col capo*) Sí, signo'. Io non è che vi
voglio impressionare, ma ccà è notte. La leggenda vuole che

una damigella, amata e riamata perdutamente da un grande di
Spagna... se la *rentenneva*...

PASQUALE   Come?

RAFFAELE   Se la *rentenneva*...

PASQUALE   Se la intendeva? Tu dici se la *rentenneva*...

RAFFAELE   Insomma, comme se dice... *se la faceva* con un pallido e nobile cavaliere dai modi gentili e generoso gesto. Il grande di Spagna, Rodriguez Los De Rios, quando odorato che ebbe il *fieto del miccio*...

PASQUALE   Mangiò la foglia, insomma...

RAFFAELE   ...si mise *appiattolato*, e fece murare vivi i due amanti, nella camera stessa dov'erano stati trovati a *fare la schifezza*...

PASQUALE   E questa camera si trova in questo palazzo?

RAFFAELE   In questo appartamento, e non si sa qual è.

PASQUALE   Potrebbe essere anche questa? (*Raffaele approva*).
Ma non credo che facevano *la schifezza* nell'ingresso: con tante
camere...

RAFFAELE   Non possiamo sapere, a quell'epoca, come si ausava...

PASQUALE   Tutto questo va bene; ma tu, personalmente tu, 'e
visto qualche cosa?

RAFFAELE   Io no, perché non sono mai entrato solo dentro a
questa casa... m' avéven' 'accídere a me... E poi, dopo la lezione
che ebbe la povera sorella mia... Mia sorella era un fiore quando *présimo* il portierato qua. Avite visto ch' è addeventata?

PASQUALE   Ch' è addeventata?

RAFFAELE   Non l'avete mai vista?

PASQUALE   No. Non la conosco.

RAFFAELE   Eh... ch' è addeventata! Siccome sta casa è stata sempe sfitta, 'a povera sorella mia veniva a spànnere 'o bucato sopra il terrazzo. Na matina sentèttemo cierti strille. Che v' aggi'
'a dicere: sagliette ca steva bella e bbona, e se ne scennette cu'
tutt' 'e capille bianche e scema.

PASQUALE   Scema?

RAFFAELE   Scema mo... Un poco cretina. Insomma, piú cretina
di prima.

PASQUALE   Ma allora era già cretina?

RAFFAELE   No, ma è donna.

PASQUALE   Perché, le donne sono cretine?

RAFFAELE   Non sono uomini... Quando racconta il fatto di quella mattina, a un certo punto perde la favella e non si capisce niente piú.

PASQUALE   Ma il fatto lo racconta?

RAFFAELE   Sí, racconta tutto il fatto, ma non si capisce niente. Qualche parola...

PASQUALE   Embè, falla venire, fammici parlare per vedere se posso ricostruire.

RAFFAELE   Mo che scendo ve la mando. Si chiama Carmela. Basta, noi siamo d'accordo. Ricordatevi le raccomandazioni e tanti auguri.

PASQUALE   E... te ne vaie?

RAFFAELE   Embè, signuri'; vuie avit' 'a sta' 'e casa ccà!

PASQUALE   Già, io devo abitare qua. Dico, te ne vai? No, perché... vulevo mettere stu canario for' 'o balcone.

RAFFAELE   Qua, (*indica il balcone di sinistra*) qua ce sta il chiodo certamente, m' 'o rricordo... (*Prende la gabbia ed esce fuori al balcone di sinistra. Dopo aver piazzato la gabbietta al suo posto*) Sta bene, accussí?

PASQUALE   Sí, sta bene.

RAFFAELE (*scorgendo il professore*)   Servo!

PASQUALE   Chi è?

RAFFAELE   Il professor Santanna. Fa lezione a 'e studiente; tiene la scuola in casa. È vedovo e s'è nzurato n'ata vota. Perdette na sora a 'o terremoto 'e Messina. Tene na piccola proprietà 'a parte 'e Salierno. Nu frate in America 'a trentadue anni. Tene 'o diabete... (*Parlando al professore e mostrandogli Pasquale*) Il nuovo inquilino... (*Pasquale fa un cenno di saluto*). Speriamo bene...

PASQUALE (*al professore che gli avrà fatto gli auguri*)   Grazie, professore.

RAFFAELE   Chillo ve putesse dicere chello ca vede 'a for' 'o balcone suio... Luce ncopp' 'a loggia, scintille, 'a capa d'elefante, 'o guerriero...

PASQUALE   E chi è stu guerriero?

RAFFAELE   È nu guerriero antico, cu' 'e piume ncopp' 'o cimiero, cu' 'a sciabbola sfoderata, 'o mantiello bianco, 'a trummetta mmocca e passeggia ncopp' 'o curnicione d' 'o palazzo. Adesso non si vede piú da quando è finita la guerra.

PASQUALE   E chillo s'è congedato.

RAFFAELE (*quasi rimproverandolo*)   Non scherzate, signo'. Cheste nun so' cose 'e pazzià. Me ne date na voce... Vuie per esempio state dint' 'a casa: fore sentite 'e chiovere, tuone, lampe,

tempesta, friddo, neve: 'o diluvio! Arapite 'o balcone, e truvate 'o sole... Oppure, che ssaccio... na matina ve scetate cu' na
casa chiena 'e sole: na iurnata 'e paraviso. Ve vestite tantu
bello, liggiero liggiero... cu' 'e scarpetelle bianche... ascite d' 'o
palazzo... 'o pateterno s'è scurdato 'e ll'acqua! Po' vedite 'e
scherze ca ve fanno. Basta, io me ne scendo, signo'. (*Al professore*) Permesso...

PASQUALE (*al professore*)   Permesso. (*E tutti e due rientrano*).

RAFFAELE (*avviandosi per la comune*)   Allora io vi mando mia
sorella. (*Fa per andare poi torna*) Ah, mo me scurdavo 'o mmeglio. La cosa piú importante che vi devo avvertire a scanso di
equivoci e responsabilità: badate che qua sparisce qualunque
cosa. Voi lasciate un cappello, non lo trovate piú; fazzoletti,
cravatte. E specialmente la roba da mangiare. E se sparisce
qualche oggetto di valore, badate che io non voglio storie. (*Diventando d'improvviso serio e minaccioso*) E non vi permettete di andare a denunciare il furto... se no abbuscate. Ccà se tratta di fantàseme, spírete: chille nun pazzéano... schiaffe, calci e
mazzate in testa. Mentre scendete le scale, per esempio, vi sentite una spinta, e andate a sbattere cu' 'a capa nfaccia o' muro 'e
rimpetto. Non denunciate i furti che devono avvenire in questa casa... perché se no è peggio per voi. Siamo intesi? Mbè!
(*Ridiventa gentile, ossequioso*) Permettete, signuri'... bbona
giornata... (*Esce per la comune*).

PASQUALE (*rimasto solo, comincia a girare per la camera. Un po'
fischietta, un po' ride fra sé. Mette a posto qualche tavolo,
qualche sedia. Appare, però, preoccupato; di tanto in tanto, di
scatto, si volta su se stesso, come se qualcuno, alle spalle, lo
avesse chiamato. Poi con un sorriso melenso ricomincia a cion-
dolare per la scena. Appare sempre piú preoccupato. Infatti, a
un certo punto, esaltandosi nella sua stessa fantasia, comincia
a correre per la stanza scacciando dal suo vestito, come se lo
spolverasse, e specialmente dal didietro della giacca, qualche
cosa di invisibile che egli crede lo trattenga nella corsa. Finalmente, ansante e congestionato trova scampo, irrompendo fuori
al balcone di sinistra, richiudendo violentemente dietro di sé
telaio a vetri e battenti di legno, in modo da determinare un
rumore fragoroso. Evidentemente avrà messo il panico anche
indosso al professore Santanna, il quale avrà chiesto, spaventato, cosa mai sia accaduto, e quali visioni spaventose abbia avuto Pasquale*)   Niente, professo'... niente... (*Ride nervosamente e gesticse sproporzionatamente alla calma che dimostra*) Pro-

prio niente... Calma completa. Sono tutte sciocchezze. Adesso batto i tappeti! (*Carmela entra dalla comune e guarda intorno come per cercare qualcuno. È una donna di quarantacinque o cinquanta anni, ma ne dimostra settanta. Veste da popolana trascurata e sciamannata. I capelli, scomposti e arruffati, sono completamente bianchi. Dopo aver guardato intorno per un poco si rassegna all'attesa e prende posto accanto ai gradini del terrazzo, assumendo una posa statica, come se un fotografo l'avesse pregata di posare per lui. Pasquale, dopo essersi ripreso alquanto, saluta col gesto il professore e, con molta cautela, spinge i telai a vetri e le imposte per rientrare. A tre passi dal balcone si accorge della presenza di Carmela. Lo spavento gli ferma il grido in gola e cade a sedere su di una sedia. Poi si alza e con passo svelto raggiunge l'altro balcone e fulmineamente vi irrompe. Carmela si stacca dal suo posto come la figura da una tela antica, si avvicina al balcone di destra e, con gesti scomposti e discontinui, come il suo pensiero, invita Pasquale a rientrare*). Che vuoi? Chi sei?

CARMELA   'A sora d' 'o guardaporta. Che vi devo servire? (*E ride un po' ebete*).

Breve gioco grottesco che si protrarrà fino a quando Pasquale ha capito che si tratta di Carmela, la sorella del portiere e non di un'anima dannata.

PASQUALE (*rientrando in camera*)   Tu si' Carmela, eh? Carmela...
CARMELA   Dicite... (*Ride come prima*).
PASQUALE   Tu sei la sorella del portiere.
CARMELA (*come per assentire e negare insieme*)   Eeeh!...
PASQUALE   He capíto o no?
CARMELA (*come sopra*)   Eeeh!...
PASQUALE   Basta, io ti ho mandata a chiamare per avere qualche notizia, pe' ssapé 'o fatto d' 'o spíreto ncopp' 'a loggia.
CARMELA (*è l'unica cosa di cui s'interessa, capisce subito e si dispone a raccontare tutto ciò che vide*)   Io, comm' 'o ssoleto, ievo a spannere 'e panne ncopp' 'a loggia. Trasevo 'a sta porta (*indica la comune*) e saglievo pe' sta scala (*la indica*). Ogni settimana... Nu sabato, nun me sentevo bbona, 'a notte nun avevo potuto durmí pecché me sentevo na musica ncapo...
PASQUALE   Na musica?
CARMELA   Sí, na musica. Na musica ca veneva 'a luntano, liggiera liggiera, tutte viuline. Saglievo 'e ggrare cu' 'a musica appries-

so... tanto ca io dicevo: va trova addu è ca stanno sunanno,
forse dint' 'a Chiesia 'e rimpetto... E sempe cu' sta musica appriesso arrivai ncopp' 'a loggia. Io nun me so' misa maie appaura d' 'e muorte, tanto è vero ca quanno m'aggia fa' 'na passiggia-
ta, quanno voglio piglià nu poco d'aria, me ne vaco ncopp' 'o
campusanto... E po', mammà è morta, papà è muorto... Allora
m'avess' 'a mettère appaura 'e papà e mammà? Mentre spanne-
vo 'e panne, veco a n'auciello. «Aucellu', quanto si' bello...
Che vai facenno?...»

Senza alcun preavviso, repentinamente, a questo punto emette
un grido lacerante. I suoi occhi diventano fissi e inespressivi
assumendo il pauroso sguardo dell'ebete. Non parla piú. Per
esprimersi emette dei suoni scomposti e dei mugolii bestiali. Il
racconto diventa incomprensibile e terrificante. Mentre grida,
si agita indicando ora l'ingresso, ora il terrazzo. Lo spavento di
Pasquale è al colmo quando Carmela, sempre gridando, scappa
come se avesse vissuto ancora una volta la scena raccapricciante di quel maledetto giorno. Pasquale, preso dal terrore, decide
di scappare anche lui. Comincia a raccogliere cappelli ombrelli
valige, riuscendovi a stento. Al momento che sta per raggiungere la porta d'ingresso s'imbatte con i facchini che trasportano
l'armadio.

PRIMO FACCHINO (*all'altro che lo aiuta a trascinare il mobile*)
    Venga a me... Piano... nun 'o fa' tuzzà... Signo', addó 'o vulite
    mettere?
PASQUALE (*rinfrancato dalla presenza dei facchini si riprende. Cal-
    cola le dimensioni del mobile, tipo di armadio guardaroba tut-
    to in legno, e quelle delle pareti, e decide per quella di fondo a
    sinistra*)   Qua, qua... credo che qua sta bene.

I facchini eseguono.

PRIMO FACCHINO   Signore mio, quatte piane... N'atu ppoco muré-
    vemo...
RAFFAELE (*dal fondo con pacchi e valige*) 'A signora! (*Introdu-
    ce Maria*) Entrate, signo', e benvenuta in casa vostra.
MARIA (*con borsa pacchetti e piccola valigetta. È una simpatica
    giovane sui ventisei anni. È un po' triste, forse perché stanca,
    non ha voglia di parlare. A Pasquale*)   La camera da letto do-
    v'è?

PASQUALE (*indica la prima a sinistra*) Questa. (*Maria si avvia*).
Ti serve qualche cosa?

MARIA La roba che ha portato il portiere. (*Esce per la prima
a sinistra*).

PASQUALE (*a Raffaele*) Dammi qua. (*Raffaele gli porge il tutto.
Pasquale ai facchini*) Voi potete andare. Domani mattina ve
venite a piglià 'o riesto d' 'e solde.

PRIMO FACCHINO Va bene. Buona giornata e tanti auguri. (*Esce
dalla comune seguito dal compagno*).

RAFFAELE Signo', io me ne scendo?

PASQUALE Se ti voglio, ti chiamo. (*Esce per la prima a sinistra.
Raffaele, rimasto solo, si guarda intorno, poi va difilato al balcone di destra, stacca la gallina dal chiodo e se la porta via. La
scena rimane vuota. È il tramonto ormai. Dal balcone di sinistra la luce esterna invade tutta la stanza di un nutrito riverbe-
ro rossastro, mentre un ultimo freddo raggio di sole indora
l'armadio nel bel centro di esso. Pausa durante il lento movimento di luci. Da un momento all'altro, come per incanto, i
due battenti dell'armadio si aprono lentamente e contemporaneamente. Illuminata dal sole appare la figura di un giovane
sui trentasei anni. Cautamente, il giovane scende dal mobile,
traendo da esso un gran fascio di fiori. Si orienta, poi decide e
li dispone in un vaso, deponendolo poi al centro del tavolo.
Sempre con accorgimento e lentamente, come un automa, trae
ancora dall'armadio un pacco ben legato con dello spago dorato, ne disfa il nodo e completata l'operazione, cava fuori dal
pacco stesso un magnifico pollo arrosto, lo colloca in un piatto
che troverà a portata di mano, depositando il tutto nel cassetto
di un mobile qualunque. Sempre lentamente rientra nell'armadio richiudendo dietro di sé i battenti. Pasquale dalla sinistra,
seguitando a parlare con sua moglie*) Io scendo, vado a prendere un pacco di candele... Si no restammo 'o scuro, stasera. 'A
luce nun ll'hanno attaccata ancora... (*Si avvia verso la comune.
Scorge i fiori, ne rimane sorpreso. Parlando verso sinistra alla
moglie*) Mari'...

MARIA (*dall'interno*) Che vuoi?

PASQUALE Hai portato fiori, tu?

MARIA (*di dentro*) Fiori? No!

PASQUALE (*seguendo il suo pensiero*) Vuol dire che mi hanno
preso in simpatia... Mi accolgono con i fiori. Vado a comprare
le candele. (*Fa per andare, poi torna, guarda il balcone*) Una

bella serata... Il sole... (*Prende un ombrello ed esce per la comune*).

L'armadio si riapre, questa volta senza esitazione, anzi con sveltezza. Il giovane di prima, disinvolto, prende posto a destra del tavolo dove ha messo i fiori. È Alfredo Marigliano. Il suo modo di parlare, il tono della sua voce possono caratterizzarlo a prima vista un mezzo nevrastenico esaltato, al contrario egli è solamente un sentimentale, cultore del libero pensiero e della sua personale indipendenza.

MARIA (*dalla sinistra, credendo di parlare ancora a suo marito*) Ma quali fiori?

ALFREDO (*mostrandoli*) Questi.

MARIA (*un po' sorpresa, mal celando un'intima gioia*) Mio marito dov'è?

ALFREDO È uscito, è andato a comperare le candele.

MARIA Come hai fatto per salire?

ALFREDO Ho preso l'ascensore. Ho dato mille lire ai facchini e mme so' cchiuso dint' all'armadio.

MARIA Pazzo!

ALFREDO Nun t'avev' 'a vedé? Da due giorni non ci vediamo.

MARIA Col cambiamento di casa...

ALFREDO E non ti dovevo portare due fiori per darti il benvenuto nella casa nuova?

MARIA Alfre', ma tu mi vuoi bene veramente?

ALFREDO Non ti rispondo, non meriti una risposta. (*Piccola pausa*). E pecché sto ccà? Tanti rischi, tanti pericoli... Perché? E perché, da un anno e mezzo ho abbandonato mia moglie, i figli...

MARIA E onestamente, lo puoi dire, quante volte ti ho consigliato di tornare in te, alla tua casa...

ALFREDO Per metterti a posto con la tua coscienza: pe' nun fa' peccato... Perché è peccato, hanno detto gli uomini, di seguire il proprio istinto e d'arrivà addó te porta 'o core. Però sei venuta da me di nascosto, quanno 'o core te diceva 'e sí. La gioia l'hai desiderata e l'hai voluta, poi hai fatto il caso di coscienza, credendo di metterti a posto con Dio, e mi hai detto: «Alfre', smettiamola!... Torna a casa tua, dai figli tuoi...» Vedi, Mari', io rispetto le tue idee; però tu conosci le mie... Non è colpa tua. Te l'hanno ditto, l'hanno predicato, 'o ssapive primma 'e nascere ca 'e ccose se fanno 'e nascosto. Ma il mio progetto non cambia. E se è vero che non si può pretendere di cambiare da un momento all'altro tutto l'ordinamento di una vita sociale, ti garantisco che l'ordinamento di un solo mondo, quello nostro, lo cambierò io. Con mia moglie ho parlato chiaro. I figli andranno per la loro strada, so' gruosse... Pago, pago la penale per essere venuto meno ad un contratto, nu piezzo 'e carta ca, quanno ll' 'e firmato, è comm' a na cundanna a morte... ca te ncatena pe' tutt' 'a vita... E a chi lo vai a raccontare? «Non posso andare avanti...» «E lo raccontate a noi?...» «Ma nemmeno mia moglie ce la fa piú a vivere con me...» «E a noi che ce ne importa...» «Ma io l'ammazzo...» «Meglio. Metteremo in iscena un grande spettacolo alla Corte d'Assise... se no la procedura penale che ce sta a ffa'?...» «Ma io impazzisco...» «Ci sono i manicomi. Pure gli infermieri, 'e mastu Giorgio, 'e custode... hann' 'a campà...» Pago, pago; e te ne viene cu' me!

MARIA   E mio marito?

ALFREDO   Tuo marito! Tu me diciste che vuole mettere su una pensione, creare un movimento d'affittacamere... La metteremo su. Lle facimmo 'a dote! (*Guardando intorno*) L'ambiente si presta. Questa potrebbe diventare una bella sala di soggiorno... Un radio-grammofono, a questo posto, con un magnifico corredo di dischi, ci starebbe bene. Una biblioteca, tavoli con riviste, giornali... Il telefono... Il telefono si può piazzare qua (*indica un posto della scena*). Guasta un poco quel finestrino llà ncoppo... ma togliendo gli sportelli, mettendoci una cassetta di zinco a misura con delle piante grasse... sí, si può rimediare. Clienti che arrivano, clienti che partono, movimento di denaro... e tuo marito si persuade. Se poi non vuole assolutamente condividere questa idea, e preferisce rendersi vittima del suo stesso egoismo, si spara e fernesce 'e suffrí... Si no 'e campusante che ce stanno a ffa'? Pure i becchini, pure i falegnami, pure le agenzie di pompe funebri con i diversi direttori di corteo hann' 'a campà.

MARIA   E glielo dovrei dire io?

ALFREDO   Quando sarà il momento glielo dirai tu; ma probabilmente te lo dirà lui a te, che preferisce essere direttore di pensione e non abitante del cimitero. (*Pausa*). E mo mi vuoi fare un regalo?

MARIA   Di'.

ALFREDO   Tu non hai mangiato.

MARIA   Ho fatto colazione stamattina.

ALFREDO   Lo sapevo che non avresti avuto il tempo di pensarci.

(*Tira fuori dal mobile il pollo arrosto e lo mostra a Maria*) È
ancora caldo, mangialo. (*Poggia il piatto sul tavolo*) Ti ho portato pure un pacchetto di dolci. (*Si avvicina all'armadio*).

PASQUALE (*entra contemporaneamente dalla comune con il pacco
di candele semiaperto*)   Ecco le candele. (*Alfredo non ha via di
scampo, si ferma come per mimetizzarsi con l'armadio. Maria rimane impietrita*). Nu candeliere ce avev' 'a sta'. (*Lo trova
fra gli oggetti in una cesta*) Eccolo qua. (*Vi forza la candela e si
avvicina al tavolo. Scorge Alfredo. Non crede ai suoi occhi,
non vuole parlarne alla moglie. Alfredo rimane immobile. Pasquale vede il pollo. Il suo pensiero corre subito alla gallina.
Lascia il candeliere sul tavolo e corre al balcone. Non trova la
gallina sotto il panno. Torna al tavolo facendo gesti di stupore
e descrivendo il miracolo della trasformazione. Vorrebbe parlare, scorge ancora Alfredo. Vorrebbe accendere la candela, non
ci riesce. Dopo due, tre tentativi, finalmente, l'accende. Cerca
di distrarsi, siede di fronte a sua moglie*) Candele steariche non
ce ne erano, solo queste. (*Guarda di nuovo Alfredo che è sempre lì impalato. Cerca di distrarsi, sperando che la prossima volta che guarderà, la visione scompaia*) È un pollo arrosto questo?

MARIA (*sprezzante*)   Sí... è un pollo arrosto! (*Si alza ed entra
in camera*).

Pasquale guarda di nuovo verso l'armadio. Questa volta Alfredo muove verso la comune a passo lento. Pasquale lo segue
sgomento. Quando Alfredo giunge sul limitare dell'uscio accenna un piccolo sorriso a Pasquale e un lieve inchino che Pasquale
ricambia e, sempre lentamente, Alfredo scompare.
Dissipando ormai qualsiasi dubbio sulla natura della visione, e
valutandone la prodigiosa realtà, si sente mancare. Tremante
di spavento, impallidisce fino all'inverosimile, balbetta qualche cosa d'incomprensibile e, sedendo lentissimamente, come
per non agitare nemmeno minimamente l'aria che lo circonda,
comincia a segnarsi ripetutamente, assumendo l'aspetto dell'i-
spirato, dell'asceta, del predestinato: di colui che ha visto il
fantasma.

ATTO SECONDO

La stessa scena del primo atto, ma completamente rinnovata. L'arredamento è cambiato: tutto nuovo di zecca. La stanza presenta, ormai, tutti i caratteri di una sala di soggiorno di una pensione, non di lusso, ma decorosa. Qualche tavolo con sopra riviste, uno scrittoio, telefono, tappeti. Lungo il corridoio di ingresso, è stata distesa una guida di velluto grigio con i bordi rossi. Il tutto disposto secondo la descrizione di Alfredo durante la scena con Maria del primo atto. Anche il finestrino ha subíto la trasformazione suggerita da Alfredo.

PASQUALE (*beatamente seduto fuori al balcone di sinistra, ha disposto davanti a sé un'altra sedia con sopra una guantiera e una piccola macchinetta da caffè napoletana, una tazzina e un piattino. Mentre attende che il caffè sia pronto, parla col suo dirimpettaio prof. Santanna*) A noialtri napoletani, toglieteci questo poco di sfogo fuori al balcone... Io, per esempio, a tutto rinuncierei, tranne a questa tazzina di caffè, presa tranquillamente qua, fuori al balcone, dopo quell'oretta di sonno che uno si è fatta dopo mangiato. E me la devo fare io stesso, con le mie mani. Questa è una macchinetta per quattro tazze, ma se ne possono ricavare pure sei, e se le tazze sono piccole pure otto... per gli amici... il caffè costa cosí caro... (*Ascolta, poi*) Mia moglie non mi onora... queste cose non le capisce. È molto piú giovane di me, sapete, e la nuova generazione ha perduto queste abitudini che, secondo me, sotto un certo punto di vista, sono la poesia della vita; perché, oltre a farvi occupare il tempo, vi dànno pure una certa serenità di spirito. Neh, scusate?... Chi mai potrebbe prepararmi un caffè come me lo preparo io, con lo stesso zelo... con la stessa cura?... Capirete che, dovendo servire me stesso, seguo le vere esperienze e non trascuro niente... Sul becco... lo vedete il becco? (*Prende la macchinetta in mano e indica il becco della caffettiera*) Qua, profes-

sore, dove guardate? Questo... (*Ascolta*) Vi piace sempre di
scherzare... No, no... scherzate pure... Sul becco io ci metto
questo *coppitello* di carta... (*Lo mostra*) Pare niente, questo
coppitello, ma ci ha la sua funzione... E già, perché il fumo
denso del primo caffè che scorre, che poi è il piú carico, non si
disperde. Come pure, professo', prima di colare l'acqua, che
bisogna farla bollire per tre o quattro minuti, per lo meno,
prima di colarla, vi dicevo, nella parte interna della capsula
bucherellata, bisogna cospargervi mezzo cucchiaino di polvere
appena macinata. Un piccolo segreto! In modo che, nel momento della colata, l'acqua, in pieno bollore, già si aromatizza per
conto suo. Professo', voi pure vi divertite qualche volta, perché, spesso, vi vedo fuori al vostro balcone a fare la stessa
funzione. (*Rimane in ascolto*) E io pure. Anzi, siccome, come
vi ho detto, mia moglie non collabora, me lo tosto da me...
(*Ascolta*) Pure voi, professo'?... E fate bene... Perché, quella,
poi, è la cosa piú difficile: indovinare il punto giusto di cottu-
ra, il colore... A manto di monaco... Color manto di monaco. È
una grande soddisfazione, ed evito pure di prendermi collera,
perché se, per una dannata combinazione, per una mossa sbagliata, sapete... ve scappa 'a mano 'o piezz' 'e coppa, s'aunisce a
chello 'e sotto, se nmesca posa e ccafè... insomma, viene una
zoza... siccome l'ho fatto con le mie mani e nun m' 'a pozzo
piglia' cu' nisciuno, mi convinco che è buono e me lo bevo lo
stesso. (*Il caffè ormai è pronto*). Professo', è passato. (*Versa il
contenuto della macchinetta nella tazza e si dispone a bere*)
State servito?...Grazie. (*Beve*) Caspita, chesto è ccafè...(*Sentenzia*) È ciucculata. Vedete quanto poco ci vuole per rendere felice un uomo: una tazzina di caffè presa tranquillamente qui
fuori... con un simpatico dirimpettaio... Voi siete simpatico,
professo'... (*Seguita a bere*) 'O vi', mezza tazzina me la conservo, me la bevo tra una sigaretta e l'altra. (*Accende la sigaretta.
Al professore che gli avrà rivolta qualche domanda*) Come?...
Non ho capito. (*Rimane in ascolto*) Aaah... sí, sí... Niente, professo'! Io lo dissi: sciocchezze. Non ho mai creduto a questo
genere di cose, se no non ci sarei venuto ad abitare. Oramai
sono sei mesi che sto qua, qualche cosa avrei dovuto vederla.
(*Ascolta c. s.*) E che vi posso dire... Non metto in dubbio quello che voi mi dite, ma, in questa casa, posso garantirvi che
regna la vera tranquillità. Tutto quello che voi vedete sul terrazzo, sul cornicione, fuori ai balconi... a me non risulta. Sí, quello che posso dire è che, da quando sono venuto ad abitare qua,

le mie cose si sono aggiustate, che questa casa mi ha portato fortuna, che se avessi richieste di camere, la pensione potrebbe già funzionare, ma fantasmi, come fantasmi, è proprio il caso di dire: neanche l'ombra!

RAFFAELE (*dalla comune recando dei giornali*) Signo', 'e giornale... (*Guarda intorno, non vede nessuno e ripete più forte*) Signo', 'e giurnale.

PASQUALE (*al professore*) Il portiere che mi porta i giornali. Permesso. (*Entra nella stanza*) Lasciami vedere.

RAFFAELE (*porgendo i giornali*) Tutti e due portano l'annunzio.

PASQUALE (*leggendo l'annunzio che lo riguarda*) «Pensione Lojacono. Massima comodità e pulizia, camere da letto con acqua corrente in cucina. Tre camere da bagno. Via Tribunali 176. Prezzi modici. Proprietario e gestore Pasquale Lojacono». Io nun capisco... Se fosse presentato nu cane! Tutti i mediatori, tutte le agenzie sono informate: niente.

RAFFAELE Signo', ma vuie nun avit' 'a ji' 'e pressa. So' appena tre ggiorne c'avite fatto mettere l'annunzio sul giornale... Po', nun v'avit' 'a scurdà, che su questa casa c'è una leggenda... e primma c' 'a ggente nun ce penza cchiú, primma ca se mette l'animo mpace, 'o tiempo ce vo'. Vuie state sbattenno 'e tappete?

PASQUALE E nun m' he ntiso... parevo na contraerea! E nun m' he ntiso cantà aieressera... «E lucean le stelle»! Me fa male nganna.

RAFFAELE Ah, íreve vuie?... Tenite na bella voce... Ma a una cert'ora l'avit' 'a ferní, pecché ccà ce stanno 'e casa mpiegate, faticature... Io 'a matina aggio che fa'!

PASQUALE E io pure aggio che fa'... La gente deve sapere che io ci abito e ci sto bene... Ma cu' tutto chesto...

RAFFAELE Nu poco 'e pacienzia.

PASQUALE Già, ma io sono arrivato con l'acqua alla gola. Tu 'e vvide 'e spese c'aggio fatte ccà... E se non incomincio a vedere il frutto di quello che ho seminato, io vaco 'a lemmòsena...

RAFFAELE Comme no... 'E spese l'avite fatte... Chesto 'o diceno tutte quante. A proposito di spese... signo', io aggio purtato 'a nota d' 'a spesa c'aggio fatto stammatina: 'a butteglia d'uoglio, 'a carne, 'a verdura... e ce sta pure la rimanenza di ieri: milleduecentosettanta lire!

PASQUALE (*osservando il conto che gli porge Raffaele*) Ccà overamente nun se pò campà cchiú. Milleduecentosettanta lire nu iuorno e mmiezo 'e mangià...

RAFFAELE   Matina e sera, però.

PASQUALE   'O ssaccio, ma è sempre una esagerazione.

RAFFAELE   M' 'e date mo?

PASQUALE (*compreso in un suo pensiero*) Eh... t' 'e dongo mo!
Si t' 'e pozzo da'... (*Si avvicina a una giacca da casa che si
troverà attaccata a un appendipanni a un punto piú indicato
della scena. Rovistando in una delle tasche*) O vi', in questa
tasca, non avevo guardato bene. (*Tira fuori dei biglietti da mille*) Tremila lire... altro spiccio... Rafe', io non dico niente a
nessuno perché, io per il primo, ho interesse di sfatare la leggenda... 'O prufessore, dirimpetto, domanda sempre, vorrebbe sapere, ma una parola d' 'a vocca mia non esce: ccà 'o fatto è
overo! Non ci volevo credere, ma mi sono dovuto convincere...
Che so io: rumori, dispetti, manifestazioni sinistre, niente; ma
cose benigne, sí. Si vede che mi hanno preso in simpatia.

RAFFAELE (*un poco equivoco*) È capace!

PASQUALE   Per esempio, spesso, io entro in una camera e ho la
sensazione di sentire un uomo dietro di me che si mmocca in
un'altra... Una figura di giovane sui trentacinque, trentasei anni...

RAFFAELE (*sornione*) Don Pasca', quanno se mmocca, l'aggio
visto pur'io... Specialmente quando voi uscite...

PASQUALE   È vero...

RAFFAELE   Sí. Al principio, 'e primme vote, io domandavo: «Dove andate?» E domando ancora. Ma isso se ferma e me guarda
come si vulesse dicere: «Nun 'o ssaie... Ancora he 'a capí addó
vaco?» E saglie... Tanto è vero che io mo non domando piú
niente: v' 'o vvedite vuie.

PASQUALE   E non domandare. Lascialo andare e venire... (*Convinto*) 'O fatto è overo.

RAFFAELE   Comme no.

PASQUALE (*indicando la giacca di casa*) Tu 'a vide chella giacca?

RAFFAELE   Gnorsí.

PASQUALE   Rafe', quella non è una giacca da casa: è una miniera... Quello che ci vuoi trovare ci trovi.

RAFFAELE   Overo?

PASQUALE   La sera, quando mi ritiro me la infilo. Metto le mani
in tasca e trovo biglietti da dieci, da cento, da mille... Tanto è
vero che io l'aggio appesa llà e guai a chi la tocca! Me la metto
soltanto quando me serve quacche cosa 'e denare.

RAFFAELE   Che bella cosa! Io quanto 'a pavasse na giacca 'e
chella!

PASQUALE Mo sto nu poco preoccupato... E già, data la facilità della fonte, me so' sbilanciato. Per mettere su una pensione con un certo decoro, ho fatto costruire tre camere da bagno, detti un anticipo e mo nun saccio addó piglià 'o riesto.

RAFFAELE E date na guardatella dint' 'a giacca!!!

PASQUALE Ce guardo, comme no... ma là ci ho trovato sempre sommette di poca importanza.

RAFFAELE E date na guardata dint' 'e mobbile, dint' 'a cucina, sott' 'o fuculare, dint' 'o lietto d' 'a signora!

PASQUALE Ma figúrate si io nun vaco scavanno... C'aggi' 'a fa'? Aspetto. Chi ha pavata l'ata rrobba, pava pure chesta. Basta, tu quanto he 'avé?

RAFFAELE Avimmo ditto milleduecentosettanta.

PASQUALE Queste so' duemila, damme 'o riesto.

RAFFAELE Pronto. (*Prende del danaro di tasca*) Dovete avere settecentotrenta di resto.

PASQUALE Precisamente.

RAFFAELE (*conta il danaro e lo poggia sul tavolo*) Ecco a voi.

PASQUALE E queste sono le duemila lire. (*Le poggia sul tavolo*).

RAFFAELE E pe' stasera ve serve niente?

PASQUALE È meglio ca parle cu' 'a signora.

RAFFAELE Cosí farò. (*Profittando di un momento di distrazione di Pasquale, destramente intasca le settecentotrenta lire*) Piú tardi salgo e ci parlo.

PASQUALE (*si è accorto del giuoco e lo seconda*) Precisamente. (*Si avvicina a Raffaele, in modo da nascondere le duemila lire che sono sul tavolo e poterle avere a portata di mano*) Caso mai ho bisogno prima, ti chiamo. (*Riesce a prenderle e le intasca*).

RAFFAELE Non mi risparmiate.

PASQUALE A te?! E te pare! (*Si allontana da lui*).

RAFFAELE Permesso. (*Fa per prendere i soldi*) E le duemila lire?...

PASQUALE E 'o riesto mio?

RAFFAELE Signo', io 'o riesto ll'aggio miso ccà... (*Indica un punto del tavolo, battendovi la mano*).

PASQUALE Io le duemila lire, ccà ll'aggio mise.

RAFFAELE (*che ha mangiata la foglia*) E comme se spiega?

PASQUALE E 'o vvuó sapé 'a me?

RAFFAELE (*insiste sicuro del fatto suo*) Signo', io 'e duimila lire dint' 'a sacca, nun 'e ttengo.

PASQUALE   E io manco tengo 'o riesto dint' 'a sacca. Nun da'
retta, che vuó fa'? Scherzi di fantasmi!

RAFFAELE (*masticando amaro*)   E già, chillo, forse, 'o fantàseme
ha miso 'o riesto vuosto dint' 'a sacca mia e 'e duimila lire mie
dint' 'a sacca vosta. Signo', cacciate 'e duimila lire.

PASQUALE   Tu si nun cacce 'o riesto, 'e duimila lire nun se trovano.

RAFFAELE (*rodendosi il fegato*)   È vero?... Va be'... (*Frugandosi
in tasca, fingendo meraviglia*) Uuuh, sentite... Per quanto uno
può essere a conoscenza dei scherzi ca fanno questi fantàseme... si rummane sempre *intontonato*... (*Mostrando le settecentotrenta lire*) 'E vvedite?... 'A copp' 'a tavula so' passate dint'
'a sacca mia.

PASQUALE   Tu che dice? Famme vedé. (*Prende dalle mani di
Raffaele le settecentotrenta lire*) Sono le stesse. È incredibile.
(*Le intasca*) Statte bbuono, Rafe', scinnetenne.

RAFFAELE   Signo', e vulite vedé, mo, si dint' 'a sacca vosta ce
stanno 'e duimila lire meie?

PASQUALE   Comme no. E mo sí, mo. Dopo questa prova. (*Rovistando nelle tasche*) Niente, Rafe', nun ce stanno.

RAFFAELE (*non ha nessuna intenzione di sottostare al tiro di Pasquale*)   No, signo', nun pazziammo. Io aggio visto.

PASQUALE   Ch' he visto?

RAFFAELE   Quanno 'e duimila lire stevano ncopp' 'a tavula.

PASQUALE   E po'?

RAFFAELE (*fuori di sé*)   E po' so' sparite!

PASQUALE   E 'o riesto mio nun è sparito?

RAFFAELE (*esasperato, ma con senso di giustizia*)   Ma poi è com-
parso...!

PASQUALE   E le duemila lire tue non sono comparse piú. Cu' chi
t' 'a vuó piglià? Sparisce tanta rrobba mia e nun dico niente:
cravatte, fazzulette, asciugamane... 'e llenzole nun so' sparite?... 'A frittata 'e maccarune è sparita!... 'O mellone ca mettette for' 'o balcone quanno venette 'e casa ccà, nun s'è truvato
cchiú!

RAFFAELE (*spazientito, come se avesse ragione lui*)   Vuie penzate ancora 'o mellone?... Ogne tanto 'o mettite mmiezo...

PASQUALE   E 'a forbice?... E 'o temperino?... Nu par' 'e scarpe
gialle ca erano belle solo lloro... Songo arredutto senza cappiello!

RAFFAELE   Oh, insomma, diciteme na cosa: addó vulite arrivà?

PASQUALE A nnisciuna parte, Rafe'. 'E duimila lire, miettatéllo bbuono ncapo, so' sparite: pigliatéllo cu' 'e fantàseme.

RAFFAELE (*rassegnato*) E va bene... (*Minaccioso*) Io me ne vado. (*Si avvia per la comune*) Nu fantàseme fa sparí duimila lire 'e nu pover'ommo comme a me, ca Dio 'o ssape... 'e ffa sparí e nun 'e ffa cumparí cchiú?... E addó simme arrivate? Significa non avere coscienza. Significa proprio ca uno è nu fantàseme disonesto: 'a schifezza d' 'e fantàseme... (*Esce per la comune borbottando*).

Maria dalla sinistra. Entra silenziosa, prende una rivista, vede il marito e fa per rientrare.

PASQUALE (*osservandola, dopo una pausa*) Mari', ma si può sapere che hai?... Se non sei contenta, se devi dirmi qualche cosa, parla. Nun è meglio ca parlammo?

MARIA (*non lo degna neanche di uno sguardo*) E ti conviene? (*Siede vicino al tavolo*).

PASQUALE Ma s'intende che mi conviene, e dovrebbe convenire anche a te. Io, cara Maria, non ti nascondo niente. Ti dico sempre tutto. Meno, s'intende, certe incertezze, certi progetti che io stesso giudico strampalati e che devono pesare solamente su me. E faccio male. Sí, faccio male; perché se avessi il coraggio di fartene parte mi sentirei piú libero, piú calmo, piú sicuro.

MARIA E parla, allora.

PASQUALE Io! Ma tu, soprattutto, dovresti parlare. D'altra parte cu' chi t' 'a vvuó piglià? Campà è difficile, Mari'. A nu certo punto va' trova che ce mettimmo ncapo... Accumenciammo a penzà, ci formiamo un'idea sbagliata... Specialmente nel matrimonio, succede quasi sempre cosí... «Chissà mia moglie c'ha penzato 'e me...» «Chissà mio marito c'ha penzato 'e me...» «Pecché ha fatto sta cosa...» Basterebbe domandare: «Neh, tu perché ti sei regolato cosí?» Si chiarisce e si va avanti. Ma l'orgoglio: «Io mi sento superiore...» «'O superiore songh'io...» «Ha da parlà primm'isso». «Ha da parlà primm'essa...» E di questo passo i rapporti si raffreddano, nasce la sopportazione reciproca, l'insofferenza... e persino l'odio, Mari'... E lo posso anche capire: l'orgoglio, per una donna specialmente... ma tu addirittura ti sei chiusa come un riccio. Parla, Mari', parla... Aiutami con un tuo sguardo, non dico sempre... ma una volta ogni tanto.

MARIA   Ma tu che vuoi da me? Ci siamo sposati, cinque anni fa,
fidando sulle tue speranze di riuscire e vincere, come dicevi tu.
Queste speranze ci hanno aiutato a vivere, Dio lo sa come, fino
ad oggi, e ancora nelle mani della speranza stiamo affidando il
nostro avvenire. Tu dici che io non parlo... E ringrazia a Dio!
Ti seguo, faccio chello ca vuó tu... Ma che vita stiamo facendo?... Questi soldi da dove vengono?... Questi mobili, in casa,
chi li ha messi?

PASQUALE   E a te che te ne mporta?

MARIA   Comme che me ne mporta?... La gente domanda. Dice:
«Ma vostro marito non parla?»

PASQUALE   E perché la gente deve sapere i fatti nostri? Si capisce che non parlo. Non sono cose che si dicono... Non ne devo
parlare... E nemmeno con te... specialmente con te... Ah tu perciò staie 'e malumore?... E io l'avevo capito!... Maria mia, ma
tu ti vuoi spiegare troppe cose! Già, nun sarrisse femmena.
Gelosia, di' la verità?... Non fare la sciocca, Mari'. Tu devi
pensare una cosa sola: «Mio marito non è scemo. Finalmente
siamo riusciti a metterci un poco a posto...» Come? Non ha
importanza... Finalmente... ecco: c'è un'anima buona che ci aiuta, e speriamo che ci aiuti sempre piú per l'avvenire. Tu sei
felice, io son contento: tiriamo avanti e chi vo' a Dio, ca s' 'o
prega.

MARIA   Ma, allora, tu mangi e zitto?...

PASQUALE   E che so' scemo?... Se capisce ca me stongo zitto.

MARIA (*nauseata, non contenendosi piú*)   Ma tu che uomo sei?...
(*Incalzante*) Che razza di uomo tengo vicino?... (*Gridandoglie-
lo in faccia*) Tu c'ommo si'? Arriva 'a radio-grammofono, con
un corredo di dischi che non finisce mai, 'e chisti tiempe, e tu t' 'a
tiene?... Il mobile-bar... e tu zitto. Na bella matina, come per
incanto, trovi la cucina d'alluminio, completa, nuova di trin-
ca... una mezza risatina da idiota, quale sei, e 'a cucina sta llà...
(*Fuori di sé*) Mobili per cinque camere da letto! L'ha purtate
'a fata?... Un anello di brillanti, trovato cosí, per caso!... E tu:
(*imitandolo goffamente*) «Uuuh... hai trovato un anello di brillanti...» Cinquantamila lire in un tiretto... È stata 'a bacchetta
magica? E allora crediamo all'albero di Natale, alla Befana che
scende dalla cappa del camino, alla gallina che faceva le uova
d'oro!... Perché non metti la calza, la notte?... Già, tu tieni la
giacca del pigiama!... È lo stesso. In fondo, per me, sarebbe
comodo... Ma è l'orgoglio di donna, l'amor proprio che ad un
certo punto si ribella... E mi lusingavo, al principio dicevo:

«Va bene, questo forse l'ha potuto credere... quest'altro gli sarà sfuggito... nun ce ha penzato...» Ma tu, sistematicamente, qualunque cosa arriva, lo trovi giusto, logico. Io, poi, domando: «Chi è che spende?» «Che t'importa... Io sono contento, tu sei felice... C'è un'anima buona che ci aiuta...» Ma se tu sei arrivato a questo punto, che niente più ti fa impressione, io no. Io me ne vado. Io, per i fatti miei, e tu con la gente come te... (*Si alza e va verso il balcone di sinistra*).

PASQUALE   Ma è ridicolo, Maria, scusa se te lo dico: è ridicolo... (*Parlando va verso il balcone di destra e, vedendo il professore, con un risolino convenzionale*) Professore... (*Rientra e facendo un gesto di fastidio*) Sta sempe 'a fenesta, chillo... (*Alla moglie*) In fin dei conti, poi, se c'è uno che dovrebbe domandare spiegazioni, permettimi di dire, quest'uno dovrei essere io.

MARIA   È naturale!

PASQUALE   E dal momento che io non te ne chiedo, l'incidente è chiuso. (*Maria con un moto di fastidio siede di nuovo vicino al tavolo*). Non ti preoccupare per me: per come entrano i soldi in casa nun se va ngalera. La gente?... Lasciala parlare. Diranno che io sono un farabutto, maligneranno, magari, sul tuo conto... e va bene... a poco a poco non ci penseranno più e buonanotte. L'accordo deve essere tra noi due. Tu devi pensare che se mi sto zitto, ho le mie brave ragioni... 'O ssaccio chi spende, conosco la fonte, ma nun pozzo parlà... Non mi conviene. Mi sono informato presso persone che si sono trovate in posizioni simili e tutti mi hanno detto: «Non parlate, se no finisce tutto!» Tiene mente ccà, Mari': se parliamo chiaro, tu non resti più vicino a me, te ne vai... te ne scappi. E io non posso perdere questa comodità... Tu credi che potevamo continuare a vivere di miserie, di privazioni, di stenti, volendoci bene come Giulietta e Romeo... io desiderando un vestito e tu nu par' 'e cazette?... Dopo mesi e mesi di attesa, sempre delusa, per via che non si è avverata la tale cosa, perché Tizio è venuto meno alla promessa del posto che mi aveva fatto intravedere, con la morte nel cuore per aver tramutato in rinunzia ogni più innocente desiderio, finalmente avremmo, sistematicamente, attraverso i secoli, soffocate le nostre amarezze in un amplesso completo e complesso d'ogni sentimento: amore, tenerezza, bene e sensi compresi?... Cu' 'a panza vacante, Mari'? Cu' 'a panza vacante, Mari', 'e sense se perdeno... Giulietta e Romeo dovevano essere ricchissimi, se no dopo tre giorni se pigliàveno a capille... Nun da' retta 'e chiacchiere... Al contrario, arriva un poco di

benessere: donna Maria si ribella! Ma famm' 'o piacere! E guarda, t'avverto: non ci torniamo piú sopra e non facciamo storie
per l'avvenire, perché non è finito. Io voglio campà buono.
Voglio mangià, bévere, voglio vestire bene. 'E ssigarette nun
'e voglio cuntà. 'A dumméneca voglio 'o dolce... e tutto quello
che mi serve. Eh no, cara... He 'a vedé che ato ha d'arrivà ccà...
(*Gridando come per farsi sentire*) Cosa crede di avere fatto?...
Ha da fa' 'o riesto. Dio 'o ssape comme stongo... Mo me servono duicientomila lire... E me l'ha da da': 'e vvoglio... Me le
deve far trovare, non discuto... Tu sei una donna che vale, devi
vivere bene e non ti puoi contentare tanto facilmente. E lasciamo questi discorsi, queste sciocchezze tue che non approdano a
niente. Io scendo, tarderò una mezz'ora. Vado all'Agenzia per
sapere se ci sono novità per la pensione, prima che si guasti il
tempo... (*Si avvicina a uno dei balconi per fare delle previsio-
ni*) 'O vi', me pare ca minaccia... (*Si avvia per la comune*) Chi
spende... i soldi da dove vengono... Ma perché indagare? Perché voler entrare nella scazzetta di Monsignore... Lasciamo correre... Tiriamo avanti... (*Esce per il fondo*).

MARIA (*nauseata, quasi piange*)   Che uomo! Che vergogna!

ALFREDO (*affacciandosi dal finestrino della parete di fondo a sinistra e accendendo una sigaretta*)   Finalmente. Non credo che
avrai piú dubbi sul modo di pensare e sui sentimenti che aiutano il modo di campare di quell'individuo. (*Scende le scale interne ed entra nella stanza*) E tu non ci volevi credere... Quando
t' 'o dicevo io cambiavi discorso. Io capivo che ti dava fastidio
e cercavo di rispettare il tuo sentimento: ma la cosa, scusami, è
talmente sporca!

MARIA   Ti prego, Alfredo. Cerca di capire e rispàrmiami l'umiliazione...

ALFREDO (*avvicinandosi a lei, tenero*)   Umiliare te? Ma neanche
per sogno, Maria mia. Voglio solamente farti intendere che le
mie non erano del tutto sbagliate e che, soprattutto, i miei
progetti sono piú che logici, per cui metterli in pratica non è
piú un nostro diritto, ma un dovere.

MARIA (*come per convincerlo dell'assurdo*)   Alfre'...

ALFREDO   Ma a chi aspettammo, scusa. Posso lasciarti ancora nelle mani di questo sfruttatore? Ti dico sinceramente, che io non
me ne sento la forza. Quando lui parlava, io sentivo tutto da
quel finestrino... stevo mmiez' 'e grare. Ti giuro che, ad un
certo punto, mi sono sentito talmente il sangue alla testa che
aggio penzato: «Mo scengo e 'o paccaréo...» «E non è finita!

Mo me servono duicientomila lire... Me l'ha da da'... Me l'ha da fa' truvà...» Sta frisco! 'O voglio da' tanta cazzotte sott' 'o musso... Siente a me... Io tengo tutto pronto... Vienetenne cu' me.

MARIA Alfre', ma tu credi che sia facile. Tu sei ammogliato... Io tengo nu marito... Ce ne andiamo insieme?... E poi che succede?... O tua moglie, o mio marito chiamano la polizia, ci fanno sorprendere e ci fanno arrestare.

GASTONE (*è entrato un po' prima dal terrazzo e si è fermato al finestrino in osservazione della scena, e ha ascoltato il dialogo*) Proprio cosí. La polizia... e finisce il romanzetto.

I due si voltano a guardare Gastone. Alfredo lo ha riconosciuto e ne rimane malissimo. Maria, al contrario, non comprende né immagina chi possa essere il nuovo arrivato. Intanto, Gastone scende le scale ed entra nella stanza. Silenziosamente si avvicina ai due.

ALFREDO (*interviene deciso*) Bada, non offendere la signora si no te piglio a schiaffe.

GASTONE Lascia sta 'e schiaffe, Alfre'. Pensiamo, invece, a cose serie. Io già sto nervoso che Iddio lo sa... Cu' nu dolor' 'e capa da esposizione! Già, chella è 'a stanchezza... Ih, che nuttata... e chi s' 'a scorda cchiú. E per colpa tua. E se capisce. Perché io sono stato sette giorni in campagna da tua moglie per farle un poco di compagnia. E siccome chella casa è piena di bestie: grilli, mosche, zanzare... cu' 'e nierve mieie... Stanotte alzo il lenzuolo: una lucertola a letto, cosí... Ho chiuso le due finestre e la porta, per ammazzarla con la scopa, ho vibrato pure il colpo, convinto di averla uccisa... Chi t' 'a da'?! Non sono stato capace di trovare la lucertola morta. Ma io nun capisco: porta e finestre chiuse... Ho messo la camera sottosopra: niente. Non ho chiuso occhio per l'impressione... Mi pare sempre che me la sento addosso.

ALFREDO Ma come hai fatto ad entrare in casa da quella scala?

GASTONE Quelle non sono le scale del terrazzo?

ALFREDO Già.

GASTONE E dal terrazzo, scavalcando un piccolo muretto e attraversando un passaggio pensile, non si va a finire nella camera al quinto piano del palazzo accanto, che hai preso in affitto per poter vedere piú comodamente la signora?

ALFREDO E chi t' 'ha ditto?

GASTONE   Tua moglie.

ALFREDO   Armida?

GASTONE   Armida.

ALFREDO   E come l'ha saputo?

GASTONE   Ma tu te te cride ca pecché mia sorella quanno parle se
sta zitta o, magari, dice sempre «sí» appriesso a te, sempre
tranquilla, sottomessa, credi di averla comprata?... L'hai voluta
segregare a Torre del Greco con la scusa che i figli dovevano
fare i bagni. I bagni sono finiti dal mese di settembre, chisto è
ottobre, e quella ci è andata, ci è rimasta... te cride ca tutto va
liscio? Tu ti sbagli. Armida non si rassegna e soffre piú di
quanto possiamo pensare noi. Ti ha messo un agente di polizia
segreta alle calcagna e conosce ogni tuo passo, ogni tuo respiro.
Alfre', quella tiene la pianta completa di questo palazzo e del-
l'appartamento dove tu hai preso la camera in fitto. Se non ti
ha fatto sorprendere fino ad oggi, devi ringraziare me che sono
riuscito a convincerla di non fare scandali e non peggiorare la
situazione. E pure perché, in fondo, povera donna, spera sempre in un tuo ritorno. Disgraziata... È diventata che non si
riconosce piú... E pure i figli sono diventati la metà perché
risentono delle sofferenze della madre. Costretti a vivere in
una casa di campagna, senza comodità... Per prendere un poco
d'acqua bisogna andare al pozzo che sta in mezzo alla masseria.
L'altra notte: svenimenti, crisi di nervi, si voleva avvelenare...
Sapisse c'aggio passato. Cadde di colpo a terra e si ruppe la
fronte. I figli che strillavano... La dovetti portare a medicare
in farmacia. Non ti dico le peripezie per trovarne una aperta, in
un paese e a quell'ora di notte. Ti voglio bene, lo sai, e puoi
dire se sono stato per te un cognato amoroso. Senza pregiudizi,
anzi, spesso ci siamo spassati insieme. Pure io sono ammogliato, pure io ho le mie debolezze, ma sti ccose ccà nun 'e capisco!

ALFREDO   Tu sí, tu sei un'altra cosa. Ma tua sorella, scusa se te
lo dico, è una donna impossibile. Non possiamo andare avanti,
Gasto', non possiamo. A parte il fatto che, in quindici anni di
matrimonio, mi ha dato le torture con la gelosia...

GASTONE   Sentiamo che altro c'è...

ALFREDO   Tutto e niente, Gasto'. Cose impalpabili, di cui, certe
volte, mi vergogno io stesso. Quando la sposai ero studente in
un piccolo paese. Sai, da giovane si hanno certe idee... Lei
figlia di ottima famiglia, gente da bene... Il padre un egregio
maestro di musica... pensai che non c'era neanche da fare para-
goni con una donna di una grande città. Piano piano, si capi-

sce, la sua mentalità venne fuori. Niente di male, ma, cierti ccose, Gasto', non le sopporto. Veste malissimo. Fissata di avere una bella voce, pretenderebbe la mia complicità, quando viene gente a casa o quando, secondo lei, dovremmo andare insieme a casa d'altri. Vedi, sembrano cose puerili, ma hanno la loro importanza. Poi è noiosa, assillante; la gelosia...

GASTONE   È vero, questo è vero... E non una, ma mille volte gliel'ho detto: «'O marito nun se scoccia... Lascialo in pace... Lo perdi! Lo perdi!»

ALFREDO   E m'ha perduto, Gasto', ti giuro che mi ha perduto. Io 'a casa nun ce torno.

GASTONE   Ma non dire eresie. E i figli?

ALFREDO   'E figlie... Io nun le faccio mancà niente. Ce mettimmo d'accordo, qualunque cosa, non bado a cifre... Basta ca fernesce.

GASTONE   E già, tu cosí facilmente credi di liberarti di una famiglia: una moglie e due figli. E si capisce... Tu hai una posizione finanziaria invidiabile e puoi permetterti questo ed altro. Però, ricordati, che tutto ha un limite, che stai spendendo come un pazzo, che questa donna (*indica Maria*) ti porterà alla rovina.

MARIA   Non posso rispondervi perché sono dalla parte del torto: vi dico solamente di moderare i termini, altrimenti mi costringerete a mettervi alla porta.

GASTONE   Non c'è bisogno, perché vi garantisco che non vedo l'ora di uscire da questa casa. (*Al cognato*) In quanto a te, ti accorgerai un giorno quale genere di donna hai avvicinato.

ALFREDO   Gasto', modera i termini.

MARIA   Voi non sapete niente sul mio conto, non avete il diritto di giudicare.

GASTONE   No, io so tutto e vi giudico: vostro marito è uno sfruttatore e voi siete una prostituta.

ALFREDO (*gridando*)   Basta. (*A Maria che è scoppiata a piangere*) Tu, vattene dentro. (*A Gastone*) E tu è meglio che te ne vai si no finisce male... (*Maria accompagnata da lui entra nella prima a sinistra*). Aggio miso 'o tutore. Io faccio il mio comodo e non permetto a nessuno di entrare nei fatti miei. Fammi la santa cortesia, lasciaci perché ci dai fastidio. (*Esce a sinistra seguendo Maria*).

GASTONE (*commiserandolo*)   Povero te, povero imbecille!

PASQUALE (*dalla comune, vedendo Gastone diventa cauto, guardingo. Non riesce a comprendere se vede o travede*)   Voi chi siete?

GASTONE   Chi sono, non ha importanza. Ho fatto un'apparizione in casa vostra, ma sparisco subito. (*Pasquale rimane perplesso, comincia a credere di intravedere e lo guarda fisso con un mezzo sorriso*). So, invece, chi siete voi.

PASQUALE   Mi conoscete?

GASTONE   Perdío! Siete uno schifoso.

PASQUALE   Ma spiegatevi meglio.

GASTONE   Meglio di come mi sono spiegato? E come avrei potuto definirvi meglio? Voi non vedete perché non volete vedere, e quando vedete, fate finta di non vedere. (*Pasquale lo guarda indifferente c. s.*). Con quale coraggio vi presentate nel mondo dei vivi? Nel mondo degli uomini veri, onesti?... (*Pasquale c. s.*). Non sentite l'orrore di voi stesso? È triste, è veramente triste dover constatare che un essere fatto di carne ed ossa possa rimanere indifferente a tutte le sozzure che gli sono intorno. (*Pasquale c. s.*). Siete un uomo da niente... Rispondete. (*Pasquale c. s.*). Farabutto... Fate schifo... Rispondete...

PASQUALE (*perdendo la pazienza e gridando piú di lui*)   Ma siete uomo, voi?

GASTONE   E lo mettete in dubbio?

PASQUALE   Voi avete detto che avete fatta un'apparizione e che dovete sparire... Siete uomo o fantasma?

GASTONE   E avete il coraggio di scherzare?... L'avutate a pazzía?

PASQUALE (*fuori dei gangheri*)   Ma che pazzía... he 'a vedé che genio 'e pazzià ca tengo. Se sei fantasma bene... Se sei uomo te scasso na seggia ncapo!

GASTONE   Ma non fare il buffone. Parla seriamente. Ma già, non ti conviene: è troppo lurida la cosa.

PASQUALE (*esasperato*)   Ma quale cosa?

GASTONE   Non lo sai?... E già, non sai niente. Ma io voglio avere il piacere di dirtelo in faccia, sempre una soddisfazione è. Può darsi pure che, sentendotelo dire apertamente, si risveglia un poco di orgoglio, se te ne è rimasto. I soldi che tu spendi sono maledetti dalle anime innocenti...

PASQUALE (*sempre piú convinto*)   Lo vedete che siete fantasma...

GASTONE   Sai perché puoi fare le spese che fai e condurre la vita che conduci?... Perché mio cognato... e te lo voglio proprio dire: mio cognato... (*Non finisce di parlare. Si ferma, come per incanto, con l'espressione e col gesto che accompagnavano l'ultima parola. Fissa gli occhi nel vuoto con uno sguardo di spavento come per una visione terrificante. È tutto un attimo. Poi comincia a fare una specie di danza orientale, ridendo come se qualcuno lo solleticasse. Nel contempo emette un grido lacerante, cercando di colpire con tutte e due le mani qualche cosa che corre e cambia di posto sul suo corpo. Poi con danze e piccole piroette e gridarelli isterici esce per il fondo a destra)* 'A vi' lloco... *(Via).*

PASQUALE *(terrorizzato e divertito insieme)*   E c'ha visto chillo? *(Scappa a sua volta per la prima a destra. Contemporaneamente, seguíta da due ragazzi, maschio e femmina, di dodici e di quattordici anni, e da due vecchi, entra dalle scale del terrazzo una donna sui quarant'anni. Il suo passo è lento, inesorabile, deciso. Veste un sobrio completo di colore scuro. Porta un cappellino calzato male, appena poggiato sulla testa per via di una ferita che ha nel bel mezzo della fronte, medicata da un quadratino di garza e una croce di* sparatrappo. *Il suo pallore terreo, i suoi occhi arrossati dal sonno, il suo incedere da sonnambula formano un insieme di tristezza rassegnata e di amor proprio offeso. Non ha perduto, pertanto, la dignità. La ragazza veste di bianco, pure le calze, pure le scarpe sono bianche. Porta un fiocco verde all'estremità della treccia stremenzita. Tutta aggiustata come un «morticino siciliano». Pallida e magra come un chiodo. Triste per natura, assente per debolezza. Il maschio, invece, è tarchiato e panciuto. Troppo basso per i suoi dodici anni. Pantaloncino corto e giacca di colore incerto. Ha un tic nervoso: di tanto in tanto spalanca gli occhi e muove la testa allungando il mento come per raggiungere, con esso, l'omero della spalla destra, ripigliando poi fulmineamente il suo aspetto normale. I due vecchi, una donna e un uomo, vestono in nero un po' all'antica. Il tragico corteo si è fermato in fondo con le spalle alla porta di ingresso. Inesorabile attende. Il ragazzo non può contenere il suo tic. Inframmezzato da brevi pause, ne è preso due o tre volte. In lontananza tuono. Pasquale entra dalla prima a sinistra, scorge il gruppo, torna sui suoi passi e scompare. Dopo poco esce di nuovo. E, come nella scena del primo atto quando vide il «fantasma», cerca di essere disinvolto. Con passi lenti, incerti attraversa la scena e prende posto al lato sinistro di essa. Il gruppo è sempre fermo lí, estatico. Egli allora con voce tremante domanda)* Chi siete?

ARMIDA *(con tono di voce opaco)*   Signore, voi in me non vedete una donna, in queste figure non vedete una famiglia... Voi vedete cinque fantasmi!

PASQUALE (*rassicurato dalla dolcezza di voce di Armida*)   Accomodatevi.

Fuori il temporale comincia con tuoni sinistri e lontani, proprio nel momento in cui Armida comincia a muoversi.

ARMIDA (*accettando di buon grado l'invito*)   Grazie. (*Tutti prendono le sedie e siedono a loro volta*). Io sono morta un anno e
mezzo fa.
PASQUALE   Ah è recente. (*Tuono in lontananza*).
ARMIDA   Queste due figure di adolescenti... (*Li mostra*) Pulisciti
il naso, tu... (*Col fazzoletto pulisce il naso alla femmina*) E tu...
(*al maschio che in quel momento è in preda al tic*) smettila,
controllati... Lo fai apposta... (*A Pasquale*) È uno spirito di
contraddizione... Queste due figure di adolescenti, vi dicevo,
sono due morticini. (*Tuono più forte. Armida, tragica per la
sua freddezza*) Io fui uccisa mentre amavo, nell'istante in cui le
vibrazioni del mio cuore, del mio animo, dei miei sensi... capitemi, toccavano l'acme della completa, capitemi, completa felicità...
PASQUALE   Proprio in quel momento?... Che peccato!
ARMIDA   Uccisa perché murata viva in una casa fredda e triste.
PASQUALE   Voi siete la damigella!
ARMIDA   Fui una damigella! (*I due vecchi fanno un lamento come un rimpianto*). La mia vita era tutto un sorriso, ignara del
male, propensa al bene... Fiori e musica fu la mia esistenza...
(*I due vecchi si lamentano c. s., Armida si alza e canta una ro-
manza. Dopo il canto, tuono più forte. Armida siede e risponde, parlando a Pasquale*) Mai ombra di peccato sfiorò l'animo
mio... (*Al ragazzo che è ripreso dal tic*) Statte cuieto, ca te
scommo 'e sanghe. Dunque... (*Non ricordando ciò che diceva,
con tono normale a Pasquale*) Che stavamo dicendo?
PASQUALE (*che è fisso a guardare il ragazzo*)   Signo', nun me ricordo.
ARMIDA   Giesú e allora non sentite...
PASQUALE (*indicando il ragazzo*)   Guardavo lo spiritello... (*Ricordando*) Ah, che la vita vostra era un sorriso...
ARMIDA (*riafferrando il filo del discorso*)   Sí, sí, stateve zitto
mo... (*Riprende il tono melodrammatico di prima*) Mai ombra
di peccato sfiorò l'animo mio. Ero fiorente, giovanile... ma dopo un anno e mezzo di morte continua...

PASQUALE (*reggendosi la testa con le mani*)   Che bellu mal' 'e capa ca m'è scoppiato... (*Convinto che, in fin dei conti, si può parlare con i fantasmi come con persone viventi di questa terra*) E il nobile cavaliere?

ARMIDA (*rannuvolandosi d'improvviso*)   È morto! (*Tuono più forte*). E fu lui a volerlo. Cosa voleva? Cosa cercava? Cosa altro potevo fare per lui? Non gli facevo mancare nulla... (*Commossa*) Gli piacevano tanto le *recchietelle* al ragú piene di formaggio e di ricotta...

IL VECCHIO   Carogna!

PASQUALE   Ah... si usavano anche allora?

ARMIDA   E come no. Gliele facevo con le mie mani... Mi venivano i dolori ai polsi. «Armida, sono usciti i peperoni». E Armida faceva i «canonici» imbottiti. «Armida, sono uscite le melanzane». E Armida faceva la «parmigiana»... La macchia al vestito, la piega al pantalone, il fazzoletto in tasca e l'altro preparato là, a puntino, cosparso di «cuoio bulgaro» che piaceva a lui... schifoso, lurido, puzzolente! 'A notte nun te retire, me lasse a me, povera sconsolata, sola, cu' sti ddoie cap' 'e morte (*indica i figli*). Ca te pòzzano accídere! Dice che io lo scoccio... Che puozze passà duimila guaie 'o minuto sicondo. Lo scoccio, lo scoccio?

PASQUALE   Sarà impressione.

ARMIDA   Perché sono premurosa, grandissimo fetente! Perché piglio cura di te, grandissimo schifoso! Si capisce, per lui è comodo. Mi ha lasciata sola con questi due *muorbidi* (*indica di nuovo i ragazzi*) che mi dovete credere non mi fido manco di vederli... e sono la madre... e se l'è squagliata! E io?... Io!... Che aspetto, le grazie di Cesare? Quale vantaggio mi ha dato questa unione? Prima il purgatorio, poi l'inferno... perché io sto all'inferno...

PASQUALE   Adesso si spiega!

ARMIDA (*riprendendo*)   Ma il paradiso non è venuto mai.

PASQUALE   E non può venire. Voi dite troppe cattive parole!

ARMIDA   Prima di unirci fu tutto un tormento, la nostra vita. Mi toccava di vederlo di nascosto, notte tempo, sempre col batticuore. C'era il divieto: in casa mi proibivano di vederlo...

PASQUALE   E aveva ragione.

ARMIDA   Chi?

PASQUALE   Il grande di Spagna...

ARMIDA (*che non capisce*)   Il grande di Spagna?

PASQUALE (*per non urtare la suscettibilità del «fantasma» sorride quasi scherzoso*)   Quello che odorò il fieto del miccio...
ARMIDA   Il fieto del miccio?

Tuono e scarica elettrica.

PASQUALE (*bonario*)   Quando voi... facevate la schifezza! (*Vedendo che quelli si risentono alle sue parole*) Io poi che ne so...
Cercate di sparire perché devo andare a dormire.
ARMIDA   Ma io mi accorgo che voi volete scherzare, che vi divertite a prendermi in giro. E potete, voi signore, dileggiare un insieme tanto pietoso?... (*Si avvicina al ragazzo che è in preda al tic
e, senza tralasciare il tono e continuando il suo discorso, gli dà
uno schiaffo. Il ragazzo traballa, poi si riaggiusta sul suo posto*). Non sentite tenerezza per queste creature che furono anch'esse miraggio di carezze paterne?... (*Tutta la famiglia piange. D'improvviso Armida cambia tono, assume quello di un presidente di corte d'Assise che deve leggere il dispositivo di una
sentenza al condannato*) Pasquale Lojacono!

Tuono e scarica elettrica.

PASQUALE (*s'inginocchia, poggia i gomiti sulla sedia con il volto
tra le mani*)   Non mi fate niente...
ARMIDA   Siete Pasquale Lojacono, è vero?
PASQUALE   Come posso nasconderlo a voi che siete nel mondo
della verità?...
ARMIDA (*con sufficienza*)   So tutto, tutto posso sapere. Pasquale
Lojacono so che tu sai, ma non voglio crederlo, sarebbe mo-
struoso... E se non sai, apri gli occhi. Tu solo puoi salvarci e
darci pace. (*Tutti si alzano e protendono le mani verso Pasquale implorando pietà*). Salvaci, Pasquale Lojacono. Con un gesto, con un ritorno di coscienza, tu puoi salvare queste anime
in pena... (*Tutti a mano stesa implorano*). Lo puoi: fai resuscitare questa famiglia...
PASQUALE   Ma io non sono il Padreterno, come faccio?
IL VECCHIO   Fateci resuscitare!
PASQUALE   Posso far dire delle Messe, posso fare dell'elemosina...
ARMIDA (*insistente*)   Lo puoi. Mostrati a tua moglie quale sei...
E se persiste, ammazzala.

TUTTI Oh no... no... no... (*Tornano verso destra e con le mani levate fanno gruppo*).

ARMIDA Sí, saremo salvi tutti.

Tuono fortissimo, scarica elettrica.

ALFREDO (*al termine del tuono entra nella stanza come il tuono stesso, investendo Armida*) Finalmente! Finalmente ti sei scoperta. Tu saresti l'anima buona, tutta religione, casa, chiesa e carità cristiana? Una vipera, questo sei! Vuoi la tragedia! Un cadavere dovrebbe esserne il punto ammirativo!

Tuono c. s. Pasquale incantato gira da una parte all'altra della scena osservando or l'uno ora l'altra. Il tutto gli dà l'impressione di uno spettacolo fantastico. Per vedere meglio sale sulle sedie, sui tavoli: assiste come uno spettatore che ha pagato il biglietto.

ARMIDA Sei qua, lo sapevo, nobile cavaliere! È in questa casa che vaghi indisturbato...

ALFREDO Sí e vagherò sempre. È la mia condanna!

I RAGAZZI (*piangendo*) Papàaa! (*Si aggrappano a lui, ma i due vecchi li riprendono vicino a loro*).

ARMIDA Povero te! La tua anima si perderà. Tu mi perdesti!

ALFREDO Tu mi scocciasti! I migliori giorni mi hai intossicato... (*Gridando*) L'inferno... l'inferno!...

GASTONE (*dal finestrino del terrazzo*) Te lo dicevo... Te lo dicevo... Lo perdi... Lo perdi!... (*Rientra e poco dopo scende nella stanza*).

PASQUALE (*per vedere meglio sale sul divano e con gesti fa capire al pubblico che l'apparizione è scomparsa*) È sparito!

ALFREDO (*in preda alla disperazione, si schiaffeggia ripetutamente*) Maledetta anima mia! Maledetta... (*E ripete come una ossessione*) Maledetta... Maledetta! Maledetta!

ARMIDA Sí, lo perdo! (*In preda ad una crisi isterica si agita e grida disperatamente*) Non ne posso piú... Non ne posso piú! Distrutta, annientata! Follía... Follía... (*Spingendo i due figli verso Alfredo*) A te, prendi queste creature, io sparisco! Il cadavere volevo che ci fosse e ci sarà! (*Prende una bottiglietta dalla borsa e mostra a tutti il pugno chiuso*) Arsenico!

GASTONE (*precipitandosi verso Armida, seguito dai due vecchi, Alfredo e i ragazzi*) No... no!

ARMIDA (*sfugge cercando un posto indisturbato per ingerire il veleno*) Il cadavere...

Gastone la raggiunge e insieme ad Alfredo, ai due ragazzi che piangono con le bocche spalancate, e ai due vecchi, fanno gruppo in un punto della scena impegnando una strenua lotta per evitare il peggio. Sono preghiere, imprecazioni, braccia tese verso il cielo. E di tanto in tanto formano dei gruppi allegorici simili a quelle oleografie che presentano in atteggiamenti diversi, le anime del purgatorio. Il temporale è imminente. Le scariche elettriche si susseguono a ritmo accelerato. Carmela e Raffaele che alle grida sono accorsi, sono fermi verso il fondo. Carmela grida come un ossesso e con ossessione si affanna a rifare la scena di quando vide il fantasma sul terrazzo. Pasquale, ormai atterrito, non riesce piú a seguire le apparizioni, sconvolto trova scampo fuori da uno dei balconi, chiudendo dietro di sé i battenti e spiando nell'interno della camera. Una lavandaia, una cameriera che si trovavano a passare dalla scala di servizio ai gridi sono apparse anche loro e commentano l'accaduto. Un cuoco si è affacciato al finestrino. Il temporale assume caratteri apocalittici. La pioggia è imminente.

ALFREDO Armida, Armida, smettila perdío!

RAFFAELE Signo', p'ammor' 'a Madonna!

GASTONE (*riesce a strappare il veleno dalle mani di Armida e a Maria che in questo momento appare sul limitare dell'uscio di sinistra e vi rimane ferma*) Lo vedete, signora... lo vedete. Siete contenta?... Lascia questa casa, Alfredo, torna in te! Te lo ordino.

I RAGAZZI Papàaaa!...

Maria rientra. Armida ormai è svenuta e la trasportano a braccia Alfredo e Gastone, verso la comune seguiti dai parenti. Ora gli scrosci di acqua investono Pasquale, il quale cerca di ripararsi alla meglio, non osando entrare in casa. Il temporale è al suo culmine. Data la conformazione della scena e la funzione dei due balconi, il pubblico deve avere la sensazione di trovarsi allo scoperto come Pasquale stesso.

PASQUALE (*spia nell'interno della camera e si ritrae spaventato. Si affaccia, scorge il prof. Santanna, naturalmente si preoccupa di mostrarsi disinvolto, di buon umore*) Tutto calmo, profes-

so', tutto tranquillo! (*Torna a spiare e si ritrae di nuovo spaven-*
tato perché tutti nell'interno gridano e gesticolano come anime
dannate. Si rivolge di nuovo al professore con risate isteriche e
battimani infantili) Ah... ah... ah... Non è vero niente, professo': ah... ah... ah... Non è vero! I fantasmi non esistono, li
abbiamo creati noi, siamo noi i fantasmi... Ah... ah... ah... (*E*
mentre il temporale continua e quelli che litigano, nell'interno
della camera, sempre gridando giungono sul limitare dell'uscio
di ingresso, Pasquale per mostrarsi sempre piú disinvolto can-
ta) Ah... l'ammore che fa fa'...

ATTO TERZO

La stessa scena degli altri atti. Si nota, solamente, un poco di abbandono e di disordine. Mancano i mobili. La radio-grammo-fono non c'è piú. Anche il mobile-bar è scomparso. La bibliote-ca è vuota. L'apparecchio telefonico è stato staccato di recen-te: si notano, infatti, i fili tagliati e ripiegati all'insú, nonché i buchi irregolari dell'intonaco praticati dai chiodi e dai rampini estratti di fresco. È sera inoltrata, quasi le otto e mezzo. La camera è illuminata a lume di candela. Sono passati due mesi. All'alzarsi del sipario, seduti accanto al tavolo centrale, si tro-vano Maria e Gastone, l'uno di fronte all'altro.

GASTONE (*continuando un discorso già iniziato*) L'ho dovuto ac-contentare. Capirete, ormai sono circa due mesi che si è riunito con la moglie e i figli, che conduce una vita tranquilla... Voi pure siete stata tanto buona ad agevolare il suo ritorno in fami-glia... Di questo ve ne sono veramente grato e non trovo parole per ringraziarvi, anche a nome di mia sorella che si è convinta, finalmente, di essersi trovata di fronte ad una signora... Ma sta comm' a nu pazzo! Io sono uomo e certe cose le capisco. Pove-ro Alfredo... si è immalinconito, è diventato apatico, qualunque cosa dice sempre ca sí, ma senza convinzione, senza entusia-smo. Ieri sera mi disse che voleva vedervi... Me lo chiese con delle parole cosí tenere che io non seppi negarglielo...

MARIA   ...non potevo regolarmi diversamente.

GASTONE   Ve l'ho detto: una santa, siete una santa! E... vostro marito?

MARIA   Piú agitato che mai. In certi momenti mi fa paura... Pie-no di debiti. Ha già venduto diversi mobili. La pensione, forse, avrebbe potuto pure rendere, perché incominciava a venire qualcuno; ma sapete, manca diversa roba. L'uomo che ci forní le camere da bagno... ci ha fatto il sequestro, e mio marito sapete cosa mi ha detto ieri sera? Non ti preoccupare, quello che mi faceva trovare il denaro non si è fatto piú vedere... Ma vedrai che qua torna.

GASTONE   Ma chisto è farabutto veramente. Che razza di uomo... Ma non cerca di trovare un posto, di lavorare?...

MARIA   Per il passato sí, ha fatto tutti i mestieri per vivere. Qualche volta ci riusciva, qualche volta no... Ma adesso è un periodo che non lo capisco piú!

GASTONE   E lo capisco io... Signo', sono disgrazie!

MARIA   Stasera dice che deve partire... Oggi s'è preparata la valigia, ha fatto dei telegrammi...

GASTONE   E dove deve andare?

MARIA   Mah, chi lo sa. Noi, per il passato, parlavamo raramente fra noi, ma ora addirittura non ci guardiamo in faccia. Ha detto, solamente: «Devo partire, devo rintracciare un amico...»

GASTONE   Neh, signo'... che questo avesse intenzione di cercare Alfredo, chiedergli danaro?

MARIA   Nooo, a questo punto non credo che arrivi.

GASTONE   E chi v' 'ha ditto?... Un uomo come lui!... (Riprendendosi) Oh, scusate...

MARIA   (abbassando gli occhi)   No, niente.

GASTONE   Del resto è meglio, se parte è meglio. Non c'è pericolo di un cattivo incontro. Allora: signo', Alfredo, come vi ho detto, stasera vi vuol vedere. Lui la camera ce l'ha ancora fittata, la prese per un anno. Stasera dorme là. Mia sorella l'ha capito pure, ma sono stato proprio io a consigliarla di far finta di non aver capito. A che ora parte vostro marito?

MARIA   Alle nove, almeno cosí ha detto.

GASTONE   Vuol dire che Alfredo alle nove, nove e dieci, scende. L'accompagno pure io, cosí evitiamo cattive idee che gli possono venire... Si calma e troverà la forza di andare avanti un altro poco di tempo.

MARIA   Già, e io?

GASTONE   E... pure voi! Che ci volete fare?... Sono disgrazie! Chi in un modo, chi in un altro: ognuno ha la sua croce...

MARIA   Voi pure vi lamentate?

GASTONE   Io, no... Mia moglie ed io andiamo discretamente d'accordo. Ma perché?... Perché io sono paziente e sempre pronto a mille transazioni. D'altra parte, povera figlia, che se ne vede della vita?! Inchiodata in un letto...

MARIA   E perché?

GASTONE   Eh, signora mia, ve l'ho detto: ogni casa, una croce! Sono otto anni che mia moglie è paralizzata.

MARIA   Oh!... È giovane?

GASTONE   Trentuno... trentun anni!

MARIA   Povera signora!

GASTONE   Uno *sparpètuo*... Certo, mi fa pena... Che farei per rive-
derla in piedi, perché, voi capite, il suo stato incide pure sul
suo umore... Non vuol vedere nessuno, sempre in camera, in
penombra... a stento dice qualche parola... C'aggi' 'a fa'? Mi
sono abituato a vivere solo, e a trentacinque anni mi sono inari-
dito come un sughero.

MARIA   Non avrei mai pensato...

GASTONE   Come siamo diversi da quello che sembriamo... E come le aspirazioni o il nostro carattere devono subire modifiche
non appena l'esperienza della vita ci mette a contatto della realtà. A me, per esempio, sarebbe piaciuta una donna allegra,
conversevole, amante dei divertimenti, gite, viaggi... La compagna, insomma, che riempie di vita la nostra vita... E invece...
Ma io parlo con voi, vi dico certe cose...

MARIA   Dite, dite. Se avete bisogno di parlare fatelo, vi farà bene... Lo farei tanto volentieri anche io...

GASTONE   Grazie. Qualche volta, se permettete, vi verrò a trovare... Se non vi sarò di disturbo...

MARIA   Anzi...

GASTONE   E ci racconteremo le nostre pene.

MARIA   Proprio cosí...

GASTONE   Basta, io me ne vado e vi ringrazio sempre, anche a
nome di mia sorella.

Si alzano. Maria gli stende la mano che Gastone trattiene nella
sua.

MARIA   Arrivederci.

GASTONE   Avete degli occhi addolorati e stanchi che vogliono dire tutta la sofferenza del vostro cuore. Non posso fare niente
per voi?

MARIA   Grazie. Certe volte basta una parola. Grazie. (*Quasi piangendo esce per la sinistra*).

GASTONE (*la segue con lo sguardo, poi si avvia dicendo tra sé*)   Povera donna!... (*Esce per le scale del terrazzo*).

PASQUALE (*dall'interno con voce alterata a Raffaele che lo segue*)   Rafe', ti ho pregato, tu non mi devi scocciare. Si sapisse
'e nierve addó stanno. (*Fuori seguito da Raffaele*) Tu ogne vvota ca me retiro, me cunsigne na carta, na citazione cu' na faccia

ca nun esprime niente, anzi no, esprime qualche cosa, esprime gioia, comme si te facesse piacere. Si me retirasse diece vote 'o iuorno, tu diece citazione me desse. 'E gghisse arrubbanno pe' m' 'e dda'. Tu faresti furti ncopp' 'e Preture pe' dda' citazioni a me.

RAFFAELE (*arrogante, spazientito*)   E allora mo m' 'e magno... comme ve pare?... Dongo 'e ccitazione? Cheste portano e cheste ve dongo. Mo piglio 'e ccitazione ce faccio na benedizione ncoppo e 'e facimmo addeventà carte 'e mille lire. Ogge, per esempio, è venuto n'ata vota chillo d' 'e bagne. Vuie ve sfasteriate... (*Gestisce come rivolgendosi a persone che lo ascoltano e che gli dànno ragione*) Allora è bello, io 'o guardaporte faccio... Sott' 'o purtone, io ce stongo...

PASQUALE   Tiene mente quanta mosse... Nun te pare overo 'e vení a fa' nu scandalo, na smanecata ccà ncoppo.

RAFFAELE   'A smanecata?... 'A smanecata l'ha fatta chillo d' 'e bagne...

PASQUALE   Ma tu gli hai detto che deve tornare domani?

RAFFAELE   E dimane nun facimmo n'ata storia? Chillo, ogge ha fatto arrevutà 'o palazzo... Io poi mi mortifico, certamente... Vuie avite ditto c'avit' 'a partí stasera, dimane chillo vene, nun ve trova e mi ci devo contrastare io... 'On Pasca', là fernesce a mazzate cu' chillo... Ma io nun capisco, 'o telefono ve l'hanno levato, 'a luce ve l'hanno tagliata... V'hanno staccato l'acqua... Dint' 'a giacca 'e casa nun truvate niente cchiú... A chi aspettate? Lasciate 'a casa e iatevenne.

PASQUALE   Chiste so' affare ca nun te riguardano... Nella giacca di casa non ho trovato piú niente da quella sera delle anime dannate.

RAFFAELE   Eh, m' 'o cuntàsteve. E da quella sera non si è visto piú?

PASQUALE   Chi?

RAFFAELE   Il fantàsime. Il nobile cavaliere.

PASQUALE   Niente... E non mi ha fatto trovare piú una lira.

RAFFAELE   E se sape, chillo era isso ca pruieva.

PASQUALE   E io perciò parto. Mo vedimmo chi è. (*Chiamando verso la sinistra*) Mari'.

MARIA (*entrando*)   Che vuó?

PASQUALE   Io parto. Una cosa urgente che, forse, può risolvere la nostra posizione. Domani spero essere di ritorno, quindi rimarrai sola per poco. Parto con una macchina di amici. La valigia mi serve, caso mai sarò costretto a ritardare. (*Prende una valigia che sarà in scena*) Ti saluto. (*Maria non lo degna di uno sguardo*). Mari', ti saluto.

MARIA Sí.

PASQUALE E non mi auguri nemmeno buon viaggio, non mi dài un bacio?

MARIA (*allontanandosi da lui*) Statte bbuono.

PASQUALE Statte bbona Mari'... (*Maria siede vicino al tavolo*) ... come ci riduciamo... ... Che tristezza... Come finisce tutto l'entusiasmo, tutto l'amore. Mesi e mesi senza scambiare una parola, un pensiero... E pensare che uno, quanno iesce, p' 'a strada le pò capità qualunque cosa... Se pò gghi' sott' a n'automobile, nu camionne... nu colpo 'e rivultella pe' sbaglio... Il pericolo di non rivedersi piú! Ma niente, nun ce facimmo capace... E 'a quanto tiempo nun te sento parlà... Te ricuorde, Mari', quanno facevamo 'ammore? Ce guardàvemo dint' all'uocchie e nun parlàvemo per timidezza, ma cu' ll'uocchie ce dicévemo tanta cose. E io mi sentivo infelice, nel senso che mi sentivo goffo vicino a te, perché mi sentivo niente... E quanno uno se sente niente, tutto diventa piú facile, piú piacevole... Per qualunque cosa si trova il rimedio: pure 'a morte addeventa bella! Si scherza, si ride, senza quel preconcetto di superiorità... E invece no, s'ha da mantené 'o punto. E, forse, ci portiamo un cuore gonfio di amarezza, di tristezze, di tenerezze, che, se solamente per un attimo riuscissimo ad aprire l'uno con l'altro... Ma niente... Ha da sta' chiuso, *rebazzato*... A nu certo punto se perde 'a chiave e va t' 'a pesca! Avimmo perza 'a chiave, Mari'!... (*Si avvia triste*).

RAFFAELE (*offrendosi*) 'A valigia...

PASQUALE M' 'a port'io... Che tristezza, Mari'! (*Esce per la comune*).

RAFFAELE Signo', io ho capito. Lui non dice la chiave, diciamo di *mascatura*, che è proprio una chiave *riale*... Lui ha fatto, comme fosse, un corrispettivo di *assistenza sociale* fra la chiave vera e la chiave che non è vera, che sarebbe poi quella vera. Succede a nu cierto punto, che fra marito e moglie nasce quella *scocciantaria*, ca uno dice: «Vuó sapé 'a verità... Mo veramente...» Mah, lasciamo andare. Dipende, dipende da tante cose. Un poco perché: e te veco ogge, e te veco dimane, e te veco doppodimane... Me sceto e te veco, te scite e me vide... e ce vedimmo a Natale e ce vedimmo a Pasca... Viene quell'abbondanza di sazietà ca poi finisce ca fa schifo! Sí, è vero, viene anche quel bene che non è quello di prima, piú sostanzioso, ma la donna non lo comprende. La donna tiene sempre la capa fresca, nun ave a che penzà... 'e gghiesse truvanno sempre chelli nzepetezze, quelle attenzioni vummecose di quando uno sta nel momento della *focosità*! Ecco che la donna s'intristisce, voi le parlate e quella non vi risponde, che è la peggio cosa. 'A bbon'anema di mia moglie pure faceva lo stesso. Ma io 'a facevo parlà, pecché 'a vulevo bene. Quanno vedevo ca pigliava 'a nziria, duie, tre ghiuorne 'e *taciturnaria*, avutavo 'a mano e 'a pigliavo a pàcchere. Certe volte 'a struppiavo 'e mazzate, ma parlava... Eh, povera donna! Me ricordo ca quanno abbuscava, se metteva dint' 'e braccie mieie, me baciava 'e mmane e m' 'e bagnava 'e lagrime e d' 'o sango ca le scenneva d' 'o naso... Voi, per esempio, signo', avissev' 'a abbuscà nu poco. Ve faciarría bene... Ascese nu poco 'e sangue pazzo e ve vulísseve cchiú bbene 'e primma... (*A questo punto, Pasquale, curando di non farsi scorgere dai due, attraversa il fondo da destra a sinistra*). Basta, signo', io me ne scendo. Se avete bisogno di qualche cosa chiamatemi, non mi risparmiate. Con tutto che non mi sento bene... 'E dulure... Io sto bene d'estate, ma quanno vene 'a vernata... Qualunque cosa, chiamate. (*Esce per il fondo*).

Maria prende il lume di candela ed esce per la sinistra. La scena rimane buia. Pasquale, dopo una pausa durante la quale i raggi lunari hanno investito i due balconi, entra dal fondo camminando sulla punta dei piedi. Spia, per un attimo, nella camera di Maria; si avvicina cauto al balcone di sinistra, lo apre ed esce fuori, curando di richiudere i battenti dietro di sé, con la stessa cautela con cui li ha aperti. Apre la valigia, tira fuori una coperta colorata e la sciorina, ripiegandola a metà sulla ringhiera e vi si rannicchia dietro per non farsi scorgere dagli abitanti degli stabili di fronte. Dalle scale del terrazzo entra Alfredo, e Gastone lo segue.

GASTONE Mi raccomando, sbrígati... Nun me fa' fa' tardi che mia moglie mi sta aspettando... Ha combinato con certe amiche sue di andare a teatro... Tu sai, quella non resiste una sera in casa... e io la devo accompagnare. Se vuoi venire pure tu... (*A un gesto negativo di Alfredo*) Mbè, fai presto... (*Via per il terrazzo*).

ALFREDO (*non appena Gastone è scomparso, lentamente si avvicina alla camera di Maria e la chiama a fior di labbra*) Mari'...

MARIA (*dopo poco entra. La scena è illuminata solamente dal river-
bero della luna che entra dal balcone*)   Alfre'.

ALFREDO (*a frasi smorzate ma ben chiare*)   Nun pozzo parlà...
Mio cognato ci sorveglia. Capisci subito: ho provveduto a tutto... Automobile, valori... tutto! Va' te miétte nu paltoncino e
torna subito qua.

MARIA (*smarrita come in un sogno*)   Alfre'... ma...

ALFREDO   Va', Mari'...

MARIA (*decide come una liberazione*)   Sí... (*Esce per la prima
a sinistra*).

Alfredo guarda, anzi sorveglia la porta del terrazzo. Poi, attraversa la scena, si avvicina al balcone di destra e distrattamente
vi esce fuori.

PASQUALE (*riconoscendo nella figura di Alfredo, illuminata dalla
luna, quella del fantasma del primo atto, vince con tutte le sue
forze il timore che lo invade e riesce a gridare*)   Férmate...
T'aggi' 'a parlà! (*Però non regge all'emozione e scoppia in pianto dirotto comico e tragico insieme, si accascia, cade in ginocchio, con la faccia a terra. Alfredo si ferma perplesso non riuscendo a comprendere dove l'altro voglia parare*). Sto tremman-
no comm' a na foglia! Madonna mia nun me facite murí... 'O
core... 'o core!... (*Comprime con tutte e due le mani il cuore.
Piano piano si riprende e comincia a parlare*) Ho inventato la
partenza sperando che di notte ti avrei finalmente rivisto. 'O
ssapevo... lo sapevo che non mi avresti abbandonato. Quando
venni in questa casa mi dissero che c'erano i fantasmi, ma io
non ci credevo... E te cerco perdono. Ma mo ce credo... pecché
te veco, te parlo. E so' cuntento. Dal momento che pozzo credere me sento forte e la forza mi dà fiducia, speranza. La casa me
la diedero gratis per accreditarla. Non dissi niente a mia moglie per non spaventarla. Infatti tu ti facesti vedere da me, da
lei no. In seguito mi hai aiutato, mi hai messo su la casa, soldi
quanti ne volevo... Poi, da un momento all'altro, sei sparito e
mi hai lasciato privo di tutto. Tu mi hai messo su di un piede
di vita che da solo non posso sostenere: aiutami!... Con una
somma di danaro posso mandare avanti la pensione che già
cominciava a funzionare... Tu sei un'anima buona e me puo'
capí... Non ho mai potuto regalare a mia moglie un bracciale,
un anello, nemmeno nel giorno della sua festa. Non sono mai
riuscito a mettere insieme i soldi per portarla in campagna, ai

bagni. Certe volte le ho dovuto negare un paio di calze... E se tu sapessi quanto è triste, per un uomo, nascondere la propria umiliazione con una risata, una barzelletta. Il lavoro onesto è doloroso e misero... e non sempre si trova. E allora la perdo, la perdo ogni giorno di piú... E nun 'a pozzo perdere! Maria è 'a vita mia!... E tu capisci che nun tengo 'o curaggio 'e ce 'o ddícere... perché il coraggio te lo dà il danaro... e senza danaro, si diventa timidi, paurosi... senza danaro si diventa carogna! La perdo!... Perché, ad un certo punto, il bene, l'amore, di tanto in tanto, deve, per qualunque donna, trasformarsi in una pietra preziosa, in un oggetto d'oro, in un vestito bello... in biancheria di seta vera... si no se perde... fernesce, mòre! Con un altro uomo, cu' n'ommo comm' a me, nun avarría parlato: ma cu' te sí, cu' te pozzo parlà, tu sí n'ata cosa. Tu sei al disopra di tutti i sentimenti che ci condannano a non aprire i nostri cuori l'uno con l'altro: orgoglio, invidia, superiorità, finzione, egoismo, doppiezza... Con te non ne sento. Parlanno cu' te me sento vicino a Dio, me sento piccirillo piccirillo... me sento niente... e me fa piacere di sentirmi niente, cosí posso liberarmi del peso del mio essere che mi opprime!... (*Si abbandona sulla ringhiera. Non piange ma è felice, contento: attende*).

ALFREDO (*ha ascoltato a testa bassa, senza muoversi, inchiodato allo stipite del balcone. Ora comincia a parlare come a se stesso*) Grazie. Hai sciolto la mia condanna. Io fui condannato a vagare in questa casa fino a che un uomo non mi avesse parlato come mi stai parlando tu. Sul tavolo, guarda sul tavolo! (*Quasi repentinamente rientra nella camera. Prende dalla tasca un pacco di biglietti da mille e lo mette sul tavolo. Lentamente esce per la comune*).

Poco dopo Gastone scende dalla porta del terrazzo e segue Alfredo pel fondo.

PASQUALE (*si alza dalla ringhiera e guarda verso l'altro balcone*) È sparito. (*Entra nella camera, guarda sul tavolo e trova il pacco di biglietti da mille lire. Invaso dalla gioia, con l'ansietà di vedere qualcuno e raccontare esce fuori al balcone di sinistra. Fortunatamente scorge il professor Santanna*) Professo', professo', avevate ragione voi... I fantasmi esistono... (*ascolta*). Come mi avevate consigliato voi. Vi ricordate, quando stamattina ci siamo incontrati? Ho fatto finta di partire, sono tornato e mi sono nascosto llà fuori... Anzi pensavo di restare tutta la notte, invece si è mostrato subito. Ci ho parlato... Mi ha lasciato una somma di danaro... (*Mostra i biglietti*) Guardate... Però dice che ha sciolto la sua condanna, che non comparirà mai piú... (*Ascolta*) Come?... Sotto altre sembianze? È probabile... E speriamo...

Filumena Marturano
(1946)

L'idea di *Filumena Marturano* nasce da un fatto di cronaca, una beffa, che però Eduardo incomincia a rappresentare dalla fine, come per ricavarne una potenziale tragedia. Il sipario si alza su una femmina *pallida, cadaverica, un po' per la finzione di cui si è fatta protagonista* [...], *un po' per la bufera che, ormai, inevitabilmente dovrà affrontare*; e su un maschio *offeso, oltraggiato, colpito in qualche cosa, secondo lui, di sacro*, che, per paura che «'o vico, 'o quartiere, Napule, 'o munno...» l'abbiano a pigliare «pe' fesso», grida: «'O rivòlvere... Dàteme 'o rivòlvere!» (did., I, p. 200). Ma la situazione-limite si arresta sull'orlo della catastrofe, per dar luogo ad un'altra commedia umana.

Infatti l'azione processuale cui assistiamo subito dopo, risalendo agli antefatti e alle motivazioni, trasformerà l'imputata in accusatrice, i testimoni a carico in testimoni a favore: Rosalia Solimene *donna del popolo* e aiutante di Filumena, Alfredo Amoroso che *riassume tutto il passato del suo padrone*, l'agiato borghese Domenico Soriano. La scena della «beffa» (che il drammaturgo ha rinunciato astutamente a rappresentare) appare rivista da attori e testimoni con i propri occhi e, richiamata nei diversi linguaggi di ciascuno, accresce la sua verità artistica; sebbene si tenda a privilegiare il punto di vista della protagonista, l'unica ad essere depositaria (per Eduardo) di valori autentici. Filumena s'è «finta morta» ma: «appena se n'è ghiuto 'o prevete, me so' mmenata 'a dint' 'o lietto e ll'aggio ditto: "Don Dummì' tanti auguri: simmo marito e mugliera!"» (I, p. 202). Solo lei sarà capace di trasformare la beffa – agli occhi del pubblico – in strumento di rivendicazione della propria e universale identità; attraverso la sua seconda rivelazione del primo atto: «Tengo tre figlie, Dummì'!» Il Tema archetipico della Maternità, in sintonia con la corda autobiografica e civile dell'autore, genera il *leit-motiv* del riscatto della persona umana:

FILUMENA 'E figlie so' ffiglie! [...] Hann'a sapé chi è 'a mamma [...] M'hann'a vulé bene! (*Infervorata*) Nun s'hann' 'a mettere

scuorno vicino all'at'uommene: nun s'hann 'a sentí avvilite quanno
vanno pe' caccià na carta, nu documento: [...] S'hann' 'a chiammà
comm'a mme! [...] Simmo spusate: Soriano!   (I, p. 212).

Eppure anche l'intreccio dell'opera richiama quello della farsa
o della novella burlesca: una birbanteria fortunata trasforma un
personaggio povero in ricco, un'amante infelice in una moglie e
madre appagata. Al contrasto *povertà-ricchezza* corrisponde, sul
piano dei caratteri, la contrapposizione *briccone-sciocco*. Del ricco
truffato, Dummi' Soriano, emergono in principio l'ipocrisia e i capricci ridicoli in rapporto all'età; della truffatrice, invece, l'origine
plebea orgogliosamente esibita e l'intelligenza. Infatti l'eroe di
ogni beffa è fornito di mobilità: grazie al suo cervello e alla sua iniziativa, acquista il diritto di superare i divieti morali convenzionali. Anche il meccanismo di questa "commedia" si fonda sull'opposizione fra l'*immobilità* dell'antagonista, ancorato al proprio passato di vitellone napoletano, e il *dinamismo* della volitiva protagonista; ma il "dramma" di Filumena Marturano è ben lontano dal ri-
dursi allo schema burlesco, perché la sua origine è nella figura di
una Medea-madre partenopea, capace però di capovolgere il suo
modello tragico.

Questa donna s'è adattata sempre, nella sua travagliata esistenza, ai cambiamenti di ambiente: dal «basso» alla «casa di tolleran-
za», all'appartamentino a San Petito «dint'a chelli tre cammere e
cucina», fino all'approdo in «casa Soriano». Ma anche qui continua a fare la «serva» e la prostituta (di uno solo, anziché di tanti).
Ne nasce il senso profondo dell'attacco: l'*ex abrupto* dal momento
in cui Filumena Marturano è riuscita *a suo modo* a trasformarsi in
Filumena Soriano («Vulevo fa' na truffa! Me vulevo arrubbà nu
cugnome!») L'eroina entra nel dramma solo quando vuole essere
riconosciuta come «moglie» dal suo sfruttatore perbene e come
«madre» dai suoi figli. Perciò tutte le azioni successive derivano
dal suo bisogno di uscire dal tunnel delle bugie e della dissimula-
zione. Passata la sorpresa iniziale – anche per lo spettatore tra-
sportato di colpo *in medias res* – Filumena rivelerà a Domenico l'e-
sistenza dei tre figli, per poi rivelare ai tre «uomini» che ha gene-
rati la propria e la loro identità.

Ma il suo sforzo di metamorfosi collide con il rifiuto a cambiare
del suo partner; per questo motivo nella didascalia iniziale il rapporto fra i due simula un incontro di pugilato prima che suoni il
gong. La scena appare delimitata agli angoli da quattro personaggi
in posizione immobile. Filumena, *quasi sulla soglia della camera da*

letto, le braccia conserte, [...] è in atteggiamento [...] da belva ferita,
pronta a spiccare il salto sull'avversario. Nell'angolo opposto, e precisamente *in prima quinta a destra,* Domenico è *in pantalone e giacca di*
pigiama, sommariamente abbottonati, pallido e convulso come un domatore che attenda l'aggressione. *A sinistra della stanza, nell'ango*
lo, quasi presso il terrazzo, Rosalia Solimene *segue, ansiosa, i movi*
menti di Domenico, senza perderlo d'occhio un istante. Nel quarto an
golo anche Alfredo Amoroso è *in atteggiamento di attesa* (did., I, pp.
198-99). Bloccando il tempo e i personaggi prima dell'azione, il
drammaturgo crea la *suspense* e si mette, furbescamente, dalla parte del pubblico; e, per la disposizione chiastica degli attori-
personaggi in scena, lo spettatore prova l'impressione di trovarsi al
centro del quadro.

Anche la fine dei primi due atti corrisponde a quella di successive riprese del *match* tra i due antagonisti: quando cala la tela sul
primo, Filumena *canticchia,* seduta *davanti al pubblico,* «Me sto
criscenno nu bello cardillo», in faccia a Domenico che *ride sghi*
gnazzando per umiliarla (did., I, p. 213); al termine del secondo,
ancora lei riuscirà a controbilanciare il peso delle «carte» scritte,
«tutt' 'e llegge d' 'o munno» che potrebbero soffocarla nella sua
ignoranza, con quel «pezzettino» di un «consunto biglietto da
cento» su cui aveva segnato «nu cunticiello»: «Tiene [...] Pecché
uno 'e chilli tre è figlio a te!» (II, p. 234). È la rivalsa di questa
donna mezza cuore e mezza cervello: per aver voluto (e dato) soltanto l'illusione dell'amore, il suo uomo potrà avere in cambio soltanto l'illusione della paternità. Sebbene nel terzo atto lo scontro
fra i duellanti si trasformi in incontro, quando anche Domenico
riesce a comprendere le ragioni di Filumena e a trasformarsi, neppure il lieto fine condurrà alla soluzione dell'ultimo enigma...

Attraverso le significative varianti del *leit-motiv* della protagonista – «'E figlie so' ffiglie!» (atto I); «'E figlie nun se pàvano!»
(atto II); «'E figlie [...] quanno song'uommene, o so' figlie tutte
quante, o so' nemice...» (atto III) – si giungerà alla ripresa-
riconoscimento da parte del suo antagonista: «E figlie so' ffiglie! E
so' pruvvidenza» (III, p. 247). Ma all'inizio Filumena appare sola,
col suo bagaglio di passato, con la sua ostinazione sorda, *senza lacri*
me, a costruirsi un futuro diverso: una *casa* diversa dal buco squallido e soffocante della sua infanzia, al cui confronto persino «chella
"casa" [là... le] pareva na reggia»; pretenderà una casa il cui «calore» non sia quello asfittico dei corpi accalcati, una *famiglia* diversa
da quella che ha avuto lei, non solo perché era povera ma perché
non era una famiglia, «'a famiglia ca s'aunisce pe' nu cunziglio, pe'

nu sfogo» (I, p. 212). La sua solitudine è anche la sua fierezza, d'essere diversa: «(*Quasi gridando*) Nun ll'aggio accise 'e figlie! 'A famiglia... 'a famiglia! Vinticinc'anne ce aggio penzato!» (II, p. 233).

I suoi potenti monologhi scandiscono quindi, di atto in atto, lo svolgimento del dramma, ed esprimono anche il punto di vista dell'autore (quando aderisce al parlato scenico dei suoi protagonisti). Nel primo atto un monologo dialogato teatralizza l'attimo in cui la madre decide di far vivere i propri figli: «Senza vulé, cammenanno cammenanno, me truvaie dint' 'o vico mio, nnanz' all'altarino [...]. L'affruntaie accussí (*Punta i pugni sui fianchi e solleva lo sguardo verso una immaginaria effige, come per parlare alla Vergine da donna a donna*)»; e la recitazione della donna si sdoppia, come se parlasse di nuovo con la «Madonna d' 'e rrose» (I, p. 207). Nel secondo atto la protagonista rivendica di fronte ai figli, contro «'o munno [...] cu' tutt' 'e diritte», il proprio diritto alla maternità: «Vuie me site figlie! [...] (*Piú aggressiva che commossa*) Me site figlie! E io so' Filumena Marturano, e non aggio bisogno 'e parlà...» (II, pp. 231-232). Nel terzo la madre si sforzerà di interrompere, finché è in tempo, l'inchiesta del padre sull'identità del proprio figlio: stavolta *commossa per il tono accorato e affranto* [di Domenico], *cerca di raccogliere tutti i suoi sentimenti piú intimi per trarne, in sintesi, la formula di un discorso persuasivo, che finalmente dia all'uomo delle spiegazioni concrete e definitive* (did., II, pp. 244-45).

Questi monologhi al femminile comunicano attraverso l'intensità e la suggestione delle immagini. Filumena parla «napoletano» anche perché è «analfabeta» (quando si rivolge alla rivale, nel primo atto, si sforza ironicamente di parlare italiano, in un miscuglio grottesco che sfocia però in toni di comando: «Il *preto* è *venute* [...] e *confromme* ha visto che stavo in *agonizzazione* [...] Lèvate 'o càmmese!») Comunque il suo dialetto assume la concretezza poetica d'un linguaggio della memoria, che perfino nell'*incontro mistico* con la Madonna conserva la coscienza della realtà:

> FILUMENA «[...] (*Con arroganza vibrante*) Rispunne!» (*Rifacendo macchinalmente il tono di voce di qualcuno a lei sconosciuto che, in quel momento, parlò da ignota provenienza*) «'E figlie so' ffiglie!» [...] Forse si m'avutavo avarría visto o capito 'a do' veneva 'a voce: 'a dint' a na casa c' 'o balcone apierto, d' 'o vico appriesso, 'a copp' a na fenesta... (I, p. 207).

Il passato ritorna, nel ricordo, intinto nei colori acri d'un vissuto bestiale che spinge uomini e donne alla delinquenza o alla prostituzione: «Avvoca', 'e ssapite chilli vascie... (*Marca la parola*) I bassi [...] Nire, affummecate [...] Addò non ce sta luce manco a miezìuorno [...] 'A sera ce mettévemo attuorno 'a tavula... Unu piatto gruosso e nun saccio quanta furchette. [...] Tenevo trídece anne. [Pàtemo] me dicette: "Te staie facenno grossa, e ccà nun ce sta che magnà, 'o ssaje?"» (II, p. 232). Oppure è un passato immaginario, quasi vezzeggiato dall'evocazione nostalgica d'una felicità negata, anche a questa attrice plebea che s'è ribellata alle leggi del mondo: «Dummi', 'o bello d' 'e figlie l'avimmo perduto!... 'E figlie so' chille che se teneno mbraccia, quanno so' piccerille, ca te dànno preoccupazione quanno stanno malate e nun te sanno dicere che se séntono... Che te corrono incontro cu' 'e braccelle aperte, dicenno: "Papà!"... Chille ca 'e vvide 'e vení d' 'a scola cu' 'e manelle fredde e 'o nasillo russo e te cercano 'a bella cosa...» (III, p. 245).

Dal conflitto intimo fra *passato reale* e *passato ideale* deriva l'ossessione famigliaristica di Filumena Marturano: visionaria d'un presepio mitico fondato sulla comunicazione e sulla solidarietà, come quello di Luca Cupiello. Ma il «presepio» la donna ha faticato a farselo con «criature» di carne: ha lottato per farle nascere e crescere, contro la volontà degli uomini come Domenico; anche rubando a quel padre che «no una, ma ciento vote, [...] l'avarisse fatto accídere» (II, p. 235) suo figlio. L'idea fissa della protagonista le ha fatto attraversare una *via crucis* di umiliazioni e di fatiche; vigile e pronta ai cambiamenti d'umore del suo «padrone», ma mai «sottomessa», senza mai dargli la soddisfazione di vederla piangere. Solo di fronte alla resa di quell'antagonista ormai *completamente mutato* (*È divenuto mite, quasi umile. I capelli sono un po' piú bianchi*) (did., III, p. 236) la sua rivalsa sembra comprendere anche un'affettuosa preoccupazione per lui. E in questo dialogo, finalmente alla pari, Filumena usa sintomaticamente anche l'italiano: se lei sciogliesse l'ultimo enigma, lui continuerebbe a rincorrere il passato nel proprio figlio, egoisticamente: «Dummi'... e sarebbe la nostra rovina. [...] L'inferno!... Tu capisci che l'interesse li metterebbe l'uno contro l'altro... Sono tre uomini» (III, p. 245).

Domenico Soriano è «personaggio immobile» finché rifiuta di maturare, di invecchiare con saggezza. Quando si dichiara vinto e cambia, anche lo spettatore (indotto dall'autore-attore) può provare compassione per lui. Una compassione non priva, al solito, di contraccolpi comici: come nella scena in cui questo padre in cerca di identità conduce un'indagine guardinga per scoprire nei tre giovani *un gesto, un accento, ricollegabile alla sua giovinezza*, e alla fine resta deluso e irritato dal coretto *scordato e inumano* di quei «napulitane ca nun sanno cantà!» (did., III, pp. 239-41). Ma già nel secondo atto il gioco di *calembours* sulle manie napoletane del «caffè» e dei «tribunali» che rende equivoco il dialogo fra padrone e galoppino (Domenico: «Ma io ricorro in tribunale, in appello, 'a Corte suprema!»; Alfredo, *sbalordito*: «Don Dummi', p'ammor' 'a Madonna! Pe' nu surzo 'e cafè?») è capace di provocare, con la risata, la riflessione del pubblico:

> DOMENICO   Che parlo a ffa cu' te? [...] D' 'o passato... Ma te pozzo parlà d' 'o ppresente? [...] Mo me sento finito, senza vuluntà, senza entusiasmo! E chello che ffaccio, 'o ffaccio pe' dimustrà a me stesso ca nun è overo, ca songo ancora forte, ca pozzo ancora vencere l'uommene, 'e ccose, 'a morte...   (II, pp. 219-20).

Il grottesco introduce il motivo cechoviano degli «anni che passano per tutti quanti»: quella malinconia dell'invecchiare che attraversa anche il teatro di Eduardo (a partire da *Gennareniello* e da *La parte di Amleto*), talvolta anche con rabbia (come in *Uno coi capelli bianchi*). Ma il tema si coniuga alla fine di questa commedia con il grande motivo della vita che si prolunga oltre la morte stessa, nella speranza d'una rigenerazione terrena attraverso i figli, tutti i figli del mondo. È l'ultima chance per Don Mimí Soriano, grande intenditore di donne e di cavalli: «'E cavalle nuoste [...] se so' fermate [...] (*Mostra i giovanotti*) Mo hann' 'a correre lloro! [...] Che figura faciarríamo si vuléssemo fa' correre ancora 'e cavalle nuoste?» (III, p. 247).

Come nel terzo atto di *Napoli milionaria!*, il linguaggio del personaggio protagonista, qui eccezionalmente femminile, raggiunge la comunicazione con quello degli altri, anche attraverso la riappropriazione del dialetto da parte dell'antagonista redento; solo allora la donna che riveste concretamente il motivo della Maternità può mostrare i suoi piccoli peccati di egoismo, la sùe debolezze, riuscendo finalmente a *sciogliersi in lacrime* nel rito catartico della quotidianità:

> DOMENICO (*stringendola teneramente a sé*)   È niente... è niente. He curruto... he curruto... te si mmisa appaura... si' caduta... te si' aizata... te si' arranfecata... [...] Mo nun he 'a correre cchiú, non he 'a penzà cchiú... Ripòsate! [...] 'E figlie so' ffiglie... E so' tutte eguale... Hai ragione, Filume', hai ragione tu!... (*E tracanna il suo vino, mentre cala la tela*).   (III, p. 248).

«L'idea di Filumena Marturano, – racconta Eduardo, – mi nacque alla lettura di una notizia: una donna a Napoli, che conviveva con un uomo senza esserne la moglie, era riuscita a farsi sposare soltanto fingendosi moribonda. Questo era il fattarello piccante, ma minuscolo: da esso trassi la vicenda ben piú vasta e patetica di Filumena, la piú cara delle mie creature» («Oggi», 5 gennaio 1956). La commedia fu scritta «per confessione dello stesso autore, in pochissimo tempo: avrebbe dovuto rappresentare la "copertura" nel caso di un insuccesso dei *Fantasmi*» (G. Magliulo, *Eduardo De Filippo* cit., p. 62); ma avrebbe dovuto rappresentare anche e soprattutto, come di fatto rappresentò, un risarcimento per Titina, da sempre comprimaria e ora finalmente protagonista di un'opera del fratello. La prima lettura del copione di *Filumena Marturano* fu fatta, narra proprio Titina, dopo una cena a casa di Eduardo, a Parco Grifeo; c'erano gli amici di quel periodo, Paolo Ricci, Achille Vesce, Gino Capriolo con sua moglie, i coniugi Ruffo, e qualche altro. Il primo atto fu approvato da tutti, ma dopo il secondo e il terzo nessuno osava parlare; tranne poi Achille Vesce che approvò il personaggio e la vicenda. Titina pensò che la commedia apparisse audace o addirittura pericolosa (cfr. A. Carloni, *Titina De Filippo*, Rusconi, Milano 1984, p. 115).

Filumena Marturano è stata rappresentata la prima volta il 7 novembre 1946, al Teatro Politeama di Napoli, dalla compagnia «Il Teatro di Eduardo con Titina De Filippo» per la regia di Eduardo, con Eduardo (Domenico) e Titina De Filippo (Filumena), Tina Pica (Rosalia Solimene), Giovanni Amato (Alfredo Amoroso), Elena Altieri (Diana), Clara Crispo (Lucia), Camillo Bonanni (Umberto), Vittoria Crispo (Teresina), Aldo Landi (Riccardo), Piero Ragucci (Nocella), Giacomo Furia (Michele), Ettore Carloni (Primo facchino), N.Marchi (Secondo facchino). Pubblico e critica l'accolsero complessivamente bene, ma gli applausi non ebbero quel calore d'entusiasmo al quale la compagnia era abituata.

Ben diverso l'esito della prima romana dello spettacolo, al Teatro Eliseo, l'8 gennaio 1947, con applausi a scena aperta all'attrice protagonista che, come racconta la stessa Titina, era riuscita ad avere la meglio sullo sguardo da domatore del fratello, comprimario ma anche autore e regista («Non voglio essere un grammofono!»); lo strepitoso successo di *Filumena* continuò a Torino, al Teatro Carignano, il 16 marzo 1947, e a Milano, al Teatro Mediolanum, il 14 aprile 1947. In questi mesi la compagnia dà una recita speciale per la Stampa parlamentare, presenti tutti i leader politici: Nenni, De Gasperi, Terracini, Orlando, Togliatti. Il 13 luglio 1947 la compagnia viene ricevuta dal papa Pio XII, e Titina recita il monologo-dialogo con la Madonna (la «Domenica del Corriere» dedica una copertina all'evento).

Dal giorno della prima *Filumena Marturano* viene ripresa tutti gli anni fino alla stagione 1951-52; nello spettacolo del 15 maggio 1951, al Teatro Eliseo di Roma, questi sono gli interpreti: Titina De Filippo (Filumena), Eduardo (Domenico), Carlo Pennetti (Alfredo Amoroso); Vittoria Crispo (Rosalia Solimene), Clara Crispo (Diana), Rosita Pisano (Lucia), Enzo Donzelli (Umberto), Antonio La Raina (Riccardo), Aldo Giuffrè (Michele), Pietro Carloni (Nocella), Giulia D'Aprile (Teresina), Mario Frera (Un garzone).

Nel 1951 Eduardo dirige il film omonimo, con la sceneggiatura sua e di Piero Tellini, la fotografia di Leonida Barboni, la scenografia di Piero Filippone, la musica di Nino Rota. Ne sono interpreti Eduardo (Domenico) e Titina (Filumena), Tamara Lees, Tina Pica, Carlo Pennetti, Gianni Glori, Aldo Giuffrè, Luigi De Filippo, Rosita Pisano, Domenico Modugno. Dal 1959 in poi il ruolo della protagonista passerà a Regina Bianchi (a causa della malattia cardiaca di Titina).

La messinscena televisiva della commedia, registrata da studio, viene trasmessa la prima volta il 5 febbraio 1962 (Raidue). La regia è di Eduardo; regista collaboratore Stefano De Stefani; scene di Tommaso Passalacqua; luci di Alberto Caracciolo. Gli interpreti della compagnia «Il Teatro di Eduardo» sono: Regina Bianchi (Filumena); Eduardo (Domenico); Enzo Petito (Alfredo Amoroso); Nina De Padova (Rosalia Solimene); Elena Tilena (Diana); Angela Pagano (Lucia); Gennarino Palumbo (Umberto); Carlo Lima (Riccardo); Antonio Casagrande (Michele); Pietro Carloni (Nocella); Maria Hilde Renzi (Teresina); Bruno Sorrentino (Primo facchino); Antonio Ercolano (Secondo facchino).

Tre anni dopo esce la seconda versione cinematografica, con il titolo *Matrimonio all'italiana*, diretta da Vittorio De Sica, con Sofia Loren e Marcello Mastroianni nelle parti dei protagonisti.

Filumena Marturano è la commedia di Eduardo piú rappresentata fuori d'Italia, con oltre sessanta edizioni fra cui si segnalano: 1948, Buenos Aires, Teatro Politeama (poi Smart, Odeon, El Nacional per oltre mille repliche), con Tita Morello; 1951, Berlino, Teatro Schiller (e *tournée* in numerosi teatri della Germania), con Käthe Dorsch; 1952, Parigi, Théâtre de la Reinaissance (per due anni), con Valentine Tessier; 1956, Mosca, Teatro Malyj e Teatro Vachtangov, con Cecilia Mansurova; 1956, New York, Lyceum Theatre, con Kathy Jurado. Ricordiamo in particolare Joan Plowright, interprete di Filumena nel 1977 al Lyric di Londra (per la regia di Franco Zeffirelli), e poi anche nel 1979-80, nelle due edizioni di Boston e di New York (St. James Theatre), per la regia di Laurence Olivier.

In Italia, *Filumena* è stata interpretata da Valeria Moriconi nella stagione teatrale 1986-87, per la regia di Egisto Marcucci; scene e costumi di Uberto Bertacca, musiche di Bruno Colli. Interpreti di questa edizione della commedia: Valeria Moriconi (Filumena); Massimo De Francovich (Domenico); Linda Moretti (Rosalia Solimene); Dario Cantarelli (Alfredo Amoroso); Mariangela D'Abbraccio (Diana); Marioletta Bideri (Lucia); Giancarlo Cosentino (Umberto); Massimo Abbate (Riccardo); Patrizio Rispo (Michele); Luciano D'Amico (Nocella); Lucio Sasso (Facchino).

Il testo di *Filumena Marturano* compare nella prima edizione Einaudi del primo volume della *Cantata dei giorni dispari*, del 1951; rimane sostanzialmente invariato nel volume anche nelle successive ristampe o edizioni rivedute della stessa *Cantata*. Esce in *I capolavori di Eduardo* fin dalla loro edizione Einaudi del 1973. Tuttavia la prima stesura comprendeva anche il personaggio di una fanciulla che porta un mazzo di fiori a Filumena nel giorno delle nozze: dice che l'ha mandata sua madre che a lei deve tutto; ma non sa che sua madre è una prostituta redenta, una compagna che Filumena ha convinto a non abortire (cfr. M. Giammusso, *Vita di Eduardo* cit., p. 188). La scena sparisce dal copione definitivo, forse perché Eduardo la ritenne troppo patetica.

Personaggi

Filumena Marturano
Domenico Soriano, ricco dolciere
Alfredo Amoroso, 'o cucchieriello
Rosalia Solimene, confidente di Filumena
Diana, giovane «fiamma» di Soriano
Lucia, cameriera
Umberto, studente
Riccardo, commerciante
Michele, operaio
L'avvocato Nocella
Teresina, sarta
Primo Facchino
Secondo Facchino

In Casa Soriano.
Spaziosa stanza da pranzo in un deciso «stile 900» sfarzosamente arredata, con gusto, però, alquanto medio. Qualche quadro e qualche ninnolo, che ricordano teneramente l'epoca umbertina e che, evidentemente, un tempo, completarono l'arredamento della casa paterna di Domenico Soriano, disposti con cura alle pareti e sui mobili, stridono violentemente con tutto il resto. La porta, in prima quinta a sinistra, è quella che introduce nella camera da letto. In seconda quinta, sempre a sinistra, taglia l'angolo della stanza un grande telaio a vetri che lascia vedere un ampio terrazzo fiorito, protetto da una tenda di tela a strisce colorate. In fondo a destra, la porta di ingresso. A destra, la stanza si spazia inoltrandosi profondamente in quinta e lasciando scorgere, attraverso un grande vano e l'apertura a metà di una tenda serica, lo «studio» del padrone di casa. Anche per l'arredamento del suo «studio» Domenico Soriano ha preferito lo «stile 900». È di questo stile anche il mobile vetrinato che protegge e mette in mostra una grande quantità di coppe di vario metallo e di differenti dimensioni e forme: «Primi premi» guadagnati dai suoi cavalli da corsa. Due «bandiere» incrociate sulla parete di fronte, dietro uno scrittoio, testimoniano le vittorie conseguite alla festa di Montevergine. Non un libro, non un giornale, non una carta. Quell'angolo, che soltanto Domenico Soriano osa chiamare «lo studio», è ordinato e lindo, ma senza vita. Il tavolo centrale, nella stanza da pranzo, è apparecchiato per due coperti, con un certo gusto ed anche ricercatezza: non vi manca un «centro» di rose rosse freschissime. Primavera inoltrata: quasi estate. È l'imbrunire. Le ultime luci del giorno dileguano per il terrazzo.
In piedi, quasi sulla soglia della camera da letto, le braccia conserte, in atto di sfida, sta Filumena Marturano. Indossa una candida e lunga camicia da notte. Capelli in disordine e ravvia-

ti in fretta. Piedi nudi nelle pantofole scendiletto. I tratti del volto di questa donna sono tormentati: segno di un passato di lotte e di tristezze. Non ha un aspetto grossolano, Filumena, ma non può nascondere la sua origine plebea: non lo vorrebbe nemmeno. I suoi gesti sono larghi e aperti; il tono della sua voce è sempre franco e deciso, da donna cosciente, ricca d'intelligenza istintiva e di forza morale, da donna che conosce le leggi della vita a modo suo, e a modo suo le affronta. Non ha che quarantotto anni, denunziati da qualche filo d'argento alle tempie, non già dagli occhi che hanno conservato la vivezza giovanile del «nero» napoletano. Ella è pallida, cadaverica, un po' per la finzione di cui si è fatta protagonista, quella cioè di lasciarsi ritenere prossima alla fine, un po' per la bufera che, ormai, inevitabilmente dovrà affrontare. Ma ella non ha paura: è in atteggiamento, anzi, da belva ferita, pronta a spiccare il salto sull'avversario.

Nell'angolo opposto, precisamente in prima quinta a destra, Domenico Soriano affronta la donna con la decisa volontà di colui il quale non vede limiti né ostacoli, pur di far trionfare la sua sacrosanta ragione, pur di spezzare l'infamia e mettere a nudo, di fronte al mondo, la bassezza con cui fu possibile ingannarlo. Si sente offeso, oltraggiato, colpito in qualche cosa, secondo lui, di sacro, che non può né intende confessare. Il fatto, poi, che egli possa apparire un vinto al cospetto della gente, gli sconvolge addirittura il cervello, gli fa perdere i lumi della ragione. È un uomo robusto, sano, sui cinquant'anni. Cinquant'anni ben vissuti. Gli agi e la cospicua posizione finanziaria lo hanno conservato di spirito acceso e di aspetto giovanile. La «buonanima» di suo padre, Raimondo Soriano, uno tra i più ricchi e furbi dolcieri di Napoli, che aveva fabbriche ai Vergini ed a Forcella, nonché negozi accorsatissimi a Toledo e a Foria, non aveva occhi che per lui. I capricci di don Domenico (da giovanotto era conosciuto come: «'O signurino don Mimí»), non avevano limiti, né per la loro stravaganza, né per la loro originalità. Fecero epoca; si raccontano ancora a Napoli. Appassionato amatore di cavalli, è capace di trascorrere mezze giornate a rievocare con gli amici le prodezze agonistiche, le «gesta» dei più importanti esemplari equini che passarono per le sue nutrite scuderie. Ora è lí, in pantalone e giacca di pigiama, sommariamente abbottonati, pallido e convulso di fronte a Filumena, a quella donna «da niente» che, per tanti anni, è stata trattata da lui come una schiava e che ora lo tiene in pugno, per schiacciarlo come un pulcino.

A sinistra della stanza, nell'angolo, quasi presso il terrazzo, si scorge, in piedi, la mite ed umile figura di donna Rosalia Solimene. Ha settantacinque anni. Il colore dei suoi capelli è incerto: piú deciso per il bianco che per il grigio. Indossa un vestito scuro, «tinta morta». Un po' curva, ma ancora piena di vitalità. Abitava in un «basso», al vico San Liborio, di fronte a quello abitato dalla famiglia Marturano, di cui conosce «vita, morte e miracoli». Conobbe, fin dalla piú tenera età, Filumena; le fu vicina nei momenti piú tristi della sua esistenza, senza mai lesinarle quelle parole di conforto, di comprensione, di tenerezza che soltanto le nostre donne del popolo sanno prodigare e che sono un vero balsamo al cuore di chi soffre. Ella segue, ansiosa, i movimenti di Domenico, senza perderlo d'occhio un istante. Conosce, per dura esperienza, gli effetti dell'irascibilità di quell'uomo, per cui, pervasa dal terrore, non batte ciglio, come impietrita.

Nel quarto angolo della stanza si scorge un altro personaggio: Alfredo Amoroso. È un simpatico uomo sui sessant'anni, di struttura solida, nerboruto, vigoroso. Dai compagni gli fu appioppato il nomignolo di «'O cucchieriello». Era bravo, infatti, come guidatore di cavalli, per cui fu assunto da Domenico, ed al suo fianco rimase in seguito, ricoprendo il ruolo di uomo di fatica, capro espiatorio, ruffiano, amico. Egli riassume tutto il passato del suo padrone. Basta osservare il modo con cui guarda Domenico, per comprendere fino a qual punto gli sia rimasto fedele e devoto, con la massima abnegazione. Indossa una giacca grigia un po' «risicata» ma di taglio perfetto, pantalone di altro colore e berretto a «scorz' 'e nucella» messo sul capo un po' a sghembo. Ostenta, al centro del panciotto, una catena d'oro. È in atteggiamento di attesa. È, forse, il piú sereno di tutti. Conosce il suo padrone. Quante volte le ha buscate per lui! Quando va su il sipario, cosí troviamo i quattro personaggi, in questa posizione da «quattro cantoni». Sembra che stiano lí, per divertirsi come dei bimbi; ed è la vita invece che li ha scaraventati cosí, l'uno contro l'altro.

Pausa lunga.

DOMENICO (*schiaffeggiandosi ripetutamente con veemenza ed esasperazione*) Pazzo, pazzo, pazzo! Ciento vote, mille vote!

ALFREDO (*con un timido gesto interviene*) Ma che ffacite?

Rosalia si avvicina a Filumena e le pone sulle spalle uno scialle che avrà preso da una sedia sul fondo.

DOMENICO Io songo n'ommo 'e niente! Io m'aggia mettere nnanz' 'o specchio e nun m'aggi' 'a stancà maie 'e me sputà nfaccia. (*Con un lampo di odio negli occhi a Filumena*) Vicino a tte, vicino a tte aggio iettata 'a vita mia: vinticinc'anne 'e salute, 'e forza, 'e cervella, 'e giuventú! E che ato vuó? C'ato t'ha da da' Domenico Soriano? Pure 'o riesto 'e sta pelle, che nn'avite fatto chello ch'avite voluto vuie? (*Inveendo contro tutti, come fuori di sé*) Tutti hanno fatto chello che hanno vuluto! (*Contro se stesso con disprezzo*) Mentre tu te credive Giesú Cristo sciso nterra, tutte quante facevano chello ca vulevano d' 'a pella toia! (*Mostrando un po' tutti, con atto d'accusa*) Tu, tu, tu... 'o vico, 'o quartiere, Napule, 'o munno... Tutte quante m'hanno pigliato pe' fesso, sempe! (*Il pensiero del tiro giuocatogli da Filumena gli torna alla mente d'improvviso e gli fa ribollire il sangue*) Io nun ce pozzo penzà! Già, me l'avev' 'a aspettà! Sulamente na femmena comm' a tte, puteva arrivà addó si' arrivata tu! Nun te putive smentí! Vinticinc'anne nun te putevano cagnà! Ma nun te credere ch' he vinciuto 'o punto: 'o punto nun ll'he vinciuto! Io t'accido e te pavo tre sorde. Na femmena comm' a tte tanto se pava: tre sorde! E a tutte chille ca t'hanno tenuto mano: 'o miédeco, 'o prèvete... (*mostrando Rosalia che trasale e Alfredo che, invece, è tranquillo, con aria minacciosa*) ...sti duie schifuse, ca ll'aggio dato a magnà pe' tant'anne... v'accido a tutte quante!... (*Risoluto*) 'O rivòlvere... Dàteme 'o rivòlvere!

ALFREDO (*calmo*) 'E ppurtaie tutt' e dduie addu l'armiere p' 'e ffa' pulezzà. Comme dicísteve vuie.

DOMENICO Quanta cose aggio ditto io... e quante me n'hanno fatto dícere afforza! Ma mo è fernuta, 'o vví! Me so' scetato, aggio capito!... (*A Filumena*) Tu te ne vaie... e si nun te ne vaie tu cu' 'e piede tuoie, overamente morta iesce 'a ccà ddinto. Nun ce sta legge, nun ce sta Padreterno ca pò piegà a Domenico Soriano. Attacco 'e falzo a tutte quante! Ve faccio ji' ngalera! 'E denare 'e ttengo e abballammo, Filume'! Te faccio abballà comme dich'io. Quann'aggio fatto sapé chi si' stata tu, e 'a copp' a qua' casa te venette a piglià, m'hann' 'a da' ragione afforza! E te distruggo, Filume', te distruggo! (*Pausa*).

FILUMENA (*niente affatto impressionata, sicura del fatto suo*) He fernuto? He 'a dicere niente cchiú?

DOMENICO (*di scatto*) Statte zitta, nun parlà, nun me fido 'e te
sèntere! (*Basta la voce di quella donna per sconvolgerlo*).

FILUMENA Io quanno t'aggio ditto tutto chello che tengo ccà
ncoppo, 'o vvi'? (*mostra lo stomaco*) nun te guardo cchiú nfaccia, e 'a voce mia nun 'a siente cchiú!

DOMENICO (*con disprezzo*) Malafemmena! Malafemmena si' stata, e tale si' rimasta!

FILUMENA E c'è bisogno d' 'o dícere accussí, comm' 'o ddice
tu? Ched'è, na nuvità? Nun 'o ssanno tutte quante, io chi so'
stata, e addó stevo? Però, addó stev'io, ce venive tu... Tu
nzieme all'ate! E comm' all'ate t'aggio trattato. Pecché t'avev' 'a
trattà 'e n'ata manera, a te? Nun songo tutte eguale ll'uommene? Quello che ho fatto, me lo piango io e la mia coscienza.
Mo te so' mugliera. E 'a ccà nun me mòveno manco 'e carabiniere!

DOMENICO Mugliera? Ma mugliera a chi? Filume', tu me stisse
danno 'e númmere, stasera? A chi te si' spusata?

FILUMENA (*fredda*) A te!

DOMENICO Ma tu si' pazza! L'inganno è palese. Tengo 'e testimone. (*Mostra Alfredo e Rosalia*).

ROSALIA (*pronta*) Io nun saccio niente... (*Non vuole essere tirata in ballo in una questione tanto grave*) Io saccio sulamente ca
donna Filumena s'è coricata, s'è aggravata e si è messa in agonia. Niente m'ha ditto e niente aggiu capito.

DOMENICO (*ad Alfredo*) Tu nemmeno saie niente? Tu nemmeno sapevi che l'agonia era una finzione?

ALFREDO Don Dummi', p'ammor' 'a Madonna! Chella, donna
Filumena me tene ncopp' 'o stommaco, faceva 'a cunfidenza a
me?

ROSALIA (*a Domenico*) E 'o prèvete?... Il prete, chi m'ha ditto
d' 'o ji' a chiammà? Nun me l'avite ditto vuie?

DOMENICO Pecché essa... (*mostra Filumena*) 'o cercava. E io p'
'a fa' cuntenta...

FILUMENA Pecché nun te pareva overo ca io me ne ievo all'atu
munno. Nun ce stive dint' 'e panne, penzanno ca finalmente
me te levave 'a tuorno!

DOMENICO (*dispettoso*) Brava! Ll'he capito! E quanno 'o prèvete, doppo che aveva parlato cu' te, me dicette: «Sposatela *in
extremis*, povera donna, è l'unico suo desiderio; perfezionate
questo vincolo con la benedizione del Signore»... io dicette...

FILUMENA ... «Tanto che ce perdo? Chella sta murenno. È questione 'e n'atu paro d'ore e m' 'a levo 'a tuorno». (*Beffarda*) È

rimasto male, don Domenico, quanno, appena se n'è ghiuto 'o
prèvete, me so' mmenata 'a dint' 'o lietto e ll'aggio ditto:
«Don Dummi' tanti auguri: simmo marito e mugliera!»

ROSALIA   Io aggio fatto chillu zumpo! E m'è venuta chella resata! (*Ne ride ancora*) Giesú, ma comme l'ha fatta naturale tutta
'a malatia.

ALFREDO   E pure l'agonia!

DOMENICO   Vuie stateve zitte, si no ve metto in agonia a tutt' 'e
duie! (*Escludendo qualsiasi probabilità di debolezza da parte sua*) Nun pò essere, nun pò essere! (*D'un tratto, ricordando un altro personaggio che, secondo lui, potrebbe essere il
solo responsabile*) E 'o miédeco? Ma comme, tu si' miédeco...!
'A scienza addó è ghiuta a ferní? Tu si' miédeco e nun te
n'adduone ca chella sta bona, ca te sta facenno scemo?

ALFREDO   Forse, secondo me, si è sbagliato.

DOMENICO (*con disprezzo*) Statte zitto, Alfre'. (*Deciso*) E 'o
miédeco pava! Isso pava pe' quant'è certo Dio! Pecché isso è
stato d'accordo, nun pò essere in buona fede. (*A Filumena, con
malizia*) Ha mangiato, è ove'?... Ll'he dato denare...

FILUMENA (*nauseata*)   E chesto capisce tu: 'e denare! E cu' 'e
denare t'he accattato tutto chello ca he voluto! Pure a me
t'accattaste cu' 'e denare! Pecché tu ire don Mimí Soriano: 'e
meglie sarte, 'e meglie cammesare... 'e cavalle tuoie currevano:
tu 'e ffacive correre... Ma Filumena Marturano ha fatto correre
essa a te! E currive senza ca te n'addunave... E ancora he 'a
correre, ancora he 'a iettà 'o sango a capí comme se campa e se
prucede 'a galantomo! 'O miédeco nun sapeva niente. Ce ha
creduto pur'isso, e ce avev' 'a credere! Qualunque femmena,
doppo vintincinc'anne che ha passato vicino a te, se mette in
agonia. T'aggio fatto 'a serva! (*A Rosalia e Alfredo*) 'A serva
ll'aggio fatta pe' vinticinc'anne, e vuie 'o ssapite. Quanno isso
parteva pe' se spassà: Londra, Parigge, 'e ccorse, io facevo 'a
carabbiniera: d' 'a fabbrica a Furcella, a chella d' 'e Vírgene e
dint' 'e magazzine a Tuledo e a Furia, pecché si no 'e dipenden-
te suoie ll'avarríeno spugliato vivo! (*Imitando un tono ipocrita di Domenico*) «Si nun tenesse a te...» «Filume', si' na femmena!» Ll'aggio purtata 'a casa nnanze meglio 'e na mugliera!
Ll'aggio lavate 'e piede! E no mo ca so' vecchia, ma quann'ero
figliola. E maie ca me fosse sentuta vicin'a isso apprezzata, ricu-
nusciuta, maie! Sempe comm' a na cammarera c' 'a nu mumento all'ato se pò mettere for' 'a porta!

DOMENICO   E maie ca t'avesse visto sottomessa, che ssaccio? com-

prensiva, in fondo, della situazione reale che esisteva tra me e
te. Sempe cu' na faccia storta, strafuttente... ca tu dice: «Ma
avesse tuorto io?... Ll'avesse fatto quacche cosa?» Avesse visto maie na lagrima dint' a chill'uocchie! Maie! Quant'anne
simmo state nzieme, nun ll'aggio vista maie 'e chiagnere!

FILUMENA   E avev' 'a chiagnere pe' te? Era troppo bello 'o mobile.

DOMENICO   Lassa sta 'o mobile. Un'anima in pena, senza pace,
maie. Una donna che non piange, non mangia, non dorme. T'a-
vesse visto maie 'e durmí. N'ànema dannata, chesto sí'.

FILUMENA   E quanno me vulive vedé 'e durmí, tu? 'A strada
d' 'a casa t' 'a scurdave. 'E mmeglie feste, 'e meglie Natale me
ll'aggio passate sola comm' a na cana. Saie quanno se chiagne?
Quanno se cunosce 'o bbene e nun se pò avé! Ma Filumena
Marturano bene nun ne cunosce... e quanno se cunosce sulo 'o
mmale nun se chiagne. 'A suddisfazione 'e chiagnere, Filumena
Marturano, nun l'ha pututa maie avé! Comm' a ll'ultima femmena m' he trattato, sempe! (*A Rosalia e Alfredo, unici testimoni delle sacrosante verità che dice*) E nun parlammo 'e quann'isso era giovane, che uno puteva dicere: «Tene 'e sorde, 'a presenza...» Ma mo, all'úrdemo all'úrdemo, a cinquantaduie anne, se retira cu' 'e fazzulette spuorche 'e russetto, ca me fanno
schifo... (*A Rosalia*) Addó stanno?

ROSALIA   Stanno cunservate.

FILUMENA   Senza nu poco 'e prudenza, senza penzà: «È mmeglio ca 'e llevo 'a miezo... si chella 'e ttrova?» Ma già, si chella
'e ttrova, e che ffa? Chi è essa? Che diritto tene? E se nzallani-
sce appriesso a chella...

DOMENICO   (*come colto in fallo reagisce, furente*)   A chella
chi?... A chella chi?

FILUMENA (*niente affatto intimidita, con maggiore violenza di Domenico*)   Appriesso a chella schifosa! Che te cride ca nun l'avevo capito? Tu buscie nun ne saie dicere, e chisto è 'o difetto
tuio. Cinquantaduie anne, e se pérmette 'e se mettere cu' na
figliola 'e vintiduie! Nun se ne mette scuorno! E mm' 'a mette
dint' 'a casa, dicenno ca era l'infermiera... Pecché isso se credeva overo ca io stevo murenno... (*Come raccontando una cosa
incredibile*) E nun cchiú tarde 'e n'ora fa, prima ca veneva 'o
prèvete pe' ce spusà, se credevano ca io stevo pe' da' ll'anema a
Dio e nun 'e vvedevo, vicin' 'o lietto mio s'abbracciavano e se
vasavano! (*Con irrefrenabile senso di nausea*) Madonna... quanto me faie schifo! E se io stevo murenno overamente, tu chesto

avisse fatto? Già, io murevo, e 'a tavola apparicchiata (*la indi-*
ca) pe' isso e chella morta allerta...

DOMENICO   Ma pecché, tu murive e io nun avev' 'a magnà
cchiú? Nun m'avev' 'a sustené?

FILUMENA   Ch'e rrose mmiez' 'a tavula?

DOMENICO   Ch'e rrose mmiez' 'a tavula!

FILUMENA   Rosse?

DOMENICO   (*esasperato*)   Rosse, verde, paunazze. Ma pecché,
nun ero padrone d' 'e mmettere? Nun ero padrone 'e me fa
piacere ca tu murive?

FILUMENA   Ma io nun so' morta! (*Dispettosa*) E nun moro pe'
mo, Dummi'.

DOMENICO   E questo è il piccolo contrattempo. (*Pausa*). Ma io
nun me faccio capace. Si tu m'he trattato sempre comm' a
tutte quante ll'ate, pecché, secondo te, ll'uommene so' tutte
eguale, che te mpurtava 'e te spusà a mme? E se io me so'
nnammurato 'e n'ata femmena e mm' 'a vulevo spusà... e mm' 'a
sposo, pecché io a Diana m' 'a sposo, che te ne mporta si tene
o nun tene vintiduie anne?

FILUMENA   (*ironica*)   Quanto me faie ridere! E quanto me faie
pena! Ma che me ne mporta 'e te, d' 'a figliola che t'ha fatto
perdere 'a capa, 'e tutto chello ca me dice? Ma tu te cride
overo ca io ll'aggio fatto pe' te? Ma io nun te curo, nun t'aggio
maie curato. Na femmena comm' a mme, ll'he ditto tu e mm' 'o
stai dicenno 'a vinticinc'anne, se fa 'e cunte. Me sierve... Tu,
me sierve! Tu te credive ca doppo vinticinc'anne c'aggiu fatto
'a vaiassa vicino a tte, me ne ievo accussí, cu' na mano nnanze e
n'ata areto?

DOMENICO   (*con aria trionfante, credendo di aver compresa la ra-*
gione reconditta della beffa di Filumena)   'E denare! E nun te
l'avarría date? Secondo te, Domenico Soriano, figlio a Raimondo Soriano (*borioso*) uno dei piú importanti e seri dolcieri di
Napoli, nun avarría penzato a te mettere na casa, e a nun te fa'
avé cchiú bisogno 'e nisciuno?

FILUMENA   (*avvilita per l'incomprensione, con disprezzo*)   Ma
statte zitto! Ma è possibile ca vuiate uommene nun capite maie
niente?... Qua' denare, Dummi'? Astipatille cu' bbona salute
'e denare. È n'ata cosa che voglio 'a te... e m' 'a daie! Tengo tre
figlie, Dummi'!

Domenico e Alfredo rimangono sbalorditi. Rosalia rimane, invece, impassibile.

DOMENICO   Tre figlie?! Filume', ma che staie dicenno?

FILUMENA (*macchinalmente, ripete*)   Tengo tre figlie, Dummi'!

DOMENICO (*smarrito*)   E... a chi so' figlie?

FILUMENA (*a cui non è sfuggito il timore di Domenico, fredda*)
All'uommene comm' a tte!

DOMENICO   Filume'... Filume', tu staie pazzianno c' 'o ffuoco! Che
vo' dicere: «A ll'uommene comm' a tte»?

FILUMENA   Pecché site tutte eguale.

DOMENICO (*a Rosalia*)   Vuie 'o ssapíveve?

ROSALIA   Gnorsí, chesto 'o ssapevo.

DOMENICO (*ad Alfredo*)   E tu?

ALFREDO (*pronto per scagionarsi*)   No. Donna Filumena mi
odia, ve l'ho detto.

DOMENICO (*non ancora convinto della realtà dei fatti, come a se
stesso*)   Tre figlie! (*A Filumena*) E quante anne tèneno?

FILUMENA   'O cchiú gruosso tene vintisei anne.

DOMENICO   Vintisei anne?

FILUMENA   E nun fa' sta faccia! Nun te mettere paura: nun so'
figlie a te.

DOMENICO (*alquanto rinfrancato*)   E te cunòsceno? Ve parlate,
sanno che tu si' 'a mamma?

FILUMENA   No. Ma 'e vveco sempe e ce parlo.

DOMENICO   Addó stanno? Che ffanno? Comme càmpano?

FILUMENA   Cu' 'e denare tuoie!

DOMENICO (*sorpreso*)   Ch' 'e denare mieie?

FILUMENA   Eh, cu' 'e denare tuoie. T'aggio arrubbato! T'arrubbavo 'e denare 'a dint' 'o portafoglio! T'arrubbavo dint' all'uocchie.

DOMENICO (*con disprezzo*)   Mariola!

FILUMENA (*imperterrita*)   T'aggio arrubbato! Te vennevo 'e vestite, 'e scarpe! E nun te ne si' maie accorto! Chill'aniello c' 'o
brillante, t' 'o ricuorde? Te dicette ca ll'avevo perduto: m' 'o
vennette. Cu' 'e denare tuoie, aggio crisciuto 'e figlie mieie.

DOMENICO (*disgustato*)   Io tenevo 'a mariola dint' 'a casa! Ma
che femmena si' tu?

FILUMENA (*come se non lo avesse ascoltato, continua*)   Uno tene 'a puteca 'o vicolo appriesso: fa 'o stagnaro.

ROSALIA (*alla quale non sembra vero di parlarne, corregge*)   L'i-
drauliche...

DOMENICO (*che non ha capito*)   Comme?

ROSALIA (*cercando di pronunziare meglio la parola*)   L'idraulico.
Comme se dice: acconcia 'e rubinette, spila 'e ffuntane... (*Poi*

alludendo al secondo figlio) L'altro... comme se chiamma? (*Ricordando a volo il nome*) Riccardo. Quant'è bello! Nu piezz' 'e guaglione! Sta a Chiaia, tene 'o magazzino dint' 'o purtone a' nnummero 74, fa 'o cammesaro... le camicie. E tene na bella clientela. Umberto poi...

FILUMENA   ... ha studiato, ha vuluto studià. Fa 'o ragiuniere e scrive pure ncopp' 'e ggiurnale.

DOMENICO (*ironico*)   Ci abbiamo pure lo scrittore in famiglia!

ROSALIA (*esaltando i sentimenti materni di Filumena*)   E che mamma ch'è stata! Nun ll'ha fatto mancà maie niente! E io mo nce vo', so' vecchia e, al piú presto possibile, mi devo trovare davanti alla presenza dell'Ente Supremo, che tutto vede, considera e perdona, e ca chiacchiere nun se ne mmocca... Da quando erano piccoli, in fasce, nun l'ha fatto mancare il latte delle formícole...

DOMENICO   ... cu' 'e denare 'e don Dummíneco!

ROSALIA (*spontanea, con istintivo senso di giustizia*)   Vuie 'e ghittàveve 'e denare!

DOMENICO   E avev' 'a da' cunto a quaccheduno?

ROSALIA   Gnernò, cu' ssalute! Ma manco ve ne site accorto...

FILUMENA (*sprezzante*)   Ma nun 'o date retta! Vuie 'o rispunnite pure?

DOMENICO (*dominando i suoi nervi*)   Filume', tu afforza me vuó pògnere? Avimm'ascí all'impossibile? Ma tu 'o ccapisce chello c'he fatto? Tu m'he miso in condizioni 'e me fa' trattà comm' a n' ommo 'e paglia! Insomma sti tre signure, ca nun 'e ccunosco manco pe' prossimo, ca nun saccio 'a do' so' asciute, a nu certo punto me ponno ridere pure nfaccia! Pecché penzano: «Va buo', ce stanno 'e denare 'e don Dummíneco»!

ROSALIA (*escludendo questa ipotesi*)   Gnernò, chesto no! E che ne sanno lloro?... Donna Filumena ha fatto sempe 'e ccose comme ll'avev' 'a fa': cu' prudenza e cu' 'a capa ncapo. 'O nutaro cunsignaie 'e sorde all'idraulico, quann' arapette 'a puteca 'o viculo appriesso, condicendo che una signora ca non si voleva fare accanòscere... E accussí facette pure c' 'o cammesaro. E 'o nutaro tiene l'incombenza di passare il mensile a Umberto p' 'o fa studià. No, no... voi non c'entrate proprio.

DOMENICO (*amaro*)   Io aggio pavato sulamente.

FILUMENA (*con uno scatto improvviso*)   E ll'avev' 'a accidere?... Chesto avev' 'a fa', neh, Dummi'? Ll'avev' 'a accidere comme fanno tant'ati ffemmene? Allora sí, è ove', allora Filumena sarría stata bbona? (*Incalzando*) Rispunne!... E chesto me cunzigliavano tutt' 'e ccumpagne meie 'e llà ncoppo... (*Allude al lupanare*) «A chi aspetti? Ti togli il pensiero!» (*Cosciente*) M' 'avarría miso 'o penziero! E chi avesse pututo campà cu' nu rimorso 'e chillo? E po', io parlaie c' 'a Madonna. (*A Rosalia*) 'A Madunnella d' 'e rose, v' 'a ricurdate?

ROSALIA   Comme, 'a Madonna d' 'e rrose! Chella fa na grazia 'o giorno!

FILUMENA (*rievocando il suo incontro mistico*)   Erano 'e tre dopo mezanotte. P' 'a strada cammenavo io sola. D' 'a casa mia già me n'ero iuta 'a sei mise. (*Alludendo alla sua prima sensazione di maternità*) Era 'a primma vota! E che ffaccio? A chi 'o ddico? Sentevo ncapo a me 'e vvoce d' 'e ccumpagne meie: «A chi aspetti! Ti togli il pensiero! Io cunosco a uno molto bravo...» Senza vulé, cammenanno cammenanno, me truvaie dint' 'o vico mio, nnanz' all'altarino d' 'a Madonna d' 'e rrose. L'affruntaie accussí (*Punta i pugni sui fianchi e solleva lo sguardo verso una immaginaria effige, come per parlare alla Vergine da donna a donna*): «C'aggi' 'a fa? Tu saie tutto... Saie pure pecché me trovo int' 'o peccato. C'aggi' 'a fa'? » Ma essa zitto, nun rispunneva. (*Eccitata*) «E accussí ffaie, è ove'? Cchiú nun parle e cchiú 'a gente te crede?... Sto parlanno cu' te! (*Con arroganza vibrante*) Rispunne!» (*Rifacendo macchinalmente il tono di voce di qualcuno a lei sconosciuto che, in quel momento, parlò da ignota provenienza*) «'E figlie so' ffiglie!». Me gelaie. Rummanette accussí, ferma. (*S'irrigidisce fissando l'effige immaginaria*) Forse si m'avutavo avarría visto o capito 'a do' veneva 'a voce: 'a dint' a na casa c' 'o balcone apierto, d' 'o vico appriesso, 'a copp' a na fenesta... Ma penzaie: «E pecché proprio a chistu mumento? Che ne sape 'a ggente d' 'e fatte mieie? È stata Essa, allora... È stata 'a Madonna! S'è vista affruntata a tu per tu, e ha vuluto parlà... Ma, allora, 'a Madonna pe' parlà se serve 'e nuie... E quanno m'hanno ditto: "Ti togli il pensiero!", è stata pur'essa ca m' 'ha ditto, pe' me mettere 'a prova!... E nun saccio si fuie io o 'a Madonna d' 'e rrose ca facette c' 'a capa accussí! (*Fa un cenno col capo come dire: "Sí, hai compreso"*) 'E figlie so' ffiglie!» E giuraie. Ca perciò so' rimasta tant'anne vicino a te... Pe' lloro aggio suppurtato tutto chello ca m' he fatto e comme m'he trattato! E quanno chillu giovane se nnammuraie 'e me, ca me vuleva spusà, te ricuorde? Stevemo già nzieme 'a cinc'anne: tu, ammogliato, 'a casa toia, e io a San Putito, dint' a chelli tre cammere e cucina... 'a primma casarella ca me mettiste quanno, doppo quatt'anne ca ce cunuscévamo, finalmente, me levaste 'a llà ncoppo! (*Allude al lupanare*) E mme vuleva spusà, 'o povero giovane... Ma tu faciste 'o geluso. Te tengo dint' 'e rrecchie: «Io so' ammogliato, nun te pozzo spusà. Si chisto te sposa...» E te mettiste a chiagnere. Pecché saie chiagnere, tu... Tutt' 'o cuntrario 'e me: tu, saie chiagnere! E io dicette: «Va buo', chisto è 'o destino mio! Dummineco me vo' bbene, cu' tutt' 'a bbona voluntà nun me pò spusà; è ammogliato... E ghiammo nnanze a San Putito dint' 'e tre cammere!» Ma, po', doppo duie anne, tua moglie murette. 'O tiempo passava... e io sempre a San Putito. E penzavo: «È giovane, nun se vo' attaccà pe' tutt' 'a vita cu' n'ata femmena. Venarrà 'o mumento ca se calma, e cunsidera 'e sacrificie c'aggiu fatto!» E aspettavo. E quann'io, 'e vvote, dicevo: «Dummi', saie chi s'è spusato?... Chella figliola ca steva 'e rimpetto a me dint' 'e fenestelle...», tu redive, te mettive a ridere, tale e quale comm' a quanno saglive, cull'amice tuoie, ncopp' addó stevo io, primma 'e San Putito. Chella resata ca nun è overa. Chella resata c'accumencia 'a miez' 'e scale... Chella resata ca è sempe 'a stessa, chiunque 'a fa! T'avarría acciso, quanno redive accussí! (*Paziente*) E aspettammo. E aggio aspettato vinticinc'anne! E aspettammo 'e grazie 'e don Dummineco! Oramaie tene cinquantaduie anne: è viecchio! Addó? Ca pozza iettà 'o sango, chillo se crede sempe nu giuvinuttiello! Corre appriesso 'e nennelle, se nfessisce, porta 'e fazzulette spuorche 'e russetto, m' 'a mette dint' 'a casa! (*Minacciosa*) Miettammélla mo dint' 'a casa, mo ca te so' mugliera. Te ne caccio a te e a essa. Ce simmo spusate. 'O prèvete ce ha spusate. Chesta è casa mia!

Campanello interno. Alfredo esce per il fondo a destra.

DOMENICO   Casa toia? (*Ride forzatamente ironico*) Mo me staie facenno ridere tu a me!

FILUMENA (*invogliandolo, con perfidia*)   E ride... Ride! Ca, oramaie, me fa piacere 'e te sentere 'e ridere... Pecché, comm' a tanno, nun saie ridere cchiú.

Alfredo torna, guarda un po' tutti, preoccupato per quanto dovrà dire.

DOMENICO (*scorgendolo, sgarbatamente lo apostrofa*)   Tu che vuó?

ALFREDO   Eh... che voglio?... Hanno purtat' 'a cena!

DOMENICO   Ma pecché nun avev' 'a mangià, secondo voi?

ALFREDO (*come per dire: «io non c'entro»*)   Eh... don Dummi'!
(*parlando verso il fondo a destra*) Tràse!

Entrano due facchini, garzoni di un ristorante, che recano un
portavivande e un cesto con la cena.

PRIMO FACCHINO (*servizievole, strisciante*)   Qua sta 'a cena. (*Al-
l'altro*) Miette ccà. (*Poggiano a terra il cesto nel punto indicato
dal facchino*). Signo', il pollastro è uno solo perché è grande e
può saziare pure a quattro persone. Tutto quello che avete ordinato è di prima qualità. (*Si accinge ad aprire la vivandiera*).

DOMENICO (*fermando il garzone con un gesto irritato*)   Oini',
mo sa' c'he 'a fa'? Te n'he 'a ji'.

PRIMO FACCHINO   Gnorsí, signo'. (*Prende dal cesto un dolce e
poggiandolo sul tavolo*) Questo è il dolce che piace alla signorina... (*E posando una bottiglia*) E chesto è 'o vino. (*Le parole
del facchino cadono nel piú profondo silenzio. Ma l'uomo non
si dà per vinto: parla ancora. Questa volta per chiedere qualcosa, con tono mellifluo*) E... ve site scurdato?

DOMENICO   'E che?

PRIMO FACCHINO   Comme? Quanno site venuto ogge p'urdinà
'a cena, ve ricurdate? Io v'aggio cercato si teníveve nu cazone
viecchio. E vuie avite ditto: «Viene stasera, e si cchiú tarde
succede na cosa che dich'i', si aggio avuta na bella nutizia, tengo nu vestito nuovo nuovo... 'o piglio e t' 'o regalo». (*Il silenzio degli altri è cupo. Pausa. Il facchino è ingenuamente dispiaciuto*). Nun è succiesa 'a cosa ca dicíveve vuie? (*Attende risposta. Domenico tace*). Nun l'avite avuta 'a bbona nutizia?

DOMENICO (*aggressivo*)   T'aggiu ditto vatténne!

PRIMO FACCHINO (*meravigliato pel tono di Domenico*)   Ce ne
stiamo andando... (*Guarda ancora Domenico, poi con tristezza*)
Iammuncenne, Carlu', nun l'ha avuta 'a bbona nutizia... 'A furtuna mia! (*Sospira*) Bbona serata. (*Esce per il fondo a destra
seguito dal compagno*).

FILUMENA (*dopo pausa sarcastica a Domenico*)   Mangia. Che-
d'è nun mange? T' 'è passat' 'appetito?

DOMENICO (*impacciato, rabbioso*)   Mangio! Cchiú tarde bevo e
mangio!

FILUMENA (*alludendo alla giovane donna nominata poco prima*)   Già: quanno vene 'a morta allerta.

DIANA (*entra dalla comune. È una bella giovane di ventidue anni,
o meglio, si sforza di dimostrarne ventidue, ma ne ha ventiset-
te. È di una eleganza affettata, un po' snobistica. Guarda tutti
dall'alto in basso. Nell'incedere parla un po' con tutti senza
rivolgersi direttamente ad alcuno dei presenti che mostra di
disprezzare in blocco. Non s'accorge, quindi, della presenza di
Filumena. Reca dei pacchetti di medicinali che poggia, macchinalmente, sul tavolo. Prende da una sedia un càmice bianco da
infermiera e lo indossa*) Folla, folla in farmacia. (*Sgarbata,
con fare da padrona*) Rosalia, preparatemi un bagno. (*Scorge le
rose sul tavolo*) Oh, le rose rosse...! Grazie, Domenico. (*Annusando le vivande*) Che profumino: ho un po' di appetito. (*Prendendo dal tavolo una scatola di fialette*) Ho trovato la canfora e
l'adrenalina. Ossigeno niente. (*Domenico è come fulminato. Filumena non batte ciglio: attende. Rosalia e Alfredo sono quasi
divertiti. Diana siede accanto al tavolo di fronte al pubblico e accende una sigaretta*) Pensavo: se... mio Dio, non vorrei dirla la
parola, ma ormai... se muore stanotte, domattina parto di buo-
nora. Ho trovato un posto nella macchina di una mia amica. Qui
darei piú fastidio che altro. A Bologna, invece, ho certe cosette
da fare, tanti affarucci da mettere a posto. Tornerò fra dieci giorni. Verrò a vedervi, Domenico. (*Alludendo a Filumena*) E...
come sta?... Sempre in agonia?... È venuto il prete?

FILUMENA (*dominandosi con affettata cortesia, s'avvicina lentamente alla giovane*) Il preto è venute... (*Diana sorpresa si
alza e indietreggia di qualche passo*) ...e confromme ha visto
che stavo in *agonizzazione*... (*Felina*) Lèvate 'o càmmese!

DIANA (*che veramente non ha compreso*) Come?

FILUMENA (*c. s.*) Lèvate 'o càmmese!

ROSALIA (*s'accorge che Diana neanche questa volta ha compreso e
per evitare il peggio, le consiglia prudentemente*) Levatevi
questo. (*E su se stessa scuote, con due dita, la camiciola del
suo abito, perché, finalmente, Diana possa comprendere a volo
che Filumena allude al càmice d'infermiera*).

Diana, con timore istintivo, si toglie il càmice.

FILUMENA (*che ha seguíto il gesto di Diana, senza staccarle gli
occhi di dosso*) Pòsalo ncopp' 'a seggia... Pòsalo ncopp' 'a seggia.

ROSALIA (*prevedendo l'incomprensione di Diana*) Mettetelo sopra la sedia.

Diana esegue.

FILUMENA (*riprende il tono cortese di prima*)   Ha visto che *ago-nizziàvo* e ha consigliato a don Domenico Soriano di perfeziona-re il vincolo in *estremità.* (*Allude al prete. Diana per darsi un contegno, non sapendo che fare, prende dal «centro» una rosa e finge di aspirarne il profumo. Filumena la fulmina con il tono opaco della sua voce*) Pos' 'a rosa!

ROSALIA (*pronta*)   Posate la rosa.

Diana, come obbedendo a un ordine teutonico, la rimette sul tavolo.

FILUMENA (*ridiventa cortese*)   E don Domenico l'ha trovato giu-sto perché ha penzato: «È giusto, sta disgraziata sta vicino a mme 'a vinticinc'anne...» E tante altre conseguenze e sconse-guenze che non abbiamo il dovere di spiegarvi. È venuto vici-no al letto (*sempre alludendo al prete*) e ci siamo sposati... con due testimoni e la benedizione del *saciardote.* Saranno i matri-moni che fanno bene, cert'è che mi sono sentita subito meglio. Mi sono alzata e abbiamo rimandata la morte. Naturalmente, dove non ci sono infermi malati non ci possono essere infermie-ri... e le schifezze... (*con l'indice della mano destra teso assesta a Diana dei misurati colpetti sul mento, che costringono la don-na a dire repentini e involontari: «No» col capo*) ... le purca-rie... (*ripete il gesto*) davanti a una che sta murenno...· pecché tu sapive che io stevo murenno... 'e vaie a ffa' 'a casa 'e sòreta! (*Diana sorride come un'ebete, come per dire: «Non la cono-sco»*) Andatevene con i piedi vostri e truvàteve n'ata casa, no chesta.

DIANA (*sempre ridendo indietreggia fino al limitare della porta d'ingresso*)   Va bene.

FILUMENA   E se vi volete trovare veramente bene, dovete anda-re sopra addó stevo io... (*Allude al lupanare*).

DIANA   Dove?

FILUMENA   Ve lo fate dire da don Domenico, che quelle case le *frequenteggiava* e le *frequenteggia* ancora. Andate.

DIANA (*dominata dallo sguardo rovente di Filumena, quasi presa da un subito orgasmo*)   Grazie. (*Si avvia per il fondo a de-stra*).

FILUMENA   Non c'è di che. (*E ritorna al suo posto a sinistra*).

DIANA   Buonanotte. (*Esce*).

DOMENICO (*che fino a quel momento è rimasto pensoso, assorto in strane elucubrazioni, alludendo a Diana, si rivolge a Filumena*) Accussí l'he trattata, è ove'?

FILUMENA Comme se mmèreta. (*Gli fa un gesto di dispetto*).

DOMENICO Ma 'assàmme sèntere na cosa. Tu si' na diavula... Uno cu' te ha da sta' cu' tantu nu paro d'uocchie apierte... 'E pparole toie s'hann' 'a tènere a mente, s'hann' 'a pesà. Te cunosco, mo. Si comm' a na tarla. Na tarla velenosa c'addó se posa, distrugge. Tu poco primma he ditto na cosa e io mo ce stevo penzanno. He ditto: «...È n'ata cosa ca voglio 'a te... e mm' 'a daie!» 'E denare no, pecché 'o ssaie ca te ll'avarríe date... (*Comme ossessionato*) Che ato vuó 'a me? Che te si' mmise ncapo? C'he penzato, e nun m'he ditto ancora?... Rispunne!

FILUMENA (*con semplicità*) Dummi', 'a saie chella canzone?... (*Ne accenna l'aria con allusione*) «Me sto criscenno nu bello cardillo... quanta cose ca ll'aggia mparà»...

ROSALIA (*alzando gli occhi al cielo*) Ah, Madonna!

DOMENICO (*guardingo, sospettoso, pavido a Filumena*) E che significa?

FILUMENA (*precisa*) 'O cardillo si' tu!

DOMENICO Filume', parla chiaro... Nun pazzià cchiú cu' mme... Me faie piglià 'a freva, Filume'...

FILUMENA (*seria*) 'E figlie so' 'ffiglie!

DOMENICO E che vuo' dicere?

FILUMENA Hann' 'a sapé chi è 'a mamma... Hann' 'a sapé chello c'ha fatto pe' lloro... M'hann' 'a vulé bene! (*Infervorata*) Nun s'hann' 'a mettere scuorno vicino all'at'uommene: nun s'hann' 'a sentí avvilite quanno vanno pe' caccià na carta, nu documento: 'a famiglia, 'a casa... 'a famiglia ca s'aunisce pe' nu cunziglio, pe' nu sfogo... S'hann' 'a chiammà comm' a mme!

DOMENICO Comm' a me che?

FILUMENA Comme me chiamm' io... Simmo spusate: Soriano!

DOMENICO (*sconvolto*) E io l'avevo capito! Ma 'o vvulevo sentere 'a te... 'o vvulevo sentere 'a sta vocca sacrilega, pe' me fa' capace ca, pure si te ne caccio a càuce, pure si te scamazzo 'a capa, è come si 'a scamazzasse a na serpe: na serpa velenosa ca se distrugge pe' liberazione d' 'e povere cristiane ca ce ponno capità. (*Alludendo al piano di Filumena*) Ccà, ccà? Dint' 'a casa mia? C' 'o nomme mio? Chille figlie 'e...

FILUMENA (*aggressiva per impedirgli di pronunciare la parola*) 'E che?

DOMENICO   Tuoie!... Si m'addimanne: 'e che? te pozzo risponnere: tuoie! Si m'addimanne: 'e chi? nun te pozzo risponnere,
perché nun 'o ssaccio! E manco tu 'o ssaie! Ah, te credive d'accuncià 'a facenna, 'e te mettere a posto cu' 'a cuscienza, 'e te
salvà d' 'o peccato, purtanno dint' 'a casa mia tre estranei?...
S'hann' 'a nzerrà ll'uocchie mieie! Nun ce mettaranno pede ccà
dinto! (Solenne) Ncopp' all'anema 'e pàtemo...

FILUMENA (repentinamente con uno scatto sincero lo interrompe come per metterlo sull'avviso di un castigo che gli potrebbe venire da un sacrilegio commesso per cause imponderabili) Nun giurà! Ca io, p'avé fatto nu giuramento, te sto cer-
canno 'a lemmòsena 'a vinticinc'anne... Nun giurà pecché è nu
giuramento ca nun putisse mantené... E murarrisse dannato, si
nu iuorno nun me putarisse cercà 'a lemmòsena tu a me...

DOMENICO (suggestionato dalle parole di Filumena, come uscendo di senno) Che ato staie penzanno?... Strega che si'! Ma io
nun te temo! Nun me faie paura!

FILUMENA (sfidandolo) E pecché 'o ddice!

DOMENICO   Statte zitta! (Ad Alfredo, togliendosi il pigiama)
Damme 'a giacchetta! (Alfredo esce per lo «studio» senza parlare). Dimane te ne vaie! Me metto mmano all'avvocato, te de-
nunzio. È stato nu traniello. Tengo 'e testimone... E si 'a legge
m'avess' 'a da' tuorto, t'accido Filume'! Te levo d' 'o munno!

FILUMENA (ironica)   E addó me miette?

DOMENICO   Addó stive! (È esasperato, offensivo. Alfredo ritorna recando la giacca. Domenico gliela strappa di mano e la indossa, dicendogli) Tu, dimane, vaie a chiammà l'avvocato mio,
'o saie?... (Alfredo fa cenno di sí col capo). E parlammo, Filume'!.

FILUMENA   E parlammo!

DOMENICO   Te faccio cunoscere chi è Domenico Soriano e di che
panne veste (Si avvia verso il fondo).

FILUMENA (indicando la tavola)   Rosali', asséttate... ca he 'a
tènere famma pure tu! (Siede vicino al tavolo di fronte al pubblico).

DOMENICO   Statte bbona... Filumena 'a napulitana!...

FILUMENA (canticchia)   «Me sto criscenno nu bello cardillo»...

DOMENICO (sul canticchiare di Filumena, ride sghignazzando come
per schernire e oltraggiare volutamente Filumena) T'arricuorde sta resata... Filumena Marturano!... (Ed esce seguito da Alfredo, dal fondo a destra, mentre cade la tela sul primo atto).

ATTO SECONDO

L'indomani. La medesima scena del primo atto.
Per pulire il pavimento la serva ha spostato tutte le sedie: qual-cuna portandola sul terrazzo, altre adagiandole, capovolte, sul tavolo, altre, ancora, confinandole nello «studio» di Domeni-co. Il tappeto, sul quale fa centro il tavolo da pranzo, è piegato su se stesso ai quattro lati. Luci normali di una bella mattina di sole.
Lucia è la serva di casa: simpatica e sana ragazza sui ventitré anni. Ha completato il suo lavoro. Strizza per l'ultima volta lo strofinaccio nel secchio dell'acqua sudicia, quindi va a riporre tutti gli arnesi di pulizia sul terrazzo.

ALFREDO (*stanco, assonnato, entra dalla comune, mentre Lucia si accinge a rimettere a posto il tappeto*) Luci', buongiorno.
LUCIA (*fermandolo con il tono risentito della voce e col gesto*) Nun accuminciate a cammenà cu' 'e piede!
ALFREDO E mo cammino cu' 'e mmane!
LUCIA Io, mo ho finito di buttare il sangue... (*Mostra il pavimen-to ancora in parte bagnato*) Vuie ve presentate cu' sti ppedagne!
ALFREDO 'E ppedagne?... Io sto acciso! (*Siede presso il tavolo*) He capito che significa acciso? Tutt' 'a notte appriesso a don Dummineco, senza chiudere uocchie, assettato ncopp' 'o para-petto d' 'a Caracciolo. Mo accumencia a fa' pure frischetto... Ca il Padreterno mi doveva far capitare proprio a me alle dipen-denze di lui! No ca mi lamento, p'ammor' 'a Madonna! Io ho campato, mi ha dato a vivere, e abbiamo avuto anche momenti di fasti, io con lui e lui con me. 'O Signore lo deve far campare mille anni, ma cuieto, tranquillo! Tengo sissant'anne, mica un giorno! Chi 'e pò ffa' cchiú 'e nnuttate appriesso a isso... Lu-ci', damme na tazzulella 'e cafè.
LUCIA (*che ha rimesso a posto le sedie, senza dare ascolto allo sfogo di Alfredo, con semplicità*) Non ce n'è!

ALFREDO (*contrariato*) Non ce n'è?

LUCIA Non ce n'è. C'era quello di ieri: una tazza me la sono presa io, un'altra donna Rosalia non l'ha voluta e l'ha portata a donna Filumena, e un'altra l'ho conservata a don Domenico, caso mai viene...

ALFREDO (*fissandola poco convinto*) Caso mai viene?

LUCIA Eh, caso mai viene. Donna Rosalia 'o ccafè nun l'ha fatto.

ALFREDO E nun 'o pputive fa' tu?

LUCIA E ssaccio fa' 'o ccafè, io?

ALFREDO (*sprezzante*) Manco 'o ccafè saie fa'. E pecché nun l'ha fatto Rosalia?

LUCIA È uscita presto. Dice che doveva portare tre lettere urgenti di donna Filumena.

ALFREDO (*sospettoso*) ... Di donna Filumena? Tre lettere?

LUCIA Eh, tre: una, due e tre.

ALFREDO (*considerando il suo stato di esaurimento*) Ma io nu surzo 'e cafè me ll'aggia piglià. Sa' che vuó fa', Luci'?... 'A tazza 'e don Domenico la dividi in due e dint' 'o ssuio ce miette ll'acqua.

LUCIA E si se n'addona?

ALFREDO Chillo è difficile ca vene. Steva nquartato 'e chella manera... E po', si vene, aggio cchiú abbisuogno io ca so' viecchio, ca lui. Chi ce l'ha fatto fa' 'e sta' mmiez' 'a via tutt' 'a nuttata?

LUCIA Io mo v' 'o scarfo e v' 'o pporto. (*S'avvia per la comune a sinistra, ma vedendo giungere Rosalia dal lato destro, si ferma e avverte Alfredo*) Donna Rosalia... (*Vedendo che Alfredo la guarda senza parlare*) Che ffaccio? V' 'o pporto 'o ccafè?

ALFREDO Tanto piú che sta venenno donna Rosalia! Fa il caffè fresco per don Domenico. Meza tazza ne voglio! (*Lucia esce. Rosalia entra dalla comune e s'accorge della presenza di Alfredo. Finge però di non averlo visto e, tutta compresa in una sua missione, s'avvia alla camera da letto di donna Filumena. Alfredo a cui non è sfuggito l'atteggiamento di Rosalia, la fa giungere fin quasi al limitare della porta sinistra, poi, ironicamente, la richiama*) Rosalí', ched'è... he pèrza 'a lengua?

ROSALIA (*indifferente*) Nun t'aggio visto.

ALFREDO Nun t'aggio visto? E che sso' nu pòlice ncopp' a sta seggia?

ROSALIA (*ambigua*) Eh, nu pòlice c' 'a tosse... (*Tossicchia*).

ALFREDO (*che non ha compreso l'allusione*) C' 'a tosse?... (*Cercando di indagare*) Si' asciuta ampressa?

ROSALIA (*enigmatica*)   Già.

ALFREDO   E addó si' ghiuta?

ROSALIA   A messa.

ALFREDO (*incredulo*)   A messa?! E po' he purtato tre lettere 'e donna Filumena...

ROSALIA (*come colta in fallo, dominandosi*)   E una volta che lo sapevi, perché hai domandato?

ALFREDO (*simulando anch'egli indifferenza*)   Così, a titolo di *esportazione*. E a chi ll'he purtate?

ROSALIA   Te l'ho detto prima: si' nu pòlice c' 'a tosse.

ALFREDO (*impermalito, per non aver compreso, torvo*)   'A tosse? Ma che ce trase sta tosse?

ROSALIA (*come per dire: «Non sai mantenere un segreto»*)   Parle, vaie parlanno. E po': si' spione!

ALFREDO   Pecché, quacche vota aggio spiunato a tte?

ROSALIA   A me? E a me nun ce sta niente 'a spiunà. Limpida comm' all'acqua surgiva surgente. 'E fatte mieie so' chiare, titò. (*Comme una cantilena che, ormai, per averla ripetuta chissà quante volte, conosce a memoria*) Nata il '70. Fatt' 'o cunto quant'anne tengo. Da poveri ed onesti genitori. Mia madre, Sofia Trombetta, faceva 'a lavannara, e mio padre, Procopio Solimene, 'o maniscalco. Rosalia Solimene, ca sono io, e Vincenzo Bagliore che aggiustava mbrelle e cufenatore, contrassero regolare matrimonio addí due novembre 1887...

ALFREDO   'O iuorno d' 'e muorte?

ROSALIA   Avévem' 'a da' cunto a te?

ALFREDO (*divertito*)   No. (*Invogliandola a parlare*) Iamme nnanze.

ROSALIA   Da questa riunione vennero al mondo tre figli in una sola volta. Quando la levatrice portò la notizia a mio marito che stava al vicolo appresso, intento al suo lavoro, 'o truvaie c' 'a capa dint' a na scafaréa...

ALFREDO   S' 'a steva sciacquanno!

ROSALIA (*con tono marcato, ripete la frase, come per fargli intendere l'inopportunità dello scherzo*)   ...cu' 'a capa dint' a na scafaréa per sincope sopravvenuta che, immaturamente, lo rapiva. Orfana di genitori, ambodue...

ALFREDO   E terno 'e tre...

ROSALIA (*c. s.*)   ...ambodue e con tre figli da crescere, andai ad abitare al vicolo San Liborio, basso numero 80, e mi misi a vendere sciosciamosche, cascettelle p' 'e muorte e cappielle 'e Piererotta. 'E sciosciamosche li fabbricavo io stessa e guadagna-

vo quel poco per portare avanti i miei figli. Al vicolo San Liborio ebbi a conoscere donna Filumena, che, bambina, giocava
ch' 'e tre ffiglie mieie. Doppo vintun'anno, 'e figlie mieie, nun
truvanno lavoro, se n'andaiene uno in Australia e duie in America... e nun aggio avuto cchiú nutizie. Rimanette io sola: io, 'e
sciosciamosche e 'e cappielle 'e Piererotta. E nun ne parlammo, si no me va 'o sango ncapo! E si nun fosse stato pe' donna
Filumena che mi prese con lei, in casa, quando si arriuní con
don Domenico, sarei finita a chiedere l'elemosina sopra le scale
di una chiesa! Arrivederci e grazie, è fernuta 'a pellicola.

ALFREDO (*sorridendo*)   Domani nuovo programma! Ma a chi he
purtato 'e tre lettere, nun s'è pututo sapé!

ROSALIA   Questa incombenza delicata che mi è stata *profferta*,
non la posso *sprofferire* per farla diventare di dominio pubblico.

ALFREDO (*deluso, con dispetto*)   Quanto si' antipatica! 'A mali-
gnità t'ha sturzellata tutta quanta. E quanta vote si' brutta!

ROSALIA (*sostenuta*)   Non devo trovare il partito!

ALFREDO (*dimenticando lo scambio di offese, col tono abituale di
confidenza*)   M'he 'a còsere stu bottone vicino a sta giacchetta. (*Mostra il punto*).

ROSALIA (*avviandosi in camera da letto, con lieve senso di ritorsione*)   Domani, se tengo tempo.

ALFREDO   E m'he 'a còsere pure na fettuccia mpont' 'a mutanda!

ROSALIA   Comprate la fettuccia e ve la còso. Permesso. (*Dignitosa esce per la porta di sinistra*).

Dal fondo a sinistra entra Lucia recando una tazzina riempita a
metà di caffè. Si ode il campanello. Ella, che era diretta verso
Alfredo, torna indietro ed esce per la comune.

DOMENICO (*dopo una pausa, pallido, assonnato, entra dal fondo
seguíto da Lucia. Scorge il caffè*)   È ccafè, chesto?

LUCIA (*dando un'occhiata d'intenzione ad Alfredo che, alla venuta di don Domenico, si è alzato*)   Sissignore.

DOMENICO   Damme ccà. (*Lucia porge la tazza a Domenico che
ne beve il contenuto quasi d'un fiato*)   'O ddesideravo nu poco
'e cafè!

ALFREDO (*rabbuiato*)   Io pure.

DOMENICO (*a Lucia*)   Portale na tazza 'e cafè. (*Siede al tavolo,
il volto tra le mani, assorto in cupi pensieri*).

Lucia fa comprendere ad Alfredo, con i gesti, che l'altra metà della tazza di caffè che dovrà portargli, è stata già diluita in acqua.

ALFREDO (*spazientito, rabbioso*)   Portalo 'o stesso.

Lucia esce per il fondo a sinistra.

DOMENICO   Ch'è stato?

ALFREDO (*sorridendo forzatamente*)   Ha ditto c' 'o ccafè è friddo. Aggio ditto: portalo 'o stesso.

DOMENICO   Lo riscalda e lo porta. (*Tornando al suo pensiero*) Si' stato dall'avvocato?

ALFREDO   Comme no.

DOMENICO   E quanno vene?

ALFREDO   Appena tene tiempo. Ma in giornata senz'altro.

Lucia entra dal fondo recando un'altra tazza di caffè. Si avvicina ad Alfredo e gliela porge guardandolo ironicamente, quindi, divertita, esce per il fondo. Alfredo, sfiduciato, si accinge a sorbire la bevanda.

DOMENICO (*completando ad alta voce il suo pensiero, con apprensione*)   ... E si è malamente?

ALFREDO (*credendo che Domenico alluda al suo caffè, con rassegnazione*)   C'aggia fa', don Dummi', nun m' 'o ppiglio. Vo' dicere ca quanno scengo m' 'o ppiglio 'o bar.

DOMENICO (*disorientato*)   Che cosa?

ALFREDO (*convinto*)   'O ccafè.

DOMENICO   Che me ne mporta d' 'o ccafè, Alfre'. Io dico: si è malamente chello ca sto facenno... nel senso che l'avvocato me dice ca nun se pò ffa' niente...

ALFREDO (*dopo di aver sorbito un sorso di caffè con una smorfia di disgusto*)   Non è possibile... (*Va a deporre la tazza su di un mobile, in fondo*).

DOMENICO   Che ne sai, tu?

ALFREDO (*da intenditore*)   Comme che ne saccio? È una schifezza!

DOMENICO   Bravo: è una schifezza. Proprio cosí. L'ha fatto male. Nun l'ha saputo fa'...

ALFREDO   Don Dummi', nun l'ha saputo maie fa'!

DOMENICO   Ma io ricorro in tribunale, in appello, 'a Corte suprema!

ALFREDO (*sbalordito*)   Don Dummi', p'ammor' 'a Madonna! Pe'
nu surzo 'e cafè?

DOMENICO   Ma tu che vvuó cu' stu ccafè? Io sto parlanno d' 'o
fatto mio!

ALFREDO (*non ha ancora compreso, vago*)   Ecco... (*comprende divertito l'equivoco*) Ah!... (*Ride*) Eh... (*Poi temendo l'ira di
don Domenico, diviene d'un tratto compartecipe alla gravità
dello stato d'animo del padrone*) Ah... eh... Perdío!

DOMENICO (*al quale non è sfuggita la metamorfosi spirituale del
suo interlocutore, s'intenerisce, rassegnato, ad accettare l'incomprensione di Alfredo*)   Che parlo a ffa' cu' te? 'E che pozzo parlà cu' te? D' 'o passato... Ma te pozzo parlà d' 'o ppresen-
te?... (*Lo guarda come se allora lo avesse conosciuto. La sua
voce assume un tono di sconforto*) Guarda llà, gua'... Alfredo
Amoroso, come sei ridotto! 'A faccia appesa, 'e capille ianche,
ll'uocchie appannate, miezo rimbambito...

ALFREDO (*ammettendo tutto, anche perché non oserebbe mai contraddire il padrone e come rassegnandosi ad una fatalità*)   Perdío!

DOMENICO (*considerando che anch'egli, in fondo, ha subìto le metamorfosi dell'età e delle vicende umane, rievoca*)   Gli anni
passano e passano per tutti quanti... T' 'o ricuorde a Mimí
Soriano, don Mimí, t' 'o ricuorde?

ALFREDO (*colto soprappensiero, falsamente interessato*)   Gnernò, don Dummi', è muorto?

DOMENICO (*con amarezza*)   È muorto, proprio accussí. Don Mimí Soriano è morto!

ALFREDO (*comprendendo a volo la gaffe*)   Ah... vuie dicíveve...
Don Mimí... (*Serio*) Ma... perdío!

DOMENICO (*come rivedendo la sua immagine giovanile*)   'E mustaccielle nire! Sicco comm' a nu iunco! 'A notte 'a faceva iuorno... Chi durmeva maie?

ALFREDO (*sbadigliando*)   M' 'o ddicite a me?

DOMENICO   T' 'a ricuorde chella figliola ncoppo Capemonte?...
Che bella guagliona: Gesummina! – «Fuimmencenne», – 'a
tengo dint' 'e rrecchie... E 'a mugliera d' 'o veterinario?

ALFREDO   Comme... Ah, che me facite ricurdà! Chella po' teneva na cainata ca faceva 'a capera. Io mi ci misi appresso ma nun
se facevano 'e carattere...

DOMENICO 'E meglio attacche, quanno scennevo abbascio 'a Villa! Tanno ce steva ancora 'o *truttuarre*.

ALFREDO Iveve nu figurino!

DOMENICO O «nuasetto» o grigio: chille erano 'e culure mieie. Cappello duro, 'a cravascia mmano... 'E meglie cavalle erano 'e mieie. T'arricuorde «Uocchie 'argiento»? ·

ALFREDO Comme nun m' 'a ricordo?... Perdío! «Uocchie 'argiento», 'a storna?... (*Con nostalgia*) Che grande cavalla! Ci aveva un di dietro che era una luna piena! Quanno se guardava 'e faccia il di dietro, sembrava una luna piena nel momento del *risorgimento*! Io me n'annammuraie 'e chella cavalla! E pirciò me lassaie cu' 'a capera. E quanno v' a' vennísteve, Alfredo Amoroso ebbe un grande dolore.

DOMENICO (*abbandonandosi al volo dei suoi ricordi*) Parigi, Londra... 'e ccorse... Me sentevo nu Padreterno! Me sentevo ca putevo fa' chello ca vulevo io: senza règula, senza cuntrollo... (*Infervorandosi*) Ca nisciuno, maie, manco Dio, me puteva levà 'a copp' 'o munno! Me sentevo padrone d' 'e muntagne, d' 'o mare, d' 'a vita mia stessa... E mo? Mo me sento finito, senza vuluntà, senza entusiasmo! E chello che ffaccio, 'o ffaccio pe' dimustrà a me stesso ca nun è overo, ca songo ancora forte, ca pozzo ancora vencere l'uommene, 'e ccose, 'a morte... E 'o ffaccio accussí naturale, ca ce credo, me cunvinco, me stono... e cumbatto! (*Risoluto*) Aggia cumbattere! Domenico Soriano non si piega. (*Ripigliando il suo tono deciso*) Ch'è successo ccà? Hé saputo niente?

ALFREDO (*reticente*) Eh... «He saputo niente?» Qua mi tengono all'oscuro. Donna Filumena, 'o ssapite, nun me pò vedé. Vulesse sapé che ll'aggio fatto... Rosalia, pe' ditto 'e Lucia e confermato da Rosalia medesima, dice che ha purtato tre lettere *orgente* pe' cunto 'e donna Filumena.

DOMENICO (*ruminando, ma sicuro delle sue supposizioni*) A chi?

Alfredo fa per rispondere qualcosa, ma si arresta vedendo entrare, da sinistra, Filumena.

FILUMENA (*in abito da casa, un po' in disordine, seguíta da Rosalia che reca delle lenzuola e finge di non vederli. Chiama verso la comune*) Luci'... (*A Rosalia*) Dateme 'a chiave.

ROSALIA (*porgendo le chiavi*) Eccomi a voi.

FILUMENA (*intascandole, spazientita, alludendo a Lucia che ritar-*

da) E vvi' si vene chella... (*Chiama con un tono di voce un po' piú forte e perentorio*) Luci'!

LUCIA (*entra dal fondo a sinistra, premurosa*) Ch'è stato, signo'?

FILUMENA (*tagliando corto*) Pígliete sti lenzole. (*Rosalia consegna la biancheria*). 'O saluttino, vicino 'o studio, ce sta n'ottomana, l'accuonce a lietto.

LUCIA (*un po' sorpresa*) Va bene. (*Fa per andare*).

FILUMENA (*fermandola*) Aspetta. 'A cammera toia me serve. (*Lucia cade dalle nuvole*). Cheste so' 'e llenzole pulite: doie mute. Tu te faie 'a branda dint' 'a cucina.

LUCIA (*visibilmente contrariata*) Va bene. E 'a rrobba mia? Aggi' 'a levà pure 'a rrobba mia?

FILUMENA T'aggio ditto ca me serve 'a cammera!

LUCIA (*alzando un po' il tono della voce*) E 'a rrobba mia addó 'a metto?

FILUMENA Te piglie 'o stipo dint' 'o curridore.

LUCIA Va bene. (*Esce per il fondo a sinistra*).

FILUMENA (*fingendo di scorgere solo allora Domenico*) Tu stive lloco?

DOMENICO Sí, stevo ccà nterra... (*Freddo*) Se pò ssapé ched'è sta trasformazione in casa mia?

FILUMENA Comme no? E che ci sono *sicreti* fra marito e moglie? Mi servono altre due camere da letto.

DOMENICO E pe' chi servono?

FILUMENA (*categorica*) P' 'e figlie mieie. Sarebbero state tre, ma siccome uno è ammogliato e tene pure quatto guagliune, se sta 'a casa soia, p' 'e fatte suoie.

DOMENICO Ah, mbè?! Ce stanno pure 'e niputine?... (*Provocatore*) E comme se chiamma sta tribú che tenive astipata?

FILUMENA (*sicura del fatto suo*) Pe' mo portano 'o nomme mio... Piú in là purtarranno 'o nomme tuio.

DOMENICO Senza 'o cunsenzo mio, nun credo!

FILUMENA Ce 'o daie, Dummi'... ce 'o daie! (*Esce per la porta di sinistra*).

ROSALIA (*a Domenico con ostentato senso di rispetto*) Permesso. (*Segue Filumena*).

DOMENICO (*con un incontenibile scatto grida attraverso la porta a Filumena, alludendo ai figli*) N' 'e ccaccio! He capito? N' 'e ccaccio!

FILUMENA (*dall'interno, con voce ironica*) Nchiudite 'a porta, Rusali'.

La porta si chiude sul muso di Domenico.

LUCIA (*entra dal fondo e si rivolge a Domenico con tono riservato*)   Signo', fore ce sta 'a signurina Diana, con un altro signore.

DOMENICO (*interessandosi*)   E falla trasí.

LUCIA   Nun vo' trasí. Io ho insistito, ma ha ditto che andate voi for' 'a sala. Se mette appaura 'e donna Filumena.

DOMENICO (*esasperato*)   Vuie vedite o Pateterno! Aggio miso 'o cammurrista dint' 'a casa! (*Alludendo a Diana*) Dincello che tràseno perché ci sono io qua.

Lucia esce.

ALFREDO   Chella si 'a vede... (*accompagnando la parola col gesto, come per dire: «la picchia»*)... 'a scutuléa...

DOMENICO (*gridando in modo da farsi ascoltare anche oltre la porta chiusa della camera da letto, come per prevenire il caso*) C'ha dda scutulià, Alfre'?! Ma ccà, overamente facimmo?... Io songo 'o padrone! (*Alludendo a Filumena*) Essa nun è niente! Facímmece capace tutte quante dint' a sta casa!

LUCIA (*ritorna dal fondo e a Domenico*)   Signo', non ha voluto entrare. Dice che lei non risponde dei suoi nervi.

DOMENICO   Ma chi ce sta cu' essa?

LUCIA   Nu signore. Essa l'ha chiamato avvocato. (*Considerando*) Ma me pare ca se mette appaura pur'isso...

DOMENICO   Ma comme?... Siamo tre uomini!

ALFREDO (*sincero*)   A me non mi contate... Pecché, comme stongo stammatina, vaco tre sorde! (*Deciso*) Anzi, vuie avit' 'a parlà... Me vaco a ffa' na sciacquata 'e faccia dint' 'a cucina. Se mi volete, mi chiamate... (*Senza attendere risposta, esce per il fondo a sinistra*).

LUCIA   Signo', c'aggi' 'a fa'?

DOMENICO   Mo ce vaco io! (*Lucia esce per il fondo a sinistra, Domenico per il fondo a destra, introducendo subito dopo, Diana e l'avvocato Nocella*) Non lo dite neanche per ischerzo! Questa è casa mia.

DIANA (*ferma sotto la soglia, con alle spalle l'avvocato, in preda ad evidente orgasmo*)   No, caro Domenico, dopo la scenata di ieri non intendo assolutamente di ritrovarmi a faccia a faccia con quella donna.

DOMENICO (*rassicurandola*)   Ma vi prego, Diana, mi mortificate. Entrate, non dovete avere paura.

DIANA   Paura, io? Ma neanche per sogno! Non voglio giungere a degli eccessi.

DOMENICO   Non è il caso. Ci sono io qua.

DIANA   Ieri sera pure, c'era lei.

DOMENICO   Ma fu cosí all'improvviso... Ma vi assicuro che non dovete temere niente. Entrate, avvoca', accomodatevi.

DIANA (*avanzando di qualche passo, allude a Filumena*)   Dov'è?

DOMENICO   Vi ripeto: non vi preoccupate. Accomodatevi, sedetevi. (*Porge le sedie. I tre seggono intorno al tavolo: Nocella nel mezzo, Domenico a destra, Diana a sinistra. Ella non perde d'occhio la camera da letto*). Dunque?

NOCELLA (*è un uomo sui quarant'anni, normale, insignificante. Veste con una certa eleganza sobria. Si trova lí a parlare del caso Soriano perché vi è stato trascinato da Diana. Si nota, infatti, nel tono della voce, un certo disinteresse*)   Io abito nella pensione dove abita la signorina. E là ci siamo conosciuti tempo fa.

DIANA   L'avvocato può dire chi sono e che vita faccio.

NOCELLA (*che non vuole immischiarsi*)   Ci vediamo la sera, a tavola. Io, poi, in pensione ci sto raramente... Tribunale, clienti; e, di solito, non m'interesso.

DIANA (*non riuscendo a trattenere la sua apprensione, dopo aver guardato ancora una volta a sinistra la porta donde ha timore debba uscire Filumena da un momento all'altro, a Domenico*)   Scusi, Domenico... Preferisco sedere al posto suo. Ha difficoltà?...

DOMENICO   Vi pare...

I due cambiano posto.

DIANA (*ripigliando il discorso iniziato da Nocella*)   E proprio a tavola, ieri sera, io raccontai il caso suo e di Filomena.

NOCELLA   Già... ci facemmo un sacco di risate...

Sguardo significativo di Domenico.

DIANA   Oh, no, no, io non ne risi per niente.

Nocella la guarda con intenzione.

DOMENICO   La signorina si trovava qua, perché io la feci fingere infermiera.

DIANA   Mi fece fingere? Ma neanche per sogno! Sono infermiera, e come: con tanto di diploma! Non gliel'ho mai detto, Domenico?

DOMENICO (*sorpreso*)   No, veramente.

DIANA   Bah, in fondo, perché avrei dovuto dirglielo?... (*Ripigliando il discorso*) Dissi il suo stato d'animo e la sua preoccupazione di dover rimanere legato ad una donna, senza averne avuto mai il minimo desiderio. E l'avvocato spiegò esaurientemente...

Campanello interno.

DOMENICO (*preoccupato*)   Scusate, vi dispiace di passare nello studio? Hanno suonato il campanello.

Lucia attraversa il fondo da sinistra a destra.

DIANA (*alzandosi*)   Sí, forse è meglio.

Nocella si alza anche lui.

DOMENICO (*mostrando loro lo «studio»*)   Accomodatevi.

NOCELLA   Grazie. (*Esce per primo*).

DOMENICO   Ci sono novità?

DIANA (*a Domenico con intimità*)   Sentirai... (*Domenico è impaziente*). Sei palliduccio... (*Cosí dicendo, Diana accarezza la guancia di lui ed esce. Domenico interdetto, la segue*).

LUCIA (*introducendo Umberto*)   Accomodatevi.

UMBERTO (*è un giovane alto, ben piantato. Veste con dignitosa modestia. Ama lo studio con convinzione. Il suo modo di parlare, il suo sguardo acuto da osservatore, dànno un senso di soggezione. Entrando*)   Grazie.

LUCIA   Se vi volete sedere... nun saccio si donna Filumena esce subito.

UMBERTO   Grazie, sí, mi seggo volentieri. (*Siede a sinistra al limitare del terrazzo. Si mette a scribacchiare su di un quaderno che ha recato con sé. Lucia si avvia verso la porta di sinistra ma sentendo trillare il campanello d'ingresso torna sui suoi passi ed esce dal fondo a destra. Dopo una breve pausa ritorna introducendo Riccardo*) Entrate.

RICCARDO (*è un giovane svelto, simpatico, vestito con vistosa ele-*

ganza. Nell'entrare guarda l'orologio da polso) Nenne', na cosa 'e ggiorno... (*Lucia fa per raggiungere la porta di sinistra.
Riccardo che l'ha sbirciata, la ferma con una scusa*) Neh, guè,
siente... (*Lucia gli si avvicina*). 'A quanto tiempo staie ccà?

LUCIA   È un anno e mezzo.

RICCARDO (*galante alla buona*)   'O ssaie ca si' na bella piccerella?

LUCIA (*lusingata*)   Si nun me guasto c' 'o tiempo...

RICCARDO   Viene 'a part' 'o magazzino mio...

LUCIA   Tenite 'o magazzino?

RICCARDO   Numero 74, a Chiaia, dint' 'o purtone... Te faccio 'e
ccammise.

LUCIA   Overo? E che mme mettite 'e ccammise 'a ommo? Iatevenne!

RICCARDO   Eh! Io servo uomini e donne... All'uommene, ce metto 'e cammise, a 'e ffemmene comm'a tte... ce le levo! (*Dicendo
quest'ultima battuta fa per abbracciare la ragazza*).

LUCIA (*divincolandosi, offesa*)   Neh, neh! (*Riesce a liberarsi*)
Vuie fùsseve pazzo? Pe' chi m'avite pigliata? Io ce 'o ddico 'a
signora. (*Alludendo ad Umberto che ha seguito la scena senza
attribuire ad essa alcun peso*) Cu' chillo llà...

Campanello interno. Lucia si avvia verso il fondo.

RICCARDO (*osservando Umberto, divertito*)   Guè, overo... Io non
l'avevo visto.

LUCIA (*risentita*)   E vuie nun vedite manco 'e ffigliole per bene
ca se fanno 'e fatte lloro... (*Si avvia*).

RICCARDO (*insinuante*)   Ce viene 'o magazzino?

LUCIA (*sostenuta*)   A' nnummero 74?... (*Guardando il giovane
con ammirazione, sorride*).

RICCARDO (*con un cenno che vuol significare: «ti aspetto»*)   A
Chiaia...

LUCIA   Eh... e ce vengo! (*Ed esce per il fondo a destra lanciando
a Riccardo un ultimo sorriso d'intesa*).

RICCARDO (*passeggia un po' per la camera, guarda Umberto e vistosi fissato sente il bisogno di giustificare il suo modo di comportarsi nei riguardi di Lucia*)   È carina...

UMBERTO   E a me che me n'importa?

RICCARDO (*un po' risentito*)   Ma pecché, facite 'o prèvete, vuie?

Umberto non risponde e continua a scribacchiare.

LUCIA (*dal fondo, introducendo Michele*)   Trase Miche', 'a chesta parte.

MICHELE (*in tuta blu da stagnino e con la borsa dei ferri, avanza semplicemente. È un giovane di buona salute, florido e grassoccio. Ha un carattere semplice e gioviale. Si sberretta*)   Luci', ma ch'è stato? 'O bagno scorre n'ata vota? Io ce facette chella saldatura...

LUCIA   No, funziona.

MICHELE   E allora che ato ve scorre?

LUCIA   Oi ni', a nuie nun ce scorre niente. Aspetta, mo vaco a chiammà a donna Filumena. (*Esce a sinistra*).

MICHELE (*a Riccardo, rispettoso*)   Servo. (*Riccardo risponde al saluto con un lieve cenno del capo*). Tengo 'a puteca sola... (*Trae dalla tasca una cicca*) Tenete un cerino?

RICCARDO (*superbo*)   Nun 'o tengo.

MICHELE   E nun fumammo. (*Pausa*). Voi siete parente?

RICCARDO   E voi siete 'o giudice istruttore?

MICHELE   Come sarebbe?

RICCARDO   Vuie tenite genio 'e parlà, io no.

MICHELE   Ma nu poco 'e maniera 'a putarísseve pure tené. Fússeve 'o Pateterno?

UMBERTO (*intervenendo*)   No, nun è 'o Pateterno... è scostumato.

RICCARDO   Come sarebbe?

UMBERTO   E scusate, voi siete entrato e, senza badare che vi trovate in casa d'altri, ve site menato ncuoll' 'a cammarera... Truvate a mme, manco p' 'a capa... Mo ve mettite a sfottere a chillu povero Dio...

MICHELE (*risentito, a Umberto*)   Oh, ma pecché, secondo te, io songo 'o tipo 'e me fa sfottere... Tu vide 'o Pateterno... Uno iesce d' 'a casa pe' fatte suoie... (*A Riccardo*) Avite ragione ca stammo ccà ncoppa.

RICCARDO   'O ssaie ca m'he scucciato? Mo te dongo nu bbuffo ccà ncoppo stesso...

MICHELE (*diviene pallido d'ira. Lascia cadere in terra la borsa e si avvicina lentamente, minaccioso*)   Famme vedé.

RICCARDO (*gli va incontro con la stessa calma apparente*)   Ma pecché?... Me mettesse appaura 'e te?

Umberto si è avvicinato ai due per intervenire e prevenire l'iniziativa dell'uno o dell'altro.

MICHELE (*rabbioso*) Stu piezz' 'e... (*Con gesto rapido fa per dare un manrovescio a Riccardo, ma costui lo previene, anche per l'intervento di Umberto. Ad Umberto*) Let' 'a miezo, tu...

Ha inizio la zuffa fra Michele e Riccardo, nella quale si trova coinvolto Umberto. Volano calci e manrovesci che non raggiungono mai gli obiettivi. I tre giovani piú si accaniscono, mormorando, fra i denti, parole d'ira e di offesa.

FILUMENA (*dalla sinistra, entrando, interviene in tono energico*) Ch'è stato?... (*Rosalia che l'ha seguíta si ferma alle sue spalle. I tre giovanotti, al richiamo, si compongono assumendo un atteggiamento d'indifferenza, si schierano al cospetto della donna*). Che ve credite? Che state mmiez' 'a via?
UMBERTO (*toccandosi il naso dolorante*) Io dividevo!
RICCARDO Io pure.
MICHELE Anch'io.
FILUMENA E chi deva?
I TRE (*all'unisono*) Io no...
FILUMENA (*deprecando*) Purcarie! L'uno contro all'ato! (*Pausa. Filumena ripiglia il suo atteggiamento abituale*) Dunque, guagliu'... (*Non trova il modo per iniziare il suo dire*) Gli affari come vanno?
MICHELE Ringraziammo a Dio!
FILUMENA (*a Michele*) E i bambini?
MICHELE Bene. 'A settimana scorsa ci ebbi il mezzano con un poco di febbre. Ma mo sta bene. Se mangiaie duie chile d'uva 'e nascosto d' 'a mamma. Io non c'ero. Fece una panza tosta che sembrava un tamburo. Sapete, quattro bambini... o l'uno o l'altro vi danno sempre da fare. Pe' furtuna ca l'olio di ricino piace a tutt' e quatto. Figuràteve ca, quanno purgo a uno, ll'ati tre arrevòtano 'a casa: pianti, strilli... E si nun purgo pure a lloro nun 'a fernésceno. Se mettono tutt'e quatto, in fila, sopra 'e rinalielle... So' bambini.
UMBERTO Signora, io ho ricevuto un suo biglietto. Il suo nome, *sic et simpliciter*, non mi diceva niente. Per fortuna c'era l'indirizzo e mi sono ricordato che, questa donna Filomena, l'incontro quasi ogni sera, quando esco per andare al giornale, e che, una volta, ebbi il piacere di accompagnarla proprio a questo indirizzo perché non ce la faceva a camminare, a causa di un piede che le doleva. Cosí ho ricostruito e...
FILUMENA Già, me faceva male 'o pede.

RICCARDO (*piú esplicito*)   'E che se tratta?

FILUMENA (*a Riccardo*)   'O negozio va bene?

RICCARDO   E pecché avess' 'a ji' malamente? Certo che se avessi tutte clienti come voi, dopo un mese, dovrei chiudere. Quando venite voi dentr' 'o magazzino mio aggio na mazzata ncapo. Mi fate prendere tutte le pezze di stoffa: questa no, quella no... ci debbo pensare... E lasciate un negozio ca p' 'o mettere a posto ce vonno 'e facchine.

FILUMENA (*materna*)   Vuol dire che non vi darò piú fastidio.

RICCARDO   Che c'entra, voi siete la padrona, ma io sudo na cammisa 'a vota!

FILUMENA (*quasi divertita*)   Dunque, io vi ho mandato a chiamare per una cosa seria. Se volete entrare un momento qua... (*indica la prima a sinistra*) stiamo piú tranquilli.

DOMENICO (*dallo studio, seguíto dall'avvocato Nocella, interviene. Ha ripreso il suo tono normale di uomo sicuro del fatto suo. Si rivolge a Filumena con energia bonaria*)   Lascia sta' Filume', non è il caso d'imbrogliare maggiormente le tue cose... (*All'avvocato*) Io, senza essere avvocato, lo dissi prima di voi. Era chiaro. (*Filumena lo guarda dubbiosa*). Dunque, qua c'è l'avvocato Nocella che può darti tutti gli schiarimenti che vuoi. (*Ai tre ragazzi*) La signora si è sbagliata. Vi ha incomodati inutilmente. Vi chiediamo scusa e... se volete andare...

FILUMENA (*fermando i tre che si avviano*)   Nu mumento... Io nun me so' sbagliata. Ll'aggio mannate a chiammà io. Che c'entri tu?

DOMENICO (*con intenzione*)   Avimm' 'a parlà nnanz' 'a gente?

FILUMENA (*ha compreso che qualcosa di serio è avvenuto, per cui l'andamento delle cose è completamente mutato. Il tono calmo della voce di Domenico le ha dato conferma di ciò. Si rivolge ai tre giovanotti*)   Scusate, cinque minuti... Volete aspettare for' 'a loggia?

Umberto e Michele si avviano un po' interdetti.

RICCARDO (*consultando l'orologio*)   Sentite! Ma a me mi pare che si abusi della cortesia altrui! Io ho da fare...

FILUMENA (*perdendo la calma*)   Guè, ccà se tratta 'e na cosa seria, t'aggio ditto! (*Trattandolo da moccioso, con un tono che non ammette replica*) Cammina for' 'a loggia. Comme aspettano ll'ate, aspiete pure tu!

RICCARDO (*sconcertato dal tono deciso di Filumena*)   Va bene! (*Segue gli altri due, sempre, però, a malincuore*).

FILUMENA (*a Rosalia*)   Dalle na tazza 'e cafè.

ROSALIA   Subito. (*Ai tre*) Iate for' 'a loggia. Ve mettite là bbascio... (*Indica un punto*) Mo ve porto na bella tazza 'e cafè. (*Esce per il fondo a sinistra mentre i tre giovanotti escono fuori al terrazzo*).

FILUMENA (*a Domenico*)   Dunque?

DOMENICO (*indifferente*)   Qua sta l'avvocato, 'o vi'?... Parla cu' isso.

FILUMENA (*spazientita*)   Io cu' 'a legge ce tengo poca amicizia. Ad ogni modo, 'e che se tratta?

NOCELLA   Ecco qua, signora. Ripeto, io in questa faccenda non c'entro.

FILUMENA   E allora, che ce site venuto a ffa'?

NOCELLA   Ecco, non c'entro, nel senso che il signore qua non è mio cliente, né mi ha mandato a chiamare.

FILUMENA   Allora ce site venuto?

NOCELLA   No...

FILUMENA (*ironica*)   Ve ce hanno mannato?

NOCELLA   No, signo'. È difficile ch'io consenta a qualcheduno di mandarmivici.

DOMENICO (*a Filumena*)   'O vuó fa' parlà?

NOCELLA   Di questo fatto me ne ha parlato la signorina... (*Non vedendola dietro di sé, guarda verso lo studio*) Dove sta?

DOMENICO (*impaziente di riportare la discussione nei suoi termini essenziali*)   Avvoca', io... lei... chi ve ne ha parlato, non ha importanza. Venite alla conclusione.

FILUMENA (*alludendo a Diana con sarcasmo feroce ma contenuto nel tono dell'interrogazione*)   Sta llà dinto, è ove'? Nun tene 'o curaggio d'ascí ccà fore. Iammo nnanze, avvoca'.

NOCELLA   Per il caso espostomi da lui... dall'altra... insomma... p' 'o fatto ch'è succieso, c'è l'articolo 101, che io ho trascritto qua. (*Trae di tasca un foglio e lo mostra*) Articolo 101: Matrimonio in imminente pericolo di vita. «Nel caso di imminente pericolo di vita... ecc...» spiega tutte le modalità. Ma l'imminente pericolo di vita non c'è stato, perché la vostra, secondo la versione del signore qua, è stata una finzione.

DOMENICO (*pronto*)   Tengo i testimoni: Alfredo, Lucia, 'o guardaporta, Rosalia...

FILUMENA   L'infermiera...

DOMENICO   L'infermiera! Tutte quante! Appena 'o prèvete se n'è ghiuto, s'è alzata dal letto... (*mostra Filumena*) e ha detto: «Dummi', simmo marito e mugliera!»

NOCELLA (*a Filumena*)   E allora c'è a suo vantaggio l'articolo 122: Violenza ed errore. (*Legge*) «Il matrimonio può essere impugnato da quello degli sposi il cui consenso è stato estorto con violenza o escluso per effetto di errore». L'estorsione c'è stata: in base all'articolo 122, il matrimonio viene impugnato.

FILUMENA (*sincera*)   Io nun aggio capito.

DOMENICO (*convinto di dare una interpretazione giusta all'articolo del codice, a Filumena, volendo soverchiarla*)   Io ti ho sposata perché dovevi morire...

NOCELLA   No, il matrimonio non può essere sottoposto a condizioni. C'è l'articolo... mo nun m' 'o ricordo... Insomma dice: «Se le parti aggiungono un termine o una condizione, l'ufficiale di stato civile, o il sacerdote, non può procedere alla celebrazione del matrimonio».

DOMENICO   Voi avete detto che l'imminente pericolo di vita non c'è stato...

FILUMENA (*brusca*)   Statte zitto, ca manco tu he capito. Avvoca', spiegateve 'a napulitana.

NOCELLA (*porgendo il foglio a Filumena*)   Questo è l'articolo. Leggetelo voi stessa.

FILUMENA (*strappa il foglio senza neanche guardarlo*)   Io nun saccio leggere e po' carte nun n'accetto!

NOCELLA (*un po' offeso*)   Signo', siccome nun site stata mpunt' 'e morte, 'o matrimonio s'annulla, nun vale.

FILUMENA   E 'o prèvete?

NOCELLA   Ve dice 'o stesso. Anze, ve dice ch'avite oltraggiato il sacramento. Non vale!

FILUMENA (*livida*)   Nun vale? Avev' 'a murí?

NOCELLA (*pronto*)   Ecco.

FILUMENA   Si murevo...

NOCELLA   Allora sarebbe stato validissimo.

FILUMENA (*mostrando Domenico che è rimasto impassibile*)   E lui si poteva ammogliare un'altra volta, poteva avere dei figli...

NOCELLA   Già, ma sempre da vedovo. Quest'altra probabile donna avrebbe sposato il vedovo della defunta signora Soriano.

DOMENICO   Lei sarebbe diventata la signora Soriano... Morta!

FILUMENA (*ironica, ma con amarezza*)   Bella soddisfazione! Allora io aggio spiso na vita pe' furmà na famiglia, e 'a legge nun m' 'o permette? E chesta è giustizia?

NOCELLA   Ma la legge non può sostenere un vostro principio, sia pure umano, rendendosi complice di un espediente perpetrato ai danni di un terzo. Domenico Soriano non intende unirsi in matrimonio con voi.

DOMENICO   E ci devi credere. Se hai qualche dubbio, chiama un avvocato di tua fiducia.

FILUMENA   No, ce credo. No pecché m' 'o ddice tu che hai tutto l'interesse... No pecché m' 'o ddice l'avvocato, pecché io ll'avvucate nun 'e ccunosco... Ma guardànnote nfaccia. Te pienze ca nun te cunosco? He pigliato n'ata vota 'a stess'aria 'e padrone. Te si' calmato... Na buscia me l'avarisse ditta senza me guardà nfaccia, cu' ll'uocchie nterra... pecché tu buscie nun n' he saputo maie dicere. È overo...

DOMENICO   Avvoca', voi procedete.

NOCELLA   Se mi date mandato.

FILUMENA (*rimane per un attimo assorta. D'un tratto risponde all'ultima frase che le aveva rivolto Nocella. Il suo tono è altero, ma va crescendo di fervore, fino allo scatto*)   E io manco! (*A Domenico*) Io nemmeno te voglio! (*A Nocella*) Avvoca', procedete. Nun 'o voglio nemmeno io. Nun è overo ca stevo mpunt' 'e morte. Vulevo fa' na truffa! Me vulevo arrubbà nu cugnome! Ma cunuscevo sulo 'a legge mia: chella legge ca fa ridere, no chella ca fa chiagnere! (*Grida verso il terrazzo*) A vvuie, venite 'a ccà!

DOMENICO (*accomodante*)   Ma 'a vuó ferní?

FILUMENA (*inviperita*)   Statte zitto! (*Dal terrazzo ricompaiono i tre giovanotti un po' disorientati ed avanzano di qualche passo nella camera. Dal fondo, quasi contemporaneamente, Rosalia entra recando un vassoio con tre tazze di caffè, comprende la delicatezza del momento e, dopo aver appoggiato il vassoio su di un mobile, si pone in ascolto avvicinandosi quindi a Filumena, la quale, rivolta ai figli, cosí apertamente parla loro*) Guagliú', vuie site uommene! Stateme a sentí. (*Mostra Domenico e Nocella*) Ccà sta 'a ggente: 'o munno. 'O munno cu' tutt' 'e llegge e cu' tutt' 'e diritte... 'O munno ca se difende c' 'a carta e c' 'a penna. Domenico Soriano e l'avvocato... (*Mostrando se stessa*) E ccà ce sto io: Filumena Marturano, chella ca 'a leggia soia è ca nun sape chiàgnere. Pecché 'a ggente, Domenico Soriano, me l'ha ditto sempe: «Avesse visto maie na lacrema dint' a chill'uocchie!». E io senza chiagnere... 'o vvedite?! ll'uocchie mieie so' asciutte comm' all'esca... (*Fissando in volto i tre giovani*) Vuie me site figlie!

DOMENICO   ... Filume'!

FILUMENA (*risoluta*)   E chi si' tu, ca me vuó mpedí 'e dicere, vicin' 'e figlie mieie, ca me so' ffiglie? (*A Nocella*) Avvoca', chesto 'a legge d' 'o munno m' 'o permette, no?... (*Piú aggressiva che commossa*) Me site figlie! E io so' Filumena Marturano, e nun aggio bisogno 'e parlà. Vuie site giuvinotte e avite ntiso parlà 'e me. (*I tre giovani rimangono impietriti: Umberto sbiancato in volto, Riccardo gli occhi a terra come vergognoso, Michele con la sua aria imbambolata per la meraviglia e la commozione. Filumena incalza*) 'E me nun aggi' 'a dicere niente! Ma 'e fino a quanno tenevo diciassett'anne, sí. (*Pausa*). Avvoca', 'e ssapite chilli vascie... (*Marca la parola*) I bassi... A San Giuvanniello, a 'e Vírgene, a Furcella, 'e Tribunale, 'o Pallunetto! Nire, affummecate... addó 'a stagione nun se rispira p' 'o calore pecché 'a gente è assaie, e 'a vvierno 'o friddo fa sbattere 'e diente... Addó nun ce sta luce manco a miezíuorno... Io parlo napoletano, scusate... Dove non c'è luce nemmeno a mezzogiorno... Chin' 'e ggente! Addó è meglio 'o friddo c' 'o calore... Dint' a nu vascio 'e chille, 'o vico San Liborio, ce stev'io c' 'a famiglia mia. Quant'èramo? Na folla! Io 'a famiglia mia nun saccio che fine ha fatto. Nun 'o vvoglio sapé. Nun m' 'o rricordo!... Sempe ch' 'e ffacce avutate, sempe in urto ll'uno cu' ll'ato... Ce coricàvemo senza di': «Bonanotte!». Ce scetàvemo senza di': «Bongiorno!» Una parola bbona, me ricordo ca m' 'a dicette pàtemo... e quanno m' 'arricordo tremmo mo pe' tanno... Tenevo trídece anne. Me dicette: «Te staie facenno grossa, e ccà nun ce sta che magnà, 'o ssaje?» E 'o calore!... 'A notte, quanno se chiudeva 'a porta, nun se puteva rispirà. 'A sera ce mettévemo attuorno 'a tavula... Unu piatto gruosso e nun saccio quanta furchette. Forse nun era overo, ma ogne vota ca mettevo 'a furchetta dint' 'o piatto, me sentevo 'e guardà. Pareva comme si m' 'avesse arrubbato, chellu magnà!... Tenevo diciassett'anne. Passàveno 'e ssignurine vestite bbene, cu' belli scarpe, e io 'e guardavo... Passàveno sott 'o braccio d' 'e fidanzate. Na sera ncuntraie na cumpagna d' 'a mia, che manco 'a cunuscette talmente steva vestuta bbona... Forse, allora, me pareva cchiú bello tutte cose... Me dicette (*sillabando*): «Cosí... cosí... cosí...» Nun durmette tutt' 'a notte... E 'o calore... 'o calore... E cunuscette a tte! (*Domenico trasale*). Là, te ricuorde?... Chella «casa» me pareva na reggia... Turnaie na sera 'o vico San Liborio, 'o core me sbatteva. Pensavo: «Forse nun me guardaranno nfaccia, me mettarranno for' 'a porta!» Nessuno mi disse niente: chi me deva 'a

seggia, chi m'accarezzava... E me guardavano comm' a una superiore a loro, che dà suggezione... Sulo mammà, quanno 'a iette
a salutà, teneva ll'uocchie chin' 'e lagreme... 'A casa mia nun ce
turnaie cchiú! (*Quasi gridando*) Nun ll'aggio accise 'e figlie! 'A
famiglia... 'a famiglia! Vinticinc'anne ce aggio penzato! (*Ai giovanotti*) E v'aggio crisciuto, v'aggio fatto uommene, aggio arrubbato a isso (*mostra Domenico*) pe' ve crescere!

MICHELE (*si avvicina alla madre commosso*)   E va bbuono, mo
basta! (*Si commuove sempre piú*) Certo ch'avivev' 'a fa' cchiú
'e chello ch'avite fatto?!

UMBERTO (*serio, si avvicina alla madre*)   Vorrei dirvi tante cose,
ma mi riesce difficile parlare. Vi scriverò una lettera.

FILUMENA   Nun saccio leggere.

UMBERTO   E ve la leggerò io stesso. (*Pausa*).

FILUMENA (*guarda Riccardo in attesa che le si avvicini. Ma egli
esce per il fondo senza dire parola*)   Ah, se n'è andato...

UMBERTO (*comprensivo*)   È carattere. Non ha capito. Domani,
passo io per il suo negozio e gli parlo.

MICHELE (*a Filumena*)   Voi ve ne potete venire con me. 'A casa
è piccola, ma c'entriamo. Ce sta pure 'a luggetella. (*Con gioia
sincera*) Chille, 'e bambine, domandavano sempe: «'A nonna...
'a nonna...» e io mo dicevo na fessaria, mo ne dicevo n'ata... Io
quanno arrivo e dico: 'a nonna! (*come dire: «Eccola»!*) llà siente Piererotta! (*Invogliando Filumena*) Iammo.

FILUMENA (*decisa*)   Sí, vengo cu' tte.

MICHELE   E ghiammo.

FILUMENA   Nu mumento. Tu aspettame sott' 'o purtone. (*A Umberto*) Scendetevene insieme. Dieci minuti. Aggia dicere na cosa
a don Domenico.

MICHELE (*felice*)   Allora, ampressa ampressa. (*A Umberto*) Voi
scendete?

UMBERTO   Sí, scendo, ti accompagno.

MICHELE (*sempre allegro*)   Signori a tutti. (*Avviandosi verso il
fondo*) Io mi sentivo una cosa... Perciò volevo parlare... (*Esce
con Umberto*).

FILUMENA   Avvoca', scusate, duie minute... (*Mostra lo «studio»*).

NOCELLA   No, io me ne vado.

FILUMENA   Duie minute sulamente. Me fa piacere che ci siete
pure voi, dopo che ho parlato con don Domenico. Accomodatevi. (*Nocella, a malincuore, esce per lo «studio». Rosalia, senza
lasciarselo dire, esce per la prima a sinistra. Filumena, posando*

le chiavi sul tavolo) Io me ne vaco, Dummi'. Di' all'avvocato
che procedesse per vie legali. Io non nego niente e ti lascio
libero.

DOMENICO   'O ccredo! Te pigliave na somma 'e denare senza fa'
tutte sti storie...

FILUMENA (*sempre calmissima*)   Dimane me manno a piglià 'a
rrobba mia.

DOMENICO (*un po' turbato*)   Si', na pazza, chesto si'. Hai voluto
guastare la pace di quei tre poveri giovani. Chi te l'ha fatto fa'?
Perché glielo hai detto?

FILUMENA (*fredda*)   Pecché uno 'e chilli tre è figlio a te!

DOMENICO (*rimane con lo sguardo fisso su Filumena inchiodato a
quell'assurda verità. Dopo una pausa, cercando di reagire alla
piena dei suoi sentimenti*)   E chi te crede?

FILUMENA   Uno 'e chilli tre è figlio a te!

DOMENICO (*non osando gridare, con gravità*)   Statte zitta!

FILUMENA   Te putevo dicere ca tutt'e tre t'erano figlie, ce avarrisse creduto... T' 'o ffacevo credere! Ma nun è overo. T' 'o pputa-
vo dicere primma? Ma tu ll'avarrisse disprezzate all'ati duie...
E io 'e vvulevo tutte eguale, senza particularità.

DOMENICO   Nun è overo!

FILUMENA   È overo, Dummi', è overo! Tu nun te ricuorde. Tu
partive, ive a Londra, Parigge, 'e ccorse, 'e ffemmene... Na sera, una 'e chelli tante, ca, quanno te ne ive, me regalave na
cart' 'e ciento lire... na sera me diciste: «Filume', facimm' avvedé ca ce vulimmo bene», e stutaste 'a luce. Io, chella sera te
vulette bene overamente. Tu, no, tu avive fatto avvedé... E
quanno appicciaste 'a luce n'ata vota me diste 'a soleta carta 'e
ciento lire. Io ce segnaie 'a data e 'o giorno: 'o ssaie ca 'e
nummere 'e ssaccio fa... Tu po' partiste e io t'aspettaie comm'
a na santa!... Ma tu nun te ricuorde quanno fuie... E nun te
dicette niente... Te dicette c' 'a vita mia era stata sempe 'a
stessa... E, infatti, quanno me n'addunaie ca nun avive capito
niente, fuie n'ata vota 'a stessa.

DOMENICO (*con tono perentorio che maschera il suo inconsapevole orgasmo*)   E chi è?

FILUMENA (*decisa*)   E... no, chesto nun t' 'o ddico! Hann' a essere eguale tutt' e tre...

DOMENICO (*dopo un attimo di esitazione, come obbedendo ad un
impulso*)   Nun è overo... Nun pò essere overo! Me l'avresti
detto allora, per legarmi, pe' me tené stritto dint' a na mano.

L'unica arma sarría stata nu figlio... e tu, Filumena Marturano, di quest'arma te ne saresti servita subito.

FILUMENA Me l'avarisse fatto accídere... Comm' 'a penzave tu, allora... E pure mo! Tu nun te si' cagnato! No una, ma ciento vote, me l'avarisse fatto accídere! Me mettette appaura 'e t' 'o ddicere! Sulo per me, è vivo 'o figlio tuio!

DOMENICO E chi è?

FILUMENA Hann' 'a essere eguale tutt' e tre!

DOMENICO (esasperato, cattivo) E songo eguale!... So' ffiglie tuoie! E nun 'e vvoglio vedé. Nun 'e ccunosco... nun 'o cunosco... Vattenne!

FILUMENA Te ricuorde, aiere, quanno te dicette: «Nun giurà, ca murarrisse dannato, si nu iuorno nun me putisse cercà 'a lemmòsena tu a mme»? Perciò t' 'o ddicette. Statte bbuono, Dummi'. E ricuòrdate: si chello ca t'aggio ditto 'o ddice a 'e figlie mieie... t'accido! Mo no comm' 'o ddice tu, ca me l'he ditto pe' venticinc'anne... comme t' 'o ddice Filumena Marturano: t'accido! He capito!??... (Verso lo «studio» energica) Avvoca', venite... (Alludendo a Diana) Viene pure tu, nun te faccio niente... He vinciuto 'o punto. Me ne vaco. (Chiamando verso sinistra) Rosalí, viene. Me ne vaco. (Abbraccia Rosalia che entra e a lei) Dimane me manno a piglià 'a rrobba mia. (Dallo «studio» compare Nocella, seguito da Diana, mentre dal fondo, senza parlare, entra Alfredo). Statevi bene, ve saluto a tutte quante. Pure a vvuie, avvoca', e scusate. (Dal fondo viene anche Lucia). He capito, Dummi'... (Con ostentata giovialità) T' 'o ddico nnanz' 'a ggente: nun dicere niente 'e chello che t'aggio ditto. A nisciuno! Tienatello pe' te. (Prende dal seno un medaglione, lo apre e ne estrae, ripiegato diverse volte, un consunto biglietto da cento. Ne strappa un pezzetto, poi a Domenico) Ci avevo segnato sopra un conticino mio, nu cunticiello ca me serve. Tiene. (Poggia il biglietto sul tavolo e, con tono quasi allegro, ma profondamente sprezzante, gli dice) 'E figlie nun se pàvano! (Esce per il fondo a sinistra dicendo) Buona iurnata a tutte quante.

ATTO TERZO

La medesima scena degli atti precedenti.
Fiori un po' da per tutto. Non mancano cesti ben confezionati
con, appuntati in cima, i biglietti dei donatori. I fiori saranno
di colore delicato, non rossi, ma nemmeno bianchi. Un'aria di
festa traspira da ogni angolo della casa. La tenda, che divide la
camera da pranzo dallo studio, è completamente chiusa. Sono
trascorsi dieci mesi dal secondo atto. È quasi sera.
Rosalia entra dal fondo a destra in abito da festa. Contemporaneamente dallo studio entra Domenico: è completamente mutato. Non un gesto, non una intonazione che caratterizzavano la
sua natura autorevole, si scorgono in lui. È divenuto mite, quasi umile. I capelli sono un po' piú bianchi. Vedendo Rosalia
che si avvia a sinistra, la ferma.

DOMENICO   Ched'è, site asciuta, vuie?
ROSALIA   Sono andata a fare una commissione per donna Filu-
    mena.
DOMENICO   Che commissione?
ROSALIA (insinuante, bonaria)   Ched'è, site geluso? Sono andata
    al vicolo San Liborio...
DOMENICO   A ffa' che?
ROSALIA (scherzosa)   Guè, chillo overamente è geluso!
DOMENICO   Ma che geluso. Me ne so' addunato ampressa.
ROSALIA   Io scherzo. (Guardando con circospezione verso la stan-
    za di Filumena) Io v' 'o ddico... ma nun dicite niente a donna
    Filumena, pecché nun 'o vo' fa' sapé.
DOMENICO   E allora nun m' 'o ddicite.
ROSALIA   E no... Io, po', penso che faccio bene a dirvelo, perché
    è una cosa che le fa onore. M'ha fatto purtà mille lire e cinquan-
    ta candele 'a Madonna d' 'e rrose 'o vico San Liborio. E m'ha
    fatto da' l'incarico a na vecchia d' 'o vico, che provvede sempre
    p' 'e fiore, p' 'a lampa, p' 'a cerca, di accendere le candele alle

sei precise. E sapite pecché? Pecché alle sei è fissato 'o matrimmonio. Mentre spusate ccà, s'accendono 'e candele nnanz' 'a
Madonna d' 'e rrose.

DOMENICO   Ho capito.

ROSALIA   Na santa, ve pigliate, na santa. E s'è anche ringiovani-
ta. Pare na figliulella: quant'è bella! E io ce 'o dicevo: «Ve
pare che don Dummíneco se scorda 'e vuie? Ha vuluto annullà
'o matrimmonio pe' puntiglio... Ma io 'a funzione è comme si
'a tenesse nnanz' all'uocchie».

DOMENICO   (*un poco infastidito dalla cicalata di Rosalia*)   Va
buo', donna Rosalí', iate dint' addu Filumena.

ROSALIA   Sto andando. (*Ma, quasi suo malgrado, continua a parlare*)   E si nun era per lei... finivo male, io. Mi prese in casa e
qua so' rimasta, e qua resto, e qua moro.

DOMENICO   Fate voi!

ROSALIA   Io tengo tutto pronto. C'aggi' 'a fa'?... (*Alludendo al
suo ultimo abbigliamento*)   'A camicia bianca lunga cu' 'o pezzotto 'e merletto, 'a mutanda, 'e ccalze bianche, 'a cuffia. Sta
tutto dint' a nu tiretto conservato. E lo sappiamo io e donna
Filumena. Essa mi deve vestire. Embe', io nun tengo a nisciuno. Si turnassero 'e figlie miei, che io ci tengo sempre la speranza... Permettete. (*Ed esce a sinistra*).

DOMENICO   (*rimasto solo, gira un po' per la stanza, osserva i fiori,
legge qualche biglietto, poi, macchinalmente, completa ad alta
voce il suo pensiero*)   E va bene!

Dal fondo a destra si udranno le voci confuse di Umberto,
Riccardo e Michele.

MICHELE   (*dall'interno*)   Alle sei. La funzione è alle sei.

RICCARDO   (*c. s.*)   Ma quando uno dà un appuntamento...

UMBERTO   (*c. s.*)   Ma io sono stato puntuale.

I tre giovanotti entrano sempre parlando.

MICHELE   Ma noi abbiamo detto alle cinque. Io tre quarti d'ora
ho tardato.

RICCARDO   E he ditto niente!

MICHELE   E va bene, ma l'appuntamento s'intende sempre una
mezz'ora dopo. Se è alle cinque... alle cinque per le cinque e
mezza, le sei meno un quarto...

RICCARDO   (*ironico*)   ... 'o giorno appresso, 'o mese che trase...

MICHELE   Oi ni', io tengo quattro figlie e orologge nun n'accatto cchiú... Pecché chille ca tenevo l'hanno scassato tuttu quante!

UMBERTO (*scorgendo Domenico saluta rispettosamente*)   Don Domenico, buonasera.

RICCARDO (*con lo stesso tono rispettoso*)   Don Domenico...

MICHELE   Don Domenico...

E tutti e tre si schierano di fronte a Soriano, in silenzio.

DOMENICO   Buonasera. (*Lunga pausa*). Be', e non parlate piú? Stíveve parlanno.

UMBERTO (*un po' confuso*)   Già...

RICCARDO   Embè... si parlava e poi... cosí.

MICHELE   Na vota avévem' 'a ferní 'e parlà.

DOMENICO   Appena m'avite visto... (*A Michele*) Si' arrivato tarde all'appuntamento?

MICHELE   Sissignore, don Dome'.

DOMENICO (*a Riccardo*)   E tu si' arrivato in orario.

RICCARDO   Sissignore, don Dome'.

DOMENICO (*a Umberto*)   E tu?

UMBERTO   In orario, don Dome'.

DOMENICO (*ripete come parlando a se stesso*)   In orario, don Dome'... (*Pausa*). E sedetevi. (*I tre giovanotti seggono*). La funzione è alle sei. Il tempo c'è. Alle sei viene il sacerdote. E... noi siamo fra di noi. Filomena non ha voluto nessuno. Vi volevo dire... io ve l'ho detto pure un'altra volta... Mi sembra che questo «don Dome'»... A me nun me piace.

UMBERTO (*timido*)   Già.

RICCARDO (*c. s.*)   Già.

MICHELE (*c. s.*)   Già.

UMBERTO   Ma non ci avete detto come vorreste essere chiamato.

DOMENICO   E non ve l'ho detto perché avrei voluto che l'avísseve capito vuie. Stasera sposo vostra madre; ho già preso l'appuntamento con l'avvocato per la pratica che vi riguarda. Domani vi chiamerete come me: Soriano...

I tre giovani si guardano interrogandosi vicendevolmente sul modo di come rispondere. Ciascuno aspetta che l'altro si decida a parlare per primo.

UMBERTO (*facendosi coraggio*)   Ecco, vedete... rispondo io, perché penso che tutti e tre siamo pervasi dallo stesso sentimento.

Non siamo dei bambini, siamo degli uomini... e non possiamo, con disinvoltura, chiamarvi come, giustamente e generosamente, ci proponete di chiamarvi. Certe cose... bisogna sentirle dentro.

DOMENICO (*con ansia interrogativa*) E tu, dentro, non senti questo... diciamo bisogno... questa necessità di chiamare a uno... a me, per esempio, papà?

UMBERTO Non vi saprei mentire e non lo meritereste. Almeno per il momento: no!

DOMENICO (*un po' deluso, rivolgendosi a Riccardo*) E tu?

RICCARDO No, io nemmeno.

DOMENICO (*a Michele*) Allora tu?

MICHELE Io nemmeno, don Dome'!

DOMENICO Già, col tempo, uno ce fa l'abitudine. Mi fa piacere, sono contento di trovarmi con voi, sopra tutto perché siete tre bravi ragazzi. Ognuno di voi lavora, chi in un campo, chi in un altro; ma con la stessa buona volontà, con la stessa tenacia. Bravi. (*A Umberto*) Tu sei impiegato e, per quanto mi risulta, svolgi il tuo lavoro con serietà ed orgoglio. Scrivi degli articoli.

UMBERTO Qualche novelletta.

DOMENICO Già... la tua ambizione sarebbe quella di diventare un grande scrittore.

UMBERTO Non ho questa pretesa.

DOMENICO E perché? Sei giovane. Capisco che per riuscire in questo campo si deve avere trasporto, ci si deve nascere...

UMBERTO E io non credo di esserci nato. Sapeste quante volte, preso dalla sfiducia, dico fra me e me: «Umbe', hai sbagliato... La tua strada è un'altra».

DOMENICO (*interessato*) E quale altra potev'essere? Voglio dire che ata cosa te sarría piaciuto 'e fa' nella vita?

UMBERTO Chi lo sa: sono tante le aspirazioni di quando si è ragazzi.

RICCARDO Quella poi, la vita, è tutta una combinazione. Io, per esempio, comme me trovo 'o negozio a Chiaia? Perché facevo l'amore con una camiciaia!

DOMENICO (*cogliendo a volo*) He fatt' 'ammore con molte ragazze, tu?

RICCARDO Così... non c'è male... (*Domenico si alza interessato, scrutando ogni atteggiamento di Riccardo per scorgere in lui un gesto, un accento, ricollegabile alla sua giovinezza*) Sapíte ched'è? Non arrivo a trovare il tipo mio. Veco a una, me piace e dico: «Chesta è essa...» E subito penzo: «M' 'a sposo». Poi, veco a n'ata e me pare ca me piace cchiú assaie. Nun me faccio capace: ce sta sempe na femmena meglio 'e chella ca uno ha cunusciuto primma!

DOMENICO (*a Umberto*)   Tu, invece, sei piú calmo, piú riflessivo, in materia di donne.

UMBERTO   Fino ad un certo punto. Con le ragazze di oggi, c'è poco da essere riflessivo. Vuie, p' 'a strada, addó v'avutate vedete belle ragazze. La scelta è difficile. C'aggi' 'a fa', tante ne cambio fino a che trovo chella che dich'i'.

DOMENICO (*rimane turbato nel constatare anche in Umberto la medesima tendenza di Riccardo. A Michele*)   E tu?... A te pure te piàceno 'e ffemmene?

MICHELE   Io me nguaiaie ampressa ampressa. Conobbi a mia moglie e... ti saluto. Adesso devo stare con due piedi in una scarpa, con mia moglie non si scherza... E allora, capite, mi faccio i fatti miei. Non perché le ragazze non mi piacessero... ma perché mi metto paura!

DOMENICO (*scoraggiato*)   Perché pure a te te piàceno 'e ffemmene... (*Pausa. Poi tentando ancora di scrutare*) Io quando ero giovane cantavo. Ci univamo sette, otto amici... Allora era l'epoca delle serenate. For' 'a loggia, si cenava e poi finiva sempre a canzone: mandolini, chitarre... Chi canta 'e vuie?

UMBERTO   Io no.

RICCARDO   Io nemmeno.

MICHELE   Io sí.

DOMENICO (*felice*)   Tu cante?

MICHELE   Comme! E si no, comme facesse a lavorà? Dint' 'a bottega canto sempe.

DOMENICO (*ansioso*)   Famme sentí quacche cosa.

MICHELE (*schivo, pentito della sua ostentazione*)   Io? E che ve faccio sentí?

DOMENICO   Chello che vuó tu.

MICHELE   Sapete ched'è?... Ca me metto scuorno.

DOMENICO   E tu dint' 'a puteca nun cante?

MICHELE   Ma è n'ata cosa... 'A sapite: «Munastero 'e Santa Chiara»? Quant'è bella! (*Comincia ad accennare la canzone con voce incolore e stonata*) «Munastero 'e Santa Chiara – tengo 'o core scuro scuro – ma pecché pecché ogne sera – penzo a Napule comm'era...»

RICCARDO (*interrompendolo*)   E accussí saccio cantà pur'io... Addó 'a tiene a voce?

MICHELE (*quasi offeso*)   Chesta nun è voce?...

UMBERTO   Con questa voce posso cantare anch'io.

RICCARDO   E io no?

DOMENICO   Con questa voce può cantare chiunque. (*A Riccardo*) Famme sentí tu.

RICCARDO   Ma io non mi permetto. Nun tengo 'a faccia tosta 'e chisto. Appena, appena... (*Accenna il motivo*) «Munastero 'e Santa Chiara – tengo 'o core scuro scuro... Ma pecché, pecché ogne sera – penzo a Napule comm'era...» (*Umberto continua la frase insieme a lui*). Penso a Napule comm'è... (*Michele canta anche lui*). No... nun è overo... No nun ce crero...

Ne nasce un coro scordato e inumano.

DOMENICO (*interrompendoli*)   Basta, basta... (*I tre zittiscono*). Stateve zitte: è meglio... State emozionati... Non è possibile... Tre napulitane ca nun sanno cantà!

FILUMENA (*entra da sinistra in un vistosissimo abito nuovo. Pettinatura alta «alla napoletana», due file di perle al collo. Orecchini a «toppa». Il suo aspetto è diventato quasi giovanile. Parla a Teresina, la sarta, che la segue con Rosalia e Lucia*)   Tu qua' impressione, Teresi', 'o difetto ce sta!

TERESINA (*è una di quelle sarte napoletane che non disarmano: nel senso che le offese delle clienti deluse non la sfiorano nemmeno. La sua calma è addirittura irritante*)   Ma 'o vedite vuie stu difetto, donna Filumena mia. Io, mo nce vo, so' tant'anne ca ve servo...

FILUMENA   Tu tiene 'a faccia tosta! Si' capace 'e negà a ffaccia a ffaccia.

TERESINA   Allora aggi' 'a dicere ca ce sta 'o difetto?

MICHELE   Buonasera, mammà.

RICCARDO   Buonasera e auguri.

UMBERTO   Buonasera e auguri.

FILUMENA (*lietamente sorpresa*)   Vuie state lloco? Buonasera! (*A Teresina, cocciuta*) E ssaie pecché ce sta 'o difetto? Pecché quanno haie nu taglio 'e stoffa mmano, he 'a fa' ascí 'o vestetiello p' 'a piccerella toia...

TERESINA   Uh, guardate!

FILUMENA   Io già ce capitaie... 'A vedette io, 'a piccerella toia, cu' nu vestito fatto cu' 'a stoffa ca faciste rimmané 'a nu vestito mio.

TERESINA   Si dicite accussí, me facite piglià collera. (*Con altro tono*) Certo quanno 'a stoffa resta... (*Filumena la guarda con

rimprovero). Ma nun sacrifico maie 'a cliente. Nun sarría cuscienza.

ROSALIA (*ammirata*)   Donna Filume', vuie state na bellezza! Site
proprio 'a sposa!

TERESINA   Ma comme avev' 'a vení stu vestito?

FILUMENA (*livida*)   Nun t'aviv' 'a arrubà 'a rrobba; he capito?

TERESINA (*un po' offesa*)   E accussí nun avit' 'a dícere... Allora
faccio 'a mariola? Aggio avé 'a mala nutizia si è rimasta tanto
'e rrobba... (*Fa il gesto per indicare una quantità irrisoria*).

DOMENICO (*che fino a quel momento ha assistito alla scena con
impazienza, tutto assorto in una sua idea fissa e corrucciante, a
Filumena*)   Filume', io t'aggi' 'a parlà nu mumento.

FILUMENA (*fa qualche passo verso Domenico, ma zoppica a causa
delle scarpe nuove che le fanno dolore*)   Madonna... sti scarpe...

DOMENICO   Te fanno male? Levatelle e te ne miette n'atu paro.

FILUMENA   Che m'he 'a dícere?

DOMENICO   Teresi' se ve ne andate ci fate piacere.

TERESINA   Comme no? Mo me ne vado. (*Piega un panno nero
che aveva con sé e lo mette sul braccio*) Auguri e buona fortuna. (*A Lucia avviandosi per il fondo*) Neh, e comme avev' 'a
ji', chillu vestito? (*Esce seguíta da Lucia*).

DOMENICO (*ai tre giovanotti*)   Vuie iate dint' 'o salotto a tratte-
né 'o cumpare e 'a cummara. 'E ddate a bere qualche cosa.
Rusali', accumpàgnale.

ROSALIA (*annuisce*)   Gnorsí. (*Ai tre giovanotti*) Venite. (*Esce per
lo studio*).

MICHELE (*ai fratelli*)   Iammo, venite.

RICCARDO (*irridendolo*)   Tu he sbagliato professione. Aviv' 'a
ji' a San Carlo.

Ridendo, i tre giovanotti escono per lo studio.

DOMENICO (*guarda Filumena, l'ammira*)   Comme staie bene, Filume'... Si' turnata n'ata vota figliola... E si stesse tranquillo,
sereno, te diciarría che tu puo' fa ancora perdere 'a capa a
n'ommo.

FILUMENA (*vuole evitare, a tutti i costi, l'argomento che sta a
cuore a Domenico e del quale ella ha intuito il tenore. Evade*)   Me pare ca nun manca niente. So' stata accussí stunata,
ogge.

DOMENICO   Io invece nun stongo tranquillo e nun stongo sereno.

FILUMENA (*fraintendendo ad arte*) E che vuó sta' tranquillo?
Uno pò fa' affidamento sulo su Lucia. Alfredo e Rosalia so'
duie viecchie...

DOMENICO (*riprende il discorso iniziato*) Nun cagnà discorso, Filume'; nun cagnà discorso pecché tu staie penzanno chello che
sto penzanno io... (*Continuando*) E sta tranquillità, sta serenità, m' 'a puo' da' tu sola, Filume'...

FILUMENA Io?

DOMENICO Tu he visto c'aggio fatto chello ca vulive tu. Dopo
l'annullamento del matrimonio te venette a chiammà. E no
una vota ma tanta vote... pecché tu facive dicere ca nun ce
stive. So' stato io, ca so' venuto addu te e t'aggio ditto: «Filume', spusàmmece».

FILUMENA E stasera ce spusammo.

DOMENICO E si' felice?... Almeno, credo.

FILUMENA Comme no?

DOMENICO E allora m' 'he 'a fa' sta' felice pure a me. Asséttate,
stamme a sentí. (*Filumena siede*). Si tu sapisse quanta vote, in
questi ultimi mesi, ho cercato di parlarti e non ci sono riuscito.
Ho tentato con tutte le mie forze di vincere questo senso di
pudore e me n'è mancato il coraggio. Capisco, l'argomento è
delicato e fa male a me stesso metterti di fronte all'imbarazzo
delle risposte; ma nuie ce avimm' 'a spusà. Tra poco ci troveremo inginocchiati davanti a Dio, non come due giovani che ci si
trovano per aver creduto amore un sentimento che poteva essere soddisfatto ed esaurito nel piú semplice e naturale dei modi... Filume', nuie 'a vita nosta ll'avimmo campata... io tengo
cinquantaduie anne passate e tu ne tiene quarantotto: due coscienze formate che hanno il dovere di comprendere con crudezza e fino in fondo il loro gesto e di affrontarlo, assumendo-
ne in pieno tutta la responsabilità. Tu saie pecché me spuse:
ma io no. Io saccio sulamente che ti sposo pecché m'he ditto
che uno 'e chilli tre è figlio a me...

FILUMENA Sulo pe' chesto?

DOMENICO No... Pecché te voglio bene, simme state nzieme vinticinc'anne, e vinticinc'anne rappresentano una vita: ricordi,
nostalgie, vita in comune... l'ho capito da me che mi troverei
sbandato... e po', pecché ce credo; sono cose che si sentono, e
io lo sento. Ti conosco bene e perciò te sto parlanno accussí.
(*Grave, accorato*) Io 'a notte nun dormo. So' diece mise, 'a
chella sera, te ricuorde?... che nun aggio truvato cchiú pace.
Nun dormo, nun mangio, nun me spasso... nun campo! Tu nun

saie dint' a stu core che tengo... Na cosa ca me ferma 'o respiro... Faccio accussí... (*come per respirare una boccata d'aria*) e
'o respiro se ferma ccà... (*mostra la gola*) e tu nun me pó fa'
campà accussí. Tu tiene core, si' na femmena c'ha campato, che
capisce e m'aviss' 'a vulé pure nu poco 'e bbene. Nun me può
fa' campà accussí! Te ricuorde quanno me diciste: «Nun giurà...» e io nun giuraie. E, allora, Filume', t' 'a pozzo cercà l'elemosina... E t' 'a cerco comme vuó tu: inginocchiato, baciannote
'e mmane, 'a vesta... Dimmello, Filume' dimme chi è figliemo, 'a carne mia... 'o sango mio... E me l'he 'a dicere, pe' te
stessa, pe' nun da' l'impressione che staie facenno nu ricatto...
Io te sposo 'o stesso, t' 'o giuro!

FILUMENA (*dopo una lunga pausa, durante la quale ha lungamente guardato il suo uomo*) 'O vvuó sapé?... E io t' 'o ddico. A
me basta che te dico: «Tuo figlio è chillu là». Allora tu che
faie? Cercherai di portartelo sempre con te, penserai a dargli
un avvenire migliore e, naturalmente, studierai tutti i modi
per dare piú danaro a lui che agli altri due...

DOMENICO Bè?

FILUMENA (*dolce, insinuante*) E aiutalo allora: ha bisogno, tene quatto figlie.

DOMENICO (*con ansia interrogativa*) L'operaio?

FILUMENA (*assentendo*) L'idraulico, comme dice Rosalia.

DOMENICO (*a se stesso, man mano esaltandosi nei suoi ragionamenti*) ...Un buon ragazzo... ben piantato... di buona salute. Perché si è ammogliato cosí presto? Con una piccola bottega che
pò guadagnà?... È un'arte anche quella. Con un capitale a disposizione pò mettere una piccola officina con operai, lui fa da
padrone: un negozio di apparecchi idraulici moderni... (*D'un
tratto guarda Filumena con sospetto*) Guarda, guarda... proprio 'o stagnaro... l'idraulico! E già, quello ammogliato, il piú
bisognoso...

FILUMENA (*fingendo disappunto*) E na mamma ch'ha da fa'?...
Deve cercare di aiutare il piú debole... Ma tu nun l'he creduto... Tu, si' furbo, tu... È Riccardo, 'o commerciante.

DOMENICO 'O camiciaio?

FILUMENA No, è Umberto, 'o scrittore.

DOMENICO (*esasperato, violento*) Ancora... ancora me vuó mettere cu' 'e spalle nfaccia 'o muro?... Fino all'ultimo!

FILUMENA (*commossa per il tono accorato e affranto con cui Domenico ha pronunciato le sue parole, cerca di raccogliere tutti i
suoi sentimenti piú intimi per trarne, in sintesi, la formula di

un discorso persuasivo, che finalmente dia all'uomo delle spie-
gazioni concrete e definitive) Siénteme buono, Dummi', e
po' nun ce turnammo cchiú ncoppa. (*Con uno slancio d'amore*
da lungo tempo contenuto) T'aggio voluto bene cu' tutt' 'e ffor-
ze d' 'a vita mia! All'uocchie mieie tu ire nu Dio... e ancora te
voglio bene, e forse meglio 'e primma... (*Considerando d'un*
tratto l'inavvedutezza e l'incomprensione di lui) Ah, c'he fatto, Dummi'!... 'E vuluto suffrí afforza... 'O padreterno t'aveva
dato tutto p'essere felice: salute, presenza, denaro... a me: a
me, ca pe' nun te da' nu dulore, me sarría stata zitta, nun avarría parlato manco mpunt' 'e morte... e tu, tu sarrisse stato ll'ommo generoso c'aveva fatto bene a tre disgraziate... (*Pausa*).
Nun m' 'addimannà cchiú pecché nun t' 'o ddico. Nun t' 'o
pozzo dicere... E tu devi essere galantuomo a non domandarme-
lo mai, pecché, p' 'o bbene che te voglio, in un momento di
debolezza, Dummi'... e sarebbe la nostra rovina. Ma nun he
visto che, non appena io ti ho detto c' 'o figlio tuio era l'idraulico, subito he cominciato a penzà ai denari... 'o capitale... il
grande negozio... Pecché tu ti preoccupi e giustamente, pecché
tu dice: «'E denare so' 'e mieie». E accumience a penzà: «E
pecché nun ce 'o ppozzo dicere ca songo 'o pate?» «E ll'ati
duie chi songo?» «Che diritto tèneno?» L'inferno!... Tu capisci che l'interesse li metterebbe l'uno contro l'altro... Sono tre
uomini, nun so' tre guagliune. Sarríano capace 'e s'accídere fra
di loro... Nun penzà a te, nun penzà a mme... pienz' a loro.
Dummi', 'o bello d' 'e figlie l'avimmo perduto!... 'E figlie so'
chille che se teneno mbraccia, quanno so' piccerille, ca te dànno preoccupazione quanno stanno malate e nun te sanno dicere
che se sènteno... Che te corrono incontro cu' 'e braccelle aperte, dicenno: «Papà!»... Chille ca 'e vvide 'e vení d' 'a scola cu'
'e manelle fredde e 'o nasillo russo e te cercano 'a bella cosa...
Ma quanno so' gruosse, quanno song'uommene, o so' figlie tutte quante, o so' nemice... Tu si' ancora a tiempo. Male nun te
ne voglio... Lasciammo sta 'e ccose comme stanno, e ognuno va
p' 'a strada soia!

Internamente si udranno i primi accordi di prova di un organo.

ROSALIA (*dallo studio seguíta dai tre giovani*) È venuto... è venu-
to 'o ricco sacerdote...
MICHELE Mammà!...
DOMENICO (*si alza dal tavolo e guarda tutti lungamente. Poi co-*

me una decisione immediata)   Lasciammo sta' 'e ccose comme
stanno, e ognuno va p' 'a strada soia... (*Ai ragazzi*) Io vi devo
parlare... (*Tutti attendono sospesi*). Sono un galantuomo e non
mi sento d'ingannarvi. Stateme a sentí...

I TRE   Sí, papà!

DOMENICO (*commosso guarda Filumena e decide*)   Grazie. Quanto m'avite fatto piacere... (*Riprendendosi*) Allora... Quando
due si sposano è sempre il padre che accompagna la sposa all'altare. Qua genitori non ce ne sono... Ci sono i figli. Due accompagnano la sposa, e uno accompagna lo sposo.

MICHELE   A mammà 'accumpagnammo nuie. (*Si avvia verso Filumena e invita Riccardo a fare altrettanto*).

RICCARDO   Mancano cinque minuti alle sei.

FILUMENA (*si avvicina a Rosalia*)   Rosali'...

ROSALIA   Nun ce penzate. Alle sei precise s'appícceno 'e ccannéle pure llà.

FILUMENA (*appoggiandosi al braccio di Michele e a quello di Riccardo*)   Iammo... (*Ed entrano nello studio*).

DOMENICO (*a Umberto*)   E a me m'accumpagne tu...

Formano il breve corteo ed entrano nello «studio». Rosalia
commossa, mite come sempre, rimane al suo posto battendo le
mani e guardando la tenda. Internamente, l'organo intona la
«Marcia Nuziale». Ora Rosalia piange. Poco dopo la raggiunge
Alfredo, ed insieme seguono la cerimonia. Anche Lucia si unisce a loro. Le luci scendono in «resistenza» fino al buio completo. Dal terrazzo giunge lentamente un raggio lunare, e pian
piano si accende la luce del lampadario. È passato del tempo.

FILUMENA (*seguíta da Umberto, Michele e Rosalia entra dallo studio difilato, va verso sinistra*)   Che stanchezza, Madonna!

MICHELE   E mo v'arrepusate. Ce ne iammo pure nuie. Dimane
tengo 'a puteca.

ROSALIA (*con una guantiera contenente dei bicchieri vuoti, verso
Filumena*)   Augurî, augurî, augurî... Che bella funzione! Cien-
t'anne he 'a campà, figlia mia, ca figlia me puo' essere!

RICCARDO (*dallo «studio»*)   È stata proprio na bella funzione.

FILUMENA (*a Rosalia*)   Rusali', nu bicchiere d'acqua.

ROSALIA (*marcando*)   Subito, signora... (*Esce dal fondo*).

DOMENICO (*dallo «studio», recando una bottiglia di vino «speciale» con il tappo cosparso di ceralacca*)   Niente invitati, niente

banchetto, ma na butteglia in famiglia, ce l'avimm' 'a vévere...
(*Prende il cavatappi sul mobile di fondo*) Questo ci accompa-
gnerà a dormire. (*Stappa la bottiglia*).

ROSALIA (*ritorna con un bicchiere d'acqua in un piatto, all'uso
napoletano*) Ecco l'acqua.

DOMENICO C'avimm' 'a fa' cu' ll'acqua?

ROSALIA (*come per dire: «Me l'ha chiesto donna Filumena»*) 'A
signora.

DOMENICO Dincello, 'a signora, che, di questa serata, l'acqua è
malaugurio. E chiamma pure a Lucia... Mo me scurdavo... chiama pure Alfredo Amoroso: montatore e guidatore nonché conoscitore di cavalli da corsa.

ROSALIA (*chiama verso il fondo a destra*) Alfre'... Alfre', viene,
viénete a bere nu bicchiere 'e vino cu' 'o signore... Luci', viene
tu pure.

ALFREDO (*dal fondo, seguíto da Lucia*) Eccomi *prisento*.

DOMENICO (*ha riempito i bicchieri ed ora li distribuisce*) Teh,
Filume', vive. (*Agli altri*) Bevete.

ALFREDO (*trincando*) 'A salute!

DOMENICO (*guarda il suo fedele con tenerezza e nostalgia*) Te
ricuorde, Alfre', quanno 'e cavalle nuoste currevano?

ALFREDO Perdío!

DOMENICO Se so' fermate... Se fermaieno tantu tiempo fa. E io
nun 'o vvulevo credere, e dint' 'a fantasia mia 'e vvedevo sempe 'e correre. Ma, mo, aggiu capito ca s'erano fermate già 'a nu
sacco 'e tiempo! (*Mostra i giovanotti*) Mo hann' 'a correre lloro! Hann' 'a correre sti cavalle ccà, ca so' giúvene, so' pullidre
'e sango! Che figura faciarríamo si vuléssemo fa' correre ancora 'e cavalle nuoste? Ce faciarríamo ridere nfaccia, Alfre'!

ALFREDO Perdío!

DOMENICO Bive, Alfre'... (*Tutti bevono*). 'E figlie so' ffiglie! E
so' pruvvidenza. E sempre, sempre... quando, in una famiglia,
ce ne sono tre o quattro, sempre succede che il padre ha un
occhio particolare, che so io, un riguardo speciale per uno dei
quattro. O pecché è cchiú brutto, o pecché è malato, o pecché è
cchiú prepotente, cchiú capuzziello... E gli altri figli non se
l'hanno a male... lo trovano giusto. È quasi un diritto del padre. Fra noi questo non ha potuto accadere, perché la nostra
famiglia si è riunita troppo tardi. Forse è meglio. Vuol dire che
quel bene che io avrei avuto il diritto di volere ad uno dei miei
figli... lo divido fra tutti e tre. (*Beve*) 'A salute! (*Filumena non
risponde. Ha preso, dal seno, un mazzolino di fiori d'arancio e,*

di tanto in tanto, ne aspira il profumo. Domenico si volge ai
tre giovani, bonario) Guagliu', dimane ve ne venite a mangià
ccà.

I TRE   Grazie.

RICCARDO (*avvicinandosi verso la madre*)   Ora vi lasciamo perché è tardi e mammà se vo' arrepusà. Stàteve bbona, mammà.
(*La bacia*) Auguri e ce vedimmo dimane.

UMBERTO (*imitando il fratello*)   Stàteve bbona.

MICHELE   Buonasera ed auguri...

UMBERTO (*avvicinandosi a Domenico e sorridendogli teneramente*)   Buonanotte, papà...

RICCARDO E MICHELE (*salutando insieme*)   Papà, buonanotte.

DOMENICO (*guarda i tre giovanotti con riconoscenza. Pausa*)   Dateme nu bacio! (*I tre, l'uno dopo l'altro, baciano con effusione
Domenico*) Ce vedimmo dimane.

I TRE (*uscendo seguiti da Alfredo, Rosalia e Lucia*)   A domani.

Domenico li ha seguiti con lo sguardo, assorto nelle sue riflessioni sentimentali. Ora si avvicina al tavolo e si versa ancora
da bere.

FILUMENA (*si è seduta sulla poltrona e si è tolta le scarpe*)   Madonna, ma che stanchezza! Tutta mo m' 'a sento!

DOMENICO (*con affetto comprensivo*)   Tutta la giornata in movimento... poi l'emozione... tutti i preparativi di questi ultimi
giorni... ma mo statte tranquilla e ripòsati. (*Prende il bicchiere
e avvicinandosi al terrazzo*) È pure na bella serata! (*Filumena
avverte qualche cosa alla gola che la fa gemere. Emette dei
suoni quasi simili a un lamento. Infatti fissa lo sguardo nel
vuoto come in attesa di un evento. Il volto le si riga di lacrime
come acqua pura sulla ghiaia pulita e levigata. Domenico preoccupato le si avvicina*) Filume', ch'è stato?

FILUMENA (*felice*)   Dummi', sto chiagnenno... Quant'è bello a
chiàgnere...

DOMENICO (*stringendola teneramente a sé*)   È niente... è niente.
He curruto... he curruto... te si mmisa appaura... si' caduta...
te si' aizata... te si' arranfecata... He pensato, e 'o ppenzà stanca... Mo nun he 'a correre cchiú, non he 'a penzà cchiú... Ripòsate!... (*Ritorna al tavolo per bere, ancora, un sorso di vino*) 'E
figlie so' ffiglie... E so' tutte eguale... Hai ragione, Filume', hai
ragione tu!... (*E tracanna il suo vino, mentre cala la tela*).

Le bugie con le gambe lunghe

(1947)

Con la trilogia eduardiana di guerra e del dopoguerra (*Napoli milionaria!*, *Questi fantasmi!*, *Filumena Marturano*) incomicia quell'oscillazione fra spettacolo reale e spettacolo fantastico, i cui poli non appariranno comunque del tutto divaricati. Al ciclo delle commedie del dopoguerra appartengono anche *Le bugie con le gambe lunghe* (1947), *La grande magia* e *Le voci di dentro* (1948); ma, se nel 1948 il pendolo di Eduardo sembra orientarsi verso il fantastico, c'è prima l'impennata verso il realismo polemico delle *Bugie*. In *Le bugie con le gambe lunghe*, infatti, l'alternativa non è fra verità e illusione, ma proprio fra *verità* e *menzogna*: perché la finzione non è diretta a confortare se stessi, bensí ad ingannare gli altri.

Qui il luogo scenico è il «palazzo»: non piú l'antico di *Questi fantasmi!*, ma un caseggiato-alveare *stile Novecento*, con i balconi uno sotto l'altro, ricoperti e pavimentati *con rettangoli di vetro cemento per dare luce al terrazzo sottostante*, dai quali si scorgono *le finestre dei due versanti dirimpettai* (did., I, p. 257). Il punto di vista su questo ambiente emblematico della nostra vita alla fine degli anni Quaranta (che ritornerà in *Le voci di dentro*) è dato dal *piú meschino e modesto appartamento della lunga serie*, al quinto piano, in casa Incoronato. Una prospettiva mediocre a livello economico, ma non morale e neppure culturale (*libri curati un po' dappertutto*), anche se l'interno è rappresentato dall'ennesima stanza *a tutti gli usi. Ci si mangia, ci si lavora, ci si intrattiene* (did., I, p. 257).

L'inquilino protagonista, dal nome che risulterà allusivo, Libero Incoronato, è appunto un personaggio-testimone: conosceremo via via gli altri personaggi della commedia, i personaggi-oggetto, mediante la loro penetrazione aggressiva nell'abitazione del soggetto; ma tale rivista comporterà il coinvolgimento e lo sconvolgimento dell'estraneo. Anche questo piccolo borghese esercita una professione eccentrica, cara a Eduardo attore: fa il «consigliere» filatelico. È rassegnato alla propria «insignificanza», ma conserva l'illusione che la «guerra», tutto sommato e nonostante tutto, abbia cambiato la vita della gente; pensa che con la difesa del decoro

sia caduta anche l'ipocrisia, il voler «parere» e «apparire»... quel
che non si è! Proprio contro questa sua corazza protettiva, che dovrebbe ripararlo da ogni tentazione di sembrare ma anche di essere
diverso, cozza rocambolescamente il mondo degli altri, e lo costringe a riconoscere nei «tempi moderni» non l'epoca del realismo,
bensí quella delle bugie, delle reti di reproci inganni che gli uomini
non cessano di tessere.

Attraverso i tre atti il personaggio-testimone si trasforma in «io
epico», e alla fine si trova ad esprimere una morale della favola rovesciata, quando finge di impartire al «neonato» queste «istruzioni per la vita»:

> LIBERO   Cumparie' [...] Se vuoi trovarti bene, saie che 'a fa'? Devi
> legare l'asino dove vuole il padrone. [...] È l'uomo nero [...], che ti
> può far paura se non leghi l'asino dove vuole lui. L'asino invece è
> il tuo orgoglio, il tuo onore, e quasi sempre il tuo diritto. Non dire
> mai una verità [...], e quando dici le bugie, le devi scegliere fra
> quelle che sono di gradimento del tuo padrone, perché se non piac-
> ciono a lui [...] lle spezza 'e gamme e dice ca so' ccorte [...]. Se, al
> contrario, sono interessanti per lui, le aiuta, le fa correre e non le fa
> fermare piú.   (III, p. 309).

È la commedia forse meno riuscita del ciclo: funziona alla rappresentazione per il collaudato mestiere del drammaturgo, ma un
moralismo troppo scoperto mischiato ad un gusto insolito dell'in-
trigo paradossale allontana il testo dal consueto equilibrio fra serio
e comico. D'altra parte il «tutto per bene» finale è ancora piú
aspro di quello pirandelliano. Questo «eroe bastonato» decide di
evadere dal contesto, dopo aver «imparato» che la passività implica la complicità; ma può dire la sua «verità», alle altre marionette
borghesi che la cambiano come gli abiti che indossano, solo per an-
tifrasi, oppure attraverso la parabola amaramente comica della
«camicia» rivoltata con le *due scritte stampate in corsivo inglese:*
«Madapolam» ed «Excelsior» (did., II, p. 279), che lo distingue
dall'inizio alla fine come un marchio di fabbrica: «Vi voglio far vedere una verità con le gambe corte [...] (*Si toglie la giacca e mostra il
di dietro della sua camicia arrangiata e rifatta...*) [...] Per arrivare, impiega Dio sa quanto, ma... arriva!» (III, p. 310). Parlare con chiarezza – in questa commedia – è impossibile: le bugie del mondo
hanno gambe troppo lunghe!

«Da *Napoli milionaria!* fino alle *Voci di dentro* c'è un linguaggio
preciso. Se legge tutte quelle commedie in ordine lei trova che c'è

una coerenza [...]. Dopo [...] *Filumena Marturano* [...] pensavo che [i governanti] avrebbero preso dei provvedimenti. Poi scrissi [...] *Le bugie hanno le gambe lunghe*, ma le cose rimasero stazionarie. [...] In quelle cinque commedie lei può trovare la storia dell'umanità», dirà Eduardo a Vito Pandolfi nel 1956 (*Intervista a quattr'occhi con Eduardo De Filippo*, in *Teatro italiano contemporaneo* cit., pp.199-200). Anche a proposito di *Le bugie con le gambe lunghe*, comunque, l'autore racconta a Lucillo Antonioli un aneddoto. Benedetto Cigolella (uno dei personaggi della commedia) sarebbe realmente esistito: la guerra «gli aveva dato, in un primo tempo, la ricchezza e poi gli ha tolto la moglie, innamoratasi di un ufficiale americano. Quando è venuto a sapere che la sua storia era stata messa in scena [la fortuna gli aveva già voltato le spalle], non ha intentato causa come gli amici gli avevano consigliato, [...] ha chiesto soltanto una poltrona a teatro» («Oggi», 9 maggio 1948).

Le bugie con le gambe lunghe è stata rappresentata la prima volta il 14 gennaio 1948 dalla compagnia «Il Teatro di Eduardo con Titina De Filippo» a Roma, al Teatro Eliseo, per la regia di Eduardo, con Eduardo (Libero Incoronato), Titina (Costanza), Giovanni Amato (Benedetto Cigolella), Clara Crispo (Olga Cigolella). Gli spettatori accolsero lo spettacolo con molti applausi e molte chiamate, tuttavia Silvio D'Amico dubita che «il pubblico grosso, vale a dire l'immensa maggioranza di quello vestito bene» comprendesse il carattere provocatorio della commedia; «è parso incline a scambiarla con una farsa, e a ridere sgangheratamente delle sue situazioni anche piú piane, se non proprio patetiche» (in *Palcoscenico del dopoguerra* cit.).

Eduardo ne rilevava l'importanza sul piano del discorso polemico e civile (nell'*Intervista* di Pandolfi) ma doveva considerarla un'opera minore. Non l'ha registrata per la Tv e l'ha riproposta in teatro solo otto volte (a Milano, a Napoli, a Roma, a Firenze), a partire dalla prima romana fino all'ultima ripresa napoletana del 1972 (il 25 ottobre al Teatro San Ferdinando).

Un nuovo allestimento, firmato da Giancarlo Sepe, è andato in scena in prima nazionale il 29 settembre 1990 al Teatro Manzoni di Milano, con Aroldo Tieri (Libero Incoronato) e Giuliana Lojodice (Olga Cigolella); altri interpreti: Tommaso Bianco (Benedetto Cigolella); Clara Bindi (Cristina); Nicola Di Pinto (Roberto Perretti); Isabella Salvato (Costanza); Marina Ruffo (Carmela); Tatiana Winteler (Graziella); Julio Solinas (Guglielmo Caputo); Eliana Lupo. Le scene e i costumi sono di Umberto Bertacca. Lo stesso spet-

tacolo (che ha avuto trecento repliche in due anni) è stato registra-
to in Tv (ancora per la regia di Sepe) e trasmesso il 21 settembre
1992 su Raidue.

Il testo di *Le bugie con le gambe lunghe* compare per la prima
volta nel primo volume dell'edizione Einaudi della *Cantata dei giorni dispari*, nel 1951; non ha subìto varianti nel corso delle successive ristampe e edizioni rivedute dello stesso volume della *Cantata*.

Personaggi

Libero Incoronato, esperto in filatelica
Costanza, sua sorella
Carmela, portiera
Graziella
Roberto Perretti
Benedetto Cigolella, piccolo industriale
Olga, sua moglie
Cristina, madre di Olga
Guglielmo Caputo, maschera di cinema
Angelina Trombetta, sua moglie
La balia
La levatrice
Lo zio di Benedetto
Primo figlio
Secondo figlio
Il fratello di Benedetto

In casa Incoronato.

Tre camere, cucina e bagno, al quinto piano, interno 84, scala C, sito al Vasto alla Ferrovia n. 186. Il piú meschino e modesto appartamento della lunga serie di cui dispone l'immenso fabbricato stile Novecento, costruito in altra epoca a scopo speculativo. Da un ampio vano praticato alla parete di fondo, al centro, si scorgerà il terrazzo, ricoperto e pavimentato con rettangoli di vetro cemento per dare luce alla camera che vediamo, e al terrazzo sottostante. Da questo si scorgono, come un alveare, le finestre dei due versanti dirimpettai, con al centro incolonnate quelle delle cucine che, a guardarle a distanza, dànno l'impressione di tale fragilità da far pensare a «casarelle» fatte con cento mazzi di carte da giuoco, costruite pazientemente da un virtuoso, il quale sia riuscito a realizzare un miracolo di equilibrio. In fondo, a destra, la comune. In prima quinta a sinistra ed in prima quinta a destra, porte. Quella di sinistra introduce nella camera di Libero, quella di destra nella camera di Costanza. La stanza che vediamo è stata adibita un po' a tutti gli usi. Ci si mangia, ci si lavora, ci si intrattiene. Mentre la struttura delle pareti, sia nel movimento che nel colore, è decisamente di stile Novecento, l'arredamento, al contrario, è costituito da poveri mobili del secolo scorso. Vediamo: un tavolo, al centro, ricoperto da un vecchio tappeto turco. Metà del tavolo, quella di sinistra, è apparecchiata per due coperti, con una tovaglia rattoppata e con stoviglie spaiate. Un cassettone, un *buffet* con alzata, un'ottomana, una macchina da cucire, una sedia a dondolo e altre sedie impagliate. Qualche quadro insignificante alle pareti. Si nota, però, una certa dignità specialmente nell'ordine e nella pulizia. Se qualche mobile è troppo grande in proporzione della parete sulla quale è addossato, per cui sconfina a danno dello stipite di una porta è, in compenso, spolverato e lucido. Libri curati e ben disposti, un po' dapper-

tutto. È l'ora della cena. Il lampadario centrale, di stile Li-
berty, ha una sola lampada accesa. Le altre quattro sono state
svitate, in modo da tenerle spente per economizzare la corrente. Quando va su il siparo, la scena sarà vuota. Dopo una piccola pausa si udrà, dall'interno, la voce di Costanza che parla
rivolgendosi a Carmela, la portinaia.

COSTANZA (*di dentro*)   Entra, Carme'. (*Entra dal fondo a destra
seguita da Carmela che reca un fiasco di acqua. Costanza è una
donna sui quarant'anni. Poco piú che misera nel vestire. Carattere docile, umile, mite*) Potevi aspettare ancora un altro poco.
Mio fratello non è rincasato ancora; mo succede che quando
torna e ci mettiamo a tavola per cenare, l'acqua si è fatta calda.

CARMELA   Embè, signuri': chella 'a padrona 'e casa ogni volta
che si usa l'ascensore si fa *attaccare* per pazza. Comme si 'o
tirasse essa. Dice che se ne devono servire solo gli inquilini...
«E nuie?» «Salite a piedi!» Comme si fosse 'o palazziello 'e
tre piane! Aggio approfittato ca saglieva 'a signurina Graziella,
affianco a voi, e sono salita con lei. (*Alludendo all'acqua*) Ma è
gelata, sentite. (*Le porge il fiasco per farle constatare la verità
di quanto asserisce*).

COSTANZA   Sí, ma averla fresca al momento di mettersi a tavola
è un'altra cosa.

CARMELA   Capisco... ma io sei piani a piedi, ve dico 'a verità,
nun me fido d' 'e ffa'. (*Fa per poggiare il fiasco sul tavolo*).

COSTANZA (*allarmata*)   Fosse bagnato sotto?... (*E senza attendere risposta colloca un piatto su cui poggia il fiasco*) Se no, si
rovina il tappeto.

CARMELA (*pettegola*)   'A signurina Graziella si è ritirata piú presto, stasera. E quanta pacche e pacchette ch'ha purtato! Ma
quanto spenne, viat' a essa! Chella mo è sola, essa e na cammarera?... Embe': io dico che pe' mangià sulamente, spenne duemila lire 'o giorno. Ha vuluto sapé si eravate in casa. Anze
m'ha ditto 'e ve dicere ca se vene a misurà 'o vestito.

COSTANZA   Quando viene, qua sto.

CARMELA (*insinuante*)   Pure n'aiuto è pe' vvuie, è ove'?

COSTANZA (*infastidita*)   N'aiuto?... Io 'a sarta faccio.

CARMELA (*non disarma*)   Nun s' 'e mmette nemmeno... tene tanta vestite... nun l'aggio vista maie 'e purtà nu vestito fatt' 'a
vuie.

COSTANZA (*dominandosi*)   E vuol dire ca s' 'e ffa fa' e po' 'e rregala... che t'aggia dicere?...

CARMELA   E ched'è?... Uno se fa fa' 'e vestite e po' 'e rregala?

COSTANZA   Carme', tu sei bella e cara, ma tieni un solo difetto: allora sei felice quando puoi racçontare i fatti degli altri. Tanto io quanto mio fratello, di quello che succede nel palazzo non ne vogliamo sapere niente. Perciò andiamo d'accordo con tutti quanti: «Buongiorno», «Buonasera», e basta.

CARMELA   E nun ve pigliate collera. Vuol dire che io un'altra volta non parlo piú.

COSTANZA   È molto meglio.

CARMELA   (*cambiando discorso*)   Per domani vi serve niente?

COSTANZA   No, niente. Poi, del resto, se serve qualche piccola cosa, quando scende mio fratello te lo dirà. Lui scende presto la mattina. Mi fa meraviglia che non è tornato ancora. A quest'ora sta sempre a casa.

CARMELA   E mo 'o vedite 'e vení. (*Campanello interno*). Questo sarà lui.

COSTANZA   (*avviandosi verso la comune*)   E no, lui ci ha la chiave. (*Esce per il fondo a destra. Dopo una piccola pausa ritorna seguita da Graziella*).

GRAZIELLA   (*è una giovane donna sui venticinque anni. Veste con eleganza sobria. Lineamenti delicati, occhi un po' tristi*)   Se non disturbo, Costanza. Non voglio darle fastidio.

COSTANZA   Ma niente affatto, non mi date nessun fastidio.

CARMELA   (*rispettosa, strisciante*)   Buonasera, signuri'.

GRAZIELLA   Buonasera, Carmela.

COSTANZA   Il vestito è quasi pronto, lo devo solamente stirare. Se lo vogliamo provare un'altra volta...

GRAZIELLA   Non credo che sia necessario. Volevo solamente dirle che per domattina vorrei averlo.

COSTANZA   E quello è pronto, ve l'ho detto. Adesso ve lo faccio vedere. (*Prende un abito da donna che si troverà sulla macchina da cucire e lo mostra a Graziella*) Ecco qua, si deve solamente stirare. Domani mattina, prima delle dieci, ve lo mando.

GRAZIELLA   Grazie, Costanza. (*Siede accanto al tavolo, osservando il vestito, soddisfatta*) Molto carino.

COSTANZA   (*un po' mortificata*)   Voi dite cosí, e poi non ve li mettete nemmeno una volta.

GRAZIELLA   (*con un sorriso incoraggiante*)   Non è esatto. Qualche volta li indosso. Mi piace piú di averli che di indossarli.

LIBERO   (*entra dalla comune. È un uomo sui quarantasette anni. Modesto, dignitoso. I suoi movimenti sono compassati, lenti. Temperamento calmo, tranquillo. Giustifica e considera chiun-*

que: «Tutti possono sbagliare!» La sua filosofia ingenua gli viene da una vita trascorsa nell'indigenza e, talvolta, nella rinunzia delle sue piú modeste aspirazioni. In fondo è contento, fiero della sua miseria. Si occupa di filatelica. È un esperto conoscitore di francobolli. Presta la sua esperienza in un negozio del genere a Via Toledo, dove la clientela paga in misura equa i suoi consigli. Nell'entrare, si toglie il cappello e lo poggia su di una sedia in fondo, accanto alla macchina da cucire. Ha con sé una bottiglia ravvolta in un giornale ed un piccolo pacchetto di formaggio groviera) Buonasera.

COSTANZA   Buonasera, Libero.

CARMELA   Buonasera, signo'.

LIBERO *(nel vedere Graziella ne riceve un piccolo disappunto)* Signorina Graziella.

GRAZIELLA   Buonasera, Libero.

LIBERO *(collocando il pacchetto e la bottiglia sul tavolo, osserva il vestito)* Un altro vestito? Molto bene.

GRAZIELLA   Vi dispiace?

LIBERO   No, sono contento per voi. *(A Costanza)* Ho preso il vino.

COSTANZA *(allarmata, sbarrando gli occhi)* He pigliato 'o vino?

LIBERO *(scartoccia la bottiglia e mostrando a Costanza la piccola quantità del contenuto, come per dire: «Questo è tutto»)* Un quarto! La giornata mi ha fruttato trecento lire: il vino ci voleva. *(Prende da un mobile una bottiglia da un litro e un imbuto)* Ecco qua. *(Mostrando il fiasco dell'acqua chiede)* Questa è acqua?

CARMELA *(premurosa)* È gelata. Mo ll'aggio purtata.

LIBERO   Io sono un infelice, cara signorina Graziella, perché capisco troppo. Capisco oltre la *capirería*. Guardo le persone e capisco quello che pensano. Il vinaio, quando gli ho chiesto: «Un quarto di vino da settanta» e cioè diciassette e cinquanta di vino, ha guardato la moglie e io ho capito. Prima di tutto voleva dire che un quarto di vino sí e no serve a bagnare la punta delle labbra, quindi disprezzo e commiserazione nei miei confronti da parte del vinaio e consorte; poi, in seconda, voleva dire: «In un quarto di vino vi sono, per lo meno, tre quarti di quarto di acqua messi da me». Io ho pagato e ho sorriso cosí... *(Sorride con intenzione)* Ma siccome a lui manca la mia perspicacia, non ha capito che il mio sorriso significava: «He 'a vedé chello che ce mett' 'i'...» *(Prende il fiasco con l'acqua e riempie la bottiglia da litro, dove in precedenza aveva travasato il vino. Le donne lo guardano e sorridono*) Cara Costanza, facciamo conto che il vinaio sia dieci volte piú disonesto e che in quel quarto di vino, invece di mettervi tre quarti di quarto di acqua, ne abbia messi tre quarti di litro, piú tre quarti di quarto: lui piú disonesto, io piú fesso. Ma io, piú fesso, ho comperato per diciassette e cinquanta, dal piú disonesto dei vinai, un litro di vino. Vale la pena essere tanto disonesto per essere fatto fesso da un fesso?

CARMELA (*ironica*)   Statev' attiento, v'avissev' 'a mbriacà?

LIBERO (*sostenendo l'ironia*)   Non c'è pericolo, mia sorella mi controlla.

CARMELA (*ricordando d'un tratto*)   Signo', mio fratello m'ha dato 'e francobolle p' 'e ffa' vedé a vvuie. (*Trae dalla tasca del grembiule una busta con dentro dei francobolli*) 'E vvedite ccanno, vedite si so' buone.

LIBERO (*osservando i francobolli, deluso*)   Carme', nun me fa perdere tiempo. Sti francobolle ccà, se iettano.

CARMELA   Nun so' buone?

LIBERO   Ma c'hann' 'a essere buone. Questi sono recenti. (*Ironico, come una considerazione fatta a se stesso, mostra i francobolli alludendo alle incisioni*) Tiene mente ccà! Quante invenzioni pe' ffa' denaro...: l'incudine, la bilancia, l'aquila reale... (*Li porge a Carmela*) Astipatílle. Fra duie, treciento anne t' 'e vvinne e ffaie denare.

CARMELA   Vuie pazziate... Foss 'a Madonna! Allora ce 'o ddico a mio fratello ca se levasse 'o penziero?

LIBERO   Sí, ce 'o puo' dicere. Stammatina s'è vennuto nu francobollo 'o negozio, ca si era d' 'o mio cagnavo posizione. L'ho consigliato ad un cliente ed ho guadagnato trecento lire.

CARMELA   Io me ne scendo. Buona serata a tutti. (*Via per la comune*).

COSTANZA   Buonasera.

LIBERO   Il vino l'ho comprato, ed ho comprato pure il formaggio. Cinquanta grammi. (*A Costanza*) E tu, che hai preparato? (*Costanza non risponde*). Costa', che hai preparato per cena? (*Costanza, infastidita, gli fa dei gesti come per fargli intendere che in presenza di Graziella non vuole parlare delle loro miserie*). Costa', ma tu fai sul serio? Ma perché 'a signurina nun 'o ssape ca stammo nguaiate e ca Dio 'o ssape comme campammo? Secondo te, se non mi dici che cosa hai preparato per cena, 'a signurina Graziella se ne va convinta ca stasera mangiammo dèntice e aragosta.

GRAZIELLA   Che c'entra?

LIBERO   No, perché mia sorella è rimasta ancora con la mentalità
di trent'anni fa: «Pare brutto!» Non vuole capire che c'è stata
una guerra; una guerra che ha distrutto tutte le illusioni, tutte
le apparenze. Qua viviamo di realtà ora per ora, minuto per
minuto. Voi, adesso, per la strada, incontrate 'e meglie signure
ca se vanno a ffa' 'a spesa pe' cunto lloro. Si 'e vvulite vedé:
dagli erbivendoli, dai salumieri, dai droghieri... L'altro giorno,
l'ho vista io, una signora anziana: s'era comprata na scopa e
s' 'a purtava sott' 'o braccio. In altra epoca ne avrebbe avuti
fischi e pernacchi dai ragazzi. Oggi, invece, niente: i ragazzi
per conto loro e 'a signora, cu' 'a scopa, indisturbata. Aggiòrna-
ti, sora mia. Oggi tutto è chiaro. Le illusioni nun s' 'e ffa nisciuno cchiú. Il signor «pare brutto» è morto sott' a nu bumbardamento. La signora «dignità» è stata fucilata. Io ti domando:
«Che ce sta per cena...» e tu, pure si ce sta presente 'o Presidente d' 'a Repubblica, m' he 'a risponnere!

COSTANZA   (scattando)   Libero, tu come sei lungo! Piú passano
gli anni, piú diventi pesante. Ma che c'entra il discorso che hai
fatto? Tu vuoi sapere che ce sta pe' cena? E io te lo dico: una
scodella di brodo riscaldato... brodo mo, na schifezza. Una frittata di due uova, che adesso la vado a fare, e per frutta cinque
fichi secchi: uno, due, tre, quattro e cinque. Il brodo io non
me lo bevo, perché ci ho trovato un topo dentro. L'hai voluto
sapere? E te l'ho detto. Il brodo te lo bevi tu, perché a me mi
fa schifo! (Esce per la prima a destra).

LIBERO   (niente affatto disorientato, piú calmo che mai)   Io ho
portato il vino ed il formaggio; siamo a posto!

GRAZIELLA   Ma perché la trattate male, povera Costanza?

LIBERO   Eh, cara Graziella... ho fatto tutti gli esperimenti per
andare d'accordo con mia sorella, mo ve ne venite voi e scopri-
te l'America. L'unico modo per tenerla tranquilla è l'aggressione. Io l'aggredisco. Appena arrivo a casa, la sera, ingrano la
quarta e parto: la stordisco; in modo da farle pensare che le
sue lamentele, di fronte ai miei guai sono sciocchezze. Si mortifi-
ca di non essere abbastanza infelice, nei miei confronti, e dopo
le prime scaramucce, ci mettiamo di buonumore e passiamo la
serata.

GRAZIELLA   Divertente!

LIBERO   Non tanto.

GRAZIELLA   Voi parlate cosí perché, in fondo, siete uno scontento.

LIBERO   Neanche per sogno. Mi accontento di quello che sono: rancori non ne ho per nessuno. Sono un uomo modesto, quasi insignificante.

GRAZIELLA (*escludendo l'affermazione*)   Perché?

LIBERO   Cosí, serve per parlare, per divertirvi. Non avete detto che siete venuta per divertirvi?

GRAZIELLA   Non ho detto precisamente questo. Ho detto che mi diverte sentirvi parlare, ma sono venuta per vedervi. (*Libero ne rimane lusingato*). Ieri sera volevo stappare quella bottiglia di rosolio di mandarino che mi regalaste.

LIBERO   Già, voi lo trovaste ridicolo.

GRAZIELLA   No, vi sbagliate, non mi piacciono i liquori dolci, ve lo dissi.

LIBERO (*quasi scusandosi*)   Non sapevo cosa regalarvi per il vostro compleanno e pensai di mandarvi quella bottiglia che mi stava molto a cuore. La trovai in un armadietto della povera mammà. L'aveva conservata come una cosa rara.

GRAZIELLA   Perché ve ne siete privato?

LIBERO   Vuie nun ve ne ncarricate. Sono affari miei. Vuol dire che mi faceva piacere di regalarvela.

GRAZIELLA   È lí che aspetta. Non mi prometteste che l'avremmo bevuto insieme?

LIBERO   E a voi i liquori dolci non piacciono.

GRAZIELLA (*con uno slancio di sincerità*)   Libero, perché parliamo cosí?

LIBERO   Grazie', Grazie'... è mmeglio ca parlammo accussí. Tu sei una buona ragazza e io, te l'ho detto, sono un uomo insignificante.

GRAZIELLA   Non è vero. Vuoi esserlo. Ti sarai accorto, spero, di come è cambiata la mia vita, di come ti aspetto, di come ti cerco...

LIBERO (*dopo averla guardata lungamente, come una constatazione che lo diverte, completa ad alta voce il suo pensiero*)   Ma che stranezza! Magari chi ti osserva, chi ti vede, chissà che pensa. Una donna come te, qua, dint' 'a casa mia, assettata vicino a nu tavolo ricoperto cu' nu tappeto turco, a ffa' dichiarazioni d'amore a Libero Incoronato, intenditore di francobolli che, come età, comincia ad avere quasi il valore di una serie completa dell'incoronazione di Vittorio Emanuele III.

GRAZIELLA (*semplice*)   Perché non ci sposiamo?

LIBERO (*niente affatto sorpreso*)   Io e te?

GRAZIELLA   E perché no?

LIBERO   E perché... Pecché *ndringhete ndrà*!

GRAZIELLA   Non mi vuoi bene.

LIBERO (*sincero, escludendo*)   No, io te voglio bene assaie, e ti ammiro pure. Stamme a sentí, Grazie'. Io una sera mi sono trovato in casa tua, in camera tua, vicino a te, senza sapere nemmeno come. Per un uomo come me, bottega e casa, con un passato di miseria dignitosa che, ti giuro, è piú dura, piú demoralizzante 'e chillo ca se riduce a cercà l'elemosina all'angolo della strada... per un uomo come me, ti dicevo, Graziella rappresentava il sogno, l'irraggiungibile: profumo, vestite belle, educazione... significava, infine, quello che noi a Napoli diciamo: 'o terno sicco! Na sera io pigliaie 'o terno sicco! Perché insistere nel giuoco del lotto? Il terno, forse, la gente te lo perdona, ma la quintina, il mondo non me la perdonerebbe mai. Tu sei ricca, l'appartamento è di tua proprietà... e, parliamoci francamente, sei una donna intelligente, comprensiva e posso parlare senza paura di offenderti: questi soldi come li hai fatti?

GRAZIELLA   Ma io te l'ho detto, tu sai tutto.

LIBERO   Ma 'o guaio è ca 'o ssanno tutte quante. Lo so, so benissimo che tu mi vieni incontro con tutta la sincerità, che sei stanca di fingere... Che te cride ca nun te veco, che non ti osservo? Dopo la perdita del tuo bambino... scusami se ti ricordo una cosa dolorosa per te, sei diventata un'altra. Il dolore ti ha messo di fronte alla realtà. E tu sai bene che io ti accoglierei con lo stesso sentimento e senza pensare ai tuoi soldi. Ma la gente? La gente direbbe: «Libero Incoronato, per fare onore al suo cognome, s'è aggiustato quatt'ova dint' a nu piatto!»

GRAZIELLA   Ma vuoi pensare alla gente? Ascolta, Libero: sono sola, ho bisogno di un affetto serio, di un uomo che mi aiuti...

LIBERO   ...che amministri...

GRAZIELLA   E perché no?

LIBERO (*amaro*)   Già, un bel libro mastro: entrata e uscita.

GRAZIELLA   Sei un imbecille!

LIBERO (*calmissimo*)   Può darsi; ma fare da amministratore non mi va. A certe cose bisogna farci l'abitudine. Se avessimo incominciato insieme...

GRAZIELLA (*abbassando lo sguardo, punta*)   Sei molto gentile.

LIBERO (*pentito*)   Te si' dispiaciuta?

GRAZIELLA (*sincera*)   Un po', sí.

LIBERO (*tenero, per rabbonirla, ma irremovibile nelle sue convinzioni*)   He 'a capí. Fossi solo, non me ne importerebbe niente. Ma io tengo a mia sorella, povera figlia: un'altra vita infelice! Si deve sposare, e tu lo sai. Un uomo che sta molto bene di posizione... si mette a posto, povera Costanza.

GRAZIELLA Perché dici: povera Costanza?

LIBERO Un uomo quasi di sessant'anni, mezzo malato. Roberto Perretti. Lo conosci, lo avrai visto qualche volta salire o scendere, perché abita nel palazzo. Lui trova una guida, una compagnia, e mia sorella si sistema.

GRAZIELLA Che malinconia!

LIBERO Tu la chiami malinconia? Io la chiamo praticità! Posso, ancora, avere mia sorella a carico? Quando si sarà sposata, potrò sgranchirmi un poco perché dovrò pensare soltanto per me.

GRAZIELLA (*seguendo il filo logico della sua convinzione*) E... gli accordi?... Gli accordi sono stati precisi?

LIBERO In che senso?

GRAZIELLA Vedi, tu mi hai detto sinceramente: il nome di Graziella all'orizzonte manderebbe a monte il matrimonio di mia sorella. Ecco che io ti domando se, con la stessa sincerità, tua sorella abbia detto al signor Perretti: «Io ti sposo per avere la sicurezza di un piatto di minestra, per liberare mio fratello dal peso della mia presenza» e se, a sua volta, il signor Perretti sia stato altrettanto sincero da dire a tua sorella: «Ti sposo per avere in casa la piú fedele delle serve».

LIBERO (*escludendo l'assurdo*) Ma no...

GRAZIELLA Lo credo bene. Le vere intenzioni se le son tenute nascoste, scambiandosi, al contrario, promesse di amore: «Ti voglio bene...» «Sei la donna che sognavo...» «Sei l'uomo che attendevo...» E tutti, tu compreso, tutti, dimostreranno buona fede e convinzione nell'ammettere la sincerità dei loro sentimenti... Come sono felice di essere quella che sono, e quanto mi addolora che tu sia... come sei.

Campanello interno.

LIBERO (*avviandosi verso la comune*) L'ingresso, permetti. Grazie', si sapisse come me ne addoloro io. (*Esce, poco dopo rientra introducendo Roberto Perretti*) Entrate, don Robe', entrate.

ROBERTO (*entra e si ferma sul limitare dell'uscio. È un uomo sulla sessantina, malaticcio, malinconico. Sfiducioso per natura e sempre preoccupato di ciò che gli altri pensano di lui. Crede ferma-*

mente di saperne piú degli altri e di superare chiunque in sag-
gezza e furbizia. Reca un pacchetto di carta velina sapientemen-
te confezionato. Dopo aver guardato intorno, con lieve senso
di contrarietà, per avere scorto Graziella)   Grazie.

LIBERO   Accomodatevi. (*Roberto avanza di qualche passo verso*
il tavolo centrale) Don Robe', voi conoscete la signorina Graziella?

ROBERTO   Non ho il bene.

LIBERO (*presentando pronuncia il nome di Roberto con significati-*
va allusione)   Il signor Roberto Perretti, la signorina Graziella che abita affianco a noi.

ROBERTO (*freddo*)   Piacere tanto.

GRAZIELLA   E a quando le nozze?

ROBERTO (*rabbuiato con un'occhiata di rimprovero a Libero*)
Quali nozze?

GRAZIELLA   Scusate, non avrei dovuto dirlo.

LIBERO (*a Roberto*)   L'indiscreto sono stato io e ve ne chiedo
scusa.

ROBERTO (*dubbioso*)   Voi o Costanza?

LIBERO   Io, io... E poi, anche se lo avesse detto Costanza, non
mi sembra un gran male.

ROBERTO   Non sembra a voi, ma a me sí. Se lo avete detto voi,
è un conto; se lo ha detto Costanza è un altro... (*Collerico*)
Andiamo piano con queste nozze. La mia decisione non è ancora per il «no», ma nemmeno per il «sí». Capirete che, avendo
pregato vostra sorella di mantenere il segreto, durante tutto il
tempo delle mie riflessioni: «Mi conviene?» «Non mi conviene?»... «'O ffaccio?...» «Nun 'o ffaccio?...» e constatare, invece, che la cosa già dilaga...

COSTANZA (*venendo dalla destra*)   La frittata l'ho fatta, l'ho messa in caldo.

ROBERTO (*cogliendo a volo, aspro*)   Proprio cosí: avete «fatto la
frittata», signorina Costanza.

LIBERO   Ma Costanza non sa niente. Vi ripeto che la colpa è mia.

COSTANZA (*allarmata*)   Ch'è successo?

ROBERTO   È successo che vostro fratello, per scagionarvi, vuol
rendersi colpevole di quello che non ha fatto.

COSTANZA (*eroica come alla presenza di un giudice*)   Che ho
fatto?

ROBERTO (*rimproverandola*)   Vi siete regolata molto male. Io vi
pregai di non fare parola con nessuno dei nostri progetti. Una
donna che non sa reggere tre ceci in bocca non potrà essere

mai una buona compagna. Senza prenderci collera restiamo buoni amici, io a casa mia e voi a casa vostra.

COSTANZA   Ma io non ho detto niente a nessuno, ve lo giuro.

LIBERO   Vi ripeto: è stata una mia leggerezza.

COSTANZA   Perché avrei dovuto dirlo? (*Non può contenere uno scoppio di pianto*).

ROBERTO (*soddisfatto*)   Brava, piangete. È l'unica cosa che possiate fare.

GRAZIELLA (*urtata, dopo di aver scambiato una occhiata significativa con Libero*)   Va bene, don Roberto. Non è la fine del mondo. Per convincervi dell'innocenza di Costanza, vi basterà pensare che il fidanzato siete voi... e che qualunque donna, che abbia in minima parte il senso del ridicolo, ha tutto l'interesse di non farlo sapere ad anima viva.

ROBERTO (*rivolgendosi a Libero con indifferenza apparente senza degnarla di uno sguardo*)   Se entrare in casa vostra per procurarsi il piacere di venirvi a trovare, significa avere il dispiacere di fare certi incontri ed essere gratuitamente offeso, vuol dire che ne farò a meno per l'avvenire e vi tolgo il fastidio. (*Muove verso la comune per uscire*).

GRAZIELLA (*fermandolo col gesto*)   Ma neanche per sogno. Vado via io. Buonasera Costanza, arrivederci Libero. M'auguro che possiate rimettervi d'accordo e realizzare al piú presto il vostro sogno d'amore. Quel giorno, fra i biglietti d'auguri e di felicitazioni, troverete anche il mio: «Cara Costanza, condoglianze vivissime». (*Roberto iroso la fulmina con un lungo sguardo sprezzante*) Cosa guardi?... Brutto scimunito, egoista, schifoso... (*Sottovoce con odio aperto e sincero*) Va' a morí ammazzato!... (*Esce per la comune*).

LIBERO (*dopo un attimo di smarrimento*)   Non dovete raccogliere. È una stravagante. Vi chiedo scusa.

ROBERTO (*ipocrita*)   Non ho neanche sentito quello che ha detto. Mi sento troppo superiore. Io sono Roberto Perretti, uomo di commercio e di studio, mentre lei non è che una volgare prostituta. Perché la ricevete?

LIBERO (*quasi giustificando*)   Per noi è un aiuto. Si serve di Costanza per qualche abituccio.

ROBERTO (*sedendosi*)   Mi è dispiaciuto, e il mio risentimento deve essere per voi una prova della mia serietà e della mia correttezza. Il matrimonio è una cosa molto seria. Prima di fare questo passo, bisogna ponderare, riflettere: piedi e mani di piombo. Sono sei mesi, da quando vi parlai delle mie intenzioni, dell'amore che sentivo per voi, che tutte le sere vengo a trovarvi, per parlarvi, conoscervi e farmi conoscere. Voi non ve ne accorgete; ma io, piano piano, vi sto trasformando. Voi già non siete la stessa di sei mesi fa. Poco per volta state diventando la donna che io desideravo al mio fianco. Vi pare niente questa goccia continua, questo mio lavorio tenace, penetrante?... Sono noioso, lo so, ma se non si semina non si può raccogliere. Di solito accade che il fidanzamento è tutto rose, mentre il matrimonio tutte spine.

LIBERO   Già.

ROBERTO (*a Costanza*)   Voi, ormai, conoscete molte mie abitudini, ma non tutte.

COSTANZA   Il mio desiderio è di accontentarvi.

ROBERTO   Non basta il desiderio. È la buona volontà, è l'indole che conta. La natura: uno nasce 'e na manera e uno nasce 'e n'ata. (*Fingendo di ricordare sul momento qualche cosa a cui vuol dare ad intendere di attribuire relativa importanza*) A proposito, mo me scurdavo... (*Disfacendo il pacchetto che aveva con sé e traendone una logora camicia bianca*) Ho portato questa camicia. Volete essere gentile, Costanza, di farci un rammendo? (*Indicando il punto sdrucito*) Qua, sotto il colletto. Vediamo come rammenda Costanza. E pure ai gomiti. Sarebbe un peccato buttarla via.

COSTANZA (*prende la camicia dalle mani di Roberto e osservandola*)   Ma certo, ci penso io.

ROBERTO   E stiratela pure, vi dispiace?

COSTANZA   No.

ROBERTO (*sorridendo furbo*)   Quante cose dovrà fare Costanzuccia, quando saremo sposati! Non avrà mai tempo. La cameriera, come vi dissi, ci sarà, ma la dovrete sorvegliare voi. Senza contare che certe determinate cose le dovrete fare materialmente voi. Per esempio, sono stato un appassionato compratore di scarpe. Ne posseggo piú di trentacinque paia di tutte le forme. A parte il fatto che oggi trentacinque paia di scarpe rappresentano un capitale, ma le posso mai affidare ad una persona estranea? A chella che lle mporta? O ci mette il lucido cattivo, o dice che le ha ingrassate e non è vero... che succede? Che un bel giorno, Roberto Perretti trova 'e scarpe schiattate! No, invece, questo non succederà. La moglie che fa? Ci sta attenta. Non che le debba pulire tutti i giorni, ma un paio di volte al mese le spolvera, le lucida, le sistema con quella manutenzione che le fa durare cento anni.

COSTANZA (*ingoiando la pillola, paziente*)   Certo.

ROBERTO   So che cucinate benissimo e questo è un grande vantaggio. Poi tengo nu difetto. È meglio parlare chiaro. La sera vado a letto presto. 'E nnove stongo dint' 'o lietto. Però, siccome da accordi già presi, dormiremo in due camere separate, io vado a letto e voi per qualche altra mezz'ora dovrete stare sveglia nell'altra camera. Insomma, mi piace di sentire in casa, quando mi sto *appapagnando*, il movimento di una persona che traffica... Il silenzio mi mette tristezza. Voi, dopo dieci minuti che sono andato a letto, cautamente, aprite la porta della camera mia e vi venite ad assicurare. Se dormo, vi coricate pure voi, se sono ancora sveglio, seguitate a dare segni di vita, fino a quando mi addormento.

LIBERO   Ho capito.

ROBERTO   Poi, c'è l'ora dei *piselli*.

LIBERO   L'ora dei piselli?

ROBERTO   E mi spiego. L'ora dei *piselli* sarebbe dopo la seconda tazza di caffè, perché io la mattina prendo due tazze di caffè. Una alle sei e un'altra alle sette e mezzo. Siccome io, la sera, torno a casa dopo aver fatto i conti col ragioniere, allo studio, e porto con me la borsa dei soldi, che sarebbero i *piselli*... mentre, dopo la prima tazza di caffè, quella delle sei, mi fa piacere che Costanza resti un poco con me, per dirci: «Buongiorno...», «Come hai dormito?», «Che tempo fa?», «Che vuoi cucinare?», «Che vuoi scendere a comprare?»; dopo la seconda tazza, invece, quella delle sette e mezzo, voglio rimanere solo, perché conto i *piselli*. Non per sfiducia, ma quando conto i soldi voglio rimanere solo.

LIBERO (*cercando di reprimere lo sdegno*)   Certo, quando si conta il danaro, basta una distrazione.

ROBERTO   Proprio cosí. Quando i patti sono chiari, non si possono avere sorprese. Come vedete, piano piano, possiamo raggiungere l'accordo perfetto. (*Alzandosi*) E per questa sera, basta. Me ne vado perché è l'ora di cena per voi e per me.

COSTANZA (*timida, preoccupata*)   Se volete rimanere a cena con noi, non vi possiamo offrire gran che...

LIBERO   Una scodella di brodo...

ROBERTO   Grazie no. Arrivederci Costanza. Domani sera, dopo un altro discorsetto che vi terrò, forse stabiliremo la data. A domani sera. E sappiate che vi voglio bene e che siete la donna che sognavo. (*Pausa*). E voi, Costanza, non mi dite niente?

COSTANZA (*senza convinzione*)   Siete l'uomo che aspettavo.

ROBERTO   Buonasera.
COSTANZA   Buonasera.
LIBERO   A domani.
ROBERTO   A domani. (*Esce per la comune*).

Libero lo segue per accompagnarlo all'ingresso. Costanza, triste, esce per la prima a destra. Dopo una piccola pausa, Libero
ritorna e siede accanto al tavolo centrale. Dalla destra entra
Costanza. Lentamente si avvicina al tavolo, e dopo avervi collocato sopra il piatto con dentro la frittata, che aveva portato
con sé, tristemente siede senza commenti, disponendosi a dividere in due la povera cena. Libero osserva tutti i movimenti
della sorella e ne considera, teneramente, tutta la tristezza e
l'avvilimento. Prende il pacchetto col formaggio, lo apre, spia-
nandone la carta intorno, collocando poi il tutto in un piatto.

LIBERO   Te l'aspettavi, stasera, il formaggio? (*Costanza a stento
riesce a sorridere, ma la piena dei sentimenti le si addensa alla
gola costringendola, dopo di aver contenuto a stento i singhiozzi, ad abbandonarsi in un pianto aperto, sincero. Libero perde
il controllo abituale dei suoi nervi. Depone la sua forchetta sul
piatto e obietta, decisamente*) Ma scusa, Costa', si nun t' 'o vuó
spusà chi ti forza?... Non è uscita nessuna sentenza. Miseria
per miseria, come abbiamo fatto fino adesso, continuiamo a
fare.
COSTANZA   Già, che ti credi che non lo capisco che ti sono di
peso? Che la mia presenza in casa comporta spese che non puoi
sostenere? Quando me ne sarò andata...
LIBERO   Costa', nun me fa' ridere! Quando te ne sarai andata tu,
l'unico mio vantaggio sarà questo: invece di mangiarmi venticinque grammi di formaggio, ne mangerò cinquanta. Uno sacri-
fica na sora pe' venticinque grammi 'e formaggio?... (*Campanello interno*). Venticinque grammi 'e furmaggio ca nun t' 'e puo'
mangià nemmeno in santa pace.

Costanza esce per la comune. Dopo piccola pausa, durante la
quale Libero versa del vino nel suo bicchiere e ne beve un
sorso, rimanendone disgustato, Costanza torna introducendo
la signora Cigolella.

COSTANZA   Ma ci fate un piacere. Questo dicevamo con mio fratello: «La signora Cigolella non si è vista più».

Olga è una signora giovanissima, simpatica, svelta, occhi furbi. Indossa un elegante abito da casa. Agita volentieri un piccolo fazzoletto di tessuto velatissimo, impregnato di un penetrante ed insopportabile profumo che, evidentemente, ella predilige. Entra disinvolta con quella sicurezza di donna che sa di piacere. Si dirige verso il divano, mal simulando una seria agitazione che le conferisce, sul volto, un'espressione alterata.

OLGA   Ho avuto tanto da fare. (*Siede*).

LIBERO (*che si è alzato*)   Buonasera, signora Olga.

OLGA   Buonasera, Libero.

LIBERO Finalmente vi siete fatta viva.

OLGA   Vi ho lasciati un poco tranquilli.

LIBERO Per vedervi qua, dobbiamo aspettare che arrivi vostro marito.

COSTANZA   La portinaia mi ha detto che è arrivato oggi.

OLGA   (*sprezzante*)   Sí, è arrivato. (*Campanello interno*). Questo deve essere lui. Ne poteva fare a meno, di salire.

Costanza esce per la comune per andare ad aprire.

LIBERO Che d'è, nuvole?

OLGA   Temporale!

LIBERO (*scherzoso*)   Come? Vostro marito ritorna dopo un mese e mezzo: siete giovani tutti e due...

OLGA   Se non mi volete *intossicare* non mi parlate di mio marito. Io perciò sono salita da voi.

BENEDETTO   (*dalla comune, seguito a breve distanza da Costanza. È un uomo sui trentacinque anni. Alto, di piacevole prestanza fisica, ma niente di singolare. Tipo di «banconista» in un negozio di mode. Veste con eleganza media. Quando parla si ascolta e si supervaluta. Non sono ancora spenti in lui gli accenti di un dibattito animato. Entra con il preciso scopo di incontrare sua moglie là, e riprendere i fili della discussione troncata con lei pochi momenti prima*)   Buonasera.

LIBERO Caro don Benedetto, ben tornato.

BENEDETTO   Grazie. (*Dando un'occhiata alla cena, con lieve dispiunto*) Mi dispiace... Stavate a tavola.

COSTANZA   Nooo, abbiamo finito. Ci siamo mangiati anche il formaggio. Questo (*indica i cinquanta grammi di groviera*) è quello che è rimasto.

BENEDETTO   (*invidioso*)   E io sto digiuno. Dopo un viaggio in automobile niente affatto indifferente: Grosseto-Napoli non è uno scherzo, non ho assaggiato nemmeno un sorso d'acqua. (*Parlando taglia un tocco di pane dal pezzo grande e vi colloca in mezzo i cinquanta grammi di formaggio*) Voi permettete?

LIBERO (*guardando significativamente Costanza*)   Fate. Avete fatto.

BENEDETTO (*masticando i primi bocconi e rivolgendosi, decisamente, a sua moglie*)   Olga, te lo dico in presenza degli amici, ca, mo nce vo', stimo fraternamente: un'altra volta che mentre stiamo parlando mi lasci in tronco e te ne vai, ti dò uno schiaffo che te lo ricorderai mentre campi.

OLGA (*con provocazione*)   Sicuro! È passato uno con uno schiaffo in mano!

BENEDETTO   E poi vedi. E non è a dire che la discussione fosse stata oziosa o insignificante. Stavamo parlando di una cosa scottante in cui sono coinvolti interessi vitali, finanziari ed umani.

OLGA   Ma va llà, vattenne! Che parli di umanità, tu, che sei un egoista, «fatto mio»!

BENEDETTO   Io sono un uomo fatto di carne ed ossa come tutti quanti gli altri. (*A Libero indicando la bottiglia del vino*) Permesso?

LIBERO   No, questo ve lo voglio offrire io personalmente. (*Prende la bottiglia del vino, ne versa il contenuto in un bicchiere riempiendolo fino all'orlo e l'offre con un sorriso a Benedetto*) A voi!

BENEDETTO   Grazie. (*Beve avidamente. A metà si ferma disgustato, corrugando le sopracciglia*) Avevo sete. (*Colloca il bicchiere sul tavolo*).

LIBERO   Qua sta. Bevete pure tutt' 'a butteglia, tanto noi abbiamo mangiato.

BENEDETTO (*continuando il discorso con la moglie*)   Di carne ed ossa, capisci. Non te lo avessi avvertito, ma ti parlai chiaro, l'anno scorso. Non puoi negare che te lo avevo predetto.

OLGA   Tu approfitti che sono una ragazza ancora inesperta, che non si sa risolvere; ma domani, quando avrò detto tutto a mia madre, quando avrò chiesto consiglio ad un legale, non credo che potrai vantare ancora superiorità. (*D'improvviso si abbandona ad un attacco di isterismo. Emette delle grida laceranti che disorientano i presenti, mettendoli su un piano di perplessità nervosa*) Ah... aaaah... aah! (*Con lo stesso suono lacerante delle grida*) Ho ragione... Toglietemi questo mostro da vicino... Linciatelo! Liberatemi da questo assassino!... (*E sviene*).

COSTANZA (*allarmata*)   Signora Cigolella... per amor di Dio!

LIBERO   Signora Olga... signora Cigolella!... (*Ed insieme alla sorella cerca di aiutare in qualche modo la donna*).

BENEDETTO   Un poco di acqua, una spruzzatina di acqua in faccia. (*A Libero che è corso a prendere il bicchiere col vino che aveva versato a Benedetto*) Questo è vino...

LIBERO   È lo stesso!... (*Introduce nel bicchiere due dita, spruzzando il contenuto a gocce sul viso di Olga, che piano piano rinviene. Poi, mentre Costanza si adopera presso Olga, deponendo il bicchiere sul tavolo*) Sono veramente costernato!

BENEDETTO   Mannaggia 'a guerra, mannaggia!

LIBERO   E che c'entra la guerra?

BENEDETTO   Per lo strascico che porta e per le complicazioni che ne derivano. Si nun era p' 'a guerra, mo nun me truvavo accussí nguaiato!... Olga, cerca di essere calma, ragioniamo sul da farsi. Qua ci sta Libero che è un uomo serio e che può darci un consiglio.

LIBERO (*premuroso*)   Dite, don Benede', voi sapete che parlate ad un amico.

BENEDETTO   E perciò sono venuto da voi. (*Indicando la frittata*) Chesta ve serve?

LIBERO (*pronto per salvare il salvabile*)   È salata. Mia sorella ha sgarrato 'a mano e l'ha carrecata 'e sale. (*Mette il piatto con la frittata in un cassetto di un mobile, al sicuro da qualunque insidia*) Dunque?

BENEDETTO   Voi sapete che, durante l'occupazione tedesca, io mi trovai a Grosseto, tagliato fuori da Napoli. Dopo un certo tempo, l'occupazione durava, la liberazione non veniva, e quel poco di scorta di danaro che avevo, giorno per giorno si ridusse a niente. Quello che avevo qua, era nelle mani di mia moglie e capivo benissimo che a stento, e facendo la piú stretta economia, poteva bastare a farla vivere durante il tempo che io dovevo rimanere lontano. A Grosseto, giunto al limite massimo delle mie risorse, per grazia della Madonna di Pompei, incontrai un amico che mi prestò una somma con la quale rilevai il primo cinema. La cosa andò bene e ne rilevai un secondo. Ormai, i miei due cinema a Grosseto mi fanno guadagnare comodamente dalle duecentocinquanta alle trecento mila lire al mese. Che faccio?... Lascio Grosseto per venire a fare la fame a Napoli?

LIBERO (*comprensivo*)   E già... quella, la signora, vi vuole vicino... Dice: «Tu llà... io qua...».

BENEDETTO   Ecco che io, l'anno scorso, durante una delle mie corse a Napoli, glielo dissi: «Lasciamo Napoli. L'appartamento qua sotto lo affittiamo e ci stabiliamo a Grosseto».

OLGA   E già, io poi, alla mia età, mi andavo a chiudere a Grosseto.

BENEDETTO   E io posso starmene a Napoli?... E quelli, gli impiegati, questo stanno aspettando per rubarmi pure la camicia. La guerra ha spostato un poco tutti gli interessi. Ormai il mio centro di affari è Grosseto?... Si va a Grosseto!

LIBERO   Non è la fine del mondo. Una sistemazione che incontri il favore dell'uno e dell'altra la potete trovare lo stesso: un mese viene la signora a Grosseto, un mese venite voi a Napoli.

BENEDETTO   (*non raccoglie, poiché il «nodo» facilmente risolto da Libero non è quello*)   Io parlai molto chiaro l'anno scorso. «Olga, bada che io sto solo... Ho preso un appartamentino ma ho bisogno di una persona che mi fa una guida, che mi cucini un boccone per non costringermi al ristorante che, dàlle e dàlle, ti rovina lo stomaco... Ho dovuto prendere una cameriera... Ora, – le dissi, – questa cameriera è giovane... è una ragazza di campagna...» (*Serio, convinto*) A me interessava che fosse di buona salute per i lavori di casa.

LIBERO   (*ambiguo*)   È naturale. Prima di tutto, badare alla salute.

BENEDETTO   Sapete, una ragazza formosa... L'uomo è fatto di carne e ossa...

LIBERO   (*che ormai ha compreso*)   E poi?

BENEDETTO   Glielo dissi... (*Come a giustificare a se stesso il fatto*) «Trovandomela in casa... sott' 'o musso... la solitudine è solitudine... ormai la ragazza non è piú ragazza... e sta con me». Sapete che mi rispose lei?... (*Indicando Olga*) È viva e sta llà. Se dico una bugia, mi può smentire. Fece un po' di storie e poi disse: «Benede', tu quanti anni vuoi campare? Fai quello che vuoi con questa cretina. Io non lascio Napoli». Ed io aggiunsi, sempre da uomo quadrato e previdente: «E se viene un figlio?... Tu figli non me ne hai dati...» «Salute a noi. Se viene, te lo tieni». (*Pausa*). Il figlio sta per venire. Stasera gliel'ho confessato e s'ha fatto vení 'o svenimento. (*Lunga pausa*).

LIBERO   È grave. E come pensate di regolarvi?

BENEDETTO   (*incerto, con una punta di vanità*)   Domando. Io non ho il coraggio di mettere fuori quella povera ragazza, nelle condizioni in cui si trova.

LIBERO   (*alludendo allo stato interessante della ragazza di Grosseto*)   Da quanto tempo?

BENEDETTO (*precisa*) Non è un mese.

LIBERO E bisogna vedere che atteggiamento prende.

BENEDETTO È una buona diavola. Non mi metterebbe mai nei pasticci.

LIBERO (*che ha una visione piú chiara della situazione*) No, quella nei pasticci già vi ha messo.

OLGA Perché non hai calcolato che avevi una moglie giovane. Malgrado tutto sono innamorata di te, lo sai... e questo è il male!

BENEDETTO Allora, se sei innamorata di me, come dici, andiamocene insieme a Grosseto. Io sistemo la ragazza, con un poco di danaro provvedo per questo bambino che dovrà arrivare e si chiude l'incidente.

OLGA (*che non intende chiudere in questa maniera la partita*) Io sono una ragazza inesperta. Permetterai che prima di prendere una decisione ne parli con qualcuno che abbia piú esperienza di me.

BENEDETTO (*coglie a volo il pensiero di Olga*) Tua madre?... (*L'idea lo irrita*) E io ti dico che qualunque decisione possa prendere tu, d'accordo con tua madre, io non lascio Grosseto. In quanto all'amore che dici di nutrire per me, ho tutti i miei dubbi. Un'altra donna al tuo posto si precipiterebbe per evitare il peggio, ma il tuo atteggiamento mi dice chiaro e tondo ca nun te passa manco p' 'a capa; mentre invece io a Grosseto trovo l'affetto sincero di una donna e l'amore di un figlio che è sangue mio!

OLGA E tu vattene a Grosseto!... Però, io sono sempre tua moglie e sopporterò fino a quando ne avrò la forza.

BENEDETTO E poi?

OLGA Non ti posso rispondere perché sono una ragazza inesperta!

BENEDETTO E risponderai quando ti avranno aperto gli occhi. Io me ne vado a letto perché sono stanco. Tu quando vorrai scendere sei la padrona. (*A Libero e Costanza avviandosi verso la comune*) Scusate, ma voi siete come fratelli. Buonanotte! (*Via per la comune*).

COSTANZA Vi accompagno. (*Esce con lui*).

LIBERO Certo, la situazione è complicata. Mannaggia 'a guerra!

OLGA Proprio cosí.

COSTANZA (*tornando, comprensiva a Olga*) Mi dispiace...

LIBERO Un po' di colpa ce l'avete pure voi. La moglie deve seguire il marito.

COSTANZA Lui ve l'aveva pure avvertito.

OLGA Già, si fa presto a dire. Andavo a Grosseto?... e qua?

LIBERO Qua, che?

OLGA (*come per dire: «Fate gli innocenti»*) Non sapete niente?

COSTANZA Che cosa?

OLGA Il capitano, il capitano che ho conosciuto dopo la liberazione... (*I due si stringono nelle spalle come dire: «Noi non c'inte-
ressiamo»; al che, Olga ribatte*) Come? Ve ne ho mandate scatole di carne e formaggio, volete fingere di non sapere?

COSTANZA (*ammettendo in parte*) Qualche indiscrezione della
portiera...

OLGA (*esaltandosi si alza e si avvicina al tavolo sedendo*) Un uomo straordinario! Innamorato di me come un pazzo. Ma, intendiamoci, quello non mi ha toccato nemmeno con un dito. È
figlio di italiani naturalizzati in America. Un pezzo di giovane:
un uomo che ha tutto per essere desiderato da una donna.
Italiano di sangue, con una mentalità moderna, giovanile. È stato in America ed è tornato. È tornato come aveva promesso, e
dice che mi vuole sposare. Mi fa divorziare e mi sposa. Voi
capite che, se andavo a Grosseto, perdevo il capitano. E a me,
francamente, mi fa piacere di andare in America.

LIBERO Certamente: volete mettere l'America con Grosseto.

OLGA Potrei dirlo apertamente a mio marito; cosí dopo il divor-
zio, lui potrà sposare la madre del suo bambino.

LIBERO Se permettete questo è l'appunto che vi si può fare: si
parla chiaro, si dice: questa è la situazione...

OLGA E se il capitano un bel giorno sparisce e non si fa vedere
piú... Io perdo mio marito?

LIBERO (*sempre calmissimo*) Già.

OLGA Ho la testa nel fuoco, credetemi, e sono salita da voi perché solo voi mi potete dare un aiuto.

LIBERO Dite.

OLGA Mio marito, adesso, ha una posizione perché in circa quattro anni ha guadagnato quello che ha voluto. Dato il fatto del
bambino, io vorrei dire che non mi sento piú sicura del suo
comportamento e del nostro avvenire. Per conseguenza deve
mettere su di una banca a mio nome... nu tre milioni e farmi
donazione della casa di sua proprietà. Cosí, se viene a sapere
del fatto del capitano, mettiamo, in modo che si offende e se ne
va, io perdo mio marito, ma tengo il capitano, la casa di proprietà e tre milioni. Se sparisce pure il capitano, io tengo sempre
tre milioni e la casa di proprietà.

LIBERO   Signo', avete già parlato con mammà?

OLGA   No, mammà non sa niente. E voi dovreste farmi il favore di convincere Benedetto. Gli dite: «Tu cosí sistemi tua moglie che in fondo vuole salvare una parte del tuo danaro che, secondo lei, potrebbe finire male».

LIBERO   Va bene.

OLGA   Insomma a voi non manca modo di fargli capire...

LIBERO   Credere, di fargli credere...

OLGA   Ecco, che sono preoccupata per la nostra casa e per quello che può succedere, dato il fatto della ragazza di Grosseto.

LIBERO   Va bene.

OLGA   E adesso vi lascio. Buonanotte e grazie anticipate.

COSTANZA   Buonanotte, signora. (*Si avvia verso l'ingresso accompagnando Olga insieme a Libero*).

LIBERO (*riepilogando calmissimo*)   Se vostro marito sparisce...

OLGA   ... mi resta il capitano.

LIBERO   Se sparisce pure il capitano...

OLGA   ... mi restano i tre milioni e la casa.

LIBERO   Se poi il capitano mantiene la promessa...

OLGA   ... mi sposa e ce ne andiamo in America.

LIBERO   E i tre milioni e la casa di proprietà?

OLGA   La casa me la vendo e con il ricavato e i tre milioni ne compro brillanti e me li porto.

LIBERO   Buonanotte signora. (*Olga esce seguita da Costanza. Libero, dopo essere rimasto un istante assorto nelle diverse ipotesi prospettate da Olga, si dirige verso il mobile dove aveva conservato il piatto con la frittata. Prende il tutto deponendolo sul tavolo davanti al suo posto e siede. Costanza ritorna e siede anche lei a tavola. Libero, disponendosi a fare le porzioni*) Hai capito, Costanza? Se non vuoi sposarlo, dillo sinceramente. Dillo sinceramente ora, se no, poi, sarai costretta a trascinare la tua finzione per tutta la vita... E ti conviene?... (*E continua a parlare, mentre cala la tela*).

ATTO SECONDO

La stessa scena dell'atto precedente.
Calda e luminosa mattinata primaverile. Qualche settimana
piú tardi. I guanti, il cappellino e la borsetta di Costanza si
troveranno sul tavolo centrale. Sulla macchina da cucire vi sarà
una camicia da uomo.

COSTANZA (*in un misero ed arrangiato abito scuro, consegnando
dei soldi a Carmela, che si troverà, in piedi, accanto a lei*) Mi
raccomando: queste sono cinquanta lire. Compra un poco di
burro e un poco di parmigiano. La pasta in casa c'è e mi sembra che ci sono pure due aranci. Per l'acqua calda non ti preoccupare perché ci pensa mio fratello. Tu basta che, verso la mezza, porti il burro ed il parmigiano.
CARMELA State senza pensiero.
COSTANZA (*parlando verso la prima a sinistra, con un tono di voce
un po' piú forte*) E che mangi, solamente pasta al burro?
LIBERO (*di dentro*) E ci dev'essere una polpetta di ieri sera. Tu
vattene senza pensiero, io resto solo e passo una mattinata tranquilla.
CARMELA (*alludendo a Libero*) Quant'è buono... Io 'o ddico
sempe: è n'ommo 'e casa.
COSTANZA Non ha bisogno di nessuno. Quando, qualche volta,
che so, io sono stata a letto con un poco di febbre, ha fatto
tutto lui. E quante volte rassetta la casa, cucina... cucina meglio di me!
LIBERO (*dalla prima a sinistra, sempre calmo e gioviale, rivolgendosi a Costanza*) Voglio passà na giurnata comme dich'i'. Non
ho da fare, non aspetto nessuno... 'o sole ce sta... che ato vaco
truvanno? Giornata di riposo assoluto. Voglio mettere a posto
certe carte mie. Verso l'una mangio e poi mi metto al sole fuori
al terrazzo. Tu a che ora torni?
COSTANZA Non lo so. Dipende da quello che vuol fare Roberto.

LIBERO   Ma mangiate fuori?

COSTANZA   Sí, lui ha detto che mangeremo da quelle parti. Ma non ho capito se allude a qualche panino ripieno, o pranzare proprio in una trattoria.

LIBERO (*escludendo in modo assoluto la seconda ipotesi di Costanza*)   'O panino... 'O panino... Allora due maccheroni te li conservo.

CARMELA   Addó ve ne iate 'e bello, signuri'?

LIBERO   La prima uscita dopo il fidanzamento. Il fidanzato ci ha tenuto a portarla a conoscere la famiglia.

CARMELA   Bravo.

LIBERO   Un dovere. Deve conoscere tutti: il padre, la madre, i nonni, i prononni... Vanno al cimitero!

CARMELA (*incredula*)   'O cimitero?

COSTANZA (*alludendo a Roberto con tono che vuol giustificare il ridicolo*)   Lui è solo, ed ogni primo venerdí di mese va al cimitero, a trovare la sua famiglia. Mi ha detto di accompagnarlo, potevo dire di no?

LIBERO   È naturale, non ti conviene di metterti in urto con la famiglia dello sposo.

CARMELA (*cercando di indorare la pillola*)   Chella po' è na bella passeggiata...

LIBERO   Comme no! S'incontrano tutti quei bei funerali che vanno, carri funebri vuoti che tornano...

COSTANZA (*un po' urtata*)   Libero, tu vuoi scherzare? Io devi vedere comme stò addirosa...

LIBERO (*pentito*)   Se ti sei arrabbiata, ti chiedo scusa. (*Cambiando argomento*)   La camicia mia?

COSTANZA   Te l'ho aggiustata. Sta sopra la macchina da cucire.

LIBERO   Grazie. (*Prendendo la camicia*) Sta bene. Questa era ridotta in uno stato deplorevole. Costanza con le sue mani d'oro... (*Osserva la camicia e la fa osservare anche al pubblico dalla parte anteriore*) I polsi ed il colletto sono venuti nuovi. Comm'he fatto?

COSTANZA   Ho preso la stoffa dal di dietro.

LIBERO (*rivoltando la camicia dal lato posteriore, rimane interdetto nel constatare che il di dietro di essa è stato completamente sostituito con tela ricavata dalla cimosa di una intera pezza. Infatti risultano trasversalmente, in alto e in basso, diverse strisce di colore rosso vermiglio e due scritte stampate in corsivo inglese: «Madapolam» ed «Excelsior»*) Neh, Costa'... E che vaco facenno accussí cumbinato?

COSTANZA   E che debbo fare? Questa era la tela che ci avevo: le cimose che mi avanzarono quando feci le lenzuola per una signora che me le aveva ordinate.

LIBERO (*piú umiliato che risentito*)   Ma scusa, la potevi lavare almeno.

COSTANZA   Come, non l'ho lavata?!

CARMELA   Non si leva. Quella è stampata con la *gnòstia* speciale.

COSTANZA   Che t'importa? Chi ti deve vedere?

LIBERO (*questa volta piú risentito che umiliato*)   Questi non sono affari che ti riguardano. A parte il fatto di chi mi vede e chi non mi vede, con o senza la mia complicità, ma una disgrazia può capitare: un malore improvviso, vaco sott' a n'auto, me portano all'ospedale... me spogliano, che figura faccio?!

COSTANZA   Allora, non la dovevo aggiustare, la camicia?

CARMELA   Ma che ve ne mporta?... A chi avit' 'a da' cunto?

LIBERO (*ironico*)   Ma naturale! E questo è niente. Ccà va a ferní ca nce vestimmo 'e carta... (*Depone la camicia su di una sedia*).

Campanello interno. Libero esce per andare ad aprire.

CARMELA   Ogge nun c'è scuorno. Qualunque pezza si deve utilizzare.

LIBERO (*introducendo Roberto Perretti*)   Entrate, don Robe', mia sorella è pronta e vi sta aspettando.

ROBERTO (*in abito di lutto, guanti, cravatta nera*)   Ho fatto un po' tardi perché non trovavo la cravatta nera. Buongiorno, Costanza.

COSTANZA   Buongiorno.

CARMELA   Buongiorno, don Robe'.

ROBERTO (*un po' seccato della presenza di persona estranea le risponde appena*)   Buongiorno. (*A Costanza*) Sembra strano che, come prima uscita dopo il fidanzamento, vi conduca al cimitero. Ma io l'altra notte me sunnaie a mammà, ma cosí naturale che ho dovuto per forza esaudire il suo desiderio. (*Descrivendo il sogno che lo ha impressionato, atteggiando l'espressione del volto alla visione stessa*) Mia madre accigliata, che mi guardava come per rimproverarmi, come per dirmi: «Robe', ti sei fidanzato senza farmi conoscere la sposa». «Bravo Roberto!» E dietro a lei, su di uno sfondo nero, le sole teste di mia nonna, mio nonno, gli zii, le zie... e pure quelle degli antenati. Il mio bisnonno che finí in galera perché era un seguace di Mazzini, il mio prozio che morí sparato perché voleva bene a Vittorio Emanuele II... Tutte queste teste che, insieme a mammà, ribattevano: «Bravo Roberto!» Poi mia madre: «Pòrtala da noi la sposa!» E tutte le teste (*con un tono lugubre come per dare l'impressione di un coro*): «Pòrtala da noi!» Ed io la porto. Vogliamo andare, Costanza?

COSTANZA   Volevo comprare dei fiori.

ROBERTO   Non c'è bisogno. Li troviamo là. Accanto alla tomba di famiglia, di mia proprietà, ce n'è un'altra. Ogni venerdí la trovo ricoperta, colma di fiori... Forse sarà morto da poco qualcuno che avrà lasciato una grande eredità ai suoi... Mi sembra una grande ingiustizia: una parte di quei fiori l'offro ai miei cari defunti. Andiamo, Costanza. (*Insieme si avviano*). Al ritorno mangeremo un bel panino a piazza Carlo III. Arrivederci, Libero.

LIBERO   Tornate presto.

CARMELA   E buon divertimento.

ROBERTO   Grazie. (*E insieme a Costanza esce per la comune*).

CARMELA   Mamma d' 'a Sanità!... Chillo m'ha chiuso 'a vocca d' 'o stommaco! Io me ne scendo. (*Avviandosi*) Povera sora vosta... E comme fa?... (*Alludendo a Roberto*) Manco si tenesse 'e brillante a tutt' 'e pizze d' 'a vita soia... Stateve buono. (*Esce*).

LIBERO (*rimasto solo, va sul terrazzo a respirare una boccata d'aria, poi torna, si avvicina al mobile dove sono i suoi libri e ne sceglie qualcuno. Siede e prende a leggere, dopo essersi tolta la giacca che depone su di una sedia presso il tavolo. Dall'interno si ode il prolungato suono del campanello, che poi seguita a trillare a brevissima intermittenza, come suonato da qualcuno che abbia urgente bisogno di entrare. Libero, preoccupato, con passo svelto esce per la comune dopo aver indossato di nuovo la giacca. Dopo poco torna introducendo Olga*)   Signora Olga, prego.

OLGA (*entra in fretta come per rifugiarsi, indicando verso l'interno la porta d'ingresso*)   Avete chiuso la porta?

LIBERO   Sí.

OLGA   Assicuratevi che sia ben chiusa.

LIBERO (*esce e torna dopo poco fermandosi sull'uscio*)   È chiusa benissimo. Non c'è pericolo di niente. Ma di che si tratta?

OLGA (*rincuorata entra e siede affranta sull'ottomana a destra*)   Credevo di non reggere.

LIBERO (*la guarda con ammirazione come se la vedesse per la prima volta. Olga è in vestaglia da camera fermata alla vita da una cintura della stessa stoffa, ma che lascia scorgere, allo scollo, la camicia da notte abbastanza trasparente. Piedi nudi in pantofole scendiletto. Non ha dimenticato il profumato e velatissimo fazzoletto che è di colore differente da quello del primo atto)* Ma è successo qualche cosa?

OLGA   Dal pianerottolo di casa mia, ho aspettato quando se ne è andata vostra sorella e gli altri. Che paura! Perdonatemi se ho suonato il campanello in quel modo sconveniente, ma non volevo che mi vedessero fuori della vostra porta. Venite qua. *(Libero le si avvicina)*. Sentitemi il cuore. *(Ella stessa prende una mano di Libero e se la colloca sul cuore, un po' piú a sinistra del necessario)* Sentite?

LIBERO *(ambiguo)*   Come!... Si sente!... Mi perdonerete se vi domando ancora una volta che vi è successo.

OLGA *(fissando lungamente lo sguardo su di lui, con amarezza)* Perché voi non lo sapete?

LIBERO   Io, signora bella? E che cosa dovrei sapere?

OLGA *(delusa)*   Già, perdonatemi, sono io una stupida.

LIBERO *(sincero)*   Mi mortificate. So che siete angustiata con vostro marito, che vostro marito vi ha intestata la casa e vi ha donato i tre milioni che chiedevate. E non ci fu bisogno del mio consiglio perché già lo aveva fatto per conto suo, non so... per le tasse... la patrimoniale... nu pasticcio c'ha fatto per non pagare.

OLGA *(fissandolo lungamente di nuovo, questa volta con tristezza)*   Avísseve domandato 'o capitano che se n'è fatto!

LIBERO *(sconcertato)*   Signo', io di solito non mi occupo dei fatti altrui; ma se ci tenete, fatemi sapere che se ne è fatto 'o capitano.

OLGA *(sorride commiserandolo)*   Quale capitano?

LIBERO   Signo', io forse so' asciuto pazzo. Voi due settimane fa, di sera, saliste qua e facísteve chella scenata con vostro marito. Poi, lui se ne andò dopo avervi detto che la sua cameriera di Grosseto gli avrebbe regalato un bambino; voi po' me dicisteve 'o fatto d' 'o capitano e quello che pretendevate da vostro marito.

OLGA *(senza guardarlo, quasi offesa)*   E voi ci avete creduto. Io vi ho detto che ci avevo il capitano e voi ci avete creduto!

LIBERO   Io, signora mia, credo a quello che mi si dice. Specialmente quando non me ne deve venire niente in tasca.

OLGA *(come per rimproverare se stessa)*   Come siete vigliacchi, voialtri uomini! *(Pausa. Libero è come smarrito, non sa cosa dire)*. Tutto il tempo dell'occupazione tedesca sono stata sú da voi, ci siamo passati i migliori bombardamenti insieme, chelli paure, quelle speranze. Nelle ore di attesa vi ho confidate tutte le mie pene. Mio marito mi vuole a Grosseto e io non ci vado. Mi dice che si è innamorato di una cameriera ed io gli rispondo: «Fai quello che vuoi!» Mi dice che avrà un bambino... e io manco p' 'a capa. Vi apro gli occhi dicendo che amo un capitano... (*Scoppia a piangere e tra i singhiozzi*) Come si deve spiegare meglio una donna nei confronti di un uomo?

LIBERO   Ma io mi sento umiliato... E vi giuro che non arrivo a comprendere.

OLGA   Meglio, meglio cosí.

LIBERO (*incredulo*)   Olga, ma voi siete innamorata di me?

OLGA (*pronta, con dispetto*)   No!... (*Con espansione*) Quanto ti ho voluto bene!

LIBERO   Ma io non mi spiego!

OLGA (*romantica*)   Che cosa?... Cosa vuoi spiegarti se non me lo spiego neanche io. Ho sofferto, ho sofferto come tu non potrai mai credere. E tu non l'hai capito!

LIBERO   Ma 'o fatto d' 'o capitano nun è overo?

OLGA   E come avrei potuto... Tu capisci che da quando ti conosco non so piú immaginare un altro uomo accanto a me. (*Agita il piccolo fazzoletto profumato*).

LIBERO (*lusingato*)   Veramente?

OLGA   Una pazzia. Mi piace la tua vita, come pensi, il tuo modo di parlare, la tua professione.

LIBERO (*scettico*)   Olga, ma voi mi volete prendere in giro. La mia professione? Io a stento riesco a guadagnare quel poco per non morire letteralmente di fame, io e mia sorella.

OLGA (*rapita*)   E che vuol dire?

LIBERO   Vuol dire che se, per un paio di settimane, non trovo una diecina di fessi che si comprano un centinaio di francobolli, ci trovano stecchiti, a me e a Costanza.

OLGA   La conoscenza che tu hai dei francobolli... Di tutto, con te si può parlare di tutto!

LIBERO (*lusingato, con falsa modestia*)   Non esagerare. Certo che il filatelico deve avere una conoscenza vasta degli aspetti della storia mondiale. Poco per volta è costretto a documentarsi. E uno Stato oggi, uno Stato domani; e mo na Repubblica, nu Regno; chiste so' 'e Pape, chiste so' 'e Rre; 'e Presidente, a poco a poco t' 'e ffaie: si finisce con l'avere una infarinatura di tutte le fasi storiche del mondo... (*Serio*) Olga, tu devi capire il mio stato d'animo. (*Siede sul divano vicino a lei*) Tu mi piaci e

se non ti ho mai manifestata la mia ammirazione è perché sono
un uomo che si controlla, che capisce fin dove può giungere il
suo passo. Pensare di poterti avere accanto a me, come in questo momento, un'ora fa sarebbe stato assurdo.

OLGA   Tienimi stretta. (*Libero la stringe a sé*). Quante volte sola, nella mia camera, mi sono sentita stretta fra le tue braccia...

GRAZIELLA (*dalla comune avanzando verso il centro, scorge i due*)
Scusate... (*Ed avanza verso il tavolo con apparente calma. Reca
con sé la chiave dell'ingresso. I due rimangono inchiodati nelle
loro stesse posizioni. Solamente dopo poco Libero rallenta la
stretta e Olga si ricompone in un atteggiamento indifferente*).
Costanza non c'è?

LIBERO (*con lieve disappunto*)   Perché, non lo sapevate che Costanza doveva andar fuori?

GRAZIELLA   Non sapevo che fosse già uscita.

LIBERO (*come per suggerire una giustificazione plausibile*)   Forse, siete venuta per la misura di qualche abito?

GRAZIELLA (*non la intende cosí. Con lieve disprezzo per l'uomo
affronta il caso nella piena crudezza della sua realtà*)   No, credevo di trovarti solo e sono entrata. È ben per questo che mi
desti la doppia chiave dell'ingresso. Per giustificare alla signora la mia presenza in casa tua, basterà dire che io e te siamo
stati amanti, che ci vediamo qualche volta in casa tua, quando
so di trovarti solo, e qualche altra volta in casa mia, quando sai
di trovarmi sola. Tutto è chiaro nella mia vita come sotto la
luce del sole, e tu lo sai! Ho vissuto liberamente ed intensamente. Poi, perdetti il bambino. Da un'ora all'altra. Senza nessun
motivo al mondo. Pensavo di poterti essere vicino da buona
compagna e rispettarti per quanto valeva il nostro amore... ma,
come vedi, vale ben poco.

LIBERO (*conciliante, mostrando Olga*)   La signora...

GRAZIELLA   ...era qui per chiederti un consiglio. Vedrai che
te ne chiederà ancora. (*Lascia cadere la chiave sul tavolo*) Ecco, signora, la conservi lei. Le sarà piú agevole incontrarsi con
lui. (*Esce per la comune. I due rimangono senza parlare. Pausa.
Internamente, come rivolgendosi a qualcuno che entrava, mentre lei usciva, si ode la voce di Graziella*) Sí, signora, entri
pure. Sua figlia Olga è di là col signor Libero.

CRISTINA (*di dentro con orgasmo*)   Quella pazza!

OLGA (*sorpresa, a Libero*)   Mammà.

CRISTINA (*in un elegante abito da mattina. Ha ancora delle vellei-*

tà, nonostante il «precipizio» del suo fisico. Cinquantadue anni «intontiti» dal trucco, dagli espedienti, dagli intonaci di qualche Istituto di Bellezza. Entra con passo deciso) Dove sta?... *(Chiamando)* Olga... *(Scorgendola)* Ah, stai qua! *(A Libero)* Scusate se entro in casa vostra in queste condizioni. *(A Olga)* Sono stata giú e la cameriera mi ha detto che eri salita dai signori Incoronato. Sono arrivata prima di tuo marito. Tuo marito sa tutto. Mentre tu stamattina in casa mia mi facevi la confessione, lui, prima di entrare, ha detto alla cameriera che ci voleva fare una sorpresa. Si è occultato dietro l'uscio della mia camera da letto, ed ha sentito *pane pane, vino vino*, tutto quello che hai detto.

OLGA *(inviperita)* Ha sentito? Salute a noi! Pare che cosí, finalmente, me lo tolgo da torno.

CRISTINA *(autoritaria)* Tu non capisci nemmeno quello che dici. *(Rifacendola caricaturalmente)* «Me lo tolgo da torno!» Evviva a essa!... E non te ne devi mettere un altro? Non devi trovare uno qualunque che ti stia vicino, che ti rappresenti?!... Una donna che vuol significare una cifra nella vita se lo deve saper guardare un *salciccio* di uomo vicino. Perché se non è quel cretino, sarà un altro. Tanto, ll'uommene so' tutte 'o stesso!

OLGA *(dispettosa)* Embè, lui ha fatto la spia? E io glielo dico in faccia!

CRISTINA *(scattando)* Mai!... È un errore gravissimo confessare. Negare, negare sempre, negare pure l'evidenza. Tu dirai che noi sapevamo che lui stava ad ascoltare, e che, per punirlo... Il dubbio: 'e capito?... piccere', creare il dubbio! Allora Amleto perché è grande? Giura 'e Sante, 'a Madonna, 'a vista 'e ll'uocchie, 'e muorte 'e chi vuó tu, ma non confessare mai. Mio marito che poteva sapé quacche cosa? Niente c'era da dire sul mio conto, perché gli fui fedelissima; ma non lo doveva sapere. È morto, e non ha saputo si ll'aggio fatto 'e ccorna o no. 'O tengo nnanz' all'uocchie, agonizzante. *(Rifacendo il tono di voce supplichevole)* «Dimmelo, Cristina, dimmelo!» E io, prevedendo che poteva pure guarire, scoppiai a piangere, coprendomi il volto con le mani. E lui morí senza sapere se io piangevo per il rimorso di averlo tradito o per la mia imminente vedovanza. Questo significa essere donna di carattere.

OLGA *(c. s.)* Ma isso tene n'ata femmena, dalla quale aspetta un bambino.

CRISTINA *(esasperata per l'inesperienza della figlia)* ...E che te ne... Uh! Mo che dicevo!... (*Attenuando la frase*) E che te ne importa!... S' 'ha da chiagnere isso. La moglie sta su di un piedistallo. 'O piedistallo sta qua... (*indica a terra*). Tu staie 'a coppo... e sotto c'è scritto: «Moglie!» Vuol dire che lui butta il sangue a lavorare per provvedere al mantenimento di due famiglie... «Tu donna partorirai con gran dolore e tu uomo lavorerai con gran sudore!» Quando sarà schiattato per la fatica, l'altra donna, con la prole, se ne andrà fuori dai piedi, e la moglie rimane inattaccabile, illesa, trionfatrice sul suo piedistallo! Quello che hai fatto è deplorevole non per il «che», per il «come». (*Piagnucolando*) Mi hai tolto dieci anni di vita... (*A Libero, confidenziale*) Con voi si può parlare, perché siete un amico ed un uomo di mondo. Sapete che ha fatto questa sciagurata?

OLGA (*troncandole la parola col tono della voce*)   Mammà, stai zitta.

LIBERO   Vi ha confessato tutto, e il marito ha sentito. (*Con dignità quasi orgogliosa, non volendo escludere la sua responsabilità*) Signora cara, al cuore non si comanda. Ne abbiamo parlato fino adesso.

CRISTINA   Ma mettetevi nei panni del marito che sente parlare la moglie di un altro uomo.

LIBERO   Come me la sbrigherò io con don Benedetto, il marito...

CRISTINA   Se viene a parlare con voi, direte che non siete al corrente di niente. (*Indicando Olga*) Lei, voglio vedere come se la sbriga! Mi stava venendo un colpo, stamattina, quando è venuta a casa a farmi la confessione. Voi capite che, con la incoscienza della generazione moderna...

OLGA (*scattando come una molla, invelenita*)   Ti ho detto stai zitta... (*E incomincia a gridare come nel primo atto, questa volta, però, con rabbia sincera*) Voglio morire... Non ne posso piú... ah... ah...! (*E continua con alte grida laceranti e isteriche, finché sviene e si irrigidisce sull'ottomana*).

CRISTINA (*preoccupata si avvicina alla figlia per soccorrerla*)   Olga, Dio mio... Olga, non farmi paura...

LIBERO   Signora Olga...

CRISTINA (*aspettando che la crisi cessi, riprende il suo racconto*)   Con l'incoscienza della generazione moderna, mi confessa nientemeno...

OLGA (*stizzita*)   Stai zitta!... (*E per la rabbia addenta la mano sinistra di Libero*).

LIBERO (*straziato dal dolore*)   Mamma d' 'a Sanità!... (*Ed ingag-*

gia con Olga una strenua lotta per liberare la sua mano) Signo',
lasciate!...

OLGA (*finalmente molla. Rivolgendosi a Cristina, con ira*)   Lo sai
che quando mi pigliano i nervi non capisco piú niente. (*E rimane imbronciata in un angolo della ottomana*).

LIBERO (*livido, osservando la mano, preoccupatissimo per le complicazioni di carattere profilattico che ne possono derivare*)
Ma cheste so' cos' 'e pazze!

CRISTINA   Vi ha dato un morso?! Un poco d'alcool!

LIBERO (*indicando un mobile*)   Là, signo', abbiate pazienza, c'è
una bottiglia.

CRISTINA (*prende una bottiglia dal mobile indicato da Libero e
gliela mostra*)   Questa?

LIBERO (*osservandola*)   Sí. (*Cristina stappa la bottiglia e ne versa abbondantemente il contenuto sulla ferita di Libero. Il bru-
ciore è quasi insopportabile*). Mamma d' 'o Càrmene! Piano,
piano, signo'. E pure questa ci mancava, oggi. Ma poi, cosí
inaspettatamente...

CRISTINA   Fermateci sopra il fazzoletto imbevuto di alcool.

LIBERO (*seriamente allarmato*)   No, signo', ccà 'o fatto è serio.
È meglio una fasciatura. (*Si fascia la mano col fazzoletto. Cristina lo aiuta ad annodarlo*).

CRISTINA   E io glielo dissi: «Assicurati di questo capitano, infor-
mati, scrivi in America...»

LIBERO (*sospettoso*)   Quale capitano?

CRISTINA   Il capitano che le aveva promesso di farla divorziare
dal marito e di portarla in America.

LIBERO (*amaro e guardando significativamente Olga*)   Ah, ma allora esiste veramente questo capitano?

OLGA (*seccata*)   Parla, mammà, parla...

CRISTINA   Esiste, per disgrazia nostra. Ed è partito pure. Se n'è
andato in America, abbandonandola, non appena ha saputo della sua maternità.

LIBERO (*grave, cosciente*)   Come, come, come...

CRISTINA (*accusando Olga di qualche cosa che, in fondo, è a conoscenza di Libero*)   È madre... È madre da poco tempo. E voglio vedere come se la sbriga col marito, che vive a Grosseto da
tanto tempo e che, quando tornò, due settimane fa, litigando
s'incontrarono e litigando si lasciarono.

LIBERO (*ambiguo*)   Già, perché se no...

CRISTINA   ... quattro cerimonie... (*Recriminando*) Ma lei ignora-
va il suo stato. Se ne è accorta da poco. «Se tuo marito ti lascia,

che fai?» e lei: «Ci ho tre milioni e la casa di proprietà». «Sí,
— ho detto io, — ma senza un imbecille che prenda la responsabilità di questa creatura che nasce, che figura fai?» E lei: «L'ho
trovato, ce l'ho per le mani!» Chissà di chi parlava!

LIBERO (*masticando fiele*)   Mah... Non saprei a chi pensare. Non
sono abbastanza astuto, sono un filatelico: conosco 'e francobolle. Vivo dando dei consigli... La storia si ripete e il filatelico ha
vita lunga. Una detronizzazione di cento anni fa determinò una
Repubblica? E su quella Repubblica io vivo. Vivo sulle incoro-
nazioni, sulle commemorazioni, sulle celebrazioni, sugli eventi
rivoluzionari... Ed ho capito che, vendendo i francobolli, in
buona fede io appiccico la patacca al cliente. (*Campanello interno*). Permesso. (*Esce per la comune. Dopo poco internamente
si udrà la sua voce*) Brava, m'ha fatto tanto piacere. (*Ritorna
introducendo Carmela, la quale reca con sé una bottiglia di
rosolio di mandarino*).

CARMELA (*entrando, seguendo Libero*)   Ha ditto: «Dincéllo ca
s' 'a bevesse isso!»

LIBERO   E io m' 'a bevo!

CARMELA   V' 'a metto ccà. (*Indica un mobile in fondo*).

LIBERO   Miettela addó vuó tu.

CARMELA (*collocando la bottiglia sul mobile stesso che aveva indicato*)   Sta ccà, 'a vedite. Io me ne scendo. Permettete. (*Esce
per la comune*).

Dopo un attimo si ode dall'interno la voce di Benedetto.

BENEDETTO (*di dentro come parlando a qualcuno*)   Libero sta
dentro?

CARMELA   Sissignore, don Benede'.

CRISTINA (*allarmata, ad Olga*)   Tuo marito.

OLGA (*inviperita*)   Non lo voglio vedere. Se ci volete parlare,
ci parlate voi. (*Esce svelta per la prima a sinistra*).

CRISTINA (*escludendo in modo assoluto la soluzione di Olga*)   No,
mi dispiace; queste sono cose che si sbrigano fra marito e moglie. (*E segue la figlia*).

Benedetto dalla comune, affranto, pallido. Entra e per un attimo si ferma sull'uscio, fissando lungamente Libero, come per
dirgli: «Che schifo, la vita!...»

LIBERO (*imbarazzatissimo*)   Buongiorno, don Benede', accomodatevi. Siete arrivato da Grosseto?

BENEDETTO (*muove verso Libero. Dopo pochi passi si ferma di
nuovo, poi con tono grave e coprendosi il volto con tutte e due
le mani*)   Che schifo!

LIBERO (*comprensivo*)   Non c'è che fare, bisogna essere filosofi,
caro don Benedetto.

BENEDETTO   Fino ad un certo punto. Tutto, intorno, è diventato
ostile, inaccettabile, esasperante. Un'ora, capite, un'ora ho
aspettato per prendere il tram!

LIBERO (*torvo*)   Embè, che ci volete fare?

BENEDETTO   Mi sembrava d'impazzire, alla fermata. Ad un certo
punto, ho pensato: «Mo me ne vaco a pede e buonanotte».
Che schifo!... Quando sei sereno di spirito, *transeat*, accetti tutto; ma con l'animo in tumulto, come ce l'ho io... (*Siede sull'ottomana a destra*).

LIBERO   Siete stato già da vostra moglie?

BENEDETTO   No, sono venuto direttamente qua. Prima di vedere lei, ho voluto vedere voi. Ma come, un uomo vissuto come
voi: «Sentite a me, vostra moglie, in fondo, vuol salvare un
po' di danaro. Fatele donazione della casa e intestatele un conto in banca». Io, invece, già lo avevo fatto per le tasse e tante
altre rotture di scatole...

LIBERO   E mo 'e denare stanno mmano 'a signora?

BENEDETTO (*approvando*)   Tutto mmano a essa. Ad ogni modo
cominciai a pensare: «Ma, allora, questa donna mi vuole bene?... Cerca di salvare il mio, per me e per lei... Mi conviene di
lasciarla per una donna estranea che ad un certo punto mi potrà
dare dei dispiaceri? No, 'a mugliera è sempre mugliera. Liquido la ragazza di Grosseto e resto con mia moglie»... Aveva
un amante! Un capitano italo-americano conosciuto durante
la mia assenza e che se l'è squagliata non appena è venuto a
sapere della sua paternità. Voi siete stato colto nella buona
fede, come me, perché io sono sempre in buona fede, in ogni
momento, in tutte le mie manifestazioni. Pure adesso: all'ultimo, all'ultimo! (*D'un tratto si alza, raggiunge la porta d'ingresso e con voce ferma chiama*) Guglielmo... (*Torna al suo posto,
senza sedere, e attende*).

GUGLIELMO (*dalla comune. È un giovane sui ventott'anni, rispettoso e strisciante. Il suo modo di parlare e di presentarsi alle
persone di una certa importanza gli conferiscono un certo aspetto voluto, ingenuo e svagato. Lo si direbbe mezzo tonto, al*

*contrario è astuto e furbo. Per diffidenza atavica, teme l'insidia
del piú forte, allora preferisce assumere un'aria incerta che gli
dia quell'attimo di tempo per riflettere prima di rispondere.
Indossa una giacca grigia su di un pantalone di panno turchino
filettato giallo. Ha in mano un berretto dello stesso colore del
pantalone, con la scritta frontale «Cinema Aurora». Entra svelto e si ferma sull'uscio sberrettandosi)* Comandi.

BENEDETTO Entra. (*A Libero*) Voi permettete?

LIBERO Come no.

GUGLIELMO (*avanza fino a guadagnare il centro della scena, pian-
tandosi tra i due e guardandoli con la sua aria svagata. Guardando Libero con un sorriso melenso*) Io sono Guglielmo Caputo.

LIBERO (*dopo una piccola pausa*) Bravo.

BENEDETTO Fa la maschera in uno dei miei due cinema. Non
perché sia presente, ma è un uomo utile a tutto. Onesto sino
all'inverosimile. Il seme della sua onestà si è perduto. Dunque,
tu non sai mentire. Se in questo momento dico una sola bugia,
ti autorizzo a rompermi una sedia in testa.

GUGLIELMO (*sorride come dire: «E chi ci si mette!»*) Eeeh!

BENEDETTO (*testardo*) No, se dico una bugia, mi devi rompere
una sedia in testa. (*Guglielmo ride*). Non ridere. Quando hai
avuto la mia autorizzazione, non devi temere niente. Se vuoi te
lo scrivo.

LIBERO (*che non intende reggere oltre il giuoco di Benedetto*) Ma non c'è bisogno. (*A Guglielmo*) Facciamo cosí: se dice una bugia, tu lo dici a me, e la sedia in testa gliela rompo io.

BENEDETTO (*preoccupato, svia*) Insomma, mi può smentire.

LIBERO Ecco, limitiamoci alla smentita.

BENEDETTO (*a Guglielmo*) Una sera sei entrato in Direzione,
come mi hai trovato?...

GUGLIELMO Ah sí, quella sera che piangevate. (*A Libero, grave*)
Come piangeva!

BENEDETTO (*rinfrancato per l'affermazione di Guglielmo*) Piangevo per la rivelazione che mi aveva fatta Angelina Trombetta,
la cameriera di Grosseto, e per la confessione che avrei dovuto
fare a mia moglie.

GUGLIELMO Ci avevate la rivoltella puntata qua... (*Indica la tempia destra*) Io mi misi quella paura! (*Si dispone a raccontare*)
Potevano essere verso le dieci e mezza, stava per finire l'ultimo
tempo dell'ultimo spettacolo. Io mi stavo mettendo il soprabi-
to per andarmene a casa. Cinque minuti piú tardi e sarebbe

successa la disgrazia. Quando sento il campanello della Direzione. (*Ne imita il suono*) Driiin... driiin... driiin...

BENEDETTO (*premuroso*) Che non suonai io.

GUGLIELMO (*escludendo, senza convinzione*) Nooo... Fu un contatto. Già, un contatto? Fu un miracolo. (*Riprende il racconto*) Sento suonare il campanello e dico: «Lasciami andare a vedere il padrone che vuole». Entro e te lo trovo con la rivoltella puntata alla tempia. (*Sincero*) Qui c'è poco da scherzare. Se lui non suonava il campanello...

BENEDETTO (*pronto*) E che lo suonai io? In quel momento pensavo proprio a 'o campaniello...

GUGLIELMO (*scusandosi*) Ho sbagliato. Volevo dire: se non faceva contatto il campanello, io me ne sarei andato e succedeva la tragedia.

LIBERO (*ingoiando il rospo*) Volevate uccidervi?!

BENEDETTO (*pronto, indicando Guglielmo*) Gli devo la vita. Fu lui a distogliermi. Gli raccontai tutto... quella sera avrei parlato con chiunque. Gli dissi la tragedia della mia vita e ci mettemmo d'accordo: lui avrebbe sposato Angelina Trombetta e io sarei tornato da mia moglie. (*Falsamente commosso*) La sua spontanea generosità mi fece piangere, e allora, dopo, dissi: «Voglio ricompensarti. Ti nominerò direttore di questo Cinema e ti darò cinquecentomila lire in contanti».

GUGLIELMO (*rettificando*) No. Dicemmo prima che mi nominavate direttore del Cinema e che mi davate le cinquecentomila lire, e poi io accettai.

BENEDETTO (*seccato*) È lo stesso.

GUGLIELMO (*sincero*) Gnernò. E io come avrei potuto mantenere una famiglia ed un bambino con quello che guadagno?

BENEDETTO (*tagliando corto*) Vattene fuori e aspettami.

GUGLIELMO (*pronto*) Agli ordini. (*Muovendo verso la comune e rivolgendosi a Libero, alludendo alla serata del tentato suicidio, con falso interessamento*) Mi fece paura! Voi scherzate? Bastava un secondo... Con la rivoltella puntata alla tempia... Se lui non suonava il campanello, era fatta... Permesso. (*Esce*).

BENEDETTO Capite, adesso, la mia situazione? Avevo appianato tutto, avevo legalmente sanato la piaga. Si dice: «Nun me mporta di mia moglie». «Facesse 'o commodo suio!» Ma nun è overo. Quando vieni a sapere che la donna alla quale hai dato il tuo nome è stata di un altro, e che verrà al mondo il frutto di questo tradimento, è come se il fuoco si sostituisse al sangue. E pensi a una sola cosa: la vendetta!

CRISTINA (*dalla prima a sinistra, disinvolta e padrona della situazione*) Mo basta, mo. (*Parla verso la camera dalla quale è venuta*) Olga, ti dico: basta. Qualunque scherzo ha un limite. (*A Benedetto*) Buongiorno, Benede'. Ho fatto male io ad assecondare mia figlia... (*Irridendolo*) Scemo! Quando sei venuto a casa mia, stamattina, Olga ti aveva veduto dal balcone. Sapevamo benissimo che origliavi: ti ha voluto ingelosire. (*Semplice*) 'O fatto d' 'o capitano nun è overo. Domanda a Libero, che sta d'accordo con noi.

BENEDETTO (*che non se l'è bevuta*) Che cosa? 'O scherzo?... (*Alludendo a Olga*) Sta llà dinto, è ove'? A chi vulite fa' scemo? Come si nun ve cunuscesse a vvuie e a essa. Ma nun se credesse 'e s' 'a fa' franca, perché io l'accido. (*Furente muove deciso verso la prima a sinistra*) Lle spacco 'o core... Schifosa, prostituta!... (*Portando la mano destra alla tasca posteriore dei pantaloni, esce per la prima a sinistra, richiudendo a chiave la porta di divisione*).

CRISTINA (*allarmata, fa per seguirlo, ma si accorge che la porta è stata chiusa a chiave dal di dentro*) Uh, Madonna! Chillo ha chiuso 'a porta a chiave! Libero, fate qualche cosa!

LIBERO (*disorientato*) E che faccio?

CRISTINA (*autoritaria, cosciente del suo diritto*) Sfondate la porta. Dentro c'è mia figlia che corre pericolo!

OLGA (*di dentro, gridando come nel primo atto*) Ah! Ho ragione! Toglietemi questo mostro da vicino! Linciatelo! Liberatemi da questo assassino!... Aaaah!

CRISTINA (*sconvolta*) La sentite, quello l'ammazza! Chiamate gente!

LIBERO (*corre verso la comune e chiama Guglielmo*) Guè, a te viene ccà!

GUGLIELMO (*entrando*) Comandi.

LIBERO (*indicando la porta*) Mènate nfaccia a chella porta, e vide si 'a può sfunnà!

GUGLIELMO (*dopo aver provato a forzare la porta che non cede*) Ma un'altra chiave non ci sta?

LIBERO E si tenevo n'ata chiave chiammavo a te?

CRISTINA (*girando per la scena come un'anima in pena*) Non vi perdete in chiacchiere. Chiamate un fabbro.

COSTANZA (*dalla comune, allarmata per le grida*) Ch'è successo?

CRISTINA Sto perdenno a mia figlia! E non si può far niente. La porta è chiusa e nessuno fa qualche cosa per evitare la tragedia. Silenzio. Fatemi sentire. (*Tutti si mettono in ascolto*). Niente.

Non si sente piú niente. La polizia, chiamate la polizia. (*Gridando contro tutti*) Muovetevi, che fate llà? Scuotetevi!

BENEDETTO (*affacciandosi dalla prima a sinistra, con rilievo*) Scusate, un poco di silenzio. Stiamo discutendo. (*Rientra*).

Cristina lo segue, richiudendo la porta dietro di sé. Tutti si guardano significativamente in silenzio, ognuno per quello che, secondo il suo interesse, pensa.

COSTANZA (*dopo una piccola pausa, indicando Guglielmo e parlando sottovoce per non disturbare quelli che sono nell'altra camera, chiede a Libero*) Chi è?

LIBERO (*con lo stesso tono sommesso di Costanza*) È persona di don Benedetto Cigolella.

GUGLIELMO (*anch'egli sommessamente*) Sono maschera di uno dei due cinematografi di sua proprietà. (*Guardando verso la prima a sinistra e dubitando del suo avvenire*) Dovevo diventare Direttore, ma adesso chissà!

LIBERO (*sedendo accanto al tavolo, sempre con tono di voce sommesso*) 'O core che te dice?

GUGLIELMO E che m'ha da dícere, signo'? La vita è dura. Dipende dalla signora che sta là dentro. Se divento Direttore mi metto a posto definitivamente. Ho sofferto, caro signore. Alle dipendenze di quel birbante là... (*Indica la prima a sinistra*) si soffre.

LIBERO Come?... Hai detto che gli sei tanto affezionato?!

GUGLIELMO Voi scherzate. Io si 'o putesse accidere e 'o pavasse tre sorde, 'o ffaciarría cu' tutt' 'o core. Una boria!...

LIBERO Sí, è borioso. Quando s'incontra per le scale, non saluta mai. Fa vedere che non ti conosce e abbassa gli occhi. È superbo.

GUGLIELMO Si sapisseve quante volte devo abbozzare! Come Direttore è un'altra cosa. V'avíssev' 'a credere ca io songo scemo? Mi faccio fare un contratto di ferro, e po' vedimmo si isso è buono di umiliarmi e di offendermi. (*Con ineluttabilità*) Eh, che volete fare, caro signore, se no restate sempre cu' 'a stessa camicia addosso.

LIBERO (*amaro*) *Excelsior* e *Madapolam*.

GUGLIELMO A parte il fatto, poi, che mi sposo una bella ragazza, Angelina Trombetta è una buona figlia. Chella faceva l'amore con un amico mio che morí, salute a voi, di bronchite e polmonite il mese scorso. Un giovane d'oro che se l'avrebbe

pure sposata. (*In tono confidenziale e con circospezione*) E il
bambino che deve nascere, è della buon'anima.

LIBERO (*interessandosi*)   Non è di don Benedetto?

GUGLIELMO (*escludendo tassativamente*)   Noo. Angelina cosí gli
ha fatto credere.

LIBERO (*a Costanza*)   He capito 'a cafona!... (*A Guglielmo*) E
tu, perché non gli hai detto la verità?

GUGLIELMO   E per quale interesse? A me che me mporta. È lo
stesso ca vuie me dicite: «Guglie', io sono il re di Francia».
Io, pur sapendo che voi il re di Francia non l'avete visto mai
neanche in fotografia, dico appresso a voi che lo siete.

LIBERO (*convinto, come se gli si aprisse davanti un orizzonte sconosciuto fino a quel momento*)   Eh già. Cosí la voce corre e
per quelli che sanno e non hanno interesse di smentire, la bugia cammina. Per quelli che non sanno, poi, passato il tempo,
io divento veramente il re di Francia.

GUGLIELMO   Proprio cosí. (*Indicando la prima a sinistra*) Là dentro si decide la mia sorte; se resto maschera o se divento direttore...

LIBERO (*stendendogli la mano che Guglielmo stringe*)   Auguri!

Olga, dalla prima a sinistra, ipocritamente indispettita, parlando sommessamente a sua madre, la quale cingendole le spalle
con il braccio destro, ascolta soddisfatta i suoi ragionamenti,
attraversa la camera, dirigendosi verso l'ingresso. Dopo pochi
passi, fingendo di scorgere solamente allora Libero e Costanza,
rivolge ad essi un compunto:

OLGA   Buongiorno.

CRISTINA (*pronta, con la medesima intenzione di Olga*)   Buongiorno. (*Ed escono*).

BENEDETTO (*entra svelto per seguirle. È impacciato, vuol darsi
un contegno, guarda tutto e niente. Finalmente, con un mezzo
sorriso, a Libero e Costanza*)   Buongiorno. Scusate il fastidio.

LIBERO (*assumendo un'aria vaga*)   Vi pare.

COSTANZA   Siete il padrone.

BENEDETTO (*a Guglielmo, con un cenno d'intesa, per rasserenar-
lo*)   Tu, aspettami al caffè Brasile dove abbiamo preso il caffè
quando siamo arrivati.

GUGLIELMO (*rinfrancato, strisciante*)   Va bene.

BENEDETTO (*ora fissa lo sguardo su Libero, scrollando lievemente
il capo con un risolino ambiguo, insinuante, minaccioso*)   E

bravo don Libero! Molto bene. Vi farò ricordare chi è Benedetto Cigolella. (*Libero non osa interrompere, quasi gli sorride*). Una sola cosa devo stabilire: se siete un ingenuo o un verme. Se siete un ingenuo, io v'insegnerò a vivere... (*Decisamente minaccioso*) Voi mi conoscete! Se siete un verme... don Libero, faccio cosí col piede... (*stropiccia lievemente e ripetutamente la punta del piede destro su di una mattonella del pavimento, come per distruggere ed annientare un insetto di cui si è sicuri di disperderne cosí ogni traccia*) ... e vi schiaccio! (*Poi rivolgendosi di nuovo a Guglielmo, quasi chiedendo indulgenza per Libero*) Andiamo, Guglielmo.

GUGLIELMO (*che ha mangiato la foglia, saluta con improvvisa vitalità*) Buongiorno. (*Esce, seguendo Benedetto*).

A bocca aperta, Libero e Costanza, s'interrogano con uno sguardo pieno d'accorata, timida curiosità.

La stanza sottostante a quella degli atti precedenti.
Mentre a sinistra le pareti presentano la medesima struttura e
le stesse ubicazioni, a destra, invece, è stato praticato un ampio
vano per formare un solo ambiente con la camera accanto. Vediamo quindi, rimpicciolita e spostata a sinistra, l'intera camera da pranzo dei signori Incoronato, con in più l'architrave ricavato dalla parete di destra, il quale, sostenuto all'inizio dalla
spalletta di fondo, trova sostegno al proscenio su di un pilastro
immaginario, per non togliere la visibilità al pubblico. L'ambientino di destra, ricavato dalla eliminazione della parete, presenta una porta in prima quinta e un'altra in fondo. Questa
lascia vedere una finestra del corridoio, comunicante con l'appartamentino. L'arredamento è di lusso, sia nell'ambiente di
sinistra che in quello di destra. Tutto un soggiorno, con il piccolo angolo da gioco. Infatti il nuovo ambientino che vediamo è
stato arredato per l'esigenza e festosamente decorato, alle pareti, con elementi allusivi: due racchette incrociate, una scacchie-
ra, i dadi, il ping-pong, ecc. Tende alle finestre. Tappeti, ninnoli e quadri. Sono trascorsi nove mesi circa. È una luminosa
mattina di maggio. Sul parapetto della terrazza, vasi fioriti.
All'alzarsi del sipario si troveranno al centro della stanza, in
piedi, di fronte al pubblico, Guglielmo Caputo e Angelina
Trombetta. Angelina si riconosce subito. Tipo di serva provinciale. Indossa un abito fastoso ma pacchiano nella foggia e nel
colore, ed ostenta, forse per la prima volta in vita sua, un cappellino «invadente» nel bel mezzo del capo. Il braccio sinistro,
nel quale è infilata una borsa utilitaria in cretonne, aiuta il
destro a sostenere, maternamente, il peso di un neonato di
poco più di un mese. Guglielmo Caputo è abbigliato vistosamente. Tutti i suoi «paramenti» sono nuovi di zecca. Dalle
scarpe scrocchianti, alla cravatta «audace»; dal cappello grigio

perla, che rigira nelle mani, al pedalino vistoso. Ogni tanto, durante la lunga pausa che seguirà il levarsi del sipario, osserva
l'orologio a braccio e solleva le sopracciglia in atto d'impazienza. Guarda teneramente Angelina palpeggiando il culetto del
neonato e, con un gesto descrittivo della mano destra, lascia
indovinare che il marmocchio «se l'è fatta addosso». Sorride
bonario a sua moglie per indurla ad avere pazienza nell'attesa.
Dopo il giuoco scenico voluto dall'autore e limitato all'indispensabile dal regista, entra dalla comune Cristina, seguíta da Carmela. Cristina è tutta in ghingheri, felice di poter praticare la
sua opera e la sua esperienza, affinché il rito familiare abbia a
svolgersi con tutte le regole consuetudinarie.

CRISTINA (*entrando, come continuando a parlare con Carmela*) Ti sei perduta una funzione magnifica. La fonte battesima-
le in chiesa era decorata tutta a fiori bianchi: un trionfo di fiori
bianchi. Il prete ha parlato come un Dio! Dammi una mano ad
aggiustare la camera da letto, perché adesso arriva il bambino e
voglio far trovare tutto pronto. (*Fingendo di scorgere soltanto
in quel momento Guglielmo e Angelina, con freddezza*) Voi
state aspettando ancora? Mi dispiace, ma mio genero adesso
viene con gli altri.

GUGLIELMO (*niente affatto scoraggiato dalla freddezza di Cristina*) Non ha importanza. Io lo voglio salutare prima di partire.

CRISTINA (*osservando amorosamente il neonato*) Quant'è bellillo. Statevi attenti, in viaggio, di non fargli prendere aria. Co-
m'è tranquillo!

GUGLIELMO (*affermando*) Una pace.

CRISTINA Pure il nostro non piange mai. (*Chiamando verso la
prima a sinistra*) Balia!... Balia!...

LA BALIA (*dalla prima a sinistra, mastodontica e ingombrante,
nell'abito classico. Fermandosi a due passi dall'uscio, incrocia
le mani sul ventre e chiede svogliatamente, con il parlare lento
dei provinciali*) Mi avete chiamato?

CRISTINA (*A Carmela, in disparte*) Quanto è antipatica. (*Poi,
rivolgendosi alla balia, cambiando repentinamente espressione, falsamente amabile*) Adesso arriva il bambino. Avete chiuso le finestre in camera?

BALIA (*senza scomporsi, con lo stesso tono lento*) Ne ho chiusa
una sola, perché la siconda ci ha un ferramento, come si dice...
ca struppéa le mane.

CRISTINA Bisogna spingere prima e poi girare il ferro.

BALIA   E devo spingere io?... Sono venuta per allattare o per spingere?

CRISTINA (*dignitosa, subisce*)   È giusto. Adesso vengo e spingo io.

BALIA (*risolve*)   E spingete voi. (*Esce per la prima a sinistra, con passo lento, pomposo*).

CARMELA (*seguendo Cristina che si avvia*)   E che ce vo' a chiudere na fenesta... Mo vengh'io! (*Ed esce anche lei con Cristina per la prima a sinistra*).

OLGA (*dalla comune, preoccupata, seguíta a breve distanza dalla levatrice. È in abito da mattina. Nulla piú di superficiale si nota nel suo carattere, nulla piú di lezioso si scorge nel suo abbigliamento. È completamente cambiata dai primi due atti. È diventata mite e dolce. La levatrice è giovanissima. Veste decorosamente, da professionista seria. Reca fra le braccia il bambino di Olga*)   Sta tutto bagnato.

LA LEVATRICE   Non si preoccupi, signora. Vedrà... Troppe volte bisognerà cambiargli la biancheria.

GUGLIELMO (*sorridendo ad Olga*)   Noi stiamo aspettando ancora.

OLGA   Mio marito viene subito. Perdonate se vi lasciamo soli, ma il bambino ha bisogno di biancheria pulita.

GUGLIELMO   Signo', perdonate. Pure il nostro avrebbe bisogno di cambiare la biancheria.

OLGA   Entrate dentro. (*Indica la prima a sinistra*) Fate il comodo vostro.

ANGELINA   Io ci ho con me tutto *l'occorrimento*.

OLGA (*avviandosi verso la prima a sinistra, seguita dalla levatrice*)   E venite.

GUGLIELMO   Va', Angeli', t'aspetto qua.

Olga, la levatrice ed Angelina escono per la prima a sinistra.

BENEDETTO (*dalla comune, introducendo Libero*)   Vengo adesso dalla chiesa, sono proprio felice di vedervi. Entrate. Ma che fate, cerimonie?

LIBERO (*con il suo solito, modesto vestito degli atti precedenti. Soltanto la camicia è quella che al secondo atto è stata aggiustata da Costanza con le cimose. In una benda nera, legata e sospesa al collo, adagia il braccio sinistro e la mano fasciata*)   Con voi? Vi pare che faccio cerimonie con voi? Sono arrivato in questo momento da Roma e mi farebbe piacere rimanere un poco in vostra compagnia, dato pure l'evento del battesimo; ma sono stanchissimo, don Benede'... e vorrei andarmi a riposare.

BENEDETTO (*invogliandolo a restare*)   Non ci vediamo da tanti mesi!

LIBERO (*precisando*)   Nove. Non ci vediamo da nove mesi. (*Facendo mentalmente i conti*) Anzi, precisamente, otto e mezzo... (*Scorgendo Guglielmo, lo indica*) Da quando vidi l'ultima volta lui.

GUGLIELMO (*salutando con gioia sproporzionata*)   Buongiorno, signor Benedetto.

BENEDETTO (*con lieve disappunto*)   Buongiorno. Voi perché siete venuto qua?

GUGLIELMO   E ho portato pure mia moglie ed il bambino, stanno di là. Io ve lo dissi che dovevo venire a Napoli, perché mia madre e i parenti volevano conoscere la sposa e la prole. Cosí, prima di ritornare a Grosseto, ho pensato di venirvi ad ossequiare e farvi gli auguri per il battesimo del vostro bambino.

BENEDETTO   Grazie. (*Traendo in disparte Guglielmo, con rilievo*) Hai fatto male. Ti avevo detto di evitare.

GUGLIELMO (*convinto e con tono strafottente*)   No, io ho fatto bene. Prima per la mia famiglia, e poi per la vostra, voi mi capite... Adesso vado a prendere mia moglie e vi togliamo il fastidio. (*Scorgendo Libero che, significativamente, lo saluta da lontano, cerca di evitarne il contatto*) Permesso. (*Esce per la prima a sinistra*).

LIBERO (*in buona fede, alludendo a Guglielmo*)   Non mi ha riconosciuto.

BENEDETTO   È direttore di uno dei miei due cinema a Grosseto.

LIBERO (*come a dimostrargli di essere al corrente*)   Quello che una volta era maschera.

BENEDETTO (*falsamente ingenuo, come se l'apprendesse in quel momento*)   Era maschera?

LIBERO   E voi non lo sapete?

BENEDETTO   No.

LIBERO   Don Benede', me lo diceste voi!

BENEDETTO   Io?... non mi ricordo. L'ho assunto come direttore perché ne ebbi delle buone informazioni. (*Libero rimane dubbioso. La semplicità con cui Benedetto gli parla lo sconcerta, gli fa quasi avere dei dubbi sulle proprie facoltà mentali*). E voi ve ne siete stato a Roma, tutto questo tempo?

LIBERO   Partii dopo il matrimonio di mia sorella, sei mesi fa, per consegnare certi francobolli di valore alla succursale di Roma,

e sarei tornato prima se non avessi avuto delle complicazioni
alla mano.

BENEDETTO   A proposito, non ho mai domandato che avete alla
mano. Una caduta?

LIBERO (*amaro*)   No.

BENEDETTO   Nu frungolo?

LIBERO (*con allusione*)   Una flèmone.

BENEDETTO (*rettificando*)   Un flèmone, volete dire... Si dice flèmone.

LIBERO   Ce ne sono di due specie: c'è il flèmone maschio e la
flèmone femmina. A me è capitata la femmina, don Benede', e
non c'è peggio.

BENEDETTO   Overo?

LIBERO   Ci sto *cantando* ancora. Fece infezione e non sono servi-
ti cataplasmi, pomate, unguenti... Mi sono dovuto decidere e
cinque giorni fa, a Roma, ho dovuto ricorrere all'intervento chi-
rurgico: taglio, raschiamento ed asportazione della terza falan-
ge caudale.

BENEDETTO   Voi che dite?

LIBERO   Che dico? So io quello che ho sofferto!

BENEDETTO   Tiene mente na flèmone che te combina...

LIBERO   È capace di tutto! (*Come seguitando un discorso troncato da poco, convinto di trovare immediata comprensione*) Per
me, vi siete regolato benissimo: siete stato umano e saggio.

BENEDETTO (*cadendo dalle nuvole*)   In che cosa?

LIBERO   Come avete risolto la situazione.

BENEDETTO (*c. s.*)   Quale situazione?

LIBERO (*cocciuto, precisando*)   Veramente sarebbero due: quella della cameriera di Grosseto e quella di vostra moglie, qua.

BENEDETTO (*seriamente rabbuiandosi*)   E scusate, che c'entra la
cameriera di Grosseto con mia moglie?

LIBERO (*comincia a comprendere il giuoco di Benedetto, ma non
vuol darsi per vinto*)   Dico che avete fatto bene a dare un
marito alla cameriera di Grosseto ed a riunirvi con vostra moglie, riconoscendo il bambino.

BENEDETTO (*come di fronte a una enormità*)   Libero, ma voi state scherzando?

LIBERO (*eroico*)   No!

BENEDETTO (*offensivo*)   Allora siete impazzito. La cameriera di
Grosseto, Angelina Trombetta, ha sposato il direttore di uno
dei miei due cinema, Guglielmo Caputo. Hanno avuto un bambino, sono felici e mi fa tanto piacere per loro. In quanto al

mio ravvicinamento con mia moglie, con il conseguenziale riconoscimento del bambino, perché vi fa tanta meraviglia? Non lo dovevo riconoscere? Libero, una creatura vostra, sangue del vostro sangue... sangue del mio sangue...?

LIBERO (*lí lí per scoppiare, dominandosi*) Ma quale sangue di sangue... don Benede'... io non voglio bestemmiare! Voi mi raccontaste tutta la tragedia: 'a rivoltella alla tempia... 'o capitano che avevate sentito dall'altra camera in casa di vostra suocera!

BENEDETTO (*ribattendo*) E secondo voi, uno sente una cosa dall'altra camera e ne deve creare un altro Vangelo di Dio?... Libero, se oggi sono stato al battesimo e sono padre di un bambino, mettitevello bbuono ncapo, la colpa è vostra! Quando io volevo uccidere mia moglie, vi ricordate? Quel giorno ero in buona fede perché avevo creduto fermamente a quello che avevo sentito in casa di mia suocera. E giustamente, perché pensavo: «Vivo diviso da Olga a Grosseto, lei a Napoli... Quella volta che la venni a vedere, litigammo e partii l'indomani come se non ci fossimo visti... Se aspetta un bambino, questo bambino non può essere mio!...»

LIBERO (*ammettendo, soddisfatto*) Ecco!

BENEDETTO (*fissandolo lungamente, con ironico rimprovero*) Dove lo comprate il vino?

LIBERO Quale vino?

BENEDETTO Quello che usate per casa vostra...

LIBERO Ah... qualche volta... Dal vinaio all'angolo.

BENEDETTO (*alludendo alla sera che bevve il vino in casa di Libero*) Che sbornia, quella sera! Quella sera che salimmo da voi e che, a mia moglie, lle venette 'o svenimento!

LIBERO Vi sborniaste col vino di quella sera?

BENEDETTO (*con convinzione*) Una sbronza che non prenderò mai piú in vita mia e che mai uomo al mondo abbia presa! Quando vi lasciai con mia moglie, che dopo poco mi raggiunse, la poverina mi venne a trovare per seguitare a parlare. Il vostro vino fece il suo effetto: nascita e battesimo dell'erede.

LIBERO (*rodendosi il fegato*) Già.

BENEDETTO Quando poi io, accecato dalla gelosia, volevo ucciderla in casa vostra, fu lei che mi fece ricordare quello che era avvenuto fra noi, la sera della sbronza.

LIBERO (*c. s.*) Galeotto fu il vino!

BENEDETTO (*accompagnando col gesto della mano un risolino accusatore*) Che v'avess' 'a fa', mo io a voi?

LIBERO   Fate voi. Accetto tutto.

OLGA (*di dentro*)   Benedetto, puoi venire un momento?

BENEDETTO (*premuroso*)   Vengo subito. (*A Libero*) Permesso.

LIBERO   Accomodatevi.

CRISTINA (*dalla prima a sinistra*)   Benede', Caputo e la moglie
se ne vanno, ti vogliono salutare.

BENEDETTO   Vado subito. (*Ed esce per la prima a sinistra*).

CRISTINA (*nel vedere Libero ha un attimo di smarrimento e gli va
incontro con esuberante cordialità*)   Don Libero bello. Che
piacere di vedervi. Quando siete arrivato?

LIBERO (*freddo*)   Da poco!

CRISTINA (*con falso interessamento*)   Da dove, da dove?

LIBERO (*c. s.*)   Da Roma.

CRISTINA (*entusiasta*)   Quant'è bella Roma. Io ci feci il viaggio
di nozze con la buonanima di mio marito. Me la fece girare
tutta: il Colosseo, il Pantheon, il Vaticano, Villa Borghese, il
Pincio... Che bella città! Mi portò persino nella palla di S.
Pietro. (*Pausa*). E l'abbacchio?... Lo fanno ancora a Roma l'abbacchio?!

LIBERO (*che non ha capito*)   Che cosa?

CRISTINA   L'abbacchio... Il capretto.

LIBERO   Ah, 'o crapetto!... E voi dite l'abbacchio!... Credo. Perché non lo dovrebbero fare?

CRISTINA   Quanto è buono... Ne ho mangiato tanto... (*Altra pausa. Vedendo languire la conversazione, riprende*) E l'orologio
ad acqua?... Ci sta ancora l'orologio ad acqua?...

LIBERO   Dove?

CRISTINA   Al Pincio.

LIBERO (*affatto interessato, ma tanto per parlare*)   Ah sí, quel-
l'orologio che funziona ad acqua... Sembra un castelletto, col
laghetto sotto...

CRISTINA   ... Ci sta pure la paparella.

LIBERO   Già... E perché lo dovevano togliere?

CRISTINA (*come accorata*)   I tedeschi. Nove mesi di dominazione... Siccome io l'avevo visto con la buon'anima di mio marito,
e m'era rimasto impresso, pensavo sempre: «Vuó vedé ca chilli brutte tedesche s'hanno purtato l'orologio ad acqua...»

LIBERO (*c. s.*)   Non credo. Con tante cose che c'era da portare
via si portavano proprio l'orologio ad acqua? Poi, si dovevano
portare pure l'acqua... come se la portavano, con i fiaschi? E 'a
paparella? Quello fu un brutto momento: l'esodo dei tedeschi
fu tragico... Ve l'immaginate un tedesco c' 'a paparella mmano,

l'orologio sopra la spalla... e gli altri tedeschi, appresso, con i fiaschi d'acqua... No, non credo... sta ancora llà.

CRISTINA   Pensandoci bene, no, non può essere.

LIBERO (*cambiando discorso*)   Vi faccio tanti auguri per il battesimo.

CRISTINA   Grazie. Per me, poi, voi capite che ci può essere nel mio cuore, in un giorno come questo. Il primo nipotino. E quant'è bello, tranquillo. Non si vede e non si sente. Sarei felice se avesse preso il carattere del padre.

LIBERO (*ambiguo*)   Quale?

CRISTINA (*allarmata*)   Come quale?

LIBERO   Voi che avete detto?

CRISTINA (*seccata*)   Sarei felice se avesse preso il carattere del padre...

LIBERO (*c. s.*)   E io ho detto: quale?

CRISTINA (*che incomincia a capire il pensiero di Libero*)   Come quale?

LIBERO (*precisando*)   Voglio dire: quale carattere?

CRISTINA (*un po' rinfrancata, ma sempre dubbiosa*)   Il carattere di Benedetto. Voi lo conoscete cosí bene: generoso, lavoratore.

LIBERO   Speriamo bene, signo'...

CRISTINA (*a denti stretti*)   Cosí speriamo...

LIBERO   Cosí speriamo!

CRISTINA (*fingendo di notare solo ora la mano fasciata di Libero*)   Che avete alla mano?

LIBERO   Niente, signo'. (*Come per chiederle innocente solidarietà*) È uno scherzo. Voglio impressionare mia sorella. Quando mi vede, sapete che paura si mette? Le voglio dire che ho avuto un morso da una cagna arrabbiata.

CRISTINA (*ha mangiato la foglia, ma non si perde d'animo*)   E voi la fate svenire di paura.

LIBERO   Ma poi le dico subito che il morso non esiste, e che la cagna arrabbiata è stata una mia invenzione.

CRISTINA (*reggendo il giuoco anche questa volta*)   Com'è bello vedere fratello e sorella che si fanno gli scherzi.

GUGLIELMO (*dalla prima a sinistra, seguíto da Angelina, la quale ha tra le braccia il suo bambino*)   Andiamo, Angeli', si no se fa tarde.

CRISTINA   Ve ne andate?

GUGLIELMO   Per forza. Grazie di tutto, auguri, e quando verremo a Napoli, la prossima volta, non mancheremo di venirvi a fare una visitina.

CRISTINA (*carezzando fuggevolmente il bambino*)　Quant'è bellillo! Statte buono, nenni'... Tenetelo ben coperto. Buon viaggio! (*Esce per la prima a sinistra*).

LIBERO (*a Guglielmo*)　Ve ne andate a Grosseto?

GUGLIELMO (*si ferma e guarda Libero con aria incerta, dimostrando di non conoscerlo, freddamente*)　Sí.

LIBERO (*con solidale complicità*)　Avete fatta 'a botta?!

GUGLIELMO　Quale botta?

LIBERO (*c. s.*)　Da maschera a direttore?

GUGLIELMO　Me stísseve danno 'e nummere?

LIBERO　Quando la signora era al servizio di Benedetto Cigolella a Grosseto...

ANGELINA　Io sono la moglie di Guglielmo Caputo qui presente, mi chiamo Angelina Caputo fu Concetta e Giammaria Trombetta, nata a Benevento, di condizione casalinga... e la serva non l'ho fatta mai!

GUGLIELMO　Andiamo Angeli', 'o signore ha pigliato nu sbaglio! (*Avviandosi e spingendo Angelina verso la comune, a Libero*) Buona permanenza. (*Ed esce con la moglie*).

Libero, rimasto solo, siede a destra con evidente nausea per tutto quello che lo circonda. Forse pensa a tutta la sua vita trascorsa in miseria, a tutte le buone occasioni che gli si presentarono negli anni della sua gioventú e che, onestamente, mise da parte, perché ognuna di esse presentava aspetti morali poco puliti. Rimpiange, forse, quei tempi e si rammarica per non aver saputo, allora, transigendo sui suoi sentimenti retti, cogliere il «momento». Il suo pensiero corre alla sua camicia rifatta con la tela «Madapolam» e china il capo come per piegarsi ad un destino scelto con le sue stesse mani.

GRAZIELLA (*dalla comune. Reca un pacchetto di carta velina ben confezionato. S'incontra con Carmela ed entra dalla prima a sinistra*)　Scusa, Carmela, vuoi dire alla signora Olga se posso vederla un momento?

CARMELA　Vi servo. (*Ed esce di nuovo per la prima a sinistra*).

Graziella nel vedere Libero domina un lieve sussulto, fingendo di non averlo scorto. Libero dal canto suo prova quasi una gioia, un beneficio nel vedere Graziella, ma non osa affrontarla. Rimane muto nella sua posizione.

OLGA (*dalla prima a sinistra*) Buongiorno.

GRAZIELLA (*sinceramente l'affronta*) Non si meravigli, signora, della mia presenza in casa sua. Vorrei vedere il suo bambino. (*È visibilmente commossa. Disfacendo il pacchetto*) Guardi, signora. (*E le mostra un minuscolo corpettino, e poi scarpette e guantini di lana*) Lavoro bene a maglia. Vuol permettermi di offrirlo al suo piccolo?

OLGA (*commossa a sua volta le porge la mano*) Grazie.

GRAZIELLA (*grata, gliela stringe*) Molto gentile, signora.

OLGA (*facendole strada verso la prima a sinistra*) Si accomodi.

GRAZIELLA (*avviandosi*) Grazie. (*Esce*).

OLGA (*guardandolo e volgendosi teneramente a Libero*) Libero, come state?

LIBERO (*livido*) Come vogliono i Padreterni.

OLGA (*osservando la mano fasciata di Libero, affettuosamente e sinceramente premurosa*) Il morso che vi diedi alla mano, quel giorno, ancora vi dà fastidio?

LIBERO (*sospettoso, incredulo*) Vi ricordate di avermi morsicata la mano?... (*Olga accenna di sí con la testa*). Grazie signo', grazie...

Siedono.

OLGA (*semplice*) Tutto mi ricordo io, e mi siete molto caro... Un veleno, Libero... ero come avvelenata. Non riesco a riconoscermi. Vi giuro che le cose piú assurde mi sembravano facili, realizzabili. Quanti progetti fantastici! I valori piú belli li consideravo trascurabili, inutili.

LIBERO Mannaggia 'a guerra, mannaggia...

OLGA Non lo so, non so niente. Saccio sulo ca tengo nu figlio... E sapeste il bisogno che ho di parlarne con voi. Ditemi quello che volete, ma io non vedo l'aspetto ridicolo della situazione. Quando mio marito prende tra le braccia il bambino e ci giuoca, sento una grande tenerezza e gli voglio bene... (*Si ferma, timida, come chi sta per dire una enormità, chiede*) Lo posso dire?

LIBERO (*incoraggiandola*) Dite, signo'.

OLGA Gli voglio bene, piú che se fosse realmente il padre di mio figlio. (*Alludendo alla mano*) Vi fa ancora male?

LIBERO Sí, signo', ma passerà.

OLGA (*con una mossettina vezzosa bacia ripetutamente la mano*

fasciata di Libero come sulla «bua» ai bimbi)   Ecco, è passata
la *bua.*

LIBERO (*ammirato e riconoscendo il potere magico e diabolico della donna*)   Ci tenete stretti in una mano. Cu' na mussetell' 'e
chesta, site capace 'e v'accattà nu reggimento 'e surdate prussia-
ne. (*Si ferma incredulo, come per constatare una realtà stranamente verificatasi*) Signo', sarà suggestione, 'a mano veramente nun me fa male cchiú!

OLGA (*tenera*)   E io mo so' mamma. I baci miei toccano e sanano.

LIBERO (*commosso*)   E over'è!

OLGA   Non mi serbate rancore?

LIBERO   E vvuie site mamma! Si può serbare rancore a na mamma? Vedete, avete dato i bacetti che hanno fatto chiudere la
ferita e calmare il dolore!

OLGA (*riconoscente*)   Grazie. Permesso. (*Si alza ed esce per la
prima a sinistra*).

Libero rimasto solo si guarda la mano e prova a muoverla non
sentendo piú dolore.

BENEDETTO (*dopo poco, dalla prima a sinistra, come per annuncia-
re qualche cosa di fastidioso e inevitabile insieme*)   I parenti.
Stanno venendo i parenti. Il rito, caro Libero. Dopo la chiesa,
il saluto in casa. Permettete. (*Esce per la comune. Dopo una
pausa ritorna introducendo i parenti*) Entrate, intrattenetevi
un poco qua. Il bambino sta facendo toeletta per presentarsi
degnamente a voi. Vado a fare un poco di premura, accussí
dopo ci pigliammo nu bello rinfresco. (*Esce per la prima a sinistra*).

I parenti sono entrati muti e comprensivi della loro missione.
Il piú vecchio, lo zio di Benedetto, ha un'espressione rassegnata e sprezzante. Uno dei suoi due figli porta gli occhiali, l'altro
indossa, come il fratello, dignitosamente, abiti poveri. Tutti e
due malaticci e malnutriti. Il fratello di Benedetto non brilla
per la sua eleganza. Si nota subito dal suo abito malandato, che
non naviga in buone acque. Verde di colorito, sfoga la sua invidia disprezzando e definendo fortunati coloro i quali sanno meglio di lui guadagnarsi da vivere. Il loro ingresso genera freddezza e disagio. Infatti Libero li saluta appena con un cenno
del capo e si mette in disparte.

IL FRATELLO (*risoluto, allo zio*)   No, ma io ce 'o ddico.

LO ZIO   Che cosa? Che vuoi dire?

FRATELLO   C' o' figlio nun è ffiglio a isso e che 'a mugliera è na schifosa.

ZIO (*navigato*)   Te lo vuoi fare nemico? Attacca l'asino dove vuole il padrone.

FRATELLO   Già, viene un estraneo e ti toglie quello che tuo fratello ti deve per legge! A voi non ha tolto?... Chilli guagliune nun hanno perso?... (*Mostra i figli*).

ZIO   Noi con la nostra miseria, lui con la sua ricchezza.

COSTANZA (*dalla comune, muove incontro a Libero*)   Libero, sei arrivato! Me l'ha detto il fratello della portiera. Ma come, senza avvertirmi con un telegramma?

LIBERO   Roma-Napoli... E poi ho deciso all'ultimo momento. Roberto sta bene?

COSTANZA   Non me ne parlare, Libero, non me ne parlare!

ROBERTO (*di dentro*)   Sta dentro?...

COSTANZA   'O vi' lloco. Scusa Libero, io t'invito a pranzo per stasera in presenza sua, ma tu rifiuta... se no poi dopo se la prende con me.

LIBERO   Ma nun m'invità proprio.

COSTANZA   No, se no dice che «pare brutto».

ROBERTO (*entrando, burbero*)   Costanza.

COSTANZA   Sto qua... (*Indicando Libero*) C'è Libero.

ROBERTO   Guè, caro Libero.

LIBERO   Buongiorno, caro cognato.

COSTANZA   L'ho invitato a pranzo per stasera.

ROBERTO   Ah... e lui?

LIBERO   Non posso, don Robe', e non posso nemmeno domani.

ROBERTO   Ah, e dopodomani è vigilia!

LIBERO   Non vi preoccupate. Io, dopodomani, ho mal di testa.

ROBERTO   Ah... e va bene... (*Riflettendo*) Come?

LIBERO   Sí, un chiodo solare che ho da quando ero bambino...

FRATELLO (*che guarda verso la prima a sinistra, velenoso*)   'E vvi' lloco...

Infatti dalla sinistra entra Cristina, seguita da Olga, Benedetto, Graziella, Carmela. L'incontro diventa cordialissimo. Le parole accompagneranno i gesti. Sorrisi, complimenti, abbracci. La confidenziale mano destra dello zio batte qualche colpettino significativo sulla rassegnata spalla sinistra di Benedetto. Baciamano dei figli alle signore. Carmela si mette in disparte prendendo posto in fondo verso la comune. Il giuoco cessa, non appena dalla prima a sinistra entra la balia con il neonato fra le braccia, seguita dalla levatrice. Tutti allora formano un semicerchio, curando ognuno di scegliersi il posto che, per anzianità ed importanza morale, gli spetta, dando, con gesti di falsa modestia, l'impressione di non volerlo accettare. Olga fra Benedetto e Cristina in primo piano a sinistra. Accanto a Benedetto, verso destra, il fratello, subito dopo lo zio. Al centro i due figli, accanto ad essi, fino a giungere in primo piano a destra: Costanza, Roberto, Graziella e Libero.

La levatrice, pratica del rito e dei suoi diritti, avvicinandosi alla balia, allunga sapientemente gli avambracci, affinché quella possa adagiarvi sopra il neonato, il quale è tutto adornato di merletti e fiocchi, e disteso in ricco e immacolato *port-enfant*. Abbozzando uno stereotipato sorriso di occasione, inizia il giro da sinistra a destra. Ad uno ad uno i presenti baciano il bimbo e mettono convenientemente dei biglietti di banca sul *port-enfant* ai piedi del neonato. La levatrice, falsamente disinteressata, accentua il sorriso: «Grazie... Grazie...» Compiuto il giro, la balia riprende tra le braccia il bambino, mentre la levatrice esce per la prima a sinistra. Tutti ormai si affollano intorno alla balia per vedere meglio il neonato e prodigargli complimenti.

COSTANZA   Sentite, io ne ho visti bambini ben nutriti e di buona salute, ma come questo è impossibile.

CRISTINA   Ne farà piangere ragazze!

ZIO (*piú filosofo*)   Guaglio', àrmati di santa pazienza e comincia il tuo viaggio nel mondo.

BENEDETTO (*a Libero che è in disparte*)   Don Libero, e voi non dite niente? Chisto è nato mmano a vuie!

LIBERO (*bonario*)   E se permettete gli farò il compare di cresima quando sarà grande.

BENEDETTO (*accettando la proposta*)   Con gioia!

LIBERO   Il compare di cresima è importante, perché viene ad essere il secondo padre del bambino.

FRATELLO (*rettificando, maligno*)   Il terzo! (*Tutti ammutoliscono*). Il terzo padre del bambino, perché ci sono io: lo zio di sangue.

LIBERO (*che ha compresa l'insidia, guardandolo con disprezzo*)   Già, voi siete il fratello del padre. È giusto. (*Indica Benedetto*) Ma scusate, come fratello, non vi ha scelto. Il compare si sceglie, ed è lui che, in mancanza del padre, consiglia e mette sulla buona strada il compariello. (*Al bambino*) Come diceva lo zio, àrmati di santa pazienza e comincia il tuo viaggio nel mondo. Cumparie', avrai che vedere!... Se vuoi trovarti bene, saie c'he 'a fa'? Devi legare l'asino dove vuole il padrone. Il padrone sai chi è? È l'uomo nero. È il mammone, quello piú forte di te, che ti può far paura se non leghi l'asino dove vuole lui. L'asino invece è il tuo orgoglio, il tuo onore, e quasi sempre il tuo diritto. Non dire mai una verità, lasciala in fondo al pozzo, e quando dici le bugie, le devi scegliere fra quelle che sono di gradimento del tuo padrone, perché se non piacciono a lui, sai che fa? Lle spezza 'e gamme e dice ca so' ccorte e tu, con il tuo povero asino, corri sperduto e svergognato per il mondo. Se, al contrario, sono interessanti per lui, le aiuta, le fa correre e non le fa fermare piú. Pensa che ce ne sono certe che camminano da quando è nato il mondo. (*Prende un tono allegro come per dare una buona notizia*) E adesso, voglio darvi una notizia. Mi sposo! (*Meraviglia e approvazione dei presenti*). La sposa è una giovane ereditiera di una grande famiglia aristocratica dell'alta Italia. Rimasta orfana dei genitori, volle chiudersi nel suo dolore e visse parecchi anni in solitudine, nel suo castello, con poca servitú ed una governante che le era rimasta fedele. Avendo, poi, io, durante gli anni di lavoro, accumulata una discreta fortuna, mi sono fatto animo ed ho chiesto la sua mano. L'accoglienza è stata favorevole, e se permettete vi presento la mia fidanzata... (*Chiamando a sé Graziella*) Grazie', vieni qua.

GRAZIELLA (*ritraendosi*) Libero!

LIBERO (*la prende per mano e la conduce davanti a tutti*) Ecco la mia futura moglie!

TUTTI (*si guardano sorpresi tra loro e si accenna a un piccolo applauso*) Ah!

LIBERO Che c'è, freddezza?

TUTTI No...

Il battimano riprende piú forte fino a diventare un'ovazione, mista a complimenti striscianti all'indirizzo dei due fidanzati.

BENEDETTO (*invitando*) Allora credo che sia venuto il momento di prenderci un rinfresco.

TUTTI Molto bene...

BENEDETTO Andiamo di là, venite. (*Tutti parlottando escono per la prima a sinistra. Libero è rimasto in disparte con Graziel-*

la, ed ora si avvia verso la comune con lei) Libero, voi non
venite? Ve ne andate?

LIBERO   Sono stanco, don Benede'. (*Poi avvicinandosi a lui*) Vi
voglio far vedere una verità con le gambe corte.

BENEDETTO (*che vuol comprendere meglio*)   Una verità?

LIBERO   ... con le gambe corte! Don Benede', una verità sacrosanta, con certe gambette piccole piccole, costretta a camminare
lentamente, a passettini impercettibili. Per arrivare, impiega
Dio sa quanto, ma... arriva! (*Si toglie la giacca e mostra a Benedetto il di dietro della sua camicia arrangiata e rifatta da Costanza*).

BENEDETTO (*meravigliato e divertito insieme*)   E ched'è, Libero?... Che avete fatto?... (*Ride*) Che andate facendo cosí combinato?... (*Ride ancora mentre, con amarezza infinita, Libero lo
guarda fisso negli occhi*) Libero... (*Tenta ancora di sorridere;
ma lo sguardo severo di Libero lo costringe a mutare, definitivamente, espressione. Da ironico diventa di una serietà dispettosa*) Libero, non venite dentro?

LIBERO (*comprende il complesso di lui, si rimette la giacca, e
per trarlo d'impaccio*)   No, grazie. Ho da fare. (*Poi a Graziella*) Cammina, tu.

Benedetto segue con lo sguardo i due che, lentamente, escono
per la comune.

La grande magia

(1948)

Il mito di Orfeo ed Euridice sembra rivivere nel caso della coppia borghese sottoposta ai giochi di prestigio di Otto Marvuglia, illusionista dal nome ambiguo (*meraviglia-imbroglio*), sempre in bilico fra serio e comico, fra grandi verità e piccole ciarlatanerie. Calogero Di Spelta ha visto sparire in un «sarcofago» sua moglie durante uno spettacolo di magia (nella realtà Marta è fuggita con l'amante), e si aggrappa alla speranza che il «mago» gli dona, insieme a una «scatoletta» internamente foderata di specchi. Ma il fantastico della situazione nasce ancora una volta dal linguaggio, dal concretizzarsi del senso figurato della frase-formula che Marvuglia offre al marito abbandonato: «se voi aprite la scatola con fede, rivedrete vostra moglie, al contrario, se l'aprirete senza fede, non la rivedrete mai piú» (I, p. 343).

Calogero e Marta erano in crisi, non comunicavano piú. L'illusionista favorisce il passaggio dell'avvenimento dal piano metaforico a quello reale: «Vostra moglie vicino a voi non c'era». La scomparsa della moglie, fantastica agli occhi del marito, non fa che realizzare quel *non esserci* di lei per lui. La «scatola» rappresenta il contenitore in cui il dubbio del marito custodiva gelosamente l'oggetto-moglie: «Vostra moglie è in questa scatola». Quindi anche la sua ri-comparsa (che sembra altrettanto fantastica) dipende dal processo di letteralizzazione delle parole del mago: «Voi avete fatto sparire vostra moglie e voi dovete farla riapparire» (I, p. 342). Solo quando Calogero le restituirà l'esistenza di soggetto nello spazio aperto della libera scelta, Marta potrà riapparire per lui. Ma l'*immagine fisica* della donna ricompare in anticipo sul momento magico stabilito dalla «fede» del credente, appartiene al tempo oggettivo e non a quello soggettivo; perciò egli la risospingerà nel mondo surreale delle *immagini mnemoniche* (III, p. 377).

La grande metafora del «gioco» riveste l'opera scenica, ma la questione affrontata è «che fare?» della propria vita e della vita in genere. Ci sono valori in gioco, non solo apparenze: non si tratta soltanto della fiducia che uno ha nella propria moglie, bensí del *ri-*

spetto che uno ha dell'altro da sé. Il meccanismo è quello collaudato dal teatro «comico»: una sorpresa iniziale è controbilanciata da un'altra sorpresa finale; ma il dramma ne rileva la «parte amara». Infatti Calogero Di Spelta rappresenta un'altra variante del borghese eduardiano; anche lui si è costruito una corazza apparentemente verbale («Per me il pane è pane, il vino è vino, e l'acqua di mare è amara e salata», I, p. 326), dentro la quale, tuttavia, cova le proprie frustrazioni. La sua corazza verbale s'è rivoltata dunque in nonverbale, consolidandosi sul *non dire*, su quella mancanza di fiducia nell'altro che inibisce la comunicazione autentica delle *parole*.

Cosí appare la coppia Di Spelta al «pubblico finto», ai clienti dell'Hotel Metropole che assistono al «vero teatro» di quei due che sono diventati «l'attrazione principale» della stagione: «marito e moglie, senza parlare e senza guardarsi [...] Essa me pare una condannata a morte e lui un funerale 'e terza classe» (I, p. 325). E cosí li presenta la didascalia: *Sono tutti e due tormentati da un intimo ragionamento che li tiene immersi in un profondo sconforto* (did., I, p. 325). Il loro «dramma» si svolge nella sfera chiusa dell'«io»: perché si apra all'azione, bisogna appunto che un mago lo trasformi in spettacolo. Ciò è confermato dalla didascalia scenotecnica che imposta, all'inizio, gli ambigui rapporti fra sala e platea: quando il «rideau» rivela l'*ampio giardino all'inglese* con la ricca facciata posteriore dell'albergo, il «grembiule» deve mostrare *contemporaneamente* la scena e la *scogliera*, contro la quale si frange, *partendo dal centro della platea, un mare immaginario.* In quel «mare» – in mezzo al quale si dondola lentamente *un piccolo motoscafo – deve fingersi il pubblico vero* (did., I, p. 323).

Si denuncia cosí la finzione teatrale: poi l'azione attraverserà la quarta parete naturalistica con quel «motoscafo» che dalla plateamare arriva, nel corso del primo atto, a rapire la moglie adultera. Ma nella sua ostentata illusività questa rappresentazione risucchia lo spettatore in uno spazio artistico che implica la sua partecipazione al Gioco del Teatro e della Vita. Come se l'Organizzatore del gioco dicesse ai suoi compagni: fingiamo una scena, voi rappresentate il mare... Il pubblico deve ricordare di trovarsi nel mondo della realtà, quindi *al posto della ribalta ci sarà una ringhiera in ferro tubolare dipinto in blu*, ma lo stesso pubblico deve anche provare emozioni «come se» vivesse la situazione immaginata, perciò quella ringhiera *sorgerà nell'attimo stesso in cui il* «*rideau*» *e il* «*grembiule*» *si levano* (did., I, p. 323). È il momento magico dello spettacolo, per lo spettatore, in cui l'attore diventa personaggio e in cui l'*illusion comique* è come se divenisse *realtà*.

D'altra parte in questo dramma del '48, che porta all'estremo la problematica di *Questi fantasmi!*, il *teatro del mondo* è invaso dal *mondo del teatro*: il marito borghese colpito nell'onore si trova di fronte l'attore, un figlio d'arte di *Sik-Sik, l'artefice magico*. Perciò il protagonista in *La grande magia* si sdoppia: Calogero esaspera la parte di Pasquale Lojacono, Otto Marvuglia prosegue i giochi del primo illusionista eduardiano, anche se con diversa consapevolezza e maestria, *come se* fosse lui l'autore-regista della favola scenica. E sappiamo come Eduardo attore fosse attratto da entrambi i protagonisti: nella stagione teatrale 1949-50 interpreta Calogero Di Spelta, ma nella messinscena televisiva del 1964 sceglierà la parte del Mago.

Il risvolto dell'illusione comica appare comunque, nel suo teatro, ingombro di vissuto, il retrobottega dell'arte si mescola al massimo grado con la quotidianità piú prosaica (come in *Uomo e galantuomo*). Concluso nel primo atto lo spettacolo di illusione, il secondo atto si sposta nella *misera casa di Otto Marvuglia*: dove ritroviamo la solita «donna impossibile» per il marito-partner (ma *esuberante, volgare e noiosa* anche per la didascalia) insieme agli altri guitti, non piú mascherati da «falsi clienti» dell'albergo, ma al naturale. E i giochi di prestigio che il mago povero è costretto a compiere, nella sua scalcinata corte dei miracoli, affrontano le contingenze normali della vita: le corna, i debiti, la morte. Qui si attinge con ironia ai generi e sottogeneri del repertorio partenopeo (l'inchiesta farsesca o la sceneggiata); ma si svolge su un registro lirico-tragico, digiacomiano, la scena della morte improvvisa della giovane figlia di un compare del mago. Perché davanti alla «morte vera» gli espedienti dell'illusionista umano non bastano piú: *assumendo un'aria sincera quanto sconfortata*, egli deve ammettere che il gioco stavolta dipende da un Prestigiatore «piú importante», il cui trucco non si può conoscere (II, p. 361).

Otto Marvuglia è capace soltanto di riportare Calogero nel mondo delle piccole illusioni, trasformando il *tempo* («il tempo sei tu») e lo *spazio* per difendere l'allucinazione di quel «disgraziato marito», ma anche la propria credibilità, dai pericoli d'ogni visione oggettiva. Il Mago prospetta un miraggio al suo Apprendista stregone:

OTTO (*A lenti passi costringe* [Calogero] *ad oltrepassare il limite del boccascena*) Hai visto? Se ci fosse stato il muro saremmo urtati, invece noi siamo passati benissimo. [...] Che cos'è un muro se non un giuoco preparato? [...] La pietra è una. (*Mostrando ancora la platea*) E quello è mare! (II, p. 362).

L'attraversamento del boccascena, come «limite» della quarta parete naturalistica, richiama la prospettiva aperta con cui il drammaturgo-attore-regista guarda al suo rapporto col pubblico: tutti quanti facciamo parte di un gran gioco di illusione!

D'altra parte le due pantomime piú significative del secondo atto si svolgono quasi in contemporanea: mentre nella *stanza angusta e malinconica* dove riposa la piccola morta i guitti vivono davvero il loro popolare cordoglio e *tutti insieme* [...] *escono muti e compunti* (did.), il marito borghese, *rapito dal giuoco magico,* [...] *siede, guardando la platea, come per godere della visione*: «È mare! È mare!» (did., II, pp. 362-63). Ma in questo rispecchiamento oppositivo fra i personaggi del mondo del teatro (che nel loro ambiente di retroscena si trovano solidali a lottare contro la fame e la morte) e il personaggio del teatro del mondo *rimasto solo* (davanti al suo pubblico-mare) c'è anche un barlume di «pietà» per quell'uomo infelice, che si aggrappa alla sua illusione pur di continuare a vivere.

Comunque la «favola in tre atti» di *La grande magia* è una «favola ironica»: nell'ultimo atto l'eroe tratterà il suo aiutante magico *come se* fosse l'antagonista. Infatti Otto Marvuglia rappresenta anche la coscienza di Calogero Di Spelta, contro la quale lotta il protagonista nel tentativo di rimediare alla *mancanza* iniziale. La *sparizione* della moglie dovrebbe portare alla fine alla sua ri-*apparizione*, altrimenti il gioco non finisce mai... Perciò l'epilogo riparte tra farsa e tragedia, nell'*enorme stanzone di passaggio* di quella *ricca casa* (did., III, p. 364) in cui Calogero si è rintanato da quattro anni come una belva ingrigita, con la sola compagnia di un servo-spalla che lo asseconda con pulcinellesca ironia. Ma egli non è «pazzo» come vorrebbero i suoi parenti terribili, livide marionette del teatro del mondo mosse dal filo spastico dell'avidità. Sa di giocare, anche se prova emozioni *come se* vivesse realmente la situazione immaginata. Di qui il comportamento ambiguo sia del protagonista borghese che del suo Doppio ciarlatano eppure dotato d'un «terzo occhio».

Per interpretare il Mago (nella messinscena televisiva del 1964) Eduardo si maschera parodicamente da Freud, con barbetta a punta e atteggiamento professorale. Anche la psicoanalisi diventa teatro: gioco di suggestione e di illusione, che richiede la collaborazione da parte del malato, lo spettatore.

La terapia ludica di Otto Marvuglia potrebbe portare il suo paziente alla coscienza del reale. Infatti la creatività attiva del gioco spinge Calogero fino all'analisi e all'autoanalisi, a dire quella «verità» che sola può fargli riacquistare la «fede» nei rapporti interumani: «(*mostrando la scatola*) Mia moglie sta qui dentro. E l'ho

rinchiusa io, in questa scatola! Ero diventato [...] egoista, indifferente: ero diventato "marito"! [...] Io non parlavo. Lei nemmeno.
[...] Non eravamo piú amanti!» (III, pp. 374-75). Siamo al culmine
dell'*attesa*: nel riconoscimento dei loro reciproci torti la coppia Di
Spelta potrebbe ricominciare a vivere un autentico rapporto. È ciò
che vuole Marta ritornando anzitempo: uscire dalla «scatola» una
volta per sempre. Ma ammettere la realtà dell'adulterio e della fuga, per Calogero, significherebbe ridurre l'illusione a finzione, la
fede a menzogna. Quindi la provocazione della moglie resta un monologo, perché il marito rifiuta di ascoltarla: «Chi è questa donna?
Che cosa ha detto? Io le parole sue non le capisco!» (III, p. 376).

D'altra parte rifiutare il linguaggio che comunica, nel teatro di
Eduardo, significa rifiutare il mondo: espulsi *con fragore* tutti gli altri, ridotto anche il «meraviglioso giocoliere» ad «un'immagine»,
il protagonista si sente finalmente «il giocoliere piú importante»
(III, p. 377). Perciò chiuderà per sempre la sua moglie ideale nella
scatola, e con quel vaso di Pandora o talismano incomincia un *dialogo privato* che diventa un *monologo* eterno, elastico, infinito:

> CALOGERO ([...] *dopo una pausa, in silenzio assoluto si sente isolato
> dal mondo. Stringe piú che mai la scatola al cuore e dice quasi a se
> stesso*) Chiusa! Chiusa! Non guardarci dentro. Tienila con te ben
> chiusa, e cammina. Il terzo occhio ti accompagna... e forse troverai
> il tesoro ai piedi dell'arcobaleno, se la porterai con te ben chiusa,
> sempre! (*Rimane estatico nel gesto e fermo nella sua illusione che è
> ormai la sua certezza*). (III, p. 377).

Il suo gioco non è piú a due piani ma ad uno solo: l'eroe parla
soltanto con la scatola di un palcoscenico che per Eduardo non può
rappresentare il «vero teatro». Eppure la conclusione di quest'opera coincide con la fantasia solipsistica del protagonista: il *finale di
partita* si chiude con l'allucinata vittoria di un'*illusione* cosí alienante da potersi sostituire alla *realtà*.

«Questo ho voluto dire, – spiega Eduardo, – che la vita è un
gioco, e questo gioco ha bisogno di essere sorretto dall'illusione, la
quale a sua volta deve essere alimentata dalla fede. Ed ho voluto
dire che ogni destino è legato al filo di altri destini in un gioco eterno: un gran gioco del quale non ci è dato di scorgere se non particolari irrilevanti» (*Confessione di un figlio di mezzo secolo*, «Il
Dramma», n.105, 15 marzo 1950). Ha scritto *La grande magia* nel
1948 e incominciato a provarla agli inizi di ottobre (mentre al Teatro Augustus di Genova riprendeva, per la terza stagione consecu-

tiva, *Filumena Marturano*). Qualche settimana dopo, a Trieste, per l'improvvisa malattia di Titina, è costretto a concludere le prove del nuovo lavoro nel giro di due giorni, per metterlo in scena al Teatro Verdi (il 30 ottobre 1948); tuttavia nell'estate del 1949 continuerà a rivederne il copione, prima di riproporre lo spettacolo al pubblico.

Per la prima rappresentazione di *La grande magia* quasi tutti gli studi e i repertori portano la data del 12 dicembre 1949, al Teatro Mercadante di Napoli. Invece Tullio Kezich ne ricorda quattro recite al Teatro Verdi di Trieste, senza Titina, «sabato 30 ottobre 1948, due domenicali il 31 e una di congedo il 1° novembre» (*Quella «grande magia» di Eduardo*, «la Repubblica», 8 gennaio 1985); come nel nostro libro, *Eduardo drammaturgo* cit., riportiamo scrupolosamente. Ora anche Maurizio Giammusso conferma la cronologia di Kezich, con alcuni particolari: «Il malore di Titina aveva fatto rinviare la seconda replica di *Filumena* [a Trieste], il giorno 27. Il 28 Eduardo aveva rimesso su *Non ti pago*. Poi presentò il nuovo lavoro, il 30 ottobre 1948, cui seguirono quattro repliche» (*Vita di Eduardo* cit., p. 408). Gli attori della compagnia «Il Teatro di Eduardo» erano, oltre Eduardo stesso che interpretava Calogero Di Spelta, Antonio La Raina, Aldo Giuffrè, Pietro Carloni, Giuseppe Amato, Laura Gore, Amedeo Giard. Ancora Giammusso racconta che l'autore-attore-regista, come faceva spesso, «quella sera si rivolse direttamente al pubblico, ad apertura di sipario, per presentare Vittoria Crispo, che oltre alla sua parte (Matilde, la madre della protagonista [di *Non ti pago*]), avrebbe assunto [in *La grande magia*] anche quella di Titina: la compagna del prestigiatore Otto Marvuglia (interpretato da Amedeo Giard). Lesse anche un biglietto affettuoso di Titina» (*ibid.*, p. 206). Lo spettacolo non convinse del tutto i triestini, come poi non avrebbe convinto il pubblico delle altre piazze, e soprattutto la critica che avrebbe accusato *La grande magia* di «pirandellismo», parlandone nel migliore dei casi come di una commedia «coraggiosamente sbagliata [...] per un atto di imprudenza esemplare». Quando la commedia (riveduta) fu presentata al Teatro Eliseo di Roma, il 20 gennaio 1950 (Eduardo interpretava Calogero e Pietro Carloni Otto Marvuglia), «all'abbassarsi della tela del terzo atto, il pubblico in piedi gridò piú volte: "Pirandello, Pirandello"» (M. B. Mignone, *Il teatro di Eduardo De Filippo* cit., p. 129); quindi Eduardo la tolse per sempre dal cartellone.

Tuttavia lo stesso Eduardo ne diresse la messinscena televisiva, trasmessa la prima volta il 19 febbraio 1964 (Raidue); regista collaboratore è Stefano De Stefani; le scene sono di Maurizio Mammí; i costumi di Maria Teresa Stella; collaboratore televisivo è Guglielmo Morandi. Ne sono interpreti: Luisa Conte (Signora Locascio); Nina De Padova (Signora Zampa); Maria Hilde Renzi (Signora Marino); Giancarlo Sbragia (Calogero Di Spelta); Elena Tilena (Marta Di Spelta); Antonio Casagrande (Mariano D'Albino); Pietro Carloni (Gervasio Penna); Ugo D'Alessio (Arturo Recchia); Carla Comaschi (Amelia); Gennaro Palumbo (Il cameriere); Eduardo (Otto Marvuglia); Lina Mattera (Zaira); Lando Buzzanca (Il brigadiere); Rino Genovese (Roberto Magliano); Enzo Carnevale (Gennarino Fucecchia); Carlo Lima (Gregorio Di Spelta); Evole Gargano (Matilde); Salvatore Gioielli (Oreste Intrugli); Maria Teresa Lauri (Rosa Intrugli); Luisa Rossi, ecc.

Con *La grande magia* Giorgio Strehler completa la sua «trilogia dell'Illusione» (passando da Shakespeare a Eduardo, attraverso Corneille); lo spettacolo, con le scene di Ezio Frigerio, i costumi di Luisa Spinatelli, le musiche a cura di Fiorenzo Carpi, debutta il 6 maggio 1985 al Piccolo di Milano. Ne sono interpreti: Renato De Carmine (Otto Marvuglia), Franco Parenti (Calogero Di Spelta), Eleonora Brigliadori (Marta Di Spelta), Rosalina Neri (Zaira), Mimmo Craig (Gervasio Penna-finto conte Aloisi), Gianfranco Mauri (Arturo Recchia), Vici De Roll (Il maître d'hotel), Carlo Croccolo, Sante Calogero, Anna Saia, Dina Zannini, Raffaele Bondini, Stefania Graziosi, Renzo Rossi, Gerardo Amato.

Nel 1987, in occasione dell'andata in scena dello stesso spettacolo di Strehler al Théâtre de l'Europe (e della rappresentazione di *Les voix intérieurs*, per la regia di Claude Yersin, al Théâtre de l'Est Parisien), si è tenuta a Parigi, i giorni 7, 14 e 16 gennaio presso l'Istituto Italiano di Cultura una manifestazione intitolata *Hommage à Eduardo*, con incontri e seminari sul suo teatro e sulle messinscene non eduardiane. *La grande magia* di Eduardo-Strehler, sotto la direzione di Carlo Battistoni, è stata presentata tra l'altro (senza traduzione) il 16 dicembre 1990 al teatro Vachtangov di Mosca, con Renato De Carmine (Otto Marvuglia), Giancarlo Dettori (Calogero Di Spelta), Licinia Lentini (Marta Di Spelta), Rosalina Neri (Zaira), Mimmo Craig (Gervasio Penna-finto conte Aloisi), Vici De Roll (Il maître d'hotel), Gianfranco Mauri (Arturo Recchia), Vincenzo Crocitti (Roberto Magliano), Francesco De Rosa (Gennarino Fucecchia), Annalisa Costantino, Gerardo Amato, Franco D'Ippolito.

La commedia di Eduardo è andata in scena fuori d'Italia a partire dal 1977, in Germania, in Jugoslavia, in Finlandia, in Spagna, in Gran Bretagna, e nel 1988 al Festival del Teatro di Edimburgo.

Dopo la pubblicazione in «Il Dramma» del 15 marzo del 1950 (n. 105), il testo di *La grande magia* compare nel primo volume dell'edizione einaudiana della *Cantata dei giorni dispari* nel 1951; rimane sostanzialmente invariato nelle successive ristampe o edizioni rivedute della stessa *Cantata*. Esce in *I capolavori di Eduardo* fin dalla loro edizione Einaudi del 1973.

Personaggi

Signora Locascio
Signora Marino
Signora Zampa
Signorina Zampa, sua figlia ⎫ clienti dell'albergo e
Marta Di Spelta ⎬ finto pubblico, perché
Calogero Di Spelta, suo marito ⎪ quello vero deve fin-
Mariano D'Albino, amante di Marta ⎭ gersi mare
Il cameriere dell'albergo Metropole
Gervasio Penna ⎫
Arturo Recchia ⎬ finti clienti dell'albergo e finto pubblico
Amelia, sua figlia ⎭
Otto Marvuglia, professore di scienze occulte: celebre illu-
   sionista: suggestione e trasmissione del pensiero.
Zaira, sua moglie
Il brigadiere di PS
Roberto Magliano
Gennarino Fucecchia, servo di Calogero
La famiglia di Calogero:
Gregorio, suo fratello
Matilde, sua madre
Oreste Intrugli, suo cognato
Rosa Intrugli, sua sorella e moglie di Oreste
Agenti di PS
Servi di scena, aiutanti del professore
Clienti dell'albergo
Casigliane

Il *rideau* si leva insieme al drappeggio di velluto, il «grembiu-le» che di solito serve per sottrarre alla vista degli spettatori la visione realistica del sottopalco, cioè il posto riservato alle orchestre.

Il *rideau* scopre un ampio giardino all'inglese, fiancheggiato da aiuole e da vetuste palme, le quali ombreggiano la ricca facciata posteriore del grande albergo Metropole, sul mare. Questa, situata in fondo, al limite massimo del palcoscenico, oltre a mostrare i balconi centrali e le finestre dei piani, dalle ampie vetrate sottostanti, lascia scorgere la grande *hall*.

Il «grembiule», contemporaneamente al *rideau*, come abbiamo detto, scopre la parte sottostante del giardino: una scogliera contro la quale, mediante effetti di luci e trucchi scenici, un mare immaginario, partendo dal centro della platea, frange mollemente contro di essa le sue placidissime onde.

Quattro robusti pilastri in cemento sostengono il limite del giardino. Sagome di variopinte barchette figureranno ormeggiate agli scogli, mentre in primo piano, fra i due pilastri centrali, dondola lentamente un piccolo motoscafo. Nell'attimo stesso in cui il *rideau* e il «grembiule» si levano, al posto della ribalta, mediante apposito congegno, sorgerà una ringhiera in ferro tubolare dipinto in blu. Essa delimita il giardino dell'albergo e converge in basso ai due lati del palcoscenico, formando in tal guisa i passamani delle due scalette che portano giú, all'imbarcadero.

In fondo, addossate ai due lati della facciata, vi saranno, ordinatamente disposte, tre file di tavoli e sedie da giardino. Tutt'intorno ad esse, lasciando libero il passaggio centrale, vi sarà un'aiuola di folta e rigogliosa mortella. Gruppi di sedie a sdraio, ai due lati del giardino.

Tramonto inoltrato.

In primissimo piano, a sinistra, intorno a un tavolo, giocano a pinnacolo quattro di quei tipi insignificanti che spesso s'incontrano d'estate al mare, nei grandi alberghi: la signora Locascio, la signora Marino, la signora e la signorina Zampa.

Al lato opposto, in primo piano a destra, Gervasio Penna, tutto solo, ha finito di bere il suo caffè, e ora fuma beatamente la sua pipetta di radica.

A un altro tavolo, un po' piú presso all'entrata dell'albergo, in conversazione di scarso interesse, si troveranno Arturo Recchia e Amelia, sua figlia. Amelia è un tipo esile, leggero, tutt'occhi. I suoi gesti sono infantili, come infantile è la sua voce, facile al riso come facile al pianto.

SIGNORA LOCASCIO (*dopo aver pescato la carta per la chiusura, senza soverchia importanza, dice*)   Ho chiuso.

Gli altri tre cominciano a contare i punti per il pagamento.

SIGNORA ZAMPA   Hai chiuso un'altra volta... Brava! Ma mo basta, però: croce nera!

SIGNORA LOCASCIO   Alla fine, che hai perduto? Poche centinaia di lire.

SIGNORA ZAMPA   Io sto scherzando; anzi, se non fosse per questo giochetto, che te fa passà nu paio d'ore, starríamo frische.

SIGNORA MARINO   E dove si trova questa tranquillità? Io sono qua da circa un mese. Non sono andata una volta a un cinema, a un teatro.

SIGNORA ZAMPA   E che bisogno ci sta. Basta trattenersi fuori a questo giardino, di pomeriggio o di sera, altro che spettacolo.

SIGNORINA ZAMPA   Ogni stagione ci sta la coppia che diventa l'attrazione principale.

SIGNORA LOCASCIO   Quest'anno è la coppia Di Spelta. Ieri mattina, sulla spiaggia, è stato un vero teatro. E già, perché il marito... Calogero... (uno come fa a chiamarsi Calogero, non capisco...) arrivò proprio nel momento che la moglie stava in posa, e D'Albino faceva scattare l'obiettivo. Lui non se l'aspettava. Si era presentato con un mezzo mellone di acqua, rosso come il fuoco. Nel vedere la scena, diventò piú rosso del mellone che teneva in mano, e si mise la sigaretta in bocca dalla parte accesa. D'Albino, con quella faccia tosta che tiene, se la squagliò, e rimasero loro due, marito e moglie, senza parlare e senza guardarsi in faccia.

SIGNORA ZAMPA   Lei è una bella donna. Il marito se è geloso, un poco di ragione ce l'ha.

SIGNORA LOCASCIO   Ma farebbe meglio a dimostrarlo. Lui invece no, si tiene tutto in corpo per non dare soddisfazione. E, secondo me, fa peggio. Perché non sfoga, il veleno aumenta, e diventa scortese pure quando non sarebbe il caso.

SIGNORA MARINO   Ma allora, scusate, come si giustifica il fatto che quella poveretta è priva di fare due passi sola, che la chiude in camera quando esce, che non la lascia respirare un momento?

SIGNORA LOCASCIO   Perché ci sono certi uomini che si sentono diminuiti se devono confessare che amano la moglie: che prima di dire che sono gelosi si farebbero uccidere. E allora si credono che disprezzando ottengono qualche cosa. E io sono felice quando questi tipi finiscono confratelli di san Martino.

SIGNORA ZAMPA   D'Albino che dice?

SIGNORA LOCASCIO   D'Albino ci ha il veleno qua. Perché con tutte le sue pazzeríe non riesce a rimanere cinque minuti solo con quella donna. E lui perciò l'ha fotografata. Ieri sera mi disse: «Con la fotografia che le ho fatto, questa volta non mi sfugge, e voglio vedere se il marito riesce a non farmi parlare con la moglie».

SIGNORA ZAMPA (*guardando verso sinistra vede giungere Calogero e Marta*)   Stanno venendo. Essa me pare una condannata a morte e lui un funerale 'e terza classe.

SIGNORA LOCASCIO   Ma io non capisco. Quando due persone si riducono in quelle condizioni, perché non si dividono?

SIGNORA ZAMPA   E chi te l'ha detto che non succede? (*Dalla sinistra entrano Marta seguita da Calogero: un uomo di media età, dall'aria imbambolata, dai nerissimi baffetti a virgola nel bel centro di un coloritissimo volto. Veste con eleganza abbastanza spinta: giacca a riquadri vistosi, con i due spacchi posteriori e tasche a toppe, pantaloni un po' stretti, a tubo, in capo una paglia fiammante: un pupazzo da esposizione. Marta è una bellissima donna giovane. Appare indifferente, nervosa. Sono tutti e due tormentati da un intimo ragionamento che li tiene immersi in un profondo sconforto. L'uomo nasconde la sua tristezza con atteggiamenti grotteschi, cerca di darsi un contegno che lo faccia apparire superficiale e noncurante. Tutti osservano la coppia fingendo di parlare indifferentemente fra loro. Caloge-*)

ro segue Marta a breve distanza. E fanno cosí il giro del giardi-no) Sedetevi un poco qua, vicino a noi, facciamo quattro chiacchiere.

MARTA   Grazie. (*Siede accanto agli amici*).

SIGNORA LOCASCIO (*a Calogero*)   Sedetevi pure voi. Che diavolo, ci *snobate* sempre.

CALOGERO   Io non *snobo* nessuno. Specie le persone che mi sono antipatiche.

SIGNORA ZAMPA   'O vvedete? Neanche siete arrivato, e ci avete detto la prima scortesia.

CALOGERO   Niente affatto. Vi ho detto la prima verità.

SIGNORA LOCASCIO   E questa è la seconda. Non fa niente, ve la perdoniamo perché state di cattivo umore.

CALOGERO   Chi ve lo ha detto? Io odio quei giudizi espressi cosí, come sentenze inappellabili. Sono allegrissimo invece. Si putísseve capí quanta importanza dò ai fatti e alle cose... Mettetevi bene questo in mente: io sono un uomo felice perché non mi faccio illusioni mai. Per me il pane è pane, il vino è vino, e l'acqua di mare è amara e salata.

SIGNORA LOCASCIO   E che volete dire con questo?

CALOGERO   Voglio dire che mi aspetto qualunque cosa. Sorprese dalla vita non ne posso avere, perché non concedo tre centesimi di fiducia nemmeno a me stesso.

SIGNORA ZAMPA   Nemmeno alle donne?

CALOGERO   Non ne parliamo. Specialmente alle donne, nessuna si offenda!

MARTA   Ma non ti accorgi che sei ridicolo? (*Alle donne*) Scusate, mio marito ha scherzato.

CALOGERO   Certamente: di questo potete essere piú che sicure. Non mi sarei mai permesso di prendervi sul serio.

SIGNORA MARINO   Non fa niente. Noi non ci offendiamo, perché sappiamo quali sono le cose che prendete sul serio.

SIGNORA LOCASCIO   Mariano D'Albino.

CALOGERO   Ma voi siete pazza. Io non lo vedo nemmeno, mia moglie sa il valore che dò a queste cose. Non sono stato mai geloso di nessuno, figuratevi di lui...

SIGNORA LOCASCIO   Ma perché partite in quarta? Io ho detto Mariano D'Albino perché sta venendo da quella parte. (*Indica la sinistra*).

CALOGERO (*confuso*)   Non avevo capito.

MARIANO (*dalla sinistra*)   Eccomi qua. Signora Marta, sono stato puntuale. Ho fatto una corsa in piazza dal fotografo, e queste sono le fotografie. Sono riuscite una meraviglia. Signora, ci state pure voi.

SIGNORA ZAMPA   Quel gruppo che facemmo l'altro giorno?

SIGNORA LOCASCIO   Quello col cane?

MARIANO   Precisamente. (*Apre la busta delle fotografie, e le mostra*).

CALOGERO   Non ci avete dormito.

MARIANO   Le promesse alle signore si mantengono. (*Le signore osservano le foto, e se ne compiacciono*). Signora Marta, la vostra è riuscita tanto bene, che mi sono permesso di farne stampare sei copie.

MARTA   Grazie. Veramente bene.

MARIANO (*porgendo una fotografia a Calogero*)   In questa ci siete voi con il mezzo mellone in mano. (*Alle donne*) Scattai l'obiettivo e non se ne accorse nemmeno. (*A Calogero*) Sembrate un venditore...

CALOGERO   E le sei copie di mia moglie?

MARIANO (*gliele porge*)   Eccole.

CALOGERO (*dopo averle contate*)   E queste sono cinque.

MARIANO   Si vede che ne hanno stampata una in meno e non me ne sono accorto.

CALOGERO   C'è pure il negativo? (*Prende una sigaretta dal pacchetto e se la mette fra le labbra*).

MARIANO   Sí. (*Lo trova fra gli altri e lo mostra*) Eccolo qua.

CALOGERO (*prende il negativo e lo osserva in trasparenza*)   Riuscitissimo. (*Fingendo di accendere la sigaretta, avvicina la sigaretta al negativo di celluloide e lo accende*) Uh! S'è bruciato. Che peccato. (*Tutti si scambiano un'occhiata*). Il negativo si è bruciato, e le cinque copie me le tengo io. (*Intasca le cinque fotografie*).

MARIANO   Vuol dire che a me non è rimasta che la gioia di avervi fatto cosa gradita. Permesso. (*Ed esce per la destra*).

SIGNORA ZAMPA (*per cambiare argomento*)   Stasera c'è spettacolo, qui, in giardino.

CALOGERO   E chi vi dice di stare presente? Se vi diamo fastidio, vi potete alzare e andar via.

SIGNORA ZAMPA   E perché?

CALOGERO   E voi dite che diamo spettacolo.

SIGNORA ZAMPA   Signor Calogero, ma voi vi credete che tutti quanti si svegliano la mattina e si interessano solo di voi? Io ho detto c'è spettacolo in giardino perché mi hanno detto che lavora un prestigiatore.

CALOGERO   Scusate, non avevo capito.

MARTA   A me i giuochi d'illusione mi divertono moltissimo.

CALOGERO   È un'arte superata.

MARTA   Non credere ch'io sperassi di trovarmi d'accordo con te.

CALOGERO   Ma scusa, al giorno d'oggi la gente vive nei giuochi d'illusione. Tanti anni fa uno spettacolo del genere faceva impazzire le platee, il pubblico era piú ingenuo; ma oggi chi può impressionare piú un disgraziato giocoliere?

GERVASIO (*che ha sentito il dialogo interviene*)   Eppure, rimarrete a bocca aperta. Questa volta, le risate me le farò io. (*Si alza e si avvicina al tavolo, presentandosi*) D'Aloisi. (*Convenevoli*).

CALOGERO   Scusate, perché avete detto: «Questa volta, le risate me le farò io»?

GERVASIO   Perché conosco bene questo prestigiatore. Lui qualche spettacolo straordinario lo dà solamente nei grandi alberghi.

MARTA   È bravo?

GERVASIO   Bravo, non è la parola per descriverlo: è un mago, una cosa che non riesco a capire.

ARTURO   Pur'io lo conosco. L'ho visto lavorare a Parigi.

AMELIA   L'anno scorso: una serata indimenticabile. E che impressione! (*Ride senza convinzione: una risatina breve, infantile, ritmata*) Ah, ah, ah!...

SIGNORA LOCASCIO   Non esageriamo. Un illusionista non può essere che un ciarlatano, un imbroglione!

ARTURO   Seh, cosí pensavo anch'io... Permette? (*Presentandosi*) Avvocato Taddei. (*Mostrando Amelia*) Mia figlia. Anch'io pensai che fosse un imbroglione; ma dovetti ricredermi, e come!

GERVASIO   Quello mi fece passare un momento tragico.

ARTURO   Mia figlia svenne.

AMELIA   Io svenni! (*Ride c. s.*) Ah, ah, ah!...

MARTA   Ma che fa di tanto sconvolgente? Quali sono gli esperimenti?

ARTURO   Assistevamo allo spettacolo io, la buon'anima di mia moglie e mia figlia...

GERVASIO   Scusate se vi interrompo. Nessuno può dire di aver passato un quarto d'ora piú tragico di quello che fece passare a me il professor Marvuglia. Dopo i primi giuochi, Dio mio, divertenti ma niente di eccezionale: sparizioni, riapparizioni, sostituzioni di oggetti, le solite cose, iniziò una serie di esperimenti di trasmissione del pensiero e suggestione. E qua venne il bello. Invitava delle persone del pubblico ad avvicinarsi a lui, e io fui tanto scemo da andarci. Mi guarda fisso negli occhi e mi dice: «Voi siete un perseguitato; siete stato condannato a morte. Fuggite, se no siete perduto. In tasca avete un passaporto. Prendete il treno, e buona fortuna». Con quel passaporto girai mezzo mondo: Francia, Inghilterra, Russia, Giappone... per anni e anni, senza fermarmi mai e sempre con la paura di essere arrestato. Pigliavo treni, piroscafi, aeroplani. Scalavo le montagne. Mi trovai in mezzo al ghiaccio, alla neve... Attraversai il deserto, le foreste...

CALOGERO Sempre con lo stesso passaporto?

GERVASIO Ma il passaporto non ce lo avevo. O meglio, lo avevo e non lo avevo. Agivo per suggestione. Insomma, alla fine del viaggio, mi ritrovai in presenza del professore e del pubblico; non era passato che un attimo; ma io avevo avuto l'impressione di aver viaggiato per anni e anni.

CALOGERO Non metto in dubbio le sue affermazioni, signor...

GERVASIO D'Aloisi.

CALOGERO ... signor D'Aloisi; ma mi sembra un po' grossa!

GERVASIO Ve ne accorgerete stasera.

SIGNORA ZAMPA (*rivolta ad Amelia*) E lei svenne?

AMELIA Io svenni, perché trasformò mio padre in un cervo.

SIGNORA ZAMPA Un cervo?

ARTURO La trasformazione avvenne in brevissimo tempo. Una cosa da sbalordire: un bel cervo.

CALOGERO Ma come è possibile?

ARTURO Sentite, io quale interesse avrei di dire una cosa per un'altra? Là fu un'impressione generale, perché dice che io correvo e saltavo da un punto all'altro con agilità impressionante...

SIGNORA ZAMPA (*ad Amelia*) E lei quando svenne?

AMELIA Quanno vedette 'e ccorne nfronte a papà.

ARTURO Capirete, era impressionante, perché mentre gli altri mi vedevano saltare, io mi sentivo tranquillamente seduto sulla mia sedia. Sentivo gridare: «'E ccorne! Tene 'e ccorne!» Ma io mi passavo la mano in fronte e non le sentivo!

CALOGERO Fenomeno di suggestione collettiva.

GERVASIO Sarà, ma come fate a rimanere insensibile di fronte a uno spettacolo simile?

SIGNORA LOCASCIO Ma che tipo è?

GERVASIO Non è giovane; avrà una sessantina d'anni. Una faccia segnata, patita... Parla lentamente; le parole le articola piú con le dita che con la bocca. Quelli che sono straordinari sono gli occhi: uno se li sente sempre addosso. Insomma, da come si muove, da come si veste, da come si presenta, voi non l'apprezzate tre soldi, pare un disgraziato; ma se vi guarda, non riuscite a sostenere il suo sguardo.

SIGNORA ZAMPA   Quasi faccio a meno di assistere al suo spettacolo.

SIGNORINA ZAMPA   Ma non esageriamo.

CAMERIERE (*dal fondo a destra, accompagnando due facchini, i quali recano un grande cesto di vimini*)   Qua, mettetelo qua. (*Indica un punto della scena. I facchini eseguono*). Tutto il resto degli attrezzi, come ha disposto il professore, portateli qua. Fate presto, perché è tardi. Il professore è già arrivato.

I facchini escono per il fondo a destra.

CALOGERO   Chi, il prestigiatore?

CAMERIERE   Sí, questi sono i suoi attrezzi; ma non è tutto, chillo ha purtato na carretta 'e rrobba!

Infatti i due facchini tornano, recando due tavoli tondi in metallo cromato, poi due sedie dello stesso stile, e un tavolo rettangolare un po' piú grande sempre in metallo e un sarcofago egiziano grande quanto una persona normale.

CALOGERO (*scettico*)   Sono tutti trucchi.

GERVASIO   Seh, trucchi! Io vi consiglio di stare attenti.

MARTA (*al cameriere, alludendo al giocoliere*)   Lui è arrivato?

CAMERIERE   Da poco. Stava parlando col direttore. (*Guardando verso l'ingresso centrale della hall*) Eccolo. È lui!

OTTO (*dalla porta centrale dell'albergo. Il suo fisico risponde perfettamente alla descrizione fatta da Gervasio. Entra con passo lento. Sembra assente. Indossa un abito arrangiato, di antica foggia. L'ampio colletto floscio della camicia è fermato dalla cravatta alla Lavallière. In capo ha un panama ingiallito. Un insieme rassegnato e stanco, ma che eleva a dignità grottesca ogni sua manifestazione istrionica; un lestofante, un ciarlatano simpatico, guitto e intelligente. Nell'entrare osserva il luogo e scruta ogni singolo personaggio. Lunga pausa, durante la quale tutti osservano con il massimo interesse ogni suo minimo gesto. Finalmente si rivolge al cameriere, chiedendo*)   Qui?

CAMERIERE   Qui, professore. Lo spazio c'è.

OTTO (*osservando il panorama*)   È veramente bello.

CAMERIERE È un posto incantevole. Guardate i colori e la grandiosità di questo mare. (*Con largo gesto indica la platea*).

OTTO (*fissando con commiserazione il cameriere*) Secondo te, il mare è grandioso. Povera creatura, povero imbecille. Una volta, pur'io credevo la stessa cosa, e mi tuffai tranquillo in un mare aperto come questo; ma non riuscii a trovare un posticino per muovermi agevolmente. L'umanità intera vi si era tuffata prima di me; mille mani mi respinsero violentemente, facendomi schizzare al punto di partenza. (*Mostrando la platea*) È una goccia di acqua, caro mio. Ha di prodigioso solamente il fatto che non riesce a prosciugarsi, o per lo meno il processo è lento e sfuggevole all'occhio umano. Una goccia d'acqua al centro del buio, un buio senza confine, un buio che esiste anche nelle ore in cui crediamo che il sole lo distrugga... (*Ora si rivolge un po' a tutti con tono di voce ciarlatanesco*) In pieno sole vedo il buio, signori. Il sole passa, sí; ma passa suo malgrado, da condannato, e quando passa non intende distruggere il buio. Il buio potremmo distruggerlo noi con il terzo occhio, se riuscissimo a possederlo tutti. Con il terzo occhio: l'occhio senza finestra, l'occhio del pensiero, il solo che io possegga; ormai gli altri due, quelli visibili, quelli che durante gli anni della mia giovinezza vedevano tutto grande, enorme, sorprendente, li ho perduti per sempre. Essi si spensero definitivamente dopo i cinquant'anni...

SIGNORA ZAMPA (*timida*) Ma è cecato...

OTTO Non sono *cecato*, signora; lei sí, fino all'inverosimile, poiché fa parte di quella grande massa di ciechi, che pure avendo passata da un pezzo la cinquantina, non le sarà mai dato di acquistare il terzo occhio. E del resto è provvidenziale: guai se lo acquistassero tutti. I casi sono rarissimi, e di differente importanza. Il mio terzo occhio non è molto importante, in quanto che con esso non riesco a dare che delle piccole illusioni. I miei giuochi sono innocenti e semplici. Altri, invece, una volta in possesso del terzo occhio, se ne valgono per dare illusioni di ben altra portata. Quando il terzo occhio funziona, i giuochi d'illusione si moltiplicano all'infinito, con ogni mezzo, con ogni trucco, ai danni di tutto e di tutti. Dica lei, signor D'Aloisi, se non sono innocenti i miei giuochi. La feci viaggiare, è vero; ma per poco. E lei, avvocato Taddei, le dispiacerebbe se io la facessi saltellare ancora un poco come un cervo in libertà?

ARTURO No, professo', non facciamo scherzi.

OTTO   Che ne direbbe il signor Di Spelta, se io durante lo spetta-
colo riuscissi a trasformarlo in un loquacissimo pappagallo?
CALOGERO (*sorpreso*)   Mi conoscete?
OTTO   Tutti, conosco tutti. La signora Locascio, la signora, la si-
gnorina Zampa. Conosco tutti: posseggo il terzo occhio. Ci di-
vertiremo, piú tardi. Lo spettacolo sarà interessantissimo: spe-
ro che mi onoreranno.
TUTTI   Certo... Senza dubbio...
SIGNORA ZAMPA (*avviandosi per uscire*)   Permesso?
OTTO   Prego.
MARTA   A piú tardi, e auguri di successo.

Escono per il fondo. Il cameriere ha fatto loro strada ed esce
anche lui.

OTTO (*ai due facchini*)   Voi aspettate mia moglie all'ingresso principale dell'albergo.

I facchini escono.

GERVASIO (*confidenziale ad Otto*)   Ma Mariannina non è venuta
cu' te?
OTTO   No.
GERVASIO   Ma perché, vi siete contrastati un'altra volta?
OTTO   È una donna impossibile, credi a me. Ti giuro che, certe
volte, di mattina, quando mi sveglio, resto con gli occhi chiusi
perché penso: «Mo, se li apro, capisce che mi sono svegliato, e
comincia la tortura».
ARTURO (*conciliante*)   Pace, pace. Già la vita è triste per conto
suo, perché ve la dovete amareggiare di piú? Fossero tutte chi-
ste 'e guaie.
OTTO   Qua, sta tutto a posto?
GERVASIO   Stai tranquillo.
ARTURO (*porgendo un foglio a Otto*)   Questo è l'elenco di tutti
i nomi dei clienti dell'albergo; nun ce manca nisciuno.
GERVASIO (*a sua volta porge a Otto una fotografia*)   E questa è la
fotografia della signora Di Spelta.
OTTO (*osservando ammirato*)   È quella signora che stava qua col
marito? È somigliante?
GERVASIO   Vai sicuro.
OTTO   E Mariano D'Albino s'è fatto vivo?

GERVASIO   L'ho visto un'oretta fa. Ma il canotto suo sta qua. (*Affacciandosi alla ringhiera e guardando giú*) Eccolo lí.

OTTO (*affacciandosi anche lui*)   Be', sarà pensiero suo.

GERVASIO   Noi abbiamo fatto un pezzo di lavoro di primo ordine. Troverai un'atmosfera favorevolissima.

OTTO   Speriamo bene. (*Si avvicina al cesto di vimini, lo apre, tira fuori degli oggetti e li comincia a disporre ordinatamente al centro del giardino, preparando cosí il suo «numero»*).

ARTURO (*premuroso a sua figlia*)   Come ti senti?

AMELIA   Bene, papà.

ARTURO (*con precauzione trae dalla tasca della giacca un cartoccetto, lo disfa e dopo averne estratto un uovo, amorosamente lo porge a sua figlia*)   È fresco: pigliatíllo.

AMELIA (*esasperata*)   Non lo voglio, papà.

ARTURO   Ma comme, l'ho preso in campagna. L'hanno pigliato nnanze a me 'a dint' 'o gallenaro. L'ho pagato cinquanta lire.

AMELIA   Non me lo piglio, nemmeno se mi dite che l'avete pagato un milione. A un certo punto viene la nausea. Nun m' 'o facite vedé, pecché m'avóta 'o stòmmaco. Non me lo piglio.

ARTURO   Ma perché?

AMELIA   Perché è inutile.

ARTURO   Ma tu me vuó fa' ascí pazzo? Dio lo sa i sacrifici che faccio... Chillo 'o miédeco fa ampressa ampressa: «Ci vuole questo e questo» ma per comprare «questo e questo», ci vogliono pure «questi»!

AMELIA   Ma voi perché volete pensare a quello che ha detto il medico? Io mi sento bene: e poi vi dovete convincere una buona volta. Se quello che ha detto il dottore è vero, mi sono convinta io, non vi volete convincere voi: quando sarà il momento, ci salutiamo e buona notte.

ARTURO   Ci salutiamo, è vero? Vedite comme parla bello mia figlia. Secondo lei dovrei stare allegro. Siente a me, io dico che con una forte alimentazione...

AMELIA   Ma site tuosto, sa'. Non dipende dall'alimentazione...

ARTURO   Ad ogni modo, fa cuntento a papà, e pigliatíllo.

AMELIA   Va bene, piú tardi.

GERVASIO   Artu', facciamoci un altro giretto per l'albergo. Continuiamo a spargere voci. E po' è meglio ca nun ce vedeno assieme. (*Ad Otto*) Ci vediamo piú tardi. Buon lavoro. (*E seguíto da Arturo e da Amelia esce per il fondo*).

MARIANO (*entra dopo piccola pausa*)   Professore.

OTTO   Buongiorno.

MARIANO   Siamo d'accordo?

OTTO   Non ci pensate.

MARIANO   La fotografia l'ho consegnata a quel vostro amico.

OTTO   Sí. Me l'ha data.

MARIANO (*firmando un assegno*)   Queste sono cinquantamila lire. (*Dopo aver riempito e firmato il modulo, lo passa a Otto*) A voi. Ho bisogno di un quarto d'ora.

OTTO   È na parola.

MARIANO   No. Non facciamo storie. Io ho «armato» quest'ira di Dio. Ho parlato col proprietario per farvi venire a lavorare in albergo... Non devo contare nemmeno su di un quarto d'ora?

OTTO   Voi avete ragione, ma io come faccio?

MARIANO   Io che ne so. Ve lo vedete voi.

OTTO   M'arrangerò.

MARIANO   Io aspetto nel motoscafo.

OTTO   Va bene.

MARIANO   Professo', fate il vostro dovere, se no finisce male fra me e voi. Arrivederci. (*Ed esce per il giardino*).

Dopo poco, dal fondo, entra come una furia Zaira rivolgendosi minacciosa a Otto. È una donna sui quarantacinque anni, esuberante, volgare, noiosa. Veste con affettata eleganza da vecchia divetta da caffè-concerto. I due facchini la seguono recando dei pacchi voluminosi.

ZAIRA   Senti, padreterno, perché tu dici che sei il Padreterno: un'altra volta che mi lasci sola coi pacchi in mano, e mi pianti mentre si discute, ti azzecco uno schiaffo che ti fa finire di fare i giuochi di prestigio. (*Otto non raccoglie. Con la massima calma prende i pacchi dalle mani dei facchini, fa loro un gesto di congedo. Infatti essi escono, mentr'egli tranquillamente si accinge a disporre al centro del giardino gli attrezzi e gli oggetti utili per il suo spettacolo: i due tavolini tondi ai due lati della scena, con al centro quello piú grande rettangolare: il sarcofago a destra degli spettatori, in primissimo piano. Aiutato da Zaira, tira fuori dal cesto e dai due pacchi gli oggetti piú vari e singolari: spade, rivoltelle, cappelli a cilindro, due enormi dadi, ventagli giapponesi, una bandiera italiana, velluti rossi con frange dorate, una scatola giapponese rettangolare decorata con disegni strani e piccoli pezzi di specchio di diverse forme e misure, nonché altri oggetti a piacere*) Mi devi dire, e lo voglio sapere, quando finiremo di fare questa vita da cani, sperduti

per gli alberghi, gli ospedali, le caserme, le fiere... E quando ti
deciderai a trovare un contratto buono in un teatro...

OTTO   Marianni', miettatèllo buono ncapa, t' 'aggio ditto tanta
vote: in teatro l'illusionista non va piú. Potrei sperare qualche
contratto buono se avessi come *partner* una bellissima donna
giovane. Tu vuoi stare per forza appresso a me, e allora t' he
'a cuntentà di alberghi, caserme e spitale.

ZAIRA   Questo lo dici tu, perché ti fa comodo. Ma tutti mi trovano ancora giovane e piacente. Pasca', quando sono vestita e
truccata per la scena, ne voglio cento di belle ragazze di diciotto anni...

OTTO   Io ti vedo con il terzo occhio...

ZAIRA   Io te li ceco tutti e tre, ricordatéllo!

OTTO   Quanto sei noiosa, e quanto ma quanto sei inopportuna!
E nun 'o vvuó capí ca stammo nguaiate, e si nun pagammo 'e
mmesate, 'o padrone 'e casa ce mette mmiez' 'a strata! (*Alludendo a un pacchetto di monete che gli servono per un esperimento*) Damme 'e sterline.

ZAIRA   (*porgendogli un sacchetto di monete false*)   Teh, piglia-
telle.

OTTO   A casa stammo 'o scuro, pecché 'a società ce ha staccato 'a
currente...

ZAIRA   Me fa piacere.

OTTO   ... Fra giorni resteremo senz'acqua... (*Vuota il sacchetto di
monete in un cappello a cilindro*).

ZAIRA   Meglio.

OTTO   ... nun ce sta che mangià 'a matina...

ZAIRA   Sono contenta. Muorte 'e famma avimm' 'a ferní, nella
miseria piú nera. All'elemosina, meglio! Colpa tua, tutta colpa
tua che sei un apatico, un fesso, un uomo senza iniziativa...
Mondo, cadimi addosso! E cosí se n'è passata tutta la nostra
vita. E poi, se insisto nel seguirti, è perché ti conosco. Che ti
pensi, che mi sono dimenticata di quando facevamo i teatri di
varietà; che ti credi che non mi ricordo di quando ti trovavo
abbracciato con le sciantose?

OTTO   Lasciamo stare certi ricordi, Marianni'; non ti conviene!
Pecché tu facive 'o stesso. Una volta ti sorpresi con un ginna-
sta...

ZAIRA   (*come se rivivesse il passato*)   Sandro, un torace da Erco-
le, una muscolatura di ferro!

OTTO   Un'altra volta con l'uomo *acquarium*...

ZAIRA   (*c. s.*)   Demetrio! Che simpatia di uomo!

OTTO   ... un'altra volta col digiunatore...

ZAIRA (*voluttuosamente presa dal ricordo, con slancio*)   Ah, che mi fai ricordare! Che amore di uomo: un san Luca!

OTTO   ... e ricordati che le sorprese non si limitavano a semplici constatazioni di natura piú o meno intuitiva; ti sorprendevo nel senso piú crudo e positivo della parola, per cui non mi restavano che due soluzioni: o il colpo di rivoltella o il «chi se ne frega»... È chiaro ed evidente che scelsi sempre la seconda!

ZAIRA (*apparentemente offesa, ma orgogliosa dentro di sé*)   Eri geloso come un Otello, e ancora lo sei...

OTTO (*condiscendente, rassegnato*)   Sí, amore; ancora lo sono.

ZAIRA   E perciò mi tormenti; ma ricordati che la pazienza ha un limite; e se ancora mi esasperi, me ne fuggo col primo che mi capita.

OTTO (*sempre freddo e volutamente minaccioso*)   Questo non lo farai. Bada, Mariannina! 'A bacchetta magica?

ZAIRA (*rabbonita, amorosa*)   Lo sai che non lo faccio, e per questo ne approfitti.

OTTO (*carezzandole i capelli con un gesto ormai abituale e monotono*)   Mariannina cara, ti amo tanto.

ZAIRA   E dammi un bacio.

OTTO   Certo. (*La bacia*) Teh. (*Poi quasi sbadigliando*) Andiamo a prepararci.

ZAIRA (*anch'essa con un mezzo sbadiglio*)   Andiamo. .

Prendono il cesto vuoto e si avviano.

OTTO   'A marenna l'he purtata?

ZAIRA   Na frittata 'e maccheroni di ieri, quatto zucchine a' scapece e na butteglia 'e cafè.

OTTO   Mo mannammo a piglià pure nu litro 'e vino.

Ed escono per la destra.

Intanto è scesa la sera. Il giardino viene illuminato dalla luna e dai fanali situati nei posti piú adatti. Dal fondo, entrano signori e signore, clienti dell'albergo, i quali alla spicciolata prendono posto ai tavoli in fondo.

Tutti chiacchierano e ridono fra loro. Ad un tavolo scorgiamo la signora Marino e la signora Locascio, ad un altro la signora Zampa con sua figlia. Scorgiamo pure Calogero Di Spelta e Marta sua moglie. Poi Gervasio, Arturo e Amelia.

Dopo questa lunga pausa che servirà a sistemare ogni cliente, compreso qualche ritardatario, entra dal fondo il cameriere e prende posto al centro della scena, di spalle al pubblico vero, per dire ai clienti:

CAMERIERE   Ha inizio il trattenimento disposto e offerto dalla direzione dell'albergo. Il professor Otto Marvuglia a momenti si presenterà a noi. Tutti conosciamo per sentito dire la sua potenza magica. Egli compie prodigi. Prego quindi la massima calma e auguro buon divertimento. (*Risale la scena, piazzandosi in fondo sulla soglia della porta centrale*).

Dalla destra, Otto. Si è tolta solamente la giacca, ora, per indossare sul pantalone bianco un'ampia *redingote* nera, fermata alla cintura da una sciarpa di seta rossa, con frangia dorata, annodata a sinistra, in modo da formare un ricco fiocco. Entra lento e misterioso. Raggiunge il centro del giardino, salutando il pubblico con un lieve cenno del capo. Uno stremenzito applauso lo accoglie. Lo segue, a breve distanza, Zaira. Essa indossa uno smagliante abito di gran sera, lunghi guanti neri e ricca acconciatura in capo. Ilare e arzilla, si inchina ripetutamente al pubblico. Un altro applauso stremenzito, questa volta misto a risate, accoglie la donna.

OTTO   Signore e signori, non sempre i miei spettacoli riescono interessanti. Già, perché ho bisogno di una grande comprensione e fiducia da parte del pubblico. Per i giuochi d'illusione a base di trucchi, ci penso io; ma per esercitare il mio potere magico, nella suggestione e nella trasmissione del pensiero, ho bisogno di voi tutti. Io non posso suggestionarvi, se non vi lasciate suggestionare. Io non posso trasmettervi il mio pensiero se non siete pronti a riceverlo. Se mi seguite, abbandonandovi all'istinto, si avvereranno fenomeni di alto interesse scientifico. Per esempio: io non posso arricchire il mio numero con una grande orchestra, mi costerebbe troppo; d'altra parte, senza la musica, l'illusionista perde il novanta per cento. Pensiamo allora fortemente alla classica musica con cui gli illusionisti, miei predecessori, presentavano il loro numero. (*Un signore accenna un motivo classico da fiera. Il pubblico ride*). No, silenzio. Se restiamo in silenzio, ve la trasmetterò io, la musica. (*Dopo una piccola pausa si ode come in lontananza, flebile, il «Valzer dei pattinatori»*). Eccola: la sentite anche voialtri?

(*La musica prende corpo, diventa sempre piú forte. Finalmente un piccolo applauso di adesione da parte del pubblico*). Ecco, con la musica si lavora meglio. Non posso cominciare il mio numero senza pensare alle signore. Zaira!... (*Zaira gli porge un grande foglio di carta bianca. Egli lo mostra da una parte e dall'altra, poi forma con esso un cono, dal quale comincia a cavarne fiori, gettandoli sui tavoli alle signore*) A lei... a lei... fiori, fiori per tutte le belle signore. (*Altro piccolo applauso*). Per i signori penso che un caffè sarebbe gradito. (*Prende da un tavolo una piccolissima caffettiera di metallo cromato, la agita, come per avvertirne il contenuto*) È piena; ma basterà per tutti? Spero di sí... Divideranno da buoni amici... (*Si avvicina ai tavoli e con il braccio sinistro in alto muove rapidamente la mano come per afferrare a volo qualcosa nell'aria. Infatti, appare magicamente fra le sue dita una candida tazzina da caffè in porcellana. Il gesto si ripete per ogni singolo spettatore fra l'ilarità di tutti. Questo trucco si potrà ottenere con semplicità: ogni spettatore porge destramente al professore la tazzina che dovrà servire a se stesso*) Ora passiamo ad un esperimento piú importante.

GERVASIO (*deciso*)   Io vado via. (*Si alza per lasciare lo spettacolo*).

ARTURO   E io pure. (*Si alza*).

OTTO (*fermandoli*)   Ma no...

GERVASIO   Se ha intenzione di servirsi di me come meglio crede, ha sbagliato. Non dimentichi lo scherzo che mi fece al «Majestic» di Brighton.

ARTURO   E quello che fece a me in Francia.

OTTO   Ma no, signori; non uso mai ripetere gli esperimenti con le stesse persone. Ho pregato: collaborazione e fiducia. Se una gentile signora si volesse prestare... Una signora di coraggio, però.

MARTA (*si leva dal suo posto e, con furbo sorriso, avanza di qualche passo*)   Se vuole...

OTTO   Se voglio? Ma certamente! (*Osservando in disparte la fotografia datagli da Gervasio durante le scene precedenti*) Ella, signora, è la persona adatta. Venga avanti.

MARTA (*disinvolta avanza verso il professore, piazzandosi accanto a lui, ammirata ed applaudita dal pubblico*)   Eccomi.

La musica internamente cessa.

OTTO   Complimenti signora, per la sua bellezza e per il suo coraggio. Vuole avvicinarsi a questo sarcofago egiziano? (*Marta, preceduta dal professore e da Zaira, esegue*). Lo osservi bene: è autentico. (*Zaira apre il sarcofago*). Vuole avere l'amabilità di entrarvi?

MARTA   Certo. (*Fa per entrare nel sarcofago*).

OTTO (*fermandola*)   Un attimo dopo di aver rinchiuso il sarcofago, avverrà la sua sparizione. Si sentirà attratta verso un mondo di sogni, avvertirà un senso di beatitudine, disperdendo il corpo dopo averne distaccata l'anima. E soprattutto, ascolti: quando il giuoco sarà finito, quando tutto, anima e corpo, avrà a reintegrarsi, ricordi bene, signora: ignori l'anima le sensazioni del corpo, sappia il corpo che l'anima ignora! Trasíte.

Marta entra nel sarcofago, mentre il professore lo richiude. La luce in giardino scende in resistenza, bassissima, in modo da percepire appena le ombre dei personaggi: la musica continua. Otto si muove come se spiegasse al pubblico dell'albergo qualche cosa di importante inerente al suo esperimento. Nell'istante stesso in cui si abbassa la luce in giardino, l'imbarcadero s'illumina.
Dalla scogliera appare Mariano D'Albino, sportivo. Agilmente salta nel motoscafo e, con abile manovra, si avvicina alla scaletta di destra. Tutto questo mentre Zaira, piroettando, raggiunge il sarcofago dalla parte posteriore, quella visibile al pubblico vero, ne apre una piccola porta segreta, invitando Marta a uscirne. Infatti Marta ne esce e, diritta come un fuso, s'avvia alla scaletta di destra, ne discende svelta gli scalini. Una volta giú, aiutata da Mariano, con un piccolo salto prende posto nel motoscafo. Otto riapre il sarcofago, mostrandolo vuoto al pubblico. Un piccolo applauso. Otto richiude il sarcofago. Musica piano piano.

MARIANO (*un po' in collera*)   Finalmente!

MARTA   Come se non conoscessi mio marito, e in quali condizioni sono costretta a vivere. Gli occhi di tutta la sua famiglia spiano ogni mio passo, specialmente il fratello. Figurati, non aspetterebbero altro: insidie, pettegolezzi, un inferno! Quattro stracioni, che non vedrebbero l'ora di disfarsi di me per aver nelle mani mio marito e togliergli fino all'ultimo soldo. Calogero non mi lascia un momento. La sua gelosia è arrivata al massimo, mi opprime. Se deve andare in bagno, mi chiude in

camera e si mette la chiave in tasca. Bada, non posso rimanere
piú di un quarto d'ora.

MARIANO   Partiremo subito.

MARTA   Che dici?

MARIANO   Dico che partiremo subito. Domattina saremo a Venezia.

MARTA   Sei pazzo?

MARIANO   Vedraï.

MARTA (*alzandosi per andare*)   Lasciami andare.

MARIANO   Tu non scendi di qua. Verrai con me.

MARTA   Mariano...

MARIANO   Verrai con me.

Musica piú forte. Con un gesto fulmineo Mariano avvia il motore del motoscafo. Vira abilmente, e una volta guadagnato il
centro dell'imbarcadero, punta verso la porta centrale della platea. Marta protesta, ma Mariano non l'ascolta. Lentamente il
motoscafo attraversa tutta la platea. La luce torna come prima.

OTTO (*richiamato dal rombo del motore, guarda un po' smarrito
l'allontanarsi del motoscafo, poi parlando al pubblico dell'albergo, con allusione intima*)   Si sa come comincia un esperimento, ma spesso si ignora come finirà. Speriamo bene. Zaira! (*Dal
tavolo centrale prende una gabbietta con un canarino*) Ecco,
signori, tutti possono osservare il povero prigioniero. (*Si avvicina ai tavoli mostrando il canarino agli spettatori*) È vispo, allegro. Povero canarino! Ignora la sua infelicità. (*Ogni tanto guarda il mare con la speranza di rivedere il motoscafo di Mariano
D'Albino*) Chi può raggiungerti, se riesci a fuggire? Ma tu non
devi, tu puoi sparire per un poco, magari per un quarto d'ora,
ma poi devi riapparire, questi sono i patti! (*Chiamando*) Zaira.
(*Zaira pronta gli si avvicina, riceve la gabbietta dalle mani di
Otto e, prendendo posto a sinistra della scena, la mostra al
pubblico. Otto ricopre con un quadrato di stoffa nera, prende
una rivoltella dal tavolo centrale e, dopo essersi allontanato di
qualche passo, punta l'arma in direzione della gabbietta*) Prego, signori, attenzione... Uno, due, tre! (*Spara un colpo. Nell'attimo stesso Zaira scopre la gabbietta mostrandola vuota. Altro
piccolo applauso*). Passiamo ora ad un altro esperimento.

CALOGERO (*alzandosi, chiede cortesemente al professore*)   Scusate, signor giocoliere, volete essere tanto gentile di far riapparire mia moglie?

OTTO (*con lo stesso tono gentile*) E voi, scusate, chi siete?

CALOGERO Come, chi sono? Sono il marito. Perciò vi prego di far riapparire la signora.

Il pubblico osserva divertito la scena.

OTTO Già. Un poco di pazienza. (*Chiamando*) Zaira! (*Zaira prende dal tavolo un grosso dado e lo porge ad Otto, il quale lo mostra al pubblico*) Ecco. Prego osservare la precisione dei numeri. Lor signori potranno giudicare spassionatamente. Il trucco è perfetto. Io...

CALOGERO Aspettate. Prima di passare appresso, volete essere tanto gentile di riprendere l'esperimento che avete lasciato a metà?

La musica cessa.

OTTO Non capisco.

CALOGERO Come, non capite? È tanto semplice. Vi prego di essere tanto gentile di far riapparire mia moglie.

OTTO Ma scusate, l'esperimento lo devo portare a termine io o voi?

CALOGERO Voi, naturalmente: ma mia moglie la devo reclamare io.

OTTO (*apparentemente divertito*) Chest'è bella, mo. È veramente spassosa! Perché voi credete fermamente che vostra moglie sia sparita...

CALOGERO E si capisce. Il sarcofago è vuoto.

OTTO Un momento. Che c'entra il sarcofago! Che può fare un sarcofago? E voi siete tanto ingenuo da credere che un affare di legno dipinto abbia la potenza di far sparire le persone, ed in questo caso vostra moglie? Insomma, non pensate nemmeno per un attimo che vostra moglie l'avete fatta sparire voi?

CALOGERO Io?

OTTO Senza volerlo, d'accordo: voi l'avete fatto in buona fede. E siete pienamente convinto che vostra moglie sia sparita un attimo fa?

CALOGERO E come no? Stava seduta vicino a me.

OTTO Ma quando mai! Non lo dite nemmeno per ischerzo... Vostra moglie vicino a voi non c'era. Probabilmente non è mai venuta in albergo con voi. Vostra moglie chissà quando è sparita, e tutto quello che avviene davanti ai vostri occhi è solamente illusione. Voi state qua, solo, vostra moglie non l'abbiamo vista mai. (*Rivolgendosi al pubblico*) Conosciamo forse la moglie di questo signore, noi?

TUTTI (*prestandosi al giuoco*)   Nooo...

CALOGERO   Ma io, quanto è certo Iddio, non ho fatto niente per far sparire mia moglie...

OTTO   Ecco, lo credete voi; e lo credete fermamente perché non possedete il terzo occhio, l'occhio senza finestra, l'occhio del pensiero... Ma non vi accorgete che il giuoco lo state facendo voi? Voi avete fatto sparire vostra moglie e voi dovete farla riapparire... Io che c'entro? Io se mai posso aiutarvi, e questo lo faccio senz'altro. Volete essere gentile di venire qua, dove sono io?

CALOGERO (*spazientito*)   Ma io non sono un buffone, non posso essere preso in giro da voi...

IL PUBBLICO   Ma sí, ci vada, è uno scherzo...

CALOGERO   Niente affatto. L'impudenza e la malacreanza devono avere un limite. Lui deve ricordare che io sono un signore e non mi posso prestare a certe imposture.

OTTO   Volete perderla per sempre, vostra moglie?

CALOGERO (*ridendo all'affermazione assurda di Otto*)   Ma vedete che tipo! È una bella faccia tosta!

IL PUBBLICO (*invogliandolo*)   Su, su, ci vada. Ci divertiamo!

CALOGERO (*cedendo di malavoglia*)   Be', eccomi. (*Avanza di qualche passo avvicinandosi*).

OTTO   Molto bene. (*Il pubblico si fa piú attento*). Rispondete a poche mie domande. Siete molto geloso della vostra signora?

CALOGERO   Queste sono cose intime: non riguardano né voi né il pubblico.

OTTO   Ad ogni modo, rispondete. Siete geloso di vostra moglie?

CALOGERO   Ebbene, sí.

OTTO   Hai capito, Zaira? Il signore è geloso.

ZAIRA (*rimproverandolo comicamente con un gesto della mano, accompagnato, come si fa ai bimbi, da un:*)   Ah, ah, ah!...

OTTO   Le avete mai fatto delle scene?

CALOGERO (*offeso*)   Ma la volete smettere, sí o no?

OTTO   Non vi arrabbiate. Rispondete con calma. Avete mai avuto sospetti sulla sua fedeltà?

CALOGERO   Ma, insomma, la volete smettere di offendere?

OTTO   Io non voglio offendere nessuno. Voglio aiutarvi. Avete avuto mai dei sospetti sulla fedeltà della vostra signora?

CALOGERO (*pronto, con fierezza*)   Mai!

OTTO   Sta bene. Allora, state attento. Vostra moglie è sparita. Osservate bene il sarcofago. (*Calogero esegue osservando scrupolosamente l'interno del sarcofago*). Siete convinto?

CALOGERO   Sí.

OTTO   Venite qua. (*Calogero gli si avvicina*). State attento. (*Prende dal tavolo centrale una scatola giapponese, rettangolare, alta dodici centimetri e lunga quaranta*) Tenete. (*Calogero incuriosito prende fra le mani la scatola, dalle mani di Otto*). Vostra moglie è in questa scatola. Aprite.

CALOGERO   Santa pazienza. (*Fa l'atto di aprire la scatola*).

OTTO (*fermandogli repentinamente il gesto*)   Un momento. Avete fede?

CALOGERO   In che senso?

OTTO   Siete convinto di trovare vostra moglie in questa scatola? Ascoltate: se non avete fede, non la vedrete. Siamo intesi? Se non siete convinto, non aprite.

IL PUBBLICO (*incitandolo*)   Apra, apra, non esiti... Chi aspetta? Apra!

OTTO (*interviene energico*)   Ma no, signori, prego. Non cerchino di influenzarlo. È lui che deve decidere, la responsabilità è solamente sua. (*Di nuovo si rivolge a Calogero*) Voi avete dichiarato, pocanzi, di non aver mai sospettato della fedeltà di vostra moglie. Ho dei dubbi sulla vostra affermazione, ad ogni modo ora pensateci bene: se voi aprite la scatola con fede, rivedrete vostra moglie, al contrario, se l'aprirete senza fede, non la vedrete mai piú. Aprite, se credete. (*Calogero rimane perplesso. È in dubbio. Sorride ebete, per darsi un contegno. Otto ne approfitta per insistere con maggiore padronanza*) Ma insomma: avete fede o non avete fede?

CALOGERO   Ma certo che ho fede.

OTTO   Allora, cosa aspettate? Aprite. (*Calogero non batte ciglio. Rimane muto, assorto in un pensiero fisso che lo sprofonda in un mare d'incertezza: «Che fare?» Mettendo in dubbio l'affermazione del professore deve, implicitamente, ammettere l'infedeltà della moglie. D'altra parte, chi può dargli la certezza che la sua donna si trovi effettivamente in quella scatola? Gli spettatori seguono e par che sentano in pieno il complesso atroce che tiene inchiodato in terra l'uomo. Finalmente, dopo una lunga pausa, egli decide: lentamente si mette la scatola sotto il braccio sinistro e, mogio mogio, come un cane bastonato, riprende posto al suo tavolo. Gli spettatori hanno seguíto la sua azione senza staccargli gli occhi di dosso e, finalmente, ora, ipocriti e maligni, commentano sommessamente l'accaduto. Il professore, con infinita calma e serenità, come se nulla di strano fosse accaduto, riguadagnando il centro della scena, riprende il suo numero)* Chiedo un po' di attenzione per passare ad un altro esperimento... (*La musica monotona riprende*). Zaira!...

ATTO SECONDO

La misera casa di Otto Marvuglia. La stanza che vediamo è angusta e malinconica. Un ampio finestrone in fondo a sinistra, lascia vedere i tetti e i terrazzi di altre povere case dirimpettaie. La comune è in fondo a destra. In prima a sinistra altra porta che introduce in un'altra stanza.
La scena è ingombra di ogni cianfrusaglia: i tavoli di metallo cromato, che abbiamo visti al primo atto; cilindri, cassette, bandiere, elmi, sciabole. L'arredamento è costituito da poveri mobili e sedie spaiate. Al centro del finestrone pende un'enorme gabbia «popolata» di canarini. Sul davanzale un'altra gabbia con dentro quattro o cinque colombi.
Giorno chiaro, prime ore del mattino.

AMELIA (*affacciata alla finestra, come parlando a qualcuno che abita di fronte*) No, non te lo permetto! Non lo devi fare. Guarda, te lo dico sinceramente, se vieni a parlare con papà, non ti guardo piú in faccia! (*Resta in ascolto, seguendo la risposta dell'altro, poi riprende*) Non lo devo dire a te! La ragione è perché, per adesso, non mi voglio sposare. Va bene, l'hai saputo? Adesso sei contento? (*Rimane in ascolto*) La ragione non te la posso dire; viene il momento che la saprai. Te lo dico domani. Domani è il mio compleanno; vedi come ti devi mettere. Faccio diciannove anni. Se hai la costanza di aspettare due o tre anni, ci sposeremo. (*Pausa*). Ah, ma sei cocciuto, sa'! Non te lo dico. Parliamo d'altro. Tu forse non mi vuoi bene veramente, perché non mi hai fatto una domanda che fanno tutti i giovani che vogliono bene a una ragazza. (*Pausa*). Non mi hai domandato quali sono i fiori che mi piacciono. (*Pausa*). È la prima cosa che si domanda. A me me l'ha detto una amica mia, che ci ha un fidanzato che muore e *spàntica* per lei. (*Pausa*). Si capisce, perché adesso te l'ho detto io! (*Pausa*). I garofani... Mi piacciono i garofani rosa pallido, ma quelli piccoli piccoli...

quelli che i venditori mettono per bellezza sopra i cesti di gelse
bianche. Quanto mi piacciono! Perché una volta, quando ero
piccola, stavo sola fuori al balcone di casa mia, abitavo al primo piano, e me ne rimase impresso uno che stava in mezzo ad
un fascio d'erba, che un cocchiere dava a mangiare al cavallo
suo. Piano piano, vedevo che l'erba finiva, e la bocca del cavallo si avvicinava al garofano... (*Pausa*). Sí, poi se lo mangiò,
povero garofano! (*Piange in una maniera infantile*) E che vuoi
fare? Ogni volta che ci penso mi viene a piangere. Te lo devi
ricordare: i garofani rosa pallido, sí: ma quelli piccoli, piccoli,
piccoli...

Dalla sinistra, Otto in pantalone e giacca di pigiama: una giacca di pigiama stremenzita, senza colletto, e con il solino della
camicia aperto. Entra come parlando a qualcuno che lo segue.

OTTO   Ma no, Gerva': 'o filo dallo a me; è meglio che l'interruttore 'o tengo io dint' 'a sacca, perché dipende tutto da me.

GERVASIO (*porgendo ad Otto un piccolo interruttore di galalite,
dal quale pende un filo che si perde in quinta, un sottilissimo
filo elettrico*)   Ma scusa, è meglio che 'o movimento 'o faccio
io; se 'o pubblico vede 'o filo, è finita.

OTTO   Niente affatto, che vede? Quando il numero è finito, il
pubblico è distratto, perché una fregatura non se l'aspetta piú.
Mo facciamo una prova. Tu, vattene dentro, innesta la spina, e
stai attento al disco. (*Gervasio esce per la prima a sinistra*).
Quando sei pronto mi avverti. (*Si piazza al centro della scena e
attende*).

GERVASIO (*di dentro*)   Pronto.

OTTO (*comincia a manovrare il piccolo interruttore con la mano
destra, portandoselo, come per nasconderlo, dietro le spalle. Si
ode, come trasmesso da un invisibile altoparlante, un brevissimo lacerante rumore radiofonico*)   Questa volta ho sbagliato
io. Devo prenderci la mano. Riproviamo. (*Balenandogli un'i-
dea*) Aspetta. (*Parlando verso la prima a sinistra*) Venite qua,
voialtri. Vieni anche tu, Artu', facciamo una prova completa.
Piccere'... Amelia.

GERVASIO (*seguíto da Arturo e da Amelia*)   Eccoci.

OTTO   Voialtri fate da pubblico. Mettetevi qua. (*Li piazza in prima quinta a destra, quasi al proscenio*) Fate conto che il numero sia finito. Io m'inchino. (*Infatti s'inchina. I tre iniziano un
applauso*). Bravi.

Come prima, comincia a manovrare l'interruttore. Questa volta si ode l'inizio di un applauso nutrito che, aumentando di
volume, e fondendosi con l'applauso dei tre, piano piano diventa un'ovazione imponente, una di quelle manifestazioni di piazza, le quali, nel momento in cui sembrano esaurirsi, riprendono con piú forza e vigore. Il volto di Otto si illumina. L'illusione è perfetta. Si sente celebre e compreso. Con riservatezza e
sufficienza s'inchina ripetutamente a questa immaginaria massa
di gente che freneticamente l'applaude.

ZAIRA (*dal fondo. Indossa un povero consunto abito, non privo di
alcuni tocchi audaci di sfrontata dignità, i quali non riescono
che a rendere l'insieme pietoso e grottesco. Reca con sé una
borsa ricolma di verdura, un pacco di spaghetti sotto il braccio
e una bottiglia d'olio. Nel vedere Otto, l'osserva incuriosita,
fermandosi sulla soglia della porta*) Neh, ma voi siete pazzi?
Giesú, quello si è scimunito! Ma che stai facendo?

OTTO (*manovra l'interruttore per far cessare la manifestazione.
Difatti, cessa*) Il nostro numero è finito, ed il pubblico applaude.

ZAIRA   Ma quale pubblico?

OTTO (*candido*)   Sono o non sono un illusionista? Ho creato questo trucco, e l'ho chiamato: la moltiplicazione degli applausi.
Quando finisce il numero, lo mettiamo in funzione, e avremo
l'illusione di aver lavorato di fronte a platee gremite di spettatori. Un amico mio che sta alla Radio mi ha regalato un vecchio
disco passato di moda, un disco che riproduce un'oceanica manifestazione di popolo in piazza. Siente... siente se l'illusione non
è perfetta. (*Si piazza al centro del palcoscenico*) Il numero è
finito, va bene? (*Rivolgendosi ai compagni cui si è unita Amelia che si diverte un mondo al giuoco*) Iniziate l'applauso. (*I
tre iniziano l'applauso. Otto manovra l'interruttore con accorgimento e accuratezza, in modo da determinare con lenta progres-
sione la travolgente manifestazione. Poi con la stessa progressio-
ne determina la fine. Rivolgendosi felice a Zaira*) He capito,
Marianni'? Chi non si sentirebbe orgoglioso? L'illusione è perfetta!

ZAIRA (*dopo averlo guardato con infinito disprezzo, ai tre compari*)   Ma voi capite, vi rendete conto di fronte a quale incosciente ci troviamo, e per disgrazia mia mi trovo? Quello pensa a
moltiplicare gli applausi, e non pensa che qui c'è una sottrazio-
ne di soldi continua. Oggi, per fare questo poco di spesa (*mo-

stra la verdura e gli altri pacchetti), ho dovuto pegnorare l'ultimo orecchino che ci avevo, perché con i soldi che guadagnammo
quattro giorni fa ho dovuto pagare i debiti.

OTTO   Ma erano cinquantamila lire!

ZAIRA   E che so' cinquantamila lire, oggi? I mensili arretrati al
padrone di casa... diecimila lire solo per far riattaccare la corrente... Anzi, ti prego di non fare esperimenti elettrici, se no, alla
fine del mese ce levano 'a luce un'altra volta... Il salumiere, il
macellaio... c'è da mettersi le mani nei capelli.

AMELIA (*conciliante*)   Va bene, non fa niente. Qualche cosa succede.

ARTURO   Chello ca succede 'o ssaccio io. Ieri al giorno sa' chi ho
incontrato? Roberto Magliano.

OTTO (*nell'udire quel nome ha un breve sussulto*)   Magliano?

ARTURO   Io non l'avevo riconosciuto, perché è ridotto in uno stato che fa pietà. Ha riconosciuto isso a me. Voleva l'indirizzo
tuo.

OTTO   E tu?

ARTURO   Ma che m'he pigliato pe' scemo? Ho detto che non ti
vedevo da molto tempo e ca nun saccio addó staie. Vo' 'e
solde. Vo' 'e cientomila lire che t'ha prestato. Ha detto che
mette Napoli sottosopra, ma ti deve trovare. Statte accorto,
perché è avvelenato. Ridotto in quelle condizioni, chillo è capace pure 'e te sparà.

OTTO (*filosofo*)   Mi spara? E va bene. Tu he giucato maie 'a
rulette? La rulette è composta di trentasei numeri; una città
avrà duecentomila case. Me trova? È na parola!

ARTURO   Prufesso', io 'a ruletta l'aggio giucata nu sacco 'e vote.
Int' 'a pallina ce sta 'o diavolo, gira e gira e gira e te vide arrivà
Roberto Magliano dint' 'a casa toia.

OTTO   Speriamo di no.

AMELIA (*a Zaira, indicando la borsa con la verdura*)   Che avete
comprato?

ZAIRA   Quello che ho potuto. (*Rovistando nella borsa e traendo
da essa cinque o sei garofani piccoli e rosa pallido*) Te', aggio
pigliato pure 'e garofane pe' te!

AMELIA (*felice come una bambina*)   Quante so' belle! Grazie. Io
ve voglio bene, a vuie, 'o ssapíte?

ZAIRA   E io pure voglio bene a te.

AMELIA   E comme so' profumate! So' tale e quale a chille...
(*Piange c. p.*).

ZAIRA   Guè, embè?

ARTURO (*avvicinandosi preoccupato*)   Ch'è stato?

Campanello interno. Gervasio esce per aprire.

ZAIRA   Niente. Ha visto 'e garofane e s'è mmisa a chiàgnere. Si faie accussí, nun t' 'e pporto cchiú.

Amelia pone i fiori in un vaso sul fondo. Torna Gervasio seguíto dal cameriere del Metropole.

GERVASIO   C'è il cameriere dell'albergo Metropole; vo' parlà cu' te.

CAMERIERE   Bongiorno, professo'.

OTTO   Bongiorno, ch'è stato?

CAMERIERE (*porgendogli una lettera*)   È arrivata ieri in albergo: forse non sapevano l'indirizzo vostro; siccome sono di libertà e abito da queste parti...

OTTO   Grazie, sei stato veramente gentile. (*Apre la busta, spiega il foglietto, ne scorre il contenuto*).

CAMERIERE   È cosa importante?

OTTO (*ammettendo*)   Sí, grazie ancora. Vuoi sedere?

CAMERIERE   No, vado via subito.

OTTO   Un caffè?

CAMERIERE   No, grazie.

OTTO   In casa di un prestigiatore, un caffè può apparire. Dunque non costa niente.

ZAIRA (*ironica*)   Come no... Qua tutto apparisce come per incanto. (*Indicando la bottiglia d'olio e la borsa con la verdura, rivolgendosi un po' a tutti*) Vedete questa roba? L'ha fatta apparire lui con la bacchetta magica. Alla fine del mese fa cosí... (*solleva il braccio destro in alto, accennando un rapido gesto con la mano come per afferrare qualcosa*) ... e paga il padrone di casa! Quando servono le scarpe, suggestiona il calzolaio e quello gliele porta a casa senza pretendere un soldo. Io poi sono brava per le sparizioni... Chi sa quale volta dico: «Uno, due, tre!» sparisco, e chi s'è visto s'è visto! (*Al cameriere*) Venite, venitevi a prendere il caffè.

CAMERIERE   Ma non c'è bisogno, signora.

ZAIRA   E che c'entra, siete stato tanto gentile.

AMELIA   E poi ce lo dobbiamo prendere pure noi. È fatto, si deve solo riscaldare; venite.

CAMERIERE   Grazie.

AMELIA (*invitandolo ad entrare*)   Prego.

CAMERIERE   Molto gentile. (*Ed esce per la prima a sinistra seguíto dalle due donne*).

ARTURO   Io me vaco a ffa' 'a barba; po' faccio na corsa 'o cafè, pe' vedé si pozzo cumbinà quacche affaruccio.

GERVASIO   Ascimme nzieme.

I due escono per la prima a sinistra.
Otto, rimasto solo, arrotola ordinatamente il filo con l'interruttore e poggia il tutto su di un mobile a sinistra. Il campanello dell'ingresso trilla. Otto nell'udirlo esce svelto per la comune. Dopo piccola pausa rientra, precedendo il brigadiere di PS, due agenti e Calogero Di Spelta, il quale stringe sotto il braccio sinistro la scatola giapponese del primo atto.

BRIGADIERE (*con spiccato accento siciliano*)   Fermi tutti!

OTTO   Ma quando mi sono fermato io, è tutto quanto può desiderare: sono solo!

BRIGADIERE (*sospettoso, ambiguo*)   Lo vedo, non sono cieco. Non cerchi di fare il furbo con me. Io faccio il brigadiere, lei l'illusionista. Io dico: «Mani in alto! Fermi tutti! In nome della legge, aprite!» Sono frasi che mi dànno coraggio e autorità, le devo dire: intesi? (*Ai due agenti*) Voialtri sorvegliate l'uscita. (*A Calogero*) Lei, signor Di Spelta, stia accanto a me.

CALOGERO (*guardingo, ma sicuro delle conclusioni, data la presenza della Giustizia*)   Benissimo.

OTTO (*senza perdere la sua calma abituale*)   Ma cosa accade, a che devo l'onore della vostra visita, signor Di Spelta?

CALOGERO (*rabbioso, con dispetto*)   Io non vi rispondo, avete capito? Non vi rispondo: quello che dovevo dire, l'ho già detto al brigadiere qui presente. È a lui che dovete rivolgervi, ed è lui che vi risponderà.

OTTO   Benissimo. Allora, signor brigadiere, posso chiedere per quale motivo ho l'onore di riceverla in casa mia?

BRIGADIERE (*assumendo una falsa aria ironica per dare l'impressione al suo interlocutore di essere al corrente*)   Non fare la colombella smarrita, amico del sole. Ricordati che la Polizia sa tutto, ed è sempre al corrente di tutto. (*Indicando Calogero*) Il signore ha fatto una denunzia precisa, e io non aspettavo altro per agire perché già sapevo ogni cosa. Quattro giorni fa, nel giardino dell'albergo Metropole, con una strategia da delinquente consumato, hai fatto sparire sua moglie...

OTTO (*azzarda*)   Ma...

BRIGADIERE (*autoritario*)   Silenzio! E fermi tutti! (*Riprendendo il discorso*) La signora aveva indosso molti gioielli, ori e brillanti.

CALOGERO (*timido, precisando*)   E uno smeraldo di dieci carati.

BRIGADIERE (*c. s.*)   Silenzio! Ho detto: ori e brillanti! E quando si dice ori e brillanti, sono anche compresi gli smeraldi e i rubini gialli. E fermi tutti! (*Di nuovo a Otto*) Dunque, amico del sole... la signora è stata derubata e soppressa. Ora si tratta solamente di assodare la residenza provvisoria del cadavere. Se confessi è meglio per te.

OTTO   Posso parlare?

BRIGADIERE   Avanti.

OTTO   Già spiegai al signor Di Spelta che si è trattato di un semplice giuoco di prestidigitazione. E che, per giunta, fu lui a iniziarlo chissà quando. Il fatto poi che io l'abbia messo di fronte all'illusione, fermando per un attimo in forma concreta le immagini mnemoniche della sua coscienza atavica, non comporta responsabilità da parte mia.

BRIGADIERE (*imbarazzato, torvo*)   Ma la signora è sparita, sí o no?

OTTO   Non v'ha dubbio. La signora è scomparsa. (*Indicando Calogero*) E da lui solamente, ora, dipende la riapparizione. Su, coraggio, signor Di Spelta... non create equivoci, e non fate perdere tempo alla giustizia. Fate riapparire vostra moglie.

CALOGERO (*che ha compreso l'allusione di Otto: testardo*)   Io la scatola non l'apro. Non sarò tanto fesso da prestarmi ad un'impostura del genere.

BRIGADIERE (*piú imbarazzato di prima*)   Quale scatola?

CALOGERO (*mostrandogliela*)   Questa.

BRIGADIERE   E che c'entra la scatola?

CALOGERO   Perché lui (*indica Otto*) sostiene che mia moglie si trova qui dentro.

OTTO (*mellifluo, insinuante*)   Sicché, signor Di Spelta, voi non avete ancora aperta la scatola.

CALOGERO (*deciso*)   E non l'apro.

OTTO   Ed allora, per quale motivo assurdo volete insistere?

BRIGADIERE (*sospettoso*)   Ma scusino... Come si può pensare di trovare la moglie in una scatola?

OTTO   Non una, signor brigadiere, ma tante. Cento, mille mogli può contenere una scatola, anche se piú piccola di quella.

BRIGADIERE (*distogliendo il suo sguardo da quello di Otto, come se ne provasse fastidio*)   Storie! Queste sono storie. Ma in giro mi vuole prendere? La signora è scomparsa. Ti ripeto, amico del sole, è meglio per te se confessi. Perché l'hai uccisa? Come l'hai uccisa? Dove sta il cadavere?

Calogero ha un moto di soddisfazione nell'udire l'intimazione del brigadiere a Otto.

OTTO (*dopo una pausa, decide*)   Ho capito... Sarà meglio confessare.

BRIGADIERE (*energico piú che mai*)   Fermi tutti! Parla.

OTTO   Già, ma io voglio confessare tutto alla giustizia. Vuole avere l'amabilità, signor brigadiere, di allontanare per un momento il signor Di Spelta?

BRIGADIERE (*a Calogero*)   Lei si metta lí. (*Indica un punto della scena in fondo a destra. Calogero ubbidisce*).

OTTO (*traendo da parte il brigadiere*)   Venga qua, s'accomodi. (*Seggono*). La signora Di Spelta, la moglie del signore che ha sporto denunzia contro di me, si trova a Venezia.

BRIGADIERE   Morta?

OTTO   Non è stata mai viva come in questo momento. La sera del mio spettacolo, nel giardino del Metropole, colse un attimo propizio per scappare col suo amante Mariano D'Albino.

BRIGADIERE (*lentamente gira il capo verso Calogero, squadrandolo dalla testa ai piedi*)   La signora aveva un amante?

OTTO   Già. E fu appunto per non mettere questo disgraziato di marito di fronte alla realtà, che feci passare il fatto per un giuoco di illusione, inventando l'affare della scatola.

BRIGADIERE (*preoccupato*)   E se l'apre?

OTTO   Crederà di non avere avuto fede abbastanza.

BRIGADIERE   E se non l'apre?

OTTO   Vivrà nell'illusione della fedeltà.

BRIGADIERE   Non ho capito.

OTTO   Non fa niente.

BRIGADIERE (*divertito. Poi d'un tratto sospettoso*)   E questo lei come me lo può provare?

OTTO   Ecco. (*Prende di tasca la lettera che gli ha portato il cameriere dell'albergo e gliela mostra*) Questa è della signora, me l'ha inviata da Venezia. (*Legge*) «Gentile professor Marvuglia, sono molto in pena ed avvilita per averla messa in imbarazzo nei confronti di mio marito; ma, creda pure, non è stata mia la colpa. Fu il signor Mariano D'Albino che volle trascinarmi a

Venezia. Ora sono con lui in un paradiso di felicità. Unico mio rammarico è il povero Calogero. Cerchi di avvicinarlo e di distoglierlo dall'idea di cercarmi. Egli non è il mio uomo. Mi perdoni e mi creda, sua: Marta Di Spelta».

BRIGADIERE (*convinto*)   Mi dia la busta. (*Otto gliela dà. Il brigadiere a Calogero, mostrandogliela*) Riconosce questa calligrafia, lei?

CALOGERO   Mia moglie.

BRIGADIERE   Basta. (*Avvicinandosi ad Otto*) È chiaro: cornuto è. Meschino. (*Pausa lunga, durante la quale i tre si scambiano sguardi intenzionali, ciascuno per quello che pensa e sente*). Professore, che ne faccio, ora, di quello là? (*Allude a Calogero*).

OTTO (*semplice*)   Io lo arresterei. Non è male se lo si tiene un po' in disparte.

BRIGADIERE   Già, ma per quale reato?

OTTO   Falsa denunzia.

BRIGADIERE (*perplesso*)   Ma neanche la falsa denunzia esiste.

OTTO   Nei confronti miei, sí.

BRIGADIERE   Ma, scusi, perché non glielo dice, lei? Quattro e quattro fanno otto... Tua moglie è scappata con un amante... Lui mi fa la denunzia, io li sorprendo, e finisce la giostra!

OTTO   E, scusi, perché non glielo dice lei?

BRIGADIERE   Io? E che me ne frega?

OTTO (*pronto*)   E perché dovrebbe fregarmene a me?

BRIGADIERE (*ammettendo*)   Già. Resta soltanto un fatto: io che ne faccio di quello là.

OTTO (*bonario, insinuante*)   Entri nel giuoco, brigadiere... Entri nel giuoco anche lei. Si trarrà d'imbarazzo, lasciando nel contempo, quel disgraziato di marito nella sua illusione. (*Pausa*).

CALOGERO (*ne ha le tasche piene di quel colloquio appartato, e spazientito*)   Ma volete o non volete farmi sapere qualche cosa? Insomma che si fa?

I due, muti, si interrogano.

BRIGADIERE (*reagendo al tono di Calogero, quasi arrogante*)   E che si deve fare? Lo chiede a me?

CALOGERO (*meravigliato*)   E a chi, se non a lei?

BRIGADIERE (*risentito, quasi offeso dall'atteggiamento di Calogero*)   Lei faccia silenzio, ha capito? Cerchi di stare tranquillo e accenda due belle candeline a san Gennaro che gli ha fatto la grazia di non fargli passare un brutto quarto d'ora! (*Calogero è come impietrito*). Il professore qui presente, giustamente, gli potrebbe sporgere una bella querela per diffamazione; mentre io, dal canto mio, potrei portarmelo in Questura, e fargli passare un paio di notti in camera di sicurezza, al fresco, per aver osato di prendere in giro un pubblico funzionario.

CALOGERO (*sbarrando gli occhi*) Io?

BRIGADIERE (*sempre più severo*) Lei, lei, lei! Lui. Iddu! Lei, quando parla, deve sapere quello che dice, specialmente quando si rivolge alla giustizia. Quale furto, quale delitto è venuto a denunciarmi? Fatti... fatti ci vogliono per muovere la Legge. Documenti, prove inconfutabili. Se lei viene e mi dice: «Mia moglie è stata assassinata!», morta me la deve far vedere, scannata. Se mi dice, per esempio, ascolti professore: «Mia moglie è sparita perché è scappata con un altro uomo», e mi fa sapere dove si trova, io vado e li arresto. Mi può dire tutto questo, lei? Me lo può dichiarare con una denunzia scritta e controfirmata col suo riverito nome e cognome?

CALOGERO (*in buona fede*) No.

BRIGADIERE E allora, che cosa dovrei fare io? Che c'entro io in tutto questo? Si è trattato di un giuoco, un esperimento d'illusione. È lei che deve farla finita, santo Iddio! Il solo responsabile è lei. Come si dice? «I panni sporchi si lavano in famiglia». Se lei vuol chiamare la lavandaia, la chiami pure; ma allora i panni fuori di casa li deve mettere... non le sembra? (*Si rivolge al professore accomiatandosi con una strizzatina d'occhi*) Buona giornata, professore! e complimenti. (*Mentre si avvia si rivolge nuovamente a Calogero, rallentando il passo*) Di fronte a certi giuochi d'illusione, egregio signore, fermi tutti! (*Agli agenti*) Nnamuninne, picciuotte (*Ed esce seguito dagli agenti*).

CALOGERO (*dopo una lunga pausa durante la quale, come dissolvenze cinematografiche, sono passate sul suo volto tutte le espressioni del suo complesso interno, lentamente siede in preda ad un abbattimento morale ed appena percettibile, dice*) Ho capito! (*Un singhiozzo inaspettato lo costringe ad abbandonarsi ad un pianto infantile, semplice, che egli, in fondo, accetta volentieri e senza riserve. Otto dal suo posto, comprensivo, ora lo guarda con infinito senso di pietà. Calogero, fra le lacrime, ripete*) Ho capito!

OTTO (*dolcemente si avvicina*) Ma no, non così, signor Di Spelta. Cosa credete di aver capito? Mi dispiace veramente. Non credevo che voi foste entrato così profondamente nel giuoco.

CALOGERO (*sfiduciato*) Quale giuoco?

OTTO (*semplice*) Uno degli esperimenti che sto presentando al pubblico dell'albergo, qui, in giardino, durante il mio spettacolo... Io, in possesso del terzo occhio, non ho fatto altro che fermare nel tuo cervello una convenzione atavica irradicata e dare al tuo pensiero immagini mnemoniche, le quali, a loro volta, ti danno per cosa reale certe sensazioni che possono semplicemente definirsi fenomeni di pura coscienza atavica: il tempo!

CALOGERO (*sospettoso*) Come?

OTTO Ho capito, va. Il tuo abbattimento potrebbe procurarti un collasso che ti spedirebbe in un attimo all'altro mondo. Allora sono costretto a tradire il mio segreto professionale e renderti compartecipe del mio terzo occhio, pur lasciandoti nel giuoco fino all'esaurimento di esso, perché purtroppo di qualunque esperimento del genere, una volta iniziato, se ne può determinare la fine solo quando il soggetto è in condizioni di raccontarlo egli stesso, e di riderne. Stamme a sentí. Tu credi che il tempo passi? Non è vero. Il tempo è una convenzione. Se gli uomini non si fossero organizzati in questo mondo, tu come potresti trovarti ad un appuntamento? Se ognuno di noi vivesse senza impegni, senza affari, voglio dire una vita naturale, primitiva, tu dureresti. Dureresti senza saperlo. Dunque, il tempo sei tu.

CALOGERO Io?

OTTO Un disgraziato, per esempio, che viene condannato a trenta anni di galera, secondo te, per riacquistare la libertà, che cosa deve aspettare?

CALOGERO Che passino i trent'anni.

OTTO Bene. E se, per ipotesi, il condannato morisse un attimo dopo la sentenza, secondo la tua affermazione, quei trent'anni passerebbero lo stesso?

CALOGERO Certamente.

OTTO Per chi?

CALOGERO Per quelli che restano.

OTTO E perché quelli che restano dovrebbero accorgersi dei trent'anni lasciati insoddisfatti dal condannato? Quei trent'anni esistevano nella coscienza del condannato e di coloro che avevano emanato la sentenza. Credi a me, convenzione su convenzione... Tu di solito a che ora mangi?

CALOGERO Verso l'una e mezzo.

OTTO Bene. Sicché verso l'una, l'una e un quarto, ti viene appetito?

CALOGERO Caspita... una fame!... Io incomincio verso la mezza.

OTTO   Rispondi, rispondi a me. Ti viene appetito perché è l'una e mezza... o è l'una e mezza perché ti viene appetito?

CALOGERO   E non è lo stesso?

OTTO   No che non è lo stesso. È l'una e mezza perché ti viene appetito. L'orologio è il tuo organismo che ha funzionato. Dunque il tempo, come vedi, sei tu!

CALOGERO (*convinto*)   Già... Perché se io sto poco bene, non ho fame...

OTTO   Quando è sparita tua moglie?

CALOGERO   Quattro giorni fa.

OTTO   Me l'aspettavo la risposta. E tu ci credi?

CALOGERO   Per forza.

OTTO   Per forza di che?... Di chi?... Di chi se non per forza della tua coscienza?... Se tu credi che siano passati quattro giorni... è il risultato dell'esperienza piuttosto che di una cosa dimostrabile. Te lo dico perché ho tradito il mio segreto professionale: sto facendo il giuoco! (*Indicando il fondo della camera*) Guarda... là ci sono tutti i clienti dell'albergo che assistono al mio spettacolo. Tu sei convinto di essere in casa mia, ma siamo nel giardino del Metropole. Tutte le sensazioni che provi, tutte le immagini, te le sto trasmettendo io, sfruttando la tua memoria atavica. Tu, per esempio, credi fermamente di aver cercato tua moglie dappertutto...

CALOGERO   Ho portato qua un brigadiere con due guardie...

OTTO   Non è vero. Hai creduto di averlo fatto. Credi perfino di essere in casa mia, ma non è vero. Insomma, tu in questo giuoco agisci come avrebbe agito chiunque. In altri termini: come per coscienza atavica. Subisci l'imposizione di questo giuoco, ma in realtà e praticamente non ne sei il protagonista...

CAMERIERE (*dalla sinistra porgendo al professore una tazza di caffè in un piccolo vassoio*)   Ecco, professore, un caffè squisito.

Calogero, nel vederlo, lo riconosce e ne rimane stupito.

OTTO (*cogliendo a volo l'occasione propizia ne approfitta per rafforzare le sue affermazioni*)   Grazie, caro, ma non sono solo. Servilo al signore: ne porterai un altro a me.

CAMERIERE   Certamente. (*Porgendo il caffè a Calogero lo riconosce e si inchina a lui rispettosamente*) Signor Di Spelta, sono molto lieto di servirla. (*Calogero, mezzo intontito, come di fronte ad una cosa irreale, prende la tazzina dalle mani del cameriere e comincia a sorseggiare il caffè*). Il signor Di Spelta è uno dei clienti piú affezionati del nostro albergo...

CALOGERO Già.

CAMERIERE Permesso. (*Ed esce per la prima a sinistra*).

CALOGERO (*sempre sorseggiando il caffè, guarda intorno per rendersi conto della autenticità di ciò che lo circonda. Ogni qual volta gli capita di incontrare lo sguardo del professore sorride fra l'incredulo e il furbo*) Ogni anno vengo... vado... qua sí... vengo in questo albergo... mi dispiace che vi siete privato voi del caffè...

OTTO Sciocchezze. E poi qua, in albergo, fanno presto.

CALOGERO Sí, è vero, il servizio in questo albergo è stato sempre di primissimo ordine...

OTTO E pure il ristorante...

CALOGERO Una cucina ottima. Vi garantisco che quando lascio l'albergo, per un po' di tempo nun me cuntenta nemmeno 'o cuoco d' 'a casa mia.

CAMERIERE (*dalla sinistra, recando un'altra tazza di caffè*) Ecco, professore, questo è per voi. Scusate, professo', adesso ho da fare. Se avete bisogno di me...

OTTO Ti chiamerò, stai tranquillo.

CAMERIERE Signor Di Spelta, ai suoi ordini.

CALOGERO E tu sei sempre in albergo?

CAMERIERE Sempre.

CALOGERO Anche adesso?

CAMERIERE Certamente. Anche adesso. Di nuovo. (*Inchino ed esce*).

CALOGERO (*dopo lunga riflessione*) Scusate, professore, quello che se n'è andato, io l'ho riconosciuto: è il cameriere dell'albergo. Allora io penso che ci deve essere un errore, perché se voi mi state trasmettendo queste immagini, per darmi le sensazioni che dovranno portarmi all'esaurimento del giuoco, allora il cameriere non dovevate farmelo vedere. E già, perché fa parte della realtà, non della vostra magia.

OTTO Bravo. Mi piaci perché approfondisci le cose: ma io te l'ho detto, siccome mi sono commosso alle tue lacrime, ho tradito il mio segreto professionale.

CALOGERO Ho capito. Il fatto del terzo occhio.

OTTO Precisamente. (*Con la bocca fa la musica del primo atto. Calogero si unisce a lui*).

ROBERTO (*entra dal fondo a destra. È un uomo sui quarantotto anni, pallido e stravolto. Veste un abito liso ma di buon gusto.*

Nell'entrare egli scorge immediatamente Otto, senza nascondere il proposito ben maturato che lo ha portato a una risoluzione estrema) Buongiorno. *(Siede stanco sulla prima sedia presso la porta).*

OTTO *(nel vederlo ha un attimo di smarrimento, ma si riprende subito)* Caro Roberto, come stai?

ROBERTO Capisco, tu non mi aspettavi. Sei rimasto molto male. Non trovare pretesti e scuse perché non ne ricavi niente. Con me non dovevi agire come hai fatto. Sei stato capace di sparire dalla circolazione; però quando avesti bisogno di me sapesti dove trovarmi. Oggi tu non sai in quali condizioni mi trovo io. Ti ho scritto, te l'ho mandato a dire, niente, niente: è stato tutto inutile.

OTTO Guarda, Robe', non l'ho fatto per male. Le mie condizioni sono disastrose.

ROBERTO Ma che m'importa delle condizioni tue? Io penso 'a condizione mia. Tengo tre ffiglie, e mia moglie in procinto di entrare in clinica per un'operazione. *(Si alza avvicinandosi ad Otto)* Insomma, tu te si' scurdato 'e quanno si' venuto addu me per essere aiutato, e io nun te facette manco arapí 'a vocca. Ti consegnai cento biglietti da mille, cento biglietti da mille che oggi mi possono salvare...

OTTO Ma non puoi trovare qualche amico?

ROBERTO E perché? Io aggi' 'a cercà 'a lemmòsena, o pure aggi' 'a vedé 'e figlie mieie che moreno 'e famma per essere gentile con te. Guarda, la mia situazione è disperata. Si nun me daie 'e solde, questo fatto finisce tragicamente, pecché io t'accido, he capito? Deciditi. *(Con calma trae di tasca una rivoltella e la punta verso Otto).*

OTTO *(non perde la sua calma. A Roberto)* Un momento. *(Si avvicina a Calogero e gli spiega l'accaduto)* Vedi, quel signore fa parte di un altro giuoco iniziato chi sa quando e da chi.

CALOGERO È un giuoco?

OTTO Fa parte di un giuoco. Si presta inconsciamente come ti sei prestato tu, senza volerlo. Mo che succede? Adesso te lo spiego. Il giuoco può prendere due strade. Se gli dò le centomila lire esco dall'esperimento; se mi faccio sparare, allora ne nasce una confusione che non ti saprei dire, perché il giuoco potrebbe prendere delle proporzioni vastissime, coinvolgendo altri uomini e altre cose: articoli sui giornali, agenti di pubblica sicurezza, tribunale penale, il carcere, il cimitero...

CALOGERO Tutte immagini mnemoniche?

OTTO Naturalmente.

CALOGERO Uno spettacolo formidabile! (*A Roberto*) Sentite, volete essere gentile di sparare sul professore?

ROBERTO Insomma, cca l'avutammo a pazzía?

OTTO Un momento. Guarda, se lui spara...

CALOGERO Voi non morite! Non avete detto che si tratta di un giuoco?

OTTO No, nun he capito niente. Si me spara, io moro; e proprio questo è il giuoco. Io muoio e finisce il mio mondo. Nessuno ha il diritto di distruggere un mondo. Il mio mondo è collegato al tuo. Se il mio finisce, chi sa per quale strada precipita il tuo. È una catena. Non possiamo sottrarci, dobbiamo prestarci. Lui deve sparire. Per farlo sparire, non ci vuole niente. (*Comincia a parlare con la classica voce dell'imbonitore nel momento che presenta al pubblico un esperimento d'illusione*) Prego la massima attenzione. Qualsiasi giocoliere, per fare un esperimento chiede sempre al pubblico un anello, un oggetto, un fazzoletto, un orologio. Ora per questo giuoco, io ho bisogno di centomila lire. Chi è disposto a darmi centomila lire per questo esperimento? (*Punta l'indice verso l'immaginaria platea invitando gli spettatori uno per volta*) Lei? lei? lei?... (*Poi come richiamato dal prestarsi spontaneo di uno del pubblico si rivolge a Calogero*) Lei? Grazie!

CALOGERO (*un po' perplesso*) Ma veramente...

OTTO È un giuoco. Tu me le dai, va bene; ma senza nessun timore, perché si tratta di un giuoco.

CALOGERO Ma non ce l'ho. (*Rovistandosi nelle tasche*) Ti posso firmare un assegno, ma forse non va bene...

OTTO Va benissimo invece. Come no? Basta che la cifra sia scritta ben chiara.

CALOGERO (*traendo di tasca il* carnet *degli assegni e una stilo*) Ecco. (*Lo trascrive regolarmente, lo stacca e lo porge a Otto*).

OTTO Bene. (*Leggendone l'intestazione*) Intestato a me. Dammi la stilo. (*Calogero gliela porge*) Ora non faccio che girarlo a suo nome. (*Esegue*) Uno, due, tre! (*Lo porge a Roberto*) A te, sparisci!

ROBERTO (*intascando l'assegno, dopo averlo controllato*) Lo credo. (*E senza salutare esce in fretta*).

OTTO Et voilà! Il giuoco è fatto. Roberto Magliano è sparito. (*Musica con la bocca*).

CALOGERO Straordinario! Scusate, professo': e 'e solde mieie?

OTTO Quali?

CALOGERO   Come quali? L'assegno.

OTTO (*precisando*)   L'immagine dell'assegno! Hai creduto di
avermelo dato, ma non è vero. È nu giuoco, he capito? Metti
il caso che tu avessi preso sul serio l'assegno, il giro bancario, i
giuochi di borsa, le anticipazioni, gli interessi, le scadenze... tu
nun me l'avarisse dato! Per il giuoco invece sí: m'he dato centomila lire. E che so' centomila lire per un giuoco d'illusione?
Torneranno a te, per un'altra strada, sotto un'altra forma...
Quando? Non ha importanza. Ogni giuoco ha bisogno del suo
sviluppo. Esistono giuochi che durano da migliaia d'anni convenzionali e non si sono ancora conclusi...

Dalla camera accanto si odono grida confuse. Poi distinta la
voce di Arturo.

ZAIRA   Ame'!

ARTURO   Figlia mia!

ZAIRA (*dall'interno*)   Non t'impressionare!

ARTURO (*entra stravolto, rivolgendosi a Otto con voce disperata*)
'O ssapevo, 'o ssapevo!

OTTO   Ch'è stato?

ARTURO   Amelia nun dà segno 'e vita! 'A nu mumento a n'ato,
ce l'avimmo vista perza p' 'e mmane. È diventata pallida come
una morta, e non parla... (*Cade affranto fra le braccia di Otto
che cerca di confortarlo*) Me so' rovinato pe' chella figlia, e tu
'o ssaie! So' ridotto a l'elemosina per portarla da tutte le cele-
brità mediche: cuore infantile, non arriverà ai vent'anni. Niente, nisciuno ha potuto fa' niente. Ma pecché, dimme tu, pecché? Che male ha fatto chella creatura? E che male aggio fatto
io?

OTTO   Ma nun fa' accussí. Sarà una semplice crisi.

ARTURO   No, nun è na cosa semplice. E pecché, pecché?

ZAIRA (*internamente con voce soffocata*)   Amelia! Ame'... (*Poi
piú forte*) Ame'!...

Arturo si ferma e rimane in ascolto sgomento. Segue una pausa, un silenzio sinistro. Dopo poco Zaira entra e si ferma sulla
soglia. Non riesce a parlare ma il suo volto esprime tutto il
dolore interno. Egli non chiede ma afferma straziato:

ARTURO   È morta! (*E visto che Zaira non risponde, si precipita
nella camera accanto*).

Dall'interno, dopo poco, si odono le grida e il pianto disperato di Arturo.

OTTO (*guarda Zaira come per chiedere conferma*)   Sí?

ZAIRA (*fra le lacrime*)   È morta, povera Amelia. (*Ed esce per la prima a sinistra*).

CALOGERO (*che era rimasto in disparte, agghiacciato dalla scena, ora chiede timido*)   Professo' scusate, ma ch'è stato?

Il pianto internamente è ormai sommesso.

OTTO (*annientato risponde con amarezza*)   Un altro esperimento. (*E cade affranto su di una sedia presso la porta di sinistra*).

CALOGERO   Un altro giuoco. Ma scusate, la signora ha detto: «È morta!»

OTTO   Proprio cosí. Un altro giuoco.

Gervasio esce dalla porta dell'altra camera. Passando batte la mano sulla spalla di Otto e via dalla comune.

CALOGERO (*dopo una pausa*)   Ma perché facciamo questi esperimenti? Scusate, professo', ma che ce ne viene in tasca facendo questi giuochi d'illusione?

OTTO (*colpito dalla domanda di Calogero, lo guarda lungamente assumendo un'aria sincera quanto sconfortata*)   Non lo so. È un trucco che non conosco. Io che esercito la professione di illusionista, mi presto ad esperimenti esercitati da un altro prestigiatore piú importante di me... e cosí via, via via fino alla perfezione... Ecco il giuoco prodigioso dell'illusione! Guarda... (*Mostrando la gabbia dove sono i canarini*) Li vedi quegli uccelli?... Appena me vedeno se metteno a cantà... Accòstati. (*Si avvicina alla gabbia seguíto da Calogero*) 'E ssiente? (*Infatti si ode il cinguettío petulante dei canarini insieme*) He 'a vedé comme me cunoscono; e forse, me vonno pure bene. Per forza, li governo io ogni mattina. Lle porto 'a preta 'e zucchero, 'a cemmetella 'e nzalata, l'uosso 'e seppia, il mangime... He 'a vedé comme m'aspettano.

CALOGERO   Veramente?... Quanto so' belle!

OTTO   Ogni tanto io po' sa che faccio? Metto 'a mano dint' 'a gabbia e me ne piglio uno che mi deve servire per un esperimento d'illusione. (*Prende da un mobile una gabbietta, quella del primo atto*) Lo metto in quest'altra gabbietta piú piccola e lo presento al pubblico. «Ecco, signori». La copro con un quadrato di stoffa nera, m'allontano di quattro passi, e sparo nu colpo 'e rivoltella. Figurati il pubblico: «È sparito. Comme ha fatto? È un mago!» Ma il canarino non sparisce! Muore. Muore schiacciato tra un fondo e un doppio fondo. Il colpo di rivoltella serve a mascherare il rumore che produce lo scatto della piccola gabbia truccata. Poi naturalmente la devo riordinare, e sai che trovo? Una poltiglia di ossicini, sangue e piume. (*Mostrando i canarini*) 'E vvide chisti ccà, chiste nun sanno niente. Illusioni non se ne possono fare. Noi, invece, sí, ed è questo il privilegio... (*Osservando il volto triste di Calogero, muta di umore in un attimo. Ridiventa allegro e superficiale*) Guè, embè? Su con la vita: svègliati. Dobbiamo continuare il giuoco, il nostro giuoco. Guarda, là ci sta tutto il pubblico che aspetta. Ti sembrerà un secolo: ma poi vedrai che in un attimo si concluderà (*Mostrando la platea*) C'è un mare veramente calmo, stasera! Tu stai vedendo che mare magnifico?

CALOGERO (*conquistato dal giuoco vorrebbe concedersi completamente, ma cerca ancora di opporre lieve resistenza, obiettando*) Ma quello è muro! Questa è una parete della tua casa!

OTTO   Lo credi tu, ma attraverso questo muro, non vedi il mare? Damme 'a mano. Cammina con me. (*A lenti passi lo costringe ad oltrepassare il limite del boccascena*) Hai visto? Se ci fosse stato il muro saremmo urtati, invece noi siamo passati benissimo. Che significa un muro? Che cos'è un muro se non un giuoco preparato? Dunque, devi essere d'accordo con me che non esiste. La pietra è una. (*Mostrando ancora la platea*) E quello è mare!

Mentre Calogero cerca di intravedere il mare, egli approfitta di quest'attimo per impadronirsi dell'interruttore di galalite, destramente lo adopera per mettere in funzione il radiogrammofono col disco degli applausi. Infatti si ode come in lontananza l'ovazione della prima scena. Man mano, l'insieme degli applausi e del vocío diventa simile al mormorío del mare. Zaira entra, si avvicina alla finestra e toglie dal piccolo vaso di vetro quei pochi garofani che aveva offerti ad Amelia. Contemporaneamente, dalla comune, torna Gervasio seguito da due o tre casigliane. Una di queste porta due stremenzite candele. Tutti insieme, dopo aver parlato della morticina, escono muti e compunti per la sinistra.

CALOGERO   Si sente! Si sente! (*Le ondate di entusiasmo aumentano, simboleggiando sempre piú l'urlare di un mare inquieto.
Calogero, rapito dal giuoco magico, sovrastato dai fatti, incantato dal fascino dell'irreale, prende una sedia e siede, guardando
la platea, come per godere della visione di un autentico mare.
Otto esce per la prima a sinistra. Rimasto solo, Calogero mormora convinto*) È mare! È mare!...

E scende il sipario

ATTO TERZO

Il ricco appartamento di Calogero Di Spelta. Un enorme stanzone di passaggio con in fondo, a destra e a sinistra, due finestre
vetrate, attraverso le quali si scorgono le artistiche inferriate
panciute. Al centro di esse, un grande armadio di stile inglese
in mogano con gli sportelli numerati.
Altri mobili e sedie in pelle intonati.
A sinistra e a destra, porte stile barocco. Soffitti e quinte in
velluto rosso come per una messa in scena di fine Seicento.
Sono trascorsi quattro anni.
All'alzarsi del sipario la scena è quasi buia perché le imposte
delle due finestre saranno socchiuse.
Dopo una piccola pausa entra dalla destra Otto seguíto da Gregorio Di Spelta e Gennarino Fucecchia, servo di casa Di Spelta.

OTTO   Apri, apri le finestre... Sono le nove e mezza... Luce, aria...
GENNARINO (*inappuntabile nel suo fiammante abito gallonato*)
   Voi parlate bene, ma il signore non vuole. Se trova una finestra
   aperta fa rivoltare la casa.
OTTO   Apri: responsabilità mia.
GENNARINO (*parla mentre apre le due finestre*)   Voi, caro professore, non dovreste mancare mai... Perché solamente quando ci
   siete voi si trova un poco di pace. I *crapicci* sono troppi. Io
   ci sto perché 'o voglio bene, e poi perché la «piazza» è buona;
   ma, sull'anima santa di mio padre, certe volte (*a Gregorio*)
   vostro fratello mi fa perdere la pazienza. Professo', ma la moglie torna o non torna?
OTTO   Questi sono affari che non ti riguardano; tu sei pagato per
   fare il tuo dovere.
GENNARINO   Pagato? (*Sbarrando gli occhi*) Pagato da chi? Quando parlo di stipendio, dice che non mi spetta ancora perché
   il giuoco non è finito, che io ho l'impressione che sia passato il

tempo, ma che non è vero. Caro professore, oramai devo avere quasi quattro anni di arretrati...

OTTO   Tu avrai fino all'ultimo centesimo. Qualche anticipo te l'ha già dato il signorino. (*Indica Gregorio*).

GENNARINO (*preoccupato*)   Ma adesso si è complicata peggio la cosa. Voi mancate da quasi una settimana e non sapete niente. Il padrone sono quattro giorni che non vuole mangiare.

OTTO   Non vuole mangiare?

GENNARINO   E non vuole bere. Dice che quando gli viene appetito è una impressione sua. Dice che allora mangerà quando sarà finito il giuoco. Capirete, è preoccupante, quello non vuole andare nemmeno al gabinetto! Sono quattro giorni... Quello schiatta! Stanotte si lamentava... Certo, voi capite, quattro giorni senza mangiare... Gli ho portato pane e salame, niente, non l'ha voluto. Figuratevi che io devo mangiare di nascosto, perché ha detto che se mi vede mangiare, mi caccia via.

OTTO   Ora lo svegli, e ci parlo io. Tu, intanto, prepara un piatto di spaghetti.

GENNARINO   Statevi attento, professo', perché se vede un piatto di spaghetti diventa furioso.

OTTO   Non discutere, fa come ti ho detto.

GENNARINO   Va bene. (*Via*).

GREGORIO (*è il fratello minore di Calogero. Veste con eleganza signorile*)   E questo, secondo voi, è un uomo normale?

OTTO   E perché non lo dovrebbe essere?

GREGORIO   Gesú, allora non avete sentito niente?

OTTO   Ho sentito: ma che significa?

GREGORIO   Significa che mio fratello è pazzo, e che a farlo impazzire avete contribuito voi.

OTTO   State su una strada completamente sbagliata. Fra me e vostro fratello non esiste che un giuoco, un giuoco piú sottile di una ragnatela, e piú antico del mondo, che, secondo voi, dovremmo essere proprio noi a distruggerlo adesso. Come posso spiegarvelo? È difficile. Lui non crede a quello che gli dico: dunque, è savio. Però vuol sapere, cerca di mettermi in difetto. Infatti, spesso, a certe sue domande repentine, faccio sforzi incredibili per non cadere in contraddizione.

GREGORIO   Però la scatola non l'apre?

OTTO   Perché, contemporaneamente, ha paura di smentirmi!

GREGORIO   Ma perché non volete ammettere che ci troviamo di fronte a un pazzo?

OTTO   Sentite, io ho l'impressione che a voi farebbe piacere!

GREGORIO   Come sarebbe?

OTTO   E scusate! Uno vi dice: «Vostro fratello non è pazzo! È soltanto un uomo che, sapendo di essere stato colpito, si aggrappa alle cose piú assurde pur di non confessarlo nemmeno a se stesso», e voi insistete. Che devo pensare? Significa che vi fa piacere!

GREGORIO   Io non ho chiesto la vostra opinione. Se mi fa piacere o no, sono affari che non vi riguardano. L'impressione mia è un'altra, e ve la dico in faccia. Voi, approfittando di questo stato di fatto, vi siete messo appresso a mio fratello, e piano piano lo state spogliando. Ma non durerà. Ho già riunito la famiglia, ed ho deciso...

OTTO   Badate a quello che fate. Una mossa sbagliata potrebbe effettivamente far impazzire vostro fratello.

GREGORIO   Non abbiamo bisogno di consigli. Ancora pochi giorni di tempo, e poi non metterete piú piede in questa casa. (*Esce per la comune*).

Calogero, dopo un poco, entra dalla sinistra. È molto cambiato dai primi due atti. È invecchiato, pallido. I solchi dell'intima sofferenza conferiscono al suo volto un insieme nobile, venerabile. Parla lentamente, accompagnando ogni parola con un sorriso fra il bonario e lo svagato. I capelli e i baffi, ormai incolti, sono divenuti grigi. Ogni tanto chiude gli occhi per rispalancarli subito dopo, perdendo ostinatamente lo sguardo in una visione piacevole, incantata. È in vestaglia e camicia da notte. Piedi nudi in due pantofole scendiletto. Stringe gelosamente, sotto il braccio sinistro, la ormai indivisibile scatola giapponese. Nel vedere Otto si ferma, e con un cenno del capo, garbatamente, lo saluta.

OTTO   Buon giorno, Di Spelta. (*Calogero, senza rispondere, siede su di una poltrona accanto a un tavolo, guardandosi agli specchietti incastrati sulla scatola, ed osserva lungamente la sua immagine*). Buon giorno. Non vuoi rispondermi?

CALOGERO (*gentile*)   No, non rispondo. Perché dovrei dire delle parole inutili, delle frasi convenzionali? Tu ti prendi giuoco di me, ed io ti odio. Vedi, ti sorrido e ti odio. E resisto. Ho deciso di resistere, caro. Tu mi hai reso in parte compartecipe del tuo esperimento, ma non vuoi svelarmene il mistero. E resisto. Non mangio piú, non bevo, non vado al gabinetto... e sí che ne avrei voglia... (*Con un moto di sofferenza si contorce sulla pol-*

trona) Il tempo non passa... e il giuoco dura un attimo. Perché allora mi viene appetito? Perché mi viene sete? Perché... (*Si contorce come prima. D'un tratto, esaltandosi, diventa aggressivo*) Smettila! Non vedi che soffro? Non vedi che non posso sopportare oltre questo giuoco diabolico? (*Quasi piangendo*) Aiutami. Abbi pietà di me. Fai terminare il giuoco. Guarda... sono invecchiato, sono diventato grigio. Ho l'impressione che siano passati degli anni, e tu mi dici che non è vero. Ti uccido, sa'... (*Ripigliando il tono gentile*) Avevo pensato di ucciderti, ma non posso. Se ti uccido, finisce il tuo mondo, e con il tuo precipiterebbe il mio chissà come.

OTTO   Perché fai cosí? Ti ho detto tante volte che non devi abbandonarti a queste crisi. Lasciati andare, invece. Sei tu, solamente tu, che vuoi rimanere fermo nel giuoco. Perché non apri la scatola?

CALOGERO (*quasi piangendo*)   Perché non posso.

OTTO   Perché non hai fede, ecco tutto. Poi dici che resisti. Vuoi resistere a che? Vuoi opporti a chi?

CALOGERO (*guardandosi ancora agli specchi*)   Ma sono grigio, non vedi che sono diventato grigio?

OTTO   Certo, il giuoco è perfetto, le sensazioni te le dà tutte. Se opponi resistenza alla mia forza, il giuoco non finisce mai, te lo avverto. Due forze in lotta si neutralizzano. Se al contrario ti lasci andare, abbandonandoti completamente al tuo istinto, faciliterai lo svolgersi dell'esperimento, provocandone la fine.

GENNARINO (*dal fondo a destra reca timidamente un vassoio d'argento con al centro un piatto di spaghetti fumanti*)   Ecco servito.

OTTO   Vieni avanti, vieni Gennarino. (*Invitante a Calogero*) Vedi? Un magnifico piatto di spaghetti, non ne senti il profumo? Se hai appetito, mangiali.

CALOGERO (*come in preda ad abbattimento*)   Ma sono quattro anni che mi viene appetito e mangio, mi viene sete e bevo, mi viene sonno e dormo... Che giuoco stupido è questo? (*Ad un cenno di Otto, Gennarino si è avvicinato a Calogero e con occhi incoraggianti gli mostra il piatto*). Però il profumo è squisito!

GENNARINO   Ed il sapore, signore! Sono fatti con pomodoro fresco e doppio burro...

CALOGERO (*rivolgendosi a Otto, senza staccare gli occhi dal piatto degli spaghetti, e ingoiando saliva, timidamente*)   Tu dici che per arrivare alla fine dell'esperimento devo abbandonarmi al mio istinto?

OTTO   In tutto e per tutto, bestiale che sia. Quello che pensa il tuo cervello, anche disordinatamente, dillo, fallo: agisci, concediti. Altrimenti, ripeto, il tuo giuoco non finirà mai.

CALOGERO (*dopo un attimo di riflessione*)   Vedi, certe volte penso il motivo di una canzonetta, di un'opera, e mi vien voglia di fischiettarla o di cantarla. Ma sai, nei momenti piú tragici della mia vita. Una volta, seguendo il funerale di un mio carissimo amico, mi veniva voglia di cantare «Funiculí, funiculà...!» Ma non lo feci, perché mi vergognavo di me stesso.

OTTO   Male. Perché te ne vergogni? Se ti piace cantarla, càntala. Il cervello è indipendente.

CALOGERO (*convinto*)   Sí, questo è vero. Adesso, per esempio, ho un appetito da sbadigliare, e mi vien voglia di cantare. (*Accenna l'aria della «Tosca»*) «E lucean le stelle... parapapà... papà!» (*A Gennarino*) Dammi gli spaghetti! (*Gennarino glieli porge*). «L'ora è fuggita...» (*Comincia a mangiare, ma d'un tratto si contorce per un malessere interno. Guarda mortificato il professore, volendo giustificare lo sconcio*) L'istinto... non c'è che fare... bisogna seguirlo! (*A Gennarino porgendogli il piatto*) Conserva gli spaghetti, coprili con un piatto... Torno subito. (*Si alza e si avvia verso la sinistra, comprimendosi le mani sulla pancia e cantando*) «E lucean le stelle... parapapapà!...» (*Ed esce svelto*).

ZAIRA (*dalla destra, affannando per la corsa; reca con sé una valigia; rivolgendosi ad Otto*)   Finalmente. Credevo di non trovarti.

OTTO   Che c'è?

ZAIRA   Vieni qua. (*Lo trae in disparte e gli dice qualcosa all'orecchio*).

OTTO (*dopo averla ascoltata, meravigliato*)   Sul serio?

ZAIRA   Il vestito tuo e il mio li ho portati, stanno qua. (*Mostra la valigia*) Il suo dice che non ce l'ha piú, ma che ne metterà uno quasi uguale.

OTTO   Benissimo. (*A Gennarino*) Dove si può mettere questa valigia? Il padrone non deve vederla.

GENNARINO (*indicando la prima a destra*)   Qua, date a me. (*Prende la valigia dalle mani di Zaira*) La metto a posto io. (*Ed esce per la prima a destra*).

OTTO (*con interesse*)   Dove sta?

ZAIRA   A casa.

OTTO Vai con un taxi. (*Esce in fretta da destra, Zaira dalla comune*).

Gennarino torna, copre gli spaghetti con un piatto, secondo l'ordine di Calogero.

CALOGERO (*dall'interno, chiamando*) Gennarino!
GENNARINO (*pronto*) Comandi!
CALOGERO (*di dentro*) Sei fesso!
GENNARINO (*deluso*) E perché?
CALOGERO (*d. d.*) Cosí... l'ho pensato, e l'ho detto. Il cervello è indipendente, è libero. Se non mi abbandono al mio istinto, se non dico quello che penso, il giuoco non finisce.
GENNARINO (*rassegnato*) E dite, signuri'... Dite. Se è per il vostro bene, dite...

Dalla destra, Gregorio seguíto da Matilde, Oreste e Rosa. Parla animatamente, rivolgendosi a quelli che lo seguono.

GREGORIO Adesso ci penso io. Mamma, scusa se te lo dico, ma tu sei stata sempre debole. Papà lo diceva sempre.
MATILDE (*sessantacinque anni tormentati da un passato di rinunzie, pallida come un'ostia, occhi gonfi e arrossati dal pianto, sempre pronta a difendere la sua condotta illibata*) Ingiustamente, Gregorio. Immeritatamente tuo padre mi accusava di debolezza. Ma egli stesso non riusciva a frenare le sue idee balorde, che giorno per giorno determinavano il disgregamento della nostra famiglia. Ormai son quarant'anni che piango copiosamente. I miei canali lacrimogeni sono diventati consunte grondaie, sotto l'infuriare di una tempesta eterna! (*Piange con lunghi gemiti di pianto che non sorprendono nessuno*).
ROSA (*esasperata*) In quarant'anni, mammà, avreste dovuto capire che il piangere non decide né modifica niente.
GREGORIO Oggi ci troviamo di fronte al disastro completo. Mio fratello è pazzo, non c'è dubbio. Calogero è in preda alla piú travolgente follia. Cosa aspettiamo? La gente ride, la famiglia Di Spelta è oggetto di continue discussioni e di pettegolezzi da parte di tutta la città. Perdío! Cosa aspettiamo? Il professor Marvuglia, quel ciarlatano, lo ha circuíto. Il patrimonio va in frantumi. Energia, energia, perdío! Tu, mammà, non sei in condizioni di sopportare il peso del da farsi. A me le redini, redini a me! Numero uno: Calogero deve divorziare da quella prosti-

tuta di sua moglie, insozzatrice del nostro cognome. Numero due: tutti d'accordo, chiedere per lui l'interdizione totale e perpetua, per infermità mentale. Numero tre: degno riposo per nostra madre in una bella casa di salute, dopo aver nominato me tutore con pieni poteri.

ORESTE (*che è il marito di Rosa*)   Ma, scusa, c'è anche mia moglie. Non è tua sorella, forse?

GREGORIO (*che si aspettava l'obiezione, reagisce*)   Tua moglie è una Intrugli, non è piú una Di Spelta.

ORESTE   Ma deve riconoscere l'infermità del fratello, e nominarti tutore! Le nostre decisioni...

GREGORIO (*tagliando corto*)   Chi decide è nostra madre!

ROSA (*dispettosa*)   Io non firmo.

MATILDE (*pacifica, petulante, interviene*)   Pace, pace! Son quarant'anni che piango! (*Piange c. s.*).

CALOGERO (*di dentro*)   Gennarino! (*La famiglia si dispone in fondo. Calogero entra*) Dove sono gli spaghetti?

GENNARINO   Qua. (*Glieli indica e poi glieli porge*) Qua, signo'.

CALOGERO (*siede a sinistra, disponendosi a mangiare, e scorge, dopo poco, la famiglia*)   Buon giorno, miei congiunti: mamma, fratelli, cognato! (*Osservandoli come si osservano delle statue in un museo*) Niente di cangiato in voi! Mi apparite come nella piú pura ed evidente realtà. Immagini perfette di un atavico sentire. Mamma Matilde piangente, il fratello iroso per l'invidia, la sorella ambigua, il cognato avido. Siete perfetti. Non vi offro gli spaghetti, per non costringervi a gesti faticosi, inutili. Io ho interesse che il giuoco cessi, a voi che ve ne frega degli spaghetti miei? (*Olimpico e sereno consuma gli spaghetti con forchettate abbondanti*).

GREGORIO (*prende posto a destra, di fronte a Calogero. Matilde, Rosa e Oreste lo seguono, schierandoglisi alle spalle*)   Ascolta, Calogero. Sono quattro anni che vivi in queste condizioni. Ora, noi siamo venuti per fare un ultimo tentativo.

CALOGERO   E poi?

GREGORIO   Ascolta, non è piú il caso di nasconderti la verità. Tua moglie...

CALOGERO   Ma che parli di mia moglie, tu che l'hai sempre calunniata come hai voluto, cercando di diminuirmi, sperando cosí di portarmi al tuo livello.

GREGORIO (*ipocrita*)   Io?

CALOGERO (*spietato*)   Sí, tu. Oggi, credendomi vinto e in stato di inferiorità, fai affiorare in te la legge del sangue, che può metterti in condizione di aiutarmi, riservando per te la ipocrita sublime tristezza di veder finalmente appagata ogni tua ingordigia...

GREGORIO (*colpito nel vivo, come di fronte ad una enormità*) Ma stai scherzando.

CALOGERO No, fratellino mio diletto, dico sul serio. È per raggiungere tutti i tuoi sporchi disegni che stai facendo il possibile per imbrogliare quella rimbambita di nostra madre, la quale piú piange, piú diventa inutile.

MATILDE (*dolorosamente offesa*) Calogero! Come puoi dirmi questo? Sono tua madre!

CALOGERO Non vorrei dirvelo, mamma. Ma se non dico quello che penso, il giuoco non finisce mai.

GREGORIO Allora, tu hai pensato quello che hai detto?

CALOGERO (*semplice*) Ma naturale! Lo pensavo anche prima, non lo dicevo perché mi ostinavo a controllare il mio cervello.

ROSA Sicché, ci hai trattati sempre con falsità?

CALOGERO (*c. s.*) Sí, cari congiunti.

GREGORIO (*ingoiando fiele*) Benissimo. Allora, voglio proprio dirtelo. Tua moglie è scappata con un amante, e tu sei restato qui a fare il fesso per quattro anni.

ROSA (*anch'essa velenosa*) E già da prima ti tradiva. (*Ad Oreste*) È vero?

ORESTE Verissimo.

GREGORIO (*a Matilde*) È vero, mamma?

MATILDE Sono quarant'anni che piango! (*Piange c. s.*).

CALOGERO Credi tu da quarant'anni; ma sono secoli che piangi... millenni... (*Alla madre*) Tu, sei un altro giuoco! Tu, Gregorio, sei un altro esperimento... Anche tu, Rosa... anche tu, Oreste... anche Gennarino è un giuoco piú stupido, ma anche lui è un giuoco. Voi dite che mia moglie è scappata quattro anni fa con un amante, e che prima ancora che scappasse già mi tradiva? E perché non me ne avvertiste subito? Perché non me lo diceste quando ancora mia moglie era presso di me? Perché vi prestaste al giuoco. Ed allora mi apparite quali esseri reali e viventi, ma non siete che immagini di una memoria atavica.

ORESTE Queste sono idee che te le ha messe in testa il professor Marvuglia, il quale giorno per giorno ti sta mangiando fino all'ultimo soldo.

GREGORIO Basta con le chiacchiere! Tu sei impazzito. Ti accorgi mamma, che non c'è piú niente da fare? Quest'uomo, oltre a mandarci alla rovina, ed a mettere il nostro cognome sulla boc-

ca di tutti, ci insulta, capovolgendo e spezzando quelle che sono sempre state le sane tradizioni della nostra famiglia.

CALOGERO (*sorridendo olimpico*) Buffone!

GREGORIO (*fuori di sé*) A me?

CALOGERO L'ho pensato. (*E mangia un'altra forchettata di spaghetti*).

GREGORIO Ed io penso che tu, oltre ad essere un pazzo, sei un
criminale.

ROSA E finirai molto male!

CALOGERO (*chiamando*) Professore, dove sta il professore?

OTTO (*dalla destra*) Sono qua. Che vuoi?

CALOGERO (*mostrando la famiglia*) A te queste immagini ti interessano?

OTTO No. Perché?

CALOGERO Perché, se non sono indispensabili al giuoco che dobbiamo fare, è meglio che le fai sparire. Mi vorrei mangiare questo piatto di spaghetti in grazia di Dio!

OTTO Ai fini del giuoco non servono a niente. Ti dànno fastidio? Ed io le faccio sparire subito. (*Si avvicina alla famiglia e
parla a questa in disparte*) È tornata la moglie!

GREGORIO (*meravigliato*) Quando?

OTTO Pochi momenti fa.

ROSA Dove sta?

OTTO In quella camera. (*I familiari di Calogero si consultano
brevemente, e decidono di lasciare la casa. Infatti, senza parlare, compassati e compunti, in fila indiana, escono per la comune*). È fatta. Sono spariti.

CALOGERO Grazie.

OTTO Hai bisogno di altro, Calogero?

CALOGERO Sí, vorrei il cameriere.

OTTO (*chiamando*) Gennarino! Il padrone ti vuole. (*Ed esce per
la prima a destra*).

GENNARINO (*entrando*) Comandi.

CALOGERO Una immagine di formaggio.

GENNARINO (*ipocritamente angustiato*) Veramente, non ce n'è
piú. Stamattina mi sono abbandonato al mio istinto e, per prestarmi al giuoco, me lo sono mangiato.

CALOGERO (*sincero, comprensivo*) Hai fatto bene. Non ce n'è
nemmeno una sensazione?

GENNARINO Niente signore: nemmeno un fotogramma.

CALOGERO Abbi allora, l'impressione di portarmi un bicchiere
di vino.

GENNARINO Le ultime quattro bottiglie, ieri sera, ebbi l'impressione di averle portate a casa mia, e di averle bevute a cena con mia moglie. Ma una visione cosí naturale, che se fosse stata vera ci saremmo consolati!

CALOGERO Benissimo: ma in cucina che c'è rimasto?

GENNARINO (*pronto*) Niente signo'. C'è l'immagine della dispensa vuota.

CALOGERO Allora, credi fermamente di andare al mercato, e compra delle immagini di viveri.

GENNARINO Subito, signore. Però devo credere pure di prendere il denaro dall'immagine del vostro cassetto. Perché se le immagini dei venditori, al mercato, non vedono le immagini dei soldi, non si prestano al giuoco.

CALOGERO Fai tu.

GENNARINO (*fa per andare, poi torna*) La fotografia del piatto di spaghetti vi è piaciuta?

CALOGERO (*facendo schioccare la lingua sotto il palato*) Riuscitissima!

GENNARINO (*soddisfatto*) E allora, sviluppatela bene, e permettete. (*Esce in fretta per la comune*).

CALOGERO (*rimasto solo, sorride placido. Dopo poco, raggiungendo il centro della scena, comincia a canticchiare*) «E lucean le stelle... parapapà». È straordinario, sapete! Mi viene in mente questo motivo, e devo cantarlo, non resisto! (*Mirandosi nello specchietto della scatola*) I capelli sono sempre grigi. Il giuoco non è finito. (*Divertito*) Chissà che impressione mi farà quando finisce il giuoco e mi troverò un'altra volta con i capelli neri! Ma vedete che guaio! Quando ci penso c'è veramente da impazzire. E già, perché questo è un giuoco che mi potrà dare pure la sensazione della vecchiaia. La faccia piena di rughe, le cateratte... Un bel giorno, guardandomi nello specchio, mi troverò senza denti... Già ce n'è uno ca tuculéa, ma è una impressione... e può darsi pure che mi sarà trasmessa l'immagine della morte. Avrò paura? (*Esclude l'ipotesi*) Nooo! Di che cosa dovrei aver paura? Della conclusione di un giuoco? Non credo! E poi, dipende da me. Se voglio far finire il giuoco, non ci vuole niente. Mi devo abbandonare all'istinto. Il cervello pensa una cosa? E io la devo dire! È una parola! Come faccio? Io certe volte penso tante cose contemporaneamente!... Ipotesi, desideri, pensieri... (*Esaltandosi, sbarra gli occhi, e fissandoli davanti a sé, alza il braccio e muove la mano, articolando tutte le dita, come per frugare e penetrare il punto stesso in cui il suo sguardo è fissato. D'un tratto, esultante, stringe rapidamente il pugno, come se avesse afferrato qualcosa, e dice*) Ecco: il termometro! (*Deluso come tra sé*) E che c'entra il termometro? L'ho pensato, si vede che c'entra. (*Ripete il gesto di prima*) L'uomo! Già, l'uomo. L'uomo in media, vive settant'anni, forse anche meno. Poco, è troppo poco. Perché gli si preparano esperimenti e giuochi per quella determinata durata di anni convenzionali. Ma se l'uomo potesse vivere quattrocento anni, si dovrebbero rivedere e rifare tutti i trucchi. La politica, per esempio, com'è preparata adesso, sarebbe un giuoco fallito. E già perché, logicamente, i giovani sarebbero quelli di centocinquanta anni e i discorsi degli uomini politici non troverebbero piú credito, e dovrebbero mantenere anche le promesse, perché verrebbero fuori i vecchi di trecentosessantacinque anni, e direbbero: «Amico, cambia disco! Queste fesserie ce le hai dette trecentoventi anni fa!» (*Canta*) «E lucean le stelle... paraparapapà!» Quanto era bella quella gabbia piena di uccelli! (*Si ode internamente il cinguettio degli uccelli. Calogero tristemente ricorda le parole di Otto al finale del secondo atto*) «Introduco una mano, ne afferro uno, e me ne servo per un piccolo giuoco di illusione. Ma il canarino non sparisce. Muore. Muore schiacciato tra il fondo e il doppio fondo della gabbietta a trucco. Il colpo di rivoltella serve a mascherare il rumore dello scatto». (*Sempre piú in preda a fantasticherie allucinanti*) E poi tanti colpi di rivoltella, tante detonazioni, tante esplosioni... Quanto sangue, e quante ossa schiacciate... senza piume! (*È commosso quasi piange. Pausa*). Lasciarsi andare, abbandonarsi al proprio istinto... (*come di fronte a una rivelazione*) per arrivare alla fede! (*Ricordando le parole di Otto; all'inizio del giuoco*) «Se voi aprirete la scatola con fede, rivedrete vostra moglie. Al contrario non la rivedrete mai piú!» Ma io ho fede. (*Mostrando la scatola*) Mia moglie sta qui dentro. E l'ho rinchiusa io, in questa scatola! Ero diventato insopportabile, egoista, indifferente: ero diventato «marito»! (*Si alza di scatto e, svelto, raggiunge l'armadio. Lo apre, raccogliendo alla rinfusa quanto gli capita per le mani: abiti, biancheria, cappelli e scarpette da donna. Guadagna il centro della camera e lascia cadere tutto in terra. Poi, sdraiandosi sul pavimento, fra quegli oggetti, li comincia ad osservare con ammirazione nostalgica*). I suoi vestiti! I suoi cappelli! Le sue scarpe! (*Prende uno dei vestiti, e se lo lascia cadere mollemente sulle braccia, parlando ad esso come a una persona viva*) Io ricordo quando ti mettesti questo vestito nuovo. E mi ricordo pure che cercavo di non guardarti per non dire che mi piaceva. Chi lo sa? Forse per orgoglio, forse per timidezza. Invece avrei dovuto dire: «Sei piú bella del solito! Mi piaci!» (*Dalla destra, vestito come al principio dell'e-sperimento, entra Otto, seguíto da Marta e da Zaira. Quest'ulti-ma indossa l'abito del primo atto, mentre Marta ne indossa uno quasi simile a quello che indossava al momento della fuga. Marta appare stanca e disfatta. Qualche filo d'argento nei capel-li e un solco profondo in mezzo alla fronte accompagnano triste-mente uno sguardo ormai dolce, comprensivo. Tutti e tre riman-gono in ascolto, senza farsi scorgere da Calogero*). Si era stabili-to un gelo, fra me e lei. Io non parlavo. Lei nemmeno. Non le facevo piú un complimento, una tenerezza. Non riuscivamo piú ad essere sinceri, semplici. Non eravamo piú amanti! Ma ora ho fede... (*Con voce opaca, sommessa, come se temesse la gioia enorme che gli viene da una fede di cui suo malgrado considera ancora la improbabilità*) E posso aprirla... Se apro la scatola, ti vedo, perché ho fede! E riavrò i capelli neri. Mi rivedrò giovane come un attimo fa, come all'inizio di questo esperimento! (*Stende una mano e la colloca sulla scatola, cer-cando di indovinare il punto piú agevole per l'apertura*) Apro. (*Avverte il punto che cercava*) Ecco. (*Come di fronte al gesto piú importante della sua vita*) Uno, due...

OTTO ...e tre! (*Con il classico gesto con cui un prestigiatore presenta al pubblico la conclusione di un esperimento mostra Marta*) Il giuoco è fatto!

Marta guarda Calogero con il suo sguardo piú dolce, mentre Zaira assume l'atteggiamento ed il sorriso stereotipati della *partner*.

CALOGERO (*voltandosi verso i tre, senza aver dato neanche un'oc-chiata alla scatola chiusa, non osa parlare. Lunga pausa. Poi, con un filo di voce, timidamente*) Marta!

OTTO L'esperimento è finito. Ecco tua moglie!

CALOGERO (*come per chiedere la riprova di quanto asserisce Ot-to*) Parla, Marta, parla!

MARTA (*commossa, quasi piangendo*) Sono io!

CALOGERO Tu! (*Gira attorno lo sguardo come per rendersi con-to del luogo dove si trova e di quanto accade*) Ma allora perché sono in casa mia? Se il giuoco è finito ed è durato un attimo, perché non siamo nel giardino dell'albergo?

OTTO   Perché non hai resistito. Quando è terminato l'esperimento, sei stato preso da uno *choc*, e sei caduto in deliquio. Con
una macchina ti abbiamo ricondotto qua.

CALOGERO (*non del tutto convinto, ricorre alla scatola, per guardarsi nello specchietto*) Ma i capelli sono grigi. Perché non
sono ritornati neri?

OTTO   Sono diventati grigi per lo *choc*.

CALOGERO   In un attimo?

OTTO   In un attimo. Ecco tua moglie.

CALOGERO   Marta!

MARTA (*il fatto di dover fingere di fronte a Calogero la sconvolge.
Non vorrebbe rendersi complice di se stessa. Tuttavia, quasi
suo malgrado, dice*) Sí, eccomi!

CALOGERO   Pure tu hai sofferto! Il giuoco è stato inesorabile anche per te. Qualche capello bianco ce l'hai pure tu. Parla, dimmi qualche cosa.

MARTA   Basta. Lasciatemi in pace voi due. Che parlo, che dico!
Tu sai tutto. Perché dovrei sostenere questo giuoco umiliante
per tutti e due? Sono passati quattro anni; quattro anni veri,
autentici. E tu hai fatto i capelli bianchi perché gli anni invecchiano, distruggono, annientano! Tutto è successo per puntiglio, per incomprensione, per un senso di libertà. Nella mia
vita c'è stato un altro uomo. E tu lo devi sapere, se vogliamo
salvarci da questa illusione pazza.

CALOGERO (*in uno scatto di amara sincerità*) Che hai fatto? (*O-
ra nei suoi occhi passano rancore, odio, gelosia, disprezzo; ma
si domina, e riprende il tono svagato delle prime scene*) Chi è
questa donna? Che cosa ha detto? Io le parole sue non le capisco!

Si ode in lontananza il «Valzer dei pattinatori», come durante
il numero del giocoliere al primo atto.

OTTO   È tua moglie. Non è piú un'illusione. Il giuoco è finito.

CALOGERO   Quale?

OTTO   Il giuoco iniziato da me un attimo fa nel giardino dell'albergo Metropole.

CALOGERO   Non è vero. Fu iniziato da me, lo dicesti tu. Io spinsi
il giuoco fino al limite massimo. Io solo, allora, posso far riapparire mia moglie! La responsabilità è solamente mia. Ti sei tradito. Hai sbagliato proprio all'ultimo momento. Sei entrato un
attimo prima che io aprissi la scatola. Peccato!

OTTO   Ma la scatola è vuota!

CALOGERO   Chi lo dice?... Come puoi affermarlo?... In questa scatola c'è la mia fede. Come puoi pretendere di vederla tu?...
Non conosco questa donna. Forse fa parte di un esperimento
che non mi riguarda. Diglielo che il suo mondo è legato a tanti
altri, e che deve prestarsi, non può sottrarsi. Portala via questa
immagine mnemonica di «moglie che torna». Due esperimenti
in uno non li sopporterei.

OTTO   Ma io veramente ti ho portato tua moglie.

CALOGERO   Hai creduto di averlo fatto. Credi perfino di essere
in casa mia: ma non è vero. È la successione continua delle tue
immagini accumulate. Ora sono io che faccio rivivere in te le immagini mnemoniche. Lei (*indica la moglie*) appare come una
comune moglie adultera ma che in realtà non esiste: e tu come
un meraviglioso giocoliere, ma sei un'immagine. Il giocoliere
più importante sono io, ora! Continuiamo il giuoco, professore! Il tempo è in noi stessi, non gli facciamo i conti addosso,
giorno per giorno, come dei bottegai. Guarda con il mio terzo
occhio. (*Indica il fondo della camera*) Lí c'è il pubblico che aspetta!... (*Mostrando la platea*) Quello è mare!... Ci sembrerà un secolo, ma poi ci accorgeremo che il giuoco è durato un attimo!
(*Chiamando*) Gennarino!

GENNARINO (*entrando*)   Comandi!

CALOGERO   Queste immagini devono sparire. Abbi l'illusione di
aprire la porta d'ingresso. Credi fermamente di vederle uscire.
Quando te ne sarai proprio convinto, richiudi: ma con fragore.

GENNARINO   Ma...

CALOGERO (*autoritario*)   Va'! (*Gennarino, dopo una scrollata di
spalle, invita i tre a uscire. Marta piange sommessamente e,
confortata da Otto e Zaira, esce con essi. Gennarino fa loro
strada ed a sua volta esce. Dopo poco si sente il rumore della
porta di ingresso, sbattuta sgarbatamente alle spalle dei tre.
Come per incanto cessa il valzer. Calogero, dopo una pausa, in
silenzio assoluto si sente isolato dal mondo. Stringe piú che
mai la scatola al cuore e dice quasi a se stesso*) Chiusa! Chiusa!
Non guardarci dentro. Tienila con te ben chiusa, e cammina. Il
terzo occhio ti accompagna... e forse troverai il tesoro ai piedi
dell'arcobaleno, se la porterai con te ben chiusa, sempre! (*Rimane estatico nel gesto e fermo nella sua illusione che ormai è la
sua certezza*).

Le voci di dentro
(1948)

Dopo la prova allucinatoria di *La grande magia*, dove i riferimenti alla guerra sono sintomaticamente scomparsi, ci ritroviamo con *Le voci di dentro* in quel sistema di rapporti che appartiene al campo della storia, della società, e delle persone che in esse concretamente vivono. Ma anche *Le voci di dentro* appartiene al filone del fantastico eduardiano: con l'ambiguo rapporto *sogno-realtà*, torna infatti in quest'opera il *leit-motiv* della comunicazione difficile, sempre piú difficile fra gli umani. Il titolo è emblematico (e come tale è entrato nel nostro linguaggio). «Mo si sono imbrogliate le lingue», dice all'inizio il portiere Michele (I, p. 397), appunto perché le voci di dentro non corrispondono piú alle voci di fuori; e a forza di reticenze, sospetti reciproci e ipocrisie si può arrivare a mettere «un assassinio [...] nelle cose normali di tutti i giorni...», come nell'accusa finale del protagonista: «il delitto lo avete messo nel bilancio di famiglia!» (III, p. 436).

Cos'è successo? Alberto Saporito, erede con il fratello Carlo e il vecchio zio Nicola di un'arte ormai inattuale, quella dell'«apparatore di feste», *ha sognato un delitto*: l'assassinio da parte d'una famiglia di vicini, i Cimmaruta, dell'amico Aniello Amitrano. Anche lui visionario, come molti protagonisti eduardiani, scambia il sogno per realtà (l'Amitrano è stranamente scomparso) e denuncia il delitto al commissariato. La polizia irrompe nella casa dei Cimmaruta e li porta in questura, ma scopre durante il sopralluogo che le prove e il cadavere stesso mancano. Il *fatto-ombra* produce tuttavia conseguenze reali: e il sognatore pentito assiste alla sfilata dei vicini (stavolta in casa sua) che si imputano a vicenda, di nascosto l'uno all'altro, quel delitto sognato *ma forse no...* perché ognuno è pronto a vedere il mostro nell'altro.

Eppure Eduardo salva ancora una volta il suo personaggio-uomo: si serve (come nelle *Bugie*) di un protagonista-testimone con gli attributi dell'«inerme» montaliano, Alberto Saporito; ma questo testimone d'accusa non rinuncia (come lo Zio Nicola, «'o sparavierze») al linguaggio comune, anzi denuncerà, anche in un mon-

do di «sordi», l'uccisione della «parola» fondata sulla comunicazione e sulla «stima reciproca» («E vi sembra un assassinio da
niente?», III, p. 436). Perciò questa specie comica di *sogno (ma forse no)* non dissolve alla fine la realtà, ma, restando in equilibrio
precario tra rappresentazione naturalistica e simulazione scenica di
un universo onirico, mantiene lo spettatore in uno stato di *percezione ambigua.*

All'inizio si crea un clima di *attesa*: per impostare il suo costante
conflitto fra «individuo» e «società» il drammaturgo usa la strategia dell'*irruzione* in concomitanza con quella del *ribaltamento*. L'irruzione dell'eroe-testimone avviene dentro una situazione cristallizzata dall'aspetto del contenitore (la linda cucina dei Cimmaruta,
che respira d'antico). Il risveglio della Casa sembra avviarsi e procedere sui consueti binari del famigliarismo eduardiano; ma per
l'artificio del ribaltamento lo spaccato di realtà, dapprima presentato come autentico, svela via via le proprie interiora. Già il dialogo iniziale fra Rosa e Maria, padrona e serva, scopre le crepe che
incrinano l'edificio, sebbene la prima si sforzi di salvarne la facciata: «E mio fratello [dispiaceri] non ne ha» (I, p. 397).

Il ruolo tradizionale della casalinga è svolto dalla sorella nubile
del capofamiglia (appunto Rosa); la moglie lavora di notte e ha «a
che fare con tutta una clientela di gente stravagante». Non solo lei
fa la cartomante, ma anche il marito «se mette fore 'a sala c' 'o turbante ncapo, e fa entrare 'e cliente. [La servetta *ride*] Avanti!
Avanti!» (I, p. 398). Che siamo introdotti in un'anti-famiglia è poi
confermato dall'entrata in scena dei coniugi: si ripropone infatti
quel rapporto di coppia – quasi rituale nella *Cantata dei giorni dispari* – tirato avanti solo per la convenzione di *non parlare* o di *non
ascoltare*. Rapporto che diventa piú acrimonioso quando, dietro
questa convenzione, cova il sospetto delle «corna». Ma Pasquale
(Cimmaruta) appare subito grottesco, su un gradino piú basso rispetto all'omonimo protagonista di *Questi fantasmi!*; mentre Matilde, la moglie, porta quasi all'abiezione il tipo eduardiano della
«donna coi calzoni».

D'altra parte, fin dal risveglio della casa, *in casa Cimmaruta* si
parla in continuazione di «sonno» e di «sogni». Durante la chiacchierata mattutina fra Rosa, Maria e il portiere Michele, l'assonnata servetta racconta l'incubo, tragicomico e premonitore, del verme «con l'ombrello» che la induce a sparare sul pezzente e a berne
il sangue! A questo punto si infila la tirata nostalgica del portiere
sul tempo «passato», in cui tutto era piú bello, anche i «sogni»:
«Quando ero ragazzo mi facevo un sacco di sogni... Ma sogni bel-

li... Certi sogni che mi facevano svegliare cosí contento che mi veniva la voglia di uscire, di lavorare, di cantare [...] talmente belli che mi parevano spettacoli di operetta di teatro...» (I, pp. 396-97).

Michele appartiene a quella categoria di minori che hanno il ruolo di Doppio (su un registro sociale e linguistico piú basso) del personaggio-protagonista. Egli si contrappone infatti a Rosa e a Maria, nei cui sogni l'uomo mangia l'uomo; il portiere oramai *non si sogna piú niente*, ma esprime attraverso un *leit-motiv* (che ritornerà alla fine della commedia) il nesso polemico che nelle *voci di dentro* collega sogno e realtà:

> MICHELE [...] Ma allora la vita era un'altra cosa [...] se un amico ti dava un consiglio, tu l'accettavi con piacere. Non c'era, come fosse, la malafede. Mo si sono imbrogliate le lingue. Ecco che la notte ti fai la *fetenzía* dei sogni... (I, p. 397).

Il buon senso dialettale (in quest'opera sostanzialmente in lingua) coglie significativamente il nocciolo di un problema che solo dopo lo scavo e l'esplosione del mondo interiore troverà espressione nel linguaggio piú mediato del protagonista. *Si sono imbrogliate le lingue*: e quando, come il protagonista, si è incapaci di controllare il meccanismo della divaricazione (fra le voci di dentro e le voci di fuori) si rischia di imbrogliare quella *fetenzía dei sogni* con la *realtà*.

Ma è imbroglio vero? La nota dominante, nel primo come nel secondo atto, sarà quello *squillo di campanello* che di continuo mette in allarme i personaggi, e scandisce per lo spettatore il ritmo di un'*attesa*, che diventa via via piú ansiosa. Nel primo atto l'entrata in scena di Carlo lo preannuncia come viscido e stinto Tartufo partenopeo (sempre *affamato* e sempre preoccupato di nascondere la propria fame, scaricando ogni responsabilità sul fratello); mentre quella di Alberto, *piegato sotto il peso dei suoi travagliati cinquant'anni. (Pallido, cadaverico. Indossa un abito scolorito e logoro,* did., I, p. 404), è tale da scatenare subito sensi di colpa e impensabili accuse. La coppia dei fratelli Saporito provoca un'impressione complessiva di debolezza fisica e di decadenza economica; ma nel minore la condizione è risolta in un contegno strisciante e falsamente sottomesso, nel maggiore invece è esasperata da una *interna agitazione* che *gli vieta di mostrarsi disinvolto* (did., I, p. 404).

D'altra parte il sogno del protagonista solo nell'ultima scena dell'atto si rivela tale: perciò il legame fra le allusioni sempre piú incalzanti di Alberto e le reazioni di quel Pasquale *assonnato e torvo* appare assurdo; se il primo non può dormire perché « 'a capa

penza», il secondo non dorme (sempre secondo Alberto) «Pecché
'e muorte so' assaie. So' cchiú 'e muorte ca 'e vive» (I, p. 407). Il
discorso del testimone invasato si riferisce al proprio sogno, ma gli
spettatori come gli altri personaggi in scena ancora non lo sanno;
quindi il *campanello interno* che annuncia l'irruzione della polizia
libera paradossalmente gli astanti dall'*atmosfera terrificante creata
da Alberto* (did., I, p. 407). Il dislivello di informazioni fra il protagonista e gli altri personaggi, come fra il protagonista e gli spettatori, crea un gioco sinistro di intersezioni comunicative; anche se
il pubblico, distratto dai meccanismi comici che interrompono la
scena di paura, conserva il proprio distacco.

Con l'arrivo dei poliziotti, le allusioni di Alberto dovrebbero
mutarsi in denuncia «precisa e documentabile»; ma la sua accusa
è gridata su un registro di enfasi dialettale, tra espressioni da codice giuridico e isterismi visionari. L'effetto è ridicolo. Tanto piú
che le conclamate prove non saltano fuori dal soqquadro della casa:
si incomincia (si badi) dallo spostare la «credenza» e si finisce col
guardare dentro una «cesta»! In conclusione Alberto *siede avvilito,
passandosi una mano sulla fronte*: «Miche', io me lo sono sognato
[...] Ma cosí naturale... [...] (*Quasi estasiato dalla visione fantastica,
dice beato*) Ma che bel sogno...» (I, p. 410). L'assurdo esilarante di
questa fine d'atto sembra completare l'immagine del protagonista:
visionario e *capo tuosto*, come il protagonista di *Non ti pago*.

L'impressione potrebbe essere confermata dall'ambiente del secondo atto, *in casa Saporito: Uno stanzone enorme ingombro di ogni
rifiuto e cianfrusaglie* (did., II, p. 411). Ci troviamo di colpo nel-
l'anti-habitat per eccellenza dell'ordinata, *luminosa e linda cucina
in casa Cimmaruta*. Alberto e i suoi sembrano vivere in un mondo
fantastico, ingombro di fuochi d'artificio, di trucchi e di statue, in
una foresta di sedie rovesciate (o che pendono dal soffitto). D'altra
parte, se consideriamo l'articolazione dello spazio scenico, si individua subito *una grezza scala a pioli, costruita alla buona*, [che] *porta
su di un mezzanino, sul quale si troverà un vecchio sgangherato divano
dorato che serve da letto a Zi' Nicola* (did., II, p. 411). Il primo personaggio che vediamo agire fisicamente non è quindi il protagonista, ma il suo Doppio *off limits*: Zi' Nicola, *dall'interno del mezzanino, traffica per conto suo. Ogni tanto si affaccia e sputa*. E dal suo
piccolo spazio in alto, riparato da *vecchi stracci* come da tende di
teatro, questo *genius loci*, enigmatica figura di saggezza e di giustizia sovramondana, continuerà a sparare fuochi artificiali e natura-
lissimi sputi contro la processione infernale dei Cimmaruta, che
sfilerà *in basso* con la sua sarabanda di accuse e di contro-accuse.

Ma lo Zio Nicola incomincia a sputare proprio sul nipote Carlo, mentre questi contratta con un losco individuo («Se succede quello che dico io...») la liquidazione del loro pittoresco mondo. Perciò l'opposizione spaziale scenografica *alto-basso* introduce l'antitesi semantica *silenzio-parola*, ovvero lingua creativa-lingua convenzionale: «[Zi' Nicola] Dice che parlare è inutile. Che siccome l'umanità è sorda, lui può essere muto. Allora, non volendo esprimere i suoi pensieri con la parola... perché poi [...] è pure analfabeta... sfoga i sentimenti dell'animo suo con le "granate", le "botte" e le girandole» (Carlo, II, p. 412). Alle orecchie di un'umanità che non sa piú né parlare né intendersi, lo Zio Nicola sembra muto; ma il suo non è un silenzio radicale, è un linguaggio alternativo, che uno solo dei personaggi situati fisicamente in basso può intendere, il nipote visionario Alberto. «Certe volte, – commenta il nipote fedifrago, – si fanno delle chiacchierate talmente lunghe che sembra la festa del Carmine» (II, p. 412).

Quindi l'*attesa* che precede l'incursione dei vicini è gravata dagli avvertimenti in codice dello «sparavierze»; ma lo spettacolo indecoroso dei Cimmaruta sorprenderà il nipote in buona fede insieme agli spettatori (Alberto *parlando verso il mezzanino*: «Zi' Nico', hai ragione tu, che non vuó parlà cchiú... L'umanità ha perduto ogni ritegno»), al punto da far rinascere il dubbio: «Ma allora io veramente ho fatto la spia a questa gente. Il sogno non esiste? Quello che ho detto è la verità?» (II, p. 421). Solo un evento traumatico può allora interrompere la catena dei fatti (o dei misfatti?) che si sono succeduti in scena a ritmo comicamente accelerato. Zi' Nicola rompe la consegna di non parlare, per chiedere *con voce chiara e pronunciando perfettamente ogni parola*: «Per favore, un poco di pace» (*E rientra*). [...] *Dal mezzanino s'intravede una violenta luce verde* (did., II, p. 426): è il «biancale» della fine, il segnale di «via libera». A questa morte del vecchio il pubblico non inorridisce, perché sa che è una finzione scenica, tuttavia ne rimane ugualmente emozionato. Ma Eduardo conosce il senso del limite: dopo mancherà la luce e apparirà Maria *recando un candeliere con cinque candele accese*, mentre Rosa pronuncia l'irresistibile battuta: «Una buona vicina è sempre una benedizione del Signore» (II, pp. 426-427). E sul protagonista che *guarda atterrito le cinque candele* finisce il secondo atto, lasciando interdetto (non atterrito) il pubblico. Con il distacco appena di un sorriso, proviamo anche noi un dubbio, di essere caduti nel sogno di Alberto!

D'altra parte, al rapporto speculare Alberto-Zi' Nicola si intreccia quello fra il protagonista e il portiere. All'inizio del terzo atto, proprio da quest'ultimo Alberto riceve l'informazione del tradimento del fratello. E ancora Michele traduce nel suo espressionismo dialettale le parole del protagonista, con l'altro *leit-motiv* dell'opera: «L'uomo è *carnivaro*: nfaccia 'e denare, non guarda nemmeno il proprio sangue» (III, p. 429). Vuol dire che Caino è sempre pronto a saltare addosso ad Abele anche prima di poterlo fare, non appena ne intravede la possibilità.

Si introduce quindi l'estremo paradosso della commedia, con il sospetto della congiura dei Cimmaruta ai danni di Alberto «Saporito»: non solo siamo ridotti al punto che «uno non si può fare un sogno», perché rischia di andare in galera (atto II), ma il sognatore corre addirittura il pericolo di finire ammazzato a causa di quel sogno (atto III). Non per la vendetta degli innocenti, ma perché quel delitto sognato è cosí verisimile da provocare la realtà! È proprio quest'ultima rivelazione, di una umanità feroce e spietata al di là d'ogni sua piú cupa visione d'incubo, a chiarire una volta per tutte il quadro del mondo del protagonista: nessun pericolo può essere maggiore, per lui, di quello che sta correndo l'uomo, diventare *carnivaro* senza accorgersene.

La sua denuncia resta chiusa tra un'interrogazione sfiduciata («Che parlo a ffa'? Chisto, mo, è 'o fatto 'e zi' Nicola... Parlo inutilmente?») e la conferma della sordità altrui. Il protagonista eduardiano perviene, in un breve giro di anni, ad una *Weltanshauung* lontanissima da quella che lasciava in sospeso il finale di *Napoli milionaria!* Inariditasi troppo presto la primavera del '45, la società non sembra lasciare piú spiragli a speranze d'una ritrovata (dopo la «bufera») solidarietà. L'incomprensione fra gli uomini ha portato, nella seconda commedia del '48, alla rinuncia a parlare dello Zio Nicola o al disperato monologo finale di Alberto Saporito:

ALBERTO [...] (*Esaltato, guardando in alto verso il mezzanino*) [...] C'aggia ffa', zi' Nico'? [...] Parlami tu... (*Si ferma perché ode come in lontananza la solita chiacchierata pirotecnica di zi' Nicola* [...]) Non ho capito, zi' Nico'! [...] (*Silenzio*) [...] M'ha parlato e nun aggio capito. (*Amaro, fissando lo sguardo in alto*) Non si capisce! (III, p. 437).

Eppure questo interprete delle «voci di dentro», proprio perché parla anche quando gli sembra inutile parlare, con la sua denuncia riscatta l'umanità intera. Non solo perché il personaggio protagonista comunica con lo spettatore, ma anche perché il portiere, nel ripetere la sua tirata sul passato scomparso, vi aggiunge una postilla significativa: «Ah! il mezzo portone, poi, l'ho chiuso... [...]

È sempre un rispetto...» (III, p. 437). È il mezzo portone «a lutto» per la morte di Zio Nicola, un uomo che meritava «rispetto». Il Doppio popolare dell'eccentrico borghese protagonista dimostra di aver capito «qualche cosa»...

Ma anche attraverso la didascalia finale del testo si può supporre un movimento interno delle coscienze che solo la messinscena può verificare. Dopo lo *schiaffo* tirato *fulmineamente* al fratello *sorpreso e smarrito, i due sono rimasti soli, l'uno di spalle all'altro. Alberto seduto al tavolo, in primo piano a sinistra, col capo chino sulle braccia. Carlo, accasciato su di una sedia, in fondo allo stanzone* (did., III, p. 437). Il linguaggio eduardiano degli spazi e dei piani sembra attingere dal cinematografo, perciò l'immobilità e il silenzio degli attori-personaggi già esprime qualcosa, dopo tanto rumore... per nulla! Ed ecco il ritmo quasi impercettibile dei gesti e degli sguardi trasformare l'espressione dell'attore-protagonista, in concomitanza con la drammaturgia della luce: dopo che Alberto *solleva il capo lentamente, e con uno sguardo pietoso cerca il fratello,* anche il *sole inaspettatamente, dal finestrone in fondo, taglia l'aria ammorbata dello stanzone e, pietosamente, vivifica le stremenzite figure dei due fratelli e quelle povere, sgangherate sedie, le quali, malgrado tutto, saranno ancora provate dalle ormai svogliate «feste» e «festicciolle» dei poveri vicoli napoletani* (did., III, p. 438). Il sole si umanizza, come il protagonista, per esprimere fra pietà e disperazione il punto di vista dell'autore-attore-regista.

«Tarantella» in tre atti, *Le voci di dentro* nacque in gran fretta, nel dicembre del 1948, dalla malattia di Titina. «Si doveva debuttare a Milano al Teatro Nuovo con *La grande magia*, in cui Titina aveva un ruolo dominante, ma si ammalò improvvisamente e fui costretto a pensare ad una nuova commedia in cui la sua presenza non fosse indispensabile. Avevo solo 7 giorni di tempo», racconterà Eduardo a Nissim («Il Tempo», 13 luglio 1983).

Le voci di dentro fu rappresentata la prima volta l'11 dicembre 1948, al Teatro Nuovo di Milano, per la regia di Eduardo, dalla compagnia «Il Teatro di Eduardo con Titina De Filippo»; ma anche se la compagnia portava ancora il suo nome Titina non recitò. Gli attori erano: Vittoria Crispo (Rosa); Rosita Pisano (Maria); Giovanni Amato (Michele); Aldo Giuffrè (Carlo Saporito); Eduardo (Alberto Saporito); Pietro Carloni (Pasquale Cimmaruta); Gennaro Pisano (Zi' Nicola) e altri. Spettacolo di immediato successo (secondo Renato Simoni); eppure dovette sconcertare il pubblico, se alla fine del primo atto «il sipario si aprí soltanto due volte, davanti ad un pubblico duro e immobile» (R. Radice, *E il settimo giorno Eduardo non si riposò*, «L'Europeo», 26 dicembre 1948). Da parte sua Eduardo dirà a Pandolfi nel '56, a proposito della commedia: «Forse il pubblico non l'ha afferrata bene ed il secondo atto è sembrato un po' rigido. Secondo me invece *Le voci di dentro* avrà molta vitalità in avvenire» (*Intervista a quattr'occhi con Eduardo De Filippo*, in *Teatro italiano contemporaneo* cit., p.13).

Il 27 gennaio 1949 lo spettacolo fu messo in scena a Napoli, al Teatro Mercadante, e il 25 febbraio a Roma al Teatro Eliseo, dove il pubblico l'accolse con entusiasmo (anche se al solito D'Amico dubita «che l'immenso e splendido pubblico dell'Eliseo, il quale l'ha seguito con abbondanti scoppi di ilarità, si sia sempre reso conto della disperazione di cui trabocca»); il 28 novembre 1950 la commedia va in scena al Manzoni di Milano. Gli attori dell'edizione 1949-50 sono: Vittoria Crispo (Rosa); Rosita Pisano (Maria); Carlo Giuffrè (Michele); Eduardo (Alberto Saporito); Aldo Giuffrè (Carlo Saporito); Pietro Carloni (Pasquale Cimmaruta); Carlo Pennetti (Brigadiere); Vera Carmi (Matilde); Luigi De Filippo (Luigi); Clara Crispo (Elvira); Salvatore Cosa (Zi' Nicola); Mario Frera (Capa d'Angelo); Giuliana D'Aprile (Teresa Amitrano); Enzo Donzelli (Aniello Amitrano). Poi la rappresentazione fu ripresa a Napoli (nel 1951 al Mercadante, e nel 1954 al Teatro San Ferdinando), a Milano (nel 1956 al Teatro Odeon) e a Roma (nel 1961 al Quirino).

Eduardo ne cura due messinscene televisive. La prima, ripresa da studio nel 1961, viene trasmessa il 12 febbraio 1962. La seconda, sempre per la regia di Eduardo, con scene e costumi di Bruno Garofalo, va in onda il 30 e il 31 dicembre 1978 (Raidue). La interpretano: Pupella Maggio (Rosa); Marina Confalone (Maria); Ugo D'Alessio (Zi' Nicola); Luigi Uzzo (Michele); Giuliana Calandra (Matilde); Gino Maringola (Pasquale Cimmaruta); Luca De Filippo (Carlo Saporito); Eduardo (Alberto Saporito); Antonio La Raina (Brigadiere); Franco Folli (Un agente); Sergio Solli (Capa d'Angelo); Marzio Onorato (Luigi); Lidia Ferrara (Elvira); Linda Moretti (Teresa Amitrano); Franco Angrisano (Aniello Amitrano).

Eduardo ne aveva tratto anche un film nel 1966 dal titolo *Spara forte, piú forte... non capisco!*, con la sceneggiatura sua e di Susi Cecchi D'Amico, la fotografia di Ajace Parolin, la scenografia di Gianni Polidori, la musica di Nino Rota. Gli interpreti sono, oltre a Eduardo stesso, Marcello Mastroianni (nella parte del protagonista), Raquel Welch, Guido Alberti, Leopoldo Trieste, Regina Bianchi, Franco Parenti, Angela Luce, Silvano Tranquilli, Carlo

Bagno. Ma questa versione cinematografica non piacque neppure al suo regista; il quale riprese la commedia in teatro nel 1969 a Napoli (16 ottobre, San Ferdinando), nel 1970 a Firenze (8 gennaio, La Pergola), e nel 1977 di nuovo a Napoli (8 gennaio al San Ferdinando) e poi a Roma (20 gennaio al Teatro Eliseo).

Nella stagione teatrale 1991-92, la commedia è andata in scena per la regia di Carlo Giuffrè, scene e costumi di Aldo Buti, musiche di Romolo Grano, direzione luci di Sergio Rossi; interpreti: Linda Moretti (Rosa); Teresa Lo Vecchio (Maria); Aldo De Martino (Michele); Carlo Giuffrè (Alberto Saporito); Mario Scarpetta (Carlo Saporito); Tullio Del Matto (Pasquale Cimmaruta); Maria Basile (Matilde); Eduardo Cuomo (Luigi); Annamaria Giannone (Elvira); Claudio Veneziano (Brigadiere); Massimiliano Esposito (Zi' Nicola); Piero Pepe (Capa d'Angelo); Barbara Pietruccetti (Teresa Amitrano); Mario Carelli (Aniello Amitrano).

Le voci di dentro è stata rappresentata fuori d'Italia, da altri interpreti, dal 1951 al 1986: in Grecia, in Germania, in Francia, in Cecoslovacchia, in Gran Bretagna, in Usa; si segnala come il piú importante l'allestimento del 1983, al National Theatre di Londra, con Ralph Richardson nella parte di Alberto Saporito; è del 1987 la rappresentazione di *Les voix intérieurs*, per la regia di Claude Yersin, al Théâtre de l'Est Parisien.

Il testo di *Le voci di dentro* compare nel primo volume dell'edizione Einaudi della *Cantata dei giorni dispari*, nel 1951; non manifesta varianti di rilievo fino all'edizione 1971 (riveduta) dello stesso volume della *Cantata*, dove, nel primo atto, l'entrata in scena di Matilde e di Pasquale Cimmaruta (con relativa didascalia di presentazione del personaggio del marito) precede l'entrata di Carlo e di Alberto Saporito. Nella versione precedente Pasquale entra soltanto quando Alberto ha incominciato a parlare e Matilde compare insieme al figlio e alla figlia quando tutti vengono portati al commissariato: manca quindi la scena di gelosia del marito provocata dal costume con «lo spacco» della moglie. Nell'edizione 1979 (riveduta) dello stesso volume, il testo aggiunge, nel primo atto, anche il racconto di un secondo «sogno»: quello di Rosa, che «scanna» e cuoce in forno un capretto «saporito», divorato con gran gusto da tutta la famiglia riunita a tavola, anche se si rivela «nu bello piccirillo biondo, riccio riccio». Cfr. Michele: «Vedite che razza 'e suonno! Si uno vulesse sta a séntere i sogni... Io, per esempio non mi sogno mai niente» (atto I, ediz. '71); Michele: «Vedite che razza 'e suonno! M'ha fatto avutá 'o stomaco...»; Rosa:

«Ma certi suonni com'è possibile concepirli non l'ho mai capito. Io sto ancora scossa 'a ll'ata notte...» (atto I, ediz. '79). Tali varianti si conservano nelle edizioni successive del volume della *Cantata*, anche se l'episodio del secondo sogno non appare nella messinscena televisiva del 1978. Comunque il testo presenta almeno tre versioni: una, piú sintetica, nell'edizione '51 del primo volume della *Cantata dei giorni dispari*; un'altra nell'edizione '71 e un'altra ancora nell'ultima edizione riveduta ('79) dello stesso volume della *Cantata*.

Le voci di dentro esce nei *Capolavori* Einaudi fin dalla loro prima edizione del 1973.

Personaggi

Rosa Cimmaruta
Maria, cameriera
Michele, portiere
Alberto Saporito
Carlo, suo fratello
Pasquale Cimmaruta
Matilde, sua moglie
Luigi ⎫
Elvira ⎭ loro figli
Un brigadiere
Agenti di pubblica sicurezza
Zi' Nicola Saporito
Capa d'Angelo
Teresa Amitrano
Aniello Amitrano

Una luminosa e linda cucina in casa Cimmaruta. Primissime ore di un bel mattino di fine novembre.

ROSA (*con tono di voce discreto, sommesso*) Che ci vuole per farti svegliare, Iddio solo lo sa.

MARIA (*entra sbadigliando. Una scarpa calzata e l'altra in mano. Pigra e assonnata siede per calzare anche l'altro piede*) Io 'a matina nun me vulesse mai sòsere... Me sento tutta spezzata... m' avota 'o stòmmeco...

ROSA Non hai il diritto di lamentarti. Tu 'a sera alle nove te ne vai a letto; mo songo 'e sette e mmeza... hai dormito precisamente dieci ore e mezza. Che diavolo!

MARIA Nun m'abbàstano, signo', nun m'abbàstano. Ognuno tiene la natura sua. E poi qualunque cosa, quando si comincia, si deve finire. Io la sera comincio a dormire, ma quando la mattina mi venite a svegliare, non ho finito ancora.

ROSA Figlia mia... e a te t'ha muzzecata 'a mosca zè-zè!

MARIA E che v'aggi' 'a dicere, signo'. Certo ca io si fosse nata signora, mi *avrei* fatta una casa tutte camere da letto.

ROSA Invece sei nata cameriera, e se non ti alzi presto la mattina, pierde 'o posto.

MARIA No, signo', nun 'o ddicíte nemmeno pe' pazzía. Io qua sto bene. 'O signore è tanto buono... 'A signora pure! Dormono tutte quante assaie. Sulamente vuie pare che 'o lietto v'abbrucia sotto. Si nun fosse pe' vuie...

ROSA Abbi pazienza, he capito? Vuol dire che pe' te fa' piacere lascio 'a casa e me ne vado.

MARIA No... ma si pure vuie durmísseve comme dormono ll'ate, stéssemo dint' 'a pace 'e ll'angele.

ROSA E qua, si nun ce stesse io dint' a sta casa... (*Prende da un tavolo presso la finestra dei pezzi di sapone e li osserva soddisfatta*) Sta vota è venuto proprio bene: mi sto perfezionando.

L'altra volta, quando si asciugarono, si spaccarono tutti quanti, e diventarono la terza parte... invece adesso... (*Dallo stesso tavolo prende delle candele*) E pure le candele. (*Tastandole*) Sono riuscita a farle diventare dure come le steariche di prima della guerra. Mari'... (*Maria ha ripreso sonno a bocca spalancata*). Mari'...

MARIA (*come se si svegliasse per la prima volta*) Eh? È ora?

ROSA Oi ni', tu t'he 'a scetà! Io ce 'o ddico a mio fratello Pasquale e veramente te faccio licenzià.

MARIA (*convinta*) Non ho finito: non ho finito ancora!

ROSA E l'he 'a ferní. Alzati, vieni qua. (*Maria di malavoglia le si avvicina*). Guarda quanto è venuto bellu stu ssapone; e sti candele...

MARIA Veramente belle.

ROSA 'A guerra quacche cosa 'e buono l'ha fatto. Chi avrebbe mai pensato, prima della guerra, di fabbricare in casa candele e sapone...

MARIA Oltre al risparmio, c'è pure soddisfazione.

ROSA Io mi sono proprio specializzata. Quasi quasi metterei un negozio. Tu, però, l'altro giorno, distratta, hai buttato il grasso della carne; non lo fare piú, perché è un peccato. Tutti i grassi che restano, i rifiuti, l'olio della frittura... te l'ho detto tante volte, si devono conservare.

MARIA M' avit' 'a perdonà, signo'.

Campanello interno.

ROSA Apri la porta.

Maria esce per la comune, poi torna con Michele.

MICHELE (*seguito da Maria. Reca un piatto colmo di sorbe e una borsa per la spesa gonfia di generi alimentari*) Donna Ro', bongiorno.

ROSA Bongiorno, Miche'. (*Vedendo le sorbe*) Uh... Grazie, te ne sei ricordato.

MICHELE E se no chi 'o senteva a don Pasquale. Ieri al giorno mi disse: «Se domani mattina non ti ricordi di comprarmi le sorbe, è meglio che nun te faie truvà sotto 'o palazzo». Tant'è vero che ieri sera, pe' nun me scurdà n'ata vota, primma 'e me cuccà, mettete 'o piatto sopra 'a sedia appier' 'o lietto. Dicette: «Accussí dimane mmatina, 'o primmo pensiero, quanno passa chillo d' 'e ssorbe...» Donna Ro', sono al punto giusto di maturazione. Che so', prete 'e zucchero?

ROSA Sí, so' belle. Sa' che piacere che nn'ave mio fratello.

MICHELE (*mettendo la borsa sul tavolo*) E questa è la spesa.

ROSA Ti sei ricordato tutto?

MICHELE Questa è la nota che mi avete dato ierisera: riscontrate voi stessa. Se ci manca qualche cosa non è colpa mia. È quistione che 'a capa non è piú quella di una volta: nu poco 'a miseria, nu poco 'a «tarantella» che faccio d' 'a matina 'a sera con gli inquilini!

MARIA (*a sproposito*) Neh, ma che bruttu suonno ca me so' fatto stanotte! Adesso me lo sto ricordando... Stavo qua, in cucina e pulivo i broccoli per la cena. Stavo seduta vicino 'a finestra cu' 'e piede appoggiati sopra a un'altra sedia. Ammunnavo 'e broccoli e mettevo tutte 'e cemmetelle dentro a na nzalatiera. Quanno tutt'assieme, 'a dentro a na foglia, esce nu verme: nu verme bianco cu' 'a capuzzella nera. Me guarda e mme dice: «E brava... io mo, pe' causa tua, so' rimasto senza casa. Nun fa niente, statte bona». «E dove vai?» aggio ditto io. «Addó aggi' 'a ji', vado in chiesa, m'inginocchio e prego». «E allora vengo pur'io! t'accompagno». E siamo usciti insieme. Tutto in un momento è venuto a piovere, 'o verme m'ha guardato e ha ditto: «Tengo 'o mbrello». L'ha apierto, e dopo poco ce simmo truvate fuori alla chiesa. 'A porta grande era chiusa. Isso m'ha guardato e ha ditto: «Io entro lo stesso perché posso strisciare pe' sott' 'a porta». «E io?» «E tu rieste fora, c' aggi' 'a fa'? Aspetta che si apre la porta». «E sta piovendo». «Pigliate 'o mbrello e aspetta». E strscianno pe' sott' 'a porta è entrato in chiesa e non l'ho visto piú. Aggio apierto 'o mbrello e mme so' mmisa a cammenà. Mentre camminavo, sempre cu' 'o mbrello apierto, me sentivo na goccia d'acqua ca mme cadeva in mezzo alla testa, sempre allo stesso posto. Allora penzavo: «'O mbrello ha da essere sfondato... Ci deve essere nu pertuso». Alzavo la testa... guardavo, e 'o mbrello era sano. «Ma allora sta goccia da dove viene?» Penzavo ncap' a me: «Sperammo che arrivo presto... cosí 'o chiudo stu mbrello...» e avanzavo 'o passo. Quando tutt'assieme 'a goccia d'acqua è diventata n'aceniello 'e fuoco: m'ha fatto nu buco in testa e s'è intromesso dentro. Prima m'ha bruciato la lingua, poi lo stomaco, poi i polmoni... A un certo punto aggio ntiso 'e strillà: «A mme nun m'abbruce!» Era 'o core! Era il cuore mio che per non essere bruciato se n'è uscito dalla pancia e si è messo a correre. «Fermati!» strillavo io... «Fermati... Io comme campo senz' 'o core!...» Finalmente, tutta sudata e stanca, aggio girato pe' 'na strada e me so' truvata 'e faccia 'o verme n'ata vota. 'O quale m'ha ditto: «Si te vuo' salvà, pigliate stu revòlvere e spara a chillu pezzente che sta assettato nterr' 'o marciapiede». Io l'ho sparato... Ma 'o bello sapite qual è?... Che non appena l'aggio sparato, 'o pezzente è diventato una fontana... 'O verme ha ditto: «Tiene sete?... E bevi!» Io me so' misa a bévere... Signo', chella nun era acqua, era sangue... E io bevevo... bevevo... Che impressione!

MICHELE   Vedite che razza 'e suonno. M'ha fatto avutà 'o stommaco...

ROSA   Ma certi suonni com'è possibile concepirli non l'ho mai capito. Io sto ancora scossa 'a ll'ata notte... chella mo m'ha fatto ricurdà. Stevo int' 'a cucina e tu, come al solito, m' 'e purtata 'a borsa cu' 'a spesa, 'a buttiglia 'e ll'uoglio, 'a frutta, l'insalata... e io mettevo tutto a posto, comme faccio ogni mattina. 'A carne l'aggio aggiustata int' 'o piatto. 'E bello, aggio ntiso: «A me non mi aggiusti?» Me guardavo attuorno e nun ce steva nisciuno. Aggio pensato: «Forse è stata n'impressione mia». Doppo n'atu ppoco, 'a stessa voce... «A me non mi aggiusti?» Allora aggio aperta 'a porta d' 'a cucina pe' vedè si nce steva quaccheduno fuori. Comme infatti ce steva nu bello capretto che appena m'ha visto s'è levato 'o cilindro, ha pusato 'o bastone, s'è impizzato int' 'a cucina e m'ha ditto: «Facciamo presto perché non tengo tempo da perdere». Io aggio pigliato nu curtiello, l'aggio miso sopra 'o tavolo, l'aggio scannato proprio comme se scanna nu capretto, l'aggio aggiustato int' a nu bello ruoto chino 'e patanelle e cepolluzze attuorno e l'aggio menato int' 'o fuorno. Tutto assieme, po', ce simme truvate tutte quante a tavola, attuorno a chisto bello ruoto. Io facevo 'e purzione... ma chillo nun era nu capretto, era nu bello piccerillo biondo, riccio riccio. E chi se spuzzuliava 'e piede, chi se mangiava 'a mano, chi 'a capuzzella. E tutti quanti: «Ma comm'è buono! Ma comm'è saporito! Ce azzecca 'o bicchierotto...» È stata tale l'impressione ca me so scetata. Ma t'assicuro ca io nun mangio cchiú capretto in vita mia, nemmeno si me fanno na statua d'oro...

MICHELE   Si uno vulesse sta' a sèntere i sogni... Io, per esempio, non mi sogno mai niente. 'A sera mi corico stanco che Iddio lo sa... Ragazzo, sí. Quando ero ragazzo mi facevo un sacco di sogni... Ma sogni belli... Certi sogni che mi facevano svegliare cosí contento, che mi veniva la voglia di uscire, di lavorare, di cantare. Certe volte mi facevo dei sogni talmente belli che mi parevano spettacoli di operetta di teatro... e quando mi svegliavo, facevo tutto il possibile di addormentarmi un'altra volta per vedere se era possibile di sognarmi il seguito. Ma allora la vita era un'altra cosa. Era, diciamo, tutto piú facile; e la gente era pura, genuina. Uno si sentiva la coscienza a posto perché anche se un amico ti dava un consiglio, tu l'accettavi con piacere. Non c'era, come fosse, la malafede. Mo si sono imbrogliate le lingue. Ecco che la notte ti fai la *fetenzia* dei sogni, una specie di quello che ha raccontato Maria. Mo, se permettete, scendo perché ho da fare. (*A Maria*) E tu, sposati presto. Accussí, cu' nu marito vicino, 'e suonne t' 'e ffaie color di rosa.

MARIA (*divertita*) Allora s'ha da spusà pure 'a signora Rosa?

MICHELE E pecché, si 'a signora vulesse... lle mancarría un buon partito?

ROSA (*tagliando corto*) Statte buono, Miche'.

MICHELE Buona giornata. (*Esce*).

ROSA (*s'è fatto giorno, spegne la luce*) E tu, muoviti ca se fa tarde. Cominciamo a preparà 'a colezione, ca mo vide ca a uno a' vota vengono i monaci al convento.

MARIA 'O primmo è don Pasquale.

ROSA Povero fratello mio. Lo vedo cosí sciupato. Giorno per giorno se ne scende da dentro al fodero.

MARIA So' 'e dispiacere, signo'. Don Pasquale non parla... ma ncuorpo a isso...

ROSA Ncuorpo a isso che? Quali so' sti dispiaceri, pe' ssapé?

MARIA Io che ne saccio... dico per dire. Ognuno tiene i dispiaceri suoi.

ROSA E mio fratello non ne ha. (*Comincia a macinare il caffè*) Mentre io preparo 'o ccafè per Pasquale, tu prepara 'o zabaglione per Elviruccia. Prendi le due uova fresche che ho messo nella *zupperella* dentro 'a credenza. (*Maria esegue*). Mettici quattro cucchiaini di zucchero. (*Accende il gas*).

MARIA Chella, 'a signurina Elvira, ll'ova nun lle piàceno.

ROSA E se le deve prendere. Una ragazza di diciott'anni, che lavora tutto il giorno. E poi, quel genere di lavoro!

MARIA Signo', ma io non ho mai capito che genere 'e lavoro fa... (*Comincia a battere le uova*).

ROSA (*mettendo sul gas un tegame di creta pieno di maccheroni avanzati il giorno prima*) Che devi capire, tu. Fa la stenografa. L'avvocato parla e lei fa cierti scippetielli sulla carta che quando è dopo, siccome li capisce solo lei, legge e scrive a macchina tutto quello che l'avvocato ha detto. Un segnetiello cosí... (*con l'indice della mano destra tratteggia velocemente nell'aria un piccolo segno ricurvo*) significa per esempio: «Signori e signore, facciamoci coraggio tutti quanti: qua l'affare è serio...»

MARIA   Cu' nu signetiello 'e niente?

ROSA   Eh! E guadagna bene e si sta facendo una strada. 'E biscotte per mia cognata?

MARIA   Stanno llà sopra (*indica la credenza*). 'A signora Matilde pure lavora... 'a sera sta tanto stanca ca nun se fida nemmeno 'e parlà.

ROSA   Tu scherzi? Avere a che fare con tutta una clientela di gente stravagante. E vogliono sapere il passato... l'avvenire... Se Tizio, che sta in America, è morto... se la moglie è incinta... se fa il maschio, se fa la femmina... E io ce lo dico sempre: «Tu devi dire: io leggo le carte, questo è tutto...»

MARIA (*divertita*)   A mme me piace don Pasquale, 'o fratello vostro... quanno se mette fore 'a sala, c' 'o turbante ncapo, e fa entrare 'e cliente. (*Ride*). Avanti! Avanti!

ROSA (*risentita*)   E ride n'atu ppoco, he capito? Sia fatta 'a voluntà 'e Dio! (*Sente odor di bruciato*) 'E maccheroni! Pe' parlà cu' cchesta... (*Con una forchetta rovescia in fretta i maccheroni nel tegame*).

MARIA   Ma chillo 'o signurino accussí 'e vvo': abbruciate.

ROSA   Lle piaceno arruscatielle, ma no abbruciate.

MARIA   Io nun saccio comme pò ffa' a se mangià 'e maccheroni appena se sveglia.

ROSA   È giovanotto. C' 'a famma se corica e c' 'a famma se sveglia.

MARIA   Vuie 'o vulite bene, e ove'?

ROSA   È l'unico nipote che tengo. E che pagasse p' 'o vedé a posto... ma... È troppo sbandato. La gioventú di oggi...

MATILDE (*entrando dalla destra, in vestaglia*)   Buongiorno.

MARIA   Buongiorno, signo'.

ROSA   Adesso ti venivo a svegliare.

MATILDE   Ho messo la sveglia sotto al cuscino e l'ho fermata sotto al cuscino stesso, cosí non ho dato fastidio a nessuno.

MARIA   Figuratevi se don Pasquale non l'ha sentita suonare pure da sotto il cuscino, col sonno leggero ca tiene... E po', quello pensa a voi pure quando dorme e sta sempre sul chi vive.

MATILDE   E a me che me ne importa? Peggio per lui.

ROSA   Pigliati un sorso di caffè.

MATILDE   No, è meglio che mi misuro prima il vestito.

MARIA   È meglio, se no, se viene don Pasquale, non potete fare niente piú.

ROSA (*toglie dal manichino un abito da Egiziana, ancora imbasti-to*)   Eccolo qua. Ieri sera ci ho fatto le modifiche che volevi tu.

MATILDE (*si toglie la vestaglia, rimanendo in sottoveste corta e scollata*)   E il mantello? (*Indossa l'abito*) L'apertura davanti ce l'avete fatta?

ROSA   Fino a sopra al ginocchio.

MATILDE (*indossato l'abito, siede*)   Ma lo spacco lo dovevate fa-re in direzione della gamba sinistra, perché io quando mi siedo metto la gamba destra sotto la sedia e la gamba sinistra la por-to avanti. (*Compie i gesti che descrive*).

ROSA   E non mi sono ricordata. Vuol dire che metti la sinistra sotto la sedia e la destra la porti avanti.

PASQUALE (*entra dalla destra, in pigiama; è un uomo malandato, i suoi cinquant'anni li porta malissimo*)   Vorrei un bicchiere d'acqua...

MARIA   Ieri sera ve ne ho messo un bicchierone cosí sulla colon-netta, v'avite bevuto tutte cose?

MATILDE (*esasperata*)   Hai sentito la sveglia?

PASQUALE   Ho sentito la sveglia...

MATILDE   E questo fai, lo spione.

PASQUALE   Ho i nervi a pezzi. Un piccolo rumore, un leggero fruscio, un niente mi fa saltare... Non faccio lo spione.

MATILDE   Sei venuto a controllare la forma del vestito.

PASQUALE   E secondo te non ne ho il diritto? Non devo vedere come hai pensato di presentarti ai clienti? Non mi devo rende-re conto di che altro hai escogitato insieme a quest'altra defi-ciente ruffiana per fare colpo su quei quattro fetenti che vengo-no a consultarti?

MATILDE   E secondo te mi dovrei presentare vestita da monaca?

ROSA   Un poco di mordente ci vuole.

MARIA   Gli uomini si passano la voce...

PASQUALE   «Correte, andate a vedere le gambe e i seni della mo-glie di Pasquale Cimmaruta...»

MATILDE   Ma quali seni? Questa (*mostra il corpetto del vestito*) è fodera di seta rosa.

PASQUALE   È color carne.

ROSA   E che significa?

PASQUALE   Tu statte zitta, sono affari che non ti riguardano.

MATILDE   E allora te lo domando io: che significa?

PASQUALE   Significa che tu ti metti sulla poltrona dorata, in fondo alla stanza... crei la penombra, e il cliente che sta seduto di fronte a te se ne va di testa perché non capisce se si tratta di seta rosa o di carne vera e propria.

MATILDE (*esasperata*)   E pensa quello che vuole lui! Quando non ti conviene il mestiere che faccio, fai tu qualche cosa e porta i soldi a casa! Madonna, che uomo! E che vita, che vita! (*Esce*).

PASQUALE   E la mia vita? Porto i soldi a casa... e come? Sto pieno di dolori, pieno! A letto non mi posso girare...

ROSA   Vatti a stendere e dormi un altro poco. Piú tardi fai colazione.

PASQUALE   Vado a dormire un altro poco... Vado a soffrire le pene dell'inferno un altro poco! Non ti dimenticare le gocce. (*Esce*).

ROSA   Povero Pasquale...

MARIA   Pure finisce al manicomio!

Campanello interno.

MARIA   Chi è?

ROSA   Apri.

Maria esce per la comune.

MARIA (*tornando*)   Signo': è don Carlo Saporito.

ROSA   Il fratello di don Alberto?

MARIA   Eh, chille ca stanno 'e casa affianco a noi.

ROSA   A quest'ora? E che vo'?

MARIA   Non si deve sentire bene, perché appena è entrato ha ditto: «Famme assettà, Mari'». S'è mmenato ncopp' a na sedia, ha cacciato 'o fazzuletto e s' 'o passava pe' ffaccia.

ROSA (*si avvicina alla comune e parla verso l'interno*)   Don Carlo... Don Carlo, che vi sentite? Entrate. (*A Maria*) Aiutalo.

MARIA (*esce di nuovo, dopo poco torna sorreggendo Carlo, che cammina a stento*) Piano, piano. Ma che vi sentite?

CARLO E che ne so. Quelle cose che ti vengono cosí, quando meno te le aspetti... (*E continua a sudare*).

ROSA Sedetevi. (*Aiutato da Maria, Carlo siede*). Volete un bicchiere d'acqua?

CARLO No. Mi farebbe piú male che bene: sto tutto sudato... Come una benda agli occhi. Da un momento all'altro, mentre mi accingevo a suonare il campanello di casa nostra... Sapete che noi ci abbiamo quella testa di leone di ottone, si spinge il naso del leone, e quello suona... Non sono arrivato a toccare il naso del leone, che ho visto tutto nero. Come se fossi sprofondato dieci metri sotto terra, e la tromba delle scale che mi girava vertiginosamente intorno. Se non mi reggevo a tempo alla ringhiera, andavo a finire con la testa dentro al secchio dell'immondizia che ci abbiamo fuori alla porta.

ROSA Deve essere imbarazzo di stomaco.

CARLO Cosí credo anch'io.

MARIA Ieri, che avete mangiato?

CARLO Io, figuratevi, sono di una parsimonia fantastica... Quello è mio fratello Alberto, che ogni tanto esce pazzo. Noi siamo soli, donne in casa non ce ne sono... capirete che cucinare, oltre ad essere un fastidio, sarebbe pure una spesa inutile. Voi, mo, siete donne di casa e lo potete sapere: altro è cucinare per sette otto persone e altro è cucinare per due... Due persone si arrangiano sempre. Noi compriamo tutto in rosticceria; si risparmia e si fa piú presto. Ierisera mio fratello Alberto esagerò un poco. Tornò a casa con un pacco di mangiare, e facemmo *scasso*. Portò cento grammi di ulive, e un piede di porco. Ce mettètteme *capa capa*: un'uliva tu, un'uliva io... e ci mangiammo tutti i cento grammi... Poi attaccammo il piede... na parola io... na parola lui... «Carlu', ti ricordi?» «Albe', comme no?»: a stento rimasero le ossa del piede di porco.

MARIA E questo ve mangiasteve? Cento grammi di ulive e un piede di porco in due?

CARLO Di sera, che volete mangiare di piú? Ecco che mi sono sentito male. Sono uscito presto, per la prima messa... io ogni mattina vado in chiesa, la prima messa non me la perdo mai... e quando sono tornato è successo quello che è successo. Ho suonato il vostro campanello, perché se mio fratello mi vede in queste condizioni si spaventa... mi scuserete...

ROSA Vi pare. Voi siete il padrone.

CARLO   Quello che vi chiederei è un bicchiere di vino. Un bicchiere di vino mi rimette su.

ROSA   Vi pare. Mari', piglia 'o vino.

Maria esegue.

MARIA   Ecco qua. (*Versa il vino in un bicchiere e lo porge a
Carlo*).

CARLO   Grazie.

ROSA (*osservando i maccheroni*)   Guarda... guarda che sono diventati... e quello cosí non se li mangia...

CARLO (*interessato*)   Che so'? che so'?

ROSA   So' maccheroni di ieri. Li ho riscaldati perché a mio nipote lle piaceno... ma si sono bruciati un poco.

CARLO   E che fate, 'e buttate?

ROSA   Mi sono distratta...(*toglie il tegame dal fornello*).

CARLO   Fateme vedè. (*Osservando i maccheroni*) Guarda ccà...
che peccato! (*Prendendo una forchetta*) È pulita?

ROSA   Sí.

CARLO (*alludendo ai maccheroni*)   'E ppozzo assaggià?

ROSA   E perché no?

CARLO (*dopo aver mangiato una forchettata di maccheroni*)   Un
poco bruciate so'. Se vostro nipote non se li mangia, me li
mangio io volentieri. Perché, sapete che sto pensando? Che se
mi bevo questo bicchiere di vino a digiuno, mi sento male un'altra volta.

ROSA   Mangiateli. Accomodatevi. (*Carlo prende il tegame, si avvicina al tavolo e comincia a mangiare avidamente. Rosa, scambiando occhiate significative con Maria*) Vuol dire che a mio
nipote gli faccio battere due uova.

CARLO (*meravigliato*)   Due uova? Vi trattate bene. (*Continua a
mangiare, poi*) Già, don Pasquale guadagna...

ROSA   Guadagna?... Tira a campà.

CARLO (*sempre mangiando*)   Vostra cognata ci ha una bella clientela: uno va l'altro viene... C' 'e putimmo mangià, io e mio
fratello, due uova la mattina? No, che non ce le possiamo mangiare!

ROSA   E voi non guadagnate, facendo gli apparatori di feste?

CARLO   Una volta. In mano a nostro padre, Tommaso Saporito.
Allora sí. Allora, se ballava una scimmia in mezzo alla strada,
le sedie si affittavano da Tommaso Saporito. Non c'era Piedigrotta senza le luminarie di Tommaso Saporito. Non si costrui-

va uno stabilimento di bagni a Santa Lucia, se non si affittavano le tavole da Tommaso Saporito. Ma mo... mo è n'ata cosa.
Hanno industrializzato anche il mestiere dell'apparatore! Prima, per organizzare una festa popolare si riunivano quattro persone dint' a nu vascio e decidevano; mo, pe' fa' na festa int' a
nu vico ce vo' nu ministero, nu ministro e nu capo 'e gabinetto... 'O pesce gruosso se mangia 'o piccerillo! E di tutto il
materiale che lasciò mio padre, vendi oggi, vendi domani... c'è
rimasto qualche tappeto, nu centenaro 'e sedie... e ll'uocchie
pe' chiagnere... Donna Ro', oggi i grandi soldi si fanno quando
non si hanno tanti scrupoli. 'A ggente onesta, donna Ro', se
more 'e famma...

ROSA   Scusate, ma che mi venite a dire con questo discorso?...
Che siccome ce pigliammo due uova sbattute, la mattina, siamo gente disonesta?

CARLO (*mellifluo, fra lo scherzoso e l'ironico*)   E che d'è?... tenite 'a coda 'e paglia?

ROSA   Che c'entra, ma chiunque...

CARLO   Non vi prendete collera... (*Ha finito i maccheroni. Ora
guarda ghiotto le sorbe*) Una sorba non me la negate, donna
Ro'?

ROSA (*sgarbata*)   Mangiate, stanno ccà. (*Prende il piatto e lo mette avanti a Carlo*).

CARLO (*scegliendo la migliore*)   Chesta è essa, 'a 'i'. E perché
partite?

ROSA   Partiamo?

CARLO   Mi hanno detto che ieri sera avete fatto le valige, che partite tutti quanti.

ROSA   Vi hanno informato male.

CARLO   Non mi ricordo chi me lo ha detto...

ROSA (*vedendo che Carlo imbocca la terza sorba, sgarbatamente
gli toglie il piatto da vicino per metterlo al suo posto*)   Don...
come vi chiamate... Mio fratello, so' tre giorni che le ha ordinate.

CARLO   Avete fatto bene a togliermele da vicino, se no m' 'e
mangiavo tutte quante.

ROSA   E io l'avevo capito...

MARIA   Sentite a me, vuie ve site ntiso male p' 'a debulezza.

Campanello interno.

ROSA   Vide chi è.

Maria via per la comune. Dopo poco torna seguita da Alberto.
Alberto è un uomo piegato sotto il peso dei suoi travagliati
cinquant'anni. Pallido, cadaverico. Indossa un abito scolorito
e logoro. È in preda ad una interna agitazione che gli vieta di
mostrarsi disinvolto. Sull'avambraccio sinistro ha collocato un
nodoso bastone. Durante la scena che segue consulta spessissi-
mo il suo orologio.

ALBERTO (*entrando*)   Tu che dici. Manco si 'o penziero me l'avesse detto. (*Accorrendo verso il fratello*) Carlu', ch'è stato?

CARLO   Non ti preoccupare perché è passato tutto.

ALBERTO   Buongiorno, donna Ro'. (*A Carlo*) Ma accussí, bello e
buono?

CARLO   E le cose come vengono? Da un momento all'altro.

ALBERTO   Ma mo, comme te siente?

CARLO   Meglio, meglio.

ALBERTO   Io poi, non vedendoti tornare, mi sono preoccupato
un poco; me so' affacciato e ho domandato a Michele 'o guardaporta. «Sissignore don Albe', l'ho visto entrare». «Da quanto
tempo?» «Sarà piú di un quarto d'ora...» Allora ho suonato
qua per domandare... (*A Rosa*) Io non lo sapevo che lui stava
qua... ho immaginato... Ma ch'è stato, un giramento di testa?

CARLO   Mi sono sentito venire meno e stavo cadendo.

ALBERTO   Io pure non mi sento tanto bene. Ho dormito cosí
male. T'he pigliato na tazza 'e cafè?...

MARIA   S'ha mangiato na purzione 'e maccarune scarfate, nu bicchiere 'e vino e tre sorbe... (*Ed esce a sinistra*).

Rosa esce per la comune.

CARLO   Sí, ma oggi non mangio. Ho chiuso. (*Al fratello*) C'he
fatto?

ALBERTO (*assicurandosi di essere solo con Carlo*)   Ho fatto la
denunzia e l'ho firmata. Il brigadiere ha detto: «Tratteneteli,
non li fate uscire, fra dieci minuti saremo sul posto». (*Rosa
ritorna*). Don Pasquale s'è svegliato?

ROSA   Non credo.

ALBERTO   No? Viat 'a isso che pò durmí. E vostra cognata, vostro nipote, la sorella... pure dormono?

ROSA   Ma 'o ssapite che songo 'e sette e meza? A chest'ora dint'
'e ccase d' 'a gente se dorme.

ALBERTO   No, dico che siccome dovete partire...

ROSA   Ma chi l'ha ditto stu fatto ch'avimm' 'a partí?

ALBERTO   Io cosí avevo saputo. Sicché la famiglia Cimmaruta dorme felicemente, spensieratamente...

ROSA   Dorme come dormono tutte le famiglie. Ma perché, ve dispiace?

Rientra Maria.

ALBERTO   A me?... No... Non manca una punta d'invidia... Questo sí. Io, sono anni che non dormo.

ROSA   Ma vuie, 'a cuscienza 'a tenite pulita?

ALBERTO   Ah sí... 'A cuscienza mia è netta comm' 'o fazzuletto 'e mmano 'a Mmaculata.

ROSA   E allora se non dormite, vuol dire che state poco bene.

MARIA   V'avissev' 'a purgà.

ALBERTO   Io non dormo per altre ragioni. Carluccio 'o ssape perché io nun dormo. E penziere so' assaie... 'A sera comme te vaie a cuccà, 'a capa penza... penza... il pensare stanca piú dell'agire stesso. Quando morí nostro padre, morí tranquillo perché pensava che il materiale che ci lasciava costituiva un capitale che avrebbe fatto vivere a noi e ai nostri figli. Noi, invece, siamo ridotti che nun saie si 'o giorno che ti svegli puoi arrivare fino alla sera o no. Dice: «E tu perché non cambi mestiere?...» Cambio mestiere... e che faccio?... Con un sistema nervoso che vale tre solde... potete avere la calma di applicarvi ad un mestiere tranquillo, paziente?... Io, 'e vvote, facesse scennere 'o paraviso nterra.

CARLO   Albe', nnanz' a me, ti ho pregato, non bestemmiare, se no ti lascio e me ne vado.

PASQUALE (*dalla destra, assonnato e torvo. In manica di camicia, porta con sé la giacca, la cravatta e il cappello*)   Rusí, pe' favore: guarda si me pó levà sta macchia... (*Indica il bavero della giacca. Scorgendo i Saporito, un po' meravigliato*) Buongiorno!

ALBERTO   Buongiorno.

PASQUALE   Ieri sera mia figlia mi portò una di quelle cioccolattine con la ciliegia dentro... Io non lo sapevo... Dico, me vuó avvertí?... Dette nu muorzo... Me scurrette tutto sopra il bavero della giacca... (*Passando la cravatta a Maria*) E pure 'a cravatta... Te', Mari', vide tu... (*Sbadiglia. Ai Saporito*) E a che dobbiamo la vostra visita a quest'ora?

ALBERTO   Non v'impressionate.

ROSA   Don Carluccio s'è sentito male mmiez' 'e scale...

PASQUALE (*cupo*)   Ve lo dissi. Voi se non vi curate questa debolezza, ve ne andrete all'altro mondo.

CARLO   Speriamo di no.

PASQUALE   Eh, sperammo... e ccà campammo 'e speranze. (*Prende il caffè che gli ha portato Rosa*).

ROSA   Non hai potuto ripigliare sonno?

PASQUALE   Devo uscire per una cosa urgente. Tengo n'appuntamento 'a ferrovia...

Alberto e Carlo si scambiano un'occhiata.

ALBERTO   Allora partite...

PASQUALE   Chi parte?

ALBERTO   Siccome ieri sera nel palazzo si diceva che dovevate partire, ho domandato a donna Rosa... Mi ha risposto: «No, non partiamo». Voi mo dite che andate alla ferrovia... allora partite?

PASQUALE   No, non parto.

ALBERTO   E andate alla ferrovia?

PASQUALE   Ma perché, chi va 'a ferrovia deve partire per forza? Ho un appuntamento alla ferrovia.

ALBERTO (*rettificando*)   Avete un appuntamento a piazza Garibaldi. Adesso ho capito. Rimandate, sentite a me. È una giornata rigida... Sapete che freddo fa da quelle parti... chi v' 'o ffa fa'...?

PASQUALE   Ma pecché, ll'aggi' 'a dicere a vuie chi m' 'o ffa fa'?

ALBERTO   No, ma vi consiglierei di riposare un poco. Io 'a matina sono felice quando mi posso *papariare*, fare cioè con comodo quelle cose inutili ma tanto necessarie nello stesso tempo... Che so: «Stu quadro mi piacerebbe piú a quell'altra parete...» «Stu tappeto 'o vulesse mettere là...» «Stu mobile 'o mettesse dint' 'a cammera 'e pranzo...» «St'armadio starebbe meglio in quell'altro posto...»

PASQUALE   E già, io 'a matina me sòso e me metto a cambiare 'e mobile d' 'a casa?

ALBERTO   Non dico questo, ma dei piccoli ritocchi. Per esempio: quella credenza (*indica il mobile di fronte al fornello*) non starebbe meglio ad angolo fra la parete e la porta?... Carlu', damme na mano... (*Si avvicina alla credenza per spostarla*).

PASQUALE   Ma nossignore. Io studiai tanto, primma d' 'a mettere là. Quello è il posto piú indicato.

ALBERTO Ah, non la volete spostare, la credenza... è vero? Carlu', nun 'a vo' spustà!

CARLO 'O ccredo.

PASQUALE Ma si capisce che non la voglio spostare. Io, in casa mia, i mobili li voglio tenere dove mi pare e piace. E quando mai io so' venuto a spustà 'a rrobba in casa vostra?

ALBERTO E se venite, ve la faccio spostare. Perché in casa mia chiunque vuole spostare i mobili, lo può fare senza paura di arrecarmi danno. Venite, e spostate.

PASQUALE Don Albe', io non vi capisco. Tengo una nottata addosso che Iddio lo sa... Non ho chiuso occhio.

ALBERTO E questo dicevamo con donna Rosa: don Pasqua', dormire è diventato un lusso. Le agitazioni sono troppe, è vero don Pasqua'?... 'A capa ncopp' 'o cuscino vòlle... Chello che sta 'a dinto, 'a notte iesce fora...

PASQUALE (*che comincia a trovare incomprensibile il parlare di Alberto*) A me, nun esce 'a fore niente. Ho la coscienza tranquilla e se non dormo è perché... Chi 'o ssape pecché?

ALBERTO Pecché 'e muorte so' assaie. So' cchiú 'e muorte ca 'e vive.

PASQUALE Lo credo. N'è morta gente, da quando è nato il mondo.

ALBERTO Ma vuie, 'e quale muorte parlate?

PASQUALE (*superficiale*) 'E muorte... 'A ggente che more pecché ha da murí.

ALBERTO Ah, ecco! Vuie parlate 'e chille ca mòreno c' 'a morte... Quelli sí. Quelli si mettono in santa pace e dànno pace pure a noi. Ma chille c' avevan' 'a campà ancora e che, invece, moreno per volontà di un loro simile, no. Quelli non se ne vanno... Restano. Restano con noi. Vicino a noi... Attuorno a nuie!... Restano dint' 'e ssegge... dint' 'e mobile... 'A notte sentite: «Ta...» È nu muorto ca s'è mmiso dint' 'o llignamme 'e nu mobile. Na porta s'arape? L'ha aperta nu muorto. Sott' 'o cuscino... dint' 'e vestite... sott' 'a tavula... Chilli muorte là restano... Nun se ne vanno. E strilleno comme ponno strillà. Perciò nun putimmo durmí 'a notte, don Pasqua'.

Campanello interno. Tutti sobbalzano richiamati da quel suono che li libera dall'atmosfera terrificante creata da Alberto. Pasquale esce.

ROSA   Apri Mari'... (*Alludendo alla inopportunità di Alberto*) E ccà, 'a matina, ce scetammo allegre...

Maria esce seguita da Alberto.

ALBERTO (*dopo poco si ode la sua voce*)   Carlu', io so' pronto.

CARLO (*repentinamente si alza e afferra Rosa per le braccia tenendola ferma*)   Non gridate. Raccomandatevi a Dio che è grande e misericordioso. (*Grida*) Albe', entra.

ROSA   Per la pace di Dio, che è successo?

Alberto entra tenendo ferma la cameriera. Lo seguono Michele, un brigadiere di Pubblica Sicurezza e cinque agenti, tre dei quali bloccano l'ingresso. Sono tutti armati di mitra e pistole.

BRIGADIERE (*impugnando la pistola, a uno degli agenti*)   Tu nun te movere 'a ccà. (*Agli altri*) Voi venite con me. (*Esce per la porta a destra seguito dagli agenti, anche essi con pistola in pugno*).

ALBERTO   Finalmente è finita! Il sangue di un innocente diventerà fuoco eterno che correrà nelle vostre sporche vene.

ROSA E MARIA (*allibite*)   Ma...

CARLO (*calmo, mistico*)   A Dio... raccomandatevi a Dio, che è grande e misericordioso.

Internamente scoppia un fracasso d'inferno. Grida, strepiti di donne, misti alle energiche proteste degli uomini. Dopo poco, trascinati dalle guardie e dal brigadiere, entrano assonnati e sommariamente vestiti Pasquale, Elvira, Matilde e Luigi. Chi in pigiama, chi in camicia, chi in maglietta.

PASQUALE (*fuori di sé*)   Ma cheste so' ccose 'e pazze! Chi vi conosce?

BRIGADIERE   Ci conoscerai. Non fare resistenza.

MATILDE (*coprendosi alla meglio*)   Io sto in camicia. Ho vergogna.

ALBERTO   Perché, tu conosci la vergogna che cos'è?

LUIGI (*scagliandosi contro Alberto*)   Tu si' na carogna!

Le guardie lo trattengono.

ALBERTO   E tu sei un assassino. Come tuo padre, tua madre, tua sorella, tua zia e questa criminale di cameriera che tenete in casa. (*La famiglia Cimmaruta rimane muta come di fronte a una enormità incredibile*). Assassini! Signor brigadiere, la denuncia che ho fatto è precisa e documentabile. Questa è una famiglia di degenerati criminali. (*Indicando Pasquale*) Questo immondo individuo, con due figli, di fronte ai quali avrebbe dovuto sacrificare ogni sua aspirazione per educarli al bene, assiste sereno e contento alle tresche provvisorie e occasionali di sua moglie, la quale, con la scusa di leggere le carte, riceve clienti di giorno e di notte. (*Luigi c. s.*). Non ti agitare. Ho le prove, perciò parlo. Vi ho seguiti, v'aggio fatta 'a spia. E il sospetto è stato coronato dall'autenticità dei fatti. Ma ora la vostra miserabile esistenza è finita. Brigadie', questo branco di iene, questi vermi schifosi, hanno commesso il piú atroce e raccapricciante dei delitti. Dopo aver attirato in casa il mio fraterno amico Aniello Amitrano con l'arma della seduzione di questa donna, l'hanno sgozzato, derubato, e hanno fatto sparire il cadavere.

TUTTI   Noi?

ALBERTO   Ma la mano di Dio è grande e toglie i lumi agli assassini. Le prove, i documenti, sono nascosti in casa e so io dove. Brigadie', portateli via questi miserabili... Io vi seguirò in questura con tutte le prove, e vedrete che non avranno piú il coraggio di negare.

BRIGADIERE (*autoritario*)   Camminate, andiamo!

PASQUALE   Ma questo è un pazzo. Noi siamo gente per bene.

BRIGADIERE   Cammina... (*Gli agenti spingono fuori gli altri componenti della famiglia, i quali protestano energicamente. Carlo li segue confortandoli con parole mistiche*). Fa' presto. (*Ad Alberto*) Noi vi aspettiamo in questura. (*Esce spingendo Pasquale*).

ALBERTO   Via, via, pulizia!

MICHELE (*angosciato*)   Chi poteva mai pensare! Signo', e queste prove? Questi documenti, dove stanno?

ALBERTO (*sicuro*)   Qua, dietro a quel mobile. Hanno tolto i mattoni e ci hanno messo dentro tutti i documenti, la camicia insanguinata e una scarpa. Non hanno avuto tempo di pareggiare il muro, volevano farlo stamattina, e partire. Damme nà mano... (*Tolgono il mobile dal muro, e osservato in lungo e in largo dietro ad esso, non scorgono nulla. Un po' deluso, si guarda intorno*) No, là... (*Indica un altro punto. Dal muro di sinistra*

*stacca una grande mensola, alla quale sono attaccate pentole e
tegami, e dopo aver osservato c. s.)* No, sott' 'e carboni.

MICHELE   E qua carboni non ce ne sono. Tengono la cucina a
gas.

ALBERTO   E che ti posso dire... Forse, dentro a quella cesta. (*Indica un altro punto*).

MICHELE   Forse?...

ALBERTO (*guarda nella cesta. Il risultato è il medesimo delle altre
volte. Siede avvilito, passandosi una mano sulla fronte*)   Miche'!

MICHELE   Signo'.

ALBERTO   Miche', io me lo sono sognato...

MICHELE   Vuie che dicite...? E mo?

ALBERTO   Ma così naturale...

MICHELE (*insistendo con voce monotona*)   E mo?

ALBERTO (*con un filo di voce*)   Damme nu bicchiere d'acqua.
(*Quasi estasiato dalla visione fantastica, dice beato*) Ma che
bel sogno...

ATTO SECONDO

In casa Saporito. Uno stanzone enorme ingombro di ogni rifiuto e cianfrusaglie. Colonne di sedie, l'una sull'altra, ammassate negli angoli, ai lati, al centro e nei posti piú impensati; perfino dal soffitto pendono grappoli di sedie. Spezzoni di tappeti arrotolati e legati a fascio. Arcate di festoni da luminarie a petrolio, che servirono per le antiche feste nei vicoli di Napoli. Stendardi, pennacchi, lampioncini piedigrotteschi, fiori di carta, santi e immagini sacre d'ogni genere. In un punto della scena a criterio del regista, figurano, su delle tavole inchiodate al muro, fuochi d'artificio d'ogni forma e colore. Una grezza scala a pioli, costruita alla buona, porta su di un mezzanino, sul quale si troverà un vecchio sgangherato divano dorato che serve da letto a Zi' Nicola. Il mezzanino è riparato da vecchi stracci e da una lamiera di zinco, che serví un tempo come reclame d'un prodotto farmaceutico. Il tutto seppellito dalla polvere e dalla fuliggine. La luce stenta a entrare dai vetri sporchi d'un finestrone in alto.

Pomeriggio. Zi' Nicola, dall'interno del mezzanino, traffica per conto suo. Ogni tanto si affaccia e sputa. Seduto accanto ad un piccolo tavolo, Carlo va elencando su di un foglio di quaderno gli oggetti e le cose che si trovano nella camera, mentre «Capa d'Angelo», rigattiere di piazza Francese, nel dettarne il quantitativo, ne osserva il valore e la qualità.

CARLO   Le sedie sono quattrocentocinquanta, comprese quelle che avete contate nell'altra camera. (*Zi' Nicola sputa*). Zi' Nico', nuie stammo 'a sotto!
CAPA D'ANGELO   Sta vota m' 'aggio scanzato pe' miracolo.
CARLO   Lo dovete compatire: è vecchio.
CAPA D'ANGELO   Ma l'ha capito che non deve sputare? Voi ce l'avete detto tre volte... Non risponde.

CARLO   Non può rispondere.

CAPA D'ANGELO   È muto?

CARLO   No. La storia è un po' lunga. Non parla perché non vuol parlare. Ci ha rinunziato. Eh, sono tanti anni. Dice che parlare è inutile. Che siccome l'umanità è sorda, lui può essere muto. Allora, non volendo esprimere i suoi pensieri con la parola... perché poi, tra le altre cose, è pure analfabeta... sfoga i sentimenti dell'animo suo con le «granate», le «botte» e le girandole. Perciò a Napoli lo chiamano Sparavierze. Perché i suoi spari non sono spari: sono versi. È uno stravagante.

CAPA D'ANGELO   Parla sparando, e voi lo capite?

CARLO   Io no, mio fratello sí. Mio fratello capisce tutto quello che dice. Io capisco poche cose. «Dammi un bicchier d'acqua»: due tracchi e un *fuie-fuie*. «Che ora so'?»: tre tracchi intramezzati da una botta col fischio. «Tengo appetito!»: una botta col fischio, un *fuie-fuie* e tre tracchi.

CAPA D'ANGELO   Vostro fratello invece capisce tutto?

CARLO   Comme no? Certe volte si fanno delle chiacchierate talmente lunghe che sembra la festa del Carmine.

CAPA D'ANGELO   Cos' 'e pazze!

CARLO   Poco fa è venuto un signore a ordinare dei fuochi per l'onomastico della moglie: avrebbe speso qualunque cifra... niente. Ha detto che non poteva... perché sta preparando un «biancale» verde per la sua morte.

CAPA D'ANGELO   E perché... verde?

CARLO   Perché verde è il segnale di «via libera». Perché, dice, l'uomo è libero soltanto di morire... È uno stravagante, ve l'ho detto.

CAPA D'ANGELO (*al corrente*)   Sparavierze... E comme, no? è conosciuto.

CARLO   Dunque, le sedie sono quattrocentocinquanta...

CAPA D'ANGELO   Don Carlu', quelle sono tutte scassate.

CARLO   Ma voi veramente fate? Ma sapete che queste sedie qua furono costruite dentro 'a Nunziata quando si lavorava con coscienza... Tommaso Saporito, mio padre, quando parlava di queste sedie, qualunque cosa teneva in testa, se la toglieva: se teneva il cappello, si toglieva il cappello; se teneva la còppola, si toglieva la còppola.

CAPA D'ANGELO   Ma che c'entra?

CARLO   Le volete pagare meno di cinquanta lire l'una?

CAPA D'ANGELO   Don Carlu', dovete domandare a piazza Francese chi è Ciccillo Capa d'Angelo, 'o figlio 'e Nannina 'e Zupperel-

le. Vuie ve ne venite cinquanta lire!... Sentite a me, qua facciamo uno scampolo...

CARLO   Sentite, Capada', qua se valutiamo tutto il materiale pezzo per pezzo, bene. Se no, non ne facciamo niente.

CAPA D'ANGELO   Sentite, Sapori'... a me nun me piace 'e perdere
tiempo: se vi decidete a vendere...

CARLO   Se succede una cosa che dico io...

CAPA D'ANGELO   Se succede la cosa che dite voi, mi venite a chiamare. Io porto 'a carretta, carico la robba e vi dò cinquanta
bigliette 'e mille lire, uno sopra all'altro.

CARLO   Ma vuie state pazzianno? Là solamente 'e striscie 'e tappete...

CAPA D'ANGELO   Don Carlu', chelle so' quatte pezze vecchie e
tarlate. Nun se sape si pesa cchiú 'a polvere che ce sta ncoppa,
o 'e sputazze che ce mena 'o zio vuosto.

CARLO   Questo è un altro conto. Ma quando voi mi venite a dire...

CAPA D'ANGELO   Facciamo cosí. Io me ne vado, perché devo andare a vedere certa robba che m'interessa, sopra Salvator Rosa.
Quando vi siete deciso...

CARLO   Meno di duecentocinquantamila lire, la robba nun esce
di casa.

CAPA D'ANGELO   Un soldo piú di settanta... settantacinquemila
lire, è inutile che mi venite a chiamare. (*Avviandosi per la comune*) Cheste so' quattro scartapelle...

CARLO   Ma chi vi dice che ve le dovete prendere per forza? Ve
vulite accattà Parige pe' duje solde...

CAPA D'ANGELO   Ma chi se vo' accattà stu Pariggi vuoste...

Escono.
Zi' Nicola scende la scala. Indolente e pigro, raggiunge un angolo della camera, fruga tra un cumulo di rifiuti, traendo da essi
una lunga cordicella annodata su se stessa diverse volte. Poi
cerca un bicchiere, e lo trova fra le vecchie stoviglie, lo riempie
fino all'orlo di un vino torbido che trova in un fiasco dimezza-
to, e se ne torna sul mezzanino. Appena giuntovi, solleva la
tenda, si affaccia, sputa e scompare.
Carlo torna, si avvicina al tavolo, mette in ordine certe carte
che evidentemente lo interessano.

ALBERTO (*internamente*)   Carlu'!
CARLO   Albe', fratu mio... c'he fatto?

ALBERTO (*dalla destra, seguito da Michele*)   Quello che era mio
dovere di fare. Mo vediamo che succede. (*Siede affranto sotto
l'incubo di qualche cosa di grave che può avvenire da un momento all'altro*).

MICHELE   Io quando ho visto tornare la famiglia Cimmaruta, mi
sono meravigliato. Don Pasquale teneva la faccia del morto.
Ho domandato: «Don Pasqua', mbé?» Non mi ha risposto.
Solo la moglie mi ha detto: «Oggi non ricevo». Poi come appresso a un funerale, don Pasquale avanti e tutta la famiglia
dietro, hanno salito le scale, hanno aperta 'a porta e se so'
nchiuse 'a dinto.

CARLO   Ma tu hai parlato col commissario?

ALBERTO   Come no. Ho dichiarato che non avevo né prove né
documenti, che ho denunziato un fatto che non esiste, e che
non sono sicuro se me lo sono sognato o no.

CARLO   Ma come, uno non si ricorda si na cosa se l'ha sunnata o
no?

ALBERTO   Nun m' 'o rricordo, Carlu': nun m' 'o rricordo. E pure 'o commissario chesto ha ditto. M'ha guardato e po' ha ditto: «Queste sono cose nuove... Ma vuie fusseve pazzo?» Poi
m'ha fatto accompagnare fuori. Dopo una mezz'ora è venuto 'o
brigadiere e m'ha ditto: «Per ora ve ne potete andare. Speriamo che passate nu guaio cosí cosí».

CARLO   E che vuol dire: «Cosí cosí»?

ALBERTO   Non tanto grave.

CARLO   Ma un guaio sempre lo passi?

ALBERTO (*convinto*)   Sempre lo passo.

MICHELE   Io credo che il guaio piú grosso lo passate quando la
famiglia Cimmaruta sa che siete tornato dalla questura, e state
qua.

ALBERTO   Che vuoi dire?

MICHELE   Che voglio dire? Che se foss'io don Pasquale Cimmaruta, v'aspettasse sott' 'o palazzo e ve facesse na schiaffata cu'
tutt' 'e sentimente.

ALBERTO   Questo io pure l'ho pensato.

CARLO   E io pure.

ALBERTO   Siamo tutti d'accordo... (*Dopo aver riflettuto*) Miche',
tu mi devi fare un piacere. Tu dovresti andare al vicolo Lammatari n. 15, 3° piano, e domandare se il signor Aniello Amitrano
ce sta e se s'è ritirato ierisera.

MICHELE   Allora vado subito, perché solamente adesso ci ho un
poco di tempo. (*Si avvia*) Voi però non uscite. Pecché io so'

sicuro che se don Pasquale Cimmaruta vi incontra per le scale, vi fa *nuovo nuovo*. (*Esce*).

CARLO   Albe', bello d' 'o frato... assettàmmoce, e stamme a sentí.

ALBERTO   'E che se tratta?

MICHELE (*di dentro*)   Accomodatevi, brigadie'... (*Entrando seguito dal brigadiere*) 'O brigadiere.

CARLO   T'' è venut' 'arrestà.

BRIGADIERE   Don Albe', permettete che m'assetto, perché sto stanco, ca nun me fido manco 'e me mòvere.

ALBERTO   Prego.

BRIGADIERE (*siede*)   Dunque, don Albe', la faccenda si è complicata.

CARLO   Io ll'aggio ditto.

BRIGADIERE   Si è complicata, perché ora non dipende né da me né dal commissario, ma dal procuratore della Repubblica.

CARLO   He capito? (*Disperandosi*) Vedete che guaio!...

BRIGADIERE   La denunzia firmata sta in mano a lui. Due sono i punti; se vi considera in buona fede, vi lascia in pace come ha fatto 'o commissario; se invece entra in sospetto, spicca il mandato di cattura. E io vi devo arrestare.

ALBERTO   E... brigadie', ma quali possono essere questi sospetti? Ma, allora... qua siamo ridotti che uno non si può fare un sogno?

BRIGADIERE   Nu suonno, sí. Ma no nu castigo 'e Dio. Voi, poi, prima di tutto non siete sicuro di aver sognato, e d'altra parte mille ragioni possono avervi spinto a commettere il reato di falsa denunzia. Noi, mo, stiamo pigliando informazioni di questo Aniello Amitrano: se esiste, chi è, se è vivo, se è muorto overamente. Perché si può dare anche il caso che voi, spinto da un impulso di giustizia, avete fatto la denunzia, e che poi, di fronte al fatto compiuto, avete avuto paura degli assassini, e avete inventato 'o fatto 'e «me ricordo e nun me ricordo».

ALBERTO   Ma io v'assicuro...

BRIGADIERE   Non c'è bisogno. Ce ne assicuriamo noi. Io sono venuto per dirvi una cosa: non uscite di casa. Prima perché state a disposizione mia, e poi perché sono sicuro che se il fatto non è vero, don Pasquale Cimmaruta o il figlio vi mandano a Poggioreale.

CARLO   Brigadie', ma la famiglia Cimmaruta, diciamo... oltre al fatto che possono prenderlo a mazzate, legalmente possono far niente?

ALBERTO   O legalmente o a mazzate, non è che possono fare tutte e due le cose! E se no io divento lo spasso della famiglia Cimmaruta!

BRIGADIERE   Come no? (*Indicando Alberto*) Se la famiglia Cimmaruta si costituisce parte civile, possono chiedere danni morali e materiali. I testimoni ci sono.

CARLO   E la pena, la pena che deve prendere?

ALBERTO   Che dovrei prendere...

BRIGADIERE   Questo non ve lo so dire. Vi ripeto: dipende dal procuratore della Repubblica. Allora noi siamo intesi? (*Si alza in piedi*) Non vi movete di casa, cosí se vi vengono ad arrestare, non perdiamo tempo.

ALBERTO   Va bene, brigadie', vi pare?

BRIGADIERE   Buonasera. (*Esce*).

MICHELE   Io vado al vicolo Lammatari. (*Esce appresso al brigadiere*).

CARLO   Ci siamo inguaiati, distrutti.

ALBERTO   Non esageriamo, l'ho fatto a fin di bene, io non ho ucciso nessuno.

CARLO   Albe', allora tu sei un incosciente, che veramente non si rende conto di niente? Capisco l'ottimismo, ma fino ad un certo punto. Allora, nascondiamoci la verità, diciamo che tutto è bello, tutto è color di rosa, e facciamoci piovere addosso. Io ho il dovere di aprirti gli occhi, perché sono tuo fratello. Albe', sotto processo... Albe', 'o procuratore d' 'a Repubblica? Albe', falsa denunzia... Se i fatti si mettono male, quattro o cinque anni non te li leva nessuno.

ALBERTO   Ma non credo, se no non mi facevano andar via dalla questura.

CARLO   Fanno indagini, Albe'. Fanno finta di niente, per fare indagini e scoprire.

ALBERTO   È vero?...

CARLO   Ti hanno rilasciato, però 'o brigadiere come ti ha detto? «Non vi movete di casa». Albe', il guaio è pesante, soprattutto per me.

ALBERTO   E tu che c'entri?

CARLO   Per il fatto specifico, no. Vorrei vedere!... Io faccio casa e chiesa. È grave soprattutto per me, perché oltre allo strazio del dolore... capisci che significa avere un fratello sotto processo... c'è il fatto morale. «Carlo Saporito tiene un fratello in galera per calunnia!» Albe', è la fame! Chi sa quali saranno i provvedimenti... sarai interdetto dai pubblici uffici, evitato da tutti... ed io con te.

ALBERTO   Allora?

CARLO   Allora, ho pensato di sistemare le cose in modo da poter-
ci difendere come meglio è possibile. Asséttate. (*Siedono. Mostrando intorno*) Qua ci sta un capitaluccio, che appartiene a
me e a te. Albe', io ho preparato una carta (*gliela mostra*) dove
tu dichiari che, durante la tua assenza... non è specificato di
che natura... io posso disporre di questo materiale come credo.
Perché ho pensato: se mi vengono a chiedere le sedie per una
festa, che faccio? Vengo in carcere da te e dico: «Albe', tu
permetti?»... Tu capisci che un fratello in carcere è un fratello in carcere! Possono occorrere soldi da un momento all'altro.

ALBERTO   Ma non credo che la faccenda è cosí nera. Tu forse,
Carlu', esageri un poco. Io mi sento tranquillo di animo.

CARLO   Allora, non ne facciamo niente. (*Pausa*). Vuol dire che io
sono esagerato, e non ne parliamo piú.

ALBERTO   Non dico che sei esagerato, ma si potrebbe aspettare
un poco, prima di decidere.

CARLO   Come non detto, Albe'. (*Pausa*). Facciamo che da un momento all'altro... io resto con le mani attaccate. Te la devo mandare una camicia pulita? Nu pacchetto 'e sigarette te lo devo
portare? Te pozzo fa' mancà quatto arance a Natale? Tu staie
'a dinto, tu... io sto fuori. Ho il dovere di pensare a te. E se
non firmi con le buone, ti faccio firmare con la forza.

ALBERTO   Io non firmo, né con le buone né con la forza. Carlu',
qua non è finito il mondo. Se succede qualche cosa, nell'attimo
stesso in cui mi arresteranno, ti nomino gestore del patrimonio.

CARLO   Con pieni poteri...

ALBERTO   Con pieni poteri, precisamente. Ma famme prima arrestà. Allora prima di vedere il serpe chiamiamo san Paolo?
Aspettiamo che arrivi prima il serpe, e poi chiamiamo san Paolo. Se no, chiamiamo san Paolo, il serpe non arriva... ci troviamo un san Paolo in mezzo... (*D'un tratto, considerando con
esasperazione la singolarità del caso*)... Vedite nu poco in che
condizioni mi trovo. Cos' 'e pazze! Io mi vado a sognare un
fatto che non so se l'ho sognato o no. Con una evidenza di
particolari... Io li ho spiati, sono andato appresso... per mesi e
mesi, ho visto il posto dove avevano nascosto i documenti. Na
camicia insanguinata e na scarpa, ca poi nun erano na camicia e
na scarpa, ma una sciabola e una bilancia. Come poi avrei potuto provare il misfatto cu' na sciabola e na bilancia? (*Rimane
assorto*) Mi fece male quel piede di porco di ieri sera.

CARLO 'O ccredo. T' 'o mangiaste tutto tu. Basta, io scendo un
momento.

ALBERTO Addó vaie?

CARLO Tengo un appuntamento a piazza Francese. Ci vediamo
fra un'oretta.

ALBERTO (*preoccupato*) E me lasce sulo?

CARLO Tu ti chiudi dentro. (*Prende l'ombrello e il cappello*) Ci
vediamo piú tardi. (*Poi riflette*) Aspe'... (*Lascia l'ombrello e
prende in cambio un nodoso bastone*) È meglio che me porto
'o bastone. Pò essere che m'incontra Cimmaruta per le scale.

ALBERTO E allora è meglio che lasci qua bastone e ombrello...
Tu non sei tanto svelto, chillo t' 'o leva 'a mano e te spacca 'a
capa.

CARLO E pure dici bene. Mo lascio tutto qua. (*Mette via il bastone*) Statte buono. (*Esce*).

Zi' Nicola dal mezzanino spara dei colpi ritmati.

ALBERTO (*come rispondendo ad un interrogativo*) E non avete
sentito? Abbiamo parlato fino adesso. Sono stato in questura,
e mi hanno rilasciato. (*Zi' Nicola c. s., con qualche variante*).
Ma niente affatto, non vi preoccupate: io sono tranquillo. (*Zi'
Nicola spara ancora*). Va bene. Starò in guardia. (*Campanello
interno*). E chi è, mo? (*Prende il bastone, lo nasconde sotto la
giacca, ed esce, pavido, per la prima a destra. Dopo poco si
sente la sua voce*) Chi è? (*Pausa*). E che volete? (*C. s.*) Ma
siete sola? Se mi assicurate che siete sola, apro. Se no, no.
(*Tornando preoccupato seguito da Rosa*) Non capisco che si
vuole da me.

ROSA (*bonaria, cerimoniosa. Reca una tazza di latte caldo*) Una
buona vicina è sempre una benedizione del Signore. Dato l'incidente di stamattina... Noi figuratevi, quando siamo tornati dalla questura, eravamo talmente stanchi che non abbiamo avuto la
calma di preparare niente per mangiare... C'era il latte in casa, ed ho pensato: l'unica cosa è una buona tazza di latte e
caffè caldo. E quello ci siamo preso tutti quanti. (*Pausa*). Mio
fratello si è messo sul letto, e sta riposando; mia cognata pure...
Cosí, ho pensato di portarvene una pure a voi, che avete avuto
lo stesso strapazzo nostro, e certamente non vi sarete preso
nemmeno un sorso d'acqua.

ALBERTO Molto gentile. (*Sospettoso*) Ma... non siete arrabbiata
con me?

ROSA Arrabbiata? Chissà quanto avete sofferto voi, nel farvelo. Un sogno di quel genere là ti lascia scosso, ti butta giú. Come si dice? Un poco di pazienza. Volevo solamente domandarvi una cosa. Don Albe', con me potete parlare. Sono una donna anziana, ho sofferto nella vita, e questi occhi miei ne hanno viste che ne hanno viste. Voi, siete proprio sicuro di aver sognato il fatto?

ALBERTO Come s'intende?

ROSA (*piange*) Dio mio, dammi la forza per andare avanti.

ALBERTO Donna Ro', calmatevi. Dite a me.

ROSA Dico a voi? Perché, secondo voi... non vi prendete collera... al giorno d'oggi ci si può piú fidare di nessuno? Io non lo so... o sono i nervi scossi che ti fanno vedere le cose sotto un altro aspetto... ma certo che io, certe volte, aprirei la finestra, e mi butterei di sotto. (*Piange*) Don Albe', io tengo solo quel nipote maschio... Io per Luigino mi farei tagliare a pezzi... Lo vedo cosí sbandato... Si vorrebbe occupare e non trova niente di conveniente per lui. Poi fa discorsi cosí sfiduciati! Sarà questa gioventú moderna, che non crede piú a niente...

ALBERTO Non è colpa loro, donna Ro'... Poveri ragazzi... hanno vissuto un'epoca tremenda.

ROSA ... Che vi so dire... Quando parla ha sempre delle battute acide, tossiche, scontente... non piglia sul serio niente. Certi atteggiamenti che non capisco. Voi dite che il fatto ve lo siete sognato... dite la verità, don Albe': qua siamo io e voi soli...

ALBERTO Ma ho detto la verità: il fatto me lo sono sognato.

ROSA E se non è vero? Se i documenti non li avete voluti presentare, per paura, o per pietà verso una povera famiglia colpita da una sventura simile? Non mi vorrei ingannare l'anima, e Iddio mi punisca se quello che vi sto per dire non mi strazia il cuore... se l'amico vostro, Aniello Amitrano, è stato ucciso da mio nipote? (*Piange disperatamente*).

ALBERTO Non lo dite nemmeno per ischerzo.

ROSA Se voi avete i documenti che possono provare il delitto, non vi mancheranno certamente le prove per accertare il responsabile. Che vi posso dire? Ricordatevi di quello che vi ha detto questa povera donna. Tengo solo quel nipote... Accusate me!

ALBERTO Ma è stato un sogno, ve lo giuro.

ROSA Proprio cosí: è stato un sogno. Permettete, voglio scendere un momento per comprare qualche cosa per cena dal friggitore, perché non ho la testa per cucinare. Porterò pure qualche cosa a voi: due *zeppolelle*, quattro *scagliozzi*, un poco di pesce fritto. (*Avviandosi*) Una buona vicina è sempre una benedizione del Signore! (*Esce*).

Alberto rimane assorto in pensieri cupi.
Zi' Nicola dal mezzanino, spara dei colpi.

ALBERTO (*sussulta, comprimendosi con una mano il cuore*)   È venuta donna Rosa, la sorella di Pasquale Cimmaruta. (*Zi' Nicola c. s. spara ancora*). Ha portato una tazza 'e latte e cafè. (*Campanello interno*). Chisto chi sarrà?... (*Esce, poi di dentro*) Entrate, signuri', entrate. (*Torna seguito da Elvira*).
ELVIRA   Zia Rosa se ne è andata?
ALBERTO   Sí, è andata dal friggitore.
ELVIRA   Avete cinque minuti di tempo?
ALBERTO   Certo. Dite. (*Campanello interno*). Vengo subito. (*Entra e torna dopo poco*) È vostro fratello.
ELVIRA   Come faccio? Io non ho detto che venivo da voi. E perché è venuto lui? Ha detto che sarebbe uscito.
ALBERTO   Che facciamo?
ELVIRA   Fatelo entrare. Io aspetto dentro. (*Indica la prima porta a sinistra*) Quando se ne sarà andato, mi chiamate. (*Esce*).
ALBERTO (*esce per la destra. Dopo poco torna con Luigino*)   Mi dovete dire qualche cosa?
LUIGI   Voialtri della generazione passata... che tra le altre cose è sempre piú presente del presente stesso... non sapete parlare senza aprire il vocabolario dei luoghi comuni e delle convenzioni. Se sono venuto da voi, è chiaro che qualche cosa da dirvi ce l'ho.
ALBERTO   Allora, col vocabolario della generazione vostra, come si deve dire?
LUIGI   Si dice: «Mbé?» Con un punto interrogativo di due metri e mezzo!
ALBERTO (*rifacendolo*)   Mbé? (*Fa il gesto di un punto interrogativo alto un metro e mezzo*).
LUIGI   Dunque, ascoltate.
ALBERTO   Se ho detto «mbé» vuol dire che la mia intenzione è di ascoltarvi. Quindi, «dunque, ascoltate» è inutile.
LUIGI (*imbarazzato*)   Già. Io sono venuto per dirvi questo...
ALBERTO   Se siete venuto, o questo o quello, una cosa si capisce che me la dovete dire.
LUIGI   Mi state sfottendo?

ALBERTO   No, mi sto aggiornando.

LUIGI   Niente, non possiamo andare d'accordo: se non morite voi, non c'è scampo per noi...

ALBERTO   Un poco di pazienza, e moriremo tutti quanti.

LUIGI   Io sono uno sbandato e va bene; non è il caso di discutere adesso per colpa di chi. Vi dico solamente che, in relazione al fatto del delitto, ho dei sospetti, sento il dovere di parlare perché, ove mai vi decideste a presentare le prove, non sarebbe giusto che venisse coinvolta tutta la famiglia. Il vostro amico l'ha ucciso mia zia.

ALBERTO   E lo dite cosí semplicemente?

LUIGI   E come lo dovrei dire? Mia zia tiene una camera chiusa dove non fa entrare nessuno. Una specie di laboratorio. Là dentro fabbrica sapone e candele... Le conseguenze e le conclusioni, traetele voi.

ALBERTO (*trasecolato*)   Ma voi calcolate quello che dite?

LUIGI (*confermando*)   Sapone e candele, Sapuri'. E una mano ce l'ha messa pure mia sorella, perché mia zia solo a lei permette di entrare in quella camera.

ALBERTO   Lo avrebbero *incandelito*? Ma siete proprio sicuro?

LUIGI   E voi, siete sicuro di aver sognato?

ALBERTO   Ma io i documenti non ce li ho, quanto è certo Iddio.

LUIGI   Nun me fate ridere, don Albe'. A chi volete raccontare il fatto del sogno? Vi siete messo paura e avete fatto marcia indietro. Io il sospetto ce l'ho, adesso regolatevi come volete. (*Avviandosi*) Nuie tenimmo una casa piena di candele e sapone. (*Via*).

ALBERTO (*siede affranto, coprendosi il volto con le due mani*)   Oh, Madonna... (*Parlando verso il mezzanino*) Zi' Nico', hai ragione tu, che nun vuó parlà cchiú... L'umanità ha perduto ogni ritegno. Ma allora io veramente ho fatto la spia a questa gente. Il sogno non esiste? Quello che ho detto è la verità? (*Intanto annotta. Campanello interno. Alberto va ad aprire. Rientra poco dopo seguito da Pasquale, il quale porta con sé un involto, fatto con un panno nero*). E voi che volete?

PASQUALE (*pallido, emozionato per quanto dovrà dire*)   Ho approfittato che mia moglie si è messa a dormire... Mio figlio è uscito... Mia figlia pure... Mia sorella Rosa è scesa per un poco di spesa e cosí sono venuto da voi. Non vi farò perdere tempo: la mia storia è piú breve di quella di Mimí. Non potevo rimanere in casa, nun pozzo sta' sulo. Quando sono solo parlo, ragiono nella mia mente, con me stesso, e mi sembra di impazzire. Ave-

vo bisogno che qualcuno sapesse, sentisse... non posso essere
sempre io ad ascoltarmi...

ALBERTO   Si capisce, certe volte si ha bisogno di una parola, di
un consiglio...

PASQUALE   Si fa presto a giudicare: «Quello? È cosí!» «Quell'altra? È cosí, cosí...» Ma che ne sanno perché uno è «cosí» e
perché l'altra è «cosí»? Se mi ricordo della mia infanzia, mi
faccio la croce con la mano sinistra... (*Come rivedendosi negli
anni lontani e felici*) Ma come, quel ragazzo vestito alla marinara sono io? Quel bambino paffuto, che cerca il fischietto appeso al cordone bianco della giubba e che fa i capricci perché
passando davanti a Pintauro vuole la sfogliatella frolla, sono
io? Sono sempre io, quel giovane sedicenne che torna tutto
allegro a casa, gridando: «Papà, papà, mi sono diplomato...
Papà, sono ragioniere». (*Schiaffeggiandosi ripetutamente*)
Tu... tu... sei tu, grandissimo schifoso! Sei tu la figura oscena
di oggi, sei tu colui che scendeva sempre piú in basso, senza
calcolare che gli ultimi gradini della scala sociale li aveva già
scesi.

ALBERTO   Voi siete in uno stato di abbattimento morale veramente penoso. Fatevi coraggio.

PASQUALE   Sono stato travolto dalla vita, ma non ero cattivo,
credetemi. Mi sono torturato, sentendomi bruciare le vene per
non poter indovinare qual era la vera condotta di mia moglie.

ALBERTO   Avevate dei dubbi?

PASQUALE   Avevamo praticato un nascondiglio in casa, all'epoca
dei fascisti e dei tedeschi. Si spostava l'attaccapanni e usciva
un foro di sessanta centimetri per sessanta... che portava in un
quadrato di un metro e mezzo per un metro e mezzo... Una
specie di casotto per il cane. Mia moglie, ogni tanto, diceva:
«Mi hanno avvertita che ti devi nascondere perché sei ricercato. Staie dint' 'a nota». «Ma io non ho fatto niente...» «Sei
segnato come antifascista». Mi metteva nel nascondiglio e io,
con una paura da ammazzare le mosche col fiato, che poi mi è
costata la disfunzione cardiaca che non mi ha permesso piú di
lavorare, rimanevo nascosto. Certe volte mi ci ha lasciato tre
giorni di seguito. Mi portava da mangiare... E io dicevo: «Chi
vuoi che si occupi di me?» «Ho avuto una telefonata!» «Ma
io non ho fatto mai politica...» «Sono vendette personali, Pasca'». Io saccio mia moglie che faceva quando mi metteva nel
nascondiglio?... Finita la guerra, un poco la disfunzione cardiaca, un poco l'artritismo, che Dio lo sa, certe volte mi fa piegare

in due... non ho potuto piú lavorare. Mia moglie, che una volta si dilettava a fare le carte per le amiche, viste le ristrettezze della famiglia, in seguito se le mise a fare per speculazione. Clienti che vanno e che vengono... e in massima parte uomini. E io fuori all'ingresso: «Avanti, avanti signori! Rispettate il turno. Madama Omarbey è stata oggi illuminata di nuova luce!» Con qualcuno, certe volte, si trattiene in camera per piú di un'ora. E io fuori: «E che fanno? Perché non finisce sta seduta?» Un pensiero mi dice: «Guarda dal buco della serratura». Infatti dal corridoio opposto all'ingresso che porta ad un tramezzo che divide la camera di mia moglie con una di sbarazzo, al centro del tramezzo, ci sta un finestrino. Salendo su di una sedia, ho fatto un buco di traverso dal quale posso vedere tutto.

ALBERTO   Bé?

PASQUALE   Non ho il coraggio. Arrivo fino al tramezzo... e me ne torno indietro. Ma che vi vengo a raccontare... Voi sapete tutto... Lo avete detto cosí chiaro, stammatina... E questo volevo dirvi... Tutto quello che voi avete dichiarato può avere un fondo di verità che a me non risulta... Ma che addirittura mi ritenete un assassino, no... Don Albe', le mie mani non si sono macchiate di sangue...

ALBERTO   Don Pasqua', io non so niente piú. Il sogno che mi sono fatto...

PASQUALE   Tirate fuori i documenti. Vuol dire che il colpevole paga. La vita torce le cose e gli uomini! Non ero cosí, don Albe'. Il fondo del mio animo è buono: è buono ancora. Sente ancora il profumo della sua infanzia. E pure quando sto all'ingresso col turbante in testa... Ve l'ho portato a vedere... (*Apre l'involto che ha portato con sé e mostra il turbante indiano*) Eccolo qua... il turbante di Pasquale Cimmaruta! Anche quando si mette il turbante e fa entrare i clienti nella camera di sua moglie, sente sotto le dita il fischietto del vestitino alla marinara... Anche quando grida: «Avanti, rispettate il turno!», sente l'odore della sfogliatella di Pintauro. (*Disperatamente a se stesso*) Mettiti il turbante, caro Cimmaruta! Fai vedere come ti ha ridotto la vita. (*Mette in capo il turbante, raggiunge rapido l'ingresso, e, girandosi verso Alberto, si erge «eroico» sul busto per mostrarsi nella pienezza del suo abbrutimento morale. Ora, prova quasi gioia nello «spiazzare» scandalosamente la cantilena che è costretto a ripetere quotidianamente all'ingresso di casa sua, quando i clienti della moglie fanno ressa per*

entrare) «Avanti, madama Omarbey è stata illuminata, oggi,
di nuova luce!... Rispettate il turno!»... (*Un singhiozzo lo ferma per un attimo*) Sono indiano, don Albe'... Pasquale Cimmaruta fa l'indiano!

Zi' Nicola, dal mezzanino, gli sputa addosso; ma egli non se ne
accorge, ed esce.

MATILDE (*dopo poco di dentro, inveendo contro il marito*)   Sei
venuto qua per sparlare di me... è vero? A fare il ridicolo col
turbante in testa. (*Entra furiosa rivolgendosi ad Alberto e trascinando Pasquale in scena*) Mi ha ridotto una serva e nemmeno è contento. A furia di bugie e fiumi di parole, riesco a mantenere tutta la famiglia... e quello fa il geloso! (*Come un'accusa*)
Quando la sera, verso le cinque e mezzo, finisco le consultazioni, se ne va. E lo vedete piú voi fino alle quattro, cinque del
mattino? Se ne va con gli amici... e che va facendo, ne potete
sapere qualche cosa? Giuoca. E quando gli mancano i soldi per
giuocare, commetterebbe qualsiasi cattiva azione.
PASQUALE   Io?
MATILDE   Sí, tu. Dove sei stato due notti, senza tornare a casa?
E perché hai fatto la faccia bianca e non hai avuto il coraggio di
parlare, quando il commissario ha detto: «Potete andare. Alberto Saporito ha dichiarato che il fatto del delitto se l'è sognato»?... Perché?
PASQUALE   Che vuoi dire con questo?
MATILDE   Che ti credo capace di tutto.
PASQUALE   Anche di aver assassinato Aniello Amitrano?
MATILDE   Sí.
PASQUALE   E allora perché non mi dici dove sei stata domenica
scorsa, che dicesti: «Ho bisogno di stare sola... Aria, sole!...»
e tornasti alle due dopo mezzanotte?
MATILDE (*gridando*)   Dove mi è parso e piaciuto!
PASQUALE   Di tutto ti credo capace. Le amiche che tieni... la gente che pratichi...
MATILDE (*esasperata*)   Basta!
PASQUALE   No, non basta. Il sospetto è troppo forte e non riesco a tenermelo dentro. L'accusa di don Alberto è fondata.
Uno della nostra famiglia ha ucciso: e non puoi essere che tu.
ELVIRA (*dalla sinistra correndo verso la madre*)   Mammà! (*E le
dice qualche cosa all'orecchio*).

MATILDE (*spaventata, alla figlia*)   No! E comme puo' penzà na cosa 'e chesta? Sospetti, nientemeno, di tuo fratello?

ELVIRA (*disperata*)   Sí... Sí... Sí... (*E corre via*).

MATILDE   Elvira, Elvira, per carità! (*Esce dietro a lei*).

PASQUALE (*ad Alberto*)   Don Albe', tirate fuori i documenti, sentite a me... (*Esce appresso alle donne*).

CARLO (*entrando dalla destra ad Alberto*)   Ch'è stato?

ALBERTO   Carlu', io nun capisco niente cchiú. Il delitto pare che sia stato commesso veramente, perché si accusano l'uno con l'altro. Quando dico che i documenti non ce l'ho, non mi credono.

CARLO   Albe', ma di' la verità, tu sti documenti 'e tiene o no?

ALBERTO   Nun 'o ssaccio! Nun 'o ssaccio cchiú! Non so' nemmeno sicuro si sto dormendo adesso e sto sognando, o stavo sveglio quando dormivo e sognavo il fatto... 'E documente li vedo e poi spariscono. Li tocco e non li riconoscerei se li vedessi un'altra volta... La porta l'hai chiusa?

CARLO   Comme no!

ALBERTO   Mettici il paletto e non fare entrare nessuno: aggi' 'a sta' sulo. (*Campanello interno*). È na parola!

CARLO (*verso l'ingresso*)   Chi è?

MICHELE (*di dentro*)   So' io, so' Michele. Aprite.

CARLO   'O faccio trasí?

ALBERTO   A Michele, sí. (*Carlo esce, poi torna con Michele*).

MICHELE   Eccomi qua.

ALBERTO   Sei stato al vicolo Lammatari?

MICHELE   Come no... (*Verso la comune*) Entrate, signo'. Qua c'è la moglie di Amitrano. Parlate con lei.

TERESA (*entra e fila diretta verso Alberto*)   Me l'hanno ucciso, me l'hanno ucciso a mio marito. Povero Aniello! Ma come, adesso stava cosí bene! La cura che gli aveva dato il dottore lo aveva rimesso a posto completamente... S'era ingrassato. Nel tubetto ci sono le ultime due pillole che non s'è arrivato a piglià... (*Piange*) È uscito tre giorni fa... e non ho avuto piú notizie. Me l'hanno ucciso... schifosi delinquenti!

ALBERTO   Sedetevi, calmatevi.

TERESA   Non commettete la vigliaccheria di non presentare i documenti. Chi ha commesso il delitto deve essere punito. Se vi rifiutate, diventate complice pure voi.

CARLO   Albe', caccia 'e documente, non avere paura!

ALBERTO   Nun 'e ttengo! Ma insomma: m'aggi' 'a menà 'a copp'abbascio?

TERESA (*sempre piangendo*) Dice che avete trovato la camicia sporca di sangue...

ALBERTO (*a Michele*) Ce l'he ditto tu?

MICHELE 'O ddicísteve vuie.

TERESA Almeno datemi la scarpa.

CARLO Albe', dàlle la scarpa!

ALBERTO Nun tengo niente, credetemi, donna Tere'!

TERESA (*gridando disperata*) Aniello! Aniello mio, rispondi! Tenevo 'o presentimento. Quattro notti fa mi sognai che mi cadevano tutti i denti. Aniello mio!

ZI' NICOLA (*sporgendosi dal mezzanino e rivolgendosi un po' a tutti, con voce chiara e pronunciando perfettamente ogni parola*) Per favore, un poco di pace. (*E rientra*).

CARLO Ha parlato... Zi' Nicola ha parlato!

ALBERTO Ha rotto 'a cunzegna.

Dal mezzanino s'intravede una violenta luce verde.

CARLO Zi' Nico'... zi' Nico'...

ALBERTO Ha acceso 'o bengala verde...

CARLO Zi' Nico'... zi' Nico'... (*Zi' Nicola, nel sollevare la tenda, mostra un bengala verde acceso; dopo averlo innestato in un tubo di ferro fissato appositamente alla ringhiera del mezzanino, malinconicamente rientra. Carlo sale sul mezzanino*) Zi' Nico' che ve sentite? (*Sempre piú allarmato*) Rispunnite, zi' Nico'... zi' Nico'... (*Affacciandosi*) Albe', zi' Nicola è muorto!

ALBERTO (*costernato*) Tu che dice?

CARLO È muorto... Saglie.

ALBERTO Tu si' pazzo. Io nun me fido 'e vedè. Me fa impressione...

MICHELE Povero zi' Nicola! Mi dispiace veramente.

CARLO Com'è bello! Pare nu santo... (*La sera è scesa. Intorno è quasi buio*). Albe', appiccia 'a luce...

MICHELE No, è inutile. Manca in tutto il palazzo. Stanno riparando la linea.

ALBERTO (*prova a girare l'interruttore, ma la lampadina centrale rimane spenta. Seccato*) 'E guaie, nun vèneno maie sule.

TERESA (*lamentandosi*) Aniello mio! Aniello mio!

ROSA (*dalla comune*) Permesso? (*Entra*).

ALBERTO (*a Michele*) He lasciato 'a porta aperta?

ROSA (*dolcemente*) Una buona vicina è sempre una benedizione del Signore. (*Verso la comune*) Entra, Mari'. (*Maria entra recan-*

do un candeliere con cinque candele accese e lo passa a donna Rosa, che incamminandosi verso il tavolo dice) Grandezza di Dio, don Albe', vedete che luce!

Ed esce soddisfatta, seguita da Maria. Mentre Teresa seguita a piagnucolare, Alberto guarda atterrito le cinque candele.

ATTO TERZO

L'indomani mattina. La stessa scena del secondo atto. Nulla è mutato. Soltanto il mezzanino appare in disordine pietoso e inconsueto. Gli stracci che lo nascondevano sono ammassati da una parte, in modo da lasciarne visibile l'interno. Zio Nicola non c'è piú. Il suo rifugio squallido, con tutte le sue inutili cose, tanto care a lui, ricorda con tenerezza gli sputi e le «chiacchierate» pirotecniche.

All'alzarsi del sipario, Alberto cammina agitato, in largo e in lungo. Ogni tanto si ferma per rivolgersi a Michele, il quale, in piedi presso la comune, ascolta e approva tutto ciò che Alberto dice.

ALBERTO Giesú, ma questa è la fine di tutto! Questa è la fine del mondo! Il giudizio universale! Qui si sta facendo il giudizio universale e non ce ne accorgiamo. Ma io mi vergogno di appartenere al genere umano. Io vulesse essere na scigna, nu pappavallo. Il pappagallo parla senza sapere quello che dice... è compatibile.

MICHELE Vuie state dicenno 'e stesse cose che io penzo e che non riesco a dire.

ALBERTO Ma tu capisci dove arriva la fatalità, la vigliaccheria?

MICHELE Io ve l'ho detto per farvi stare in guardia, e per farvi difendere.

ALBERTO Ma lo hai sentito proprio tu?

MICHELE Con queste orecchie. Che il Padreterno me le deve far cadere fràcete, se non è vero. Questa persona è venuta pure ieri, ed è rimasta con don Carluccio vostro fratello piú di un'ora e mezza. Stammatina poi parlavano tutti e due fuori al portone. Io, dal casotto, sentivo tutto quello che dicevano. Vostro fratello ha detto precisamente: «Stammatina ho incontrato il brigadiere, e mi ha detto che è stato spiccato il mandato di cattura, e che Alberto sarà arrestato in giornata. Se siete d'accor-

do sulla cifra, prima di sera mandate il carretto, e io vi conse-
gno le sedie e tutto il resto».

ALBERTO   Tu capisci? Tu capisci: un fratello che aspetta che t'arrestano per spogliarti completamente di questi quattro stracci?

MICHELE   E che vi credete, don Albe'? L'uomo è *carnivaro*:
nfaccia 'e denare, non guarda nemmeno il proprio sangue. Non
vi prendete collera, ma vostro fratello è antipatico a tutti quanti. Qua, nel palazzo, è una voce: «Don Alberto è un buon
uomo, ma il fratello è troppo "fatto mio". Quando saluta, pare
che te fa nu piacere 'a vota. Po' va 'a chiesia...»

ALBERTO   Ma qua' chiesia... 'O ssaccio io perché ci va: fa le cattive azioni, se pente, se confessa, 'ave l'assoluzione e accumencia
'a capo n'ata vota. Ma sta vota ha sbagliato. Mo assodo primma tutt' 'e fatte mieie, po' saccio io chello c'aggi' 'a fa'.

MICHELE   Non mi nominate, perché non ci voglio avere a che
fare. Io me ne scendo. (*Fa per andare, poi torna*) Volevo sapere una cosa: il mezzo portone lo devo chiudere o no?

ALBERTO   Ma perché, non lo avete chiuso ancora?

MICHELE (*incerto*)   No...

ALBERTO   E lo dovete chiudere. Ma ch'è muorto nu cane?

MICHELE   P' 'ammore 'e Dio, chi dice chesto... Siccome ieri sera
lo portammo al pronto soccorso, e là è morto...

ALBERTO   E che vuol dire? Qua abitava.

MICHELE   No, vedete... Quello è stato 'o signurino 'e De Ferraris, al primo piano. Ha detto: «Miche', è meglio che nun 'o
chiude... Tu saie mammà comme sta combinata...» Voi lo sapete, la povera signora ci ha un cuore che è una *schifezza*... giustamente passa, vede 'o mezzo portone chiuso, e va longa longa
nterra. Che faccio, 'o chiudo?

ALBERTO   Miche', lascialo aperto.

MICHELE   Chillo, zi' Nicola, non ci teneva. Era superiore a queste formalità.

ALBERTO   Sí, hai ragione. Era superiore. Mo capisco come la pensava e perché si regolava cosí. Era un saggio. Quanto avrà sofferto nella sua vita per aver deciso di non parlare piú... Ll'aggi'
'a purtà duie garofani.

MICHELE (*insiste*)   Non ci teneva... Nun date retta. Niente fiori:
opere di bene. Io vado. (Esce).

Si ode picchiare ripetuti colpi, dall'interno, alla porta di sinistra.

ALBERTO (*accorrendovi*) No. Mi dovete fare il piacere: dovete
aspettare, e non dovete picchiare. Si tratta di dieci minuti.
(*Campanello interno. Alberto esce per la prima a destra, poi
torna seguito da Maria*) Ch'è stato, Mari'?

MARIA (*reca con sé una vecchia valigia, malamente chiusa e legata
con una cordicella. Un involto, e qualche pacco. Appare emozionata*) Mo vi spiego, signo'... Mo vi spiego. Chiudete bene la
porta.

ALBERTO L'ho chiusa. Ma che faie? Parte?

MARIA M'hanno licenziata. E si nun 'o ffacevano lloro, l'avarría
fatto io. E chi puteva maie penzà che mme capitava a ghi' a
serví dint' a chella casa.

ALBERTO Ma ch'è stato?

MARIA Mo sentite. Faciteme assettà, però, pecché stanotte non
ho dormito nemmeno dieci minuti. (*Siede*) A mme, quanno m'a-
vite levato 'o ddurmí, m'avite distrutta.

ALBERTO Allora?

MARIA Ve ne dovete andare. Avit' 'a scappà. E si nun 'o ffacite
ampresso, nun site cchiú a tiempo. Che gente... Giesú, che gente! Io mo ve dico tutte cose, ma pe' carità... non mi nominate...
perché se quelli appurano che siete stato informato da me, chille so' capace 'e me vení a truvà 'o paese mio, e me fanno
'a pelle.

ALBERTO Ma ch' 'e saputo?

MARIA Quando ieri sera mancò la luce... ve ricurdate... ca donna Rosa purtaie 'e ccannéle?

ALBERTO Comme, nun me ricordo?

MARIA Succedettero cos' 'e pazze. Io, d' 'a cammarella mia, sentevo tutte cose. Strillavano tutte quante. Don Pascale dette nu
schiaffo 'a mugliera... 'a signurina Elvira avette nu svenimento... Donna Rosa piangeva... «Si' stata tu!»... «No, tu!»... «È
stato Luigi!»... «Io nun ne saccio niente!»... Don Albe', l'inferno! Un inferno che continuò per piú di due ore. Po', se vede
che avètten' 'a fa' pace... e se mettéttero a piangere tutte quante. A un certo punto, sentette: «Qua nessuno vuole confessare?»... «Ma lo capite che don Alberto tene 'e documente?»...
Poi un silenzio. Doppo nu poco, bussarono vicino 'a porta d' 'a
cammera mia, e mme veco nnanze 'a signora Matilde. «Signo',
che volete?»... «Te ne devi andare. Fatte 'a valigia, e vattèn-
ne»... «E addó vaco, signo'?...» «Dove vuoi tu!» «Va bene. Domani mattina...» «È meglio che esci adesso. È ancora
presto, e puoi cercarti un posto». «Ma comme, a quest'ora?»

«Sono le sei, fino alle nove... tiene tre ore 'e tiempo». Allora, io penzaie: ccà ce sta quacche cosa sotto. Dicette: «Va bene, signo', mo me levo 'o mantesino e scendo». Zitto zitto arapette 'a porta d' 'e scale e po' 'a chiudette n'ata vota pe' fa' vedè ca ero scesa. Po' ncopp' 'e ppònte d' 'e piede, me ne iette n'ata vota dint' 'a cammera mia e me mettette a sentí che dicevano.

ALBERTO   E che dicevano?

MARIA   Da quello che ho capito vi vogliono uccidere. Pecché siccome vuie tenite 'e documente, e chi sa pe' qua' ragione nun 'e vvulite caccià, l'unico mezzo pe' se salvà lloro avit' 'a murí vuie.

ALBERTO   Aggi' 'a murí?... Ma l'hanno detto chiaramente?

MARIA   Cosí sospetto io, da quello che ho potuto sentire. Vengono ad invitarvi per portarvi in campagna con loro, e là certamente ve fanno 'a pelle.

ALBERTO (*niente affatto impressionato*)   Sí?

MARIA   E 'o ffanno, don Albe', 'o ffanno. Don Pasquale diceva: «Dopo mangiato m' 'o porto a ffa' na passeggiata p' 'a campagna... e quanno veco ca stammo sule...» E po' nun aggio capito! Don Luigino diceva: «Niente affatto. 'O purtammo a mare a ffa' na gita in barca...» «Ma nossignore», diceva donna Rosa, «ce penz' i'». Che significa questo?

ALBERTO   Che forse mi vogliono convincere a consegnare i documenti a loro?

MARIA   E perché mi hanno licenziata? Perché vi vogliono portare a mare? Perché parlavano zitto zitto?

ALBERTO   Ma non credo...

MARIA   Il sospetto mio questo è.

ALBERTO   E va buono, nun fa niente. Te vuó piglià collera? Vuol dire che se mi vengono ad invitare, ci andrò volentieri.

MARIA   Ma che site pazzo? Vuie ve n'avit' 'a scappà. O si no, facitele arrestà: presentate 'e documente. Ma vuie sti documente 'e ttenite o no?

ALBERTO (*sicuro di sé*)   Mo sí, mo. Mo 'e ttengo. Tengo pure i documenti.

MARIA   E allora a chi aspettate? Facitele arrestà...

ALBERTO   Aspetto che mi vengono ad invitare per il pranzo in campagna.

MARIA   Io ve l'aggio avvertito pe' scrupolo 'e cuscienza. Po' regulateve come volete voi.

ALBERTO   Hai fatto bene. (*Si copre il volto con le mani*) Che schifo! Mamma mia, che schifo! Tu si' piccerella... che brutto mondo che stai vedendo. E addó te ne vaie mo?

MARIA   E che ne saccio. 'O paese mio nun ce pozz' ji'... 'a famiglia mia nun me pò da' a mangià... Mo vaco all'agenzia, e vedo si me pozzo piazzà.

ALBERTO   Che vita curiosa che facite pure vuie... Capitate in una casa che non conoscete... in una famiglia che nun sapite chi è... nun sapite che ve succede... (Riflette un poco) ... 'A famiglia non sa quello che le succede con voi altre... Bé, mo vattenne: 'o signore te benedice.

MARIA   Ma vuie, nun ve ne scappate?

ALBERTO   No, 'e documente 'e ttengo, mo.

MARIA   Io ve ll'aggio avvertito... Stateve buono. (Prende la sua roba e si avvia) Chella ca m'era overamente antipatica, era donna Rosa. Guè, chella 'a matina nun me faceva durmí, sa'!

ALBERTO   'A porta lasciala aperta, cosí se mi vengono ad invitare non hanno nemmeno il fastidio di suonare il campanello.

MARIA   Io nun ve facevo accussí curaggiuso... a me ll'uommene accussí me piaceno... (Esce).

ALBERTO   (riflette un poco, poi esclama)   E va bene. (Esce per la prima a sinistra).

Dopo una piccola pausa, entra Pasquale dalla destra. Ha un aspetto sereno, gioviale. Indossa un abito nuovo e ha messo un fiore all'occhiello della giacca.

PASQUALE   Ma che d'è, qua non c'è nessuno? (Chiamando) Don Albe'.

ALBERTO   (dalla prima a sinistra)   Don Pasquale! Caspita... come stiamo elegante...

PASQUALE   (modesto)   Elegante? Non sia mai, don Albe'... Ho voluto rompere la iettatura. Ieri sera, dopo tutto quel veleno e quella collèra che ci prendemmo, dopo un'altra litigata... (mostrando la mano destra) vedete, per battere la mano sul tavolo, mi si è gonfiata tutta quanta... sapete come succede?... dopo il temporale viene il sereno... facemmo pace, si calmarono gli animi, assodammo che, in fondo si trattava di una cosa tutta campata in aria... Voi, benedetto Iddio, vi andate a fare quel sogno...

ALBERTO   Ah, vi siete convinto finalmente che si trattava di un sogno?

PASQUALE   Ma certo. Ieri sera, un poco la stanchezza, un poco che si accumula, si accumula... poi viene il momento che si coprono gli occhi... e quando gli occhi sono coperti, si capisce che non si vede niente piú. Allora, stammatina, m'aggio chiammata 'a famiglia, chella povera sora mia, che non vede mai luce di libertà... e ho detto: «Sapite che vulite fa'? Vestiteve e andiamocene a mangiare in campagna. 'O sole ce sta. .»

ALBERTO   E fate bene. Buon divertimento.

PASQUALE   E 'o povero zi' Nicola?...

ALBERTO   Ci ha lasciato.

PASQUALE (*guardando in alto sul mezzanino*)   Già se l'hanno portato?

ALBERTO   No, se lo portarono ieri sera. Perché non era morto. Il dottore che andò a chiamare Carluccio in farmacia, lo fece trasportare al pronto soccorso; e là morí.

PASQUALE   Tanto una brava persona...

ALBERTO   Quello? Solo adesso lo capisco. Teneva ottantadue anni...

PASQUALE   Parlava solo con i fuochi artificiali...

ALBERTO   E io capivo tutto. Lui parlava solamente con me. Povero zi' Nicola... Era uno spasso...

PASQUALE   Don Albe', mi viene un'idea. Vuie mo che ci fate qua? Non è meglio che vi distraete un poco? Venitevene con noi, ce ne andiamo dopo Pozzuoli, a Bàcoli. Oggi non fa l'ombra del freddo... chesto tene stu paese nuosto... Dopo mangiato ce facimmo na bella passeggiata in barca, io e voi soli; v'aggi' 'a raccuntà nu fatto ca ve fà schiattà d' 'e rrise: v'aggia fa' schiattà! Anzi voi fate cosí: noi ce ne andiamo, e vi aspettiamo alla Riviera, all'angolo di San Pasquale. Perché se vi vedono uscire con noi, dicono: «Guè, 'o zio è muorto, e lui si va a divertí»... Sapete la gente com'è.

ALBERTO   Eh sí. La gente è fatta proprio male.

PASQUALE   Che fate, venite allora?

ALBERTO   E perché no? Un invito cosí spontaneo. Io però non mi vesto... vengo cosí.

PASQUALE   Ma naturale; a chi vulite da' cunto?

ROSA (*entrando*)   Sono pronta.

LUIGI (*dalla destra, seguito da tutta la famiglia, sono tutti vestiti a festa*)   Papà, ce ne iammo?

MATILDE   Non fa l'ombra del freddo.

ELVIRA   Andiamo?

LUIGI   Io me porto a zia Rosa sott' 'o braccio.

ROSA   Eh, facciamo i fidanzati!

PASQUALE   Allora vi dò un'altra buona notizia: don Alberto viene con noi.

TUTTI   Bravo!

LUIGI   Allora, lascio a zia Rosa e me porto a don Alberto: lo
sfizio lo voglio avere io.

PASQUALE   Va buo', lo sfizio ce 'o pigliammo nu poco pedòno.
Noi andiamo. (*Rivolto ad Alberto*) Non dite a nessuno che venite con noi...

ALBERTO   Ma vi pare.

PASQUALE   Non per noi, ma per voi... non lo dite nemmeno a
vostro fratello.

ALBERTO   Ma certo. A Carluccio lle dico che mi vado a fare una
passeggiata solo, perché non voglio vedere gente.

PASQUALE   Proprio cosí. (*Avviandosi con gli altri*) Don Albe',
noi aspettiamo. Ce avissev' 'a penzà meglio?

ALBERTO   Non vi preoccupate, è interesse mio. Fra dieci minuti
sarò all'angolo di San Pasquale.

LUIGI   Se fra un quarto d'ora non vi vediamo arrivare, vi vengo
a prendere io.

ALBERTO   Non c'è bisogno.

La famiglia fa per andare, quando dalla sinistra entra Carlo
seguito da Capa d'Angelo.

CARLO   Che c'è, riunione?

PASQUALE   Siamo venuti a salutare don Alberto e ce ne andiamo
in campagna.

CARLO   Bravi.

ALBERTO   Io invece mi vado a fare una passeggiata per conto
mio, perché non voglio veder gente.

CARLO   E hai ragione.

ALBERTO (*indicando Capa d'Angelo*)   Chi è?

CARLO   È un amico mio, che si è contrastato con la fidanzata, e si
trattiene un poco qua, perché non la vuole incontrare. (*A Capa
d'Angelo*) Aspetta qua, se no dove vai? Staie nervoso; io te
faccio nu poco 'e compagnia. Quando poi ti sarai calmato, e sei
sicuro che la fidanzata è passata, te ne vai.

CAPA D'ANGELO   Sí, cosí faccio. (*Attende in disparte*).

LUIGI (*agli altri*)   Vulimm' ji'?

Si avviano. Ma entra il brigadiere seguito da Michele.

BRIGADIERE   Don Albe', si è avverata quella cosa che dissi io: siccome non si è trovato Aniello Amitrano...

ALBERTO   È stato spiccato mandato di cattura contro di me.

BRIGADIERE   Precisamente.

Tutti dànno segni d'impazienza.

ALBERTO (*avvicinandosi a Carlo*)   Carlu', è venuto 'o mumento... damme chella carta, e io t' 'a firmo.

CARLO (*ipocrita*)   Qua' carta? Eh! mo aggi' 'a vedé si 'a tengo ancora! (*Si cerca nelle tasche. Dopo poco finge di trovarla*). Eccola qua... (*Gliela porge*) Cos' 'e pazze!

ALBERTO (*firma il foglio e lo consegna di nuovo a Carlo*)   Mi raccomando, Carlu'!

CARLO   Fa conto che stesse io 'a dinto e tu 'a fora!

ALBERTO   Brigadie', scusate, ma io che cosa dovrei fare per sfuggire?

BRIGADIERE   Sfuggire non potete. O aspettate con santa pazienza l'esaurimento delle indagini in un carcere preventivo, o presentate i documenti che diceste di avere nelle vostre mani, e sarete libero.

ALBERTO   Ma io i documenti ce li ho, e li voglio presentare.

La famiglia Cimmaruta si fa attenta.

BRIGADIERE   E allora a chi aspettate?

ALBERTO   Aspettavo questo momento con un'ansia che non vi potete immaginare. Aspettavo la gioia di dire a questa gente di quale crimine si sono macchiati e si macchiano giorno per giorno. Assassini, siete, e ve lo provo subito. (*Apre la porta di sinistra e chiama*) Venite. (*Dalla sinistra entrano Teresa e Aniello Amitrano*). Ecco qua: questo è Aniello Amitrano con sua moglie.

BRIGADIERE   Aniello Amitrano?

ANIELLO   Sissignore, brigadie', sono io. Questa è la mia carta d'identità. (*Gliela mostra*).

BRIGADIERE (*l'osserva*)   E dove siete stato?

ANIELLO   Sono stato a Caserta, da una mia zia. Il giorno stesso che arrivai mi venne la febbre a quaranta. Dissi alla zia: «Nun fa' sapé niente a mia moglie, se no si spaventa». Stavamo pure in urto... Pure altre volte mi sono contrastato e non sono rincasato per un paio di notti...

TERESA   E se non veniva il portiere a dirmi il fatto, io non
ci avrei proprio pensato.

BRIGADIERE   Sta bene. Però voi, don Albe', sempre dovete venire con me. Anzi se viene con noi pure il signor Amitrano, è
meglio. Si tratta di una semplice formalità; cosa di una mezz'o-
ra e ve ne tornate a casa vostra.

ANIELLO   Io sono pronto.

BRIGADIERE   Cosí torneremo pure la stima ai signori Cimmaruta.

PASQUALE   Oh... questo dobbiamo assodare. (*Ad Alberto*) Voi
avete detto delle cose enormi, ormai superate dal fatto che Amitrano sta là, vivo; ma voi avete detto poco fa al brigadiere: «I
documenti ce l'ho, per dimostrarvi di quale crimine si sono
macchiati questi assassini». Assassini di chi, ce lo volete spiegare?

ALBERTO   Come no? Si sapisseve come ho aspettato questo momento! Però dovete avere ancora cinque minuti di pazienza;
sono subito a voi. Devo sistemare un piccolo affare di famiglia... (*Si avvicina a Carlo e, fulmineamente, senza che questi
abbia il tempo di evitarlo, gli tira uno schiaffo, che riecheggia
sinistro nello stanzone, e che ammutolisce tutti i presenti. Carlo guarda il fratello sorpreso e smarrito. Dopo una piccola pausa*) Se non hai capito, te lo spiego un'altra volta. (*Carlo tira
fuori la carta firmata da Alberto un momento prima e la consegna al fratello. Poi si apparta camminando lentamente verso il
fondo*). E questa si può strappare. (*Lacera il foglio. Poi rivolgendosi a Capa d'Angelo*) Capa d'Angelo, voi potete andare.
Ci dispiace di non potervi confortare oltre. Scendete sicuro perché la fidanzata non la incontrerete!

CAPA D'ANGELO   Buona giornata. (*Esce*).

ALBERTO   Mo volete sapere perché siete assassini? E che v' 'o
dico a ffa'? Che parlo a ffa'? Chisto, mo, è 'o fatto 'e zi' Nicola... Parlo inutilmente? In mezzo a voi, forse, ci sono anch'io,
e non me ne rendo conto. Avete sospettato l'uno dell'altro: 'o
marito d' 'a mugliera, 'a mugliera d' 'o marito... ... 'a zia d' 'o
nipote... 'a sora d' 'o frate... Io vi ho accusati e non vi siete
ribellati, eppure eravate innocenti tutti quanti... Lo avete creduto possibile. Un assassinio lo avete messo nelle cose normali
di tutti i giorni... il delitto lo avete messo nel bilancio di famiglia! La stima, don Pasqua', la stima reciproca che ci mette a
posto con la nostra coscienza, che ci appacia con noi stessi,
l'abbiamo uccisa... E vi sembra un assassinio da niente? Senza
la stima si può arrivare al delitto. E ci stavamo arrivando. Pu-

re la cameriera aveva sospettato di voi... La gita in campagna, la passeggiata in barca... Come facciamo a vivere, a guardarci in faccia? (*Esaltato, guardando in alto verso il mezzanino*) Avive ragione, zi' Nico'! Nun vulive parlà cchiú... C'aggia ffa', zi' Nico'? (*Piú esaltato che mai, implorante*) Tu che hai campato tanti anni e che avevi capito tante cose, dammi tu nu cunziglio... Dimmi tu: c'aggia ffa'? Parlami tu... (*Si ferma perché ode come in lontananza la solita chiacchierata pirotecnica di zi' Nicola, questa volta prolungata e piú ritmata*) Non ho capito, zi' Nico'! (*Esasperato*) Zi' Nico', parla cchiú chiaro! (*Silenzio. tutti lo guardano incuriositi*). Avete sentito?

TUTTI   E che cosa?

ALBERTO   Comme, non avete sentito sparare da lontano?

TUTTI   No.

ALBERTO (*ormai calmo e sereno*)   M'ha parlato e nun aggio capito. (*Amaro, fissando lo sguardo in alto*) Non si capisce! (*Poi rivolto al brigadiere*) Brigadie', possiamo rimandare questa formalità in questura a piú tardi? Me voglio arrepusà.

BRIGADIERE   Vuol dire che vi vengo a prendere nel pomeriggio.

ALBERTO (*affranto siede*)   Grazie.

PASQUALE   Andiamo, va'... tante emozioni... 'o zio muorto... Andiamo.

Parlottando fra loro escono. Rimangono in scena Alberto, Carlo e Michele.

MICHELE (*dopo una lunga pausa*)   Io non mi sogno mai niente. 'A sera mi corico stanco che Iddio lo sa. Quando ero ragazzo, mi facevo un sacco di sogni... ma belli. Certi sogni che mi facevano svegliare cosí contento... Mi parevano spettacoli di operette di teatro. E quando mi svegliavo, facevo il possibile di addormentarmi un'altra volta per *vedere* di sognarmi il seguito. Me ne scendo, perché *ci* ho il palazzo solo... (*Fa per andare, poi come ricordando qualche cosa*) Ah! il mezzo portone, poi, l'ho chiuso... Perché De Ferraris ha detto che la madre non esce, sta poco bene. È sempre un rispetto... Permettete. (*Ed esce*).

I due fratelli sono rimasti soli, l'uno di spalle all'altro. Alberto seduto al tavolo, in primo piano a sinistra, col capo chino sulle braccia. Carlo, accasciato su di una sedia, in fondo allo stanzone. Alberto, dopo una piccola pausa, solleva il capo lentamen-

te, e con uno sguardo pietoso cerca il fratello. Dopo averlo
fissato per un poco, per non prorompere in lacrime, con gesto
che ha della disperazione, comprime fortemente le mani aperte
sul suo volto. Il sole inaspettatamente, dal finestrone in fondo,
taglia l'aria ammorbata dello stanzone e, pietosamente, vivifica
le stremenzite figure dei due fratelli e quelle povere, sgangherate sedie, le quali, malgrado tutto, saranno ancora provate dalle
ormai svogliate «feste» e «festicciolle» dei poveri vicoli napoletani.

La paura numero uno

(1950)

Siamo al percorso del teatro di Eduardo che attraverserà i nostri anni Cinquanta e Sessanta, intrecciando in questo ventennio al filone della metamorfosi *famigliare* quello della necessità (problematica) di un impegno *civile*. Il nuovo ciclo incomincia infatti con una commedia di attualità, *La paura numero uno* (1950), che, a differenza delle precedenti, non ha piú come sfondo l'Italia del dopoguerra, ma piuttosto il clima di tensione provocato dalla guerra fredda. Quindi la «paura» del titolo fa riferimento a una condizione non solo napoletana o italiana, neppure soltanto europea, ma planetaria: la paura dell'uomo nell'era atomica.

Eppure la trovata iniziale e il suo paradossale svolgimento sono brillanti. Paralizzato dall'ansia di una catastrofe mondiale incombente, Matteo Generoso ritrova il coraggio di vivere solo quando gli fanno credere, con un trucco, che la guerra è finalmente scoppiata ma «"La vita si svolge normalmente". Si combatte, sí, ma con freddezza» (II, p. 480). Ancora una volta il drammaturgo usa il procedimento di metaforizzare uno spunto concreto o di letteralizzare una situazione metaforica, traendo effetti di *comicità fantastica* da una finzione non piú assurda della realtà: una realtà che non aiuta a comprendere con certezza (a chi non è a parte del gioco) se ci si trovi in pace o in guerra, e che dà luogo sulla scena a una catena esilarante di equivoci.

Il paradosso infatti denuncia un clima di lotta strisciante fra gli uomini, nelle strade che appaiono al protagonista percorse da una «folla gesticolante» e «isterica», campi di battaglia dove «si combatte corpo a corpo» («Chi ti vuole dare la fregatura, chi ti vuole vendere la stilografica, 'a lente americana... che poi è una bassa imitazione fabbricata in Italia [...]. Voi uscite di casa e trovate i fucili spianati. Gli stranieri sbucano da tutte le parti», II, pp. 490-91). Né la situazione appare incredibile ad una «generazione tormentata» da guerre altrettanto assurde: la sequenza ininterrotta delle date, numeri che sembrano sputati da una folle ruota del Lotto, crea effetti di comicità iperbolica (Arturo:

«Noi cominciammo nel '10. Tripoli. E ci facemmo '10-13. Poi
'14-18...»; Matteo: «'30-33»; Arturo: «'35-37, '40-45...»; Matteo: «Se capisce che 'a gente si è abituata», II, p. 481).

È ancora una volta il «palazzo» ad aprire prospettive sull'esterno, attraverso l'ambientazione spaziale-scenografica nella *camera
di soggiorno* di *casa Generoso*, situata *al centro* dell'appartamento,
e con l'*ampio finestrone*-parete dal quale *si scorge* la ringhiera del
cortile e *le porte* degli altri alloggi, nonché *la scala* che conduce *ai
piani superiori* (did., I, p. 449). In questo luogo che appare subito,
piú che un interno, uno spaccato (Matteo è oltretutto amministratore di condominio), si svolgeranno i primi due atti; mentre l'ultimo andrà a rinchiudersi nell'appartamento di Luisa Conforto, una
madre che non vuole rinunciare all'unico figlio. Mentre casa Generoso è aperta sul *fuori*, dove c'è la lotta (dal *finestrone* assisteremo
ai litigi fra i condomini, e al finestrone, dalla scala, si affacceranno
i pellegrini per l'Anno Santo, scambiati dal protagonista per inva-
sori stranieri), la casa di Luisa si configura alla fine come *bunker*
domestico, dove questa madre è arrivata a «murare» suo figlio in
uno «stanzino cieco», per impedire che glielo portino via... la guerra o il matrimonio, è lo stesso!

L'architettura dello spazio scenico diventa cosí «modello finito
di un mondo infinito» (Lotman). Liberato dall'ansia, Matteo riu-
nirà il condominio per organizzare, con la solidarietà reciproca, la
difesa («Stringiamoci fraternamente la mano e guardiamoci negli
occhi per scambiarci un segno di fede», II, p. 470); mentre Mariano, il figlio di Luisa Conforto, praticherà un «buco» nel muro dello «stanzino» per sfuggire alla madre e ricomparire in casa Generoso (provocando, fra l'altro, il colpo di scena del secondo atto).

Ci sono dunque due *pazzi* in questa commedia, dove la paura
della guerra simula anche la paura di perdere se stessi, la propria
identità, il proprio dominio sugli oggetti e sulle persone care. C'è
il solito protagonista *visionario* (Matteo), la cui capacità di vedere
oltre diventa patologica, ma riflette una condizione universalmente umana di conflittualità e di egoismo («il mondo dichiara guerra
a se stesso nel senso che ognuno combatte la sua»); e c'è anche la
figura di una *madre* (Luisa) il cui attaccamento alla prole, dopo *Filumena Marturano*, si esaspera in fattore di egocentrismo onnivoro
e carcerario, pur di sentire il figlio cosa sua (come quando, «durante i nove mesi di gravidanza, trovav[a] modo di rimanere sola con
lui», con le mani sul ventre, «per parlarci», III, p. 504).

La commedia di Eduardo, attraverso un procedimento di com-
penetrazione e simmetria rovesciata, avrebbe dovuto rappresenta-

re le conseguenze dello stesso motivo scatenante (la «paura») sia
sul piano pubblico (storia di Matteo) che sul piano privato (storia
di Luisa); ma le due vicende appaiono forzatamente giustapposte.
Dopo che la storia di Matteo perde mordente, si afferma con pre-
potenza quella di Luisa: al cui esito è dedicato tutto il terzo atto,
specie di opera a sé. Alla fine *La paura numero uno* si concentra nel
dramma di questa madre, rimasta sola dopo il matrimonio del figlio: mentre celebra solo per sé il «rito della marmellata», trasformando la cerimonia gastronomica nell'alienante dialogo di un'e-
sclusa con le uniche «cose dolci» che può stringere nella vita.

> LUISA Io mi affeziono a queste marmellate. 'E vvoglio bene, co-
> me se fossero creature mie. [...] io ci parlo [...]. E loro mi rispondo-
> no [...]. Ecco. È robba mia. [...] La marmellata è veramente mia e
> nessuno me la tocca. E po' io tengo 'a chiave. E non commetto un
> reato se la chiudo dentro. (*Richiude a doppia mandata gli sportelli
> del mobile e conserva la chiave in tasca*).   (III, p. 502).

L'universo femminile eduardiano ha di questi scarti, di questi
brividi di quieta o prepotente follia, che possono sbilanciare l'equilibrio famigliaristico cui l'autore apertamente aspira. Spesso nel
suo teatro il nucleo domestico ruota attorno alla madre, ma la figura maschile, per quanto esautorata, è presente e capace di riscatto;
eppure per l'*ambiguità* strutturale di questo teatro si può intravve-
dere perfino nelle Cantate quel percorso *noir* che, esasperato dalla
drammaturgia napoletana degli anni Ottanta, porterà alla riduzione della figura maschile ad ombra e alla ipertrofizzazione della figura femminile in matriarca divoratrice e castrante (da *Bellavita
Carolina* di Manlio Santanelli alla *Signora* di *Pièce noire* di Ettore
Moscato).

Secondo Giammusso *La paura numero uno* fu scritta su commissione, con ogni probabilità per Gino Cervi e Andreina Pagnani, i quali però rifiutarono, sia pure a malincuore, il copione («Può
darsi che questo ti appaia un "gran rifiuto per viltade" [...]. Ma c'è
qualcosa che manca. [...] Qualcosa di inespresso durante lo svolgimento dell'opera, che rende i personaggi un po' marionette [sen-
za passione] e si arriva alla fine, quando si dicono tante sacrosante
verità, con una velocità troppo elevata. Forse siamo in colpa un
po' noi, avendoti costretto a finire il tuo lavoro tanto in fretta»;
cfr. lettera di Cervi e Pagnani a Eduardo, 14 gennaio 1950, pubblicata da Maurizio Giammusso in *Vita di Eduardo* cit., p. 216).

La paura numero uno andò in scena in prima assoluta il 29 luglio 1950 al Teatro La Fenice di Venezia, in occasione dell'XI Festival del Teatro, per la regia di Eduardo e con la compagnia «Il Teatro di Eduardo con Titina De Filippo». Non fu un vero successo: i critici lodarono Eduardo e Titina nelle due parti principali (rispettivamente Matteo Generoso e Luisa Conforto) ma espressero riserve sullo spettacolo nel suo complesso. La commedia conta poche riprese in teatro: il 25 ottobre 1950, al Manzoni di Milano; l'8 gennaio 1951, al Mercadante di Napoli; il 6 aprile 1951 all'Eliseo di Roma. In quest'ultima edizione (secondo la locandina) gli interpreti sono: Eduardo (Matteo Generoso); Vittora Crispo (Virginia); Clara Crispo (Evelina); Rosita Pisano (Maria); Pietro Carloni (Arturo); Titina De Filippo (Luisa Conforto); Antonio La Raina (Mariano); Vera Carmi (Vera di Lorenzo); Enzo Donzelli (Antonio); Olimpia Febbraio (Vincenza); Aldo Giuffrè (Brigadiere); Clara Luciani (La signora Bravaccino); Salvatore Costa (Il signor Bravaccino); Carlo Pennetti (Il farmacista); Giulia D'Aprile (La signorina Sivoddío); Carlo Giuffrè (Il dottor Cirillo); Mario Frera (Carabella). Ermanno Contini critica la discontinuità o frammentarietà strutturale del lavoro, per cui l'intreccio avrebbe uno sviluppo «piú associativo che conseguente» (*La paura numero uno*, «Il Messaggero», 7 aprile 1951).

La messinscena televisiva della commedia, registrata in studio, è stata trasmessa la prima volta il 18 marzo 1964 (Raidue). La regia è di Eduardo De Filippo; regista collaboratore Stefano De Stefani; scene di Emilio Voglino; costumi di Maria Teresa Stella; collaborazione televisiva di Guglielmo Morandi. Interpreti: Luisa Conte (Virginia); Maria Teresa Lauri (Evelina); Carla Comaschi (Maria); Maria D'Ayala (Vincenza); Orazio Orlando (Antonio); Lyda Ferro (Luisa Conforto); Glauco Onorato (Mariano); Carlo Giuffrè (Arturo); Eduardo (Matteo Generoso); Nico De Zara (Il dottor Cirillo); Pietro Carloni (Il farmacista); Filippo De Pasquale (Carabella); Carlo Pennetti (Un commesso); Anna Valter (La signora Bravaccino); Antonio Ercolano (Lo zio); Evole Gargano (La signorina Sivoddío); Clara Bindi (Vera Di Lorenzo); Lando Buzzanca (Brigadiere).

Eduardo ne trasse anche una sceneggiatura per un film che avrebbe dovuto interpretare Totò nel novembre 1951. Ma il film non si fece: Antonio Ghirelli, che collaborò alla sceneggiatura, preparando insieme all'attore anche il soggetto *Roma-Livorno-Mosca*, scrive che il governo d'allora mise in opera pressioni per impedire i due progetti (cfr. M. Giammusso, *Vita di Eduardo* cit., p. 217).

Il testo di *La paura numero uno* compare nella prima edizione Einaudi del secondo volume della *Cantata dei giorni dispari*, nel 1958; viene espunto dal secondo volume nell'edizione del 1979 (riveduta) ed inserito, nella stessa edizione, nel primo volume della *Cantata*. Non subisce particolari varianti nelle successive ristampe o edizioni del volume.

Personaggi

Matteo Generoso
Virginia, sua moglie
Evelina, loro figlia
Maria, loro nipote
Arturo, fratello di Virginia
Luisa Conforto
Mariano, suo figlio
Vera di Lorenzo, istitutrice
Antonio, fidanzato di Maria
Vincenza, cameriera di casa Generoso
Il brigadiere di Pubblica Sicurezza
La signora Bravaccino
Lo zio della signora Bravaccino
Il farmacista Di Stasio
La signorina Sivoddío
Il dottor Cirillo
Carabella, salumiere
Buonavoglia, rappresentante
Un commesso
Pellegrini di tutte le nazionalità

In casa Generoso. Una camera di soggiorno situata al centro dell'appartamento. Quasi tutta la parte di fondo è costituita da un ampio finestrone a vetri, dal quale si scorge la ringhiera che delimita il quadrato del cortile, nonché, oltre di essa, al centro, le porte degli altri appartamenti, e la scala che conduce ai piani superiori. Nella stanza vi sono tre porte. Quella in prima a sinistra dà nelle altre camere dell'appartamento. Quella in prima a destra dà in cucina, e quella in seconda nell'ingresso comune. Mobilio di gusto discutibile, ma sostanzioso, rassicurante. Sulla parete di sinistra, oltre la porta, un mobile libreria con alzata e il sotto a due sportelli. Un ampio scrittoio. Un tavolo, un divano, sedie e poltrone. In fondo, al centro del finestrone, un mobile radio. Sulle sedie, sui mobili, e specialmente sullo scrittoio, figureranno mucchi di giornali illustrati e quotidiani, d'ogni genere e tendenza politica.

Nella stanza si trovano Virginia, Evelina, Maria e Vincenza. Virginia, eccitata e accaldata in volto, cerca nervosamente qualche cosa sullo scrittoio. Evelina e Maria frugano fra i giornali. Vincenza si dà da fare anch'essa, ma senza soverchia convinzione.

VIRGINIA (*spazientita per la ricerca vana*) Niente... chi te la dà... Cercate voi, vedete se la potete trovare... se no io, come mi è arrivata la nervatura fino alla cima dei capelli, apro il finestrone e butto i mobili in mezzo al cortile.

EVELINA Ma se vi fate prendere dai nervi è peggio; voi statevi seduta, cerchiamo noi con calma.

MARIA (*ha trovato una carta*) Fosse questa? Zi' Virgi', vedete. (*Gliela porge*).

VIRGINIA (*dopo averla osservata fuggevolmente, si ribella per l'incomprensione della nipote, e grida*) No! Non è questa. Ti ho

detto che dev'essere una carta rosa. Questa è verde... Che me
la fai vedere a fare?

MARIA   E non gridate, 'a zi'. Se mi pigliate a strilli in testa,
è peggio. (*Piange*) Poi dite che sono rimbambita...

VIRGINIA   Uh, Madonna mia... tròvane tu una strada qualunque... Questo è l'inferno... L'inferno è questo.

MARIA   (*piagnucolando, ha trovato un'altra carta. Si avvicina alla
zia e gliela mostra*)   Fosse questa?

VIRGINIA   (*esasperata*)   Questa è gialla! Ti ho detto che dev'essere una carta rosa. Non lo vedi che questa è gialla?

MARIA   Io la vedo rosa.

VINCENZA   (*ha trovato anch'essa una carta, e la porge a Virginia*)   Fosse questa qua?

VIRGINIA   Questa è rossa! Di' 'a verità, la vedi rosa pure tu?

VINCENZA   No, ma a me il rosa mi piace quando è rosso.

Campanello interno.

VIRGINIA   Apri la porta, muòviti. (*Vincenza esce per la comune*).
Rosa, rosso, giallo... Quant'è brutto avere a che fare con i fessi.

ANTONIO   (*dalla comune*)   Buongiorno a tutti.

VIRGINIA   A proposito d'intelligenza.

ANTONIO   (*avvicinandosi a Maria, con interessamento*)   Mari', tu
perché piangi? (*Scorgendo il malumore di Evelina*) E voi che
avete? Donna Virgi', ch'è stato?

VIRGINIA   (*ironica*)   Stiamo allegri, lo vedete... allegria generale.
Dobbiamo ringraziare a voi.

ANTONIO   Ma perché, ho mancato in qualche cosa?

VIRGINIA   Chi vi disse di andare a svegliare i serpi sopra al municipio?

ANTONIO   Il municipio?

MARIA   Il fatto della campagna.

ANTONIO   La campagna?

VIRGINIA   Eh, va bene... «'o palazzo è àuto e 'a signora è sorda».

MARIA   Te lo dissi pur'io di non andarci.

VIRGINIA   Ma siccome tenete 'a capa tosta...

ANTONIO   Ah sí, la campagna. Ma io ci andai nel vostro interesse. E siccome devo sposare vostra nipote, mi permetto dire
nell'interesse vostro e mio. Voi le cose le prendete troppo alla
leggera.

VIRGINIA   E voi per prenderle alla pesante... per andare a domandare, ad informarvi, a mettere come si dice «carne a cuocere»,

vi siete fatto dodici anni di vita militare, fra soldato e prigioniero.

ANTONIO Allora mi dovevo far dichiarare disertore, e aspettare i carabinieri a casa?

VIRGINIA E va bene. Io l'ho detto poco fa: quant'è brutto avere a che fare con la gente come voi.

ANTONIO Come me, come?

VIRGINIA Come mia nipote, la vedete... Quello Iddio prima li fa, e poi li accoppia. Benedetta la mano del Signore... Noi due mesi fa, a tavola, voi presente... per disgrazia, facemmo una discussione cosí innocente... Diss'io: «Guè, da prima della guerra non è arrivata piú la tassa per la mia campagna di Fratta. O se ne sono dimenticati, o ci hanno perduto di vista: meno male». Questo dissi. «Bisognerebbe interessarsene», diceste voi. Come infatti, ve ne siete interessato!

ANTONIO Allora, sarebbe stato meglio vedersi arrivare l'esproprio, da un momento all'altro?

VIRGINIA È arrivato!

ANTONIO L'esproprio?

VIRGINIA No, ma qualche cosa di simile. Calcolando quello che pagavamo prima, in rapporto ai decreti di oggi, fra multe, arretrati e aumenti, forma una cifra tale che, se ce la vendiamo, ci dobbiamo rifondere il resto sopra, per pagare le tasse. È arrivata una carta, quindici giorni fa... Mio marito non mi disse niente... perché con la testa scombinata che tiene non si ricordò di dirmelo... poi me l'ha detto, la carta chi lo sa dove l'ha messa... e non sappiamo dove e quando ci dobbiamo presentare.

MARIA Una carta rosa, che io la vedo rosa, ma è gialla.

ANTONIO E voi pensate che la carta è arrivata per colpa mia? Io pare che andai a dire là sopra: «Badate che per la campagna dei signori Generoso, la tassa non è arrivata piú». Allora, mi giudicate male. Io non sono un bambino. Feci finta di interessarmi alla campagna come un compratore, e che volevo sapere, in linea amichevole, che tasse si pagavano...

Campanello interno.

VIRGINIA (*nauseata*) Uh, sentite... Io con voi non ci voglio parlare, perché mi si attacca tutta la nervatura.

MARIANO (*dalla comune, a braccetto con sua madre Luisa*) Buongiorno a tutti.

LUISA Buongiorno, donna Virgi'.

Tutti rispondono al saluto.

MARIANO (*a sua madre*) Sedetevi qua. Cosí, mentre vi riposate un poco, io scendo un momento abbasso al portone con Evelina, pecché ce 'a voglio fa' vedé. (*Fuggevolmente ad Antonio*) Salute, Anto'. (*Si avvicina ad Evelina per salutarla*) Staie 'e malumore?

EVELINA No. (*Con interesse*) L'hai comprata?

MARIANO Mo scendiamo...

E continuano a parlare sottovoce.

LUISA S'è comprata quella motocicletta corta corta, con le ruote piccole piccole...

MARIANO La Lambretta, mammà.

LUISA Eh, sí... che a me mi fa una paura... Basta, è meglio che non ne parliamo. Neh, al ritorno, non mi voleva portare sul sedile di dietro? «A chi!...» ho detto io. Non per paura, perché dal momento che ci andava lui sopra, ci potevo andare pure io; ma il rumore che fa mi stordisce... e po', io so' grossa, pesante... non sta bene all'età mia. Cosí ho preso un tassí, e ho detto: «Vai appresso al signorino...» (*Con amoroso rimprovero*) Gli avevo detto di non correre... io non lo perdevo d'occhio, da dentro al tassí... Certi momenti, passava fra le automobili, che pareva che allora allora lo investivano. E il cuore mi andava per aria. Già, se succedeva qualche cosa a lui, mi buttavo dal tassí pur'io.

MARIANO Vieni, Eveli', la proviamo insieme. (*Ad Antonio*) Venite pure voi.

LUISA Fagliela vedere, ma non ci montare.

MARIANO E allora che me l'aggio accattata a ffa'? Venite. (*Alle signore*) Permettete.

ANTONIO Io ci sono andato una volta...

MARIANO Ah, ci sai andare?

ANTONIO No. Ci sono andato una volta, sotto, perché fui investito. Stavo ancora vestito da soldato. Tornavo dalla prigionia...

E i quattro giovani escono parlottando.

LUISA Statevi attenti... (*Dall'interno si ode un superficiale «Sí, sí» dei quattro. Luisa, alludendo al figlio*) Quanto è simpatico... è vero, donna Virgi'? Sto sempre in pensiero. Quante notti mi sveglio, e devo andare in camera sua a vedere se sta dormendo, se ha smorzato la luce. Non lo fa apposta. È distratto. Certe volte s'addormenta con la luce accesa. Lui dice che non l'avverte, e che non gli dà fastidio. Invece, non è vero. La luce distrugge la parte migliore del sonno che, per soddisfare il nostro organismo, deve giovarsi dell'oscurità completa. Perciò 'o Padreterno ce fa chiudere ll'uocchie, quanno ce vulimmo addurmí. E poi la spengo pure... pecché... nun me fido d' 'o vedé. Lui ha l'abitudine 'e durmí supino. Quando lo vedo immobile... con gli occhi chiusi... mi fa impressione... E io stuto 'a luce.

VIRGINIA   Ma voi non vi dovete fissare. Capisco l'attaccamento...

LUISA   No, non potete capire quali sono i sentimenti veri che mi spingono a certe manifestazioni che possono apparire esagerate agli occhi degli altri. Sono una donna sola. Resto per molte ore della giornata sola. E non ne faccio colpa a nessuno: voglio sta' sola. E penzo, penzo... Voi siete anziana come me; tenite na figlia, e mi potete considerare. Io penso che non faccio abbastanza per lui; che nun 'o voglio bene come sarebbe giusto; che... dentro di me... non mi giudicate male... forse nun 'o voglio proprio bene. Che ho voluto troppo bene a Gastone, il fratello. E che perciò sono stata punita.

VIRGINIA   Ma che ghiate dicenno...

LUISA   Lasciatemi finire. È cosí raro che io riesca a parlare con qualcuno, mi fa bene. Devo fare assai per lui. Devo fare piú di quello che le mie forze stesse mi consentono di fare. E po' me pare ca nun tengo tiempo. Oggi, per esempio, ho l'impressione che potevo fare qualche cosa per lui, ieri, e che non l'ho fatta. Penso a quello che vorrei fare per lui domani... e il giorno appresso non lo faccio perché mi sembra poco... Facímmole spusà al piú presto. Sono cosí contenta di vostra figlia. Evelina è tanto buona. Che s'aspetta? Io sono contenta, voi pure. 'E guagliune se vonno bene... Perché non fissiamo una data definitiva?

VIRGINIA   Ma che volete sapere? Io combatto con la testa di mio marito.

LUISA   E che difficoltà può trovare? Ha sempre detto che vuole bene a mio figlio... che lo stima...

Campanello interno.

VIRGINIA   Per questo potete stare tranquilla, oggi ce ne parlo un'altra volta.

ARTURO (*dalla comune*)   Buongiorno.

VIRGINIA   Guè, Artu'. Come stai? Io ti aspettavo stamattina presto.

ARTURO   Signora Luisa, ben trovata.

LUISA   Bene arrivato a voi.

ARTURO   Perché ieri sera dovetti prendere un altro treno. Avevo bisogno di rimanere nell'ufficio un altro paio d'ore, per dare delle disposizioni. Il telegramma tuo mi ha impressionato. (*A Luisa*) Io sono a Bari da sei mesi. Ho impiantato un cantiere importante. Dovrò rimanere là un paio d'anni... (*A Virginia*) Ho portato le valige in albergo, perché so che qua non c'è posto. Ma ch'è stato?

VIRGINIA   E siediti, ripòsati. Mo sei arrivato. Piú tardi ti spiego.

LUISA   Io vi lascio tranquilli. (*Fa per avviarsi*) Me ne salgo. Chi sa dov'è andato Mariano, con quella cosa... quella motocicletta corta corta con le ruote piccole piccole.

ARTURO   La Lambretta.

LUISA   Già. Pure voi la conoscete, è vero?

ARTURO   Come no.

LUISA   È cosí pericolosa...

ARTURO   Macché. Anzi, è un mezzo tranquillissimo.

LUISA   Voi non avete figli, è vero?

ARTURO   No.

LUISA   Io ne avevo due... e adesso ne ho uno. Permesso. (*Ed esce per la comune*).

ARTURO   Povera donna. (*A Virginia*) E che avete fatto, avete precisata la data per il matrimonio di Evelina col figlio?

VIRGINIA   Poi parleremo pure di questo.

ARTURO   Mi hai spaventato. Tu hai un carattere allarmistico, ti conosco bene... ma capirai, t'arriva un telegramma 'e bello... «Urge tua presenza prendi primo treno». Non sapevo a che pensare...

VIRGINIA   Si sapisse qual era il mio stato d'animo, quanno aggio fatto 'o telegramma...

ARTURO   Ma di che si tratta?

VIRGINIA   Matteo.

ARTURO   Mbè?

VIRGINIA (*seriamente preoccupata*)   Se continua di questo passo, lo portiamo diritto diritto al manicomio.

ARTURO   Io l'ho pensato che si trattava di questo. Ma sempre per la stessa ragione?

VIRGINIA Con la sua fissazione ci sta distruggendo. Sta distruggendo una famiglia.

ARTURO Colpa tua.

VIRGINIA (*risentita*) Artu', ma tu dici sul serio?

ARTURO Sí, Virgi', dico sul serio. Perché, ripeto, ti conosco bene.

VIRGINIA (*impermalita, scatta*) Artu', se sei venuto per farmi toccare i nervi pure tu, è meglio che ti pigli il treno e te ne torni a Bari un'altra volta.

ARTURO E già, io po' piglio Napoli pe' Galleria. Non facciamo discorsi da bambini. Se hai sentito il bisogno di mandarmi a chiamare, lo hai fatto per avere un consiglio. Soprattutto, dicevo, parlando del tuo carattere, quando puoi contraddire tuo marito, ti senti eroica, felice. Che ti costa a te, santo Dio... il dargli ragione qualche volta? L'assecondarlo, ecco tutto.

VIRGINIA Ma assecondarlo in che, nella sua follia? E starríamo frische. Ma capisci che se ancora si occupa di qualche cosa, lo fa proprio perché io gli dò in testa, dalla mattina alla sera? Per lui tutto è diventato inutile. «Questo? Che lo facciamo a fare!» «Quest'altro? E a chi lo presentiamo?» «Siete degli incoscienti! Non avete il minimo sentore di quello che sta accadendo». Uno è il suo chiodo. Una è la sua idea fissa.

MARIANO (*dalla comune, seguito da Evelina*) Eccoci qua. (*Scorgendo Arturo*) Bene arrivato, don Artu'.

EVELINA Zio Arturo... come state?

ARTURO (*abbracciando la nipote*) Bene, grazie.

MARIA (*entrando*) Zio Arturo caro...

ARTURO (*abbracciando Maria*) Cara Maria. 'O sposo che fa? 'O tirate nterra stu capo... o no?

MARIA A vvuie ve piace 'e pazzià.

ARTURO No, ma dieci anni di fidanzamento... me pàreno nu poco troppo.

MARIA Embè, chillo 'o diavolo ce mette 'a coda.

VIRGINIA Eveli', perché non si può fissare la data del matrimonio tuo con Mariano?... Va, dincello a zio Arturo. Accussí se fa capace.

EVELINA Perché papà dice che da un momento all'altro scoppia la guerra.

MARIA Dice che aprire famiglia, in questo momento, è da pazzi.

EVELINA Ha detto che devo aspettare la maggiore età, cosí la responsabilità la piglio io, perché lui non vuole portare scrupoli sulla coscienza.

MARIA Io non mi posso sposare perché Antonio è tornato da

poco dalla prigionia e non ha trovato ancora una sistemazione, e va bene. Ma lui ha detto: «Ringrazia la Provvidenza. Come potete pensare di sposarvi, con una guerra che deve scoppiare? Siete pazze! Se rimanete in stato interessante, andate sgravando per dentro ai ricoveri?»

VIRGINIA   Questo ha detto, persino. Hai capito, Artu'? Non lavora, non guadagna una lira... io provvedo a tutto con quello che mi è rimasto della mia dote... che quando sarà finita, ti saluto. È diventato una pila elettrica. Se te lo vuoi fare amico devi parlare di guerra, di come scansare la morte, di come trovare un rifugio sicuro e in quale paese. Questi sono i discorsi e basta. E la casa va alla deriva... Pure la cucina è diventata inutile. Non mangia niente... è ridotto uno straccio, tu se lo vedi non lo riconosci piú. E vado io stessa in cucina per preparargli le pietanze... sai, conosco i suoi gusti... Niente: non mangia. Insomma, non l'ho perduto in guerra, il marito, lo devo perdere per debolezza? Se lo vedi è diventato magro cosí... Quant'è brutto, nun me fido manco d' 'o guardà.

ARTURO   Virgi', non ci burliamo. La preoccupazione della guerra ce l'abbiamo tutti quanti. Voglio dire che uno, prima di fare un affare, di investire dei capitali, ci pensa un poco. Ma ognuno cerca di non appesantire il proprio stato d'animo, di farsene una ragione... Matteo, l'ho sempre detto, è un uomo impressionabile... non ha saputo riaversi dopo i guai che ha passato per l'ultima guerra. Diciamo quello che è: Matteo, con una famiglia sulle spalle, se la vide brutta. Non trovava pace: sfolla a destra... sfolla a sinistra. Ecco perché dicevo che gli dovresti dare ragione.

VIRGINIA   Artu', ma tu fusse venuto 'a Bari pe' me ncuità? Ma gli devo dare ragione in che modo? Gli devo dire: «Sí, hai ragione: la guerra scoppia domani». Il giorno appresso, quella non scoppia, e stiamo punto e da capo.

ARTURO   Che c'entra....

VIRGINIA   Oppure, secondo te, mi devo andare a buttare ai piedi del Capo del Governo... «Eccelle', fatemi la carità, fate scoppiare la guerra, se no mio marito non si calma!»

ARTURO (*le ultime parole di Virginia lo colpiscono: rimane assorto in un pensiero che lo incoraggia e lo diverte insieme. Dopo una pausa, rivolgendosi a Mariano*)   Mi faresti un favore?

MARIANO   Figuratevi.

ARTURO (*staccando una piccola chiave dalla catenina*)   Vuoi andare un momento allo studio mio, a due passi?

MARIANO   Sí, ci sono venuto tante volte.

ARTURO   Questa è la chiave dello studio, e questa... (*ne stacca un'altra e gliela porge*) ... apre il mobile che sta dietro allo scrittoio. Mi devi prendere uno scatolo di pelle nera. Non è proprio uno scatolo... È come fosse una borsa. Vicino ci sta una macchina fotografica. Ma ci devi mettere dieci minuti.

MARIANO   Una volata. (*Esce per la comune*).

ARTURO   Voi mo mi fate la santa cortesia di non dire a Matteo che sono a Napoli, se no s'impressiona. Io mi presenterò piú tardi, facendo finta di essere arrivato in quel momento. Non lo contraddite, e lasciate che ci parli io.

MATTEO   (*dall'interno, come parlando a qualcuno*)   Quando?... Piú tardi? E stanno freschi. Come mi sento oggi, voglio da' retta proprio a loro.

ARTURO   (*avviandosi verso la prima a sinistra*)   Io sto in cucina. (*Esce*).

MATTEO   (*c. s.*)   E se lo trovano, un altro amministratore del palazzo. Io non mi sento bene, e non mi posso occupare del condominio. (*La sua voce, in contrasto con l'affermazione di non sentirsi bene, è robusta e ferma*).

VIRGINIA   Sentitelo... sentitelo... Madonna mia, mettici tu una mano!

MATTEO   (*c. s.*)   Devi dire al condominio che fra poco non saremo nemmeno in grado di amministrare le macerie del palazzo. (*Entra dalla comune. È un uomo sui cinquant'anni: ossuto, robusto; ma il volto è patito, smunto. Sono evidenti in lui i segni di una lotta interna, la quale, giorno per giorno, lo rende sempre piú esaltato. Il vestito gli soverchia addosso. Stringe un pacco di giornali nella mano, altri sbucano dalle tasche. Gli pende al collo la cravatta disfatta. La camicia è aperta fino al terzo bottone. Stringe fortemente a sé il braccio sinistro, come se reggesse qualche cosa sotto l'ascella. Infatti, vi ha applicato il termometro. Nell'entrare, scorge i familiari e volge loro lo sguardo accorato e patito, per impietosirli. Siede su di una poltrona a destra. Dopo una pausa, stacca il termometro e l'osserva*) Non segna. Famiglia mia, il termometro di colui che fu il solerte, il cosciente, l'abnegato capo di casa e padre di famiglia... non segna piú. Appena appena qualche lineetta. Meglio cosí... è la fine. (*Alla moglie*) Virgi', ci siamo. (*Mostrando i giornali*) Parlano chiaro. Non è piú un mistero. E come faremo? Chi avrà la forza di affrontare altri disagi, altri guai? Uno pare che tene vint'anne. E poi, a parte gli anni, la guerra passata ci ha distrutto il sistema nervoso, il fisico non ce la fa piú. Vuie vedite 'o Pateterno... e chi se mette a correre 'e notte, per andare ai ricoveri? Io n'ata guerra nun 'a faccio! Nun 'a faccio! Noi si può dire che da poco ci siamo ripresi, ci siamo messi un poco a posto... Ca puzzate iettà 'o sango! Accummènciano n'ata vota cu' 'o sfollamento?... La roba di casa sparsa e perduta a destra e a sinistra... Io 'a poco aggio fatto biancheggià 'a cucina... Le lenzuola me l'aggio accattate fresche fresche... 'e matarazze, tutta lana di Scozia... ogni fiocco di lana è una pecora scozzese... Poveri matarazzi miei... Virgi', ci siamo. Ho visto una ragazza a Toledo, non c'era male... che mordeva, piú che mangiare, un cannolo alla siciliana, ridendo con una sua compagna, che le diceva: «Dammènne nu poco!...» Dal tono, ho capito che voleva dire: «Forse è l'ultimo cannuolo che ci mangiamo insieme: è meglio ca ce 'o spartimmo». Mi sono avvicinato con molta delicatezza, e ho detto: «Non c'è bisogno di dividere quello. Ve lo compro io un altro cannuolo... Venite!» Una delle due ha risposto con una sovreccitazione intollerante, dovuta al clima in cui viviamo: «'A tiene na sora bbona? Ce l'accatte a ssoreta 'o cannuolo. Cammina, Cuncetti'!» Hanno affrettato il passo, e le ho viste scomparire in mezzo alla folla. Una folla che percorre le strade gesticolando disordinatamente, chiacchierando con un tono di voce sproporzionato, isterico. E si riversano nei ristoranti, nelle rosticcerie, nei cinematografi, nei teatri, nei ritrovi notturni... Addó 'e ppigliano 'e denare, nun capisco... Mah, chesto s' 'o vvedono lloro... Con una furia avida di chi capisce il baratro che gli si spalancherà davanti, da un attimo all'altro...

VIRGINIA   Ma addó 'e vvide tu, tutte sti squilibrate, tutta sta ggente malaúrie che te fa turnà a casa cchiú malaúrio 'e lloro? Io, quando esco, vedo tutta gente tranquilla, ca se diverte, va in automobile, a teatro... se va a fa' na scampagnata c' 'a famiglia, pe' piglià nu poco d'aria. Tutta gente che campa cuieta e ngrazia 'e Dio, e ca nun ha passato 'o «diciassette» ch'avimmo passato nuie, cu' te dint' 'a casa!

MATTEO   Come manifestazione di spirito folkloristico, il tuo modo di esprimerti non c'è male, anzi fa addirittura faville. Ma non trova conclusioni. In altri termini, sei una cretina spiritosa.

VIRGINIA   Bada come parli.

MATTEO   (scattando) Perché se non vedi quello che vedo io, vuol dire che non osservi; non raccogli. Vuol dire che quando

ti porto con me per la strada, è comme si me purtasse un bastone, nu mbrello... Ma nun 'e vvide 'e negozie pieni? Non vedi
che la gente compra vestiti e scarpe come se fosse niente?

VIRGINIA   Ma allora, secondo te, la gente deve andare scalza?
S'accatta 'e scarpe?... S'accatt' 'e vestite?... Viate a lloro ca teneno 'e solde!

MATTEO   Ma insomma, non capisci che la gente compra perché
dice: «È meglio ca me ne veco bene!» E che soprattutto cerca
di stordirsi, di distrarsi perché non vuole pensare?

VIRGINIA   Ma quando buono buono ce penza, ne ricava qualche
cosa? Se la guerra deve scoppiare, scoppia, con le scarpe o senza le scarpe.

MATTEO   E noi l'aspettiamo... cosí... con i pollici nella cintola.

VIRGINNIA   E allora comme 'a vuó aspettà, Matte'? Ce avimm' 'a
ntussecà ore minuti e momenti, chesto avimm' 'a fa'?

MATTEO   Ognuno l'aspetta come vuole. Io la aspetto come voglio io e tu come vuoi tu.

EVELINA   Io mi voglio sposare perché non ne posso piú.

MATTEO   Adesso la devi dire tutta. Non ne puoi piú di che cosa?

EVELINA   Di aspettare! E pure perché il dottore disse a mammà,
e io sentivo dietro la porta, che il matrimonio mi farà bene.

MARIA   E pure a me, per via della disfunzione che non mi ha
fatto crescere tanto.

MATTEO   Perché, secondo te, se ti sposi cresci di qualche mezzo
metro. (*Gridando*) È incoscienza! Siete degli incoscienti!

Matteo gira la chiavetta della radio. Trasmissione in corso relativa agli armamenti.

VOCE DELLO SPEAKER   Dal «Messaggero» di Roma, mercoledí 7
giugno 1950. A proposito di una possibile invasione dell'Europa occidentale, il ministro ha detto: «Il mezzo migliore per
impedire una simile catastrofe consiste nell'essere pronti ad affrontare quelle masse di forze terrestri potentemente meccaniz-
zate». (*Pausa*). Londra. (*Pausa*). Il ministro della guerra ha cercato stasera, in un suo discorso, di destare un po' di ottimismo
nell'opinione pubblica. «Questo non è l'inizio di una terza guerra mondiale», ha asserito, ma le sue parole parevano portare
l'eco di una scarsa convinzione. Sebbene la sua frase rispecchi
l'opinione prevalente nei circoli responsabili britannici, ciò che
piú infatti si teme e si considera possibile non è una deflagrazio-
ne totale, ma bensí l'inizio di una forma di guerriglia su scala

mondiale, destinata a prolungarsi anche per anni e a concluder-
si, al momento opportuno, con il cozzo finale.

MATTEO (*chiudendo la radio*)   Avete capito?... Figuratevi che sarà il cozzo finale!

VINCENZA (*dalla comune*)   Fuori ci sta il dottor Cirillo.

MATTEO   Ho detto che non mi sento bene. Non posso ricevere
nessuno. Lo volete capire che il termometro non segna?

CIRILLO (*dalla comune*)   Se il termometro segna o non segna,
non ha importanza. È la terza volta che convocate il consiglio
dei condómini, e dite che vi sentite male. E per via del vostro
stato di salute, 'a signora 'o quarto piano se n'è infischiata di
tutte le nostre proteste, ha fatto la sopraelevazione, fra giorni
farà pure la copertura... e ti saluto. Si vocifera che vi ha dato il
sottomano. Fra mezz'ora saremo tutti da voi. (*A Virginia*) Scusate, signora, sono entrato senza chiedere permesso... (*A Matteo*) E non vi fate venire nessuna malattia. A piú tardi. (*Esce*).

MATTEO (*dopo pausa*)   Incosciente pure tu! (*A Virginia*) Io me
ne vado in camera mia. Mi chiudo dentro. Non voglio vedere
nessuno.

VIRGINIA   E quando questi vengono?

MATTEO (*dopo aver riflettuto*)   Mi hanno proposto la compera
di un terreno nell'interno di Positano. Ci sta una piccola cappel-
la del quattrocento con un cimitero scavato sottoterra. Quando sarà il momento...

VIRGINIA   Ce vaie tu.

MATTEO   Incoscienti siete. (*Esce per la sinistra*).

ARTURO (*dalla destra. Scorrendo un foglio su cui, evidentemente,
ha scritto qualche cosa un momento prima, perché mentre lo
legge si rimette in tasca la stilografica*)   Ecco fatto.

VIRGINIA   Hai sentito? Dimmi sinceramente se ho torto o ragione.

MARIANO (*dalla comune. Reca lo scatolo di pelle nera*)   Eccomi
qua. (*Lo porge ad Arturo*) È questo?

ARTURO   Sí, è proprio questo. (*Mariano gli restituisce le chiavi*).
Tu tieni un poco di tempo?

MARIANO   Sí.

ARTURO (*apre lo scatolo e ne tira fuori un microfono con un filo
lunghissimo, alla cui punta si scorge una spina da innestare. Osservando l'orologio*)   È l'una meno dieci. Fra dieci minuti at-
tàccati a questo microfono e leggi quello che ho scritto su questa carta... (*E consegna a Mariano la carta che aveva portato
con sé nella scena precedente*).

MARIANO   Fra dieci minuti?
ARTURO   E con una bella voce, chiara, forte.
MARIANO   Va bene. (*Esce per la prima a destra*).

Arturo passa il filo sotto i mobili e tutt'intorno alla stanza, finché giunto vicino all'apparecchio radio, e dopo averlo spostato, innesta la spina in un punto della parte posteriore dell'apparecchio.

MATTEO (*entra dalla sinistra come per chiedere qualcosa alla moglie*)   Virgi'... (*Scorgendo Arturo, l'abbraccia piangendo*) Guè, Artu', ci siamo visti un'altra volta. Hai letto i giornali? (*Arturo afferma*). Quando sei arrivato?
ARTURO   In questo momento. Ho lasciato Bari in fretta perché ti devo parlare. La radio funziona?
MATTEO   Comme no.
ARTURO (*consultando l'orologio*)   L'una meno sette. (*Assumendo un'aria grave e un tono di voce accorato*) Ci siamo.
MATTEO   Ma ch'è stato, Artu'?
ARTURO   A Bari ho avuto occasione di conoscere sua Eccellenza... non ti posso fare il nome perché ho promesso di tacerlo... Insomma, una persona che sta cucita a filo doppio con il Capo del Governo. Mi ha chiarito tutta la situazione. Raccogliamoci intorno alla radio. Venite (*Siede davanti all'apparecchio radio e lo mette in funzione. Matteo e le donne, incuriosite, lo circondano*). Sedetevi.

I quattro seggono.

MATTEO   Ma mi vuoi spiegare?
ARTURO   Non hai capito, Matte'? Mi sono spiegato cosí bene! Avevi ragione tu: la guerra. Tutti i quattro quarti del mondo... Stati repubblicani, monarchici, sovietici, non hanno potuto esimersi. Persino le piú piccole repubbliche: la Svizzera, il Principato di Monaco, San Marino...
MATTEO   Ci sono state delle alleanze... Noi con chi siamo?
ARTURO   Con nessuno. E questo è il bello. La persona di cui non posso farti il nome mi ha spiegato tutto. Il piano è stato elaborato per circa due anni; finalmente lo mettono in pratica. È il mondo che dichiara la guerra.
MATTEO   Ma a chi?

ARTURO   A se stesso. A se stesso nel senso che ognuno combatte la sua.

MATTEO   Ad un certo punto noi ci troveremo a combattere contro tutto il resto del mondo?

ARTURO   Già, ma tutto il resto del mondo si trova nelle stesse condizioni. Quindi il blocco non potrà mai pesare su di una nazione sola. I calcoli sono precisi. Si va per eliminazione. Chi 'ave 'a fortuna 'e rimané all'ultimo, ha vinciuto 'a guerra.

MATTEO   E diventa padrone del mondo?

ARTURO   Si piglia tutto il mondo.

MATTEO   E non è assai?

ARTURO (*guarda l'orologio*)   Come va?... l'una e tre minuti... (*Osservando sul quadretto luminoso del mobile radio la lancetta che indica le diverse stazioni*) E se capisce ca nun sentévemo niente... Qua sta spostata! (*Manovrando la piccola chiavetta, finge di trovare il punto giusto*).

Infatti si ode la voce di Mariano, che imita il piú possibile quella dello speaker.

MARIANO   ... Il governo non poteva esimersi, di fronte a questo conflitto, al quale partecipano tutte le nazioni...

MATTEO   Abbiamo perduto il principio.

MARIANO   L'ambasciatore ha ricevuto centosessanta dichiarazioni di guerra, e ne ha consegnate a sua volta altrettante. Il lavoro diplomatico è stato intenso e faticoso se si tien conto che c'è stato uno scambio per un ammontare di venticinquemilasettecentosessanta dichiarazioni di guerra. La cerimonia si è svolta in un clima sereno e piacevole di consapevole dignità protocollare. La nostra nazione conserverà calma e disciplina, per affrontare i rigori di questa guerra che combattono tutti i popoli del mondo. I cittadini devono formarsi una disciplinata mentalità bellica, e applicare scrupolosamente le ordinanze impartite dalle autorità. In riferimento allo stato di guerra sono in corso disposizioni per disciplinare e bloccare i prezzi dei generi di prima necessità...

MATTEO   Mo accummencia 'a borsa nera n'ata vota.

MARIANO   ... Leggiamo ora le disposizioni del Ministro della Guerra, e del Prefetto. Per tutta la durata di questa guerra, che si prevede lunghissima, l'oscuramento non ci sarà (*pausa*) perché si è capito che o con l'oscuramento o in piena luce, se deve cadere una bomba atomica, cade.lo stesso. La vita cittadina si svolgerà su di un piano normale. I pubblici ritrovi, teatri, cinema, ristoranti, locali notturni, sale da ballo, ecc. svolgeranno i loro programmi normalmente e rispetteranno gli orari di apertura e di chiusura come in tempo di pace. (*Pausa*). Se per puro caso dovesse cadere una bomba atomica inesplosa, date le sue dimensioni minime – bisogna calcolare che non è piú grande di un pallino da bigliardo – chi ha la fortuna di trovarla, è tenuto a portarla personalmente al piú vicino commissariato e consegnarla nelle mani del brigadiere di servizio. Nel caso in cui costui si rifiutasse di accettarla, adducendo frasi codarde, si ha l'obbligo preciso, dopo aver denunziato il fatto al Ministero della Guerra, di custodire gelosamente l'ordigno prezioso, fino a quando i tecnici competenti non avranno prese le misure necessarie, affinché la rimozione di esso non possa recare danni ai terzi. (*Si ode il fischietto della trasmissione della* RAI, *imitato in maniera discutibile attraverso il microfono che è nelle mani di Mariano, in cucina. Poi una voce di donna sempre imitata da Mariano*) ... Trasmettiamo ora musica da camera. Denza: «La mia bandiera». Canta il baritono De Bonis. Disco Voxbiscum.

ARTURO (*muovendosi per chiudere l'apparecchio*) 'A musica, 'a vulite sentí?

MATTEO (*con un filo di voce*) No.

ARTURO (*chiude la radio*) Non mi aveva ingannato. La persona di cui non posso fare il nome, ha detto la verità. Siamo nuovamente in guerra, e chi sa per quanti anni. Avete sentito? La guerra si prevede lunghissima.

VIRGINIA Madonna santa...

EVELINA E chi se l'aspettava?

MATTEO Voi no, ma io sí. Io lo dicevo, lo presentivo.

VIRGINIA Questi scherzano con le bombe atomiche... non avete sentito?

MATTEO (*è avvenuto in lui un cambiamento. Il tono della sua voce è pacato, tranquillo. Il suo volto assume l'aspetto sereno e bonario dell'uomo normale. Accompagna ogni parola con un sorriso comprensivo e dolce*) Ma non credo. Vedi, Virgi', come ho previsto la guerra, e tu mi davi dello squilibrato, cosí ti dico: «Stai tranquilla... per me la bomba atomica non verrà usata da nessuno». Piuttosto bisognerà provvedere per un poco di provvista, e di questo me ne occuperò io. Olio, pasta, riso, pepe... Il pepe mancherà e andrà ai cieli. A me, se mi tolgono il pepe a tavola, mi hanno rovinato.

VIRGINIA   Matte', tu pienze 'o ppepe?

MATTEO   E a che mi vuoi far pensare? Oramai la guerra è scoppiata... Hai sentito? La vita cittadina rimane inalterata. L'oscuramento non ci sarà. Si prevede lunghissima... Che altro vuoi? Na sera ce ne iammo a nu teatro, n'ata sera a nu cinematografo... ha da ferní! Se cade una bomba atomica... Salute a noi... piú di una non ne possono gettare.

EVELINA   Il guaio è il mio, perché adesso si rimanderà il matrimonio a dopo la guerra.

MARIA   E se cade una bomba atomica restiamo zitelle.

MATTEO   Ma perché? Non è detto ca pe' bia d' 'a guerra, si deve paralizzare il corso delle cose e dei fatti. Anzi, è necessario fissare la data e celebrare i vostri due matrimoni al piú presto. Per Maria, penserò io a darle una dote, perché se aspetta che Antonio si sistemi, sta fresca.

EVELINA (felice)   Veramente, papà?

MATTEO (carezzando la figlia)   Ma certo. Sarebbe un egoismo da parte mia. Oramai la guerra è scoppiata, bisogna pensare seriamente all'avvenire. (Ad Arturo) Artu', tu che fai? Resti a Napoli?

ARTURO   Vado e vengo da Bari.

MATTEO   Virgi', io vaco dinto, me voglio cagnà stu vestito: 'o tengo ncuollo 'a na settimana. Acqua 'e Colonia ce ne sta?... (Rovista nelle tasche, tira fuori una carta e l'osserva) Ah, chesta è 'a carta d' 'a tassa p' 'a campagna!... (Alla moglie che fa il gesto di prenderla, lacerando la carta) Tanto, ci sarà la moratoria. (Esce per la sinistra).

ARTURO   He visto, Virgi'? Hai visto che significa dar ragione ad un uomo?

VIRGINIA (cercando di mettere assieme i pezzetti di carta per ricostruire il foglio)   È na parola... ccà nun se capisce niente cchiú.

MARIANO (dalla prima a destra)   Com' è andata, neh?

ARTURO   Bene, benissimo.

VIRGINIA   E se legge i giornali?

ARTURO   Qualunque giornale apre, di qualunque parte del mondo, e di ogni tendenza politica, si convince sempre piú che siamo in guerra.

VIRGINIA (osservando Maria che piange sommessamente, seduta su una poltrona, in un cantuccio della stanza)   Mari', ch'è stato? Tu perché piangi?

MARIA (piagnucolando)   Finalmente zio Matteo ha dato il consenso al mio matrimonio... mi dà la dote... posso essere felice... E se Antonio dovesse essere richiamato alle armi? Ha dato il consenso proprio adesso che è scoppiata la guerra.

VIRGINIA   Uh, nenne', tu si' scema veramente. Allora ho ragione io quando dico: «Dio prima li fa e poi li accoppia». (*Esce per la sinistra*).

EVELINA   Papà vuole fissare subito la data del nostro matrimonio.

MARIANO   Chisto è nu miracolo. (*Ad Arturo*) Dobbiamo ringraziare voi.

Ed escono insieme per la sinistra.

ANTONIO (*dalla destra*)   Neh, io mangio qua. Non credo di dare fastidio. A casa mia hanno fatto la cianfotta... e nun vonno capí che a me nun me piace. Ch'è stato, Mari'? Tu pecché staie accussí?

MARIA   Zio Matteo ha dato il consenso per il nostro matrimonio.

ANTONIO   E questo ti mette di malumore?

MARIA   Ha detto pure che mi darà lui la dote, perché se aspetto a te che ti sistemi sto fresca.

ANTONIO (*felice*)   Buono. Danaro chiama danaro. Mi sistemerò in seguito, e gli restituiremo fino all'ultimo soldo.

MARIA   Ma allora non sai niente?

ANTONIO   Di che cosa?

MARIA   La guerra.

ANTONIO   Quale guerra?

MARIA   Non hai sentito la radio?

ANTONIO   Che ha detto?

MARIA   È scoppiata la guerra.

ANTONIO (*sorpreso*)   Contro chi?

MARIA   Non lo so, non l'ho capito. È venuto zio Arturo da Bari che già lo sapeva. Poi ci siamo messi tutti intorno alla radio e abbiamo sentito la notizia.

ANTONIO   Lo ha detto la radio... ma allora è vero... (*Sconfortato*) N'ata guerra! N'ata guerra, a distanza di pochi anni. Ma cheste so' cose 'e pazze! Ma io non mi presento. Io me ne scappo.

MARIA   Ce spusammo ampressa ampressa... e ce stammo nascoste.

ANTONIO (*cade in uno stato quasi febbrile, in uno stato di insofferenza tale, che non riesce a sopportare nemmeno le parole della ragazza che ama*)   Seh... ce stammo nascoste... Ma non dire fesserie! N'ata guerra... Ma questo è uno sconforto... Ce stammo nascoste... addó? Me lo dici dove? (*Pausa imbarazzante per tutti e due*). Io mi devo andare ad informare...

MARIA   Addó?

ANTONIO (*scattando*)   Lasciami perdere, Mari'... si mo sapisse 'e nierve addó stanno. (*Si avvede di aver esorbitato*) Scusa. Al Distretto. Devo andare al Distretto per informarmi. Che c'è di vero. Che classi chiamano. Se contano i dodici anni di soldato e di prigionia che ho fatto... Se avranno considerazione di questo. (*Dalla seconda a destra entra Luisa. Avanza di qualche passo, osservando con curiosità i due*). Io vado, Mari'. (*Eroico*) Se dovesse succedere qualche cosa nel senso che mi vedono e mi fanno partire subito, non stare in pensiero... A rischio di andare al muro, scappo per mezz'ora e ti vengo a salutare!

MATTEO (*dalla sinistra. Ha indossato un vestito nuovo grigio chiaro. Ha raccolto le ultime parole di Antonio*)   Che c'è, Anto'?

ANTONIO   Vado al Distretto.

MATTEO   Sei stato richiamato?

Dalle scale scendono la Bravaccino e lo zio.

ANTONIO   No, ma mi vado ad informare. Vi raccomando Maria.

MATTEO   Stai tranquillo. A che ora parti?

Dalle scale scende Di Stasio.

ANTONIO   Non lo so. Ma se dovessi partire subito, salutatemi tutti quanti, e ricordatemi agli amici.

MATTEO   Stai tranquillo.

ANTONIO (*abbracciando Maria*)   Statte bbona, Mari'.

MARIA (*piangendo disperatamente*)   Pecché... pecché...

Scendono il dottor Cirillo e la signorina Sivoddío.

ANTONIO (*avviandosi*)   Prega a chella bella Mamma d' 'o Carmene che me scanzasse n'ata vota... (*Esce*).

MARIA (*gridando verso la comune*)   Io mi affaccio alla finestra. Voltati. (*E correndo esce per la sinistra*).

MATTEO   Fatti onore!

LUISA   Don Matte', ch'è successo?

MATTEO (*grave*)   Ve lo dicevo: è scoppiata la guerra.

LUISA (*spalancando gli occhi*)   La guerra... (*Rimane impietrita*, *non osa parlare. Raggiunge una sedia e siede, fissando lo sguardo nel vuoto).*

VINCENZA *(dalla comune)* Signo', fore ce sta il dottore Cirillo e tutte chille d' 'o condominio... Ce sta pure 'a signora Bravaccino.

MATTEO Li vado a ricevere all'ingresso. *(A Luisa)* Quando lo dicevo io, mi davano del pazzo... Un'altra guerra, a distanza di pochi anni... Che generazione tormentata! *(Esce per la destra seguíto da Vincenza).*

LUISA *(chiamando a sé il figlio che in quel momento entra seguíto da Evelina, Virginia e Arturo, con infinita amarezza nella voce)* Mariano, figlio mio!

MARIANO Mammà, state qua...

LUISA Non ti ho visto salire, e sono venuta a domandare. Dice che è scoppiata la guerra...

MARIANO No, mammà... non è vero niente.

MATTEO *(con invitante cordialità)* Accomodatevi, per me è sempre un onore ricevervi. E poi faccio il mio dovere. *(Entrano il dottor Cirillo; il signor Di Stasio, farmacista; Carabella, salumiere; Buonavoglia, rappresentante; la signora Bravaccino e lo zio; la signorina Sivoddío e altri tipi – comparse – tutti comproprietari dello stabile).* Prendiamo posto. *(Alla cameriera che ha seguíto tutti ed è rimasta in disparte)* Vincenza, dài le sedie. *(Vincenza porge una sedia ad ognuno. Matteo prende posto al suo scrittoio, mentre gli altri si dispongono di fronte a lui).* Dunque?

CIRILLO E dunque... la questione sapete qual è.

SIGNORA BRAVACCINO *(si alza di scatto e con tono deciso)* Io sono una donna sola. Quel poco che mi lasciò mio marito me lo devo saper guardare...

LO ZIO Mia nipote...

SIGNORA BRAVACCINO Stateve zitto, 'o zi'.

DI STASIO *(interviene)* Scusate. Io sono venuto pure in rappresentanza dell'ingegnere Coppetta, il quale per sue occupazioni non ha potuto intervenire. Dice che come si regolano gli altri si regola pure lui.

CIRILLO Ah, giusto... Io rappresento l'avvocato Cappiello, e pure lui mi ha detto che accetta le decisioni.

CARABELLA Io sono venuto per dire una sola cosa, poi fate quello che volete. Questo palazzo è diventato il campo di «càmpeteapetté». Chiunque vuole apportare un miglioramento alla propria casa, chiama un capomastro e realizza senza nemmeno avere la delicatezza di chiedere permesso.

DI STASIO   Se parlate per me, io non credo di avere arrecato danno a nessuno. Ho coperto un passaggio pensile che dà sul cortile, per avere un poco di sfogo, perché non sapevo piú dove mettere le latte di olio di vasellina e il seme di lino.

SIGNORINA SIVODDÍO   Qua non si parla per quello che avete fatto, ma per come lo avete fatto. Avete cambiato piú di cinquanta muratori.

DI STASIO   Quattro farabutti che mi hanno fatto sputare sangue.

BUONAVOGLIA   No, il sangue l'abbiamo sputato noi e i muratori che hanno avuto la disgrazia di lavorare per voi.

CARABELLA   Mentre sembrava che il lavoro fosse finito, e io pensavo: «Meno male se l'ha fatta 'a nicchia... accussí stammo cuiete!...» Aro'... dopo una settimana, e anche due, cominciava la tortura dei rumori un'altra volta.

SIGNORINA SIVODDÍO   E di notte. Perché sapevate di lavorare di frodo.

DI STASIO   Signuri', vuie qua' frodo... di notte ho fatto lavorare solamente un paio di volte, appunto per terminare prima.

CARABELLA   Ad ogni modo questo volevo dire, che qua ognuno fa il comodo suo.

CIRILLO   Io quando, nel millenovecentotrentotto, me ricordo comme fosse aiere, comprai il mio appartamento: sei camere, cucina e bagno, nonché la cantina deposito, mi si incluse... – 'o ttengo scritto nel contratto di compra vendita – l'uso del terrazzo...

SIGNORA BRAVACCINO   E l'avrete lo stesso. Con la sopraelevazione che ho fatto fare nessuno perderà niente, perché la scala continua tale e quale comme sta.

LO ZIO   So' diciassette scalini...

SIGNORA BRAVACCINO   Stateve zitto, 'o zi'.

CIRILLO (sottolineando)   Che avete fatto fare... Ecco, lo avete detto! Dove sta il consenso dei comproprietari?

SIGNORA BRAVACCINO   E sí, aspettavo il nuovo Messia. Domandavo a uno: «Sí». Domandavo a un altro: «Mo vediamo». Perfino don Matteo... sta qua e mi può smentire se dico bugie, mi disse: «Va bene. Voi siete una donna sola... è giusto. Penserò io a convincere gli altri». Ebbi il permesso dal Municipio... tengo tutta la pratica in regola...

CIRILLO   E avete fatto il comodo vostro.

SIGNORA BRAVACCINO   Sí. E con questo? Ho chiesto diecimila

volte il permesso senza avere avuto mai una risposta concreta. Se voi tenete che mangiare la mattina, io me lo devo procurare con le mie mani. Non ho nessun uomo in casa... (*lo Zio protesta timidamente*) ... e mi devo difendere con le unghie. È capitato l'Anno Santo e con la sopraelevazione che ho fatto fare, fra un mese e mezzo posso mettere dentro dai quindici ai venti pellegrini.

DI STASIO   E facimmo 'a lucanda 'e capa e coda.

SIGNORA BRAVACCINO   No, io la locanda non la faccio. Badate come parlate.

LO ZIO   Noi mettiamo...

SIGNORA BRAVACCINO   Metto su una pensione degna e pulita... e senza scarafaggi come in casa vostra.

DI STASIO (*con sussiego*)   Non attacca, cara mia. In casa di un farmacista, gli scarafaggi...

SIGNORA BRAVACCINO   Sí. Li ho visti entrare e uscire per sotto l'uscio di casa vostra.

DI STASIO (*rettificando*)   Tentano di entrare, ma non lo fanno perché mi temono. Se ne vanno... quando capiscono che corrono il pericolo di entrare nella casa del farmacista Teodoro Di Stasio.

CIRILLO   E già, leggeno l'etichetta for' 'a porta...

MATTEO   Posso dire una parola? Mi permettete di parlare apertamente e senza spirito di parte? (*Tutti si dispongono ad ascoltarlo*). Ho l'impressione di trovarmi di fronte a dei bambini. 'E scarafaggi, 'a vasellina... 'o campo 'e «càmpeteapetté»... Noi trattammo la quistione della signora Bravaccino, e, se vi ricordate, io mi schierai in favor vostro, contro di lei. Ma ora vi dico, e piglio tutta la responsabilità delle mie parole, che fra noi una sola persona è veramente degna di rispetto e ammirazione: la signora Assunta Bravaccino. (*Tutti gli altri con un lieve gesto vorrebbero intervenire*). Fatemi parlare. Ho detto che prendo la responsabilità di quello che dico. Che cosa ha detto il signor Carabella? Che in questo palazzo ognuno fa quello che vuole, senza chiedere permesso. E si preoccupa del rumore piú o meno snervante prodotto da un paio di muratori, che mettono su, per conto del Di Stasio, due o trecento mattoni per costruire un muretto da trenta su di un passaggio pensile. Ma quant' anne vo' campà Carabella? Quanti secoli vuol vivere il dottor Cirillo, e tutti quanti voialtri, io compreso, che ve dongo retta, per mettersi d'accordo nel piantare una grana: 'o permesso, 'a licenza... se pò fa'... nun se pò fa'... Ma voi alla guerra non ci pensate? I giornali li leggete sí o no? La radio la sentite qualche volta? Signori miei, noi siamo in guerra. Ve ne rendete veramente conto? La vita cittadina rimane inalterata ma la guerra è in atto...

CIRILLO   E come no! Non avete sentito la radio di oggi?

MATTEO   E io perché vi sto parlando cosí?

SIGNORINA SIVODDÍO   Madonna che impressione!

CARABELLA   Dint' 'a puteca s'è fatta 'a folla!

BUONAVOGLIA   Mia moglie si è messa talmente di malumore che non ha voluto cucinare piú!

MATTEO   E non possiamo dire: «Il nemico è Tizio», come in tutte le altre guerre passate. No, non lo possiamo dire perché la guerra che combattiamo noi la combatte tutto il mondo.

DI STASIO   Tutti i popoli sono nelle nostre condizioni.

CIRILLO   Tutto il mondo è in guerra!

BUONAVOGLIA   I proiettili razzo, la bomba atomica!

MATTEO   L'invenzione dei dischi volanti, pei quali mai piú opportunamente fu usata la parola: «invenzione».

TUTTI   Siamo in guerra, non c'è che dire. È giusto. È la guerra. È la guerra.

MATTEO   Ecco perché io vi dicevo che l'unica persona degna di rispetto e ammirazione è la signora Bravaccino. Per realizzare una sopraelevazione di una casa, non bastano sei o sette milioni. E con questi chiari di luna... rispondetemi voi signorina Sivoddío... con questo stato di cose, voi tirereste fuori una somma simile? (*La signorina Sivoddío non risponde, rimane incerta*). La sborsereste voi, dottor Cirillo? Non credo. Ma oggi chi tira fuori un capitaluccio per iniziare un commercio, una speculazione qualunque, per conto mio, deve avere un cuore di leone. Deve avere un fegato da leopardo, chi caccia una lira per metterla in commercio! (*Tutti commentano favorevolmente con parole analoghe*). La signora Bravaccino, invece, giuoca la carta. Capisce che la guerra può soffiare e disperdere quelle poche pietre che è riuscita a mettere l'una sull'altra, ma dice: «Io me ne infischio. Costruisco lo stesso». Non ha paura, e perciò è donna degna di encomio. Pensatela come volete voi, per me dico che si è regolata benissimo. Stringiamoci fraternamente la mano e guardiamoci negli occhi per scambiarci un segno di fede e troveremo parole di indulgenza e ammirazione per chi sprezzante del pericolo costruisce, invece di demolire!

CIRILLO (*di scatto, si alza commosso e grida*)   M'associo. Avete detto delle parole sante. Vi darei un bacio in fronte. Viva la signora Bravaccino!

TUTTI   Evviva!

MATTEO   E ancora con le spalle rotte, ancora inguaiati dalle conseguenze funeste dell'altra guerra, troviamo coraggio e forza per affrontare quest'altra e gridiamo insieme: «Madonna d' 'o Càrmene, aiutaci tu!»

TUTTI (*all'unisono scandendo ogni parola, ripetono*)   «Madonna d' 'o Càrmene, aiutaci tu!»

Eccitati dalle parole di Matteo, e dal comune stato d'animo che li tiene giornalmente in pensosa alternativa: «Scoppia la guerra o no», con uno slancio istintivo di ammirazione incondizionata, circondano la signora Bravaccino, la quale, raggiante di gioia per la vittoria improvvisa quanto inaspettata, al centro del gruppo distribuisce sorrisi e strette di mano. E butterebbe le braccia al collo a Matteo – «Quello è veramente un uomo sensibile!» – che ha saputo così bene intendere, e far comprendere agli altri, quali fossero le sue eroiche aspirazioni.

ATTO SECONDO

In casa Generoso. La stessa stanza dell'atto precedente. Sono trascorsi due mesi. Luisa è seduta fra Virginia e Maria. Hanno formato un malinconico gruppo a sinistra, presso lo scrittoio. Evelina è in piedi al centro del finestrone, con la testa poggiata ai vetri. Guarda giú nel cortile. Luisa sta leggendo con voce tremante di emozione e con gli occhi velati di lacrime, le ultime righe di una lettera; mentre amorosamente ne regge altre in grembo, già aperte e lette in precedenza.

LUISA (*legge*) «... e grazie sempre, mamma adorata, di tutto quello che fai per me. Capisco e considero il tuo stato d'animo nel valutare le insidie e i pericoli che mi circondano; ma ormai siamo agli sgoccioli; la guerra finirà presto, e potrò finalmente stringerti fra le mie braccia, e sentire ancora la tua carezza. Non impazzire per la farina bianca. Sí, è vero che adoro le ciambelle dolci che mi prepari tu; ma in questo momento posso farne a meno, specie se penso al sacrificio che ti costa questo mio peccatuccio di gola...» (*Piange*) Figlio mio...

Sul fondo, oltre il finestrone, passa la signorina Sivoddío leggendo una lettera ed esce.

VIRGINIA Calmatevi. Se vi fa male non leggete.
LUISA (*con infinita dolcezza*) No, non mi fa male. E poi volevo far sentire ad Evelina. (*Riprende a leggere*) «Siamo in sei nascosti in questa casa. La sinora Vera – poverina – rischia la pelle per noi; si prodiga in mille modi per darci da mangiare. L'esiguità dei pasti, se non riesce a toglierci completamente l'appetito, serve in compenso ad alimentare in noi la speranza di un domani felice. Vorrei tanto che tu conoscessi personalmente la signora Vera di Lorenzo. È una buona e cara creatura. Finita la guerra, sarai certamente felice di stringere con lei una sincera amicizia».

EVELINA (*interviene pronta, con rammarico*)   E poi diventò l'amante della signora Vera... e io non sapevo niente. E io facevo 'e nuttate chiare chiare, senza chiudere occhio, pensando a lui, ai pericoli che correva... Campavo di palpiti. «E se lo scovano... se lo fucilano... se lo catturano...» Invece l'aveva catturato la signora Vera di Lorenzo... il nascondiglio era comodo. (*A Luisa*) E voi lo sapevate, eravate al corrente della relazione.

LUISA   Lo sapevo: e chi dice il contrario, figlia mia. Ma Mariano mi disse ch'era finito tutto. E fu lui a chiedermi di non dirti niente, per non darti preoccupazioni per una cosa che non aveva piú valore nemmeno come ricordo. Io po' so' 'a mamma...

VIRGINIA   Ma si capisce. La madre cerca sempre di coprire il figlio.

LUISA   Ma, signora Virginia, qua non si tratta di coprire o meno; qua si tratta che gli avevo creduto fermamente. (*A Evelina*) Chi è stata che ha sempre sollecitato il matrimonio tuo con Mariano? Davanti a Dio, come se mi confessassi, ho sempre favorito il vostro matrimonio. Se avessi lontanamente sospettato che la relazione continuava, e che Mariano sarebbe tornato da quella donna, non avrei sentito, secondo te, il dovere di avvertirti?

VIRGINIA   Ma, scusate, voi poi siete proprio sicura che Mariano è tornato in quella casa e che vive con quella donna?

LUISA (*con lieve scatto improvviso*)   Allora l'ho perduto... se mettete in dubbio che mio figlio sia tornato da quella donna, devo pensare che gli è successa qualche disgrazia. (*Esaltandosi*) Sono quindici giorni che è sparito e non si fa vivo. Abbiamo denunciato il fatto in questura, ne hanno parlato i giornali, sono stati diramati fonogrammi per tutte le città d'Italia... niente, nessuna notizia. Che devo pensare? Solamente un fatto di donna. Ho rovistato in tutte le sue carte per trovare un indizio, una prova che potesse illuminarmi. In un tiretto ho trovato questo pacco di lettere che mi scriveva lui quando stava nascosto in casa di quella signora, durante il periodo piú triste della guerra passata, e ho voluto sospettare che fosse tornato da lei. E che il fatto che non si fa vivo è perché si vergogna nei confronti di Evelina. Se mi distruggete questa speranza, come trovo la forza per andare avanti? Io songo 'a mamma, lo volete capire sí o no? (*Piange*).

VIRGINIA   Signora Luisa, non vi agitate cosí. Embè, voi dite sempre che vi sentite il cuore tranquillo, che avete un presentimento buono. Il cuore di una madre non s'inganna.

LUISA (*sempre in lacrime*)   Sí, l'ho detto... mi sento tranquilla;

ma in certi momenti provo un senso di vuoto, di abbandono completo. (*Pausa*). Allora una donna dovrebbe essere di acciaio: mio marito l'ho perduto nell'altra guerra... disperso... nemmeno il conforto di sapere il posto dov'è sotterrato... L'altro figlio mio, Gastone, preso e fucilato dai tedeschi nella guerra passata... Mariano sbandato per la stessa guerra... Iddio me lo volle salvare per puro miracolo... Fidanzato con quella povera figlia... rimandato il suo matrimonio non so quante volte... La resistenza umana, signora Virginia, ha un limite.

ARTURO (*dalla destra comune*) Buongiorno.

VIRGINIA Notizie?

ARTURO Niente. Sono stato in questura. Stanno facendo indagini. Ma io mi domando e dico: dove diavolo si è potuto andare a ficcare. Le indagini le stanno facendo sul serio; anche perché ho parlato personalmente col commissario, il quale è legato a me da una vecchia amicizia... E badate che sarete interrogati tutti.

VIRGINIA E noi che ne sappiamo?

MARIA Interrogano pure a me?

ARTURO Ma sí, non c'è da allarmarsi. Chiederanno quali erano le sue abitudini, cu' chi s' 'a faceva.

EVELINA Io dico che su questa casa ci hanno «messo gli occhi».

VIRGINIA (*contrariata per l'atteggiamento muto e immobile di Maria, le grida come se volesse svegliarla da un torpore*) Mari'... nepote mia! E parla, muòvete nu poco... tu me pare n'auciello grifonc. Ccà Dio 'o ssape.

MARIA Voi siete nu bellu tipo, 'a zi'. Ma da dove mi deve venire l'allegria? Io, che d'è?, non mi trovo nelle stesse condizioni di Evelina? Stavo proprio lí lí per coronare il sogno d'amore con il matrimonio, e mi vedo togliere la polpetta dal piatto.

VIRGINIA E n'ata vota quella cima d'intelligenza del tuo degno fidanzato nun se ieva a informà.

MARIA Perché è troppo preciso.

VIRGINIA No, chillo è troppo fesso. (*A Luisa*) Scusate, signora, ma mi è uscito da dentro all'anima.

ANTONIO (*dalla comune di pessimo umore*) Sentite, quello che succede a me è veramente materia da romanzo tragicomico... Buongiorno.

MARIA (*premurosa*) Ch'è stato? Nemmeno è finita?

ANTONIO Quanto sei ingenua. Se vedi che cammino, che parlo, che campo, come puoi domandare se è finita o no? Non finisce, Mari', non finisce! Quanno murimmo, tanno fernesce. Cose da mondo nuovo. Cose da pianeta sconosciuto... Stamattina mi è arrivata un'altra carta dal Distretto. Eccola qua. (*Frugandosi nelle tasche trova un foglio e lo mostra*) Questa... (*Dopo averla osservata bene*) No, non è questa. Questo è un invito a presentarsi all'ufficio dello Stato Civile... chi sa che vanno truvanno... M'aggi' 'a ji' a nfurmà. (*Ha trovato quella che cercava*) Eccola qua. (*Ad Arturo*) E devo ringraziare a voi. Perché io ci credetti che era scoppiata la guerra come ci avrebbe creduto chiunque... Di questi tempi, ce vo' tanto... E naturalmente per mettermi a posto andai al Distretto a chiedere informazioni.

ARTURO Ma che ce isteve a ffa'?

ANTONIO Uh, Madonna! Per sapere che c'era di vero... e per non passare un guaio. Llà, s'arrevutaie. Volevano sapere io come l'avevo saputo, se ne ero proprio sicuro, se venivo da Roma... Il bello poi, un caporale, arrivato in quel momento, disse che era vero e che l'aveva sentito alla radio pure lui... Sapete, chilli tipe che vonno fa' vedé che sanno tutte cose... Poi un sergente di servizio guardaie 'o maresciallo, e per mantenersi sulle generiche, mi disse: «Sentite, a noi non risulta ancora niente... Potrebbe darsi che ci daranno disposizioni da un momento all'altro...» E se pigliaie nome, cognome e indirizzo, dicendo: «Andatevene a casa, se ci saranno novità sarete avvertito».

ARTURO E questo lo sappiamo.

ANTONIO Un momento. Non è finita. Serve per ricostruire, se no non capite niente. Fissammo la data del matrimonio. Io sempre col patema d'animo: «Me chiammano... nun me chiammano...» Mi mandarono a chiamare, con una carta. Mannaggia 'e ccarte! Me dice 'o solito sergente: «La cosa si è complicata. Noi, per metterci a posto, facemmo dei fonogrammi. In seguito abbiamo dovuto spiegare come si svolse la cosa. Naturalmente fu fatto il vostro nome, ed ora la vostra pratica si trova a Roma, al ministero della guerra. L'ordine di arrestarvi come spia o propagatore di notizie false non è arrivato ancora, ma potrebbe arrivare da un momento all'altro». Che vuó spusà cchiú... e rimandammo. Mo, dopo circa quindici giorni, me credevo ca s'era scurdato 'o fatto... niente: è arrivata 'a carta!

MARIA E quando ci devi andare?

ANTONIO Adesso.

VIRGINIA Ma non ci andate! Vuie 'e guaie 'e gghiate truvanno cu' 'a lanternella.

ARTURO Nun da' retta.

ANTONIO Ma comme, non dò retta?!... Lo dice donna Virginia,

è una donna, non capisce di cose militari, e va bene; ma voi
siete un uomo...

ARTURO   Anto', fa' comme vuó tu. Tanto è inutile consigliarti.
Tu mo, si nun vaie llà ncoppa, e nun passe nu guaio, nun si'
cuntento.

ANTONIO   Non dormo... Se non vedo l'orizzonte pulito, netto,
faccio 'e nnuttate chiare chiare. Io vado, Mari'.

MARIA   E si t'arrestano?

ANTONIO   Perciò vi sono venuto a salutare. Se fra un'oretta non
mi vedete tornare, vuol dire che mi hanno arrestato e... muovetevi, fate qualche cosa.

MARIA   E che facimmo?

ANTONIO   Mari', io che nne saccio?... (*Agli altri*) Permettete. (*Avviandosi verso la comune*) Sfruttate qualche amicizia... menàte-
ve 'e piede d' 'o ministro... mannàteme quatto purtualle ngalera... (*Seguíto da Maria esce*).

VIRGINIA   No, chillo pe' bbía 'e stu fatto, ngalera fernesce.

LUISA   Ma, scusate, io in questo momento, per il fatto di mio
figlio, poco vedo e raccolgo... ma spiegatemi una cosa. Non capisco come mai don Matteo non si sia accorto ancora che si è
trattato di una vostra invenzione. Scusate, ormai questa storia
va avanti da piú di un mese e mezzo. Vostro marito esce, parla
con gli amici, con persone che non hanno il dovere né l'interesse di rendersi vostri complici...

VIRGINIA   E questo è il bello. Lui giornali non ne legge piú
perché dice che lle fanno paura. Sente solo la radio. E quando
l'apre, sarà una combinazione, qualunque stazione piglia, parla
di guerra. Se avvicina un amico, e parla di guerra, quello non si
spaventa e non si meraviglia. Gli risponde: «Che vuó fa', Matte', era da prevedersi. È una guerra che continuerà chi sa per
quanto tempo ancora!» 'A guerra fredda, 'a guerra calda, insomma vi arrivo a dire che oramai se gliel dicessi io... voi, lui
(*mostrando Arturo*) che non è vero niente, Matteo non ci crede-
rebbe.

LUISA   E già, avendovi creduto subito, oramai rifiuterebbe di credere il contrario. E non avrebbe torto.

DI STASIO (*dall'interno, oltre il finestrone e la ringhiera che delimita il cortile, scende le scale e parla animatamente con la signora
Bravaccino, che è di fronte a lui sulla scala*)   E questo me lo
dovete provare.

La signora Bravaccino scende la scala con lo zio, per avvicinarsi a Di Stasio e parlargli piú da vicino. Alla spicciolata gli inquilini si affacciano sul pianerottolo per assistere al diverbio. Virginia, Evelina, Maria, Luisa e Arturo si avvicinano al finestrone con la stessa intenzione.

SIGNORA BRAVACCINO   L'ha sentito la cameriera mia. Era una coppia di marito e moglie. (*Esce Cirillo in ascolto*). Due spagnoli. Hanno suonato il campanello di casa vostra perché hanno sbagliato piano. E voi avete risposto: «Nel palazzo non esiste nessuna pensione. Siamo tutta gente onesta!» E gli avete chiusa la porta in faccia.

DI STASIO   La cameriera vostra è una pettegola. Io ho detto: «Qui non c'è nessuna pensione», ma intendevo parlare di casa mia. Non avevo il dovere di dare delle informazioni perché non faccio il guardaporta a voi.

Scende la signorina Sivoddío.

SIGNORA BRAVACCINO   L'avete fatto apposta per farmi perdere i clienti. Che ci voleva a dire: «La pensione sta al piano di sopra», ci perdevate qualche cosa?

DI STASIO   Signora Bravaccino, io sto perdendo la salute con voi al piano di sopra. Io credevo che, avendo finito con i muratori, si trovava un poco di pace. Addó?! C'è da impazzire! Chilli mobili nun 'e ffa truvà pace, 'e sposta, 'e ccagna, 'e strascina pur' 'e notte... E di notte si dorme, signora Bravacci'!

Alcuni inquilini, tre o quattro, richiamati dalla lite dei due, si fermano per curiosare.

SIGNORA BRAVACCINO   E io non dormo perché devo pensare come sbarcare il lunario. Si sapisseve comme stongo addirosa! Dopo avere speso tanti soldi per la sopraelevazione... e tutto il veleno che mi sono *menato* in corpo... con tutto il movimento dei pellegrini che ci sta, non si vede la faccia di un cristiano che *avesse* bisogno di una camera! Arrivano due spagnoli... Dio lo sa come sono arrivati... forse erano maledetti dal padre e dalla madre, e quello li manda via.

DI STASIO   Signo', io con voi non voglio discutere.

SIGNORA BRAVACCINO   Vi approfittate che non tengo un uomo in casa!

Lo zio protesta sempre timidamente.

DI STASIO   Voi contate per un reggimento di soldati in ordine sparso. E vi dichiaro in presenza di tutti gli inquilini che chiunque bussa alla mia porta, fosse 'o figlio 'e Dio!, se mi chiede della pensione, risponderò sempre come ho risposto. «Al piano di sopra» dalla mia bocca non uscirà neanche se mi uccidete. E stàteve bene. (*Si avvia per scendere le scale*) Dio lo sa come si è complicata questa vita, fatta di tranelli, sorprese, scocciature... ci dobbiamo preoccupare pure dei clienti della signora Bravaccino! (*E si allontana giú per le scale*).

SIGNORA BRAVACCINO (*gli grida appresso*)   Siete antipatico, Di Stasio. Siete antipatico a tutti quanti! (*Rivolgendosi un poco a tutti*) Adesso gli faccio la posta, e se si ripete il fatto dell'altro giorno, faccio succedere il finimondo! (*Sale la scala sbraitando e scompare con lo zio*).

Escono pure la signorina Sivoddío, Cirillo e gli altri inquilini. Matteo entra seguíto da Carabella, il salumiere, un commesso e Vincenza. Recano una rilevante quantità di generi alimentari. Due provoloni, un prosciutto, due damigiane di olio, scatole di tonno, quattro o cinque salami grandi e piccoli, ed altro. Depongono tutto in terra, presso la porta della cucina.

MATTEO   Mettiamo tutto qua. Allora vi devo?

CARABELLA   Il conto ve l'ho dato. Ventiquattromila lire.

MATTEO (*frugando nelle tasche*)   Le chiavi le ho lasciate in camera mia. Vengo subito. (*Avviandosi verso la prima a sinistra scorge le donne. Non gli sfugge lo sguardo saettante di Virginia*) Buongiorno. (*Poi alla moglie*) Faccio il comodo mio. (*Ed esce*).

VIRGINIA   Giesú, Giesú... e noi andiamo veramente all'elemosina. Carabe', ma come si deve fare con voi? Che ne facciamo di tutta questa roba?

CARABELLA   E lo domandate a me?

VIRGINIA   Ma io vi avevo pregato...

CARABELLA   Signo', voi mi avete pregato per una cosa impossibile. Vostro marito fino a prova contraria è maggiorenne.

VIRGINIA   E io so' minorenne. Perciò piú tardi, quando mio marito ha conservato questa roba, io di nascosto suo, la piglio e ve la rimando al negozio un'altra volta.

CARABELLA E io non me la ricevo. Ve la rimando qua, e ve la faccio riprendere per forza.

ARTURO Come sarebbe?

CARABELLA Sarebbe che o il marito della signora è pazzo, e allora ci fate la santa cortesia di mettere un avviso sul giornale, cosí la gente si può regolare; o se ve lo volete tenere sciolto per la casa, dovete riconoscere le ordinazioni che va facendo, e ve le dovete tenere. Io questo dicevo con mia moglie: «Ma che nne fanno di tutta sta rrobba?»

VIRGINIA E che volete fare? Gli è venuta la mania di grandezza.

CARABELLA E ce la dovrei far passare io?

VIRGINIA E si capisce, per voi è un affare.

CARABELLA Io faccio 'a puteca, signo'.

MATTEO (*dalla sinistra con un mazzetto di chiavi, si dirige verso lo scrittoio, apre il cassetto e prende del denaro*) Avete detto ventiquattromila.

CARABELLA Sissignore.

MATTEO (*dopo aver contato i biglietti e rinchiuso il cassetto*) Ecco a voi.

CARABELLA Tante grazie.

MATTEO Volete dare una mano alla cameriera per portare questa roba in cucina?

CARABELLA Volentieri. (*Al commesso*) Iammo bello...

Ed insieme a Vincenza raccolgono la merce e la portano via a destra.

MATTEO Bravo, cosí. Poi penserò io a conservarla in dispensa. C'è roba che deve andare in cantina. (*Ad Arturo*) Con queste due damigiane che ho comprato, so' dieci. Sono in tutto ottocento litri d'olio; ma ce ne vo' ancora. Ieri comprai due quintali di zucchero, venti scatole di sapone, trecento candele e millecinquecento rotoli di carta igienica.

CARABELLA (*torna seguito dal commesso e da Vincenza*) Tutto è fatto. Buona giornata a tutti. (*Al commesso*) Cammina...

MATTEO Vi raccomando le sardine.

CARABELLA Ve l'ho detto, per il momento non vi ho potuto servire perché sono in arrivo.

MATTEO (*supplichevole*) Quante scatole me ne putite mannà?

CARABELLA Ma ve pare... con un cliente come voi... Appena arrivano v' 'e mmanno tuttuquante ccà.

MATTEO Siete molto garbato.

CARABELLA   Per carità, è dovere. (*Esce per la comune seguíto dal commesso e da Vincenza*).

MATTEO (*dopo un lungo silenzio, nel quale si avverte il generale disagio, mostrando dieci scatole rettangolari che ha portato con sé durante la scena precedente*)   Me so' comprato dieci paia di bretelle... Io 'a cinta nun 'a porto. Senza le bretelle, sono un uomo finito. (*Nessuno gli risponde*). Non le ho pagate nemmeno care... e ne devo tenere altre due paia... e dieci so' dodici. (*Il silenzio degli altri lo esaspera, perde il controllo e scatta rivolgendosi alla nipote*) Guè...

MARIA (*con un piccolo sussulto*)   Ch'è stato, 'o zi'?

MATTEO   Aggio accattate 'e bretelle.

MARIA   E ch'aggi' 'a fa'? M'ha fatto mettere chella paura.

MATTEO   E parlate! Uno spende migliaia di lire per approvvigionare la casa! Me parite 'e mmummie.

ARTURO   Stavamo sopra pensiero.

VIRGINIA   Ci sta la signora Conforto, qua.

MATTEO   L'ho vista, non sono cieco. (*A Luisa*) Ho pensato per voi.

LUISA   Avete comprato qualche cosa pure per me?

MATTEO   La roba che ho comprato per noi è pure vostra, in qualunque momento vi dovesse occorrere.

LUISA   Lo so, siete troppo buono.

MATTEO   Ho pensato per voi per una ragione che vi spiegherò. (*Si avvicina lentamente ad Arturo, ruminando nel suo cervello una strana constatazione che lo sconcerta e lo meraviglia insieme*) Artu', come cambiano i tempi. E come il progresso e la civiltà modificano e trasformano perfino gli avvenimenti bellici. (*Concludendo*) Io sta guerra nun 'a capisco. Si svolge in un modo strano... direi addirittura: contro natura. Si vedono pochi soldati per le strade. Nun vide nu reggimento che parte... a stento qualche marinaio. La gente ne parla, sí, ma con indifferenza che rasenta l'incoscienza. Come di una cosa che facesse parte degli elementi indispensabili per vivere.

ARTURO   Ve lo dissi: «La vita si svolge normalmente». Si combatte, sí, ma con freddezza. Si capisce, tutto si rinnova.

MATTEO   La trasformazione ebbe inizio dopo la grande guerra.

ARTURO   Quale?

MATTEO   Quella mondiale.

ARTURO   Quella del '18?

MATTEO   Nel '18 finí. Quattordici-diciotto. Poi ci fu l'altra.

ARTURO   Quella del '35?

MATTEO   No. '40.

ARTURO   Noi cominciammo nel '10. Tripoli. E ci facemmo '10-13. Poi '14-18...

MATTEO   '30-33...

ARTURO   '35-37, '40-45...

MATTEO   Se capisce che 'a gente si è abituata.

VINCENZA (*dalla comune, rivolgendosi a Matteo*) Fuori ci sta una signora che vuole a voi. Dice che ci avete dato 'appuntamento.

MATTEO   Un momento. (*A Luisa*) Adesso vi dico come ho pensato per voi. Quando stammatina leggevate le lettere che vi scriveva vostro figlio, quando era nascosto durante la guerra in casa di quella signora, avete affacciata l'ipotesi che Mariano, per un ritorno di fiamma, diciamo, sia tornato con questa donna, e che mo se mette scuorno 'e se fa' vedé.

LUISA   Ma ne sono sicura.

MATTEO   Allora io, senza farvene accorgere, mi sono preso l'indirizzo della signora, e sono andato a trovarla. A quell'indirizzo non c'era piú; ma il portiere mi ha dato il nuovo. Le ho scritto un espresso a mano, dicendole che l'aspettavo a casa mia per una cosa urgente. Non ho fatto il nome vostro per non metterla in sospetto. Voi adesso andatevene dentro, e fatemici parlare.

LUISA   E perché? Ci parlo io.

EVELINA   Ma dopo ci voglio parlare pur'io.

MATTEO   Va bene. Ci parlerete tutti quanti; ma per ora è meglio non avventarsi. Io so quello che devo dire e so come controllarmi. Un uomo è un'altra cosa. Andate. Trattienile tu, Artu'.

ARTURO   Venite, andiamo di là.

Le donne, accompagnate da Arturo, escono per la sinistra.

MATTEO   (*a Vincenza*) Falla entrare.

VINCENZA (*esce per la comune. Dopo una piccola pausa torna precedendo Vera di Lorenzo*) Prego, signora.

VERA   (*entrando*) Grazie. (*È una donna sui ventisei anni, semplice nel gesto e nel parlare. Ha un dolcissimo sguardo che ispira fiducia, simpatia*).

MATTEO   Buongiorno, signora. Matteo Generoso sono io. Molto piacere.

VERA   Fortunata.

MATTEO (*a Vincenza*)   Puoi andare. Accomodatevi signora. (*Le porge una sedia*).

VERA   Grazie. (*E siede*) Il vostro espresso mi ha impressionato moltissimo. Ero occupatissima oggi, ma ho fatto ogni possibile per liberarmi e venire da voi. Non capisco cosa c'entri io coi gravi motivi della vostra famiglia, e l'urgenza che avete di parlarmi.

MATTEO   I motivi gravi non riguardano soltanto la mia famiglia; infatti il cognome Generoso non vi dice niente. Ma se nel mio espresso avessi aggiunto l'altro cognome, quello cioè della famiglia piú colpita, voi forse qua non ci sareste venuta, perché avreste compreso subito di che cosa si tratta.

VERA (*sincera*)   Scusatemi, ma séguito a non capire.

MATTEO   Allora io ve lo dirò l'altro cognome, cosí capirete immediatamente, e potremo raggiungere un accordo. (*Fissandola negli occhi*) Conforto. Mariano Conforto.

VERA (*rimane impassibile e con sincera semplicità chiede*)   E poi?

MATTEO   Come, «e poi?»

VERA   Per me questo signor Mariano Conforto è un illustre sconosciuto.

MATTEO   Sentite, voi siete una bella signora, avete uno sguardo dolce, ingenuo, ma siete donna... e con me non attacca. Vi avverto che vi trovate di fronte ad un padre ferito, il quale, se vi mettete sulla negativa, lascia le buone maniere e fa valere i suoi diritti con metodi che possono diventare spiacevoli per voi e per gli altri.

VERA (*calma, serena*)   Siete abbastanza divertente. Mi viene voglia di prendervi a schiaffi. Qualche anno fa l'avrei fatto senz'altro, ma la vita mi ha insegnato che bisogna riflettere sulle cose. Sono convinta che ci deve essere un equivoco fra noi. Adesso chiariremo i fatti, vi convincerete che io non c'entro per niente con gli affari della vostra famiglia, mi domanderete scusa e resteremo buoni amici.

MATTEO   Ma se voi dite che non conoscete Mariano Conforto...

VERA   Può darsi che abbiate ragione voi. Che io lo conosca e che non mi ricordi affatto di lui. Chi è? Siete in condizioni di richiamarlo alla mia mente con un ricordo, un particolare?

MATTEO   Quel ragazzo che era nascosto in casa vostra, durante il periodo dei tedeschi, prima della liberazione.

VERA (*rimane a riflettere per un momento. Poi chiede con incertezza*)   Quello con la barba?

MATTEO   No, senza barba. Poi, se in quell'epoca ce l'aveva...
sa... se la facevano crescere... (*Riflette per un momento, poi
decide*) Permettete un momento, torno subito. (*Esce per la sinistra, dopo poco torna*) Niente barba. Insomma io vi devo parlare chiaro, se no non verremo mai a capo di niente. Questo
giovane doveva sposare mia figlia. Il giorno del matrimonio,
mia figlia col velo bianco, fiori d'arancio... lo sposo, Mariano
Conforto, non si è presentato. Sono passati quindici giorni,
non si è fatto piú vivo. Per mia figlia è stato un dolore, per
tutti noi... e va bene; ma la madre... la povera madre non si
rassegna.

VERA   (*ricordando*)   Ecco. Ecco dove ho letto questo nome...

MATTEO   Mariano Conforto.

VERA   Appunto. Sui giornali. Dai giornali ho appreso la sparizione di questo giovane.

MATTEO   Precisamente. Voi... non vi offendete?

VERA   Ma no, parlate.

MATTEO   Voi siete stata l'amante di questo giovane, in quell'epoca...

VERA   Se aveva la barba, sí. Il nome non me lo ricordo. (*Ricordando meglio*) Ecco, aspettate... Aveva baffi e barba. Poi ebbe
un messaggio speciale, per cui dovette togliersi i baffi e rimase
con la sola barba.

MATTEO   (*rimane di nuovo a riflettere per un momento. Poi, come
prima, decide*)   Permesso... (*Ed esce per la sinistra. Dopo poco torna*) Non ha mai avuto né baffi né barba.

VERA   Scusate, signor Matteo, io ricordo un giovane con baffi e
barba. Se il vostro Mariano è stato sempre sbarbato, si affacciano due ipotesi: o non è mai stato in casa mia, o c'è stato come
tanti altri, ma io non me ne ricordo.

Luisa dalla sinistra, seguíta a breve distanza da Virginia, Maria,
Evelina e Arturo. Avendo ascoltato le parole di Vera, dall'altra stanza, interviene con tono deciso.

LUISA   E non te lo ricordi, è vero? Non te lo ricordi piú a
mio figlio? E tutte le lettere che mi scriveva quando era nascosto da te? (*Mostrandole un po' a tutti*) Eccole. Parlano sempre
di lei. Le frasi piú dolci, le parole piú belle erano per lei. Questa cattiva donna, questa malafemmina è riuscita a fargli dimenticare pure la madre. Non gli ha dato respiro da allora, povero

figlio mio! Adesso dice che non se lo ricorda... Denunciatela, mandatele la polizia in casa...

VERA (*disorientata*)   Ma è pazza...

LUISA (*convinta*)   A casa sua. Mio figlio sta a casa sua.

VERA   Ma non è vero, ve lo giuro.

LUISA   Non le credete. Ha tolto il marito ad una ragazza, e il figlio a una madre. Ma se è vero che esiste un Dio, la pagherai cara. Non troverai pace per tutti gli anni della tua vita, per il male che hai fatto alle nostre famiglie.

VERA   Signora, vi prego di calmarvi. Vostro figlio in casa mia non c'è e non mi ricordo affatto di lui.

LUISA   A casa tua sta mio figlio. 'O core m' 'o ddice. Una madre non si sbaglia. (*Piange*) Guarda, sto piangendo... sono una vecchia... tengo i capelli bianchi... m'inginocchio davanti a te... (*Cade in ginocchio*) Dammi mio figlio... Voglio mio figlio! (*Tutti, meno Vera che è rimasta in disparte impressionata dalla scena, l'aiutano a rialzarsi*). Te dò chello che vuó tu...

MATTEO   Su, su... donna Luisa...

VIRGINIA   Uh, Madonna mia...

LUISA (*rialzandosi sempre piangendo*)   E io come faccio a vivere senza Mariano? Guardatela: non si commuove. Non una lacrima... Schifosa, non la fate scappare...

MATTEO   State tranquilla; non scapperà. Andate sopra, andatevi a riposare. Virgi', accompagnala che penseremo noi.

LUISA   (*piagnucolando e cedendo alle insistenze di Virginia, Matteo e Maria, si avvia verso la comune per uscire*)   Figlio mio, figlio mio! Dice che non se lo ricorda... (*Esce per la comune seguíta da Virginia e Maria*). Figlio mio... figlio mio... (*Vediamo le tre donne attraversare il finestrone, raggiungere e salire la scala che porta ai piani superiori, mentre si odono le ultime parole di Luisa*) Io sono una povera vecchia sola... Tenevo sulo a chillu figlio... Mariano mio... Mariano mio... (*Via*).

VERA   Povera donna, mi dispiace. Il figlio presso di me non c'è. Vi consiglierei di interessarvi seriamente della faccenda, e cercare altrove.

ARTURO   Ma scusate, noi abbiamo sentito dall'altra stanza. Voi avete ammesso il fatto, e poi dite che non ve lo ricordate. Come è possibile?

VERA   Ho voluto dare delle spiegazioni al signor Matteo perché è il padre della signorina, e poi è abbastanza simpatico.

ARTURO   Perché, io sono antipatico?

VERA   Non lo so perché non vi conosco. (*A Matteo*) Come si chiama vostra figlia?

MATTEO   Evelina.

VERA   Signorina Evelina, faccia qualche cosa per rintracciare il suo Mariano; ma non lo cerchi in casa mia perché non c'è. Glielo giuro. Anche lei avrà sentito quello che ho detto a suo padre poco fa, allora posso parlare apertamente. Può darsi che sïa stato nascosto in casa mia in quell'epoca; ma non deve trovare strano il fatto che io non me ne ricordi. Erano giorni pieni di avvenimenti... il ricordo mi è rimasto nella mente molto confuso. Non mi ricordo del suo Mariano. Il mio aveva la barba e i baffi, ma dopo ognuno andò per la sua strada, e non ci si rivide mai piú. Ricordo poco di allora. Americani... inglesi... Si sognava chi sa che cosa, quali avvenimenti romantici per l'avvenire... Signorina Evelina, mi creda. Anzi, se vuole proprio assicurarsene, mi venga a vedere. Suo padre ha il mio nuovo indirizzo: Vera di Lorenzo presso la famiglia Accardi. Faccio la istitutrice, ecco tutto. Due bambini che mi dànno un poco da fare, ma riesco ad educarli abbastanza bene. Ormai parlano correntemente l'inglese. Buongiorno, signori. (*Si avvia per uscire. Giunta presso la comune, si rivolge di nuovo ad Evelina*) Se vuole proprio assicurarsene, mi venga a trovare. (*Ed esce*).

ARTURO   A me, 'a verità, sembra sincera.

MATTEO   E pure a me.

EVELINA   Allora ci deve essere un'altra donna. Ma comme: 'o giorno d' 'o matrimonio, 'o sposo sparisce e nun se fa vedé cchiú?

MARIA (*dalla comune*)   Un poco d'aceto. 'A signora Luisa, dopo i pianti che s'ha fatto, e 'a collera che s'ha pigliato, è svenuta. Mo sta sopr' 'o letto; ce sta vicina zia Virginia.

ARTURO   Povera donna. Vedete che guaio che doveva passare.

MARIA (*dalla cucina con bottiglia di aceto*)   Io vado. (*Via*).

MATTEO (*a Maria*)   Andiamo piano con questo aceto... che da un momento all'altro non se ne trova piú...

ARTURO   Vorrei scrivere due parole al socio mio, a Bari. Ce sta nu foglio e na busta?

MATTEO   Sullo scrittoio; fa il comodo tuo. (*Arturo si avvicina allo scrittoio e cerca l'occorrente per scrivere*). Eveli', tirati un poco su. Capisco che sei dispiaciuta, ma cerca di farti coraggio.

EVELINA   Io sto dentro. (*Ed esce per la sinistra*).

VINCENZA (*dalla comune*)   Signo', fuori ci sta un uomo che vuole parlare con voi. È nu brigadiere 'e pubblica sicurezza.

MATTEO   Fallo entrare.
VINCENZA (*introducendo il brigadiere*)   Accomodatevi.
BRIGADIERE   Grazie.

Vincenza esce.

MATTEO   Matteo Generoso sono io.
BRIGADIERE   Voi avete fatto la denunzia per la sparizione di...
(*consultando il foglio*) Mariano Conforto?
MATTEO   Precisamente. Sedetevi. (*E gli porge una sedia*).
BRIGADIERE   Grazie. (*E siede*).
MATTEO (*sedendo anche lui*)   C'è qualche cosa di nuovo?
BRIGADIERE   L'abbiamo trovato.

Arturo si avvicina ai due con interesse.

MATTEO   Voi che dite?
ARTURO   E dove?
BRIGADIERE   Voi la denunzia quando l'avete fatta?
MATTEO   Dodici giorni fa.
BRIGADIERE   Già. E certo, ci siamo dati da fare. Voi, quando
denunciaste il fatto, io non c'ero. Lo seppi la sera, perché la
pratica fu affidata a me.
MATTEO   E lo avete trovato voi?
BRIGADIERE   Camminavo per il Chiatamone. E, sapete, pensavo
ai guai miei... Tengo quattro bambini... Ho fatto un concorso
per entrare in ufficio alla prefettura. Mo vediamo... Basta, quando vedo sull'altro marciapiede un giovane che camminava... e
guardava un manifesto di cinematografo, con una bella donna
sopra. Sapete, quelle belle ragazze prosperose della cinemato-
grafia. Chi sa perché dissi: «Io devo domandare le generalità a
quello». Mi avvicino e dico: «Che fate qua?» «Voi chi siete?» mi risponde lui. «Io sono un agente». «Sto guardando
questo manifesto». «E cosí da vicino?» «Perché sto leggendo
quello che hanno scritto a lapis sul seno sinistro». «E che hanno scritto?» «Quanto si' bbona!» «Bravo. E non l'avete scritto
voi?» «No, io lapis in tasca non ne tengo». «Come vi chiamate?» «Michele Evangelista...» Chi sa perché pensai: questo è
un nome falso. Evangelista... «Documenti!» Mi presenta la tessera postale, la patente di abilitazione di secondo grado. Leggo: Michele Evangelista. Tutto in regola. Dico: «Buone cose». «Arrivederci» dice lui. E se ne va.

ARTURO (*deluso*) E allora?

BRIGADIERE Per dirvi che alle volte si sospetta ingiustamente.

MATTEO Ma voi avete detto che lo avete trovato.

BRIGADIERE Sí, abbiamo trovato un giovane senza documenti, e che non si ricorda come si chiama né da dove viene. Uno smemorato. Gli abbiamo detto: «Tu ti chiami Mariano Conforto». E lui non ha detto né sí né no. Qualunque domanda gli fate, qualunque cosa gli chiedete dice che non si ricorda.

ARTURO Ma i connotati quali sono?

BRIGADIERE È un giovane sui venticinque o ventisei anni, altezza regolare.

MATTEO Biondo?

BRIGADIERE Sissignore, biondo.

ARTURO Un tipo piuttosto distinto?

BRIGADIERE Sí, si vede che appartiene a una buona famiglia.

MATTEO È lui!

BRIGADIERE Tiene la barba e i baffi.

MATTEO (*al brigadiere*) Non è lui. Se tiene la barba, non è lui.

BRIGADIERE E si s' 'a crisciuta mo?

MATTEO (*ad Arturo*) Tu che dici: s' 'ha cresciuta mo?

ARTURO In dodici giorni? (*Al brigadiere*) Ma è lunga sta barba?

BRIGADIERE Regolare. Non è una barba che può crescere in dodici giorni; ma ci sono certi che la crescono subito. Dovreste venire con me per il riconoscimento. Se è lui mi farebbe piacere, cosí finisce la storia. Se no ci dobbiamo tenere quel «písemo» sullo stomaco... Sapete, uno smemorato vi fa perdere la testa. E poi può essere pure una simulazione.

MATTEO (*ad Arturo*) Io sono stanco... Artu', ci vai tu per il riconoscimento. (*Si avvia per la comune*) Se tiene la barba e i baffi non è lui... (*Via*).

BRIGADIERE Allora venite voi?

ARTURO Veramente volevo scrivere una lettera... Se ci sbrighiamo...

BRIGADIERE È quistione di una mezz'ora. (*Dall'interno della cucina giunge all'improvviso un fragore di vetri rotti, provocato da un colpo tirato con violenza, misto al precipitare in terra di utensili di alluminio*). Ch'è successo?

ARTURO Non so.

VINCENZA (*dall'ingresso*) Ch'è stato?

EVELINA (*dalla sinistra*) È in casa nostra?

VINCENZA Dint' 'a cucina, signuri'.

ARTURO (*esce svelto per la prima a destra. Dopo una pausa breve torna chiudendo la porta alle sue spalle*)   È niente, è niente. È stata na gatta, che non capisco da dove ha potuto trasí, ha fatto un mezzo disastro.

VINCENZA (*avviandosi verso la cucina*)   E nuie gatte nun ne tenimmo...

ARTURO (*fermandola*)   Lascia stare, ci vai dopo. Accompagna prima il signore. (*Al brigadiere*) Se permettete, vorrei scrivere prima quella lettera che vi dicevo; è una cosa urgente. Voi andate, che fra mezz'ora vi raggiungo. Mezz'ora piú, mezz'ora meno...

BRIGADIERE   Certo. Allora vi aspettiamo. Permettete e buona giornata. (*Esce seguíto da Vincenza*).

ARTURO (*guarda verso l'interno dell'ingresso per assicurarsi che l'agente si sia allontanato, poi si rivolge ad Evelina per annunciarle*)   Mariano. Eveli', Mariano!

EVELINA (*disorientata*)   Mariano che cosa?

ARTURO   È lui. Sta dint' 'a cucina.

EVELINA   Veramente?

ARTURO   Ma se vedi in che condizioni...

EVELINA   E come mai? (*Esce svelta per la prima a destra seguíta da Arturo*).

MARIANO (*dopo una piccola pausa entra dalla cucina, seguíto da Arturo ed Evelina. Appare dimagrito dal primo atto. Capelli in disordine e barba incolta. È in preda ad uno «choc» che gli fa malamente controllare i gesti e le parole. La giacca e i pantaloni presentano strappi in diversi punti, e macchie di polvere e terriccio. Si massaggia il polso sinistro per calmare il dolore di una distorsione*)   Sí, sono io... sono io!... Aria!... Aria!... Luce!... (*E cade a sedere su di una sedia, respirando avidamente*).

ARTURO   Un bicchier d'acqua...

Evelina esegue.

MARIANO   Quindici giorni sono stato rinchiuso. Ho contato le notti da una fessura di un finestrone che dà nel cortile. 'A llà vedevo quanno faceva iuorno.

EVELINA   Ma dove sei stato?

MARIANO   Chiuso. Chiuso nello stanzino, vicino alla cucina.

ARTURO   E t'hanno chiuso dentro?

MARIANO   Mammà. (*Parla nervosamente, quasi accusando l'egoismo di sua madre*) È stata essa.

EVELINA   Ma sono cose da pazzi!

ARTURO   E perché?

MARIANO   Mo sentite. Tornai a casa tardi perché ero stato con gli amici. L'indomani dovevamo sposarci. Trovo mia madre sveglia, la quale mi dice: «Non andare in camera tua perché se n'è caduta la carta del soffitto, sta tutta sottosopra... T'ho aggiustato il letto nello stanzino vicino 'a cucina». Io stavo stanco, mi avevano fatto pure bere un poco... dissi: «Buona notte, mammà». E mi misi a letto. Presi sonno immediatamente. La mattina mi trovai murato nello stanzino!

ARTURO   Murato?

MARIANO   Evidentemente lavorò per tutta la notte, ed io non sentii niente. Murato a doppia fila di mattoni e cemento.

ARTURO   E come se li era procurati?

MARIANO   Un residuo della sopraelevazione della signora Bravaccino. Aveva lasciato solamente un foro per passarmi il mangiare. Infatti mi portò latte e caffè. «Mammà, mammà, che avete fatto? Evelina, il padre, la madre mi stanno aspettando!» «C'è la guerra, figlio mio... c'è la guerra... Bello 'e mammà, quando finisce ti faccio uscire!» Mi sono disperato, ho gridato: niente... faceva finta di non sentire.

ARTURO   Ma queste sono cose da romanzo!

MARIANO   In seguito poi, e precisamente otto giorni fa, pensai di assecondarla per avere il tempo di mettere in pratica quello che ho fatto. Quanno me purtava ll'acqua, 'o mmangià, 'a ringraziavo e lle dicevo che aveva fatto bene a regolarsi cosí. Svitai un ferro da sotto al lettino, e con quello ho praticato un foro nel muro. E da llà mi sono buttato su di una tettoia di un passaggio pensile, ho rotto il finestrino, e sono arrivato nella cucina vostra.

ARTURO   Scusami, Maria', ma tua madre non è sana di cervello. Queste sono pazzie. Glielo dicemmo che la storia della guerra l'avevamo inventata per Matteo e lei sembrava che ci avesse creduto.

MARIANO   Niente, gliel'ho detto mille volte.

EVELINA   Ma allora è veramente pazza, scusa.

MARIANO   Senza dubbio i dispiaceri hanno determinato uno squilibrio nella sua mente... E mo, chi ce 'o ddice ca me ne so' scappato?

ARTURO   È pericoloso, sapete. Vuie 'a purtate 'o manicomio deritta deritta.

EVELINA   E allora non dobbiamo sposare piú?

ARTURO   Embè, se vede come si dovrà fare. Qualcuno glielo dovrà dire.

Dalla tromba delle scale si ode la voce alterata di Di Stasio.

DI STASIO (*dall'interno*)   Questo non è piú un palazzo, è una
portella! Ma io m' 'o venno l'appartamento e me ne vaco ncop-
p' a nu pizzo 'e muntagna!
EVELINA   Oh, Madonna! Chisto strilla sempre. (*A Mariano*) Vieni dentro.
MARIANO   Sí, me voglio menà nu poco d'acqua nfaccia. (*E si avviano per uscire a sinistra*). Avete capito che ho passato, per la
vostra geniale trovata?

Ed escono tutti e tre.

DI STASIO (*appare sul pianerottolo, oltre il finestrone*)   Dio lo
sa la battaglia che si sostiene dalla mattina alla sera per la strada! (*Gli inquilini, meno la signora Bravaccino, affollano il pianerottolo come prima*). Chi ti vuole dare la fregatura, chi ti
vuole vendere la stilografica, 'a lente americana... che poi è una
bassa imitazione fabbricata in Italia... 'e pezziente ca te cercano l'elemosina, il frastuono degli autobus, ca 'o Padreterno li
dovrebbe distruggere! Ci dobbiamo sopportare pure i pellegrini ospiti della pensione Bravaccino... Addó sta? Mo fa vedé ca
nun sente? Torno a casa e trovo sul portone un gruppo di
stranieri. Me so' appiccecato cu' n' indiano che m'ha fermato
cu' na carta mmano... «M'avite pigliato p' 'o facchino d' 'a
pensione?» Non basta la invasione per le strade di gente d'o-
gni paese e razza... gli autopullman pieni cosí... Poi dicono che
io sono attaccabrighe.
CIRILLO   Basta, signor Di Stasio. Non vi prendete collera. Avete
ragione. Finitela.

Tutti rientrano nelle loro case mentre Di Stasio rimane solo a
sbraitare.

DI STASIO   Me ne scappo. Ma primma 'e me ne scappà, 'a casa
l'incendio!
MATTEO (*entrando*)   Ch'è successo?
DI STASIO   La guerra! Don Matteo mio, una guerra infernale.

Per le strade si combatte a corpo a corpo. Voi uscite di casa e trovate i fucili spianati. Gli stranieri sbucano da tutte le parti. Arrivano con ogni mezzo. Autopullman, treni, aeroplani...

MATTEO Ma la vita si deve svolgere regolarmente...

DI STASIO E uscite, camminate per le strade, andate a vedere... È una invasione completa. Indiani, turchi, egiziani, inglesi, americani... Ma io me ne scappo...

MATTEO E io pure. Tengo le valige pronte.

DI STASIO (*sempre sbraitando, rientra in casa sua*) Me ne scappo.

MATTEO (*preso dal panico, grida con voce isterica*) Vincenza! Vincenza!

VINCENZA (*dalla destra*) Comandate.

MATTEO Le valige.

VINCENZA Quali valige?

MATTEO Quelle che stanno sempre pronte.

VINCENZA E ce aggi' 'a mettere 'e cammise stirate.

MATTEO È mumento 'e penzà 'e cammise? Piglia le valige!

MARIA (*attraversa il pianerottolo ed entra svelta in casa*) Ch'è stato?

MATTEO (*prende delle carte dallo scrittoio e le ripone in una borsa di pelle*) Dài una mano pure tu.

VINCENZA 'O signore vo' 'e valige. (*Ed esce per la sinistra*).

MATTEO L'invasione. Dobbiamo scappare. Per le strade si combatte a corpo a corpo.

MARIA Uh, Madonna! E chi ve l'ha detto?

MATTEO Non perdere tempo con domande inutili. Piglia le valige.

VINCENZA (*dalla sinistra con due valige*) Ecco qua.

MATTEO E le altre?

VINCENZA E comme 'e ppurtavo tuttuquante?

MATTEO Fate quello che dico e non fiatate. In questi casi deve prendere il comando e la responsabilità uno solo.

VINCENZA (*torna con altre due valige*) Ecco.

Esce di nuovo. Questa volta s'incontra con Maria, la quale reca a sua volta altri due valigioni.

MARIA Ecco qua.

MATTEO Prendete tutto alla rinfusa, comme vene vene. Gli stranieri sbucano da tutte le parti: indiani, inglesi, egiziani, turchi... Non c'è tempo da perdere! (*S'imbatte in Mariano che in*

quel momento entra dalla sinistra seguíto da Arturo). Guè,
Mariano! Ti avevano fatto prigioniero?

MARIANO   E come lo avete saputo?

MATTEO   L'ho immaginato. (*Alle donne*) E voi muovetevi! Sbrigatevi! Pigliate la roba che manca dalle valige. (*Ad Arturo*)
Artu', tu va in cucina. Dentro al forno, in un buco tappato con
una pietra, ce sta un sacchetto pesante. Sono monete d'oro.
Portale qua. E porta delle provviste.

ARTURO   Va bene. (*Ed esce per la prima a destra*).

MATTEO   Maria', in camera da letto mia, dietro al comodino da
notte, ce sta un buco dentro al muro: ci troverai tre rivoltelle.
Pigliale. Ce le dividiamo.

MARIANO   Va bene. (*Esce per la prima a sinistra*).

Maria entra svelta. Si ferma un istante sull'uscio della stanza e
tira un paio di pantaloni ai piedi di Matteo. Ed esce con
Evelina.

MATTEO (*apre ad una ad una le valigie e s'accorge che sono vuote*) E se capisce. Io parlo nfaccia 'o muro int' a sta casa.
(*Gridando verso la stanza attigua dove sono le donne*) Avevate
detto che le valige erano pronte! Sbrigatevi!

Dalla stanza arrivano alla rinfusa capi di vestiario d'ogni genere. Matteo corre da una valigia all'altra e vi pigia dentro ogni
cosa alla meglio. Dalla sinistra Arturo porge a Matteo una quantità di salami, provoloni e un sacchetto di fagioli. Ed esce di
nuovo. Con parole analoghe il giuoco dura «come a concerto».
Dalle scale giungono sei o sette pellegrini, indiani, turchi, inglesi, francesi, egiziani, americani, i quali, giunti all'altezza della
ringhiera che delimita il cortile, e dopo di essersi consultati fra
loro, si avvicinano al finestrone, e battono le mani sui vetri per
chiedere qualche informazione. Matteo, nel vederli, rimane terrorizzato. E non riuscendo ad articolar parola, si limita ad esprimersi con inchini e riverenze che vogliono arieggiare un po' il
forzato benvenuto all'invasore, un po' il classico gesto con cui
i napoletani, trovandosi di fronte ad una via senza uscita, vogliono dire a se stessi «Statevi bene!» E mentre il sacchetto
di fagioli, mal sostenuto da Matteo, si apre determinando una
candida grandinata che «sghignazza» sui coperchi delle valige,
e il «miagolio» petulante dei pellegrini aumenta di tono, cala il
sipario.

In casa Conforto. Un'ampia stanza ariosa, linda, allegra. Allegra non per i toni dei colori, i quali sono piuttosto smorti e sbiaditi dal tempo, ma per l'insieme singolare dell'arredamento. Ogni angolo forma un ambiente a sé: camera da letto, da pranzo, soggiorno, cucina e dispensa. In sintesi la camera presenta i caratteri e i conforti di un intero appartamento. Tutto è stato collocato religiosamente intorno, a testimonianza di un'epoca, una sensazione, un ricordo. È carico di fiori e rampicanti il balcone aperto sulla collina di Posillipo e sul mare. Erbe aromatiche di tutte le specie, dalla cedrina alla maggiorana, dal basilico al prezzemolo, insieme a rachitici peperoni gialli e rossi, denunziano una testarda ambizione di coltivare su quel balcone pure il piccolo orto. L'insieme germoglia in vasi di terracotta di dimensioni diverse, disposti con cura simmetrica e preziosità di gusto. I mobili saranno scelti ispirandosi il piú possibile al buongusto dell'Ottocento. Cosí anche i quadri, i ninnoli, le tappezzerie, i tappeti e la coperta del letto. Nel mobile che decide la presenza della stanza da pranzo, vi saranno vasetti colmi d'ogni frutta in conserva. Ognuno di essi presenta, meticolosamente incollata, l'etichetta sulla quale è scritto a mano ciò che contiene: «Ciliege sotto spirito», «Marmellata di albicocche», «Marmellata di amarene», «Marmellata di prugne», «Carciofini sott'olio», «Melanzane piccole sotto aceto», ecc. In un altro mobile, quello destinato all'angolo che deve rappresentare il soggiorno, vi sarà un numero notevole di bottiglie con etichette della stessa natura di quella dei vasetti: «Rosolio di rose», «Rosolio di violetta», «Rosolio di gelsomini», «Rosolio di fragola», «Rosolio di caffè», «Nocillo», «Stomatico», ecc. Verso l'angolo cucina su di una sedia, vi sarà un cesto di pere.

Prime ore del pomeriggio.

LUISA (*ha sistemato uno scrittoio al suo posto*)   Ecco, così sta bene. Per fare i conti, per scrivere una lettera.

MARIA   Sí, qua sta proprio bene. (*Ripigliando il filo del suo discorso*) Voi non scendete?

LUISA   Addó?

MARIA   Quando gli sposi distribuiscono i confetti.

LUISA   Mari', figlia mia, la forza per trasportare un mobiletto come questo non mi manca; ma per stare in piedi tutta la giornata, salire, scendere, agitarsi, non mi basta. In chiesa ci sono stata: mi sono messa a piangere quando il prete ha parlato; a pranzo mi sono commossa quando il compare ha fatto il discorso d'occasione... mo basta. 'O sposo m'è figlio, 'a sposa l'ho vista nascere... vedrai che non mi dimenticheranno. 'E cunfiette, m' 'e pportano certamente... e sí nun m' 'e pportano, nun fa niente. (*Indicando un punto della camera*) Prendi quello straccio... (*Maria esegue*). Cosí prima di metterci le carte sopra, ci togliamo un poco di polvere.

MARIA (*comincia a spolverare lo scrittoio. Di tanto in tanto poi va sul balcone e batte lo straccio sulla ringhiera di ferro*)   E ve pare che se lo dimenticano? Si capisce che i primi confetti saranno i vostri.

LUISA   E poi aspetto i tuoi.

MARIA   Seh, e state fresca. Avete voglia 'aspettà. Antonio non si è liberato ancora da quella complicazione militare.

LUISA   Seh, e mo se libera.

MARIA   Io dovevo sposare stammatina, insieme a Evelina. Invece proprio ieri sera gli è arrivata un'altra carta dal Distretto, e stammatina Antonio si è dovuto presentare.

LUISA   E non vi ha fatto sapere niente?

MARIA   Comme no? Ha telefonato verso le nove e mezza dicendo: «Rimandate il matrimonio. Appena posso scappare vi parlerò a voce». L'avete visto voi per tutta la giornata? E nemmeno io. Ormai mi sono abituata. Vi giuro che se un giorno, a fondo di mare possa andare, mi troverò con Antonio, inginocchiata sull'altare, davanti al sacerdote, mi verrà talmente da ridere, che mi cacciano da dentro alla chiesa.

Lo scrittoio è ormai in ordine. Luisa, dopo aver rinchiuso nei cassetti le sue carte personali, vi ha sistemato sopra calamaio, penna, lapis, carta da lettere e un piccolo calendario.

LUISA   Apri il tiretto di quel comò, io non mi posso curvare. (*Maria esegue*). Adesso ti faccio un bel regalo per tutti i servizi che hai fatto. (*Prende una sedia, si avvicina al comò e siede accanto al cassetto che Maria avrà già aperto*) Brava, cosí. Piglia quell'involto di stoffa celeste. (*Lo indica*).

MARIA   (*tirandolo fuori dal cassetto*)   Questo?

LUISA   Sí. (*Disfà l'involto e ne tira fuori uno scatolo rettangolare, lungo trenta centimetri ed alto quattro*) Questo non è il regalo per te; è una cosa che non ti riguarda. (*Deposita lo scatolo sul comò, e ricompone l'involto com'era prima*) Pigliami quell'altro scatolino. (*Indica un altro involto*).

MARIA   (*glielo porge*)   Eccolo.

LUISA   Qui ci sta il regalo. (*Tira fuori dall'involto un piccolo scatolino, lo apre e mostra a Maria un fermaglio d'oro*) Tu non ti sei sposata oggi, ma il regalo te lo faccio lo stesso, perché sono sicura che domani o dopodomani ti sposerai. È uno spillo di smalto e corallo.

MARIA   (*ammirata*)   Quant'è bello!

LUISA   Adesso le signore questi gioielli antichi li portano un'altra volta.

MARIA   Lo voglio far vedere a Evelina. (*Chiude il cassetto*) Salgo piú tardi. Posso salí?

LUISA   Se ti fa piacere, figliarella mia, perché no? Piú tardi devo pelare le pere per farle sciroppate. Se t'interessa di assistere...

MARIA   Sí, a me me piace 'e vedé; ve dò pure na mano. Permettete, e grazie. (*Alludendo allo spillo che Luisa le ha donato*) 'O tengo pe' ricordo vuosto.

LUISA   E allora grazie a te.

Maria esce per la destra mentre dall'interno si ode il campanello dell'ingresso. Dopo una piccola pausa Maria torna.

MARIA   È venuta 'a signora di Lorenzo.

LUISA   Falla entrare.

Maria esce.

VERA   (*dalla destra*)   Buongiorno, signora Luisa. Volevo fare una scappatina stamattina per vedere gli sposi; ma non mi è stato possibile.

LUISA   E voi lo diceste che non potevate venire.

VERA   Ho mandato i fiori.

LUISA   Sí, grazie. Sedetevi.

Siedono.

VERA   A quest'ora mi riesce facile, i bambini studiano... e allora posso allontanarmi. (*Prende dalla borsetta due piccoli pacchetti*) Ecco. (*Ne apre uno e ne mostra il contenuto*) Questa è la varietà di geranio che le dicevo ieri. (*È un ramo di geranio reciso di recente*).

LUISA   (*sinceramente interessata*)   È veramente bello.

VERA   Pensi, l'ho tagliato senza domandare il permesso a nessuno. Mi son portato dietro le forbici; le finestre di quella villa sono ad altezza d'uomo; ho guardato da una parte e dall'altra: non c'era nessuno... ho tagliato e via. Glielo avevo promesso... Bisognerebbe conoscere l'epoca per trapiantarlo.

LUISA   No. E qua stiamo a Napoli. Se ficcate in terra una scopa sottosopra, l'indomani mattina la trovate cresciuta. Ci penso io, vi sono molto obbligata.

VERA   Si figuri. (*Porgendole l'altro pacchettino*) E questo è l'incenso. Ha visto? Me ne sono ricordata.

LUISA   Grazie. La mattina, dopo rassettato, appanno le imposte del balcone, prendo sopra alla paletta due «acinielli» di fuoco, e ci metto sopra qualche granello d'incenso. Ma poco poco. La casa piglia quel senso di freschezza. Specialmente d'estate.

VERA   Se vuole rimanere sola, signora Luisa, non faccia complimenti. Verrò a trovarla un altro giorno.

LUISA   No, non ve ne andate. Mi fa piacere se restate qua un altro poco. Mi siete molto simpatica, e poi vi devo dire qualche cosa.

VERA   Anch'io resto volentieri con lei. Mi fa gioia. Avverto... non... so... un senso di sicurezza... di protezione.

LUISA   Eh... e chi può proteggere una povera donna come me?

VERA   A me, sí. Avverto la sua vicinanza, la sua figura, la sua voce. Tutto ciò mi rimane dentro e si tramuta in coraggio. Non so spiegarmi... e dal coraggio che me ne è venuto, traggo la protezione per me stessa.

LUISA   Non ho capito. Non parlate difficile perché non capisco.

VERA   (*un po' umiliata*)   L'ho detto: non so spiegarmi.

LUISA   No, che c'entra. Sono io che non capisco e che, fra le altre cose, non voglio fare niente per capire.

VERA   È un po' stanca.

LUISA   Eh... eh... proprio cosí.

VERA   E voleva dirmi qualche cosa?

LUISA   Sí. Ecco qua. Mio figlio si è sposato stamattina... una bella cerimonia in chiesa, un bel pranzo, adesso c'è il rinfresco e distribuiscono i confetti agli amici... A me me li manderanno perché non ho voluto scendere. Giustamente, come avete detto, sono stanca... Si è sposato, vi dicevo, e di questi tempi...

VERA   Ma gliel'hanno spiegato che la guerra non c'è, e che fu tutta una storia inventata?

LUISA   C'è. La guerra c'è.

VERA   Guardi, signora Luisa, glielo assicuro io. Non deve insistere su questo punto, le fa male.

LUISA   Non è di questo che vi volevo parlare. Mio figlio parte fra poco con la moglie, e io resto sola. Voglio sentirmi serena, tranquilla. Voglio sentirmi come vi sentite voi dopo che avete visto a me.

VERA   (*rimproverandola teneramente*)   Allora aveva capito quello che le avevo detto.

LUISA   Ma lo avete detto con parole complicate... Ho capito il *zuco*... diciamo, l'essenziale. Dunque resto sola. E per sentirmi come vi dicevo, mi devo togliere tutte le preoccupazioni, fino all'ultimo debituccio morale che, nella vita, per ragioni indipendenti dalla propria volontà, chi piú e chi meno contrae. Con voi un piccolo debito ce l'ho, e me lo voglio togliere.

VERA   Ha un debito con me?

LUISA   Quando vi mandai a chiamare, e voi veniste qua, vi dissi che avevo sbagliato, che mi ero comportata male; ma non vi dissi tutto. Voglio dire che mi vergognai di liberarmi completamente, e se non lo faccio non mi sento a posto.

VERA   Ma niente altro mi deve dire. È una faccenda ormai esaurita.

LUISA   No. Inventai tutta una storia contro di voi... Vi dissi in faccia tante brutte parole; ma lo feci per un sentimento intimo mio, che secondo me giustificava qualunque modo di agire.

VERA   Ma certo. La mamma ha il suo diritto.

LUISA   No. Fino a un certo punto. Per l'offesa che feci a mio figlio Iddio mi perdonerà, lo so, non può fare altrimenti, mi deve perdonare per forza, e se no è peggio per Lui... e non mi preoccupo piú. Ma con voi devo fare diversamente. Vi devo dire che sono stata una bugiarda, una donna falsa e cattiva, vi devo chiedere perdono e vi devo baciare la mano. (*Con infinita semplicità fa per prenderle la mano e baciarla*).

VERA (*ritraendola risolutamente*)   Ma neanche per sogno. Questo non glielo posso permettere.

LUISA (*delusa, rimane per un momento a riflettere, poi con tono pacato*)   Sentite, non perdiamo tempo con una lotta inutile fra me e voi. Tanto, ho deciso che vi devo baciare la mano. Fa piú bene a me che a voi. Fatevela baciare presto, e non ne parliamo piú.

VERA (*un po' commossa*)   Come vuole. (*E le porge la mano*).

LUISA (*felice*)   Oh, mo sí. (*Prende fra le sue la mano di Vera, per un istante si ferma a guardarla negli occhi, poi riprende*) Ho detto delle cose sul vostro conto che non esistevano, vi ho offesa perché sono egoista, falsa e bugiarda. Vi chiedo perdono e vi bacio la mano. (*E depone un bacio sulla mano di Vera*) Ecco fatto. Abbiamo pagato il debituccio e ci sentiamo meglio. (*Accorgendosi che Vera non riesce a contenere le lacrime, la rimprovera teneramente*) Ah... ah... no. E perché? Non dovete piangere!

VERA (*sempre piú commossa*)   Non lo faccio apposta. Certe volte, per gli urti sofferti nella vita, si crede fermamente di aver acquistato un grado di indifferenza... Invece non è vero... (*Piange*) Ho tutto qui, nel cuore... Se le raccontassi...

LUISA (*serena*)   Non ce n'è bisogno. Nella vita ognuno tiene qualche cosa sulla coscienza... Se piangete, però, vuol dire che dovete ancora piangere... Vuol dire che ci avete qualche piccolo debito morale che non avete pagato ancora... Pagatelo e non piangerete piú!...

Una scampanellata all'ingresso rompe il silenzio.

VERA   Vado io. (*Ed esce per la destra*).

EVELINA (*dall'interno*)   Grazie.

VERA (*internamente*)   Non mi è stato possibile. Mi sarebbe piaciuto tanto di assistere.

MARIANO (*sempre internamente*)   Mammà sta dentro?

VERA (*c. s.*)   Sí, è di là.

Evelina entra seguíta da Vera, Maria e Mariano. Evelina e Mariano sono vestiti da viaggio.

EVELINA   Confetti a domicilio! (*Porge a Luisa una bomboniera d'argento*).

MARIANO (*porgendogliene un'altra simile*)   E questa ve la dò io.

EVELINA   Sono state scelte proprio per voi, mammà. Quelle per gli amici non erano cosí belle.

LUISA   Grazie, figlia mia. Ma a me ne basta una sola. Quest'altra la diamo alla signora Vera.

EVELINA   Ma certo.

VERA   Perché se ne deve privare? A me basta un confetto solo, per l'augurio.

MARIANO   Ma no, quello che fa mammà sta ben fatto.

LUISA   Sí, quando si tratta di una bomboniera.

MARIANO   E poi a voi vi spetta. Se sto qua, sano e salvo, lo devo molto a voi.

VERA   Grazie, allora.

LUISA   E quando partite?

EVELINA   Fra un quarto d'ora. Abbiamo distribuito i confetti... e adesso mammà e papà stanno salutando gli amici. Qualcuno è rimasto ancora a parlare.

LUISA (*rassegnata*)   Allora, ve ne andate... Maria', figlio mio, ti voglio dare una cosa.

MARIANO   E voi il regalo già me lo avete fatto.

LUISA   Non è il regalo. È un'altra cosa. Mari', piglia quella scatola che ho messo sul comò.

MARIA (*pronta, esegue e la mostra*)   Questa?

LUISA   Sí. (*Apre la scatola e mostra al figlio una cravatta*) Maria', questa te la devi mettere... almeno una volta, ma te la devi mettere.

EVELINA (*convinta*)   È bella.

VERA   È di stoffa antica.

LUISA (*al figlio, con timore*)   Non ti piace?

MARIANO   Sí, mammà, mi piace assai. Non me la metto adesso perché non si adatta al vestito.

LUISA (*ad Evelina*)   Ce lo devi ricordare tu.

EVELINA   Ve lo prometto.

MARIANO   Ma dove l'avete comprata? Lo scatolo è vecchio... Ce l'avevate?

LUISA   La comprai a tuo padre quando eravamo fidanzati. Cioè, non la comprai io sola... Andammo io, mia sorella piú grande, buonanima, e una sorella di mia madre, una zia mia, pure buonanima, che tu non ti puoi ricordare. Allora, per scegliere la cravatta per il fidanzato, non ci poteva andare una ragazza sola. Che figura faceva una ragazza che entrava sola in un negozio da uomo? Ci si doveva andare per lo meno in tre. E una delle tre doveva essere anziana... Perciò venette zia Elvira. Tuo padre fu contento, almeno cosí mi sembrò; ma non se la mise subito... e io mi sentii un poco umiliata. Quando sposammo, la trovai in un armadio, e la feci sparire. (*Rivivendo il passato*) Un giorno me la chiese. Dice: «Ma quella cravatta?» «Uhm? – dissi io, – si sarà perduta». E per dispetto non gliela volli dare. La tenevo nascosta e non ci pensavo piú. Quando poi nell'altra guerra, quell'altra, quella prima di questa... venne un maresciallo dei carabinieri e mi portò la notizia... chi sa perché pensai subito alla cravatta. Me l'aveva chiesta tante volte... e io gli avevo fatto il dispetto... E te la devi mettere tu.

MARIANO (*commosso*)   Allora, m' 'a metto mo! (*Cambia la sua cravatta con quella del padre*).

LUISA (*a Vera*)   Abbiamo pagato un altro piccolo debito morale.

MATTEO (*entrando si rivolge immediatamente ad Evelina e Mariano*)   Fatemi il favore iatevenne, se no finisce male fra me e l'autista. Giesú, che scostumato. Prima di tutto ha rivoltato una strada col clackson, per chiamare... Dove si è visto mai l'autista che chiama i signori col clackson... come se una volta il cocchiere, per chiamare il padrone, avesse fatto schioccare la frusta... E poi dice che è tardi, che lui aveva combinato il prezzo per mezza giornata... Ma con certi modi cosí villani! Fatemi il piacere, scendete se no finisce male veramente. Mammà sta abbasso con il compare e la moglie. Vincenza ha sceso pure le valige.

EVELINA   Allora, scendiamo.

MARIANO   Stateve bbona, mammà.

LUISA   Fate buon viaggio, e benedetti, figli miei.

VERA   Ci vediamo domani, signora Luisa, verrò a trovarla.

LUISA   V'aspetto.

EVELINA (*a Maria*)   Me ne vado, Maria. Tanti auguri per il tuo matrimonio.

MARIA (*sorvolando*)   Grazie, grazie. Ma io scendo con voi. Ci salutiamo abbasso al palazzo.

EVELINA   Tu non scendi, papà?

MATTEO   No. Io se scendo mi piglio a mazzate con l'autista. È meglio ca ce salutammo ccà. Faccio compagnia 'a signora Luisa.

MARIANO   Andiamo.

MATTEO   E m' 'a vuó fa' salutà a mia figlia?...

EVELINA (*abbracciando suo padre*)   Ciao, papà.

MATTEO (*baciando teneramente sua figlia*)   Tornate presto, e ricordati di tutte le raccomandazioni che ti ha fatto mammà... Va bene che tu già lo sapevi; ma altro è la teoria, altro la pratica. Statte bbona. (*Con saluti affettuosi e mille raccomanda-zioni, gli sposi, seguíti da Maria e da Vera, escono per la destra. Dopo breve pausa, durante la quale ha riflettuto sulle sensazio-ni di tutto l'avvenimento, un po' commosso considera ad alta voce*) Quando si marita una figlia, va bene che uno dice: «Me-no male, se n'è andata»... Meno male in che senso? Che si è sistemata... La figlia femmina ti dà pensiero... se ti rimane in casa... Ma ti piglia quel risentimento... Che giornata! Mi sento la testa come un pallone. Già, che giornata? Sono quindici gior-ni che non troviamo pace. Pare niente un matrimonio. Combat-tere con i fornitori è diventato un inferno. E non ti puoi fidare di nessuno... Perché mentre credi nella buona fede di uno, ti devi ricredere immediatamente, quando meno te l'aspetti ti sfer-ra la fregatura. Uno in mezzo deve essere guardingo; ti de-vi difendere, devi lottare. O devi imbrogliare pure tu e ti met-ti all'altezza, o vieni sopraffatto completamente. È diventa-to un problema tragico, che veramente ti tiene inchiodato al muro, e che ti fa sentire la nausea di tutto, persino della vita.

LUISA (*tranquilla*) Non vi pigliate collera. Mo ve dò io na cosa che vi calma i nervi. (*Si avvicina al mobiletto dove sono i liquo-ri e l'apre*).

VIRGINIA (*dalla destra, un po' stanca della giornata e depressa per la partenza di sua figlia*) Sono partiti. (*Non può contenere oltre le sue lacrime e si mette a piangere, abbandonandosi qua-si fra le braccia di Luisa*) Donna Luisa mia, come faccio senza Evelina. Figlia mia. Quant'era bella... Vuota mi ha lasciata la casa, vuota!

LUISA Donna Virgi', ma perché voi pensavate di tenervela sem-pre vicina, la figlia vostra? Noi siamo i genitori, non siamo i proprietari dei figli. Pigliatevi un bicchierino pure voi, e vi calmate.

VIRGINIA Beata voi, che ve la pigliate allegramente.

MATTEO Vattene al balcone. Vai a «svernare»!

LUISA (*non raccoglie*) Bevetevi questo. (*Ha riempito due bic-chierini di rosolio di violetta*) È rosolio di violetta. Non fa male. È tutto profumo.

MATTEO (*annusando il rosolio*) Com'è delicato. Lo fate voi?

LUISA Rosolî che faceva la buonanima di mia madre. Occupo un poco di tempo.

VIRGINIA È buono veramente.

MATTEO Ma qua si respira. (*Si avvicina al balcone*) Virgi', tu vide stu balcone?

VIRGINIA   È un paradiso. (*E va sul balcone a godere del panorama*).

MATTEO   Sta camera nun se riconosce piú.

LUISA   Ci ho messo qualche mobile che piú mi stava a cuore.

MATTEO   Infatti, ho visto che il resto dell'appartamento è quasi svuotato. Avete fatto salotto, stanza da pranzo, camera da letto... ce sta pure 'a cucina.

LUISA   Io qua vivo.

MATTEO   Già. Vi siete, diciamo, rintanata... (*Dopo una breve riflessione*) Voi però, donna Lui', scusate se ve lo dico, siete rimasta con una idea fissa. Da tante vostre mezze frasi, dal vostro modo di vivere da un po' di tempo a questa parte, ho capito... io so' naso fino... che non avete creduto affatto che la storia della guerra fu inventata da quello spiritoso di mio cognato, perché secondo lui poteva finalmente mettermi l'animo in pace. Bene mi ha fatto. Questo lo devo dire ad onor del vero. Perché adesso, vi giuro, se ne scoppiano dodici, una appresso all'altra, non mi fanno impressione. Ma voi non ci avete creduto, e siete sempre convinta che siamo in guerra. Ed io non so che farei...

LUISA   Don Matte', mi fate proprio tenerezza. Io, vedete, ormai sono vecchia... voi siete piú giovane di me, ma vi garantisco che il mio cervello non lo cambierei con il vostro.

MATTEO   Pecché? Pecché?

LUISA   Perché voi allora credete una cosa, quando ve la dice la radio. Voglio dire che la radio per voi è piú importante del vostro stesso pensiero. Voi volete convincere me che la guerra non c'è, mentre voi stesso me ne parlate come di un problema tragico che fa sentire la nausea persino della vita. Venite qua. (*S'avvicina al mobile dove sono le marmellate. Matteo automaticamente la segue*). La marmellata a voi vi piace?

MATTEO   Sí. Non ci faccio folla, ma un poco ogni tanto...

LUISA (*apre gli sportelli del mobile e mostra i barattoli a Matteo*)   Queste le ho fatte io.

MATTEO   E che precisione! (*Leggendo qualche etichetta*) Amarena, fragola, albicocca. Quant'è bello a tené tutte sti ccose dint' 'a casa. (*Ferma la sua attenzione su di un barattolo di ciliege sotto spirito*) Cheste sí. Cheste me fanno ascí pazzo. D'inverno sono un vero conforto. (*Legge*) Ciliege sotto spirito.

LUISA   Io mi affeziono a queste marmellate. 'E vvoglio bene, come se fossero creature mie. Quando sto sola a me vene 'o gulío 'e nu poco d'amarena, per esempio, io ci parlo come se

fosse una persona viva. «Quanto sei buona. Come sei saporita.
Ti ho fatta io, con le mie mani. Sono proprio contenta di come
sei riuscita». E loro mi rispondono, dandomi un poco di dolcezza. L'unica dolcezza che ha il diritto di pretendere dalla vita
una povera donna come me. E capisco... mo capisco, perché la
buonanima di mia madre faceva lo stesso, e perché faceva rivoltare la casa quando qualcuno della famiglia se ne serviva senza
chiedere permesso a lei.

MATTEO   E già, dice: «Chella è rrobba mia».

LUISA   Ecco. È robba mia. Ma è difficile. La marmellata è veramente mia e nessuno me la tocca. E po' io tengo 'a chiave. E
non commetto un reato se la chiudo dentro. (*Richiude a doppia mandata gli sportelli del mobile e conserva la chiave in
tasca*) E cosí coi fiori. Vedete stu balcone... Sono tutte piante
che le ho fatte crescere con le mie mani. (*Indicando una pianta*) Quella non so, non mi ricordo da quanti anni la tengo.
Figuratevi, ero signorina. Ne ha fatti traslochi appresso a me.
Come quel mobile. (*Indica lo scrigno*) Era di mia nonna... Poi
di mia madre... Quando abitavamo a Foría... poi alla Riviera.
Alla Concezione... Non vi so dire quante case ha cambiato stu
scrignetto. (*Con tono di voce bonario, comprensivo*) Vostra moglie poco fa ha detto: «Beata voi che ve la pigliate allegramente». Don Matte', ho tolto il respiro ai miei figli. Da quando
cominciarono ad avere uso di ragione. Se tardavano mezz'ora
per tornare a casa pensavo subito ad una disgrazia. Per non
farli uscire organizzavo trattenimenti in casa, invitavo ragazze
carine, giovani: niente, non li potevo frenare. E qualche volta
mi facevano capire apertamente che la mia presenza dava fastidio. Scappavano, se ne andavano. Me dicevano nu sacco 'e buscie per vivere per conto loro una vita che non mi doveva ri-
guardare. Don Matte', a Mariano l'ho chiuso dentro con un
muro di mattoni e cemento. E nun se n'è scappato?... E se uno
di voi andava a denunziare il fatto, le autorità non mi avrebbero chiusa in un manicomio? «'A pazza». «'A vedete 'a pazza!»
«Ma c'ha fatto?» «Ha chiuso 'o figlio dint' a na stanza, e ha
costruito nu muro nnanz' 'a porta!» «E perché?» «Pecché s' 'o
vuleva tené vicino, nun 'o vuleva perdere!...» «'A pazza».
(*Non può controllare piú i suoi sentimenti. La voce diventa
opaca, mozzata da qualche lieve singulto subito represso*) Don
Matte', vi ricordate le ordinanze tedesche dalla radio? «I giovani che non si presentano al Comando saranno puniti con la
morte... I genitori che nascondono i propri figli saranno fucila-

ti sul posto». E avrei lottato ancora, ma avevo capito che Mariano mi avrebbe odiato. Un giorno mi ha detto: «Ma lasciami campare! Questa generazione passata! Prima ci avete inguaiati...» Don Matte', vi giuro davanti a Dio che non sono pentita di quello che ho fatto, no! No, sono felice! Per quindici giorni l'ho sentito un'altra volta figlio mio, come quando ce l'avevo qua. (*Con tutte e due le mani aperte si batte ripetutamente sul ventre*) Come quando, durante i nove mesi di gravidanza, trovavo modo di rimanere sola con lui, sdraiata sulla poltrona, con le mani come le tengo adesso, per parlarci. (*Si tocca ancora il ventre*) E lui si muoveva dentro e mi rispondeva; mi rispondeva dandomi una dolcezza che voi non potrete mai immaginare! Io capivo lui, e lui capiva me, poi non ci siamo capiti piú. «Generazione passata, generazione moderna... Beata voi che ve la pigliate allegramente...»

VIRGINIA (*dal balcone, un po' mortificata*)   Io l'ho detto cosí senza pensare.

LUISA (*ripigliando il tono sereno delle prime scene*)   E adesso ci penserete bene, e non lo direte piú.

MATTEO   Avete ragione, donna Lui'. Però convincetevi, se avessero saputo il fatto, nessuno vi avrebbe dato della pazza. Avrebbero detto, come abbiamo detto noi: «È 'a mamma!»

LUISA   Grazie, don Matte'.

MARIA (*entra, indicando il cesto di pere*)   Eccomi qua. Vogliamo pulire le pere? (*Prende il cesto e lo colloca su di un tavolo*).

LUISA   Sí, cosí mi trovo una cosa fatta. Siediti. (*Maria prende due coltellini e un altro cesto vuoto per mettervi le bucce, poi si avvicina al tavolo e siede anche lei*). Ecco fatto. Devi togliere la buccia sottile sottile... (*glielo dimostra con la pera che sta sbucciando lei*) senza fare le «gradiatelle» di Sant'Antonio... e non togliere lo «streppone», perché quello serve per prenderle dal barattolo.

ANTONIO (*di dentro*)   Maria! Maria!

MARIA   È tornato Antonio.

ANTONIO (*entra dalla destra. È vestito da soldato. Arturo lo segue. Antonio apre le braccia, in atto di mostrare tutta la divisa militare*).   Avete visto? Mi hanno vestito.

MARIA   Uh, Giesú. E pecché?

ANTONIO   Ma questi sono numeri, sono numeri!

ARTURO   Ma io non capisco... Perché non ti sei spiegato?

ANTONIO   Non mi hanno fatto parlare. La carta che ho ricevuto ieri, e questo l'ho saputo dopo, mi è arrivata perché quel sergente che conoscevo, con il quale ho parlato altre volte, è andato in congedo. E ca 'o pòzzano accidere addó sta mo, ha lasciato la vecchia pratica mia nel tiretto del suo tavolo. Il nuovo sergente l'ha trovata e mi ha mandato a chiamare per avere delle spiegazioni. Quando sono andato stamattina, (*a Maria*) che poi ti ho telefonato, c'erano le reclute, piú di cinquecento uomini. Mi hanno messo in rango... io vuleva parlà... niente: «Silenzio!» – e siamo andati a Reggimento. Per la strada pensavo: «Arrivati in caserma, mi metto a rapporto». Che vuoi parlare... Siamo capitati nelle mani di un caporale, nu sardagnuolo, che poco mi capiva... Tanno è stato cuntento, quanno s'ha pigliate 'e vestite borghese e m'ha miso 'a divisa. E solamente alla libera uscita mi è stato possibile di scappare qua. (*Disperandosi*) Non finisce, non finisce piú!

ARTURO   No, finisce. Finisce perché mo t'accompagno io. (*A Luisa*) Scusate, signora.

ANTONIO   Perdonate questa scena pietosa.

LUISA   Per carità, fate conto di essere in casa vostra.

ANTONIO (*ad Arturo*)   Il vestito, voglio il mio vestito borghese.

MARIA   Accompagnatelo voi, 'o zi'. Si no chisto fa cchiú guaie.

ANTONIO   Ma io in caserma non entro. Vi aspetto fuori.

ARTURO   Quando ti chiamo, entri. Restituisci la divisa e te piglie 'e panne borghese.

ANTONIO   Fosse 'a Madonna! E vogliamo andare?

ARTURO   Andiamo.

ANTONIO   Mariano ed Evelina sono partiti. Hanno sposato. Mo fanno 'o viaggio 'e nozze. E bravó... Beati loro. Mari', siamo sfortunati. Ma sta vota m' 'o ssento: domani mattina sposiamo pure noi.

MARIA   Anto', io me so' scucciata. Non lo diciamo piú. Se succede bene, se non salute a noi.

ANTONIO   Avete capito? Si perde l'entusiasmo, se capisce. Hai ragione, Mari'. Me sarría scucciato pur' i'. (*Ad Arturo*) Andiamo. (*A Maria*) Tu nun m'accumpagne?

MARIA (*quasi distratta*)   No, sto qua. Mo sono salita.

ANTONIO (*ingoiando amaro*)   E statte ccà. (*Poi a se stesso, come un'intima considerazione*) Nu fidanzato ca parte pe' suldato... 'a gente 'o saluta na vota, doie, tre, quattro... ma po' se scoccia. E che fa, saluta sempe? Statevi bene. (*Ed esce con Arturo*).

MATTEO (*alludendo alle pere*)   Le fate sciroppate?

LUISA   Si mette tutto assieme a fuoco lento, ogni chilo di pere, mezzo di zucchero...

MATTEO   E quanto tempo devono cuocere?

LUISA   Fino a quando l'acqua diventa dorata e sciropposa... Tu
queste cose le devi sapere. Prima perché ti sposi e ti possono
servire per tenerti tuo marito il piú possibile in casa. Sai, gli
uomini sono golosi. Pure se dicono: «No, io di queste cose
non ne mangio»... nun da' retta, lo fanno per sentirsi superiori... ma poi sono capaci di mangiarsele di nascosto. Perché un
poco di dolcezza nella vita piace a tutti quanti... E poi pure
perché ti fanno compagnia, ti aiutano... e ti dànno soddisfazione. Apri il mobile e dici: «Questa l'ho fatta io... È roba mia!...
Nessuno me la tocca».

Amicizia
(1952)

Amicizia è un atto meta-teatrale, brevissimo, fulminante, cattivo; del piú amaro Eduardo che si diverte a capovolgere beffardamente il senso d'uno dei suoi miti piú cari, la solidarietà o, sul piano privato, l'amicizia.

Accanto al cinquantenne infermo e svanito, Bartolomeo Ciaccia, che ha *gli occhi infossati* e *il naso affilato* (did.) dell'attore, è rimasta soltanto la sorella Carolina. Una di quelle parenti, però, distratte ed egoiste (come sarà la sorella di *Bene mio e core mio*), che non attendono altro che la fine, bene o male, del calvario: *si decida il fratello: o dentro o fuori* (did., p. 515). D'altronde l'agonizzante è un soggetto difficile con i suoi *istrionici atteggiamenti*, e si è fatto il vuoto attorno, specialmente dopo aver afferrato in un rigurgito di desiderio erotico la «moglie del colono», con forza cosí indiavolata che «per strappargliela dalle braccia dovettero accorrere il marito e il cognato della poveretta» (p. 517).

L'isolamento rustico e montano, cui li ha costretti il medico in un disperato tentativo di guarigione, ha esasperato im-paziente e infermiera, quando sopraggiunge la vittima designata dall'autore-attore: Alberto Califano, «amico fraterno» di Bartolomeo, e *carattere arrendevole e docile* (did., p. 516). Ha sfidato la calura d'agosto per salire a confortare, forse per l'ultima volta, il futuro caro estinto. Ne riceverà in cambio (dall'economa Carolina) poche gocce d'acqua e un colpo tremendo da parte dell' (inconsapevole?) moribondo.

In un gioco infernale di sciarade, che si succedono con sempre maggiore e comica accelerazione, il povero Alberto è costretto dai capricci dell'«amico» a mascherarsi via via (con fregoliana rapidità) da donna (zia Matilde), da commilitone del tempo di guerra (il carabiniere siciliano Botta che fa «Tatatatatò» con la mitragliatrice), da negro (Jòn) compagno di bagordi e di «buchi buchi» dopo la liberazione, e infine... da notaio. L'unica persona che il caparbio morente si rifiuta di ricevere (irrigidendosi, stralunando gli occhi e facendo no col capo) è proprio Alberto, obbligato a recitare sempre personaggi, senza poter mai interpretare se stesso. Alla fine non assisteremo alla morte in scena del «protagonista», bensí all'impazzimento (di memoria pirandelliana) della sua ingenua «spalla».

Appunto nei panni del «notaio», l'attore improvvisato (e il pubblico con lui) saprà dall'istrionico «peccatore» la ragione del suo rifiuto a riconoscerlo «per chi effettivamente» è... Bartolomeo consegna all'improbabile legale (giacca, cappello a bombetta e occhiali neri, una borsa della spesa sotto il braccio!) un pacco di lettere da restituire alla «moglie di Alberto Califano» («Sono stato il suo amante per molti anni. [...] Da queste lettere risulta pure che il primo figlio dei coniugi è mio», p. 525).

Estrema perfidia del personaggio o dell'autore-attore? Ambigua cattiveria della comicità eduardiana, che continua a perseguitare il povero «guitto per caso», mentre (*completamente ebete*) chiude il suo piccolo dramma ripetendo l'imitazione della mitragliatrice («Tatatatatò») e gridando confuso il capoverso della poesia di Zia Matilde: «Deh, volgete uno sguardo ai campi... | Belano e brucano... Brucano e belano... Mbè... mbè... mbèèè» (da *La pecorella*, p. 526).

Per la composizione di *Amicizia*, si è pensato di risalire agli anni Trenta («una farsa ispirata a Fregoli, con l'umorismo cattivo e grottesco delle primissime commedie»); d'altronde Fiorenza Di Franco, ricordando che l'atto fu messo in scena la prima volta insieme a *I morti non fanno paura* (datato 1952, ma composto nel '32 con il titolo *Requie all'anema soja...*), ritiene che possa essere stato scritto davvero nel '52, per fare da *pendant* all'altro atto unico (cfr. F. Di Franco, *Le commedie di Eduardo* cit., p.168).

Amicizia è stato rappresentato infatti il 9 maggio 1952 al Piccolo Eliseo di Roma; ma insieme ad altri due atti unici eduardiani: *I morti non fanno paura* e *Il successo del giorno dopo* (che nel '32 si chiamava *La voce del padrone*). Nella stagione '51-52 (come poi nella successiva) per la prima volta, dopo vent'anni, Eduardo non sale sul palcoscenico e non fa compagnia; si dedica al cinema e coltiva altre esperienze, come appunto la regia di questo spettacolo nel ridotto del Teatro Eliseo, per un gruppo di giovani attori appena usciti dall'Accademia Nazionale d'Arte Drammatica, fra i quali Nino Manfredi, Bice Valori e Tino Buazzelli.

L'atto unico ha avuto comunque la sua messinscena Tv, per la regia di Eduardo e Vieri Bigazzi, in onda la prima volta il 14 luglio 1956 (Rai); gli interpreti sono: Dolores Palumbo (Carolina Ciaccia); Ugo D'Alessio (Alberto Califano); Eduardo (Bartolomeo Ciaccia).

È stato rappresentato nella stagione teatrale 1989-90 (la prima volta al Teatro Vittoria di Roma) nell'ambito di uno spettacolo, dal titolo *Due storie ordinarie*, che comprendeva anche *Bellavita* di Luigi Pirandello; regista e interprete del dittico, Flavio Bucci, con Donato Castellaneta e Loredana Martinez; scene e costumi di Bruno Garofalo.

Amicizia è poi andato in scena nella stagione teatrale 1993-1994, per la Compagnia Stabile Teatro Filodrammatici di Milano, in uno spettacolo intitolato *Perfidia* (che comprende anche *La morsa* di Luigi Pirandello, *La piú forte* di August Strindberg, *Io, io, io* di Giancarlo Majorino). La regia è di Silvano Riccardi, le scene e i costumi sono di Angelo Poli, gli interpreti Claudio Beccari, Adriano De Guilmi, Gianni Quilico.

Il testo di *Amicizia* compare nella prima edizione Einaudi del secondo volume della *Cantata dei giorni dispari*, nel 1958; viene espunto dal secondo volume nell'edizione del 1979 (riveduta) e inserito, nella stessa edizione, nel primo volume della *Cantata*. Non subisce particolari varianti nelle successive ristampe o edizioni del volume.

Personaggi

Bartolomeo Ciaccia
Carolina sua sorella
Alberto Califano

ATTO UNICO

Un grande camerone di una rustica casa di montagna.
Tant'aria e tanto sole. Ore quindici di un giorno qualunque del
mese di agosto. Sprofondato in una poltrona, col capo riverso
sullo schienale e con la schiena incastrata fra cinque cuscini da
letto, boccheggia il sessantenne Bartolomeo Ciaccia, possidente. Ormai costui non connette piú; la morte si è già mezzo
impossessata dell'uomo. Basta osservare gli occhi infossati di
lui e il naso affilato, per rendersene conto; basta ascoltare il
suo fiatone a mantice con relative prolungate pause, per convin-
cersene. Forse, per quel senso di vanità familiare a tutti coloro
i quali si sentono protagonisti assoluti dell'ultima vicenda umana, Bartolomeo Ciaccia esagera un poco la gravità del suo stato,
ma questi sono affari suoi... Chi avrebbe il coraggio di negargli
gli ultimi istrionici atteggiamenti? E poi il dottore lo disse papale papale «Fategli cambiare aria, portatelo in montagna. Avete quella magnifica proprietà ad Avellino! Che aspettate? Fatelo questo tentativo. Però vi dico sinceramente che a me sembra
spacciato; se in montagna, a quell'aria, ha una probabilità su
mille di salvarsi, a Napoli, in via Costantinopoli, in questa casa
vecchia e buia muore certamente». Infatti i primi giorni d'aria
e sole avellinese giovarono molto al degente; mangiava con un
certo appetito; cominciava a sorridere di nuovo; ad interessarsi a ciò che accadeva; ad avvertire strani desideri erotici... ma
fu come un fuoco di paglia. Eccolo là, ora... La sorella Carolina
(costei decise di accompagnare ed assistere Bartolomeo in montagna) oramai non ne può piú di quell'eremitaggio: si decida il
fratello: o dentro o fuori. Ha famiglia, povera donna... un marito e tre figli da accudire! È possibile mai che un'agonia possa
durare cosí a lungo?
Al levarsi del sipario Carolina è in piedi sulla soglia della porta
d'ingresso. Ha messo l'avambraccio destro all'altezza degli occhi per evitare i raggi solari e guardare meglio verso il pendio.

Stenta a riconoscere in colui che sta per giungere un carissimo e fedele amico di famiglia.

ALBERTO (*dall'interno*) Sono io, Alberto Califano. Preparatemi da bere! Acqua fresca!

CAROLINA Salite Alberto...Voi siete la salvezza, la manna.

ALBERTO (*c. s.*) Quello che vi chiedo: acqua fresca!

CAROLINA Ma sí... venite. (*Entra nella stanza e si dirige verso un angolo dove trova un orcio pieno d'acqua, ne versa il contenuto in un bicchiere fino a riempirlo, e lo porta con sé fermandosi dov'era prima ad attendere. Ora mostra l'acqua ad Alberto che deve essere ormai a poca distanza dalla casa*) È gelata, venite!

ALBERTO (*finalmente entra sbuffando; è un uomo sulla cinquantina: il suo insieme estivo, abito chiaro, camicia aperta e sandali non ha servito a rendergli agevole la «gita», infatti la polvere di quelle straducole di fortuna, attraverso le quali si è dovuto arrampicare per giungere fin lassú, cosparsa sui capelli e sul vestito, e appiccicata sul sudore della faccia, lo fanno apparire poco meno di un essere di razza albina. Malgrado le sue pietose condizioni, grazie al suo carattere arrendevole e docile, trova ancora il modo di mostrarsi gentile nei confronti della padrona di casa*) Carissima Carolina, sono veramente felice di vedervi. (*E senza che Carolina abbia il tempo di rispondergli, s'attacca al bicchiere e beve*).

CAROLINA Non mi sarei mai aspettata una vostra visita qua. Quello che sto passando di guai non ve lo so dire.

ALBERTO (*dopo bevuto, rinfrancato alquanto*) La penna di Salgari avrebbe potuto descrivervi quello che ho passato io per arrampicarmi qua sopra. (*Mostrando le condizioni pietose della sua persona dalla testa ai piedi*) Guardate come sono ridotto... chi avrebbe mai pensato che Napoli-Avellino sarebbe stato poco meno di un percorso di guerra. D'altra parte anche se l'avessi saputo ci sarei venuto lo stesso, non avrei mai rinunciato di vedere ancora una volta l'amico d'infanzia: il fraterno amico della prima giovinezza e della maturità.

CAROLINA (*mostrando l'agonizzante*) Eccolo là.

ALBERTO Povero Bartolomeo, povero amico mio! Come sta?

CAROLINA (*non può nascondere un senso di fastidio e d'insofferenza*) Non so niente, non capisco piú niente. Il dottore a Napoli consigliò di portarlo qua per il cambiamento d'aria, disse che sarebbe stato l'unico tentativo per salvarlo; che a Napoli sareb-

be morto certamente. Prima di decidermi ad accompagnarlo
qua, mi informai bene: «Credete che si tratti di cosa che prenderà per le lunghe?» Ho famiglia anch'io, caro Alberto, ho marito e tre figli... da venti giorni non ne so piú niente di loro...
qui a marcire, e senza chiudere occhio la notte. Sono diventata
uno straccio. Come vi dicevo, il dottore mi assicurò che mio
fratello avrebbe reagito subito al cambiamento d'aria: o guarigione o fine immediata.

ALBERTO   E non dà segni di ripresa?

CAROLINA   I primi giorni sí. Mi stupiva il suo miglioramento:
mangiava con appetito, sorrideva, cominciava ad interessarsi
di tutto ciò che succedeva intorno a lui; guardava con desiderio la moglie del colono!... Una montanara abbastanza belloc-
cia. Un giorno riuscí ad afferrare la gonna della donna costringendola a sedersi sulle sue gambe, e la strinse a sé con una
forza talmente indiavolata... chi sà da dove la tirò fuori... che
per strappargliela dalle braccia dovettero accorrere il marito e
il cognato della poveretta. E da quel momento ho perduto pure il loro aiuto di cui mi valevo tanto, perché non hanno voluto
piú mettere piede qui dentro.

ALBERTO   E poi?

CAROLINA   E poi è caduto in quel torpore, in quello stato di
semincoscienza e da quindici giorni è rimasto stazionario. Ma
io mi dico: è mai possibile che un uomo possa avere tanta
resistenza? Non mette niente sotto i denti da circa quattro giorni, non distingue piú le persone e le cose, a stento riconosce la
mia voce...

ALBERTO (*commosso*)   Povero Bartolomeo, sarà questione di
ore...

CAROLINA (*pronta*)   Cosí pensavo anch'io: non bisogna fidarsi.

ALBERTO (*sempre accaldato e disfatto cambia tono per chiedere
con urgenza*)   Non ci sarebbe da gettarsi un poco d'acqua fresca in faccia? Mi sento come venuto fuori da un pantano.

CAROLINA (*con un egoistico senso di difesa*)   Per bere magari
sí... ma per lavarsi ne usiamo il meno possibile. Sapeste che
traffico infernale che bisogna fare per raggiungere la fontana
piú vicina. Ci fosse il colono o la moglie...

ALBERTO   E non c'è altri da chiamare?

CAROLINA (*esasperata*)   Nessuno. Ed hanno ragione. Al principio veniva qualche conoscente del posto, non so: il procaccia,
la maestrina comunale, il farmacista... (*Alludendo al fratello*)
Ma lui non ne ha risparmiato uno. A chi ha tirato in faccia i

cuscini, a chi il bastone... Alla maestrina una tazza di latte e caffè addosso...

ALBERTO (*alludendo all'acqua*) Ma non dico assai, Carolina... un fondo di bacinella, tanto per rinfrescarmi gli occhi...

CAROLINA Ma sí, venite...

Seguíta da Alberto si avvicina all'orcio, lo solleva, versa un poco d'acqua in una bacinella di latta o di coccio che troverà a portata di mano. Alberto, come aveva promesso, del resto, in quelle due dita d'acqua riesce a bagnarsi soltanto gli occhi.

ALBERTO (*dopo lo strazio di quella «rinfrescata», s'interessa di nuovo al suo fraterno amico*) Carolina, volete dirgli che sono arrivato, e che vorrei parlargli... non so, vederlo.

CAROLINA Bisogna usare molta cautela. Non gli posso dire cosí a bruciapelo: «È arrivato il tuo amico». È diventato talmente emotivo che una notizia di questo genere potrebbe inchiodarlo sulla poltrona. Non subisce niente, bisogna fare in modo che lui chieda quello che magari gli si vuol dare. Adesso ci penso io. Tenetevi in disparte voi. (*Si avvicina al fratello cauta e gli parla dolcemente*) Bartolomeo, (*un po' piú forte*) Bartolomeo... (*Bartolomeo straluna gli occhi facendosi attento*). Come ti senti? (*Un lamento di Bartolomeo che vuol significare: «che ne so»*). Sai chi penso di far venire da Napoli?... (*Bartolomeo si fa sempre piú attento*). Quel tuo carissimo amico d'infanzia... quello grosso, te lo ricordi? Alberto Califano.

BARTOLOMEO (*a quel nome rimane come freddato da una pallottola alla nuca. Poi raccoglie tutte le sue forze per formulare un lamento*) No... no... non lo voglio vedere...

CAROLINA Ma come, vi volete tanto bene!

BARTOLOMEO Sí, sí... ma non lo voglio vedere. (*Un pianto gli sale alla gola, il quale confonde le poche parole che riesce a dire*) Zia Matilde... Zia Matilde...

CAROLINA (*con mal repressa esasperazione*) Ecco, lo sapevo: ci risiamo con zia Matilde.

ALBERTO (*chiede discreto*) Che c'è?

CAROLINA Da dieci giorni chiede di rivedere la zia Matilde.

ALBERTO Perché non la fate venire qua?

CAROLINA Dal cimitero la faccio venire?

ALBERTO È morta?

CAROLINA Morí di colpo due mesi fa, quando seppe che lui stava morendo.

ALBERTO   E lui non lo sa?

CAROLINA   Non sarebbe stato prudente informarlo.

BARTOLOMEO (*lamentoso*)   Zia Matilde, perché non ti fai vedere?

CAROLINA   Avevo pensato di fingermi io zia Matilde per contentarlo, ma le proporzioni sono diverse: zia Matilde era un donnone... (*Bartolomeo si lamenta*) ... e intanto quello muore dannato.

ALBERTO   Ma gli avete detto che sono venuto io?

CAROLINA (*mortificata*)   Sí, ma... chi sa che succede nel cervello di un uomo in quelle condizioni... non vi vuole vedere.

ALBERTO (*contrariato*)   Bisogna compatirlo.

BARTOLOMEO (*riesce a gridare*)   Zia Matilde, dove sei?

CAROLINA   Sí, adesso faccio il miracolo di zia Matilde.

ALBERTO   Scusate Carolina, ma lui non riconosce perfettamente le persone?

CAROLINA   Macché, ci sente pure poco.

ALBERTO   Allora gliela faccio io. Ditegli che zia Matilde è arrivata, e che vuole vederlo.

CAROLINA (*squadrando Alberto*)   Come proporzioni andiamo bene. Soltanto penso che dobbiate mettervi un cappello da donna, una qualche cosa che possa sembrare una gonna...

ALBERTO   Non avete niente a portata di mano?

CAROLINA (*indica la camera accanto*)   Di là c'è un armadio con tanta roba vecchia di casa, un cappello qualunque ci deve essere. (*Esce per la destra e parla di dentro mentre apre l'armadio*) Tanto lui non distingue niente. Ecco. (*Ha trovato qualcosa di utile*) Questo andrebbe bene... (*Ha trovato qualcos'altro*) Questa mantella fu di mia nonna... e questo tappeto andrebbe bene come gonna. (*Torna recando tutto l'occorrente*) Ecco, prendete.

ALBERTO   Aiutatemi a vestirmi. (*S'arrangia come può. Quando la trasformazione è completa, Carolina gli porge ancora una borsetta, e un bastone grosso, di quelli che servono a strofinare lo straccio sui pavimenti. Alberto, meravigliato*) Che devo fare con questo?

CAROLINA (*convinta*)   La gruccia. Zia Matilde aveva una sola gamba.

ALBERTO   Poveretta, non sapevo... (*E si assoggetta alla gruccia*).

CAROLINA (*dà inizio alla finta*)   Zia Matilde! Ma che sorpresa e che gioia! Venite zia, Bartolomeo non ha fatto altro che chiedere di voi.

ALBERTO (*alterando la sua voce*)   Per lui sono venuta. (*Avanza verso Bartolomeo, saltellando sulla gruccia*).

CAROLINA (*al fratello*)   Bartolomeo, c'è zia Matilde. Zia, sedetevi accanto a Bartolomeo (*porgendo la sedia ad Alberto*).

ALBERTO   Ma prima di sedermi voglio abbracciare mio nipote.

Il volto di Bartolomeo s'illumina di gioia, il trucco è riuscito. Alberto abbraccia e bacia Bartolomeo.

BARTOLOMEO (*balbetta*)   Zia Matilde!

ALBERTO   Ora sí, ora mi seggo. (*Siede accanto all'amico*).

BARTOLOMEO (*piagnucola ma è felice*)   A voi aspettavo per morire...

ALBERTO   No, Bartolomeo mio, non lo dire... Tu non devi morire.

BARTOLOMEO   Voi siete stata la mia vera madre; in casa vostra ho mosso i primi passi. Aspettavo voi per morire.

CAROLINA   Adesso sei contento?

BARTOLOMEO   Vi voglio bene, zia Matilde... e mi sento sicuro vicino a voi. Dov'è la gruccia?

ALBERTO (*mostrando lo spazzolone*)   Eccola, nipote mio. Senza questa, non mi sarebbe stato possibile di salire fin quassú.

BARTOLOMEO   Vi ricordate zia, quando m'insegnavate a scrivere?

ALBERTO   Eri un gran testone.

BARTOLOMEO   Quando componeste una poesia per me?

ALBERTO   Sí, che me la ricordo.

BARTOLOMEO   Vorreste dirmela, zia?

ALBERTO (*piano a Carolina*)   Che gli dico?

CAROLINA (*sottovoce ad Alberto*)   Me la ricordo. Io scrivo e voi leggete ad alta voce. (*Scrive su di un quaderno, via via Alberto legge*).

ALBERTO (*legge il titolo*)

LA PECORELLA

Deh, volgete uno sguardo ai campi
rinverditi dall'erba fresca,
non vedete la pecorella
che vi accorre e che ad essa adesca?
Mbè... mbè... mbèè... Che chiede infine
quel belare con insistenza?

Prega? Implora? Compiange? Gode?
od all'uom chiede clemenza?
Mentre bèla bruca l'erba
bèla e bruca, bruca e bèla.
Deh volgete uno sguardo ai campi
rinverditi dall'erba fresca,
non vedete la pecorella
che vi accorre e che ad essa adesca?
Mbè... mbè... mbèèè...
Chiede clemenza...
perciò bèla con insistenza?

(*Si agita in un bagno di sudore, si rivolge a Carolina implorante*) Mi vorrei togliere il tappeto.

CAROLINA (*a Bartolomeo con voce suadente*) Zia Matilde è stanca adesso... facciamola riposare. (*Ad Alberto*) Zia, andate a
stendervi un poco sul letto. (*A Bartolomeo*) Quando la vuoi
vicino a te la chiamiamo un'altra volta.

Reazione di Alberto.

ALBERTO (*alzandosi*) E stai tranquillo nipote mio... vedrai che
sono stata di buon augurio...

BARTOLOMEO (*non l'ascolta piú, ripete come un automa i versi
della poesia*)
Deh volgete uno sguardo ai campi
rinverditi dall'erba fresca...

CAROLINA (*ad Alberto, il quale già si è allontanato da Bartolomeo*) È fatta. Quanto bene gli avete fatto; non saprò mai
ricompensarvi.

ALBERTO (*togliendosi la mantella ed il cappello chiede*) Un sorso d'acqua.

CAROLINA (*sorpresa*) Ancora?!

ALBERTO Chiedo scusa, ma ho la gola secca.

CAROLINA (*porgendogli il bicchiere in cui ne ha bevuto Alberto
poc'anzi*) Ecco, non l'avete bevuta tutta... (*Infatti nel bicchiere c'è ancora un dito d'acqua*). Bevete.

ALBERTO (*facendo buon viso*) Grazie. (*E beve quel sorso d'acqua*).

CAROLINA (*avvicinandosi a Bartolomeo, gli chiede*) Sei contento? (*Ma si accorge che Bartolomeo piange dirottamente*) Che
c'è, perché piangi cosí? (*Bartolomeo farfuglia qualche parola*

*che solo la sorella comprende. Carolina ha già realizzato qualche
cosa che possa valere per accontentare l'estrema richiesta del
fratello)* Ma non bisogna disperare, amore santo. Gli ho telefonato... può darsi che da un attimo all'altro...

Bartolomeo continua a lamentarsi.

ALBERTO (*accasciato su di una sedia al lato destro della stan-
za*) Che c'è?
CAROLINA (*discreta*)   Vorrebbe vedere un suo amico che conob-
be in un ricovero durante la guerra... (*Con allusione*) Voi non
potreste...
ALBERTO   Volentieri, ma riusciremo come prima?
CAROLINA (*decisa*)   Dobbiamo, dobbiamo riuscirci altrimenti mi
muore dannato quello (*indica il fratello*).
ALBERTO (*rassegnato*)   Come si chiama costui?
CAROLINA (*pronta*)   Lorenzo Botta, un siciliano.
ALBERTO   Non sono padrone del dialetto... mi arrangerò... (*Avan-
za verso Bartolomeo annunciandosi*) Lorenzo Botta siciliano
non manca mai ai suoi doveri...
CAROLINA (*fermandolo*)   Ma no, non cosí... (*Indica il vestito di
Alberto*) Lorenzo Botta è un carabiniere. (*Meditando qualco-
sa*) Si potrebbe... (*Corre di nuovo nell'altra stanza per aprire
l'armadio. Torna dopo poco recando un feltro nero da donna*)
Ecco...

Lo trasforma in una feluca napoleonica, applicando nel bel mezzo di essa un variopinto piumino per la polvere che troverà in
un angolo della camera. Ha trovato pure un vecchio frak tarla-
to, una cinghia di pelle bianca con applicazioni di orpelli arruggi-
niti e due portamonete, una sciarpa azzurra sbiadita, ed una
bilancia paesana. La trasformazione avviene. Lorenzo Botta,
imponente figura dell'arma benemerita, è pronto per visitare
l'amico infermo.

ALBERTO (*con aria marziale muove verso Bartolomeo*)   Lorenzo
Botta, siciliano di nascita, non manca mai ai suoi doveri di
amicizia. Bartolomeo, che fai? Bedda Madre Santissima, me
scantaje quanno seppi la notizia della tua infermità. Dammi un
bacio figghiuzzo beddo.
BARTOLOMEO (*rischiarato in volto, tende le pesanti braccia verso
Alberto*)   Sí, sí...

ALBERTO (*siede accanto all'amico, battendo la bilancia in terra come se fosse una sciabola*) Ti ricordi quando ci conoscemmo in quel ricovero?

BARTOLOMEO (*con evidente nostalgia*) I bombardamenti...

ALBERTO Mízzeca, che pioggia!

BARTOLOMEO Ti ricordi la mitragliatrice?

ALBERTO (*imitando il crepitio dell'arma*) Ta-ta-ta-ta-ta-tà.

BARTOLOMEO (*sognando*) Fammi una bomba.

ALBERTO (*con un senso d'incertezza ci prova*) Craaaan!

BARTOLOMEO (*scontento*) No, col fischio.

ALBERTO Già, il fischio prima. (*Imita come può il sibilo dello sgancio, poi conclude con un secondo*) Craaaan!

BARTOLOMEO Me la fai una fortezza volante?

Alberto con uno sguardo implora l'intervento di Carolina, la quale risponde con un gesto che vuol significare: fategli un rumore qualunque. Alberto non se la sente. Allora Carolina risolve trascinando un mobile per la stanza. D'un tratto Alberto si alza in piedi come se in quello stesso istante si fosse ricordato di un impegno urgente.

ALBERTO Accidenti, devo scappare... il servizio mi chiama. Curati Bartolomeo caro. Quando torno domani voglio trovarti a tavola.

Ma Bartolomeo non lo ascolta piú, rincorre le granate e le fortezze volanti di un tempo.

CAROLINA (*ad Alberto riconoscente*) Grazie... e questa pure è fatta.

Ad Alberto per sfortuna sfugge un perfetto «Okey» che Bartolomeo immediatamente raccoglie.

BARTOLOMEO (*al colmo della felicità*) Jòn... è arrivato Jòn!

Alberto si rabbuia.

CAROLINA (*accorre verso il fratello e afferma*) Sí, è arrivato in questo momento per vederti. (*Rivolgendosi poi ad Alberto, lo informa meglio*) Il negro. Un negro che mio fratello conobbe dopo la liberazione. (*Questa volta Carolina non chiede nemme-*

no il beneplacito di Alberto. Trasforma costui in un negro fa-
cendogli indossare una giacca di tela grezza da montanaro, ed
infilandogli in testa una calza marrone velata. Alberto è intonti-
to ormai; non reagisce. Carolina, rivolgendosi al fratello, e so-
spingendo Alberto fino a farlo sedere come un sacco di patate
vicino a lui) Eccolo qua. Jòn ti è stato fedele.

BARTOLOMEO   Jòn, tu mi ricordi i momenti piú divertenti della
mia vita. Grazie, grazie di essere venuto.

ALBERTO   Io moldo condendo vedere te mio amigo.

BARTOLOMEO *(quella voce lo affascina)*   Mi sembra di rivivere
quei giorni pieni di euforia.

ALBERTO   Tutta allegria sbenzierada.

BARTOLOMEO   Le nostre scappate nei locali notturni... ballavi come un dio! *(Alberto si agita sulla sedia incupendosi)* Jòn, balla
un'ultima volta per me... il buchi buchi... Jòn, balla con Carolina, te lo permetto.

CAROLINA *(decisa)*   Su, un pochetto.

Costringe Alberto ad alzarsi ed a ballare il buchi buchi con lei.
Alberto la segue come trasognato.

ALBERTO *(ballando gli viene sulle labbra la poesia di zia Matilde,*
non può fare a meno di dirla ad alta voce)
    Deh, volgete lo sguardo ai campi
    belano e brucano, brucano e belano.
    (Dopo poco si accosta disfatto su di una sedia strappandosi la
    calza dal capo).

BARTOLOMEO *(non udendo piú i passi ritmati di Jòn, chiede a Caro-*
lina)   Dov'è andato Jòn?

CAROLINA *(con tono dolce cercando di convincere il fratello)*   Sai
come sono i negri... quando ballano si esaltano e non si control-
lano piú. Nell'entusiasmo ha infilata la porta di casa, ed ora sta
ballando per la montagna; ma vedrai che fra poco tornerà. *(Ad*
Alberto) Meno male, Bartolomeo se l'è bevuta.

ALBERTO *(sottovoce a Carolina)*   Ditegli se vuole vedere me. È
mai possibile che non debba avere la gioia di parlargli con le
mie parole, con la gioia nel cuore di sentirmi accanto a lui
sapendomi riconosciuto per chi effettivamente sono.

CAROLINA *(comprende il legittimo desiderio di Alberto, tenta an-*
cora una volta di ottenere l'adesione del moribondo)   Bartolomeo, ascolta: se facessi venire il tuo amico Alberto Califano?
(Bartolomeo s'irrigidisce, straluna gli occhi e fa cenno di no col

capo. Carolina suo malgrado è costretta a deludere l'amico Alberto) Niente, non ne vuole sapere.

BARTOLOMEO *(con voce d'oltretomba, chiede)* Il notaio... è venuto il notaio?

CAROLINA *(ad Alberto)* Lo chiede da quattro giorni.

ALBERTO *(prevenendo ogni proposta da parte di Carolina)* Con tutto il cuore, ma non me ne sento la forza.

BARTOLOMEO Se non arriva il notaio, non posso morire.

CAROLINA *(piena di speranza)* Su, Alberto... che ci perdete?

ALBERTO *(cede anche questa volta per forza di inerzia)* Oramai non ho piú niente da perdere. Come si chiama il notaio?

CAROLINA Antonio Covone.

ALBERTO Eccomi qua.

CAROLINA Ha barba e baffi. *(Richiamandolo con complicità)* Venite. *(Questa volta, sempre nell'armadio che sta nella stanza vicina, trova una giacca nera, un cappello a bombetta a foggia antica, e un paio di occhiali neri. E per completare la figura approssimativa di Antonio Covone, gli mette una borsa da spesa sotto il braccio. Dopo aver dato un ultimo sguardo ad Alberto per garantirsi dell'effetto, si avvicina a Bartolomeo annunciando la nuova visita)* Bartolomeo, è venuto il notaio.

BARTOLOMEO Antonio Covone?

CAROLINA Lui in persona.

BARTOLOMEO *(preparandosi seriamente al colloquio)* Fallo sedere.

ALBERTO *(sedendo accanto all'amico)* Eccomi, signor Ciaccia.

BARTOLOMEO Grazie di essere venuto.

ALBERTO È il mio dovere.

BARTOLOMEO Come vedete sto per rendere l'anima al Signore.

ALBERTO Il Signore è padrone di affrettare i tempi.

BARTOLOMEO Lo sta facendo.

ALBERTO Voi forse lo vedete, io no.

BARTOLOMEO Sono un misero peccatore.

ALBERTO Vi siete confessato?

BARTOLOMEO Sí, ma non basta, ho bisogno di voi. *(Da una scatola che aveva tenuta sempre accanto, cava un pacchetto abbastanza voluminoso, legato con un nastro e lo mostra)* Dovete consegnare queste lettere alla moglie di Alberto Califano... Sono stato il suo amante per molti anni. *(Alberto macchinalmente prende nelle mani il pacchetto di lettere).* Da queste lettere risulta pure che il primo figlio dei coniugi è mio.

CAROLINA *(smarrita interviene)* Ma cosa dici?

ALBERTO (*alzandosi in piedi, completamente ebete*)   È chiaro.
Non lo avete capito? (*Non sa che fare, imita la mitragliatrice*)
Ta-ta-ta-ta-ta-tò. (*E grida il capoverso della poesia, imbroglian-
dosi poi col seguito*)
   Deh, volgete uno sguardo ai campi...
   Belano e brucano... Brucano e belano...

Cronologia della vita e del teatro

Per compilare questa nota biografica eduardiana abbiamo tenuto conto di quella già apparsa nella nostra monografia *Invito alla lettura di Eduardo*, Laterza, Bari-Roma 1992; confrontandola e integrandola tuttavia con le piú recenti biografie dell'autore.

1900   Il 24 maggio Eduardo nasce a Napoli dalla libera unio-
       ne fra Eduardo Scarpetta e Luisa De Filippo, da cui era
       nata Titina (1898) e nascerà Peppino (1903). Figli natu-
       rali e figli d'arte, i tre De Filippo iniziano giovanissimi
       a calcare le tavole del palcoscenico, recitando nella com-
       pagnia di Scarpetta quando c'è bisogno di bambini in
       scena, secondo la tradizione delle compagnie dialettali,
       e napoletane in particolare, a gestione familiare.

1904   Eduardo debutta nei panni di un cinesino al Teatro
       Valle di Roma, nella parodia scarpettiana di un'operet-
       ta famosa, *La Gheisha*.

1909   I tre fratelli si ritrovano insieme sul palcosenico del Val-
       le di Roma per una recita di *Nu ministro mmiez 'e guaie*
       (versione napoletana e scarpettiana di *I guai del ministro*
       di Vito di Napoli); Titina ha undici anni, Eduardo no-
       ve, Peppino sei.

1911-12 Dopo che (nel 1910) Eduardo Scarpetta si è ritirato dal-
       le scene, Titina entra a far parte della compagnia di
       Vincenzo Scarpetta, figlio legittimo del patriarca-capo-
       comico, mentre i fratelli vi recitano occasionalmente;
       Eduardo (insieme a Peppino) viene mandato in colle-
       gio, all'Istituto Chierchia di Napoli, ma dopo un anno
       scappa a Roma per raggiungere la zia Ninuccia, sorel-
       la della madre, che con il marito (Pietro Pizzullo) e i ge-
       nitori faceva la comparsa nel cinematografo. Anche
       Eduardo ci prova per rendersi indipendente, ma l'espe-
       rienza è durissima e termina presto. Nel 1912 recita
       nella rivista *Babilonia* di Rambaldo (Rocco Galdieri),
       indossando la divisa del «guardio», mentre Titina fa la
       figurazione della *roulette*.

1913-14   Scritturato nella compagnia di Enrico Altieri durante
l'estate del '13 (e poi del '16), Eduardo sperimenta al
Teatro Orfeo (piccolo teatro periferico, nei pressi della
ferrovia) un repertorio vario: dalla farsa pulcinellesca ai
melodrammi recitati senza musica, dai copioni storico-
sociali a puntate alle sceneggiate; entra in contatto,
dunque, con un filone del teatro popolare-dialettale che
trasformava in spettacolo la quotidianità piú grama e
violenta di Napoli. Quel mondo, di cui Mastriani e Stella erano stati il maggiore autore e il principale interprete,
sarebbe stato riproposto con altra efficacia espressionistica dal teatro di Raffaele Viviani. Sul palcoscenico
dell'Orfeo, Eduardo scopre anche il mondo del teatro
di varietà e delle macchiette (anch'esso privilegiato dal
primo Viviani), e fa amicizia, in un camerino di «quello
sporco locale» che a lui «pare bello e sontuoso», con
Totò. Anche in questo periodo Eduardo adolescente
apprende l'artigianato della scena: passa dalla compagnia d'arte varia di Peppino Villani nella compagnia
Urcioli-De Crescenzo, quindi in quella di Aldo Bruno,
e ancora nella Compagnia Italiana di Luigi Cancrini, recitando nei teatri napoletani piú popolari: il San Ferdinando e il Trianon, oltre all'Orfeo.

1914-15   Eduardo entra come «secondo brillante» nella compagnia di Vincenzo Scarpetta.

1917   I tre De Filippo si riuniscono per la prima volta nella
compagnia del fratellastro Vincenzo, per recitare al
Mercadante, al Trianon e al Fiorentini (Titina è da
tempo in compagnia, Eduardo vi è entrato e uscito diverse volte, Peppino vi arriva dopo essersi formato in
ruoli di secondo piano in altre compagnie). La loro con-
vivenza artistica dura pochissimi mesi, in giro per l'Italia centro-meridionale, da Perugia e Gubbio, a Bari e
Foggia: un periodo segnato anche dal clima della guerra
in corso.

1920-21   Negli anni di guerra Eduardo canta, balla, inventa *sketches*; e quando il varietà, nel quale avevano furoreggiato
le macchiette di Viviani, viene proibito dal governo dopo Caporetto (come «spettacolo poco edificante» per i
reduci dal fronte), passa alla rivista, scrivendo e in-

terpretando monologhi buffi o scenette su un registro brillante. Su una locandina che riproduce una sua caricatura (schizzata da Marchetti) per una «serata d'onore» il 22 marzo 1920 al Teatro Nazionale, egli appare di profilo, con i capelli impomatati e divisi dalla scriminatura, in un «fracchetto» elegantissimo e ridicolo allo stesso tempo. Anche se, a partire dal '20, Eduardo presta servizio nella caserma del II Bersaglieri di Roma, viene subito incaricato di organizzare recite con i soldati (Titina gli dava una mano per i ruoli femminili); gli viene concesso quindi di alloggiare in un ripostiglio trasformato in camera da letto, dove scrive atti unici per i bersaglieri-attori, mentre la sera può lasciare la caserma per recitare al Valle. Nel 1920, al ruolo di attore incomincia ad abbinare quello di autore: scrive l'atto unico *Farmacia di turno*, che la compagnia di Vincenzo mette in scena nel 1921. Nello stesso anno Eduardo si congeda e torna a tempo pieno nella compagnia Scarpetta, che invece Titina ha lasciato per una scrittura in una compagnia formata da Vincenzo Corbinci al Teatro Nuovo di Napoli; poi la sorella passerà al Cavour, dove si fidanza con l'attore Pietro Carloni (suo futuro marito).

1922-27   Ancora per Vincenzo (nella cui casa vive a Roma e nella cui compagnia resta fino al '27) Eduardo scrive nel '22 *Ho fatto il guaio? Riparerò!*, commedia in tre atti che andrà in scena quattro anni dopo al Fiorentini di Napoli (con il nuovo titolo, *Uomo e galantuomo*, sarà poi rappresentata dalla compagnia «Teatro Umoristico I De Filippo» il 23 febbraio 1933, al Sannazzaro). Ma fa anche esperienze diverse: il 16 settembre 1922 compie la sua prima prova di regista mettendo in scena al Partenope di Napoli *Surriento gentile*, «idillio musicale» di Ezio Lucio Murolo (uno degli esponenti, insieme a Libero Bovio e a Salvatore Di Giacomo, del cosiddetto «teatro d'arte» partenopeo); nell'estate del 1924 si associa alla compagnia di riviste di Peppino Villani per lo spettacolo *8 e 8: 16* (che resterà in scena un anno grazie ai continui aggiornamenti del copione, cui Eduardo contribuisce). L'attore decide quindi di accettare una scrittura come «brillante» nella nuova compagnia diretta da Luigi Carini (con altri attori di buon nome, come

Camillo Pilotto e Arturo Falconi); firma il contratto insieme a Peppino il 16 dicembre 1926, anche se poi il fratello troverà piú conveniente proporsi a Vincenzo al suo posto. Carini avrebbe dovuto portare sui palcoscenici italiani lavori del teatro nazionale in lingua, ma il repertorio comprendeva drammi di Niccodemi e di Forzano e inoltre (dopo il debutto al Politeama di Como, il 5 marzo 1927) la compagnia non andò bene economicamente; perciò Eduardo preferisce tornare in famiglia, da Vincenzo, che gli mette in scena *Ditegli sempre di sí* (la commedia in due atti, scritta nel '27, sarà poi riproposta, con varianti significative, dalla compagnia «Teatro Umoristico I De Filippo» il 10 novembre 1932 al Teatro Nuovo di Napoli). Ma ancora nel 1927, dopo la stagione con Vincenzino, l'amicizia di Eduardo con Michele Galdieri (figlio di Rocco e che diventerà uno degli autori preferiti di Totò) si concretizza nello spettacolo dal titolo provocatorio (o scaramantico) *La rivista... che non piacerà!*, il 27 luglio al Fiorentini di Napoli, e nella compagnia «Galdieri-De Filippo». La dirige lo stesso Eduardo; anche se gli altri due fratelli, che fanno parte sia della compagnia che dello spettacolo, hanno i loro nomi in ditta. È la sua prima esperienza come capocomico: Eduardo ha convinto Peppino e Titina a rischiare in proprio, in una specie di cooperativa «sociale» senza produttore-finanziatore (su prestito di una nota strozzina). Una dura esperienza: molto successo ma pochi incassi!

1928   Comunque Eduardo è sempre piú orientato a formare una compagnia autonoma con i fratelli, e continua fare esperimenti in tal senso, nel periodo estivo; in un programma di sala del 1928 si legge che la «De Filippo – Comica Compagnia Napoletana d'Arte Moderna, diretta da Eduardo De Filippo» promette prosa, musica e *sketches*. Nello stesso anno l'attore-autore scrive l'atto unico *Filosoficamente*.

1929-30   Nel luglio del 1929, al Fiorentini di Napoli, Eduardo e Peppino hanno successo con lo spettacolo *Prova generale*, «tre modi di far ridere» (*La risata semplice*; *La risata maliziosa*; *La risata grottesca*). I tre atti con un prologo e un epilogo di Michele Galdieri portano la firma di R.Maffei (Galdieri), G.Renzi, H.Betti (pseudonimi dei due De Filippo). Intanto Titina, insieme al marito Pietro Carloni, è tornata con la Compagnia Molinari, ristrutturata come compagnia di riviste, per recitare accanto a Totò (scritturato dall'impresario Aulicino dopo la morte di Gennaro Della Rossa, attore principale e direttore della compagnia). Il debutto al Teatro Nuovo è con *Messalina* di Kokasse (pseudonimo di Mario Mangini); seguiranno *I tre moschettieri*, con Totò-D'Artagnan armato di una stampella d'armadio e penna di cappone sulla bombetta, *Bacco, tabacco e Venere*, e *Amore e cinema*, dove ancora Totò imita Charlot. Si rappresentano anche *Miseria e nobiltà* e *Na Santarella* di Scarpetta, dove Titina interpreta la protagonista. Ma, quando nella primavera del 1930 Totò lascia la compagnia, i due fratelli De Filippo vengono scritturati per l'estate. Eduardo, Peppino e Titina si riuniscono dunque nella Compagnia di Riviste Molinari del Teatro Nuovo, formando una ditta all'interno della compagnia, «Ribalta Gaia», della quale fanno parte anche Pietro Carloni, Carlo Pisacane, Agostino Salvetti, Tina Pica e Giovanni Bernardi. Debuttano nel giugno 1930 con *Pulcinella, principe in sogno...*; Kokasse-Mangini scrive la prima parte dello spettacolo, Tricot, ovvero Eduardo, la seconda, e vi include sotto forma di *sketch* l'atto unico *Sik-Sik, l'artefice magico* da lui già schizzato nel '29. Al 1929 risalgono pure la prima stesura eduardiana dell'atto unico *Le bische* (titolo mutato in *Quei figuri di trent'anni fa* per aggirare la censura fascista, nella rappresentazione del lavoro il 2 gennaio 1931 al Kursaal di Napoli), e la composizione di *Chi è cchiú felice 'e me!* (commedia in due atti che poi la compagnia «Teatro Umoristico I De Filippo» metterà in scena l'8 ottobre 1932 al Teatro Sannazzaro di Napoli).

1931-32 La stagione 1931-32 con la compagnia Molinari è inizialmente dedicata alla rivista: da *Ll'opera 'e pupe* di Tricot e Kokasse (con i due fratelli De Filippo nelle vesti di Orlando e Rinaldo) a *C'era una volta Napoli* di Carlo Mauri, Tricot e Kokasse. Ma dopo l'entusiasmante successo di *Sik-Sik*, nel febbraio del 1931 i tre

fratelli riescono a formare la compagnia «Il Teatro
Umoristico di Eduardo De Filippo, con Titina e Peppino»: a Roma recitano al Teatro Moderno, al cinema
Quirinale e alla Sala Umberto, accolti con simpatia dal
pubblico e dalla critica; invece al Puccini di Milano è un
fiasco disperato, meglio all'Excelsior, dove ricevono la
visita, con successivo invito a cena, di Raffaele Viviani
(impegnato in quei giorni al Trianon). A giugno sono di
nuovo a Napoli, dove sottoscrivono un breve contratto, di sole due settimane, con il Cinema-Teatro Kursaal
di via Filangieri: presentano, oltre a *Sik-Sik*, un lavoro
di Peppino, *Don Rafele 'o trombone*, e due novità di
Eduardo, *L'ultimo Bottone* e *Quei figuri di trent'anni fa*.
Ma il vero debutto al Kursaal della nuova compagnia
«Teatro Umoristico I De Filippo», che comprende, oltre ai tre fratelli, Pietro Carloni, Agostino Salvietti,
Dolores Palumbo, Tina Pica, Luigi De Martino, Alfredo Crispo, Gennaro Pisano, avviene quasi alla fine del-
l'anno: il 21 dicembre del 1931 con l'atto unico di
Eduardo *Natale in casa Cupiello* (corrispondente al secondo attuale). Il successo determina la proroga del
contratto, che doveva durare pochi giorni, per alcuni
mesi, fino al 21 maggio 1932. Il nuovo atto unico che
ogni lunedí la compagnia si è impegnata a rappresentare, ad ogni cambiamento di programma cinematografico, diventa un avvenimento atteso, da parte di un pubblico misto: sia d'estrazione popolare, sia proveniente
dagli ambienti culturali napoletani. Ciò costituisce una
spinta a creare un repertorio proprio della compagnia
(vi collabora anche Maria Scarpetta, ribattezzata Mascaria). Nel '32, Eduardo scrive altri due atti unici:
Gennareniello, rappresentato l'11 marzo dello stesso anno, e *Il dono di Natale* (che andrà in scena il 4 febbraio
1934 al Teatro Sannazzaro).

1932-37   Nel '32 Eduardo e Peppino, soci nell'impresa teatrale
(mentre Titina aveva preferito restare come scritturata), riescono a passare dall'avanspettacolo in un vero
teatro, firmando un contratto con l'impresario del Sannazzaro, Armando Ardovino. E il Sannazzaro, teatro
elegante, frequentato dalla Napoli bene, da intellettuali
e artisti, rimane la sede stabile della compagnia (almeno

fino al 1934). È un salto di qualità per il «Teatro Umoristico I De Filippo», di cui Eduardo è direttore artistico, Peppino amministratore, Titina prima attrice. Dopo la stagione '32-33, a cui risale il primo incontro dei De Filippo con Pirandello (durante una recita di *Chi è cchiú felice 'e me*), la compagnia percorre «le vie d'Italia» (seguendo il suggerimento di Massimo Bontempelli). Andrà in *tournée* a Torino, in Liguria, a Bologna, a Roma (al Valle), poi a Milano (all'Odeon e all'Olimpia), conseguendo finalmente un successo nazionale. Eduardo scrive nel 1934 *Quinto piano, ti saluto!* (atto unico che metterà in scena il 25 giugno 1936 al Teatro Eliseo di Roma), e nel 1935 la commedia in tre atti *Uno coi capelli bianchi* (che poi rappresenterà il 26 gennaio 1938 al Quirino di Roma). Nella stagione '34-35 incomincia il ciclo pirandelliano: la compagnia presenta in napoletano *Liolà* all'Odeon di Milano, il 21 maggio 1935, e *Il berretto a sonagli* al Fiorentini, il 13 febbraio 1936; intanto Eduardo, con la collaborazione dell'autore, trasforma la novella di Pirandello *L'abito nuovo* in commedia napoletana in tre atti: lo spettacolo andrà in scena il 1° aprile 1937 al Teatro Manzoni di Milano.

1938-42 Nel 1938 Eduardo scrive l'atto unico *Pericolosamente* (che poi la compagnia «Il Teatro di Eduardo con Titina De Filippo» rappresenterà il 12 marzo 1947 al Carignano di Torino). Alla fine della stagione '38-39 Titina abbandona la compagnia «per salvare la [sua] dignità di attrice» e torna alla rivista (con Nino Taranto). Nel 1940 Eduardo scrive e mette in scena il 19 gennaio, al Teatro Odeon di Milano, con il «Teatro Umoristico I De Filippo» (senza Titina), un altro atto unico, *La parte d'Amleto*; nello stesso anno scrive e rappresenta la commedia in tre atti *Non ti pago*, l'8 dicembre al Quirino di Roma. Con la sua nuova commedia in tre atti, *Io, l'erede*, la compagnia debutta il 5 marzo 1942 al Teatro La Pergola di Firenze. Il 24 marzo dello stesso anno va in scena a Torino *La fortuna con l'effe maiuscola*, commedia scritta insieme da Armando Curcio e da Eduardo. Intanto incominciano a deteriorarsi i rapporti fra Eduardo e Peppino, ma la crisi rientra: l'8 giugno 1942 i due fratelli stipulano un nuovo contratto triennale, che attribuisce a Eduardo la direzione tecnico-artistica del «Teatro Umoristico» e a Peppino quella amministrativa. Nell'ottobre del '42, con l'affettuosa complicità di Renato Simoni, si riconciliano anche Titina e Eduardo, e la sorella torna in compagnia.

1943-44   L'8 settembre del '43 i De Filippo sono a Roma; l'emergenza provoca inattese alleanze artistiche: intorno al Natale, per una ventina di giorni, Eduardo, Peppino e Titina tornano alla rivista, sul palcoscenico delle Quattro Fontane, insieme a Luigi Cimara, Evi Maltagliati e al giovane Aroldo Tieri, con un vecchio copione di Mascaria che avevano recitato nel '30 a Napoli (*Il Gallo d'oro* o *Wunderbar* o *Tombola*). Dal marzo del '44 tornano al repertorio di prosa, ma con i loro spettacoli piú leggeri; lavorano sempre, passando dall'Argentina al Valle, all'Eliseo (la mattina dopo la loro ultima recita in questo teatro, il 3 giugno, gli americani entrano in Roma). Nell'agosto del '44, i De Filippo tornano a Napoli (vi mancano dal 1941). Ripartono dal Cinema-Teatro Kursaal (il Filangieri), poi recitano al Reale e al Diana; dove, in una mattina di novembre, durante le prove, scoppia la lite fra Eduardo e Peppino che segnerà la fine del «Teatro Umoristico»: al termine delle recite al Diana, il 10 dicembre 1944, il fratello piú giovane abbandona la compagnia.

1945   Nasce la nuova compagnia «Il Teatro di Eduardo con Titina De Filippo», che debutta con la prima rappresentazione, il 25 marzo al Teatro San Carlo di Napoli, della commedia in tre atti di Eduardo, *Napoli milionaria!*

1946-47   Eduardo scrive, e mette in scena il 7 gennaio 1946 all'Eliseo di Roma, la commedia in tre atti *Questi fantasmi!* Prima che il '46 finisca scrive un'altra commedia in tre atti, *Filumena Marturano*, che rappresenta il 7 novembre 1947 al Teatro Politeama di Napoli. Nello stesso anno incomincia a pensare ad un teatro tutto suo e a fare piani per rimettere in piedi il San Ferdinando (distrutto dalle bombe); intanto scrive in tre atti *Le bugie con le gambe lunghe* (che poi debutterà il 14 gennaio 1948 al Teatro Eliseo di Roma).

1948-49   Eduardo scrive *La grande magia* (in tre atti), e la mette in scena la prima volta al Teatro Verdi di Trieste, a partire dal 30 ottobre 1948 ma solo per quattro giorni (senza Titina che si è sentita male); nel frattempo scrive anche la commedia in tre atti *Le voci di dentro*, rappresentandola l'11 dicembre 1948 al Teatro Nuovo di Milano. Il 28 novembre del 1949 la compagnia mette in scena *La grande magia* con Titina, al Teatro Mercadante di Napoli.

1950-52   La nuova commedia eduardiana, in tre atti, *La paura numero uno* debutta il 29 luglio 1950 al Teatro La Fenice, in occasione del Festival della Prosa di Venezia. Intanto Eduardo ha comprato il suolo dove sorgeva il Teatro San Ferdinando e ha incominciato i lavori di ricostruzione. Per finanziarli, nella stagione '51-52 non forma compagnia e fa del cinema. Nel 1951 pubblica la sua prima raccolta di poesie, *Il paese di Pulcinella*. Il 9 maggio 1952 va in scena al Piccolo Eliseo di Roma, per la regia dell'autore e con un gruppo di attori appena usciti dall'Accademia di Arte Drammatica di Roma, il trittico di atti unici: *Amicizia* (scritto probabilmente per l'occasione), *Il successo del giorno dopo* (scritto negli anni Trenta con il titolo *La voce del padrone*), *I morti non fanno paura* (nuovo titolo di *Requie all'anema soja...* del 1926, già rappresentato al Kursaal di Napoli il 12 gennaio 1932).

1953-56   Neppure nel '52-53 Eduardo fa compagnia; rifiuta anche, nel luglio del '53, l'invito di Giorgio Strehler a interpretare don Marzio in *La bottega del caffè* di Goldoni. Ma chiude il suo esilio dal teatro («Faccio la prova generale della mia morte», aveva detto a Raul Radice nel gennaio del '53) rappresentando il 2 ottobre 1953 al Teatro Mediterraneo di Napoli *Miseria e nobiltà* del padre Scarpetta, per celebrarne il centenario della nascita. Quindi inaugura il 21 gennaio del 1954 il suo Teatro San Ferdinando con *Palummella zompa e vola* di Antonio Petito (riservandosi la parte di Pulcinella). Ancora al San Ferdinando, dopo una lunga convalescenza, Titina torna in scena con *Monsignor Perelli* di Francesco Gabriele Starace, il 26 marzo 1954, per la regia di Roberto Rossellini; ma è il suo ultimo spettacolo. Nel '54 Eduardo scrive la nuova commedia in tre atti *Mia famiglia*, che con la compagnia «Il Teatro di Eduardo» (ormai senza Titina) rappresenta in anteprima al Teatro Morlacchi di Perugia, il 16 gennaio del 1955; la prima all'Eliseo di Roma è del 18 gennaio dello stesso anno. Ancora all'Eliseo debutta l'11 novembre del '55 un'altra commedia in tre atti di Eduardo, *Bene mio e core mio*. A partire dal 1956 l'attore-autore-regista procede in due direzioni: da una parte, con la sua compagnia e il suo repertorio, gira l'Italia (e presto l'Europa); dall'altra forma la «Scarpettiana», una compagnia che dirige lui stesso senza recitarvi, per far rivivere sul palcoscenico del San Ferdinando il repertorio paterno. Ne faranno parte Beniamino e Pupella Maggio, Salvatore Cafiero e Franco Sportelli, Carla Del Poggio e poi Franca May, Vera Nandi, Enzo Petito, Pietro De Vico (che prenderà il posto di Beniamino Maggio nella parte di don Felice) e Ugo D'Alessio. Nel 1956 Eduardo incomincia anche le sue messinscene televisive, a partire dagli atti unici (*Quei figuri di trent'anni fa*; *I morti non fanno paura*; *Amicizia*).

1957-58   Nel '57 Eduardo porta a termine in fretta una commedia promessa (fin dal '52) e piú volte rimandata, *De Pretore Vincenzo*, per una compagnia di giovani e per un regista, Luciano Lucignani, di cui supervisiona l'operato. Il 26 aprile dello stesso anno la commedia va in scena per la prima volta al Teatro de' Servi di Roma, con Valeria Moriconi e Achille Millo come protagonisti, scene e costumi di Titina De Filippo. Ma lo spettacolo viene sospeso dopo tre giorni di repliche per un ordine della Questura, in quanto giudicato «contrario alla morale cattolica». Soltanto in maggio, a chiusura di stagione, si trova il modo di riprenderlo al Valle. È per Eduardo un periodo di intenso lavoro cinematografico, che culmina nella collaborazione con Fellini al film *Fortunella*, uscito nel 1958.

1959   Con *La pietra di paragone* di Gioacchino Rossini alla Piccola Scala, il 29 maggio, Eduardo inizia la serie delle sue regie liriche. Intorno alla metà del '59 compie una *tournée* in Urss, allargando ulteriormente il suo successo internazionale (è il paese in cui sarà piú rappresentato, con 29 allestimenti; seguito dalla Gran Bretagna, con 16 allestimenti, e dalla Germania, con 15 allestimenti). Il 6 novembre del 1959, rappresenta con la compagnia al Quirino di Roma la sua nuova commedia in tre atti, *Sabato, domenica e lunedí* (andrà poi in scena al Teatro Old Vic di Londra nell'ottobre del 1973, con la regia di Franco Zeffirelli, interpreti Joan Plowright e Laurence Olivier).

1960 Eduardo scrive la commedia in tre atti *Il sindaco del Rione Sanità* e la mette in scena il 18 novembre (secondo il catalogo della mostra *Eduardo De Filippo. Vita e opere*, cit. in bibliografia della critica) o il 9 dicembre (secondo Di Franco e Giammusso) al Quirino di Roma.

1961-62 Eduardo allestisce con la compagnia il primo ciclo televisivo delle sue commedie (*Ditegli sempre di sí*; *Napoli milionaria!*; *Questi fantasmi!*; *Filumena Marturano*), che va in onda nella primavera del 1962. Nello stesso anno scrive, insieme a Isabella Quarantotti, lo sceneggiato televisivo in sei puntate *Peppino Girella* (che andrà poi in onda nel 1963); ma rappresenta anche il 20 ottobre 1962 al Quirino di Roma la sua nuova commedia, in due tempi e diciotto quadri, *Il figlio di Pulcinella* (che porta la data di composizione del 1958).

1963-64 *Tommaso d'Amalfi* di Eduardo debutta per la sua regia al Teatro Sistina di Roma, l'8 ottobre 1963, con la compagnia di Domenico Modugno (il cantante interpreta il protagonista, è autore delle musiche ed anche produttore dello spettacolo). Ancora nel '63 Eduardo allestisce per la televisione il secondo ciclo delle sue commedie (*Chi è cchiú felice 'e me*; *L'abito nuovo*; *Non ti pago*; *La grande magia*; *La paura numero uno*; *Bene mio e core mio*; *Mia famiglia*), che vengono trasmesse dal gennaio all'aprile del 1964. È di nuovo in scena, come attore-autore-regista, il 3 novembre al Teatro San Ferdinando di Napoli con l'atto unico *Dolore sotto chiave* (nato come originale radiofonico nel '58), ma affida a Franco Parenti, in compagnia per due stagioni consecutive, la parte del protagonista.

1965 L'8 gennaio la compagnia «Il Teatro di Eduardo» rappresenta per la prima volta al Teatro San Ferdinando la commedia eduardiana in tre atti *L'arte della commedia*, ma dopo la censura espressa da una rubrica televisiva e forse a causa delle reazioni polemiche suscitate «in alto loco» lo spettacolo sparisce dal cartellone (ed è sostituito a Roma da una ripresa di *Uomo e galantuomo*). Tuttavia l'autore pubblica subito il suo testo da Einaudi, con una avvertenza larvatamente polemica.

1966 *Il cilindro* (atto unico scritto nel 1965) va in scena con Eduardo e la sua compagnia il 14 gennaio, al Quirino di Roma.

1967 *Il contratto* (in tre atti) di Eduardo debutta il 12 ottobre alla Fenice di Venezia, in occasione del XXVI Festival Internazionale del Teatro di Prosa (con scene e costumi di Renato Guttuso, e musica di Nino Rota). Fanno parte della compagnia, accanto a vecchie glorie come Pupella e Beniamino Maggio, giovani come Bruno Cirino, Isa Danieli e Vittorio Mezzogiorno.

1970 *Il monumento*, commedia in tre atti scritta da Eduardo (secondo Giammusso) tre anni e mezzo prima, debutta con la sua compagnia al Teatro La Pergola di Firenze, il 24 (anteprima per gli studenti) e il 26 novembre (prima). La parte della protagonista femminile, pensata per Anna Magnani e poi destinata a Valentina Cortese, è interpretata da Laura Adani.

1971 *Ogni anno punto e da capo* (spettacolo di varietà ricostruito da Eduardo sulla memoria di quelli dei favolosi anni Trenta) va in scena con la regia dell'autore, musiche di Nino Rota e scene di Bruno Garofalo, il 5 ottobre al Piccolo Teatro di Milano; vi partecipano Franco Parenti (che fa Sik-Sik), Ombretta Colli, Ivana Monti, Paolo Graziosi, Luisa Rossi. Nel gennaio dello stesso anno esce la prima edizione di *'O canisto* (poesie, prose, ricordi).

1972 Al Teatro Eliseo di Roma debutta il nuovo spettacolo della compagnia di Eduardo, *Na santarella* di Eduardo Scarpetta, con Angelica Ippolito. In maggio Eduardo partecipa alla Word Theatre Season di Londra e al Teatro Aldwych presenta con la sua compagnia *Napoli milionaria!* (gli rendono omaggio Vanessa Redgrave, Laurence Olivier, John Dexter, Joan Plowright ed altre personalità del teatro inglese). Il 18 dicembre Eduardo riceve, all'Accademia dei Lincei, il «Premio Internazionale Feltrinelli»: nell'occasione pronuncia il discorso *Il teatro è il mio lavoro* e annuncia la sua nuova commedia appena scritta, *Gli esami non finiscono mai.*

1973 La compagnia «Il Teatro di Eduardo» mette in scena *Gli esami non finiscono mai* (un prologo e tre atti, scene e costumi di Mino Maccari, musiche a cura di Roberto De Simone) in anteprima il 19 dicembre e in prima il 21 dicembre, al Teatro La Pergola di Firenze.

1974 Proprio mentre recita la malattia finale di Guglielmo Speranza, durante una ripresa di *Gli esami non finiscono mai* sul palcoscenico romano dell'Eliseo, Eduardo avverte i sintomi di un collasso cardiaco; gli applicano un *pace-maker*, praticamente fra una rappresentazione e l'altra (recita fino a domenica 3 marzo, il 4 viene ricoverato e operato, il 27 torna in scena per altre quattro settimane di recite).

1974-75 Alla fine dell'estate del '74, Eduardo allestisce per la televisione il ciclo scarpettiano: *Lu curaggio de nu pompiere napulitano, Li nepute de lu sinneco, Na santarella* di Eduardo Scarpetta, e *'O tuono 'e marzo* di Vincenzo Scarpetta. Andranno in onda dal gennaio al febbraio 1975.

1975-81 Va in onda il terzo ciclo delle sue commedie allestite per la televisione (*Uomo e galantuomo; De Pretore Vincenzo; Gli esami non finiscono mai; L'arte della commedia; Natale in casa Cupiello; Il cilindro; Gennareniello; Le voci di dentro; Il sindaco del Rione Sanità; Il contratto*).

1977 L'opera lirica *Napoli milionaria!*, composta da Nino Rota su libretto di Eduardo, inaugura con la sua regia il 22 giugno il XX Festival dei Due Mondi di Spoleto (scene di Bruno Garofalo, direttore Bruno Bartoletti). Il 15 luglio Eduardo riceve la laurea *honoris causa* dall'Università di Birmingham.

1980   Si apre la Scuola di drammaturgia di Firenze, con sede in una sala del Teatro La Pergola: Eduardo lavora con gli allievi fino al 26 giugno. Il 18 novembre riceve la laurea *honoris causa* dall'Università di Roma «La Sapienza».

1981   Incominciano al Teatro La Pergola di Firenze, con *La donna è mobile* di Vincenzo Scarpetta, le rappresentazioni della «Compagnia di Teatro di Luca De Filippo», di cui Eduardo cura la regia. Il 4 aprile si annuncia al Teatro Ateneo dell'Università di Roma «La Sapienza» l'inizio di un corso di drammaturgia da parte di Eduardo, professore a contratto presso la cattedra di Storia del Teatro e dello Spettacolo (l'attore e drammaturgo vi terrà lezioni per l'anno accademico 1981-82 e per il successivo 1982-83). Il 26 settembre 1981 Eduardo è nominato senatore a vita.

1982   Compie una serie di recital insieme a Carmelo Bene in Italia e all'estero (il ricavato del primo spettacolo va ai ragazzi del Filangieri di Napoli e del Fornelli di Bari).

1983   Eduardo cura ancora tre regie: *Bene mio e core mio* per la compagnia di Isa Danieli; *Tre cazune fortunate* e *Nu turco napuletano* per la compagnia di Luca De Filippo. Con una conferenza-spettacolo, *L'attore e la tradizione*, inaugura il 9 luglio a Montalcino lo Studio Internazionale dello Spettacolo (diretto da Ferruccio Marotti dell'Università di Roma «La Sapienza»). Durante l'estate traduce in antico napoletano *La tempesta* di Shakespeare.

1984   Eduardo partecipa al film-Tv *Cuore* di Luigi Comencini, con una indimenticabile interpretazione del vecchio maestro Crosetti. Trascorre luglio e agosto a registrare *La tempesta*, doppiando le voci di tutti i personaggi, tranne Miranda (affidata a quella di Imma Piro). Il 15 settembre riceve il Premio Taormina Arte «Una vita per il teatro» al Teatro Antico di Taormina. Il 31 ottobre muore a Roma.

Bibliografia

Opere di Eduardo De Filippo.

Commedie.

Cantata dei giorni pari, Einaudi, Torino 1959 (1962[3], 1971[7], 1979[8] con varianti testuali), 1991[12].

Cantata dei giorni dispari, Einaudi, Torino, vol. I 1951 (1971[8], 1979[10] con varianti testuali), 1991[14]; vol. II 1958 (1971[7], 1979[9] con varianti testuali), 1991[13]; vol. III 1966 (1971[2], 1979[4] con varianti testuali), 1991[8].

Sono usciti anche nella «Collezione di teatro» Einaudi: *Natale in casa Cupiello* (1964); *Le voci di dentro* (1964); *Filumena Marturano* (1964); *Napoli milionaria!* (1964); *Questi fantasmi!* (1964); *L'arte della commedia* e *Dolore sotto chiave* (1965); *L'arte della commedia* (1973 riv.); *Uomo e galantuomo* (1966); *Non ti pago* (1966); *Il contratto* (1967, 1979[5]); *Il monumento* (1971, 1977[4] riv.); *Ogni anno punto e da capo* (1971, 1978[4] riv.); *Il sindaco del Rione Sanità* (1972); *La grande magia* (1973); *Gli esami non finiscono mai* (1973, 1977[5] riv.); *Sabato, domenica e lunedí* (1974); *Mia famiglia* (1974); *Bene mio e core mio* (1974); *De Pretore Vincenzo* (1974, 1977[5] riv.); *Ditegli sempre di sí* (1974); *Io, l'erede* (1976); *Le bugie con le gambe lunghe* (1979); *Il figlio di Pulcinella* (1979); *Chi è cchiú felice 'e me!* (1979); *Tommaso d'Amalfi* (1980).

I capolavori di Eduardo, 2 voll., Einaudi, Torino 1973, 1991[8].

Teatro (scelto), prefazione e cura di G. Davico Bonino, Edizione CDE, Milano 1985.

Tre commedie, nota introduttiva di G. Davico Bonino, Einaudi, Torino 1992.

Adattamenti e lavori teatrali in collaborazione.

Pulicinella ca va' truvanno 'a fortuna soia pe' Napule di P. Altavilla
    (libero adattamento di E. De Filippo), Edizioni del Teatro San
    Ferdinando, Napoli 1958.
La fortuna con l'effe maiuscola (in collaborazione con A. Curcio), in
    Cantata dei giorni pari cit., 1959; ora in *Il teatro di Armando Cur-
    cio*, Curcio, Milano 1977.
*La tempesta di William Shakespeare nella traduzione in napoletano di
    Eduardo De Filippo*, Einaudi, Torino 1984.
Peppino Girella (originale televisivo tratto da una novella di Isabel-
    la Quarantotti De Filippo), Editori Riuniti, Roma 1964; poi
    Einaudi, Torino 1988.
*Eduardo De Filippo presenta quattro commedie di Eduardo e Vincen-
    zo Scarpetta* (tranne *Na santarella* liberi adattamenti di Eduar-
    do), Einaudi, Torino 1974.
Simpatia (commedia in collaborazione con gli allievi della Scuola di
    drammaturgia di Firenze, su soggetto di Eduardo, con prefa-
    zione di G.Macchia), Einaudi, Torino 1981.
Mettiti al passo! (commedia di C. Brachini, allievo del corso di
    drammaturgia dell'Università di Roma «La Sapienza», su sog-
    getto di Eduardo), Einaudi, Torino 1982.
L'erede di Shylock (commedia di L. Lippi, allieva del corso di dram-
    maturgia dell'Università di Roma «La Sapienza», su soggetto
    di Eduardo), Einaudi, Torino 1984.
Un pugno d'acqua (commedia di R. Iannì, allievo del corso di
    drammaturgia dell'Università di Roma «La Sapienza», su sog-
    getto di Eduardo), Einaudi, Torino 1985.

Copioni inediti conservati nel «Fondo Censura Teatrale», Archi-
    vio centrale dello Stato.

È arrivato 'o trentuno (1930); *La voce del padrone* (1932); *Tre
mesi dopo* (1934); *Occhio alle ragazze* (1936); *Che scemenza* (1937,
con Titina); *Basta il succo di limone* (1940, con A. Curcio); *Il mio
primo amore* (1937, radiotrasmissione, con Peppino).

Con Mascaria (pseud. di Maria Scarpetta): *Noi siamo navigatori*
(1932); *Cuoco della mala cucina* (1932); *Il thè delle cinque* (1932);
Una bella trovata! (1932); *Parlate al portiere* (1933).

Riduzioni inedite: *L'ultimo Bottone* (1932, da P. Muñoz-Seca); *Il coraggio* (1937, da A. Novelli); *Il ciclone* (1938, da A. Avercenko); *In licenza* (1941, da E. Scarpetta).

Poesie e racconti.

Il paese di Pulcinella, Casella, Napoli 1951.
'O Canisto, Edizioni del Teatro San Ferdinando, Napoli 1971.
Le poesie di Eduardo, Einaudi, Torino 1975, 1989[11].
Vincenzo Aprea, Scirocco a Napoli, Un frutto fuori stagione, tre racconti, in AA.VV., *Eduardo nel mondo*, Bulzoni & Teatro Tenda, Roma 1978.
'O penziero e altre poesie di Eduardo, Einaudi, Torino 1985.
'E asciuto 'o sole (poesia inedita del 1973), «Mercurio» di «la Repubblica», n. 20, 19 maggio 1990.

Discorsi e altri scritti.

Primo... secondo (Aspetto il segnale), «Il Dramma», n. 240, 1936; poi in *Eduardo, polemiche, pensieri, pagine inedite*, a cura di I. Quarantotti De Filippo, Bompiani, Milano 1985.
Io e la nuova commedia di Pirandello, «Il Dramma», 1° giugno 1936.
Colloquio con Pirandello alle prove de «L'abito nuovo», «Scenario», aprile 1937; poi col titolo *Il giuoco delle parti* in AA.VV., *Eduardo De Filippo e il Teatro San Ferdinando*, Edizioni del Teatro San Ferdinando, Napoli 1954.
Lettera al Ministro dello Spettacolo, in L. BERGONZINI, F. ZARDI, *Teatro anno zero*, Parenti, Firenze 1961.
Eduardo, polemiche, pensieri, pagine inedite, a cura di I. Quarantotti De Filippo cit.
Sulla recitazione, in *Actors on Acting*, a cura di T. Cole e H. K. Chinoy, Crown Publishers, New York 1970; poi in italiano in *Eduardo, polemiche, pensieri, pagine inedite* cit.
Il teatro e il mio lavoro, in *Adunanze straordinarie per il conferimento dei premi «A. Feltrinelli»*, vol. I, fasc. 10, Accademia Nazionale dei Lincei, Roma 1973; poi come nota introduttiva a *I capolavori di Eduardo* cit.
Il punto di arrivo... il punto di partenza, brano tratto dalla conferenza-spettacolo tenuta a Montalcino per l'inaugurazione dello Studio Internazionale dello Spettacolo, il 9 luglio 1983, in

Eduardo, polemiche, pensieri, pagine inedite cit. (Il testo completo è pubblicato nell'opuscolo d'accompagnamento ai dischi con
la registrazione della conferenza, a cura della Discoteca di Stato, in collaborazione con il Centro Teatro Ateneo dell'Università di Roma, nell'album *Il favoloso Archivio della Discoteca di
Stato*, Anno Europeo della Musica 1985).

I fantasmi siamo noi!, lezione-spettacolo, «Piccolo Teatro di Milano», n. 3, 1985.

Lezioni di teatro. All'Università di Roma «La Sapienza», a cura di P.
Quarenghi, prefazione di F. Marotti, Einaudi, Torino 1986.

La critica su Eduardo De Filippo *.

Monografie.

F. FRASCANI, *La Napoli amara di Eduardo De Filippo*, Parenti, Firenze 1958; *Eduardo*, Guida, Napoli 1974; *Eduardo segreto*
(biografia), Delfino, Napoli 1982.

G. MAGLIULO, *Eduardo*, Cappelli, Bologna 1959.

G. B. DE SANCTIS, *Eduardo De Filippo commediografo neorealista*,
Unione Arti Grafiche, Perugia 1959.

L. COEN PIZER, *Il mondo della famiglia ed il teatro degli affetti. Saggio sull'esperienza «comica» di Eduardo*, Carucci, Assisi-Roma
1972.

M. B. MIGNONE, *Il teatro di Eduardo De Filippo. Critica sociale*, Trevi, Roma 1974.

F. DI FRANCO, *Il teatro di Eduardo*, Laterza, Bari 1975; *Eduardo* (ricostruzione dell'attività teatrale di Eduardo e delle sue compagnie), Gremese, Roma 1978; *Eduardo da scugnizzo a senatore*
(biografia), Laterza, Bari 1983; *Le commedie di Eduardo* (repertorio), Laterza, Bari 1984.

* Per una bibliografia della critica piú completa, almeno fino al 1988, rimandiamo al nostro libro *Eduardo drammaturgo* cit.; il criterio di essenzialità
che abbiamo seguito nella presente compilazione non riguarda tuttavia gli aggiornamenti. L'ordine generale è cronologico, ma al suo interno abbiamo ritenuto opportuno, per facilitare la consultazione, raggruppare i contributi di uno
stesso critico.

C. FILOSA, *Eduardo De Filippo poeta comico del tragico quotidiano. Saggio su Napoletanità e Decadentismo nel teatro di Eduardo De Filippo*, La Nuova Cultura, Napoli 1978.

G. ANTONUCCI, *Eduardo De Filippo*, Le Monnier, Firenze 1981.

A. BISICCHIA, *Invito alla lettura di Eduardo*, Mursia, Milano 1982.

E. GIAMMATTEI, *Eduardo De Filippo*, La Nuova Italia, Firenze 1982.

A. BARSOTTI, *Eduardo drammaturgo (fra mondo del teatro e teatro del mondo)*, Bulzoni, Roma 1988; *Introduzione a Eduardo*, Laterza, Roma-Bari 1992.

Eduardo. Teatro Tv Vita, a cura di F. Marotti, A. Ottai, P. Quarenghi, Video Electronics Club, Roma 1989.

M. BUSSAGLI, *Ipotesi di lavoro su «Il cilindro» e Eduardo De Filippo*, Libra Edizioni, Firenze 1993.

B. DE MIRO D'AJETA, *Eduardo De Filippo*, Edizioni Scientifiche Italiane, Napoli 1993.

M. GIAMMUSSO, *Vita di Eduardo* (biografia), Mondadori, Milano 1993.

Contributi in altri volumi.

C. MUSCETTA, *Napoli milionaria!*, in *Letteratura militante*, Parenti, Firenze 1953; *Da «Napoli milionaria!» a «L'arte della commedia»* (1965), in *Realismo neorealismo controrealismo*, Garzanti, Milano 1976.

G. PULLINI, in *Teatro italiano fra due secoli, 1850-1950*, Parenti, Firenze 1958; in *Cinquant'anni di teatro in Italia*, Cappelli, Bologna 1960 (poi *Teatro italiano del '900*, Cappelli, Bologna 1971); in *Tra esistenza e coscienza. Narrativa e teatro del '900*, Mursia, Milano 1986.

V. PANDOLFI, in *Teatro italiano contemporaneo, 1945-1959*, Schwarz, Milano 1959; in AA.VV., *Storia universale del teatro drammatico*, vol. II, Utet, Torino 1964; *Eduardo De Filippo*, in AA.VV., *Letteratura Italiana. I Contemporanei*, vol. III, Marzorati, Milano 1969.

S. TORRESANI, in *Il teatro italiano degli ultimi vent'anni (1945-1965)*, Mangiarotti, Cremona 1965.

G. TREVISANI, in *Storia e vita di teatro, 1947-1964*, Ceschina, Milano 1967.

A. CONSIGLIO, *I De Filippo*, voce in *Enciclopedia dello spettacolo*, vol. IV, Le Maschere, Firenze-Roma 1954-68.

V. VIVIANI, in *Storia del teatro napoletano*, Guida, Napoli 1969.

M. STEFANILE, in *La letteratura a Napoli fra il 1930 e il 1970*, in AA.VV., *Storia di Napoli*, vol. X, Società Editrice Storia di Napoli, Napoli 1971.

G. PETROCCHI, P. GIANNANTONIO, in *Letteratura, critica e società del '900*, Loffredo, Napoli 1971.

L. M. PERSONÈ, in *Il teatro italiano della «bella époque»*, Olschki, Firenze 1972.

A. SPURLE, in *I De Filippo. La grande Titina*, Regina, Napoli 1973.

F. ANGELINI, *Eduardo*, in *Il teatro del Novecento da Pirandello a Fo*, Laterza, Bari 1976; *Eduardo negli anni trenta: abiti vecchi e nuovi*, in *Serafino e la tigre. Pirandello tra scrittura teatro e cinema*, Marsilio, Venezia 1990.

G. PETRONIO, in introduzione a *Letteratura di massa, letteratura di consumo*, Laterza, Bari 1979.

S. DE MATTEIS, *I De Filippo*, voce in *Enciclopedia del teatro del '900*, Feltrinelli, Milano 1980; *Eduardo De Filippo*, voce in *Dizionario biografico degli italiani*, vol. XXXIII, Società Grafica Romana, Roma 1987; in *Lo specchio della vita. Napoli: antropologia della città del teatro*, Il Mulino, Bologna 1993.

F. FRASCANI, *Eduardo De Filippo e il teatro napoletano*, in AA.VV., *Teatro contemporaneo*, vol. I, Lucarini, Roma 1981.

V. MONACO, in *La contaminazione teatrale*, Patron, Bologna 1981.

G. BARTOLUCCI, in *Teatro italiano-Italian theatre (Bene, Eduardo, Fo, Ronconi, Strehler)*, Cooperativa Editrice, Salerno 1983.

A. CARLONI, in *Titina De Filippo*, Rusconi, Milano 1984.

V. VALENTINI, *Il fondo audiovisivo di Eduardo De Filippo*; *Il teatro di Eduardo: le messinscene televisive. Audiovisivi per il teatro*, in *Teatro in immagine*, vol. II, Bulzoni, Roma 1987.

G. ANTONUCCI, in *Storia del teatro italiano del Novecento*, Studium, Roma 1986.

R. RADICE, voce in *Dizionario critico della letteratura italiana*, vol. II, UTET, Torino, ed. ampl. e agg. 1986.

P. PUPPA, in *Itinerari nella drammaturgia del '900*, in AA.VV., *Storia della letteratura italiana. Il Novecento*, tomo II, Garzanti, Milano 1987.

S. STEFANELLI, in *Come parla il teatro contemporaneo*, in AA.VV., *Gli italiani parlati*, Accademia della Crusca, Firenze 1987.

C. MELDOLESI, *La trinità di Eduardo: scrittura d'attore, mondo dialettale e teatro nazionale*, in *Fra Totò e Gadda. Sei invenzioni sprecate del teatro italiano*, Bulzoni, Roma 1987.

F. C. GRECO, *Sguardo e profezia*; *Eduardo autore del suo teatro*, in AA.VV., *Eduardo e Napoli, Eduardo e l'Europa*, ESI, Napoli 1993.

Articoli in riviste e periodici.

A. CONSIGLIO, *I De Filippo*, «Scenario», n. 10, 1933.

L. D'AMBRA, *I tre umoristi del teatro: I De Filippo*, «Il Dramma», n. 175, 1933.

E. F. PALMIERI, *I De Filippo*, «Scenario», n. 2, febbraio 1943.

L. SILORI, *Eduardo De Filippo*, «Belfagor», V, n. 6, novembre 1950.

F. NARDINI, *I tre De Filippo*, «La Settimana Incom», 26 gennaio 1952.

E. BARBETTI, *Il caso De Filippo*, «Il Ponte», n. 2, febbraio 1954.

G. CALENDOLI, *Una città e un mondo nel teatro di Eduardo*, «La Fiera Letteraria», 5 agosto 1956.

F. COLOGNI, *Antologia su Eduardo*, «Vita e pensiero», marzo 1962.

A. COLOMBO, *Eduardo De Filippo* (con bibliografia e illustrazioni fotografiche), «Letture», marzo 1962.

E. BERTUETTI, *Eduardo, umanità senza schermi*, «Il Dramma», aprile 1962.

H. ACTON, *Eduardo De Filippo*, «London Magazine», II, n. 3, giugno 1962.

L. CODIGNOLA, *Reading De Filippo*, «Tulane Drama Review», VIII, n. 3, Spring 1964.

B. SCHAECHERL, *L'arte della commedia*, «Rinascita», 22 gennaio 1966; *I contratti di Geronta*, ivi, 20 ottobre 1967; *Il gran teatro della vita*, ivi, 10 novembre 1984.

R. REBORA, *Eduardo, operazione sul quotidiano*, «Sipario», maggio 1966.

N. CHIAROMONTE, *Un palcoscenico di pietre per Eduardo*, «L'Espresso», 13 dicembre 1970.

F. QUADRI, *Eduardo. Il tramonto del grande regista*, in AA.VV., *Dossier: rapporto sull'attore*, a cura di G.Bartolucci e F.Quadri, «Sipario», n. 236, dicembre 1965; *Ogni anno punto e a capo*, «Panorama», 21 ottobre 1971; *Qui c'è già tutto Eduardo* («Uomo e galantuomo» di Eduardo De Filippo con la regia di Luca De Filippo al teatro Giulio Cesare di Roma), ivi, 28 aprile 1985.

R. JACOBBI, *Cronache romane*, «Il Dramma», novembre-dicembre 1971; *Guglielmo Speranza, un eroe della rassegnazione*, «Sipario», n. 324, febbraio 1974.

F. GIOVIALE, *Moralismo simbolico e protesta sociale nel «Contratto» di Eduardo De Filippo*, «Syculorum Gymnasium», XXVI, n.1, 1973; *Rassegna eduardiana*, ivi, XXX, n.2, 1977.

A. GHIRELLI, *Il Cecov napoletano*, «Sipario», n. 324, febbraio 1974; *Eduardo o il senso del tempo perduto*, «Rinascita», 2 ottobre 1981.

L. BARBARA, *Profilo di Eduardo*, «La Domenica del Corriere», 31 ottobre 1979.

A. ABRUZZESE, *Il potere di Eduardo*, «Rinascita», 23 maggio 1980.

L. DE BERARDINIS, «*No, 'a mano no*». *Omaggio a Eduardo da parte di un esponente dell'avanguardia teatrale napoletana*, ibid.

I. MOSCATI, *Il «match» che preferisco*, ivi, 25 maggio 1980.

A. BARSOTTI, in *Itinerari teatrali attraverso il '900 italiano*, «Rivista Italiana di Drammaturgia», V, n.15-16, giugno 1980; «*Sík-Sík, l'artefice magico*»: *un eroe del nostro tempo*, «Critica letteraria», XIII, n. 47, 1985; *Su Eduardo drammaturgo. Fra tradizione e innovazione*, «Teatro contemporaneo», V, n. 9, febbraio-maggio 1985; *Famiglia e società nella commedia storica di «Napoli milionaria!»*, «Problemi», n. 75, gennaio-aprile 1986; «*Questi fantasmi!*» *o dell'ambiguità dei vivi*, «Ariel», I, n. 1, gennaio-aprile 1986; «*La grande magia*» *secondo Eduardo*, «Quaderni di Teatro», VIII, n. 31, 1986; *Un «abito nuovo» da Pirandello a Eduardo*, «Ariel», I, n. 3, settembre-dicembre 1986.

M. G. BARABINO, *Il teatro di Eduardo: lo spazio scenico come metafora*, «Studi di storia delle arti», 1980.

C. MELDOLESI, *Gesti parole e cose dialettali. Su Eduardo Cecchi e il teatro della differenza*, «Quaderni di Teatro», n. 12, maggio 1981.

S. TORRESANI, *Eduardo De Filippo: appunti bibliografici (e qualche personale considerazione)*, «Otto/Novecento», n. 3-4, 1981.

K. OVARI, *L'io e la realtà nelle prime commedie di Eduardo De Filippo*, «Teatro contemporaneo», III, febbraio-maggio 1984.

L. SCIASCIA, *Ricordo di Eduardo*, «L'Espresso», 11 novembre 1984.

R. CIRIO, *Dimenticare Eduardo*, «L'Espresso», 2 giugno 1985.

L. VILLARI, *Eduardo: il senso e la malinconia della storia*, «Nuovi Argomenti», n.15, luglio-settembre 1985; *Se ne andò salutando Shakespeare*, in *Eduardo sempre in scena* (comprende anche una poesia inedita di Eduardo, *È asciuto 'o sole!*, lettere di Peppino e Titina De Filippo, e una nota di M. Praga al primo atto di una commedia incompiuta, *Poi si vestí da medico di famiglia*), «Mercurio» di «la Repubblica», n. 20, 19 maggio 1990.

P. E. POESIO, *Eduardo è tornato in teatro*, «Ariel», I, n. 2, maggio-agosto 1986.

G. GUERRIERI, *Dialoghi con Eduardo durante le pause (maggio 1978)*, «Teatro e Storia», n. 8, aprile 1990.

F. FRASCANI, *Eduardo De Filippo attore*, «Misure critiche», n. 70-71, aprile 1990.

M. DE BENEDICTIS, *Eduardo De Filippo. Viaggio al termine della nottata?*, ivi, 1990.

F. TAVIANI, *Eduardo e dopo*, in AA.VV., *Dossier: Eduardo De Filippo e la sua eredità*, «lettera dall'Italia», V, n. 19, luglio-settembre 1990.

R. PALADINI, *Varianti d'autore nella «Cantata dei giorni dispari» di Eduardo De Filippo*, «Ariel», VII, n. 1, gennaio-aprile 1992.

M. BRIZZI, *L'incontro di Eduardo e Pirandello: L'abito nuovo*, «Biblioteca Teatrale», n. 29, gennaio-marzo 1993.

Articoli e recensioni di spettacoli raccolti in volume.

L. REPACI, *L'arte sommessa e discreta di Eduardo attore*, in *Ribalte a lumi spenti, 1940-1942*, Ceschina, Milano 1943; anche in *Teatro d'ogni tempo*, Ceschina, Milano 1967.

R. SIMONI, in *Trent'anni di cronaca drammatica (1911-1952)*, SET, Torino 1951-60.

V. PANDOLFI, *La tradizione popolare in Eduardo De Filippo*, in *Spettacolo del secolo*, Nistri-Lischi, Pisa 1953.

S. D'AMICO, in *Palcoscenico del dopoguerra*, ERI, Torino 1953; in *Cronache del teatro (1914-1955)*, Laterza, Bari 1963-64.

M. STEFANILE, *Eduardo De Filippo o la lezione di Pulcinella*, in *Labirinto napoletano*, ESI, Napoli 1958.

N. CHIAROMONTE, *Eduardo in Purgatorio*, in *La situazione drammatica*, Bompiani, Milano 1960.

S. QUASIMODO, in *Scritti sul teatro*, Mondadori, Milano 1961.

E. BENTLEY, in *In Search of theater*, Knopf, New York 1963; in *The Genius of the italian theater*, The New A. Library, New York 1964.

G. LANZA, in *Teatro dopo la guerra*, Edizioni del Milione, Milano 1964.

E. POSSENTI, in *10 anni di teatro*, Nuova Accademia, Milano 1964.

P. GRASSI, *Il contratto nuovo di Eduardo*, prefazione a E. DE FILIPPO, *Il contratto*, Einaudi, Torino 1967.

L. CODIGNOLA, *Il teatro di Eduardo*, in *Il teatro della guerra fredda e altre cose*, Università di Urbino, Argalía 1969.

E. PAGLIARANI, *Eduardo risperimenta la sua giovinezza*, in *Il fiato dello spettatore*, Marsilio, Padova 1972.

S. DE FEO, in *In cerca di teatro*, vol. II, Longanesi, Milano 1972.

G. GERON, in *Dove va il teatro italiano*, Pan, Milano 1975.

C. ALVARO, in *Cronache e scritti teatrali*, Abete, Roma 1976.

P. GRASSI, in *Quarant'anni di palcoscenico*, Mursia, Milano 1977.

G. ARTIERI, *Eduardo e Napoli europea*, in *Napoli punto e basta?*, Mondadori, Milano 1980.

A. SAVINIO, in *Palchetti romani*, Adelphi, Milano 1982.

E. FLAIANO, in *Lo spettatore addormentato*, Rizzoli, Milano 1983.

G. PROSPERI, in *Maestri e compagni di ventura*, Sercangeli, Roma 1986.

A. M. RIPELLINO, in *Siate buffi. Cronache di teatro, circo e altre arti* (*«L'Espresso» 1969-77*), Bulzoni, Roma 1989.

F. QUADRI, in *Teatro '92*, Laterza, Roma-Bari 1993.

Articoli e recensioni di spettacoli su quotidiani.

M. BONTEMPELLI, *I De Filippo*, «Il Mattino», 16 giugno 1932; poi col titolo *Il teatro di Eduardo*, in AA.VV., *Eduardo De Filippo e il Teatro San Ferdinando* cit.

E. CONTINI, *Natale in casa Cupiello*, «Il Messaggero», 12 giugno 1937; *L'abito nuovo*, ivi, 16 giugno 1937; *La grande magia*, ivi, 21 gennaio 1950.

A. SAVINIO, *Hanno votato per loro i santi*, «Corriere della Sera», 4 luglio 1946.

A. GEREMECCA, *Questi fantasmi!*, «Il Mattino», 15 ottobre 1946.

E. BIAGI, *La dinastia dei fratelli De Filippo*, «La Stampa», 5 aprile 1959.

R. TIAN, *Non ti pago*, «Il Messaggero», 5 dicembre 1962; *Uomo e galantuomo*, ivi, 18 marzo 1965; *Eduardo resuscita i morti a patto che abbiano famiglia*, ivi, 13 ottobre 1967; *Eduardo*, ivi, 17 dicembre 1970; *Il prodigio di un Eduardo piú moderno che mai*, ivi, 11 gennaio 1974; *Spirito allegro*, ivi, 28 marzo 1974; *De Pretore Vincenzo*, ivi, 3 gennaio 1976; *Natale in casa Cupiello*, ivi, 7 maggio 1976; *La politica e il teatro*, ivi, 27 settembre 1981; *Ditegli sempre di sí*, ivi, 11 febbraio 1982; *La tradizione? È un trampolino*, ivi, 11 luglio 1983.

M. STEFANILE, *L'arte della commedia*, «Il Mattino», 9 gennaio
1965.

R. RADICE, *L'arte della commedia*, «Corriere della Sera», 9 gennaio
1965; «*Il contratto*» *di Eduardo al Festival della prosa di Venezia*,
ivi, 13 ottobre 1967; «*Sabato, domenica e lunedí*» *di Eduardo
De Filippo a Londra*, ivi, 27 ottobre 1973; *I sette sogni nel cassetto di Eduardo*, ivi, 9 gennaio 1976.

A. LAZZERI, *Un imbroglione camuffato da apostolo della bontà*, «l'U-
nità», 13 ottobre 1967.

R. DE MONTICELLI, *Per punire i vivi «resuscita» i morti*, «Il Giorno»,
13 ottobre 1967; *Il monologo silenzioso di Eduardo*, «Corriere
della Sera», 1° marzo 1974; *Eduardo imprendibile scappa sempre
via dal suo gran monumento*, ivi, 24 maggio 1980; *Apparizioni,
incantesimi, caccia ai fantasmi...*, ivi, 10 luglio 1983; *Maschera e
vita, riso e pianto*, ivi, 2 novembre 1984; *Trionfale «magia» di
Eduardo-Strehler*, ivi, 7 maggio 1985; *L'Eduardo di Turi Ferro
(«Il sindaco del Rione Sanità» al Manzoni di Milano)*, ivi, 17 gennaio 1987.

A. BLANDI, *Il contratto*, «La Stampa», 18 ottobre 1967.

P. E. POESIO, *Di retorica si muore*, «La Nazione», 26 novembre
1970.

C. GALIMBERTI, *Le tre barbe del dottor Speranza*, «Corriere della Sera», 22 ottobre 1973.

L. COMPAGNONE, *La risata tragica di Eduardo*, «Corriere della Sera»,
8 settembre 1974; *Non ho paura di questo fantasma*, «Paese Sera», 6 gennaio 1977; *Storia del grande Amleto di Partenope*, ivi,
2 novembre 1984.

M. LUNETTA, *La verità di Eduardo*, «l'Unità», 23 settembre 1975.

A. SAVIOLI, *La speranza di Eduardo*, «l'Unità», 24 dicembre 1975; *Il
teatro di una vita*, ivi, 2 novembre 1984; *Il vicolo delle meraviglie*,
ivi, 7 maggio 1985; *I fantasmi di casa Eduardo*, ivi, 31 maggio
1992; *Quei fantasmi non invecchiano mai (Successo e sei serate di
tutto esaurito al teatro Morlacchi di Perugia)*, ivi, 24 febbraio 1992.

A. GHIRELLI, *Il segreto di Eduardo*, «Paese Sera», 11 gennaio 1976.

E. MO, *Eduardo cambia il finale del testo: «Napoli milionaria!» diventa disperata*, «Corriere della Sera», 19 giugno 1977; *Da Spoleto il grido di Napoli*, ivi, 22 giugno 1977.

G. DE CHIARA, *L'avanguardia chiama Pulcinella*, «L'Avanti!», 19 ottobre 1975; *Un nome entrato da anni nella leggenda del teatro*,
ivi, 2 novembre 1984; *L'incontro storico tra Eduardo e Strehler*,
ivi, 7 maggio 1985.

G. GUERRIERI, *Passione civile di Eduardo*, «Il Giorno», 23 aprile 1976; *Un padrino nel «Rione Sanità»*, ivi, 7 giugno 1978.

E. PAGLIARANI, *E Eduardo riscopre il fascino del comico*, «Paese Sera», 10 gennaio 1980.

G. STREHLER, *Gli ottanta anni di Eduardo*, «Il Mattino», 24 maggio 1980.

D. REA, *La degnità di un artefice magico*, «Il Tempo», 1° ottobre 1981.

G. DAVICO BONINO, *Ditegli sempre di sí*, «La Stampa», 11 febbraio 1982; *Strehler si fa piú giovane per Eduardo*, ivi, 7 maggio 1985.

T. CHIARETTI, *State attenti, è matto però sa bene ciò che dice («Ditegli sempre di sí» di Eduardo interpretato dal figlio Luca De Filippo alla Biennale Teatro '82 di Venezia)*, «la Repubblica», 11 febbraio 1982; *Fra lacrime e risate ha parlato di tutti noi*, ivi, 2 novembre 1984; *Attore, creatore, maestro: Eduardo una sola maschera*, ivi, 3 aprile 1985; *Eduardo secondo Strehler*, ivi, 7 maggio 1985.

R. DI GIAMMARCO, *E sulla scena nuda che piacere ritrovare il fascino di Eduardo*, «la Repubblica», 13 luglio 1983.

R. PALAZZI, *Eduardo, un gran cuore in una grande festa*, «Corriere della Sera», 17 settembre 1984.

G. PULLINI, *Nel tempo la sua presenza di teatrante. Le tre stagioni. Tenero, ironico e giudice*, «Il Tirreno», 2 novembre 1984.

L. LUCIGNANI, *Quando mi dettava il suo «De Pretore»*, «la Repubblica», 2 novembre 1984.

T. KEZICH, *Quella «grande magia» di Eduardo*, «la Repubblica», 8 gennaio 1985.

U. VOLLI, *Tra genio e artigianato una preziosa eredità*, «la Repubblica», 28 maggio 1985; *Ma Filumena vince ancora*, ivi, 19 novembre 1986; *Eduardo rivisitato da Calenda: Sindaco mafioso al Rione Sanità*, ivi, 16 gennaio 1987.

G. RABONI, *Magnifico De Berardinis fra le schegge di Eduardo*, «Corriere della Sera», 3 luglio 1989; *Luca De Filippo evoca i fantasmi di Eduardo tra gli applausi al Morlacchi di Perugia*, «Corriere della Sera», 24 febbraio 1992.

F. QUADRI, *Luca De Filippo tra sogni e malocchio (Successo per la ripresa eduardiana «Non ti pago!», con Isa Danieli ed Enzo Salemme)*, «la Repubblica», 24 novembre 1989; *Ricordi su palco*, ivi, 6 aprile 1990; *Calibano in marionetta (Cosí la «Tempesta» con la voce di Eduardo)*, ivi, 17 novembre 1990; *Napoli visionaria nel nome di Eduardo (Al Diana di Napoli «Le voci di dentro», diretto e interpretato da Carlo Giuffrè)*, ivi, 17 ottobre 1991; *Le ambigue visioni di Luca De Filippo («Questi fantasmi» di Eduardo con la regia di Pugliese*), ivi, 26 febbraio 1992; *Il tormento di Giuffrè. La «nuttata» di Eduardo secondo Patroni Griffi, (per l'allestimento di «Napoli milionaria!» trent'anni dopo)*, ivi, 20 maggio 1993.

L. LAPINI, *Sublimi menzogne firmate Eduardo (Tieri-Lojodice alla Pergola con «Le bugie hanno le gambe lunghe»)*, «la Repubblica», 18-19 novembre 1990; *Quel galantuomo sembra Charlot (Pergola: Gregoretti rilegge il giovane Eduardo)*, ivi, 14-15 aprile 1991.

P. VALENTINO, *La grande magia incanta Mosca. Eduardo e Strehler entrano nel cuore dei russi anche senza traduzione*, «Corriere della Sera», 17 dicembre 1990.

P. LUCCHESINI, *Tante risate col giovane Eduardo (Nello Mascia e la sua compagnia portano in scena a La Pergola di Firenze «Uomo e galantuomo» di Eduardo De Filippo)*, «La Nazione», 14 aprile 1991.

V. CAPPELLI, *Nei bassi di Eduardo come in Bosnia (Patroni Griffi realizza una trilogia: «Punto sulla straordinaria attualità»)*, «Corriere della Sera», 15 maggio 1993.

Rassegne, cataloghi, convegni, numeri monografici.

AA.VV., *Eduardo De Filippo e il Teatro San Ferdinando*, Edizioni del Teatro San Ferdinando, Napoli 1954.

AA.VV., numero monografico di «Sipario» dedicato a Eduardo De Filippo, XI, n. 119, marzo 1956.

AA.VV., *Eduardo nel mondo*, Bulzoni & Teatro Tenda, Roma 1978.

AA.VV., *Eduardo*, «Il Mattino documento», 24 maggio 1980.

AA.VV., *Eduardo nel cinema*, Edizioni Tempi Moderni, Napoli 1985.

AA.VV., numero monografico di «Théâtre en Europe» dedicato a Eduardo De Filippo, n.6, aprile 1985.

AA.VV., *Omaggio a Eduardo*, a cura di L. Boccardi, Edizioni in Castello, Venezia 1985.

AA.VV., *I tanti volti di Eduardo*, Atti del convegno omonimo (Milano, Sala del Grechetto, 1° aprile 1985), a cura dell'Ufficio stampa del «Piccolo Teatro di Milano», Milano 1985.

AA.VV., *Eduardo De Filippo. Vita e opere, 1900-1984*, catalogo della mostra (Teatro Mercadante di Napoli, 27 settembre-16 novembre 1986), a cura di I.Quarantotti De Filippo e S. Martin, Mondadori, Milano 1986.

AA.VV., *L'arte della commedia*, Atti del convegno di studi sulla drammaturgia di Eduardo (Roma, Teatro Ateneo, 21 settembre 1988), a cura di A.Ottai e P.Quarenghi, Bulzoni, Roma 1990.

AA.VV., *Eduardo senza Eduardo*, incontri con critici, registi, attori, traduttori, sulle messinscene delle opere di Eduardo da parte di altri interpreti, a cura di A.Savioli (Teatro Cortesi di Sirolo, 1989).

AA.VV., *Dossier: Eduardo De Filippo e la sua eredità*, «lettera dall'Italia», v, n.19, luglio-settembre 1990.

AA.VV., *Eduardo nel mondo*, catalogo della mostra di manifesti, lettere, immagini del teatro di Eduardo De Filippo, a cura di C. Molfese e I. Quarantotti De Filippo, edito a cura dell'Istituto del Dramma Italiano, Guida Monaci, Roma 1991.

AA.VV., *Eduardo e Napoli, Eduardo e l'Europa*, Atti del convegno omonimo (Aula Magna della Facoltà di Lettere dell'Università di Napoli, 26 marzo 1985, nell'ambito della manifestazione *Ricordo di Eduardo*), a cura di F. C. Greco, ESI, Napoli 1993.

AA.VV., *Eduardo in cilindro*, Atti degli incontri sul teatro di Eduardo (Cecina, Teatro E. De Filippo, 8 febbraio-18 marzo 1993), a cura di M. Bussagli, Livorno 1994.

Interviste.

G. SARNO, *Intervista con Eduardo De Filippo*, «Roma», 31 marzo 1945.

L. RIDENTI, *Sono stato da Eduardo*, «Il Dramma», 1° gennaio 1949.

ANONIMO, *Confessione di un figlio di mezzo secolo*, prefazione a E. DE FILIPPO, *La grande magia*, «Il Dramma», n. 105, marzo 1950.

V. PANDOLFI, *Intervista a quattr'occhi con Eduardo De Filippo*, «Sipario», n. 119, 1956; poi in *Teatro italiano contemporaneo* cit.

V. BUTTAFAVA, *Pensa per un anno a una commedia e la scrive in una settimana*, «Oggi», 5 gennaio 1956.

S. LORI, *Intervista con il grande autore-attore napoletano*, «Roma», 7 maggio 1969; *Intervista a Eduardo*, «Il Dramma», novembre-dicembre 1972.

R. TIAN, *Intervista con Eduardo: il teatro, la vita*, «Il Messaggero», 13 luglio 1975.

M. G. GREGORI, *Eduardo De Filippo*, in *Il signore della scena*, Feltrinelli, Milano 1979.

R. NISSIM, *Eduardo: «Come ho scritto una commedia in una settimana»*, «Il Tempo», 13 luglio 1983.

M. NAVA, *Eduardo: la Napoli dei giorni dispari. (Intervista al senatore a vita De Filippo sui mali della sua città)*, «Corriere della Sera», 17 gennaio 1983.

A. GHIRELLI, *Eduardo: «Tradurrò Shakespeare in napoletano»*, «Paese Sera», 10 luglio 1983.

C. DONAT CATTIN, *Eduardo: «Invecchiate con me»*, «Corriere della Sera», 13 ottobre 1984.

P. CALCAGNO, *Eduardo. La vita è dispari (conversazione con Eduardo, intervento di Dario Fo)*, Pironti, Napoli 1985.

Testimonianze.

P. DE FILIPPO, *Una famiglia difficile*, Marotta, Napoli 1976.

I. QUARANTOTTI DE FILIPPO, in *Eduardo, polemiche, pensieri, pagine inedite* cit.

G. GARGIULO, *Con Eduardo*, Colonnese, Napoli 1989.

L. DE FILIPPO, *Sulla scena con papà*, «Televenerdí» di «la Repubblica», 2 settembre 1994.

Nota su edizioni e varianti della «Cantata dei giorni dispari» di Eduardo De Filippo *.

La *Cantata dei giorni dispari*, pubblicata da Einaudi, comprende tre volumi. Il primo volume esce per la prima volta nel 1951; il secondo nel 1958; il terzo nel 1966, anno in cui esce l'opera completa in tre volumi.

Vol. I: la prima edizione è del 1951; l'ottava, del 1971, e la decima, del 1979, risultano rivedute. La prima edizione (1951) presenta sei commedie (*Napoli milionaria!*; *Questi fantasmi!*; *Filumena Marturano*; *Le bugie con le gambe lunghe*; *La grande magia*; *Le voci di dentro*). L'ottava edizione (1971) presenta sette commedie (*Napoli milionaria!*; *Occhiali neri*; *Questi fantasmi!*; *Filumena Marturano*; *Le bugie con le gambe lunghe*; *La grande magia*; *Le voci di dentro*); rispetto all'edizione precedente inserisce quindi il testo di *Occhiali neri*. La decima edizione (1979) presenta dieci commedie (*Napoli milionaria!*; *Occhiali neri*; *Questi fantasmi!*; *Filumena Marturano*; *Le bugie con le gambe lunghe*; *La grande magia*; *Le voci di dentro*; *La paura numero uno*; *Amicizia*); rispetto all'edizione precedente aggiunge i testi di *La paura numero uno* e di *Amicizia*. Le edizioni successive del volume risultano identiche a quella del 1979.

Vol. II: la prima edizione è del 1958; la settima, del 1971, e la nona, del 1979, risultano rivedute. La prima edizione (1958) presenta otto commedie (*Non ti pago*; *Occhiali neri*; *La paura numero uno*; *I morti non fanno paura*; *Amicizia*; *Mia famiglia*; *Bene mio e core mio*; *De Pretore Vincenzo*). La settima edizione (1971) presenta sette commedie (*La paura numero uno*; *I morti non fanno paura*;

---

* Questa nota riprende ed integra la *Nota sulle «Cantate» di Eduardo. Edizioni e varianti* apparsa in appendice al nostro volume *Eduardo drammaturgo* cit., pp. 509-10. Un'analoga *Nota su edizioni e varianti della «Cantata dei giorni pari»* verrà inserita nel volume omonimo pubblicato negli «Einaudi Tascabili». I rilievi qui e altrove contenuti nascono anche da una ricerca di gruppo, svolta in anni di seminari ed esercitazioni con gli allievi (fra i quali spicca il contributo di Renata Paladini).

Amicizia; *Mia famiglia*; *Bene mio e core mio*; *De Pretore Vincenzo*; *Il figlio di Pulcinella*); rispetto all'edizione precedente inserisce quindi il testo di *Il figlio di Pulcinella*, ed elimina i testi di *Non ti pago* e di *Occhiali neri*. La nona edizione (1979) presenta sei commedie (*Mia famiglia*; *Bene mio e core mio*; *De Pretore Vincenzo*; *Il figlio di Pulcinella*; *Dolore sotto chiave*; *Sabato domenica e lunedí*); rispetto all'edizione precedente aggiunge i testi di *Dolore sotto chiave* e di *Sabato domenica e lunedí*, e toglie quelli di *La paura numero uno*, *I morti non fanno paura*, *Amicizia*. Le edizioni successive del volume risultano identiche a quella del 1979.

Vol. III: la prima edizione è del 1966; la seconda, del 1971, e la quarta, del 1979, risultano rivedute. La prima edizione (1966) presenta sette commedie (*Il figlio di Pulcinella*; *Dolore sotto chiave*; *Sabato domenica e lunedí*; *Il sindaco del Rione Sanità*; *Tommaso d'Amalfi*, *L'arte della commedia*; *Il cilindro*). La seconda edizione (1971) presenta sette commedie (*Dolore sotto chiave*; *Sabato domenica e lunedí*; *Il sindaco del Rione Sanità*; *Tommaso d'Amalfi*, *L'arte della commedia*; *Il cilindro*; *Il contratto*); rispetto all'edizione precedente inserisce quindi il testo di *Il contratto* ed elimina quello di *Il figlio di Pulcinella*. La quarta edizione (1979) presenta sette commedie (*Il sindaco del Rione Sanità*; *Tommaso d'Amalfi*, *L'arte della commedia*; *Il cilindro*; *Il contratto*; *Il monumento*; *Gli esami non finiscono mai*); rispetto all'edizione precedente inserisce quindi i testi di *Il monumento* e di *Gli esami non finiscono mai*, ed elimina quelli di *Dolore sotto chiave* e di *Sabato domenica e lunedí*. Le edizioni successive del volume risultano identiche a quella del 1979.

Per la vicenda individuale dei testi di ciascuna commedia, nella storia editoriale della *Cantata*, rimandiamo ai cappelli introduttivi; osserviamo comunque che presentano varianti, nell'ambito di questa storia, almeno i testi di *Le voci di dentro*, di *De Pretore Vincenzo*, di *L'arte della commedia*, di *Il contratto* e di *Il monumento*.

Glossario

'a: articolo: la; preposizione: da, dalla, circa; pronome: la.
a': alla.
abballà: ballare.
abbascio: giú.
abbisuogno: bisogno.
abbonato: bonaccione.
abbremmecuto: brulicante di vermi.
abbrucià: bruciare.
abbuscà: guadagnare; fig.: prendere le botte.
accanoscere: conoscere.
accattà: comprare (dal franc. *acheter*).
accídere: uccidere; *accedímmola*: uccidiamola; *accido, acciro*: uccido.
acconcià, accuncià: aggiustare, accomodare, riparare; *accuonce*: accomodi (tu).
accumencià: cominciare; *accumenciammo*: cominciamo; *accumencie*: cominci.
accussí: cosí.
aceniello: granellino.
'a copp'abbascio: da sopra a sotto.
adderitto: degno di stare tra le cose perfette.
addiventà: diventare; *addeventaie*: diventò.
addimannà: domandare; *addimanno*: domando; *addimannaie*: domandò.
addirosa: odorosa; in senso fig. e ironico: adirata, seccata.
adda: ha da, deve.
addó: dove; *addó vede e addó ceca*: soggetto a simpatie e antipatie.
addonà, addunà (s'): accorgersi; *ce n'addunaieme*: ce ne accorgemmo.
affucà: soffocare, strangolare.
aggi' 'a, aggia: ho da, devo.
'a 'i': la vedi.
aiere: ieri.
aite: avete.
aizà: alzare.
aizata: alzata.
allerta: in piedi.
alluccà: gridare; *alluccate*: gridate.
ammèce: invece.
ammènnola: mandorla.

ammennà: inventare; *ammennàto*: inventato.

ammuina: chiasso, confusione rumorosa.

ammunnà: pulire, mondare.

ampressa: presto.

andaiene: andarono.

ànema: anima; *all'ànema 'e*: espressione grossolana di sgomento di fronte a qualcosa di grande o anormale.

aniello: anello.

annammurà (s'): innamorarsi.

annasconnere: nascondere; *annascunne*: nascondi; *annascunnuto*: nascosto.

ànnese: anice.

annumenà: nominare.

appapagnà (s'): assopirsi (un assopirsi, di solito dovuto al troppo vino o al troppo cibo).

appaura: paura.

appènnere: appendere; *appengo*: io appendo; *te puo' appennere pe' voto*: hai avuto un tale miracolo da divenire un ex-voto vivente.

appezzaie (nce): ci rimisi.

appícceco: bisticcio.

appiere: a piedi.

appilà: otturare; *appilato*: otturato.

appriesso: dietro, appresso.

appriparà: preparare; *appripàrete*: preparati.

appuià: appoggiare; *appuiàmmele*: appoggiamole.

appurà: venire a sapere; *appurato*: saputo.

arapí: aprire; *aràpe*: apri; *arapette*: aprí; *aràpo*: apro.

arèto: dietro (dal franc. *arrière*).

aro': dove.

'a ro': da dove.

arràccumannà: raccomandare; *m'arràccumanno*: mi raccomando.

arraggia: rabbia, livore (dal franc. *rage*).

arranfecà (s'): arrampicarsi; *arranfecata*: arrampicata.

arravoglià, arravuglià: avvolgere; *arravògliete*: avvolgiti.

arredutto: ridotto.

arrepusà: riposare; *arrepusate*: riposati.

arrevutà: rivoltare, mettere sotto sopra; *arrèvotano*: rivoltano.

arriuní: riunire.

arrivato (ma è): ironico, per dire: è solo all'inizio.

arruscatielle: ben rosolati.

arrussuto: arrossato.

arrunà: radunare, raccogliere; *arunaie*: radunai, raccolsi.

ascí: uscire; *ascí all'impossibile*: arrivare a conseguenze estreme.

asciuttà: asciugare.

aspe': aspetta (imperativo).

assaie: assai.

'àssame: lasciami.

'*assànce*: lasciaci.

assanguati: detto di occhi eccitati.

assettà: sedere; *s'assettà*: sedersi; *assettàmmoce*: sediamoci; *assettato*: seduto.

assignato: quadrato, ordinato (dal franc. *soigné*).

assigne (*a chi l'*): a chi lo addebiti e quindi a chi incolpi?

àsteco: pavimento del terrazzo.

astipà: conservare; *astipàto*: conservato; *astipatille*: consèrvateli.

astrègnere: stringere; *astrignuto*: strettito.

ata, ate, ato, atu: altra, altri, altro.

attaccà: attaccare, legare; *attaccà 'e falzo*: accusare di falso.

auciello: uccello; vocativo: *aucellu'*.

audienza (*da'*): dare retta.

aulive: olive.

auní: unire; *aunita*: unita.

aurienza: ascolto.

ausà: usare; *ausammo*: usiamo; *ausava*: usava.

auto: alto; *'o palazzo è auto e 'a signora è sordà*: parlare invano.

avanzà 'o passo: affrettare il passo.

'*ave*: ha; *avette*: ebbe; *avètteno*: ebbero; *avarría*: avrei; *avarrisse*: avresti; *avarrísseve*: avreste.

avev' 'a: dovevo; *avíssev' 'a*: dovreste.

avotà, avutà: voltare, girare, cambiare; *v'avòta*: vi gira; *l'avutate, l'avutàmmo a pazzià*: le voltate, la voltiamo a scherzo.

azzeccà: appioppare, azzeccare, indovinare; *che nce azzecca?*: che c'entra?

azzeccate: attaccati.

balcúne: balconi.

bascio, vascio: basso.

bellíllo: carino, bellino.

berlocco: ciondolo (dal franc. *breloque*).

bia: via.

biancale: bengala.

birbantata: birbonata.

bive: bevi; *bivo*: bevo.

botta: fuoco artificiale, botta, rumore, colpo; *fa' 'a botta*: fare il colpo.

braccelle: braccine.

buffo, buffettone: schiaffo, schiaffone.

bunariello: benino.

buttèglia: bottiglia.

ca: che, perché.

c' 'a: con la; *c' 'o*: con il.

cacavo: cacao.

caccià: tirare fuori, cacciare.

cacciavino: garzone del vinaio.

cagnà: cambiare.

cainato, cainate: cognato, cognati.

camionne: camion.

cammesaro, cammesare: camiciaio, camiciai.

càmmese: camice.

cammìsa: camicia.

campateappettè: luogo dove ognuno fa il proprio comodo.

camurrista: prepotente (lett. membro della camorra).

cana: cagna (agg. perfida).

cannèla: candela.

canteniere: cantiniere, oste, vinaio.

canuscente: conoscente.

capa: testa; *c' 'a capa ncapa*: con la testa sulle spalle.

capace (è): è possibile.

capace (fa'): convincere.

cape-cape: da solo a solo (dal franc. *tête-à-tête*).

capèra: pettinatrice.

capetuosto: cocciuto, testardo.

capille: capelli.

capireria: dove risiede il comprendonio, cioè testa.

cappiello (pl. *cappielle*): cappello.

capuzziello: che vuole primeggiare, sapendo quel che vale.

cardillo: cardellino.

carrecata: caricata.

cascetta: cassetta; *iate a cascetta*: state freschi; *cascettella*: cassettina.

casotto: portineria.

cassarole: casseruole.

catarro: raffreddore.

càuce: calci.

cazettielle: calzini.

cazòne: calzoni, pantaloni.

ccà, ccanno: qua.

cecà: accecare, rimanere cieco e anche chiudere un occhio.

cecato: cieco.

cemmetella: la parte piú tenera che si ricava sfrondando verdure.

centenàro: centinaio.

cerevelle: cervella, cervello.

che d'è?: che c'è? come mai?

chella: quella; *chello*: quello.

che r'è?: che c'è? come mai?

chesta: questa; *chesto*: questo.

chiàgnere: piangere.

chiano: piano; *chianu chianu*: pian piano.

chiapparielle: capperi.

chiena: piena.

chiesia: chiesa.

chilla: quella, colei; *chillo, chillu*: quello, colui.

chino: pieno.

chiòvere: piovere.

chiuove: chiodi; *chiuove 'e Dio*: chiodi che crocefissero Cristo; fig.: preoccupazioni, dolori, martiri.

chi vo' Dio ca s' 'o prega: aiutati se vuoi che Dio ti aiuti.

ciaccàto: ferito in testa.

cianfotta: minestra di verdure autunnali.

ciappette: bottoni automatici.

cierte: certi.

cifoniera: canterano alto a cassetti (dal franc. *chiffonière*).

cinche: cinque.

ciuccia: somara, asina.

coccà, cuccà: coricare; *se cocca*: si corica; *va' te cocca*: vatti a mettere a letto e cioè togliti di mezzo.

còcoma: cuccuma.

condicendo: dicendo allo stesso tempo.

confromme: non appena.

Conte 'e Mola: distorsione di: «Ponte di Mola».

coppa: sopra.

coppitello: cartoccetto a forma di cono.

còppola: berretto.

cora: coda; *cora 'e sorice*: coda di topo (nomignolo).

còsere: cucire; *còso*: cucio.

crapa: capra.

crapicce: capricci.

cravascia: scudiscio, frustino (dal franc. *cravache*).

credimmo: crediamo; *crero*: credo; *tu cride*: credi.

criscenno: crescendo; *me sto criscenno*: mi sto crescendo, sto allevando.

cu', co': con.

cufenatore: tinozza di terracotta.

cugliuta: colta (da *cogliere*).

cuieta: quieta, calma.

culèra: colera.

cullega: collega.

culunnetta: comodino.

cumannà: comandare; *cumannante*: comandante.

cummara: comare.

cumpariello: piccolo compare.

cunòsceno: conoscono.

cunsenzo: consenso.

cunsistenza ('e): sostanzioso.

cuntà: raccontare; *cuntàsteve*: raccontaste.

cunto, cunte: racconto, racconti; conto, conti.

cunticiello: conticino.

cuoccio: testa dura.

cuoppo: cartoccio a forma di cono.

currente: corrente.

currúto: corso (da *correre*).

cusarella: cosetta.

cusúto: cucito.

cuttone: cotone.

da': dare; *dèva*: dava.

diasillo: distorsione di «Dies illa».

diciassette: nei numeri del lotto simboleggia la disgrazia.

dicísteve: diceste; *dicíveve*: dicevate; *dincèllo*: diglielo; *direve*: dirvi.

diece: dieci; *diece 'e*: bestemmia celata perché *diece* sta per *Dio*.

diente: denti.

dimane: domani.

dinto: dentro; *dint'a n'ora*: entro un'ora.

diuno: digiuno.

do': dove.

doie, duie: due.

dongo: io do.

dulure: dolori.

Dummi': vocativo di Domenico.

'e: articolo: i, gli, le; preposizione: di.

embè, beh: ebbene.

èramo: eravamo.

erta (all'): in piedi.

esportazione: strafalcione per informazione.

èvera: erba; *avè 'o pere all'evera*: avere gioco facile.

'e vvi' lloco: eccoli là.

fa': fare; *se facevano*: andavano d'accordo; *faciarría*: farei, farebbe; *faciarríamo*: faremmo; *facimme avvedé*: fingiamo; *facíteme*: fatemi; *facimmencella*: faccia-mocela.

famma: fame.

fare l'opera: litigare in modo chiassoso e teatrale.

fasúlo, fasúle: fagiolo, fagioli.

fatto mio (essere): pensare solo a se stessi, al proprio vantaggio.

fàveza: falsa.

fenestelle (int' 'e): al pianterreno.

ferma: tremenda (detto di spia).

ferní: finire; *fernesce*: finisce; *ferníscete*: finisciti; *fernuto*: finito.

fessaria: sciocchezza.

fetenzia: porcheria.

ficusecche: fichi secchi.

fido (nun me): non ho la forza, non me la sento.

fiéto: puzza, fetore.

figliemo: mio figlio.

folla (non ci faccio): non mi piace al punto da mettermi in coda per quella data cosa.

fòre: fuori.

fràcete: fradicie.

frasca: tralcio d'uva o qualsiasi ramo fronzuto che serviva da insegna alle osterie; *levà 'a frasca 'a miezo*: chiudere bottega, e perciò farla finita.

frato, fratu: fratello.

frequenteggia: pretenzioso per frequentare.

freva, freve: febbre.

frevicciola: febbricina.

friddo: freddo.

frienno (*sto*): sto friggendo, sto sui carboni ardenti.

frisco: fresco; *frischetto*: freschetto.

frungolo: foruncolo.

fuie fuie: fuggi fuggi.

fuimmòncenne: fuggiamo.

Furcella: Forcella (via di Napoli infestata dal contrabbando).

furmà: formare.

fússeve: foste.

gallenaro: pollaio.

gamma: gamba.

genio: voglia, disposizione a fare una cosa.

Gesummina: Gelsomina.

gesummino: gelsomino.

giorno (*na cos' 'e*): una cosa alla svelta.

ghi': andare; *ghiammo*: andiamo; *ghiatevenne*: andatevene; *ghiette*: andò; *ghiesse truvanno*: andrebbe cercando, vorrebbe; *ghiuto*: andato.

ghiettà: gettare; *ghiettà 'o vveleno*: lavorare duramente, soffrire.

giúvene: giovane; *giuvinuttiello*: giovanottino.

gnastella: cosina da niente.

gnostia: inchiostro.

grade, grare: scalini; *gradiatelle*: piccole scalinate.

gruosso: grande, grosso.

guardà: guardare; *gua'*: guarda.

guadambio: guadagno.

guagliona, guaglione: ragazza, ragazzo.

guappo: bravaccio.

guardaporta: portiere, portiera.

guè: ehi, ehi tu!

haie: hai.

he: hai.

i': andare.

'i': vedi.

iammucenne e *iammuncenne*: andiamocene; *iate, iatevenne*: andate, andatevene.

ianco, ianche: bianco, bianche.

iddu: egli, lui (siciliano).

iesce: esce e imp. esci!

iettà: gettare; *iettà 'o sango*: faticare duramente.
iette: andò; *ieveve*: andavate; *iévo*: andavo.
intontonato: intontito.
ire: eri; *ireve*: eravate (anche: *iveve*).
issa, isso: lei, lui.
iunco: giunco.
iuorno: giorno.

làppeso: matita, lapis.
lassà: lasciare; *lassaie*: lasciò; *lasso*: lascio.
lavannara: lavandaia.
le: gli.
lealdà: strafalcione per realtà.
lemmòsena: elemosina.
lengua: lingua; *ve site muzzecata 'a lengua!*: bella scoperta!
let' 'a miezo: togliti di mezzo.
lietto: letto.
ligname, lignammo: legno, legname; *lignezzolle*: legnetti.
lloco: là, lí.
lucanda 'e capa e coda: locanda di infimo ordine dove ti capita di dormire in due in
    un letto.
luggetella: terrazzina.
lume: luce.

magliecà: biascicare.
magnà: mangiare; *magnàmmece*: mangiamoci; *magno*: mangio.
maie: mai.
malamente: agg.: cattivo; sost.: male.
malaurio: malaugurio.
Mamma d' 'a Libera: Madonna della Libera.
Mamma d' 'a Sanità: Madonna della Sanità (quartiere di Napoli).
Mamma d' 'o Carmene: Madonna del Carmine (altro quartiere di Napoli).
màmmeta: tua madre.
mancà: mancare; *mancarría*: mancherebbe.
manelle: manine.
manera ('e chella): di quella proporzione, tanto forte.
mantesino: grembiule; *mantesiniello*: servo pederasta del '600; fig. persona servile
    e pettegola.
mappata: propriamente un grosso involto; fig.: branco di.
marenna: colazione, merenda.
mariuolo (pl. *mariuole*): ladro.
Maronna: Madonna.
mascatura: serratura.
massaria: podere.
mastu Giorgio: castigamatti.
mbè: ebbene.
mbrelle: ombrelli.

mbruglià: imbrogliare.

mbruoglio: imbroglio.

mbullo: francobollo.

meglio: migliore.

meie: mie.

meliune: milioni.

menà: gettare, menare; *se menaie*: si gettò; *ménate*: buttati; *mengo*: butto; *mine*: getti.

mendalità: mentalità.

meritá: meritare: *mèreta*: merita.

meza: mezza.

miccio: miccia.

mico: con me.

miédeco: medico, dottore.

miedicine: medicine.

miettammélla: mettimela; *miettancílle*: metticeli; *miettatéllo*: mettitelo; *miétte*: metti.

mieziuorno: mezzogiorno.

miézo: mezzo.

mininfanzio: bambino piccolissimo.

misa: messa (part. pass. di mettere).

mise: mesi.

mità: metà.

Mmaculata: Immacolata.

mmàneche: maniche.

mmano: in mano.

mmasciata: ambasciata.

mmerèsema: medesima, stessa.

mmescà: mescolare; *mmesco*: io mescolo.

mmiézo: in mezzo.

mmiria: invidia.

mmità: metà.

mmocca: in bocca; *mmoccà*: mettere in bocca; *se mmoccà*: introdursi furtivamente; *nun se ne mmocca*: non se ne beve.

mmummera: vaso di creta; fig.: testa.

mo: adesso, ora; *mo vedimmo chi è*: vediamo chi la vince.

monnezza, munnezza: immondizia.

morta all'erta: morta in piedi, detto di persona troppo magra e pallida.

mparà: insegnare; *mparo*: insegno.

mpechèra: intrigante.

mpedí: impedire.

mpensiero: in pensiero.

mpiccio: impiccio, intralcio.

mpigna: tomaia.

mponta: in punta, in cima.

mpuosto: appostamento, agguato.

mugliera: moglie.
mulignana: melanzana.
munno: mondo.
muorbidi: morbi, malattie.
muorto: morto (vocativo: *muo'*).
muorzo (pl. *muorze*): morso, boccone.
murí: morire; *mòreno*: muoiono; *murarrísse*: moriresti; *murette*: morí.
mussetella: mossetta.
musso: bocca, muso.
mustaccielle: baffetti.
muzzecà: mordere.

na, no: una, uno; *na mano nnanze e n'ata areto*: nudo, e quindi a mani vuote.
natività: pretenzioso per compleanno.
ncapa: in testa.
ncarricate: incaricate.
nce: ci.
nchiudite: chiudete.
ncoccià, ncuccià: cogliere, sorprendere, incontrare; *ncoccio l'ambetiello*: piglio un piccolo ambo.
ncoppa: sopra.
ncuntravo: incontravo.
ncuollo: addosso, in braccio.
ncuorpo: in corpo.
nennélle: ragazzine; *nennélli*: ragazzini (vocativo: *nenne', nenni'*).
nfessí (*s'*): rincretinirsi.
nfosa: bagnata; *nfuso*: bagnato.
ngalera: in carcere.
nganna: in gola.
ngarrà: imbroccare.
ngrassà: ingrassare.
nguaià: mettere nei guai, rovinare; *nguàiete*: rovinati.
nierve: nervi.
nire: neri.
nisciuno: nessuno.
nnamuninne: andiamocene (siciliano).
nnanze: avanti.
novanta: nei numeri del lotto simboleggia la paura.
nquartà (*se*): arrabbiarsi; *nquartato*: arrabbiato.
nsalvamiento: in salvo.
nterra: a terra, in terra.
ntíso: sentito.
ntricàteve: impicciatevi.
ntussecà: avvelenare.
nuasetto: nocciola (dal franc. *noisette*).
nummenata: fama, nomea.

nunnarella: nonnina.

nuosto: nostro.

nutaro: notaio.

nzalata: insalata.

nzallaní (*se*): rammollirsi, rimbecillirsi.

nzepetezze: smancerie.

nzerrà: chiudere; *nzerra*: chiudi; *nzerrà 'o libro*: basta con le teorie.

nzieme: insieme.

nzino: sino, fino (prep.).

nzípeta: sciocca, insipida.

nzíria: bizza, capriccio.

nzogna: sugna.

nzurà (*se*): sposarsi, ammogliarsi.

'o: il, lo (art.), lo (pronome).

occorrimento: strafalcione per occorrente.

ogge: oggi.

'o 'i' canno: eccolo qua.

oi ne': ragazza; *oi ni'*: ragazzo (vocativi: per significare che la persona cui ci si rivolge non ha capacità d'intendere, come i bambini).

ommo: uomo; *l'ommo c' 'a parola e 'o voio cu 'e ccorna*: l'uomo ha per prerogativa la parola, il bue le corna (qui usato in senso sbagliato perché a «parola» si dà il senso di «parola data»).

'on, 'onna: don, donna.

opera (*fa' l'*): litigare rumorosamente e teatralmente.

p' 'a: per la.

paccarià: schiaffeggiare; *te paccaréo*: ti schiaffeggio; *sta' paccariato*: essere malandato, stare nei guai.

palata: grosso, lungo pezzo di pane.

Pallunetto: vicolo di Napoli.

palomma: farfalla bianca; fig.: biglietto d'informazione alla polizia.

p' 'ammore: per l'amore.

panàro: paniere.

pane pane vino vino: per filo e per segno.

Pantanella: noto pastificio.

panza: pancia.

panzarotto: crocchetta di patate.

paparella: anatroccolo.

paparià: indugiare, prendersela con calma (dal lento camminare delle anitre).

pappavallo: pappagallo.

paraviso: paradiso.

pare, paro: paio.

Pasca: Pasqua.

passiatella: passeggiatina.

patàna: patata.

pate, pato: padre; *pàteto*: tuo padre.

paunazze: paonazzi.

pavà: pagare; *pàvano*: pagano; *pavasse*: pagassi (usato dal popolino anche per pagherei); *pavo*: io pago.

pazzià: giocare, scherzare; *pazzèano*: scherzano.

peccato (*nun hanno fatto nisciuno*): senza peccato, sono ancora vergini.

pedagne: piedoni.

pède, pere: piede (vedi anche *èvera*).

pedòno: per uno.

percuoco: pesca duràcina.

perimma: muffa.

pertuso: buco.

perza (*p' 'e mmane*): sfuggita di mano, perduta da un momento all'altro.

perzune: persone.

pesielle: piselli.

pezzotto: sprone.

pezzullo: pezzettino.

piazza: posto (oltre che, naturalmente, piazza).

piazzà: collocare.

piccerella, piccerillo: piccola, piccolo; *picciuotte*: ragazzi (in siciliano).

penzà: pensare; *piénzece*: pensaci.

Piererotta: Piedigrotta.

piezza: concordato per attrazione: pezzo.

piglia l'uocchie e falle abballà: ridai la vista agli occhi, fa' l'impossibile.

piglio Napoli pe' Galleria: tratto una grande città come se fosse un luogo limitato.

pimmece: cimici.

pinnole: pillole.

Pintauro: noto dolciere napoletano.

písemo: peso.

pizze: focacce e anche: luoghi, posti.

pízzeca: pizzica; fig. per *vince*, dall'antico gioco di carte napoletano, nel quale si pescavano le carte stringendole tra pollice e indice.

p' 'o: per il, per lo.

pògnere: pungere, stuzzicare.

pòlice: pulce.

pònno: possono.

pònte: punte.

pòvere: polvere.

preia: prega, preghi.

prèsimo: strafalcione per prendemmo.

pressa: fretta.

preta: pietra.

prèvete, prièvete: prete, preti.

pruieva: porgeva, dava danaro sottobanco.

prummíso: promesso.

pulezzà: pulire.

pullaste: polli; *pulle*: polli.

pullidre: puledri.
pummarola: pomodoro.
puntone: cantone.
puparuole: peperoni.
purcaria: porcheria.
purtone: portone.
purtuallo: arancio.
puté, poté: potere; *pozzo*: posso; *putarrisse*: potresti; *putarrisseve*: potreste; *putimmo*: possiamo; *putisse*: potessi.

qua': quale, quali.
quacche: qualche.
quaccheduno, quaccheruno: qualcuno.
quadraie: squadrò.
quant'anne vuò campà?: perché te la pigli tanto?
quatt'ati: altri quattro.
quatto: quattro.

rebazzato: sbarrato, chiuso.
recchie: orecchie; *recchietelle*: orecchiette, pasta fatta a mano.
redene, retene: redini.
redíve: ridevi.
refòsa: aggiunta.
rentenneva: strafalcione per intendeva.
resata: risata.
rialato: regalato.
ricchino: orecchino.
ricco: ricco, e in senso morale vale per: pieno di doti di qualità.
riesto: resto (sost.).
riggiola: mattonella.
rinalielle: orinalini.
risicata: stretta e corta.
rispunne: rispondi.
rivòlvere: revolver.
rummané: restare, rimanere; *rummane*: rimane; *rummanette*: rimase.
runzéa: ronza, gira intorno.
ruoto: teglia.

sacca: tasca.
saglí: salire; *sàglieno*: salgono; *sagliette*: salí; *saglièvo*: salivo; *saglíve*: salivi.
salute alla fibbia disse don Fabio: e chi se ne importa.
Salvator Rosa: via di Napoli intitolata al famoso pittore.
sanghe, sango: sangue.
sano sano: interamente.
sapé: sapere; *sàpe*: sa; *sapíte*: sapete.
sarraggio: sarò.
sarría: sarebbe; *sarríemo*: saremmo; *sarisse*: saresti.

scaduta: decaduta.

scafarèa: recipiente di terracotta.

scagliozzi: tocchi di polenta fritta.

scagno (*pe'*): per errore.

scamazzà: schiacciare; *scamazzasse*: schiaccerei, schiacciassi.

scampolo (*facimmo no*): stabiliamo un prezzo senza pesare o misurare.

scanaglià: scandagliare, interrogare abilmente.

scanzà: evitare; *scànza*: salva.

scapece (*'a*): verdure fritte e poi marinate in aceto.

scarfà: riscaldare.

scarparo: calzolaio.

scarpesà: calpestare.

scarpetella: scarpina.

scartapelle: cartacce, roba vecchia.

scartellato: gobbo.

scasso: eccesso, scialo.

scazzetta: berretta; *entrare nella scazzetta di Monsignore*: volere sapere segreti inaccessibili ai comuni mortali.

scecche: assegni (dal franc. *chèques*).

scelle: ali.

scellenza: eccellenza.

scennere: scendere; *fa' scennere 'o Paraviso nterra*: bestemmiare tutti i santi; *scengo*: scendo; *m' 'a scengo*: me la porto giú; *nun scennimmo d' 'a muntagna*: non siamo dei semplicciotti.

sceppà: strappare, graffiare.

sceruppo: sciroppo; *quatte sceruppe*: pozione che si dava ai bambini spaventati per prevenire i vermi.

scesa: discesa (verbo e sostantivo).

scetà: svegliare; *me sceto*: mi sveglio; *te scite*: ti svegli; *scetàvemo*: svegliavamo.

schiaffiata: faccia di schiaffi.

schianata: spiazzo.

schiattare: scoppiare, rovinare.

schiattamuorto: becchino, beccamorto.

scialà: scialare.

scigna: scimmia; *scignetella*: scimmietta.

scinne: scendi; *sciso*: sceso.

sciosciamosche: cacciamosche.

scippetielli: graffietti, segnetti.

scocciantaria, scucciantaria: seccatura, noia.

scolla: fazzoletto da collo triangolare o anche larga cravatta; *sculletella*: piccolo fazzoletto da collo triangolare.

scommo 'e sanghe (*te*): ti faccio coprire di una schiuma di sangue; ti batto a sangue.

scòppole: scappellotti.

scorz' 'e nucella: scorza di nocella.

scucciante: noioso; *scucciato*: annoiato.

scuorno: vergogna.

scurrette: scorse, fece acqua.

scutulià: scrollare, picchiare.

se: si (part. pron.).

sega sega mastu Ciccio: filastrocca per bambini, scioglilingua.

seggia (pl. *segge*): sedia.

segnetiello: piccolo segno.

semmàna: settimana.

sèntere: sentire.

serena: sirena.

Settebellizze: Sette bellezze, nomignolo.

sfasterià: spazientire; *ve sfasteriate*: vi spazientite.

sfessechià: distinguere, vedere.

sfitta: libera (detto di casa).

sfizio: gusto, capriccio; *levarse 'o sfizio*: togliersi il capriccio; *pigliarse 'o sfizio*: prendersi il gusto.

sfugliatella: dolce di pasta a sfoglie.

sfunnà: sfondare.

sgarrà: nel gergo della malavita: violare i patti; fig.: esagerare.

sgravà: partorire.

si': sei (verbo).

si: se.

sicondo: secondo.

sicreti: segreti.

sídice: sedici.

sie': senti (imperativo).

sierve (*tu me*): tu mi servi.

signo': signora, signore (vocativo).

signuri': signorina, signorino (vocativo).

sistimà: sistemare, mettere a posto.

site: siete.

smanecata: litigio.

smerzà: capovolgere, rovesciare.

smerza: rovescia, sinistra.

sòla: suola.

sòleto: solito.

solidarietà: strafalcione per solitudine.

songo: sono (io).

sora: sorella; *soreta*: tua sorella.

sòrde: soldi.

sòrice: topo, sorcio.

soso (*me*): mi alzo.

spànnere: spandere, spendere.

spantecà: spasimare; *spànteca*: spasima.

sparatrappo: cerotto adesivo (dal franc. *sparadrap*).

sparo: dispari; *parlà sparo*: parlare con ambiguità.

sperpetuo: strazio prolungato.

spià: chiedere; *spie*: chiedi; *spiatacello*: domandateglielo.

spiazzà: mettere in piazza.

spiccià: sbrigare; *te spicce*: sbrigati.

spignaie: spegnò.

spilà: sturare.

spingule: spille.

spírete: spiriti.

spiso: speso.

spisso: spesso.

spitale: ospedale.

spiunà: spiare, fare la spia.

sputazze: sputi.

squarcioneria: ostentazione sfacciata.

stagione: stagione e anche estate.

stiento: stento.

stipo: armadio.

stísseve: steste; *stíveve*: stavate; *stongo*: sto; *stono*: strafalcione per sto.

strazione: estrazione.

streppone: gambo, picciuolo.

struppià: storpiare, rovinare; *struppèa*: rovina; *struppiavo*: storpiavo.

stunata: stonata, stordita.

sturzellato: storto.

stutà: spegnere; *stuto*: spengo.

súbbeto: subito.

succiéso: successo (dal verbo *succedere*).

suffunnato, zuffunnato: sprofondato.

sule: soli.

sunnà: sognare; *sunnaie*: sognò; *sunnata*: sognata.

suonno: sonno, sogno.

superchio: soverchio.

suppigno: soffitta.

súrice: topi.

surzillo: sorsetto.

súsete: alzati; *susíte*: alzate; *susúto*: alzato.

sustené: sostenere.

tanno: allora.

tantillo: un pochino e anche: piccolo.

tené tavula: offrire un pranzo.

tazzulella: tazzina.

teccatéllo: eccotelo.

téne: tiene, ha; *tèneno*: hanno; *tènere*: avere, tenere.

tete', tetella: nomignolo che si dà a una gallina.

tiana: grossa pentola di rame.

tiene mente: guarda.

tirà nterra 'o capo: mettere a piombo una parete per farla dritta; fig.: risolvere una situazione che si trascina da tempo.

toccà 'e nierve: innervosire.
toia: tua.
tosto: duro, cocciuto (anche: *tuosto*).
tòzzete: scontrati.
tracchi: fuochi d'artificio.
trappàno: cafone, zoticone.
trasí: entrare; *tràse*: entra; *tràseno*: entrano; *trasèvo*: entravo.
tremmà: tremare; *trémmo*: tremo.
tricà: ritardare.
tridece: tredici.
trummetta: trombetta.
truttuarre: pista (dal franc. *trottoir*).
truvà: trovare; *truvaie*: trovò; *truvarríemo*: troveremmo.
tuculià: vacillare.
tuzzà: urtare.
tuzzulià: battere, bussare.

uòcchie: occhi.
uoglio: olio.
uòmmene: uomini.
uòsso: osso.
úrdemo: ultimo.

va buo': va bene.
vaco: vado.
vaiassa: donna volgare e invadente.
vasà: baciare; *vasava*: baciava.
vascio: agg.: basso; sost.: abitazione a pianterreno che dà sulla strada.
vaso: bacio.
va' trova: va a capire.
vàttere: battere.
vénnere: vendere; *venne*: vende; *vennèvo*: vendevo; *vienne*: vendi.
veré: vedere; *veco*: vedo; *veríte*: vedete; *vi'*: vedi.
vestetiello: vestitino.
vesticiolla: vestina.
vévere: bere; *vevimmo*: beviamo; *vive*: bevi.
«*viecchio cu' 'a barba*»: nel gergo della borsa nera: sigarette Releigh.
vierme: verme.
vierno, vernata: inverno.
vinciuto: vinto.
vinella: cortiletto.
Virgene: Vergini (località di Napoli).
vocca: bocca.
vòio: bue.
vòllere: bollire; *vòlle*: bolle.
vòte: volte.

vranca: manciata.
vruòccolo: broccolo.
vuiate: voialtri.
vuie: voi.
vulé: volere; *vularríeno*: vorrebbero; *vulimmo*: vogliamo.
vullente: bollente.
vummecose: stucchevoli, svenevoli.

zeppole: frittelle; *zeppolelle*: piccole frittelle.
zòza: porcheria.
zuco: sugo, succo.
zumpo: salto.
zupperella: ciotola.

Indice

Stampato per conto della Casa editrice Einaudi
presso Mondadori Printing S.p.A., Stabilimento N.S.M., Cles (Trento)

C.L. 17353

Edizione							Anno			
5	6	7	8	9	10		2007	2008	2009	2010